COLLECTION FOLIO

D0696412

Cervantès

(1547 - 1616)

L'Ingénieux Hidalgo Don Quichotte de la Manche

(1605 et 1615)

*Présentation
de Jean Canavaggio*

PREMIÈRE PARTIE

*Traduction de César Oudin
revue par Jean Cassou
Notes de Jean Cassou*

Gallimard

© *Éditions Gallimard,*
1949, pour la traduction française et les notes,
1988, pour la préface et la bio-bibliographie.

PRÉFACE

« Celui-ci que tu vois (...) est l'auteur de *Don Quichotte...* »

A Don Quichotte qui, au seuil de la Seconde partie du roman, apprend l'existence de la Première et s'émerveille du succès de l'histoire de ses exploits, le bachelier Samson Carrasco, d'un ton péremptoire, dit croire fermement « qu'il n'y a nation ni langue qui ne la traduise ». Samson est un être de fiction, et son témoignage, un artifice d'écriture. Mais sa prédiction a beau sentir son persiflage, la postérité s'est chargée de la vérifier. Premier best-seller de l'édition, Don Quichotte, *après la Bible, a atteint, dit-on, le record absolu des tirages. Triomphe d'un livre qui, dans le riche filon de la littérature espagnole, est un des rares à avoir connu une diffusion universelle ? Ou fortune du mythe qu'incarne l'ingénieux hidalgo ? Soyons lucides : bon nombre de ceux qui invoquent le nom de Don Quichotte ignorent tout ou presque de ses aventures et seraient bien en peine de retracer son équipée. Aussi est-ce d'abord à eux que s'adressent les pages qui suivent : elles n'ont d'autre ambition que de leur présenter un livre éclipsé par le mythe qui en est la projection, afin de rendre sa juste place au premier roman des Temps modernes.*

Lorsque, dans les premiers jours de janvier 1605, L'Ingé-

nieux Hidalgo Don Quichotte de la Manche *sort des presses de l'imprimeur madrilène Juan de la Cuesta, Miguel de Cervantes Saavedra a cinquante-sept ans révolus. Ce n'est pas tout à fait un vieillard, même à l'aube du XVII*e* siècle ; mais c'est déjà un homme plus que mûr. Onze ans seulement le séparent de la mort : le plus clair de sa vie est derrière lui.*

Vie héroïque, proclament ses biographes, avec l'assurance que donne le recul du temps. Mais aussi, en vérité, pauvre vie que la sienne, marquée tout au long par les déboires et les tribulations. Il naît en 1547 à Alcalá de Henares, d'un père chirurgien qui se prétendait hidalgo, mais dont certains assurent, quoique sans preuves décisives, qu'il descendait de juifs convertis. Jusqu'à l'âge de vingt ans, Miguel mène une existence obscure, dont on ne sait si elle l'a conduit à Cordoue et à Séville, où seul le séjour de son père est attesté. En 1566, il se trouve à Madrid et suit l'enseignement de López de Hoyos, un humaniste érasmisant. Deux ans plus tard, il part brusquement pour l'Italie, peut-être à la suite d'un mystérieux duel. D'abord au service d'un jeune patricien romain, le cardinal Acquaviva, il choisit le métier des armes, dans des circonstances qui n'ont pas été éclaircies. Sous les ordres de don Juan d'Autriche, il combat bravement contre les Turcs à Lépante, où il est blessé à la main gauche d'un coup d'arquebuse. Une fois guéri, il participe aux expéditions que mène don Juan, avec un succès inégal, contre Corfou, Navarin et Tunis. En 1575, alors qu'il regagne l'Espagne par mer, il est fait prisonnier par les pirates barbaresques et emmené à Alger. Cinq années durant, il y fera la dure expérience de la captivité, sans parvenir à s'évader, malgré quatre tentatives.

Racheté en 1580 par les Trinitaires, Cervantès retrouve enfin sa patrie et les siens. Mais il ne recevra pas, comme il l'espérait, la récompense de ses services : en dépit de ses démarches, elle lui sera constamment refusée. Il se tourne alors vers les lettres et inaugure une carrière d'écrivain que jalonnent tour à tour le succès de *Numance*, représentée vers 1581 sur une scène madrilène, et la publication d'un roman pastoral, *La Galathée*, qui paraît en 1585. C'est alors que commence un silence de vingt ans, qui reste pour nous une énigme. Tout au plus observe-t-on qu'il est étroitement lié aux péripéties d'une vie itinérante : sa liaison présumée avec Ana Franca de Rojas, qui lui aurait donné une fille naturelle, Isabel, qu'il reconnaîtra plus tard ; son mariage, en 1584, avec Catalina de Salazar, de vingt ans sa cadette ; son inadaptation manifeste aux mœurs d'Esquivias, le bourg tolédan dont sa femme était originaire, et au milieu de hobereaux auquel elle appartenait ; son départ soudain pour l'Andalousie, au terme de trois ans de vie commune : pendant plus de quinze ans, il va en parcourir les mauvais chemins, comme collecteur de vivres et d'impôts pour le compte du Trésor public. Excommunié pour avoir réquisitionné le blé de riches chanoines, il est accusé, sans doute à tort, de malversations et se retrouve incarcéré à deux reprises : en 1592, à Castro del Río, puis en 1597, à la prison de Séville, une expérience qui le marquera profondément. Libéré quelques mois plus tard, il disparaît sans laisser quasiment de traces, pour ne resurgir qu'à l'été 1604, à Valladolid, où Philippe III et le duc de Lerma, son favori, avaient transporté le gouvernement du royaume. Or, c'est précisément à cette date que fleurissent les premières allusions à *Don Quichotte*, alors même que le livre n'était pas encore paru. Cervantès allait donc renouer avec les lettres, et ce retour était attendu. Six mois plus tard, ce sera chose faite.

« La plume à l'oreille, le coude sur le comptoir et la main à la joue, pensant à ce que je dirais... »

Quand Miguel a-t-il vu naître en lui l'idée première de son roman ? A en croire une confidence glissée dans la préface, il

7

aurait été « engendré en une prison, là où toute incommodité a son siège et tout triste bruit sa demeure ». S'il ne s'agit point là d'une réclusion spirituelle ou morale, évoquée en termes imagés, cette prison ne saurait être que celle de Séville, la détention de Cervantès à Castro del Río ayant été trop brève pour lui donner le temps de mettre son livre en chantier. Encore faut-il respecter la lettre de cet aveu : « engendré » n'est pas « enfanté », ce qui exclut que notre romancier, derrière les barreaux de Séville, ait croqué sur le vif la silhouette d'un compagnon d'infortune, « sec de corps et maigre de visage », comme le sera son héros ; ce qui rend tout aussi improbable qu'il ait jeté sur le papier une simple nouvelle, appelée à ne prendre que plus tard les dimensions d'un véritable roman. Aucune des tentatives qui ont été faites pour dégager l'exacte physionomie de cette hypothétique ébauche ne s'avère pleinement convaincante. Qu'on la réduise aux cinq premiers chapitres, c'est-à-dire à la première sortie de Don Quichotte, avant que Sancho n'entre en scène, ou qu'on l'étende jusqu'à l'inventaire de la bibliothèque du chevalier ou à son combat contre le Biscaïen, il est impossible d'en retrouver l'épure dans l'ample récit qui nous est parvenu. A l'inverse, les péripéties qui ponctuent les tout premiers chapitres introduisent d'emblée les thèmes majeurs autour desquels s'ordonne la structure d'ensemble du livre : la folie du héros, ses préparatifs, son adoubement à l'auberge, son retour au village, en quête d'un écuyer, son départ en sa compagnie sont manifestement les premiers jalons d'une équipée de longue haleine conçue à Séville, puis suspendue pendant plusieurs mois, avant de prendre sous d'autres cieux un nouveau départ. C'est ce que suggèrent en tout cas, ainsi que nous le verrons, la construction du roman et l'économie de ses parties ; et c'est ce que tendent à confirmer les repentirs de plume décelés çà et là par les critiques attentifs qui ont analysé sa composition.

L'idée première, disions-nous. En d'autres termes, la

décision aberrante d'un gentilhomme de la Manche, dont la cervelle a été dérangée par la lecture assidue des aventures d'Amadis de Gaule et de ses émules et qui, croyant ressusciter la chevalerie errante, s'en va courir le monde et livrer bataille à des moulins à vent. Cette décision, à première vue, s'inscrit dans le droit fil du propos énoncé par l'auteur dans sa préface : « ruiner l'autorité et le crédit que les livres de chevalerie ont acquis au monde parmi le commun peuple » ; ou, comme il le redira dix ans plus tard, en conclusion des aventures de l'hidalgo, « faire abhorrer aux hommes ces fabuleuses et extravagantes histoires ». Mais, à s'en tenir à la lettre de ce propos, on risque de ne faire du Don Quichotte qu'une œuvre de circonstance et de le juger sur des critères qui ne sont plus les nôtres. Si le Chevalier à la Triste Figure a été conçu sur le patron d'Amadis, si ses exploits ne sont que la transposition burlesque de ceux de son modèle, comment a-t-il pu devenir ce personnage mythique qui, depuis près de cinq siècles, fait partie de notre imaginaire ? Dire qu'il s'est affranchi d'un créateur qui n'avait pas prévu son destin, c'est s'accommoder d'un truisme dont on a longtemps pris prétexte pour taxer ce créateur de génie inconscient. En fait, Don Quichotte déborde inévitablement l'aventure personnelle de celui qui l'a engendré ; mais il n'est pas moins vrai qu'il en exprime les désirs et les rêves. Il nous faut donc prendre acte du dessein avoué du romancier ; mais à condition d'en mesurer l'exacte portée.

En cette aube du XVIIe siècle, les sujets de Philippe III ne s'identifient plus, tant s'en faut, aux chevaliers errants. C'est plutôt sous les traits du pícaro Guzman d'Alfarache qu'ils s'attachent à découvrir l'image de l'homme moderne : derrière le masque de cet aventurier que vient d'inventer Mateo Alemán et qui, sur le mode autobiographique, nous livre l'histoire de sa déchéance. Avec leurs naïvetés, leurs gaillardises et leurs incohérences, les romans de chevalerie, dont Charles Quint, saint Ignace ou sainte Thérèse faisaient leurs délices, ne répondent plus aux préoccupations du public aristocratique et courtisan. Revenu des grandes entreprises de l'époque impériale, confronté à la crise de croissance d'une société en mutation qui consacre le triomphe de l'argent et l'abandon des valeurs patriarcales, ce public, désormais majeur, ne s'accommode plus de récits qui ramènent aux catégories du hasard, du merveilleux, de l'inattendu, un monde placé sous l'invocation de la libre aventure. D'autres formes d'évasion les sollicitent, mieux accordées aux goûts d'une élite citadine et sédentaire : ainsi la pastorale, dont Montemayor a assuré le succès avec sa Diane, et que Cervantès, lors de ses débuts littéraires, a cultivée à son tour avec La Galathée. Dans un cadre bucolique propice à l'introspection amoureuse, elle module le rêve de l'âge d'or, le désir d'un retour à la nature, la quête d'une impossible harmonie des âmes et des corps : bref, quelques-unes des aspirations communes à toutes les époques, mais que la Renaissance avait su exprimer avec un rare bonheur et que l'Espagne de Philippe II a ressenties avec une intensité toute particulière.

Cervantès a eu une conscience aiguë de l'évolution qui s'accomplissait ainsi, parce qu'elle affectait non seulement les formes littéraires, mais également les fins que se donne la littérature et l'image qu'elle offre de l'« humaine condition ». A la lumière de la Poétique d'Aristote, redécouverte par les humanistes italiens et dont le docteur López Pinciano venait, en Espagne même, de publier un riche commentaire, il s'est employé à voir comment les « fables mensongères » — c'est-à-dire les œuvres de fiction — « se doivent accommoder à l'entendement de ceux qui les lisent » ; ou, si l'on préfère, à quelles conditions elles peuvent accréditer dans l'esprit du lecteur la vérité qui leur est propre, cette vraisemblance poétique autre que la vérité particulière de l'histoire. Or les romans de chevalerie n'y parviennent plus. Même s'il garde un faible pour Amadis de Gaule, « le meilleur de tous les livres qui ont été composés de ce genre », le Curé, ami de Don Quichotte, envoie au feu le plus clair de sa descendance. Sera-t-on plus indulgent pour les fables pastorales ? Ce ne sont, pour tout dire, que « choses de rêve, écrites pour l'entretien des oisifs et non vérité aucune ». Que Cervantès ait mis ces propos dans la bouche d'un chien doit nous inciter à la prudence : jamais il n'a renié sa Galathée dont il promettra jusqu'à sa mort l'achèvement. Mais l'Arcadie selon son cœur, incorporée à la trame de son grand livre, se nourrit désormais de sa propre mise en question : celle qu'imagine par exemple l'étudiant Chrysostome qui, parce qu'il a lu la Diane quand il était à Salamanque, s'avise, une fois dans son village, de s'accoutrer en berger ; pris au piège d'une passion sans issue, il finit par se suicider ; celle, aussi, dont rêve le chevalier au terme de ses errances, pour oublier la défaite qui lui interdit de porter plus longtemps les armes ; il parvient, le temps d'un discours, à en faire partager l'envie à Sancho, mais sans mesurer l'abîme qui sépare leurs désirs respectifs.

Cette réflexion sur le statut des fictions en prose ne se constitue donc pas en une « théorie » autonome. A la différence des digressions morales de Guzman d'Alfarache, narrateur repenti qui nous livre l'analyse spectrale du monde où il a vécu en parfait gueux, elle est consubstantielle au roman et lie indissolublement critique et création. Cervantès a saisi l'importance de la révolution accomplie par Mateo Alemán et dont le Lazarille de Tormes, un demi-siècle auparavant, avait jeté les bases. Le coup d'audace de l'auteur du Guzman a été de prendre pour héros notre semblable, notre frère : un individu que, tel Lazarille, le lecteur aurait pu rencontrer au coin de sa rue et qui, au lieu de nous entraîner vers quelque ailleurs, brosse à notre intention un ample tableau de la vie « réelle ». Mais, dans son principe même, la formule picaresque n'en est pas moins un leurre que Cervantès, par des voies obliques, ne s'est pas fait faute de dénoncer. Au galérien Ginès de Passamont, qui a entrepris

11

d'écrire le récit de sa vie, lequel est si bon « que c'est mauvaise affaire pour Lazarille de Tormes et pour tous ceux qui se sont écrits ou s'écriront dans le genre », Don Quichotte demande ingénument s'il est achevé. « Comment peut-il être achevé, rétorque Ginès, si ma vie ne l'est pas encore ? » C'est donner à entendre que l'autobiographie de Guzman, rédigée en fait par un autre que lui, ne relève ni du vrai, ni du vraisemblable, puisque l'auteur n'est ni le gueux abject, ni son double repenti. C'est aussi suggérer que le regard rétrospectif que le pícaro est censé porter sur lui-même est un regard provisoire, donc fallacieux : seule, la mort peut donner son sens à une vie révolue. A la structure close du Guzman, il convient d'opposer un récit ouvert : ce que va être précisément Don Quichotte.

« En un village de la Manche, du nom duquel je ne me veux souvenir… »

Ainsi s'éclaire le propos de Cervantès. Ce n'est ni un simple prétexte, ni un procédé d'écriture, même s'il légitime la démarche parodique qui informe de bout en bout le roman. En décidant de s'en aller « par tout le monde avec ses armes et son cheval pour chercher les aventures et s'exercer en tout ce qu'il avait lu que les chevaliers errants s'exerçaient », Don Quichotte soulève une question fondamentale, qui est restée pour la littérature un perpétuel sujet de trouble et dont Marthe Robert nous a donné la formulation la plus heureuse : « Quelle est la place des livres dans la réalité ? En quoi leur existence importe-t-elle à la vie ? Sont-ils vrais absolument ou de façon toute relative, et, s'ils le sont, comment prouvent-ils leur vérité[1] ? » Lecteur exemplaire, notre hidalgo s'attache à mettre cette vérité à l'épreuve, décou-

---

1. Marthe Robert, *L'ancien et le nouveau*, Paris, Grasset, 1963, p. 11.

vrant du même coup, mais à ses dépens, l'ambiguïté des rapports entre la littérature et la vie.

Rien pourtant ne prédisposait à semblable quête le hobereau de village à l'état civil incertain qui, sous le nom d'Alonso Quijano, s'offre au début du roman à notre curiosité. Mais, en se métamorphosant en émule d'Amadis, il accède, de son propre chef, à une existence nouvelle qui lui appartient en propre et que nul ne pourra lui contester. Existence dérisoire, dira-t-on, puisqu'elle est le produit d'une folie : non pas une démence, mais la monomanie d'un opiniâtre qui, victime d'une imagination déréglée, ne veut d'autre code, pour déchiffrer le monde, que celui qu'il a trouvé dans ses romans. De fait, en se servant des armes du passé pour redresser les torts du présent, Don Quichotte s'institue le héros d'une épopée burlesque, condamné à entretenir un rapport constamment décalé avec les modèles dont il entend s'inspirer : les géants qu'il défie ne sont que des moulins ; l'armet dont il fait la conquête, un plat à barbe en cuivre rouge ; les fantômes qu'il affronte, de pacifiques pénitents blancs. Chaque fois, la réalité inflige un démenti aux illusions du chevalier ; chaque fois, celui-ci s'accroche obstinément à ses chimères, en suivant une seule logique, celle de la déraison.

L'erreur serait de déduire de ses déconfitures répétées le sens de son entreprise. La vérité de Don Quichotte n'est pas celle du pantin désarticulé que les ailes du moulin envoient rouler dans la poussière ; elle ne se confond pas non plus, même sur le mode de la parodie, avec celle des récits fabuleux dont il se proclame le lecteur passionné. Elle se résume dans l'acte fondateur par lequel il décide de courir le monde. Revendiquant avec véhémence l'identité qu'il s'est forgée — « je sais qui je suis », s'écrie-t-il au retour de sa première équipée —, il persévère sans désemparer dans son être, transcendant la somme des déterminations qui pesaient au départ sur lui. Guzman d'Alfarache, jusqu'à sa conversion finale, demeure prisonnier de son infamie et s'acharne à nous convaincre de son incapacité à s'en affranchir. Don Quichotte, au contraire, maintient contre vents et marées le projet d'un homme libre. Son seul drame est d'être à la charnière du monde prosaïque où il s'enracine et du monde idéal vers lequel il se projette inlassablement.

Alonso Quijano, sous l'effet de son délire, aurait pu faire un autre choix : se reclure, par exemple, dans l'univers de ses lectures. Mais il ne serait pas devenu Don Quichotte. Faire revivre la chevalerie errante, c'est en effet l'incarner dans le quotidien, le décor familier d'une existence concrète : les plaines de la Manche où notre héros s'en va chercher l'aventure, l'auberge où il est armé chevalier, celle où il fera plus tard étape, les chemins sur lesquels il croise muletiers, moines ou mendiants sont les signes d'un présent dont il ne saurait s'abstraire et qui, au plus fort de son exaltation, le ramène inexorablement sur terre. Tributaire de ce présent, mais refusant de se soumettre à ses décrets, il le réduit à sa portion congrue en l'intégrant à son système de pensée. L'action d'enchanteurs voués à sa perte sera le recours qui lui permettra d'expliquer ses déconvenues : la disparition de sa bibliothèque — murée, en fait, par les soins d'un maçon diligent — ou la métamorphose des géants en moulins qui le frustrent in extremis du plaisir de les vaincre. Ainsi peut-il interpréter les désaveux du réel sans sortir du domaine de l'illusion ; ainsi parvient-il, en relativisant malgré lui l'absolu, à édifier peu à peu, sur les ruines du monde légendaire auquel il se réfère, le monde ambigu dont il est le héros.

« Je ne veux pas suivre le commun usage... »

Condamné par son créateur à la solitude, Don Quichotte aurait fini immanquablement à l'asile. C'est au serviteur qu'il s'adjoint à l'issue de sa première équipée qu'il doit de rester, à sa façon, en prise sur le réel, de s'imprégner de l'épaisseur des choses, menant avec lui un dialogue ininterrompu qui est la source même de l'impression de vie qu'il nous communique. Depuis le romantisme, on a redit à satiété de Don Quichotte et de Sancho qu'ils incarnaient la confrontation permanente de l'idéal et du réel. Il ne faut pas forcer leur opposition. Don Quichotte, à l'occasion, se montre circonspect à l'égard de ses fantasmes, veillant à ne plus mettre à mal l'armet de carton dont il a éprouvé la fragilité. Sancho, de son côté, sait faire la part du rêve, puisqu'il vit de l'espoir de devenir un jour gouverneur de l'île que son maître lui a promise en récompense de ses services. Deux êtres de chair, donc, au lieu de deux symboles. Leurs entretiens, sages ou plaisants, sont le contrepoint permanent de la narration ; en exprimant leurs réactions face à l'aventure et en échangeant leurs impressions, ils muent peu à peu leur antagonisme apparent en une harmonie subtile, tout en nous dévoilant subrepticement leur intimité. Comme malgré eux, ils finissent même par se contaminer l'un l'autre. A Don Quichotte qui le presse de questions au retour de son ambassade auprès de Dulcinée, lui demandant s'il n'a pas senti, en s'approchant de la dame de ses pensées, « une odeur sabéenne, une senteur aromatique », Sancho oppose un démenti formel : tout ce qu'il a senti, lui dit-il, c'est « une petite odeur quelque peu hommasse, et ce devait être qu'à cause du grand exercice qu'elle avait fait elle était en sueur et la peau détendue ». Réponse de bon sens ? Non : conte à dormir debout. Sancho, qui n'est jamais allé voir Dulcinée, n'a d'autre recours que de mentir à son maître. C'est donc lui qui improvise une fable, tandis que le commentaire du chevalier tout surpris — « c'est que tu étais enrhumé, ou bien que tu te sentais toi-même » — est, finalement, un trait de lucidité.

Pris dans le va-et-vient qui, au fil du récit, nous fait osciller entre l'illusion et la réalité, entre le sublime et le grotesque,

Don Quichotte et Sancho nous apparaissent ainsi constam-
ment associés dans leur saisie des êtres et des choses, sans que
l'on puisse tracer, sinon de façon arbitraire, la frontière qui
sépare leurs points de vue respectifs. Ce mouvement pendu-
laire, qui rythme la narration, implique aussi bien tous les
personnages que maître et serviteur rencontrent sur leur
route et dont chacun a sa part de vérité : la bergère Marcelle,
pour qui soupire en vain l'étudiant Chrysostome, et qui
s'avère aussi rebelle au mariage qu'éprise de la libre vie des
champs ; l'infortuné Cardenio, que ses déboires amoureux
ont conduit en sierra Morena, là où Don Quichotte a décidé
de faire pénitence, et dont la folie noue un curieux dialogue
avec celle du chevalier ; la belle Dorothée, amante éplorée
trahie par son séducteur, mais aussi fine mouche qui se
déguise en infante Micomicona pour mystifier l'hidalgo ; Ruy
de Viedma, le capitaine captif, dont l'idylle romanesque avec
Zoraïda la mauresque s'alimente des souvenirs de Lépante et
d'Alger.

A peine ont-ils entamé leur parcours que Don Quichotte et
Sancho trouvent sur leur chemin ces personnages épisodiques
dont les apparitions successives enrichissent l'action principale
d'intrigues adventices ; et, dès l'instant où maître et serviteur
atteignent l'auberge où ils avaient fait précédemment étape,
leurs interventions s'accumulent de telle sorte que les deux
héros, devenus simples spectateurs, semblent voués à dispa-
raître dans la coulisse. Chaque fois cependant, le cours des
événements, par des voies souvent imprévues, les ramène
promptement sur le devant de la scène. Il n'est que de se
rappeler la façon dont s'interrompt la lecture de l'histoire du
Curieux impertinent, suspendue par l'effroyable vacarme
que fait Don Quichotte en livrant bataille à des outres de
vin. Ce faisant, le chevalier manifeste à sa manière qu'il
demeure le protagoniste de cette épopée d'un genre nouveau.
Il le restera d'ailleurs jusqu'à la fin de la Première partie :
mis en cage par des enchanteurs — qui ne sont autres que le

Curé et le Barbier, décidés à le ramener au bercail — il sera conduit, traîné par des bœufs, jusqu'à son village.

Dans cet emboîtement d'histoires qui varient à l'envi les formes de leur interpolation, on a souvent voulu voir la synthèse de toutes les formes de fiction qui ont eu la faveur des hommes de la Renaissance, chaque personnage incarnant, à travers son destin, une référence particulière à la littérature. Mais Don Quichotte n'est pas simplement le carrefour où convergent les modes littéraires. Il régénère les « fables mensongères » en inscrivant leur mise en question au cœur même des vies qui se déploient sous nos yeux. Tout comme l'hidalgo ressuscite à sa manière les prouesses d'Amadis, Chrysostome, à travers sa mort, donne un nouvel élan à la pastorale, tandis que Ginès de Passamont, en promettant l'histoire véritable de ses actions, dévoile inopinément les contradictions de la formule picaresque. Il va sans dire que, dans ce concert, la voix de Sancho est celle qui se fait entendre avec le plus d'insistance : Sancho, dont les bons mots, les proverbes, les contes à rire procèdent d'un folklore largement répandu par la tradition orale et auquel la fantaisie cervantine doit une part de sa saveur. Constamment confrontés par le jeu des points de vue, ces destins contrastés incarnent autant de vérités partielles qui finissent par s'abolir au sein d'une vérité supérieure capable de les réconcilier.

Le lecteur d'aujourd'hui, il faut bien le reconnaître, ne s'accommode pas toujours aisément de cette polyphonie complexe, de cet univers multiple où les plans se chevauchent et où les récits s'imbriquent. Les épisodes qui s'intercalent dans le corps de la narration cardinale déconcertent tous ceux qui s'imaginaient pouvoir réduire la matière du livre aux aventures du couple immortel. Cette « mise en abyme » dont se lassent ou s'impatientent parfois nos contemporains n'est pas un simple trompe-l'œil où l'on décèlerait la marque de quelque baroque. C'est, bien davantage, l'effet d'une intuition révolutionnaire : celle qu'a eue Cervantès du rapport

17

problématique que le romancier entretient avec ses personnages. D'où ce jeu de miroirs qui se répondent indéfiniment ; d'où le soin constant que met le narrateur à se dérober derrière des êtres de fiction auxquels il prête sa voix et délègue ses pouvoirs. Cid Hamet Ben Engeli est, à n'en pas douter, le plus fascinant de ces doubles : émule apparent de ces chroniqueurs arabes à qui l'on faisait endosser, par pure convention, la paternité des romans de chevalerie, il est à la fois l'auteur postiche dont le romancier se démarque pour juger l'œuvre qu'il est en train d'écrire, et l'historien sourcilleux qui dévoile au lecteur son effort pour saisir ses héros dans toute leur plénitude, les faisant ainsi entrer dans l'acte même de la création littéraire.

« Aujourd'hui même il y a plus de douze mille exemplaires imprimés de cette histoire... »

Don Quichotte, dit-on, est le premier roman des Temps modernes. Pourquoi ? Parce que, en donnant la parole aux personnages et, avec elle, la liberté d'en user, ce récit, pour la première fois, a installé à l'intérieur de l'homme la dimension imaginaire : au lieu de raconter du dehors les événements qu'il vit, il recrée le mouvement par lequel il s'invente. Cervantès a-t-il eu conscience d'avoir ainsi renversé les perspectives ? Nous ne saurions l'assurer : au moment où, dans sa préface, il déclarait ne pas vouloir suivre « le commun usage », il ne mesurait probablement pas toute la portée de cette proclamation. Mais le succès immédiat du livre l'a convaincu qu'il avait su répondre à une attente, même si cette attente s'exprimait confusément.

Dès mars 1605, deux mois après la sortie de l'ouvrage, la première édition est épuisée. Une deuxième édition madrilène est mise en chantier, qui verra le jour avant la fin de l'été. Dans le même temps, quatre éditions pirates paraissent successivement à Lisbonne et à Valence. Cette concurrence déloyale porte préjudice aux intérêts de l'écrivain et de son éditeur, Francisco de Robles ; mais elle contribue à faire connaître les exploits du chevalier et de son serviteur. Les douze mille exemplaires dont fera état Samson Carrasco, au début de la Seconde partie, ne sont qu'une estimation de pure fantaisie. Mais Don Quichotte n'en a pas moins conquis le public ibérique, non seulement sur toute l'étendue de la péninsule, mais aussi outre-Atlantique, puisque, dès 1607, sa présence est signalée au Pérou. Et puis, au-delà du cercle encore restreint de ceux qui savent lire, maître et serviteur élargissent le champ de leur audience : ils s'offrent aux regards des badauds qui les voient figurer dans les ballets et les mascarades dont l'actualité fournit constamment le prétexte. Ils s'incorporent ainsi à un folklore dont ils ravivent les couleurs.

Parallèlement, leur réputation franchit les Pyrénées. Elle atteint d'abord les Flandres et l'Italie, possessions des Habsbourg ; mais elle ne tarde pas à se répandre à l'étranger. Tandis que dix éditions du chef-d'œuvre, toutes en castillan, circulent à travers l'Europe, l'Anglais Thomas Shelton publie en 1612 The Delightful Historie of the Most Ingenious Knight Don Quixote de la Mancha. En 1614, César Oudin, interprète du roi et grand amateur de prose cervantine, fait paraître la première traduction française de ce qui n'est pas encore devenu la Première partie du roman. Quelques mois plus tard, à l'automne 1615, ce sera chose faite : la Seconde partie de l'Ingénieux Chevalier Don Quichotte de la Manche, par Miguel de Cervantes, auteur de la Première, sort à son tour des presses de Juan de la Cuesta. Le romancier donnait ainsi aux exploits de l'hidalgo la suite que, dès 1605, il laissait entrevoir au moment de prendre congé de son lecteur. S'en remettant à l'autorité de Cid Hamet, son prête-nom, il s'était toutefois abstenu de s'engager trop avant. Oui, disait-il, Don Quichotte avait accompli de nouvelles

19

prouesses lors d'une troisième et dernière sortie ; mais encore fallait-il retrouver les témoignages susceptibles d'authentifier cette véridique histoire. Jouant habilement de l'artifice des auteurs fictifs, Cervantès se réservait de choisir le moment opportun pour franchir le pas.

Quand s'est-il résolu à le faire ? Selon toute vraisemblance, au bout de quatre ou cinq ans. Au début de 1607, il s'établit définitivement à Madrid, redevenu capitale du royaume, après l'intermède de six ans qui avait vu la cour prendre ses quartiers à Valladolid. Dès son retour sur les bords du Manzanares, il a dû être l'objet des amicales pressions de Francisco de Robles, encouragé par l'accueil réservé à la Première partie. Mais, accaparé par les soucis domestiques — la mort de ses sœurs, les chicaneries procédurières de sa fille Isabel — il semble avoir consacré ses loisirs aux autres œuvres qu'il avait alors sur le métier : les Nouvelles exemplaires, qu'il publie en 1613 ; le Voyage au Parnasse, qui paraît l'année suivante ; les Comédies et intermèdes, qu'il fait éditer en 1615, faute d'avoir pu les faire jouer sur les scènes madrilènes ; Les Travaux de Persilès et Sigismonde, ce roman dans le goût byzantin dont il attendait tant, auquel il travaille d'arrache-pied au cours des derniers mois d'une existence usée par la misère et la maladie, et qu'il achèvera sur son lit d'agonie, le 20 avril 1616, avant-veille de sa mort. C'est donc vers 1611 qu'il s'est décidé à lancer à nouveau ses héros sur les chemins de la Manche. Trois ans plus tard, en juillet 1614, il est à mi-parcours, comme il ressort de la date de la lettre que Sancho adresse de Barataria à sa femme Thérèse, et qui figure au chapitre XXXVI de la Seconde partie. Au cours de l'été 1614, il met les bouchées doubles, rédigeant vingt-trois chapitres en moins de deux mois. C'est alors que, brutalement, survient un événement qui semble l'avoir pris de court : la publication à Tarragone, à la fin de septembre, d'un Don Quichotte apocryphe, « dû à la plume du licencié Alonso Fernández de Avellaneda, natif de Tordesillas ».

Que Cervantès suscitât un émule n'avait, en soi, rien d'incongru, en un temps qui n'attachait qu'un prix limité à la propriété littéraire et où prévalait, dans les lettres, une conception très large de l'imitation inventrice. Il n'est que de songer aux suites de La Célestine, du Lazarille de Tormes ou de la Diane, pour ne rien dire du Guzman d'Alfarache, de Mateo Luján de Sayavedra, paru trois ans après la parution du Guzman authentique, alors que Mateo Alemán travaillait à l'achèvement de son ouvrage. Cervantès, dans sa préface, s'était proclamé non le père, mais le beau-père de l'hidalgo. Il s'était, au fil de son récit, dérobé derrière les chroniqueurs fictifs d'une histoire prétendument véridique. Il avait annoncé de nouvelles aventures, sans dire qui en serait le narrateur. Comment aurait-il échappé au sort commun? Mais l'irritant était le mystère dont s'entourait le faussaire, en se dissimulant derrière un pseudonyme que ni les contemporains ni la postérité ne sont parvenus à percer; et, surtout, scandaleuses étaient aux yeux du soldat de Lépante les attaques ad hominem de la préface, les railleries sur son âge et ses infirmités, les propos diffamatoires sur le compte de son épouse. Ce qui aurait pu passer pour un canular d'étudiant ou, à la rigueur, pour l'hommage détourné d'un disciple impertinent devenait dès lors un affront inadmissible.

D'autres auraient opposé un silence méprisant, d'autant plus justifié que le Don Quichotte apocryphe est une œuvre médiocre, où le chevalier et son serviteur se comportent en bouffons répugnants et grotesques. Mateo Alemán, pour sa part, avait préféré mêler son plagiaire aux nouvelles aventures de Guzman, pour le condamner finalement à la folie et au suicide. Cervantès va choisir une voie plus subtile : après avoir, dès sa préface, renvoyé Avellaneda à son néant, il incorpore la suite apocryphe à la substance même de son propre récit. Don Quichotte et Sancho rencontrent en effet deux lecteurs du roman d'Avellaneda qui, désappointés par les sottises qu'ils viennent de lire, soumettent l'ouvrage à leur *verdict*. *Puis ils font la connaissance d'Alvaro Tarfe, un des personnages inventés par le faussaire ; celui-ci, mesurant l'abîme qui sépare le vrai chevalier de son double, en conclut qu'il a été, lui aussi, le jouet des enchanteurs. Pris sous les feux croisés du narrateur et de ses personnages, le Don Quichotte* apocryphe *ne s'est jamais remis de cette contre-attaque ; mais il lui doit aussi, paradoxalement, d'avoir été ainsi arraché à un oubli auquel il aurait été sinon condamné à coup sûr.*

« Un Don Quichotte développé... »

« *Coupée à la même étoffe que la Première* », la Seconde partie se présente comme le récit « développé » des exploits de l'ingénieux hidalgo. Un récit conduit jusqu'à son terme : la mort du héros. Cervantès proclamait de la sorte sa fidélité au dessein conçu quinze ans plus tôt ; mais il affirmait aussi sa conviction d'avoir dépassé, débordé ce dessein. Il va tenir son pari : la Seconde partie n'a pas seulement confirmé les qualités de la Première ; elle a porté le roman à son point de perfection.

A la différence des précédentes, cette troisième et dernière sortie entraîne Don Quichotte et Sancho loin de leur village et des plaines de la Manche : sur le chemin de Saragosse, théâtre de joutes fameuses. Une première série d'aventures marque le premier temps fort de cette équipée : l'arrivée au Toboso et l'enchantement de Dulcinée, le combat avec le chevalier du Bois, la descente dans la caverne de Montesinos, les tréteaux de Maître Pierre. Puis vient le séjour chez le Duc et la Duchesse qui, pour se divertir aux dépens de leurs hôtes, les embarquent dans des péripéties ménagées par leurs soins : désenchantement de Dulcinée, chevauchée sur Chevillard le cheval de bois, gouvernement de Sancho à Barataria. Enfin, coïncidant avec la découverte de la suite apocryphe, l'odyssée de Don Quichotte s'achève à Barcelone où le héros a décidé de se rendre, plutôt que de s'arrêter à Saragosse où Avellaneda avait conduit son double. C'est là qu'il est vaincu par le chevalier de la Blanche Lune. S'étant engagé à ne plus porter les armes pendant un an, il regagne tristement son village où il meurt après avoir recouvré la raison.

C'est dire combien maître et serviteur étendent le champ de leurs découvertes. Leurs horizons, naguère, s'étaient rapidement circonscrits à l'auberge de Maritorne. Désormais, ils s'élargissent aux bords de l'Èbre, puis aux vastes domaines qui entourent le palais du Duc, enfin à Barcelone d'où ils contemplent à perte de vue la Méditerranée. Dans ce vaste décor, toute une comédie humaine défile sous nos yeux, au hasard des rencontres que font nos deux héros : paysans et bergers, acteurs en tournée, hobereaux campagnards, gentilshommes citadins, grands seigneurs entourés de leur maisonnée. L'apparition du morisque Ricote, revenu clandestinement dans sa patrie en dépit du ban d'expulsion qui, en 1609, avait frappé ses coreligionnaires, l'intervention de Roque Guinard, authentique bandit catalan, contribuent à ancrer l'action dans la réalité quotidienne, assurant le croisement de l'aventure avec l'actualité immédiate. On aurait pu craindre que Don Quichotte et Sancho ne se perdent au sein de cet univers. Bien au contraire, ils en constituent le pivot autour duquel il s'organise. Loin de se laisser porter par l'événement et d'errer au gré de leur fantaisie, ils s'assignent dès le départ un but précis et s'astreignent à ne pas s'écarter de leur route. Leur séjour chez le Duc, leur séparation momentanée, leur décision d'éviter Saragosse pour pousser jusqu'à Barcelone viennent sans doute contredire leur dessein initial, mais n'en confirment pas moins leur libre détermination.

Il en résulte une autre architecture que celle de la Première partie où, nous l'avons vu, l'action principale cédait souvent le pas à des actions secondaires dont les deux protagonistes n'étaient que les témoins ou les auditeurs. Cervantès, tout en défendant explicitement cet artifice qui semble lui avoir été reproché, renonce désormais à cette construction ambitieuse pour ne pas disperser l'attention du lecteur. Cette fois-ci, déclare-t-il, il n'a « point voulu insérer (...) de nouvelles libres ni mêlées, mais bien quelques épisodes qui semblent nés des aventures mêmes que présente la réalité, et encore y veut-il procéder d'une manière fort restreinte, et avec les paroles seules qu'il faut pour les déclarer ». Ainsi justifie-t-il l'inclusion de six histoires épisodiques, organiquement liées à l'action principale, dès lors qu'elles impliquent la participation directe et parfois décisive de nos deux héros. C'est au chevalier, défenseur de la veuve et de l'orphelin que fait appel Doña Rodriguez, la duègne de la Duchesse, afin qu'il contraigne le séducteur de sa fille à épouser la jouvencelle ; c'est à son serviteur, devenu gouverneur de Baratiaria, que revient de mettre un terme à l'escapade nocturne de la fille d'un riche marchand qui, voulant connaître le monde, s'était sauvée un beau soir de chez elle en habit masculin.

Certes, ces interventions impriment souvent à l'aventure un cours inattendu et la font basculer parfois dans le burlesque. Mais, tout en commandant le mouvement du récit et son économie, elles permettent à Don Quichotte et à Sancho de manifester, au plein sens du terme, leur existence : notamment en se montrant en chair et en os à tous ceux qui ne les connaissaient que pour avoir lu la Première partie. Le curieux débat qui, au début de la Seconde, les met aux prises avec Samson Carrasco, lorsqu'ils apprennent de sa bouche que leur histoire court par le monde et qu'elle a été couchée dans un livre, prouve d'emblée combien ce souci leur tient à cœur. En reprochant à Cid Hamet d'avoir fait œuvre d'historien plutôt que de poète — au point de consigner les bastonnades reçues par l'ingénieux hidalgo —, Don Quichotte fait sans doute un usage captieux des préceptes de la Poétique, que Samson ne manque pas de dénoncer. Mais en même temps, à travers son incessant va-et-vient entre le profil dont

24

il rêvait, conforme aux canons de la vérité poétique, et celui que lui impose le respect de la vérité historique, il revendique opiniâtrement une indépendance dont il refusera jusqu'au bout de se départir. On comprend mieux, dès lors, pourquoi, tout en s'abstenant soigneusement de lire le récit de ses exploits d'antan, il dénonce avec vigueur la suite d'Avellaneda. Acharné à se démarquer de son double, de cet imposteur qui lui a volé son nom, il mènera jusqu'à la fin son perpétuel vagabondage entre son être vivant et son être de papier.

« Les fables mensongères se doivent accommoder à l'entendement de ceux qui les lisent... »

Ressusciter Don Quichotte et Sancho présentait un double risque : identiques à eux-mêmes, ils se seraient sclérosés ; différents, leur cohérence s'en serait trouvée compromise. En les confrontant à l'image que s'en était formée le lecteur, Cervantès a surmonté l'alternative. Attentifs à persévérer dans leur être, maître et serviteur ne sont pas moins soucieux de se démarquer des livres et des légendes qui colportent sur eux des fables plus ou moins suspectes. Constamment, ils se renouvellent au gré de situations auxquelles ils adaptent leur conduite ; en même temps, ainsi que l'a justement observé Thomas Mann, ils vivent de la renommée de leur propre renommée ; jamais la chose ne s'était produite auparavant.

S'il en va désormais ainsi, c'est aussi parce que Don Quichotte n'a plus à inventer son propre monde. Naguère, dans le même mouvement par lequel il forgeait son identité, il transformait, par l'effet de sa déraison, les moulins en géants et les auberges en châteaux. Désormais, ce sont les circonstances ou, tout simplement, les hommes qui fabriquent un univers à la mesure de ses exploits ou de ses désirs. Parfois, l'aventure surgit d'elle-même ; le chevalier, confiant en son étoile, s'en va alors résolument à sa rencontre, défiant un lion dans sa cage ou descendant au plus profond de la caverne de Montesinos où il fera, nous dit-il, les plus extraordinaires rencontres. Mais, le plus souvent, elle naît de la volonté maligne de quelque démiurge dont nous soupçonnons plus ou moins l'intervention. L'enchantement de Dulcinée est une invention de Sancho, qui peut ainsi cacher à son maître qu'il n'a jamais vu la dame de ses pensées et lui présenter sous ce nom la première paysanne venue. Les amours de Gaïferos et de Mélisendre, représentées sur un théâtre de marionnettes, s'inscrivent dans l'espace de l'illusion comique. Les péripéties qui ponctuent le séjour chez le Duc sont, pour l'essentiel, le fruit d'une gigantesque mystification à laquelle collaborent serviteurs et vassaux, depuis l'aventure de Chevillard jusqu'au gouvernement de Sancho. Enfin, les combats que livre Don Quichotte contre le chevalier du Bois et celui de la Blanche Lune sont, l'un et l'autre, une duperie imaginée par Samson, déguisé en paladin pour contraindre son adversaire à déposer les armes et à regagner son logis.

Don Quichotte évolue ainsi dans un monde d'apparences, tantôt bâti de toutes pièces, tantôt ordonné à la façon d'un songe : un monde indécis, qui reflète en le déformant son propre monde intérieur. Dans cet univers en trompe l'œil, rien n'est plus malaisé que de tracer la frontière entre l'être et le paraître. Même Thérèse Pança, malgré son robuste bon sens, finit par vaciller lorsque se présente devant elle un page porteur d'un collier offert par la duchesse et d'une lettre du gouverneur Sancho. Un des témoins de cette scène inouïe résume l'impression générale : persuadé qu'il s'agit là d' « un des tours de Don Quichotte, notre compatriote, qui pense que tout se fait par enchantement », il demande à toucher et à tâter le page, pour voir s'il est « un ambassadeur fantastique ou un homme de chair et d'os ».

Ce désarroi fait sourire. Il n'épargne pourtant pas toujours le lecteur. Celui-ci est sans doute assez lucide pour constater

que le désenchantement de Dulcinée, promis sous conditions
par Merlin, est le dénouement d'une fiction à triple détente :
Merlin n'est qu'un comparse du Duc ; Dulcinée n'a jamais été
victime d'un sortilège ; et ni Don Quichotte, ni Sancho ne
l'ont de leur vie rencontrée. En revanche, les « choses
admirables » que le chevalier raconte avoir vues dans la
caverne de Montesinos sont pour ce même lecteur un sujet de
trouble. Contraint de s'en remettre au seul témoignage du
héros, il est d'abord tout près de penser, comme Cid Hamet,
qu'il s'agit là d'une aventure apocryphe. Mais Don Quichotte
sème bientôt une autre forme de doute dans son esprit, en se
demandant s'il a rêvé ce qui lui est arrivé lors de sa descente.
Faut-il croire le héros de cette équipée, dont il va de soi qu'il
ne saurait mentir ? Ou accorder foi à un narrateur fictif dont
les initiatives sont par définition suspectes ? L'illusion se
marie ainsi à l'artifice, au fil de cette odyssée qui, paradoxalement, se veut la revanche du « vrai » Don Quichotte sur tous
les fantômes qui ont usurpé son identité. Revanche de la
vérité sur le mensonge ? Assurément ; mais d'une vérité qui
demeure celle des livres, puisque le combat que mène le héros
précédé de sa renommée n'est autre que celui par lequel il
inscrit le roman révolu au cœur du roman qui se fait. Don
Quichotte, a-t-on dit, s'acharne à signifier la vie ; mais il n'en
demeure pas moins un être imaginaire. C'est à cette ambiguïté même qu'il doit une large part de la fascination qu'il
exerce, au point d'éveiller en nous ce vertige dont parle
J. L. Borges, qui nous fait nous demander si nous ne sommes
pas, nous aussi, des êtres de fiction.

Ambigu dans son statut, Don Quichotte le reste aussi
jusqu'au bout dans son rapport aux choses. En plus d'une
occasion, le pourfendeur des outres et des moulins à vent nous
surprend et nous émerveille par les réponses circonspectes
qu'il oppose aux questions indiscrètes de ses prétendus
admirateurs. Ainsi, à la Duchesse qui lui demande tout
crûment si Dulcinée est fantastique ou réelle, il déclare que

« ce ne sont pas des choses dont on doive faire la vérification ». Il lui suffit de la contempler « telle qu'il convient que soit une dame qui possède toutes les parties qui la peuvent rendre fameuse parmi toutes celles du monde ». Bien mieux : à Sancho qui fait un récit époustouflant de leur chevauchée sur Chevillard, il glisse à voix basse une phrase qui en dit long sur sa clairvoyance et sur son humour : « Sancho, puisque vous voulez que l'on vous croie de ce que vous avez vu au ciel, je veux, moi, que vous m'en croyiez de ce que je vis dans la caverne de Montesinos. Et je ne vous en dis pas davantage. »

Cette lucidité insolite serait déconcertante si le chevalier cessait d'être fidèle à lui-même. Or jamais il ne met en question ce qui fait sa raison d'être. L'expérience du pouvoir dessille les yeux de Sancho, qui prend congé de ses vassaux en les laissant « étonnés, tant de ses raisons que de sa résolution si prompte et si sage ». Don Quichotte, à l'inverse, demeure convaincu d'avoir ressuscité la chevalerie errante, et sa conviction est d'autant plus forte que tous, par malice, s'ingénient à l'entretenir. Son entrée triomphale à Barcelone, où il se voit reçu avec tous les honneurs, marque en un certain sens l'apogée de sa carrière, tout en portant à son comble son égarement. Elle est aussi son chant du cygne. Vaincu par le chevalier de la Blanche Lune, Don Quichotte n'est pas simplement la victime d'une ultime mystification : en prenant, contraint et forcé, le chemin du retour, il s'engage enfin, malgré lui, sur la voie d'un désabusement que sa mort exemplaire inscrit dans ses justes limites. En recouvrant la raison, il se dépouille de sa démesure et de son orgueil. Mais, si vif que puisse être son repentir, si résolu qu'il soit à exécrer les livres de chevalerie, il n'est pas pour autant condamné à expier son erreur. Il a beau proclamer qu'il n'est plus Don Quichotte, c'est ce nom que consigne le notaire chargé de dresser son acte de décès : celui-là même sous lequel il est passé à l'éternité.

« Il n'y a nation ni langue qui ne la traduise… »

En refusant de ménager à son héros, revenu de sa folie, une paisible vieillesse, Cervantès interdisait aux émules d'Avellaneda de se saisir à nouveau de lui. Mais Don Quichotte aurait-il pu finir ses jours d'autre manière ? Tel qu'il s'accomplit, son trépas est le couronnement naturel de sa trajectoire. Il s'inscrit dans la logique même du projet qui a germé en lui, et qui le voue à être démenti chaque fois qu'il croit toucher au but. Dans cette fracture entre son dessein et son destin résident, tout à la fois, la vérité et le mystère du personnage et, selon la façon dont est perçu ce mystère, sa capacité à produire des sens nouveaux. Cervantès, dans sa préface, s'était assigné un pari audacieux : faire en sorte qu'en lisant le récit de ses prouesses, « le mélancolique soit ému à rire (…) le rieur le soit encore plus, le simple ne s'ennuie point, l'homme d'esprit en admire l'invention, le grave ne la méprise et (…) le sage lui donne quelque louange ». A la vérité, le témoignage des contemporains prouve que le succès du livre a d'abord été celui d'un roman comique, d'une épopée burlesque. Tous les spectacles où Don Quichotte tient sa partie soulignent à l'envi ses extravagances, en parfait accord avec les facéties de Sancho. Toutes les fantaisies littéraires qui, dans l'Espagne du Siècle d'or, le prennent pour héros, en font un personnage ridicule : une « triste figure », au sens où le castillan employait jadis cette expression. Sur le thème poignant du testament de Don Quichotte, Quevedo compose un poème bouffon, tandis qu'au détour d'une réplique, Lope de Vega, dans une de ses comédies, imagine « un Don Quichotte en jupons qui ferait rire tout l'univers ».

La France de Louis XIII n'a pas compris autrement Don Quichotte. Saint-Amant, dans La Chambre du débauché, parle de « *ses plus grotesques aventures* » et le dépeint « *en fort piteux état* »,

> dans un grand fossé plein de boue,
> aussi moulu comme le grain.

Charles Sorel, quelques années plus tard, exprime un senti-ment analogue, en transposant sur le mode pastoral les folies quichottesques dans son Berger extravagant. *Dans l'Angle-terre de la Restauration, Samuel Butler campe son* Hudibras, *champion ridicule de la cause presbytérienne, sous les traits d'un chevalier pansu, flanqué d'un écuyer tout aussi risible. On aimerait savoir si quelques lecteurs d'exception n'ont pas formulé un autre point de vue : ainsi La Fontaine, qui nous confie que Cervantès l'enchante ; ou encore Saint-Évremond, qui, nous dit-on, « lisait continuellement* Don Quichotte *et ne le finissait que pour le recommencer[2] ». Mais il y a quelque risque à forcer le sens de ces allusions fugitives, qui piquent notre curiosité plus qu'elles ne la satisfont.*

Rions-nous toujours à la lecture de Don Quichotte *? Sans aucun doute, mais d'une autre façon. Faute de disposer des clés nécessaires, nous ne saisissons plus toujours le sel d'un comique largement fondé sur la parodie : les fables chevale-resques qui en sont la référence constante, mais souvent implicite, nous sont devenues étrangères. Dans le foisonne-ment d'un récit dont on n'épuise pas les richesses, nous privilégions, plutôt que le burlesque, l'humour. Notre rire en sympathie ne s'accorde pas seulement avec la tension des contraires que symbolise un héros doublement « ingénieux », au sens où l'entendait le XVIIe siècle, parce que tout à la fois délirant et subtil. Il correspond aussi à un autre regard que celui que portaient nos ancêtres sur la folie. Ainsi que l'a montré Michel Foucault, il est aujourd'hui incongru, voire indécent, de se moquer du fou comme on aimait à le faire au*

---

2. Cité par Maurice Bardon, « *Don Quichotte* » *en France au* XVIIe *et au* XVIIIe *siècle*, Paris, Champion, 1931, p. 298.

Moyen Age et même à la Renaissance, encore tout imprégnée de l'esprit de Carnaval. La folie est devenue pour nous source d'inquiétude, et nous ressentons comme tragique le destin d'un personnage qui nous apparaît incompris de tous. C'est au XVIIIᵉ siècle que commence à se dessiner ce changement de perspective. Si les mésaventures du chevalier continuent de faire rire, le déclin d'une Espagne dont la suprématie a pris fin confère une portée nouvelle à ce monde poétique qu'il forge et qui entretient avec le monde réel une relation problématique. L'entreprise de Don Quichotte, qui s'obstine à défendre l'idéal héroïque d'un âge révolu, endossant l'armure médiévale pour jouer les justiciers solitaires, se charge d'une signification transcendante. Pour les hommes des Lumières, elle fait de cet insensé l'archétype d'une nation en quête de son identité : celle-là même que l'économiste Martín de Cellorigo, cinq ans avant que Cervantès ne publie son chef-d'œuvre, tenait déjà pour « une république d'hommes enchantés vivant hors de l'ordre naturel[3] ».

Mais c'est le XIXᵉ siècle qui va franchir le pas décisif. Dans le sillage de Tieck, des frères Schlegel et d'Henri Heine, les romantiques allemands ont su, les premiers, formuler claire-ment des intuitions jusqu'alors confuses. Expression par excellence de la dualité humaine, synthèse du drame et de l'épopée, l'aventure quichottesque se profile à leurs yeux comme une odyssée mythique dont le protagoniste est le parfait héros des Temps modernes. Cette transfiguration du roman conditionne encore, dans une large mesure, la lecture qu'en propose spontanément notre époque. Elle a été parfois taxée de contresens. Sans doute fait-elle fi du propos déclaré de l'auteur. Tenant pour accessoires des valeurs essentielles aux yeux des hommes du Siècle d'or, elle est liée, entre autres facteurs, à l'exaltation de l'individu, devenu, depuis le

---

3. Voir Pierre Vilar, « Le temps du *Quichotte* », *Europe*, XXXIV, 1956, p. 11.

romantisme, la référence suprême et qui, en dépit d'un reflux récent, n'a pas renoncé à sa prééminence. Mais, s'il est vrai que toute œuvre de génie échappe à son créateur, les sens nouveaux qu'elle produit ne sont pas pour autant arbitraires. Si Don Quichotte a pris un beau jour ce visage douloureux dont ses premiers admirateurs n'avaient pas eu le soupçon, ce n'est pas seulement parce qu'une époque donnée a décidé de le voir ainsi ; c'est aussi parce que son rapport au monde le prédisposait à nous offrir ce profil inattendu. Un seul exemple : le chevalier est un extravagant lorsqu'il libère des galériens enchaînés auxquels il enjoint de se présenter devant Dulcinée chargés de leurs chaînes. Mais, objectivement, il n'en fait pas moins œuvre de justice en délivrant des condamnés qui nous apparaissent aujourd'hui victimes d'un verdict inique, parce que les peines qui les frappent sont sans commune mesure avec les délits dont ils sont coupables. Selon la perspective adoptée, l'épisode peut être lu de deux façons : deux lectures qui se complètent au lieu de s'annuler.

Grandiose dans son projet qui l'arrache au temps et à l'espace, dérisoire dans son échec qui l'y réintègre malgré lui, Don Quichotte a traversé jusqu'à nous les siècles, sans jamais s'abolir dans une signification révolue. Il le doit, pour une part, au caractère toujours actuel de son entreprise : en mettant à l'épreuve la vérité des « fables mensongères », l'ingénieux hidalgo manifeste en effet, avec la démesure qui lui est propre, la puissance contagieuse de la littérature sur tous ceux à qui elle ouvre les voies de l'imaginaire. Mais, au-delà de cette dimension symbolique qui l'ancre dans notre époque, ce qui nous frappe en lui, c'est moins le message qu'il délivre que le geste qui le résume : plutôt qu'un idéal nécessairement contingent, le double mouvement qui fait que plus le héros s'entête à affronter le monde, plus celui-ci se dérobe ou se rebiffe, creusant ainsi l'écart, tragique ou comique, entre le réel et sa représentation. Cette parabole épique, le roman moderne n'a cessé de la développer, parfois

32

sous l'invocation directe de Don Quichotte. *Que Cervantès ait ainsi ouvert la voie à Flaubert, Dickens, Dostoïevski, mais aussi à Kafka, à Joyce ou à García Márquez nous le rend singulièrement proche. Mais il ne l'est pas moins pour nous avoir introduits, le premier, au cœur même de l'illusion romanesque, de ce « mentir vrai » où réside l'essence de toute fiction.*

Jean Canavaggio

NOTE SUR L'ÉDITION

La traduction qui est ici offerte reproduit celle qui figure dans le volume de la Bibliothèque de la Pléiade, où sont réunis le *Don Quichotte* et les *Nouvelles exemplaires*. Cette version, due à Jean Cassou, a été établie à partir des traductions françaises du XVIIᵉ siècle. Ainsi qu'il a été dit dans la préface, la Première partie du *Don Quichotte* a été traduite par César Oudin, hispanisant de bonne race à qui l'on doit un précieux *Thrésor des deux langues françoise et espagnolle*, publié en 1607 et réédité en facsimilé en 1968. Elle s'intitule *L'ingénieux Don Quixote de la Manche, composé par Michel de Cervantes, traduit fidellement d'espagnol en françois, et dédié au Roy par César Oudin, secrétaire interprète de Sa Majesté, ès langues germanique, italienne et espagnole : et secret ; ordinaire de Monseigneur le Prince de Condé, Paris, 1614*. Trois ans après la publication de l'original espagnol paraîtra à son tour la *Seconde partie de l'Histoire de l'ingénieux et redoutable chevalier Dom Quichot de la Manche. Composée en Espagnol par Miguel de Cervantes Saavedra. Et traducte fidelement en nostre langue par F. de Rosset, Paris, 1618*. Traducteur prolixe et poète médiocre, François de Rosset était alors âgé de quarante-huit ans. Conçues séparément, les deux versions ne seront réunies qu'en 1639.

On a reproché à Oudin « une trop docile complaisance aux tournures espagnoles » et à Rosset « une tendance trop lâche à la paraphrase et au délayage ». Jean Cassou, qui rappelle ces critiques, n'en a pas moins choisi de prendre pour base de son propre travail le premier *Quichotte* français, l'un des plus ressemblants, aux dires de Maurice Bardon, en dépit de ses archaïsmes. Il s'est attaché à alléger la traduction, en particulier dans les passages de narration soutenue, à en rectifier les inexactitudes et à en éclairer les obscurités. Il s'est aidé, pour y parvenir, des traductions postérieures : celles de Louis Viardot (1836), de Xavier de Cardaillac et Jean Labarthe (1923-1926) et de Jean Babelon (1929).

CHRONOLOGIE

1547. Miguel de Cervantès naît à Alcalá de Henares, sans doute le 29 septembre, jour de la Saint-Michel. Troisième enfant du chirurgien Rodrigo de Cervantes et de Leonor de Cortinas, il est baptisé le 9 octobre.
Mort de François Ier et d'Henri VIII d'Angleterre. Victoire de Charles Quint à Mühlberg sur les princes protestants allemands.

1553. Après avoir tenté de s'établir avec les siens à Valladolid, où il est emprisonné pour dettes, Rodrigo de Cervantes part pour Cordoue où s'est retiré son père, Juan de Cervantes. Rien ne prouve que Miguel l'ait suivi.
Mort de Rabelais.

1554. *Lazarillo de Tormes.*

1556. Mort de Juan de Cervantes.
Abdication de Charles Quint. Avènement de Philippe II.

1558. Mort de Charles Quint. Avènement d'Élisabeth d'Angleterre.

1559. Paix du Cateau-Cambrésis. Mort d'Henri II.
Montemayor, *La Diana.*

1561. Philippe II établit le siège de la cour à Madrid.
Naissance de Góngora.

1562. Naissance de Lope de Vega.

1563. Première pierre de l'Escurial. Fin du concile de Trente.

1564. Rodrigo de Cervantes se transporte à Séville. Le séjour de Miguel n'y est pas attesté.
Naissance de Shakespeare.

1565. Révolte des Pays-Bas.

1566. Rodrigo s'installe à Madrid.

1567. Premières poésies de Miguel.

1568. Cervantès est l'élève de l'humaniste Juan López de Hoyos, recteur de l'*Estudio de la Villa*, qui inclut les vers de son disciple dans une relation des obsèques d'Élisabeth de Valois, fille d'Henri II et épouse de Philippe II.

1569. Une provision royale du 15 septembre 1569 ordonne à l'alguazil Juan de Medina de retrouver et d'emprisonner un étudiant du nom de Miguel de Cervantes, accusé d'avoir blessé en duel un maître maçon, Antonio de Sigura. S'agit-il d'un homonyme ? Toujours est-il qu'en décembre de la même année, la présence de Cervantès est attestée à Rome.

1570. Cervantès est toujours à Rome, au service du cardinal Acquaviva, qu'il évoquera dans la préface de *La Galathée*.
Occupation de Chypre, possession vénitienne, par les Turcs.

1571. A l'initiative du pape Pie V, formation de la Sainte Ligue qui, sous le commandement de don Juan d'Autriche, demi-frère de Philippe II, rassemble les flottes coalisées de l'Espagne, de Venise et du Saint-Siège. Le 7 octobre, don Juan remporte à Lépante une éclatante victoire sur les Turcs. Cervantès, qui combat sur le pont de la galère *Marquesa*, est blessé de trois coups d'arquebuse dont l'un rendra sa main gauche inutile. Il se remet de ses blessures à Messine.

1572. Campagne navale de don Juan d'Autriche à Corfou et Modon, dans le Péloponnèse, à laquelle prend part Cervantès, promu *soldado aventajado*, et qui s'achève sur un demi-échec.

1573. Nouvelle expédition de don Juan d'Autriche, qui s'empare de Tunis et de La Goulette. Cervantès y participe.

1574. Cervantès, toujours soldat, prend ses quartiers d'hiver en Sicile et à Naples.
Les Turcs reprennent Tunis.

1575. Nouveau séjour de Cervantès à Naples, d'où il embarque début septembre pour l'Espagne. Le 26 septembre, sa galère est prise d'assaut, au large des côtes catalanes, par le corsaire Arnaut Mami. Cervantès et ses compagnons sont emmenés captifs à Alger.

1576. En janvier, Cervantès tente de gagner Oran, possession espagnole, par voie de terre. Il est repris au bout de quelques jours.
Sac d'Anvers par les troupes espagnoles. Don Juan d'Autriche régent des Pays-Bas.

1577. Cervantès monte une deuxième tentative d'évasion, cette fois par mer. Il échoue à nouveau (30 septembre).
Le Greco s'installe à Tolède.

1578. En mars, Cervantès tente de prendre contact avec le gouverneur espagnol d'Oran. Son émissaire est pris et empalé. Lui-même, grâce à de mystérieux appuis, échappe de justesse aux deux mille coups de bâton qu'il aurait dû recevoir.
Mort de don Juan d'Autriche. Le roi Sébastien de Portugal débarque au Maroc dont il veut entreprendre la conquête. Il est défait et tué à la bataille d'Alcazarquivir.

1579. En septembre, Cervantès, dénoncé par un traître, échoue dans sa quatrième tentative d'évasion. Cette fois encore, le pacha d'Alger lui fait grâce.
Ouverture à Madrid des premiers théâtres permanents.

1580. Le 19 septembre, alors qu'il allait être emmené à Constantinople, Cervantès est racheté par les Trinitaires. A la mi-décembre, après avoir fait étape à Valence, il est de retour à Madrid.
Philippe II, proclamé roi de Portugal, réalise l'unité de la péninsule Ibérique.

1581. En mai-juin, Cervantès effectue à Oran, pour le compte du roi, une brève mission. Il séjourne ensuite à Lisbonne.
Mort de Thérèse d'Avila.

1582. En février, Cervantès est à nouveau à Madrid, où il s'occupe à écrire *La Galathée*. Dans le même temps, il fait jouer ses premières pièces, dont *La Vie à Alger*.

1583. Cervantès continue d'écrire pour les scènes madrilènes. C'est à cette époque, approximativement, qu'il compose *Numance*.

1584. A la mi-novembre naît à Madrid Isabel, fille d'Ana Franca de Rojas, que Cervantès reconnaîtra plus tard sous le nom d'Isabel de Saavedra. Le 12 décembre, Cervantès épouse à Esquivias Catalina de Salazar, à peine âgée de dix-neuf ans.
Philippe II s'installe à l'Escurial.

1585. En mars paraît à Madrid la Première partie de *La Galathée*. Cervantès est toujours en relations avec le monde du théâtre. Le 13 juin, Rodrigo de Cervantes meurt à soixante-quinze ans.
Saint Jean de la Croix, *Le Cantique spirituel*. Mort de Ronsard.

1586. Cervantès, qui se partage entre Esquivias et Madrid, se rend plusieurs fois à Séville pour affaires.

1587. Départ définitif pour Séville, début mai. En septembre, Cervantès est nommé commissaire aux approvisionnements des galères du roi. Il entreprend une série de tournées en Andalousie, afin de réquisitionner les vivres que requièrent les préparatifs de l'Invincible Armada. Ses démêlés avec les chanoines d'Écija lui valent d'être excommunié.

Philippe II met sur pied l'expédition navale destinée à briser la puissance d'Élisabeth Ire d'Angleterre.

1588. Nouvelles commissions andalouses.

Échec de l'Invincible Armada.

Le Greco, *Enterrement du comte d'Orgaz*.

1589. Nouvelles commissions. Séjours à Esquivias et Madrid.

1590. Le 21 mai, Cervantès adresse au Conseil des Indes une requête accompagnée d'un état de ses services, afin d'obtenir « un emploi aux Indes, parmi les trois ou quatre qui sont actuellement vacants ». Le secrétaire du Conseil appose en marge du document une fin de non-recevoir.

1591. Commissions dans la région de Grenade.

1592. En septembre, Cervantès est emprisonné à Castro del Río, à la suite d'un mandat d'arrêt du *corregidor* d'Écija, l'accusant de vente illégale de blé. Rapidement libéré, il se voit imputer par le Trésor public différents découverts dans ses comptes. Il doit se rendre à Madrid et parvient provisoirement à se justifier. A la même époque, il s'engage par contrat à remettre au comédien Rodrigo Osorio six comédies, composées « dans le délai qu'il pourra tenir ». Nous ne savons pas s'il a pu tenir sa promesse.

Mort de Montaigne.

1593. Commissions aux abords de Séville. Le 19 octobre, Leonor de Cortinas, la mère de l'écrivain, disparaît brutalement, à l'âge de soixante-treize ans.

1594. En avril, il est mis fin au système des commissions dont Cervantès avait été un des rouages. En juin, celui-ci voit ses comptes approuvés. En septembre, après un séjour à Madrid et à Esquivias, il repart pour Grenade, en qualité de collecteur d'impôts.

Entrée d'Henri IV à Paris.

1595. Tournée de plusieurs mois dans la région de Grenade.

1596. Cervantès se partage entre la Castille et l'Andalousie. Séjour à Séville. Pendant vingt mois, on ignore à peu près tout de ses occupations.

Sac de Cadix par la flotte anglaise.

López Pinciano, *Philosophia antigua poética*. Naissance de Descartes.

1597. A la suite de la banqueroute de son garant, Suárez Gasco, Cervantès se voit réclamer par le Trésor public une somme de deux millions et demi de maravédis dont la collecte lui

avait été confiée et dont il avait, par un intermédiaire, remis
l'essentiel à l'État. Le 6 septembre, il est incarcéré à la prison
de Séville par le juge Vallejo, agissant de son propre chef, sans
avoir pu se rendre à Madrid pour s'expliquer.

1598. A la suite d'une requête adressée au roi, Cervantès est remis
en liberté entre janvier et avril. Le 12 mai, mort d'Ana Franca
de Rojas. Ses deux filles, dont Isabel, sont confiées à un
procureur.
Paix de Vervins, signée entre la France et l'Espagne. Mort de
Philippe II. Avènement de Philippe III.

1599. En février, Cervantès se trouve encore à Séville. On perd
ensuite sa trace jusqu'en 1602. En août, sa sœur Magdalena
recueille Isabel.
Épidémie de peste en Espagne, qui fera un demi-million de
victimes. Mateo Alemán publie la Première partie du *Guzman d'Alfarache*. Naissance de Vélasquez.

1600. Cervantès abandonne vraisemblablement Séville pour la Castille. Son frère cadet Rodrigo, qui avait été capturé avec lui
par les Barbaresques, est tué à la bataille des Dunes.
Naissance de Calderón.

1601. Le duc de Lerma, favori de Philippe III, exerce la réalité du
pouvoir. Il décide le transfert de la cour à Valladolid.

1602. En janvier, Cervantès se trouve à Esquivias. Nouveaux
démêlés avec le Trésor public. Durant tout l'été et l'automne,
il poursuit la rédaction de *Don Quichotte*.

1603. Au printemps, Andrea et Magdalena de Cervantes quittent
Madrid pour Valladolid.
Mort d'Élisabeth d'Angleterre.

1604. Dans le courant de l'été, Cervantès rejoint ses sœurs à
Valladolid en compagnie de sa femme. Il y retrouve Francisco
de Robles, son éditeur, et entreprend de concert avec lui les
démarches nécessaires à la publication du *Don Quichotte*. Il
se brouille avec Lope de Vega, à la suite d'un incident dont
nous ignorons la teneur.
Paix avec l'Angleterre. Mateo Alemán, Seconde partie du
Guzman d'Alfarache.

1605. En janvier, publication de la Première partie du *Don Quichotte*. En juin, Cervantès et les siens sont mêlés malgré eux
au scandale provoqué par la mort de Gaspar de Ezpeleta, tué
en duel aux abords de leur maison. Incarcérés par le juge
chargé de l'enquête, ils sont accusés par un témoin de mener
une vie dissolue et de se livrer à des activités douteuses.

Ils obtiendront finalement d'être relâchés, faute de preuves. Naissance de Philippe IV.

1606. Reconnue par Cervantès, la fille d'Ana Franca s'appelle désormais Isabel de Saavedra. En décembre, elle épouse un certain Diego Sanz del Aguila. Séjour probable de l'écrivain à Esquivias.
En décembre, retour de la cour à Madrid.
Naissance de Corneille.

1607. Cervantès et les siens regagnent à leur tour Madrid. En juin, Isabel met au monde une fille qui portera son prénom.

1608. En juin, mort de Diego Sanz. Isabel trouve un protecteur en la personne de Juan de Urbina, secrétaire du duc de Savoie. On s'accorde à voir en lui son amant, à moins qu'il n'ait été le véritable père de la jeune femme, qui aurait eu pour mère Magdalena de Cervantès. Ana Franca et Miguel auraient, dans cette affaire, joué les prête-noms pour couvrir le scandale. Cette hypothèse est très contestée. En septembre, Isabel se remarie avec Luis de Molina ; celui-ci entre en conflit avec Urbina sur des questions d'argent.

1609. Le 17 avril, Cervantès entre dans la Congrégation des Esclaves du Très Saint Sacrement, fraternité dévote qui était aussi une académie littéraire, fréquentée par les beaux esprits de Madrid. Le 9 octobre, mort d'Andrea, sœur aînée de l'écrivain.
Trêve de Douze Ans avec les Provinces-Unies. Début de l'expulsion des Morisques.
Lope de Vega, *Le Nouvel Art de faire des comédies.*

1610. Mort d'Isabel Sanz. Rupture entre Cervantès et Isabel de Saavedra, liée aux démêlés de Molina avec Urbina. Le comte de Lemos, nommé vice-roi de Naples, décide de s'entourer d'un cénacle d'écrivains. Cervantès, qui rêvait de faire partie de ce cénacle, voit ses espoirs déçus.
Assassinat d'Henri IV.

1611. Le 28 janvier, mort de Magdalena de Cervantès. Diffusion européenne de la Première partie du *Don Quichotte.* Séjour à Esquivias.
Mort de la reine Marguerite d'Autriche, femme de Philippe III. Fermeture temporaire, en signe de deuil, des théâtres madrilènes.

1612. Cervantès fréquente les cénacles littéraires de la capitale, et notamment l'Académie du Parnasse, dite également « Académie Sauvage », où il côtoie Lope de Vega. Il déménage calle de las Huertas : ce sera son dernier domicile. Dans le même temps, il met au point le recueil de ses *Nouvelles exemplaires*, dont il vient d'achever la rédaction.

Diego de Haedo, *Topographia e Historia general de Argel*. Ce témoignage de premier ordre sur la course barbaresque nomme Cervantès parmi ceux qui se sont distingués pendant leur captivité.

1613. En juillet, Cervantès se rend à Alcalá. A l'instar de sa femme et de ses sœurs, il devient novice du tiers ordre de Saint-François. A l'automne, publication des *Nouvelles exemplaires*.

1614. Au cours de l'été, Cervantès avance la rédaction de la Seconde partie du *Don Quichotte*. En septembre, publication du *Don Quichotte* apocryphe d'Avellaneda. En novembre, publication du *Voyage au Parnasse*.

Mort du Greco.

1615. En septembre, le libraire Juan de Villarroel publie les *Huit Comédies et huit intermèdes jamais représentés*. Cervantès prend ainsi acte du refus que lui ont opposé les comédiens auxquels il a proposé vainement ses pièces, parce que le public préférait la formule de Lope de Vega à la sienne. En novembre, publication de la Seconde partie du *Don Quichotte*. Miguel travaille fébrilement à l'achèvement du *Persilès*.

Mariage de Louis XIII et d'Anne d'Autriche, fille de Philippe III. Les diplomates français venus à Madrid pour préparer cette union évoquent publiquement l'estime où sont tenues les œuvres de Cervantès en France. C'est du moins ce qui ressort d'une anecdote que rapporte le licencié Márquez Torres, l'un des censeurs de la Seconde partie.

1616. Le 2 avril, Cervantès prononce ses vœux définitifs comme tertiaire de Saint-François. Le 19, il dicte la dédicace au comte de Lemos du *Persilès*. Il meurt le 22 avril.

Mort de Shakespeare.

1617. En janvier, Villarroel publie *Les Travaux de Persilès et Sigismonde*.

BIBLIOGRAPHIE

La bibliographie cervantine rassemble des milliers d'ouvrages et d'articles, de qualité fort inégale. Nous ne proposons ici qu'une sélection, nécessairement limitée. Le spécialiste nous reprochera sans doute un choix qu'il jugera arbitraire. Le profane nous saura peut-être gré de lui avoir indiqué quelques titres destinés à le guider.

En guise d'introduction à Cervantès on pourra consulter :

CANAVAGGIO (Jean), *Cervantès*, Paris, Mazarine, 1986.
GUENOUN (Pierre), *Cervantès par lui-même*, Paris, Seuil, 1971.
PELORSON (Jean-Marc), *Cervantès*, Paris, Seghers, 1970.

Comme études d'ensemble :

AVALLE-ARCE (Juan Bautista), *Nuevos deslindes cervantinos*, Barcelone, Ariel, 1975.
AVALLE-ARCE (J. B.) et RILEY (Edward C.), *Suma cervantina*, Londres, Tamesis Books, 1973.
CASTRO (Américo), *El pensamiento de Cervantes*, Barcelone, Noguer, 1972 (rééd. augmentée de l'éd. de 1925).
CASTRO (Américo), *Hacia Cervantes*, Madrid, Taurus, 1967.
MARQUEZ VILLANUEVA (Francisco), *Fuentes literarias cervantinas*, Madrid, Gredos, 1967.
MOLHO (Mauricio), *Cervantes : raíces folklóricas*, Madrid, Gredos, 1976.
RILEY (Edward C.), *Teoría de la novela en Cervantes*, Madrid, Taurus, 1966.

Sur *Don Quichotte*, envisagé sous ses différents aspects :

CASALDUERO (Joaquín), *Sentido y forma del « Quijote »*, Madrid, Insula, 1966.

HALEY (George) (éd.), *El « Quijote » de Cervantes*, Madrid, Taurus, 1984.

HAZARD (Paul), *« Don Quichotte » de Cervantès : étude et analyse*, Paris, Mellottée, 1931.

MARAVALL (José Antonio), *Utopía y contrautopía en el « Quijote »*, Santiago de Compostela, Pico Sacro, 1976.

MARQUEZ VILLANUEVA (Francisco), *Personajes y temas del « Quijote »*, Madrid, Taurus, 1975.

RILEY (Edward C.), *« Don Quixote »*, Londres, Allen & Unwin, 1986.

RIQUER (Martín de), *Aproximación al « Quijote »*, Barcelone, Teide, 1967.

ROSENBLAT (Angel), *La lengua del « Quijote »*, Madrid, Gredos, 1971.

VILAR (Pierre), *« Le temps du Quichotte »*, Europe, XXXIV, 1956, p. 3-16.

Sur la fortune du roman et sa projection mythique :

BARDON (Maurice), *« Don Quichotte » en France au XVIIᵉ et au XVIIIᵉ siècle*, Paris, Champion, 1931.

BERTRAND (J. J. A.), *Cervantès et le romantisme allemand*, Paris, Alcan, 1914.

CLOSE (A. J.), *The Romantic Approach to « Don Quixote »*, Oxford University Press, 1978.

GIRARD (René), *Mensonge romantique et vérité romanesque*, Paris, Grasset, 1961.

ROBERT (Marthe), *L'ancien et le nouveau. De « Don Quichotte » à Franz Kafka*, Paris, Grasset, 1963.

WELSH (Alexander), *Reflections on the Hero as Quixote*, Princeton University Press, 1981.

L'Ingénieux Hidalgo Don Quichotte de la Manche

PREMIÈRE PARTIE

AU DUC DE BÉJAR,

MARQUIS DE GIBRALEON,
COMTE DE BENALCAZAR Y BAÑARES,
VICOMTE DE LA PUEBLA DE ALCOCER,
SEIGNEUR DES VILLES DE CAPILLA,
CURIEL ET BURGUILLOS.

Sur la foi du bon accueil que Votre Excellence accorde à toute sorte de livres, en prince constamment disposé à favoriser les beaux-arts, et ceux-là particulièrement, dont la noblesse ne s'incline pas au service et à la flatterie du vulgaire, je me suis déterminé à mettre au jour l'Ingénieux Hidalgo Don Quichotte de la Manche et à le placer à l'abri du très illustre nom de Votre Excellence, la suppliant, avec l'attention due à tant de grandeur, de l'avoir pour agréable et le prendre sous sa protection afin qu'à son ombre et bien que dépouillé de ce précieux ornement d'élégance et d'érudition dont se revêtent à l'ordinaire les ouvrages des bons esprits, il ose paraître avec assurance devant le jugement de ceux qui, sans se contenir dans les bornes de leur ignorance, condamnent les travaux d'autrui avec d'autant plus de rigueur qu'ils ont moins de justice, mais si la sagesse de Votre Excellence veut bien jeter les yeux sur la simplicité de mon intention, j'ai confiance qu'elle ne dédaignera point la médiocrité d'un si humble présent.

MIGUEL DE CERVANTES SAAVEDRA.

mien fils ; car tu n'es ni son parent ni son ami, tu as ton âme en ton corps, et ton libre arbitre, aussi bien que le plus mignon et le mieux habillé, et tu es en ta maison, de laquelle tu peux disposer comme le roi de ses gabelles, aussi que tu sais ce qui se dit en commun proverbe : *Charbonnier est maître chez soi ;* toutes choses qui t'exemptent de tout respect et obligation, tellement que tu peux dire de l'histoire ce que bon te semblera, sans crainte que l'on te calomnie pour le mal, ni qu'on te récompense pour le bien que tu en diras.

Je voudrais seulement te la donner nette et nue, sans ornement de Prologue, et sans ce nombre infini et grand catalogue des sonnets accoutumés, des épigrammes et des éloges, que l'on met ordinairement au commencement des livres [1]. Car je te peux dire qu'encore qu'il m'ait coûté quelque travail à la composer, je n'en ai point trouvé de plus fâcheux que de faire cette préface que tu lis ici. J'ai plusieurs fois pris la plume pour l'écrire, et plusieurs fois aussi l'ai quittée, ne sachant point ce que j'écrirais ; et une fois entre les autres, étant en suspens avec du papier devant moi, la plume à l'oreille, le coude sur le comptoir et la main à la joue, pensant à ce que je dirais, il entra à l'improviste un mien ami, homme fort plaisant et bien entendu, lequel, me voyant si pensif, m'en demanda la cause ; et moi, ne la lui celant pas, je lui dis que je pensais au Prologue que je devais faire à l'histoire de don Quichotte, et que cela me travaillait de telle façon que je n'en voulais point faire, et renonçais à mettre en lumière les grandes prouesses d'un si noble chevalier. « Car comment voulez-vous que ne me rende pas inquiet ce que dira l'antique législateur que l'on appelle vulgaire, quand il verra qu'au bout de tant d'années comme il y a que je dors dans le silence ou l'oubli, je sors à cette heure avec tous mes ans sur ma tête, et une légende sèche comme du jonc, privée de toute invention, défectueuse de style, pauvre de saillies et dépourvue de toute érudition et doctrine, sans notes aux marges et

52

sans annotations à la fin du livre, comme je vois qu'il y en a
d'autres, même fabuleux et profanes, lesquels sont remplis
de sentences d'Aristote, de Platon et de toute la bande des
philosophes, qui font étonner les lecteurs et tenir les auteurs
d'iceux pour hommes doctes, savants et éloquents ? Et
quand ils citent la Sainte Écriture ! Vous diriez que ce sont
des saints Thomas et autres docteurs de l'Église, gardant en
cela un décorum fort ingénieux : car en une ligne ils vous
dépeignent un fol amoureux, et en une autre ils vous font un
si beau petit sermon chrétien que c'est un grand contentement de l'ouïr ou de le lire. Mon livre n'a rien de tout cela,
parce que je n'ai que noter à la marge, ni que commenter à la
fin, et moins encore sais quels auteurs j'ai suivis en icelui,
afin de les mettre au commencement, comme ils font tous
selon l'ordre de l'A, B, C, commençant par Aristote et
achevant par Xénophon, Zoïle ou Zeuxis, encore que l'un fût
un médisant, et l'autre un peintre. Aussi ne verra-t-on point
dans mon livre de sonnets au commencement, au moins de
ces sonnets dont les auteurs soient ducs, marquis, comtes,
évêques, dames ou poètes très célèbres, encore que, si j'en
demandais à deux ou trois de mes amis qui s'y entendent, je
sais bien qu'ils m'en donneraient, et tels que ceux des plus
fameux auteurs de notre Espagne ne les égaleraient pas.

« Enfin, monsieur et ami, poursuivis-je, je suis résolu que
le seigneur don Quichotte demeure enseveli en ses archives
de la Manche jusqu'à ce que le Ciel envoie quelqu'un qui
l'enrichisse de toutes ces choses qui lui manquent, d'autant
que je me trouve incapable d'y remédier par mon insuffisance et peu de lettres, et aussi parce que je suis naturellement poltron et paresseux d'aller chercher des auteurs qui
disent ce que je sais bien dire sans eux. De là vient cette
rêverie et étonnement où vous m'avez trouvé, et qu'explique
suffisamment ce que vous venez d'ouïr. »

Là-dessus mon ami se donna un grand coup du plat de la
main au front, et, s'éclatant bien fort à rire, me dit : « Par

Dieu, frère, je découvre à cette heure une erreur en laquelle j'ai été tout le temps qu'il y a que je vous connais, vous tenant toujours pour homme sensé et prudent en toutes vos actions ; mais à présent je vois que vous en êtes autant éloigné comme le ciel l'est de la terre. Comment est-il possible que des choses de si peu d'importance et si aisées à remédier puissent avoir la force de tenir en suspens un esprit si mûr qu'est le vôtre et si accoutumé à passer par-dessus des difficultés plus grandes que celles-là ? En bonne foi, cela ne vient point par faute d'habileté et d'adresse, mais procède d'un excès de paresse et d'une insuffisance de réflexion. Voulez-vous voir si je dis vrai ? Or, écoutez-moi : en un clin d'œil je confondrai vos difficultés et mettrai remède à ces défauts que vous dites qui vous tiennent en suspens et vous gardent de mettre en lumière l'histoire de votre fameux don Quichotte, flambeau et miroir de toute la chevalerie errante. — Dites-moi, lui répliquai-je, de quelle sorte pensez-vous remplir ce vide qui cause ma crainte et débrouiller le chaos de ma confusion ? »

A quoi il repartit : « La première chose à laquelle vous vous arrêtez touchant les sonnets, épigrammes ou éloges, qui vous manquent pour le commencement, et qui soient de personnes graves et de qualité, on y pourra donner remède, pourvu que vous-même preniez quelque peine d'en faire, et puis vous les pourrez baptiser de tel nom qu'il vous plaira, les attribuant au prêtre Jean des Indes, ou à l'empereur de Trébizonde, desquels je sais qu'on est bien informé qu'ils furent fameux poètes ; et, quand bien ils ne l'auraient point été et qu'il y aurait quelques pédants et bavards à vous mordre par-derrière et à murmurer et trouver à dire à cette vérité, ne vous en souciez pas pour un liard : car, encore que l'on vous convainque de mensonge, on ne vous coupera pas pour ce sujet la main avec laquelle vous l'avez écrit.

« Quant à ce qui est de citer aux marges les livres et les auteurs dont vous tirerez les sentences et maximes que vous mettrez en votre histoire, il n'y faut faire autre chose, sinon trouver le moyen d'alléguer à propos quelques traits de latin que vous sachiez par cœur, ou pour le moins qui ne vous coûtent guère à chercher, comme vous diriez, en parlant de la liberté et de la captivité :

Non bene pro toto libertas venditur auro.

Et tout aussitôt citer en marge Horace, ou celui qui l'a dit. Si vous traitez du pouvoir de la mort, vous pourrez venir incontinent avec ceci :

Pallida mors æquo pulsat pede pauperum tabernas,
Regumque turres.

Si de l'amitié et de l'amour que Dieu commande de porter à votre ennemi, vous entrerez tout à l'heure en la Sainte Écriture, car vous pouvez le faire avec tant soit peu de curiosité, et dire les paroles pour le moins de Dieu même, qui sont : *Ego autem dico vobis : Diligite inimicos vestros.* Si vous discourez sur les mauvaises pensées, amenez ce passage de l'Évangile : *De corde exeunt cogitationes malæ.* Si de l'inconstance des amis, voilà Caton[2], qui vous donnera son distique :

Donec eris felix, multos numerabis amicos ;
Tempora si fuerint nubila, solus eris.

Et, avec ce latinicon et autres sentences de même farine, on vous tiendra à tout le moins pour grammairien, ce qui pour le jourd'hui n'est pas de peu d'honneur ni de profit.

« Pour ce qui est de mettre des annotations à la fin du livre, vous le pouvez sûrement faire en cette manière. Si vous nommez quelque géant en votre livre, faites que ce soit le géant Goliath, et en cela seulement, qui ne vous coûtera quasi rien, vous avez une grande annotation, car vous pouvez mettre : « Le géant Golias ou Goliath. C'était un Philistin que le pasteur David tua d'un grand coup de pierre en la vallée du Térébinthe, ainsi qu'il est raconté au livre des Rois, chapitre tant. »

« Après cela, pour montrer que vous êtes homme savant ès lettres humaines, et aussi cosmographe, faites en sorte qu'en votre histoire le fleuve du Tage y soit nommé, et vous trouverez tout sur-le-champ en main une autre fameuse annotation, mettant : « Le fleuve du Tage fut ainsi appelé par un roi des Espagnes ; il a sa naissance en tel lieu et va mourir en la mer Océane, lavant les murs de la fameuse cité de Lisbonne ; et l'opinion commune est que son sablon est d'or, etc. » S'il est question de larrons, je vous baillerai l'histoire de Cacus, car je la sais par cœur. Si de femmes débauchées, voilà l'évêque de Mondoñedo[3] qui vous fournira de Lamia, Laïs et Flora, l'annotation desquelles vous acquerra tout plein de réputation. Si vous parlez de cruelles, Ovide vous livrera Médée. Si de magiciennes ou de sorcières, vous avez dans Homère Calypso, et Circé dans Virgile. Si c'est de capitaines valeureux, le même Jules César vous fournira de soi-même en ses *Commentaires*, et Plutarque vous donnera mille Alexandres. Voulez-vous parler d'amour, avec deux onces que vous saurez de la langue toscane, vous trouverez Léon Hébreu, qui vous en donnera à pleine mesure. Et, si vous ne voulez aller par les pays étrangers, vous avez en votre maison Fonseca, *De l'amour de Dieu*, auquel est compris tout ce que vous et le plus industrieux pourrez désirer en telle matière. Enfin, il n'y a autre chose, sinon que vous tâchiez de nommer ces noms ou faire mention de ces histoires en la vôtre, et laissez-moi le soin de mettre les annotations et notes, car je vous promets de vous en remplir les marges et d'en barbouiller quatre feuilles de papier à la fin du livre.

« Venons à cette heure à la citation des auteurs qui sont contenus ès autres livres, lesquels manquent au vôtre. Le remède y est fort aisé : vous n'avez autre chose à faire, sinon chercher un livre qui les marque tous depuis l'A jusqu'au Z, comme vous dites, et puis vous mettrez au vôtre ce même abécédaire. Car, encore que l'on aperçoive clairement le mensonge, pour le peu de besoins que vous aviez de vous en servir, peu importe ; et peut-être y aura-t-il quelqu'un d'assez simple pour croire que vous en aurez fait votre profit en votre tant naïve et sincère histoire. Et, quand cela ne servirait d'autre chose, pour le moins ce long catalogue d'auteurs servira à donner tout d'abord quelque autorité au livre, et d'abondant qu'il n'y aura personne qui s'entremette de vérifier si vous les avez suivis ou non, n'ayant point d'intérêt à cela. Combien plus, si je comprends bien le fait, cestui votre livre n'a que faire d'aucune de ces choses que vous dites lui manquer, puisqu'il n'est tout qu'une invective contre les livres de chevalerie, desquels Aristote ne s'est jamais souvenu, ni saint Basile n'en aura rien dit, ni Cicéron. Ni n'est comprise, sous leurs fabuleuses inepties, aucune rigoureuse vérité, ni pareillement les observations de l'astrologie ni les mesures de géométrie ne lui importent, ni même la réfutation des arguments dont la rhétorique se sert ; aussi n'a-t-il que faire de prêcher à personne, mêlant l'humain avec le divin, qui est une espèce de mélange dont ne se doit revêtir aucun entendement chrétien. Il faut qu'il se serve seulement de l'imitation en ce qu'il écrira, que tant plus elle sera parfaite, d'autant meilleur sera ce qui s'écrira. Et puisque votre composition ne tend qu'à ruiner l'autorité et le crédit que les livres de chevalerie ont acquis au monde parmi le commun peuple, il n'est ja besoin que vous alliez mendier sentences de philosophes, conseils de la Sainte Écriture, fables de poètes, oraisons de rhétoriciens, ni miracles de saints, mais seulement de tâcher que votre discours aille rondement, avec paroles significatives, honnêtes et bien colloquées, que les périodes en soient résonnantes et plaisantes, représentant en tout ce qui vous sera possible votre but, donnant à entendre vos conceptions, sans les embarrasser ni les obscurcir. Tâchez aussi qu'en la lecture de votre histoire le mélancolique soit ému à rire, que le rieur le soit encore plus, le simple ne s'ennuie point, l'homme d'esprit en admire l'invention, le grave ne la méprise, et aussi que le sage lui donne quelque louange. Et en effet prenez votre visée à ce but, que vous abattiez la machine mal fondée de ces livres chevaleresques, haïs de tant de personnes et loués de beaucoup plus. Que si vous en venez à bout, vous n'aurez pas peu fait. »

J'écoutai avec un grand silence, ce que ce mien ami me disait, et imprimai tellement ses raisons en mon entendement que sans aucune controverse je les approuvai pour bonnes, et d'icelles mêmes en voulus faire ce prologue, auquel tu verras, bénin lecteur, la prudence de mon ami, ma bonne fortune de rencontrer en temps si opportun un tel conseiller, et ton soulagement de trouver l'histoire du fameux don Quichotte de la Manche tant sincère et non enchevêtrée ni embrouillée, duquel l'opinion est, parmi tous les habitants du district du champ de Montiel, qu'il fut le plus chaste amoureux et le plus vaillant chevalier qui se soit vu, depuis maintes années, en ces contrées-là. Je ne veux pas te faire trouver plus grand le service que je te fais en te donnant la connaissance d'un si notable et si honorable chevalier ; mais je veux que tu me remercies de la connaissance que tu feras du fameux Sancho Pança, son écuyer en la personne duquel, à mon avis, je te donne marquées toutes les grâces écuyères qui sont répandues en tout le bataillon de ces vains livres de chevalerie. Et, avec cela, Dieu te tienne en santé, et qu'il ne m'oublie pas. Salut !

AU LIVRE
DE
« DON QUICHOTTE DE LA MANCHE »

URGANDE LA MÉCONNAISSABLE[1]

Livre, si tu te soucies de toucher les bons esprits, tel blanc-bec n'osera dire que tu manques de doigté. Mais si tu te remets en tête de tomber chez les idiots, tu verras en un clin d'œil leur marteau rater son clou, bien qu'ils se meurent d'envie de montrer leur beau génie.

L'expérience nous l'enseigne : qui d'arbre feuillu s'approche y trouvera ombre épaisse. A Béjar ta bonne étoile t'offre un bel arbre royal qui donne des princes pour fruits. C'est là que fleurit un duc, nouvel Alexandre le Grand : mets-toi sous son ombre, va, la fortune aime l'audace.

D'un noble hidalgo manchois tu conteras l'aventure. Ce sont oiseuses lectures qui lui tournèrent la tête : dames, armes, cavaliers[2] le provoquèrent en sorte que, tel Roland furieux et le cœur plein de passion, il conquit à force du poing Dulcinée du Toboso.

Ne grave pas sur l'écu des hiéroglyphes obscurs : car lorsque tout est figures, c'est avec des points infimes que le joueur fait l'invite. Si ta dédicace est humble, aucun moqueur ne dira : « Quel don Alvare de Lune, quel Annibal de Carthage, quel roi François en Espagne se plaint donc de la fortune ? »

Puisqu'il n'a pas plu au ciel que tu sois aussi lettré que le nègre Jean Latin[3], évite le latinicon. Laisse-toi de tours galants, n'allègue les philosophes. Car faisant une grimace, le connaisseur de Phœbus nous viendra dire à l'oreille : « C'est là bien des fleurs pour moi ! »

Ne te lance pas si haut, respecte les vies d'autrui : en ce qui ne va ni vient, passer au large est sagesse. A ceux qui font les plaisants on rabattra le caquet. Épuise-toi les pupilles à conquérir juste gloire. Qui imprime des sottises, c'est à rente perpétuelle.

Dis-toi bien que c'est folie, lorsque le toit est de verre, de prendre des pierres en main pour les lancer au voisin. Laisse que l'homme de sens, dans les œuvres qu'il compose, marche avec des pieds de plomb. Le barbouilleur qui publie pour distraire les donzelles chevauche des coquecigrues.

D'AMADIS DE GAULE
A DON QUICHOTTE DE LA MANCHE

SONNET

Toi qui sus imiter la pleureuse existence que je menai, absent et dédaigné, sur les hauteurs de la Montagne Pauvre[4], séjour plaisant réduit en pénitence.

Toi dont les yeux t'offrirent le breuvage d'une liqueur abondante et saumâtre, privé d'argenterie, étain et cuivre, la terre sur la terre te servit tes repas.

Vis donc certain que, pour l'éternité, autant au moins que, dans la quarte sphère, le blond Phœbus poussera ses chevaux.

Tu garderas clair renom de vaillant, ta patrie reste entre toutes première, et ton auteur seul et unique au monde.

DON BÉLIANIS DE GRÈCE
A DON QUICHOTTE DE LA MANCHE

SONNET

J'ai rompu, tranché, cabossé, j'ai dit et fait plus qu'errant chevalier au monde ; je fus adroit, fier et vaillant ; je vengeai mille torts, et j'en défis cent mille.

J'ai fourni la Gloire d'exploits, des amants je fus le modèle. Pour moi tout géant était nain. Jamais je n'ai manqué à la loi du duel.

A mes pieds j'ai vu la Fortune. Et mon grand cœur a su saisir l'occasion et la traîner par son chignon...

Mais quoique mon sort se soit élevé au-dessus des cornes de la lune, j'envie tes exploits, grand Quichotte !

LA DAME ORIANE
A DULCINÉE DU TOBOSO

SONNET

Que n'ai-je vu, charmante Dulcinée, pour mon repos et ma commodité, mon Miraflor porté au Toboso, que n'ai-je troqué leur Londres pour ton village[5] !

Que n'ai-je orné mon corps de tes atours, mon âme de tes feux ! Et du fameux chevalier qui t'aima que n'ai-je vu les combats inégaux !

Que n'ai-je pu m'échapper aussi chaste des bras du seigneur Amadis, comme tu fis de ceux du courtois don Quichotte !

Je serais, ce jour, enviée et je n'envierais pas. J'aurais été heureuse le temps que je fus triste. J'aurais eu du plaisir sans payer.

GANDALIN, ÉCUYER D'AMADIS DE GAULE,
A SANCHO PANÇA,
ÉCUYER DE DON QUICHOTTE

SONNET

Salut, *héros fameux pour qui le sort, quand il te déposa dans la vie écuyère, eut tant d'égards et de sollicitude que tu pus t'en tirer sans grand malheur.*

Désormais la bêche et la houe s'accordent à l'errante profession. La simplesse écuyère est à la mode, et on l'oppose à l'orgueilleux qui prétend dépasser la lune.

J'envie ton âne et ton renom. Et j'envie aussi tes besaces, signe de sage prévoyance.

Salut encore une fois, Sancho, cher homme! A toi seul notre Ovide espagnol tire sa révérence, et il te tapote la tête.

DU PLAISANT POÈTE FARCI
A SANCHO PANÇA ET A ROSSINANTE

A SANCHO PANÇA

Je suis Sancho Panse, écuyer du manchègue Don Quichotte. J'ai pris la poudre d'escampe pour vivre en homme avisé. Le silencieux Villadiègue a placé dans la retraite toute la raison d'État, comme pense Célestine, ce livre, à mon avis, divin s'il dissimulait mieux l'humain[6].

A ROSSINANTE

Je suis le fameux Rossinante, descendant de Babieca. Par péché d'extrême maigreur, j'allai tomber chez Don Quichotte. Je courus des courses à qui perd gagne. Mais à mon sabot de cheval l'orge ne put échapper. C'est moi qui donnai la paille au malicieux Lazarille quand il souffla le vin de son ladre d'aveugle[7].

ROLAND FURIEUX
A DON QUICHOTTE DE LA MANCHE

SONNET

Si tu n'es pair, sans pair aussi te vois-je ; aussi bien pair serais-tu entre mille. Il ne saurait en être où tu te trouves, Vainqueur invict, à jamais invincible.

Roland je suis, Quichotte, qui, perdu par Angélique, vis les mers les plus lointaines, offrant aux autels de la Gloire cette valeur de l'oubli respectée.

Ton égal ne puis être : un tel honneur à tes exploits est dû et à ta renommée, puisque, pareil à moi, tu perdis la cervelle.

Mais tu seras le mien si tu domptes le More et le Scythe cruel qui nous disent, ce jour, pareils en amours malheureux.

LE CHEVALIER PHÉBUS
A DON QUICHOTTE DE LA MANCHE

SONNET

Phébus espagnol, curieux courtisan, mon épée n'égala la vôtre, ni ma main votre cœur vaillant, qui fut éclair où naît et meurt le jour.

J'ai dédaigné les empires, j'ai quitté la monarchie que m'offrait en vain l'Orient rouge, pour voir le souverain visage de Claridienne, ma chère et belle aurore.

Je l'aimai par miracle unique et rare ; puis sa faveur perdue, éloigné d'elle, je fis trembler l'enfer et je domptai sa rage.

*Or vous, illustre goth, vous êtes, grand Quichotte, éternisé
par votre Dulcinée ; elle, par vous, fameuse, honnête et sage.*

DE SOLISDAN[8]
A DON QUICHOTTE DE LA MANCHE

SONNET

*Bien que, seigneur Quichotte, des folies vous tiennent le
cerveau tout démoli, nul jamais vous fera reproche comme à
vilain aux œuvres basses.*

*Vos prouesses seront beaux jouets, car vous alliez défaisant
mille torts et vous faisant dix mille fois rouer par ne sais quels
félons chétifs et misérables.*

*Si gente damoiselle Dulcinée vous offensait en quelque
sorte et ne répondait pas à vos soins amoureux,*

*En cette extrémité votre confort serait penser que Sanche
fut un mauvais sigisbée, Dulcinée marbre dur et vous piteux
amant.*

DIALOGUE ENTRE BABIECA ET ROSSINANTE

SONNET

B. — *Pourquoi si maigre, Rossinante ?*

R. — *Pour ne manger jamais et travailler toujours.*

B. — *Eh ! que fait-on chez vous de l'orge et de la paille ?*

R. — *Mon maître ne m'en laisse pas une bouchée.*

B. — *Allons, monsieur, on vous élève mal, si votre langue
de baudet le maître offense.*

R. — *Baudet l'on est des langes au cercueil. Voulez-vous
vous en assurer ? Regardez donc les amoureux.*

B. — *C'est donc sottise qu'aimer ?*

R. — *Oh ! Ce n'est pas sagesse.*

B. — *Monsieur est métaphysicien.*

R. — *C'est que je ne mange point.*

B. — *Plaignez-vous de l'écuyer.*

R. — *Cela me contente peu. Comment me plaindre en mon malheur, si le maître et le majordome sont l'un et l'autre aussi roussins que Rossinante ?*

amateur de la chasse. On veut dire qu'il avait le surnom de Quixada ou Quesada (car en ceci il y a quelque différend entre les auteurs), encore que par conjectures vraisemblables on pense qu'il s'appelait Quixana ; mais cela importe peu à notre conte : il suffit qu'en la narration d'icelui on ne sorte un seul point de la vérité.

Il faut donc savoir que le temps que notre susdit gentilhomme était oisif (qui était la plupart de l'année), il s'adonnait à lire des livres de chevalerie avec tant d'affection et de goût qu'il oublia quasi entièrement l'exercice de la chasse et même l'administration de ses biens, et passa si avant sa curiosité et folie en cela qu'il vendit plusieurs minots de terre de froment pour acheter des livres de chevalerie, et ainsi en porta à la maison autant qu'il en put trouver ; mais, d'entre tous, pas un ne lui semblait si beau que ceux que composa le fameux Félician de Silva, parce que la clarté de leur prose et leurs raisons embrouillées étaient perles à ses yeux, et plus encore quand il venait à lire ces belles paroles d'amour et cartels de défi, là où en plusieurs endroits il trouvait écrit : *La raison de la déraison qui se fait à ma raison de telle sorte affaiblit ma raison qu'avec raison je me plains de votre beauté ;* et aussi quand il lisait : *Les beaux cieux qui de votre divinité divinement vous fortifient avec les étoiles et vous rendent méritante du mérite que mérite votre grandeur.*

Avec ces belles raisons, le pauvre chevalier perdait le jugement, et se travaillait pour les entendre et en arracher le sens des entrailles, lequel n'eût pu tirer ni entendre Aristote même, s'il fût ressuscité à ce seul effet. Il n'était pas fort bien d'accord des coups et blessures que don Bélianis donnait et recevait : car il s'imaginait que, pour habiles que fussent les chirurgiens qui l'avaient pansé, il ne se pouvait faire que le visage et tout le reste du corps ne lui demeurassent pleins de cicatrices et de marques. Nonobstant tout cela, il louait fort son auteur de ce qu'il achevait son livre par la promesse de cette aventure qui ne se pouvait mettre à fin, et plusieurs fois il lui vint un désir de prendre la plume et la terminer selon qu'il est dit là et comme il se promet, et sans aucun doute il l'eût fait, même en fût venu à bout, si d'autres plus grandes et continuelles pensées ne l'en eussent empêché. Il eut souventefois dispute avec le curé du pays (qui était homme savant et gradué à Sigüenza[2]) sur ce point, savoir : qui avait été meilleur chevalier, Palmerin d'Angleterre, ou Amadis de Gaule ; mais maître Nicolas, barbier du même village, disait que pas un n'approchait du chevalier de Phébus, et que, si quelqu'un lui pouvait être comparé, c'était don Galaor, frère d'Amadis de Gaule, parce qu'il était d'une humeur qui s'accommodait bien à tout, et qu'il n'était pas si mignard ni si grand pleurard comme son frère, et que, pour le regard de la vaillance, il ne lui en devait rien.

En résumé, il s'embarrassa tant en sa lecture qu'il y passait les nuits tout entières, du soir au matin, et les jours du matin jusqu'au soir. Et par ainsi du peu dormir et beaucoup lire, son cerveau se sécha de telle sorte qu'il en vint à perdre le jugement. Il emplit sa fantaisie de tout ce qu'il lisait en ses livres, tant des enchantements comme des querelles, batailles, défis, blessures, passions, amours, tourments et extravagances impossibles ; et il lui entra tellement en l'imagination que toute cette machine de songes et d'inventions qu'il lisait était vérité que pour lui il n'y avait autre histoire plus certaine en tout le monde. Il disait que le Cid Ruy Diaz avait été fort bon chevalier, mais qu'il n'y avait point de comparaison de lui au chevalier de l'Ardente Épée, lequel d'un seul revers avait coupé par moitié deux fiers et démesurés géants. Il était mieux d'accord avec Bernard del Carpio, parce qu'à Roncevaux il avait tué Roland l'enchanté, usant de l'industrie d'Hercule quand il étouffa entre ses bras Antée, fils de la Terre. Il disait tout plein de bien de Morgant le géant, parce qu'encore qu'il fût de cette race des géants qui tous sont superbes et mal courtois, lui seul était affable et bien appris. Mais surtout il était bien avec Renaud de

Montauban et principalement lorsqu'il le voyait sortir de son château et voler tous ceux qu'il rencontrait, et quand au pays de par-delà il déroba l'idole de Mahomet, qui était toute d'or, selon que son histoire le raconte. Il eût volontiers donné sa gouvernante et même sa nièce par-dessus afin d'administrer une bonne volée de coups de pied à ce traître de Ganelon.

Enfin, son jugement étant tout à fait perdu, il vint à tomber en la plus étrange pensée où jamais tomba fol au monde ; ce fut qu'il lui sembla être fort à propos et nécessaire, tant pour l'accroissement de son honneur que pour le service de la république, qu'il se fît chevalier errant, et qu'il s'en allât par tout le monde avec ses armes et son cheval pour chercher les aventures et s'exercer en tout ce qu'il avait lu que les chevaliers errants s'exerçaient, remédiant à toutes sortes d'injures et de griefs, et se mettant en des occasions et dangers d'où, en les mettant à fin, il acquît une perpétuelle renommée. Le pauvre homme s'imaginait déjà être, par la valeur de son bras, couronné pour le moins empereur de Trébizonde, et, ainsi plongé en ces agréables pensées et emporté de l'étrange contentement qu'il sentait en icelles, il hâta d'effectuer ce que tant il désirait. La première chose qu'il fit fut de nettoyer des armes qui avaient été à ses bisaïeux, lesquelles, depuis plusieurs siècles, ayant été oubliées en un coin, étaient toutes rouillées et pleines de moisissure. Il les nettoya et les raccommoda le mieux qu'il put ; mais il remarqua en elles un grand défaut, c'était qu'elles n'avaient point de heaume complet, mais seulement un simple morion : toutefois son industrie y suppléa, parce qu'il fit avec du carton une espèce de demi-salade, laquelle, agencée et enchâssée avec le morion, faisait une apparence de salade entière. La vérité est que, pour éprouver si elle était forte et pourrait résister à l'effort d'un coup de coutelas, il tira son épée et lui en donna deux coups ; mais du premier et tout en un instant il défit ce qu'il avait fait en une semaine. Il ne laissa pas pourtant de trouver mauvaise la facilité avec laquelle il l'avait mise en pièces, et, pour s'assurer contre ce danger, il la refit de nouveau, la garnissant de barres de fer par-dedans tellement qu'il demeura satisfait de la force d'icelle, et, sans en vouloir faire autre nouvelle expérience, il la réputa et la tint pour un casque articulé de la plus fine trempe.

Il alla à l'heure même voir son roussin, et, encore qu'il eût plus d'infirmités en ses quartiers que le réal n'a lui-même de quarts, et plus de taches que le cheval du bouffon Gonnelle[3], *cui tantum pellis et ossa fuit*, néanmoins il lui sembla que ni le Bucéphale, cheval d'Alexandre, ni Babieca, celui du Cid, ne s'égalaient point à lui. Il passa quatre jours à s'imaginer quel nom il lui imposerait, parce que, selon qu'il se persuadait lui-même, ce n'était pas raison que le cheval d'un chevalier si fameux et qui de soi était si bon demeurât sans avoir un nom remarquable, et par ainsi il tâchait de lui en accommoder un de telle sorte qu'il déclarât quel il avait été devant qu'il fût un chevalier errant et quel il était pour lors. Car il était raisonnable que, son seigneur changeant de condition, il changeât aussi de nom, et le prît fameux et retentissant, tel qu'il convenait au nouvel ordre et nouvel exercice dont il faisait déjà profession ; et ainsi, après plusieurs noms qu'il forma, effaça et ôta, ajouta, défit et refit en sa mémoire et imagination, enfin il vint à le nommer Rossinante, nom, à son avis, haut, sonore, et significatif de ce qu'il avait été quand il fut roussin auparavant, et de ce qu'il était à présent, qui était devant et le premier de tous les roussins du monde[4].

Ayant imposé le nom à son cheval tant à son goût et contentement, il en voulut aussi prendre un pour soi-même, et en cette pensée il passa huit autres jours, et enfin se vint à appeler don Quichotte[5] ; d'où, comme dit est, les auteurs de cette tant véritable histoire ont pris sujet de dire que sans doute il se devait appeler Quixade, et non pas Quesada, comme d'autres l'ont voulu assurer ; mais, se souvenant que le valeureux Amadis ne s'était pas contenté de s'appeler seulement et simplement Amadis, mais qu'il y avait ajouté le nom de son royaume et de sa patrie pour la rendre plus fameuse, s'appelant Amadis de Gaule, aussi voulut-il, comme bon chevalier, ajouter au sien le nom de son pays et s'appeler don Quichotte de la Manche, par où, à son avis, il déclarait fort clairement sa race et sa patrie, et l'honorait beaucoup en prenant le surnom d'icelle.

Étant donc ses armes nettes et ayant fait de son morion un armet, imposé le nom à son roussin et confirmé lui-même le sien, il se persuada qu'il ne lui manquait autre chose, sinon de chercher une dame de laquelle il devînt amoureux, d'autant que le chevalier errant sans amours était un arbre sans feuille et sans fruit et un corps sans âme. Il se disait : « Si de malheur ou de bonne fortune je rencontre par là quelque géant (comme d'ordinaire il arrive aux chevaliers errants) et que je l'abatte d'un coup de lance ou que je le coupe par la moitié du corps, ou que finalement je le vainque ou subjugue, ne sera-t-il pas bon d'avoir à qui l'envoyer présenter, et qu'il entre et se mette à genoux devant ma douce maîtresse, et qu'il dise d'une voix humble et rendue : « Je suis, madame, le géant Caraculiambro, seigneur de l'île de Malindranie, qui a été vaincu en combat singulier par le jamais assez hautement loué chevalier don Quichotte de la Manche, lequel m'a demandé de me présenter devant vous afin que Votre Grandeur dispose de moi à son gré. » Oh ! que notre bon chevalier fut aise quand il eut fait ce discours, et encore plus quand il trouva à qui donner le nom de maîtresse, et ce fut, à ce que l'on croit, qu'en un pays proche du sien, il y avait une jeune fille d'un laboureur, fort avenante et de laquelle il avait été autrefois amoureux, bien que, comme l'on pense, elle n'en sût jamais rien ni ne s'en fût aperçue aucunement. Elle s'appelait Aldonsa Lorenzo, et c'est à elle qu'il lui sembla fort à propos de donner le titre de dame de ses pensées ; et, lui cherchant un nom qui ne discordât pas beaucoup du sien, et qui sentît un peu celui de princesse et grande dame, il vint à l'appeler Dulcinée du Toboso, parce qu'elle était native du Toboso, nom à son avis musical et rare et bien significatif, comme l'étaient tous les autres qu'il avait imposés à lui et à tout son appareil.

CHAPITRE II

DE LA PREMIÈRE SORTIE
QUE FIT L'INGÉNIEUX DON QUICHOTTE

Ces préparatifs achevés, il ne voulut pas différer plus longtemps à effectuer son dessein ; il s'y sentait pressé par la privation qu'il pensait que le monde souffrait de son retardement, selon le grand nombre de griefs qu'il pensait défaire, de torts que redresser, d'injures qu'amender, d'abus qu'améliorer et de dettes que satisfaire. Et ainsi, sans communiquer à personne son intention et sans qu'aucun le vît, un matin, devant le jour (qui était un des plus chauds du mois de juillet), il s'arma de toutes pièces, monta sur Rossinante, ayant mis sa mal agencée salade, embrassa son écu, prit sa lance, et, par la fausse porte d'une basse-cour, sortit à la campagne avec un très grand contentement, et tout ému de joie de voir avec combien de facilité il avait donné commencement à son bon désir. Mais à peine se vit-il aux champs qu'une pensée terrible le vint assaillir et telle que peu s'en fallut qu'il ne quittât l'entreprise commencée : ce fut qu'il lui vint en mémoire qu'il n'était pas armé chevalier, et que, conformément à la loi de la chevalerie, il ne pouvait ni ne devait prendre les armes contre aucun chevalier ; et, encore qu'il l'eût été, il devait porter des armes blanches comme nouveau chevalier, sans aucune devise en son écu, jusques à ce que, par sa vertu, il en eût gagné quelqu'une. Ces pensées le firent chanceler en sa résolution ; mais sa folie

73

ayant plus de force que toute autre raison, il proposa de se faire donner l'ordre de chevalier par le premier qu'il rencontrerait, à l'imitation de plusieurs autres qui en avaient fait de même, suivant ce qu'il avait lu aux livres qui l'avaient réduit en cet état. Pour le regard des armes blanches, il pensait fourbir les siennes de telle sorte (en ayant le loisir) qu'elles le seraient plus qu'une hermine, et ainsi il se calma et poursuivit son chemin, sans en tenir d'autre que celui où son cheval le conduisait, croyant qu'en cela consistait la force des aventures.

Or, comme notre flambant neuf aventurier allait cheminant, aussi allait-il parlant à soi-même et disant : « Qui peut douter qu'au temps à venir, lorsque l'on mettra en lumière la vraie histoire de mes faits renommés, le sage qui les écrira, venant à raconter cette mienne première sortie, de si grand matin, ne s'exprime en cette sorte : « A peine avait le blond Apollon étendu sur la face de l'ample et spacieuse terre les tresses dorées de ses beaux cheveux, et à grand'peine les petits et diaprés oisillons avec leurs langues mélodieuses avaient salué d'une douce et melliflue harmonie la venue de la rosine Aurore, laquelle abandonnant la délicate couche de son jaloux mari, se montrait aux mortels par les portes et balcons du manchègue horizon, quand le renommé chevalier don Quichotte de la Manche, laissant les plumes paresseuses, monta sur son fameux cheval Rossinante et commença de cheminer par l'ancien et bien connu champ de Montiel. » (Et la vérité est qu'il cheminait par icelui.) Puis ajouta, disant : « Heureux âge et siècle heureux celui auquel sortiront en lumière mes fameux exploits, dignes d'être gravés en bronze, sculptés en marbre et peints sur des tableaux, pour servir de mémoire au temps futur ! Ô toi, sage enchanteur, qui que tu sois, à qui il écherra d'être chroniqueur de cette rare histoire, je te supplie de n'oublier pas mon bon Rossinante, mon éternel compagnon en toutes mes voies et carrières. » Incontinent il se remettait à dire (comme si véritablement il eût été amoureux) : « Ô princesse Dulcinée, dame de ce chétif cœur, vous m'avez fait grand grief de me chasser et me blâmer avec tant de rigueur, en me commandant de ne paraître jamais plus devant votre beauté. Plaise à vous, madame, de vous remémorer de cestui cœur de votre sujet qui tant de misères endure pour votre amour. » Avec ces folies il en enfilait d'autres, toutes à la manière de celles que ses livres lui avaient enseignées, imitant de tout son pouvoir leur langage ; et avec cela cheminait tant à loisir et le soleil montait en si grande hâte et avec tant d'ardeur qu'elle eût été suffisante à lui fondre la cervelle, s'il en eût eu quelque peu.

Il chemina quasi tout ce jour-là sans qu'il lui arrivât chose digne d'être rapportée, de quoi il était désespéré, car il eût voulu rencontrer tout à l'heure même une personne avec qui expérimenter la valeur de son bras. Il y a des auteurs qui disent que la première aventure qui lui arriva fut celle du port Lapice ; d'autres, que ce fut celle des moulins à vent ; mais ce que j'ai pu vérifier en ce cas et ce que j'en ai trouvé par écrit aux *Annales de la Manche* est qu'il chemina tout ce jour-là ; et sur la nuit son roussin et lui se trouvèrent bien las et mourant de faim ; et, regardant de toutes parts s'il ne découvrirait point quelque château ou bien quelque logette de bergers où se retirer et là où il pût remédier à sa grande nécessité, il vit, non loin du chemin par lequel il allait, une taverne qui lui fut comme s'il eût vu une étoile qui l'eût conduit aux portails, voire plutôt au palais de sa rédemption. Il se hâta de cheminer et y arriva au temps que la nuit venait. Il y avait d'aventure à la porte de cette taverne deux jeunes femmes, de celles qu'on appelle *de nos sœurs* [1], lesquelles allaient à Séville avec des muletiers qui se rencontrèrent ce soir-là au gîte en la même taverne ; et, comme à notre aventurier tout ce qu'il pensait, voyait ou s'imaginait, lui semblait être fait et se passer de la même façon que ce qu'il avait lu, tout aussitôt qu'il vit la taverne, il se représenta que c'était un château avec ses quatre tours et chapiteaux de reluisant argent, sans qu'il y manquât même son pont-levis et ses creux fossés, avec tous les accessoires et parties qui se représentent ordinairement en semblables châteaux. Il s'approcha de la taverne, qui lui semblait château, et, à un petit trait d'icelle, retint la bride à Rossinante, attendant que quelque nain se mît entre les créneaux pour donner le signal avec une trompette qu'il arrivait un chevalier au château ; mais, comme il vit qu'on tardait et que Rossinante se hâtait enfin d'arriver à l'écurie, il s'approcha de la porte de la taverne et vit les deux filles débauchées qui étaient là, lesquelles lui semblèrent deux belles damoiselles ou deux gracieuses dames qui s'ébattaient devant la porte du château.

En ces entrefaites, il advint qu'un porcher qui ramassait parmi les chaumes un troupeau de cochons (car, sauf excuse, ils s'appellent ainsi) sonna un cornet, au son duquel ils se ramassent, et à l'instant se représenta à don Quichotte ce qu'il désirait, qui était que quelque nain donnât le signal de sa venue, et ainsi, avec un extrême contentement, il arriva près de la taverne et de ces dames, lesquelles, comme elles virent venir un homme armé de telle façon, avec lance et écu, tout épouvantées se voulaient retirer au-dedans de la taverne ; mais don Quichotte, comprenant par leur fuite qu'elles avaient peur, haussa sa visière de carton, et, découvrant son visage sec et poudreux, d'une gentille façon et d'une voix posée leur dit : « Que Vos Grâces ne fuient pas ni ne craignent qu'on leur fasse déplaisir aucun, car il n'appartient ni n'est bienséant à l'ordre de chevalerie, dont je fais profession, de faire tort à personne, combien moins à de si hautes damoiselles comme vos personnes le démontrent. » Les filles le regardaient et lui cherchaient à voir le visage, que la mauvaise visière leur cachait. Mais, comme elles s'entendirent appeler damoiselles, chose qui était si éloignée de leur profession, elles ne se purent tenir de rire, tellement que don Quichotte vint à se mettre en colère et à leur dire : « La modestie est bienséante aux belles et c'est grande folie que le rire qui de cause légère procède ; mais je ne vous le dis pas afin que vous vous en affligiez ou montriez du mécontentement, car mon intention n'est autre que de vous servir. » Ce langage, qui n'était point entendu par ces dames, et l'air étrange de notre chevalier, accroissaient en elles la risée, et en lui la colère, et elle eût bien passé plus outre, si sur ces entrefaites l'hôte ne fût sorti, homme qui, pour être fort gras, était fort pacifique, lequel, voyant cette figure contrefaite, accoutrée d'armes si disparates qu'étaient la bride, la lance, la targe et le corselet, il ne s'en fallut rien qu'il n'accompagnât ces filles en la démonstration de leur ébaudissement. Mais au bout du compte, craignant la machine de tant d'attirail, il se résolut de lui parler courtoisement, et lui dit ainsi : « Seigneur chevalier, si Votre Grâce cherche logis, hormis le lit (parce qu'en cette taverne il n'y en a pas un), tout le reste s'y trouvera en grande abondance. » Don Quichotte, voyant l'humilité du gouverneur de la forteresse (car tels lui semblèrent le tavernier et la taverne), répondit : « Pour moi, seigneur châtelain, quoi que ce soit me suffit :

> Mes arrois, ce sont les armes ;
> Mon repos, c'est le combat. »

L'hôte pensa qu'il l'avait appelé *castellano* (châtelain et Castillan) estimant peut-être qu'il était des francs et bons Castillans, encore qu'il fût du pays d'Andalousie, et de ceux de la plage de San Lucar, pas moins larron que Cacus, ni moins fripon qu'un écolier ou page, et partant lui répondit : « Monsieur, à ce compte-là,

> Vos lits seront roches dures,
> Votre dormir, c'est veiller[2].

« Ce qui étant ainsi, vous pouvez bien mettre pied à terre, avec assurance de trouver en cette hutte mainte et mainte occasion pour vous garder de dormir toute une année, combien plus une seule nuit. »

Disant cela, il s'en alla tenir l'étrier à don Quichotte, lequel descendit de cheval avec grande difficulté et travail, comme celui qui, de tout ce jour-là, n'avait pas déjeuné. Il dit ensuite à l'hôte qu'il eût bien soin de son cheval, parce que c'était la meilleure pièce qui mangeât pain au monde. Le tavernier le regarda, mais il ne lui sembla pas si bon que don Quichotte disait, pas même de la moitié, et, l'ayant accommodé en l'écurie, il s'en retourna voir ce que son hôte désirait, lequel se faisait désarmer par ces filles (qui s'étaient déjà réconciliées avec lui), lesquelles, après lui avoir ôté la pièce de devant et celle de derrière, jamais ne lui surent ni ne purent désenchâsser le gorgerin, ni lui ôter sa maudite salade, qu'il avait liée avec des rubans verts, et il fallait les couper, parce qu'on ne pouvait pas défaire les nœuds ; mais il ne le voulut permettre en façon quelconque, et ainsi demeura toute la nuit avec l'armet en tête, qui était la plus gracieuse et étrange figure que l'on eût su penser ; et comme il s'imaginait que ces coureuses qui le désarmaient étaient quelques dames de qualité et maîtresses de ce château, il leur dit d'une fort bonne grâce :

> *« Oncques n'y eut chevalier,*
> *Si bien des dames servi*
> *Comme le fut Don Quichotte*
> *Quand de son village il vint :*
> *Damoiselles le servaient,*
> *Et princesses son coursier.*

« Ou Rossinante, car tel est le nom, mesdames, de mon cheval, et don Quichotte de la Manche le mien : car, encore que je n'eusse voulu me découvrir jusqu'à ce que les hautes prouesses faites pour votre service et à mon honneur m'eussent fait connaître, néanmoins la nécessité d'accommoder à la présente matière cette vieille romance de Lancelot a été cause de vous faire savoir mon nom avant l'heure ; mais un temps viendra auquel vous me commanderez, et moi j'obéirai, et la valeur de mon bras découvrira le désir que j'ai de vous servir. » Ces bonnes filles, peu accoutumées à ouïr de tels traits de rhétorique, ne répondaient mot, seulement elles lui demandèrent s'il voulait manger quelque chose. « Oui-da, je me sustenterais bien de quoi que ce soit, répondit don Quichotte, car, à ce qu'il m'en semble, il me viendrait fort à propos. »

Il se rencontra que ce jour-là était un vendredi ; et il n'y avait en toute la taverne, sinon quelques portions d'un poisson qu'on appelle en Castille morue, et en d'autres provinces truitelle. On lui demanda si, par aventure, il mangerait bien de cette truitelle, parce qu'il n'y avait point d'autre poisson que lui donner. « Pourvu qu'il y ait plusieurs truitelettes, répondit Don Quichotte, elles pourront bien servir d'une grosse truite[3] : car ce m'est tout un que l'on me donne huit réaux simples, ou bien une pièce de huit réaux ; et combien plus qu'il se pourrait faire que ces truitelettes fussent comme le veau, qui est meilleur et plus délicat que le bœuf, et le chevreau que le bouc. Mais soit ce que ce soit, pourvu qu'il vienne vitement, car le travail et le fardeau des armes ne se peut porter sans la permission des tripes. » On lui mit la table à la porte de la taverne pour être plus à la fraîche, et l'hôte lui apporta une portion de cette morue mal détrempée, et encore plus mal cuite, et un pain aussi noir et moisi que ses armes. Il y avait grand sujet de rire à le voir manger, parce que, comme il avait la salade en tête et la visière haussée, il ne pouvait rien mettre en sa bouche avec ses mains, si un autre ne le lui baillait et l'appâtait. L'une de ces dames faisait cet office. Mais il ne fut pas possible de lui donner à boire, et il n'y eût eu aucun moyen de ce faire, si le tavernier n'eût percé une canne, de laquelle lui ayant mis un des bouts en la bouche, il lui versait du vin par l'autre, et le chevalier prenait le tout en patience, quitte à ne rompre pas les rubans de son armet. En ces entrefaites, il arriva à la taverne un châtreur de porcs ; et, comme il arriva, il sonna son sifflet quatre ou cinq fois, ce qui acheva de confirmer à don Quichotte qu'il était en quelque fameux château, et qu'on le servait en musique, et que la merluche c'était truite, le pain de pur froment, ces coureuses de grandes dames, et le tavernier châtelain du château, et par ce moyen il tenait pour bien avisées sa résolution et sa sortie. Mais ce qui plus le mettait en peine était de ne se voir point armé chevalier, parce qu'il lui semblait qu'il ne se pouvait légitimement mettre à aucune entreprise sans avoir reçu l'ordre de chevalerie.

CHAPITRE III

OÙ L'ON VERRA DE QUELLE PLAISANTE
MANIÈRE DON QUICHOTTE
SE FAIT ARMER CHEVALIER

Étant ainsi travaillé de cette pensée, il abrégea son maigre et tavernier souper, lequel étant achevé, il appela l'hôte, et, s'étant enfermé avec lui en l'écurie, il se mit à genoux devant lui, disant : « Je ne me lèverai jamais d'où je suis, valeureux chevalier, jusqu'à ce que votre courtoisie m'octroie un don que je lui veux demander, lequel tournera à votre louange et au profit du genre humain. » Le tavernier, voyant son hôte à ses pieds et oyant de telles oraisons, le regardait tout confus, sans savoir que faire ni que lui dire, et insistait fort afin de le faire lever, mais il ne le voulut jamais, jusqu'à ce qu'il lui dît qu'il lui octroyait le don qu'il lui demandait. « Je n'espérais pas moins de votre grande magnificence, monseigneur, répondit don Quichotte : partant je vous dis que le don que je vous ai demandé, et qui de votre libéralité m'a été octroyé, est que le jour de demain vous me fassiez chevalier, et cette nuit, je ferai la veille des armes en la chapelle de votre château, puis demain s'accomplira ce que tant je désire, afin de pouvoir, comme il se doit, aller par toutes les quatre parties du monde, cherchant les aventures au profit des nécessiteux, ainsi que c'est l'obligation de la chevalerie et des chevaliers errants, comme je suis, de qui le désir est enclin à semblables hauts faits. »

Le tavernier, lequel comme il est dit, était un peu matois, et qui avait déjà quelque atteinte du défaut de jugement de son hôte, acheva de le croire tout à fait quand il eut achevé d'ouïr de si belles raisons, et, pour avoir de quoi rire cette nuit-là, il se résolut de seconder son humeur, et ainsi lui dit que c'était fort bien à lui d'avoir un si bon désir, et qu'un tel dessein était propre et naturel aux chevaliers aussi nobles qu'il paraissait être et que sa gaillarde allure le démontrait, et que lui-même aussi, aux ans de sa jeunesse, il s'était adonné à cet exercice honorable, allant chercher aventure par diverses parties du monde sans qu'il eût laissé de visiter les Perchoirs de Malaga, les Iles de Riaran, les bordels de Séville, le marché de Ségovie, le jardin olivet de Valence, les remparts de Grenade, la plage de San Lucar, le haras de Cordoue, les cabarets de Tolède[1] et autres divers endroits où il avait exercé la légèreté de ses pieds et la subtilité de ses mains, en faisant plusieurs tours, attrapant force veuves, mettant à mal quelques filles, trompant nombre de pauvres orphelins, et finalement se faisant connaître par toutes les cours et tribunaux qu'il y a quasi en toute l'Espagne, et qu'enfin il s'était venu retirer en ce sien château, où il vivait de son bien et de celui d'autrui, recevant en icelui tous les chevaliers errants, de quelque qualité et condition qu'ils fussent, seulement pour la grande affection qu'il leur portait, et afin qu'ils partageassent quelque peu de leurs biens avec lui en échange de ses bons offices. Il lui dit aussi qu'en ce sien château il n'y avait aucune chapelle où il pût faire la veille des armes, à cause qu'elle était abattue pour la rebâtir de nouveau, mais qu'en cas de nécessité il savait qu'elle se pouvait bien faire partout, et que pour cette nuit il la pouvait faire en une cour du château, et le lendemain matin, moyennant l'aide de Dieu, l'on ferait les cérémonies requises, de telle sorte qu'il serait armé chevalier, et tant chevalier qu'il ne le pourrait être davantage au monde.

Il lui demanda s'il portait de l'argent, et don Quichotte répondit qu'il n'en avait pas une maille, parce qu'il n'avait jamais lu dans les histoires de chevaliers errants que pas un d'eux en eût porté. A cela le tavernier lui dit qu'il s'abusait : car, supposé qu'en l'histoire il ne s'en fît point de mention, parce qu'il semblait aux auteurs d'icelles qu'il n'était de besoin d'écrire une chose si claire et si nécessaire à porter, comme étaient de l'argent et des chemises blanches, il ne fallait pas pourtant croire qu'ils n'en portassent point ; don Quichotte devait donc tenir pour certain et avéré que tous les chevaliers errants, desquels tant de livres sont farcis, portaient leurs bourses bien ferrées pour ce qu'il leur pouvait arriver, et que mêmement ils portaient des chemises et un petit coffret plein d'onguent pour panser les blessures qu'ils recevaient, car aux champs et déserts où ils combattaient et tombaient blessés, il ne se trouvait pas toujours qui les pansât, si ce n'était qu'ils eussent quelque sage enchanteur pour ami, qui les secourût incontinent, faisant porter par l'air en une nuée quelque damoiselle ou un nain avec quelque fiole d'eau de telle vertu qu'en en tâtant seulement une petite goutte, tout à l'instant ils étaient guéris de leurs plaies et blessures, comme s'ils n'eussent eu mal aucun ; mais lorsqu'ils n'avaient pas cette commodité-là, les chevaliers du temps passé tenaient pour chose plus sûre que leurs écuyers fussent bien garnis d'argent et d'autres choses nécessaires, comme charpie et onguents ; et, quand il arrivait que tels chevaliers n'avaient point d'écuyers (ce qui était fort rare), eux-mêmes portaient tout en un bissac fort petit, qui ne paraissait quasi point sur la croupe du cheval, comme si c'eût été autre chose de plus d'importance, parce que pour un tel sujet porter bissac n'était pas fort reçu entre les chevaliers errants ; et partant il lui conseillait, voire même lui pouvait commander, comme à son filleul qu'il devait bientôt être, qu'il ne se mît point aux champs désormais sans argent et sans les préparatifs indiqués, et qu'il verrait qu'il s'en trouverait bien lorsque moins il penserait. Don Quichotte lui promit d'accomplir fort exactement tout ce qu'il lui conseillait ; et sur ce ils donnèrent incontinent ordre comment se ferait la veille des armes en une grande cour qui était à côté de la taverne, et don Quichotte, les ramassant toutes, les mit sur une auge qui était là auprès d'un puits ; et, ayant embrassé son écu, il empoigna sa lance, et, avec une noble contenance, commença à se promener devant cette auge ; et lorsqu'il commença sa promenade la nuit commençait à tomber.

Le tavernier conta à tous ceux qui étaient logés en la taverne la folie de son hôte, cette veille des armes, et cette espèce d'armature de chevalerie qu'il attendait. Ils s'ébahirent tous d'une si étrange folie, et l'allèrent contempler de loin. Ils virent alors qu'avec une contenance posée, parfois il se promenait, puis d'autres fois, étant appuyé sur sa lance, jetait les yeux sur ses armes, sans les en ôter pour un bon espace de temps. Il était déjà nuit close, toutefois avec tant de clarté de la lune qu'elle pouvait lutter avec l'astre qui la lui prêtait, si bien que tout ce que faisait le chevalier novice était fort bien vu de tous.

Sur ces entrefaites, il prit fantaisie à un des muletiers qui étaient dans la taverne d'aller donner de l'eau à ses bêtes, pour quoi faire il fut besoin d'ôter de dessus l'auge les armes de don Quichotte, lequel, le voyant approcher, lui dit à haute voix : « Ô toi, qui que tu sois, téméraire chevalier, qui viens à toucher les armes du plus valeureux chevalier errant qui jamais ceignît l'épée, prends bien garde à ce que tu fais, et ne les touche pas, si tu ne veux laisser la vie en payement de ta hardiesse. » Le muletier n'eut cure de ces propos (et mieux eût valu qu'il en eût eu cure, car il aurait eu ainsi celle de tout mal), mais, empoignant les courroies, jeta les armes bien loin de lui. Ce que voyant don Quichotte, il leva les yeux au ciel, et, ayant mis sa pensée, à ce qu'il sembla, en sa dame Dulcinée, dit : « Secourez-moi, ma Dame, en cette première rencontre, qui s'offre à cette poitrine votre vassale, et qu'en ce premier hasard ne me défaille point votre faveur et sauvegarde. » Et, en disant telles et autres semblables raisons, laissant aller sa targe, leva sa lance à deux mains et en donna un si grand coup au muletier sur la tête qu'il le jeta par terre fort mal accommodé, et de sorte que, s'il eût redoublé encore un coup, il n'eût point eu besoin de chirurgien pour le panser. Cela étant fait, il ramassa ses armes et se remit à se promener avec la même tranquillité qu'auparavant.

Bien peu après, sans savoir ce qui s'était passé, parce que le muletier était encore tout étourdi, il en vint un autre avec la même intention de donner de l'eau à ses mulets, et qui s'approcha pour ôter les armes afin de désembarrasser l'auge ; don Quichotte, sans dire une seule parole, sans demander faveur à personne, lâcha encore une fois sa targe et leva derechef sa lance, et, sans la mettre en pièces, il en fit plus de trois de la tête du second muletier, parce qu'il la fendit en quatre. A ce bruit-là accoururent tous ceux qui étaient en la taverne, et entre eux le tavernier ; ce que voyant don Quichotte, il embrassa son écu et, ayant mis la main à l'épée, dit : « Ô Dame de beauté, courage et vigueur de mon cœur affaibli, il est à cette heure temps que tu tournes les yeux de ta grandeur vers ce tien captif chevalier, lequel attend une si grande et terrible aventure. » Avec cela, à son avis il reprit tant de courage que, si tous les muletiers du monde l'eussent attaqué, il n'eût pas tourné son pied en arrière. Les compagnons des blessés, les voyant en tel état, commencèrent de loin à faire pleuvoir des pierres sur don Quichotte, lequel se couvrait de sa targe le mieux qu'il

pouvait, mais il n'osait s'écarter de l'auge de peur d'abandonner ses armes. Le tavernier criait tant qu'il pouvait qu'ils
le laissassent, parce qu'il leur avait déjà dit qu'il était fou et
comme tel il s'en tirerait quitte, les eût-il tous tués. Don
Quichotte aussi criait plus haut que lui, les appelant
déloyaux et traîtres, et que le seigneur du château était un
félon, et malappris chevalier, puisqu'il permettait que l'on
traitât en telle sorte les chevaliers errants, et que, s'il eût reçu
l'ordre de chevalerie, il lui eût donné à entendre sa traîtrise.
« Mais de vous autres, vile et basse canaille, je ne fais aucun
cas. Jetez, approchez, venez et m'assaillez en tant qu'il sera
en vous, et vous verrez le payement que vous remporterez de
votre folie et discourtoisie. » Il disait cela avec tant d'audace
et de résolution qu'il mit une terrible peur en ceux qui
l'assaillaient ; et, tant pour cela que pour les remontrances du
tavernier, ils cessèrent de lui jeter des pierres ; il leur laissa
retirer les blessés et s'en retourna à la veille de ses armes avec
le même calme qu'auparavant.

Le tavernier ne trouva pas bon ces traits de folie de son
hôte, par quoi il résolut d'abréger l'affaire et de lui donner
promptement ce malheureux ordre de chevalerie avant qu'il
arrivât quelque autre disgrâce, et par ainsi, s'approchant de
lui, il s'excusa de l'insolence dont cette gent vile et basse
avait usé en son endroit sans qu'il en sût rien ; mais ils
avaient été bien châtiés de leur témérité. Il lui dit, comme
déjà il lui avait fait entendre, qu'en ce château il n'y avait
point de chapelle, et qu'aussi n'était-elle pas fort nécessaire
pour ce qui restait à faire : car toute l'importance d'être armé
chevalier consistait en l'accolade et au coup de plat d'épée,
selon qu'il avait connaissance du cérémonial de l'ordre, et
cela se pouvait faire au milieu d'un champ ; aussi bien avait-il
accompli ce qui appartenait à la veille des armes ; avec deux
heures de veille seulement c'était assez, combien plus, qu'il
en avait passé plus de quatre.

Don Quichotte crut tout ce qu'il voulut, et lui dit qu'il

était là tout prêt pour lui obéir, et qu'il terminât avec la plus grande brièveté qu'il pourrait : car, s'il était une autre fois attaqué et qu'il se vît armé chevalier, il ne pensait pas laisser personne en vie au château, hormis ceux qu'il lui commanderait, lesquels il laisserait par respect pour lui. Le châtelain, que cet avertissement ne laissait pas d'emplir d'appréhension, apporta tout incontinent le livre où il écrivait l'orge et la paille qu'il donnait aux muletiers, et avec un bout de chandelle que lui portait un petit garçon, ensemble les deux damoiselles ci-dessus déclarées, il s'en vint auprès de don Quichotte, lui commanda de se mettre à genoux, et lisant en son manuel, comme s'il eût dit quelque dévote oraison, au milieu de sa lecture, il leva la main et lui donna un grand coup sur le col, et après icelui du plat de son épée même un gentil coup sur le dos, marmottant toujours entre ses dents comme s'il eût prié Dieu. Cela fait, il commanda à l'une de ces dames qu'elle lui ceignît l'épée, ce qu'elle fit avec beaucoup de grâce et de désinvolture, et il n'en était pas besoin de peu pour ne pas se crever de rire à chaque point des cérémonies qu'on faisait : mais les prouesses qu'elles avaient déjà vues du nouveau chevalier leur tenaient le ris en bride. En lui ceignant l'épée, la bonne dame lui dit : « Dieu vous fasse fort heureux chevalier et vous donne bonne chance en débats ! » Don Quichotte lui demanda comment elle s'appelait, afin qu'il sût dorénavant à qui il demeurait obligé pour la faveur qu'il avait reçue, parce qu'il pensait lui donner quelque part de l'honneur qu'il acquerrait par la valeur de son bras. Elle répondit avec beaucoup d'humilité qu'elle s'appelait la Tolosa et qu'elle était fille d'un ravaudeur natif de Tolède, lequel demeurait aux petites boutiques de Sancho Bienaya, et qu'en quelque lieu qu'elle fût elle le servirait et le tiendrait pour son seigneur. Don Quichotte lui répliqua que, pour l'amour de lui, elle lui fît cette grâce de prendre dorénavant la qualité de dame et qu'elle s'appelât doña Tolosa. Elle le lui promit, et l'autre lui chaussa

cette pensée, il guida Rossinante vers son village, qui, sentant presque son écurie, commença à cheminer de si bonne volonté qu'il semblait qu'il ne mît pas le pied à terre.

Il n'avait pas encore fait beaucoup de chemin, quand il lui sembla qu'à sa main droite, de l'épaisseur d'un bois qui était là sortait une voix gémissante, comme d'une personne qui se plaignait, et à peine l'eut-il ouïe qu'il dit : « Je rends grâces au ciel pour la faveur qu'il me fait, puisque si tôt il me présente des occasions où je puisse accomplir ce qui est du devoir de ma profession et où je puisse recueillir le fruit de mes nobles intentions. Ces cris sont sans doute de quelque nécessiteux ou nécessiteuse qui a besoin de ma faveur et de mon aide. » Et, tournant bride, il achemina Rossinante vers le lieu d'où il lui semblait que la voix sortait ; et n'était encore guère avant dedans le bois qu'il vit une jument attachée à un chêne, à un autre un jeune garçon qui était lié tout nu depuis la moitié du corps en haut, environ de l'âge de quinze ans, qui était celui qui jetait ces cris, et non sans cause, car un laboureur assez bien taillé lui donnait de bons coups avec une ceinture et accompagnait chaque coup d'une réprehension et d'un conseil, lui disant : « Tenez votre langue et ouvrez les yeux » ; et le pauvre garçon répondait : « Je ne le ferai plus, mon maître ; par la passion de Dieu, je ne le ferai plus, et vous promets d'avoir dorénavant plus de soin du troupeau ! » Or, voyant don Quichotte ce qui se passait, d'une voix colère s'écria : « Discourtois chevalier, il est malséant de vous en prendre à une personne qui ne se peut défendre ; montez sur votre cheval et prenez votre lance (car il avait aussi une lance appuyée contre le chêne où la jument était attachée), et je vous ferai connaître que c'est acte couard de faire ce que vous faites. » Le laboureur, qui vit venir sur soi cette figure couverte d'armes lui branlant la lance sur le visage, se tint pour mort, et, avec de belles paroles, lui répondit : « Seigneur chevalier, ce garçon que je châtie ici est un mien valet qui est à mon service pour garder un troupeau de brebis que j'ai en ces environs, lequel est si négligent que tous les jours il m'en manque une, et, parce que je châtie son peu de soin ou sa méchanceté, il dit que je le fais par chicheté, afin de ne le pas payer du salaire que je lui dois ; mais sur mon Dieu et sur mon âme il ment. — Un démenti devant moi ! Infâme vilain ! dit don Quichotte ; par le soleil qui nous éclaire, je suis sur le point de vous percer de part en part avec cette lance. Payez-le sur l'heure sans plus de réplique, ou bien, par le Dieu qui nous régit, je vous châtierai et vous anéantirai sur-le-champ. Déliez-le promptement. » Le laboureur baissa la tête, et, sans répondre mot, délia son valet, auquel don Quichotte demanda combien lui devait son maître. Il lui dit neuf mois à sept réaux par mois. Don Quichotte fit le compte et trouva qu'il se montait à soixante et trois réaux, puis dit au laboureur que tout à l'instant il les déboursât s'il ne voulait mourir. Le vilain, tout peureux, répondit que par le pas dangereux auquel il était et par le serment qu'il avait fait (et pourtant il n'avait encore rien juré), qu'il n'y avait pas tant, parce qu'il lui fallait rabattre et mettre en compte trois paires de souliers qu'il lui avait baillées et un réal pour deux saignées qu'on lui avait faites étant malade. « Tout cela est bien, répliqua don Quichotte, mais que les souliers et les saignées demeurent pour les coups de fouet qu'à tort et sans cause vous lui avez donnés : car, s'il a usé le cuir des souliers que vous avez payés, vous lui avez usé celui de son corps ; et, si le barbier lui a tiré du sang étant malade, vous lui en avez tiré en santé ; ainsi ne vous doit-il rien. — Le mal est, seigneur chevalier, dit le laboureur, que je n'ai point d'argent ici ; qu'André s'en vienne avec moi à la maison, et je lui payerai tout comptant un réal sur l'autre. — Que j'aille avec lui ! dit le garçon. Au diable soit ! Non, non, monsieur, je m'en garderai bien ; qu'il se voie tout seul, il m'écorchera comme un saint Barthélemy. — Il n'en fera rien, répliqua don Quichotte ; il suffit que je le lui commande pour qu'il me garde respect ; et, pourvu qu'il me le jure par la loi de chevalerie qu'il a reçue, je le laisserai aller en liberté, et par ce moyen j'assurerai le payement. — Regardez ce que vous dites, seigneur, dit le garçon, car mon maître n'est pas chevalier, ni n'a reçu aucun ordre de chevalerie : c'est Jean Haldudo le riche, tout près du Quintanar. — Peu importe, répondit don Quichotte, il y peut avoir des Haldudos chevaliers, et d'autant chacun est fils de ses œuvres. — C'est bien la vérité, dit André ; mais ce mien maître de quelles œuvres est-il fils, puisqu'il me dénie mes gages, ma sueur et mon travail ? — Je ne vous les dénie pas, frère André, répondit le laboureur, et faites-moi ce plaisir que de venir avec moi, car je vous jure par tous les ordres de chevalerie qu'il y a au monde que je vous payerai, comme j'ai dit, un réal sur l'autre, et encore avec gratification. — Quant à la gratification, je vous en fais grâce, dit don Quichotte ; payez-le seulement en bons réaux, je m'en contente ; mais regardez bien que vous le fassiez comme vous l'avez juré, ou autrement je vous jure par le même serment que je vous reviendrai chercher et châtier, et que je vous trouverai bien, vous dussiez-vous cacher mieux qu'un lézard ; et, si vous désirez savoir qui vous mande ceci, afin que vous soyez plus à plein obligé de l'accomplir, sachez que je suis le valeureux don Quichotte de la Manche, le défaiseur de torts et injures, et adieu vous dis, et vous ressouvenez de ce que vous avez promis et juré sur peine du châtiment prononcé. » En disant cela, il piqua son Rossinante et en peu de temps disparut.

Le laboureur le suivit des yeux, et, quand il vit qu'il avait dépassé le bois et ne paraissait plus, il se retourna vers son valet André et lui dit : « Venez çà, mon fils, je vous veux payer ce que je vous dois, suivant ce que ce défaiseur de torts m'a commandé. — Oui, je vous jure, dit André, que Votre Grâce fera fort bien d'accomplir le commandement de ce bon chevalier, et puisse-t-il vivre mille ans, il est si valeureux et bon juge, par la sambleu, que si vous ne me payez, il retournera et exécutera ce qu'il a dit. — Je le jure aussi, dit le laboureur ; mais, pour le grand bien que je vous veux, je veux aussi accroître la dette pour en accroître le payement. » Et lors, l'empoignant par le bras, le retourna attacher au chêne, où il lui donna tant de coups qu'il le laissa pour mort. « Appelez à cette heure, seigneur André, disait le laboureur, le défaiseur de torts, et vous verrez comme il ne défera pas celui-ci, encore que je crois qu'il n'est pas achevé de faire, parce qu'il me prend envie de vous écorcher tout vif, comme vous le craigniez. » Mais enfin il le délia et lui donna congé d'aller chercher son juge, afin qu'il exécutât la sentence prononcée. André se départit quelque peu mal content, jurant d'aller chercher le valeureux don Quichotte de la Manche, et de lui raconter de point en point ce qui s'était passé, et qu'il lui ferait payer au septuple ; mais nonobstant cela, partit en pleurant, et son maître demeura riant. Voilà comment le valeureux don Quichotte défit ce tort, très content de ce qui était arrivé.

Il lui était avis qu'il avait donné un très heureux et haut commencement à ses chevaleries ; fort satisfait de soi-même, il tirait chemin vers son village, disant à demi-voix : « Tu te peux bien appeler heureuse, heureuse par-dessus toutes celles qui vivent aujourd'hui sur la terre, ô belle par-dessus les belles, Dulcinée du Toboso, puisqu'il t'est échu en sort d'avoir pour sujet et soumis à ta volonté et discrétion un si vaillant et si fameux chevalier comme est et sera don Quichotte de la Manche, lequel, comme tout le monde sait, reçut hier l'ordre de chevalerie, et aujourd'hui a défait le plus grand tort et grief qu'ait jamais formé l'injustice et commis la cruauté. Il a cejourd'hui ôté le fouet de la main à ce cruel ennemi, qui, pour si peu de motifs, fouettait ce délicat varlet. »

Sur ce, il arriva à un chemin qui se partageait en quatre, et incontinent, il se représenta à l'imagination les carrefours où les chevaliers errants se mettaient à penser lequel de ces chemins ils prendraient ; et pour les imiter il s'arrêta un peu tout coi, et, après y avoir bien pensé, lâcha la bride à Rossinante, remettant sa volonté à celle de son roussin, lequel suivit sa première intention, qui fut de prendre le chemin de son écurie. Ayant marché environ comme une lieue, don Quichotte découvrit une grande troupe de gens, qui étaient, comme l'on sut depuis, certains marchands de Tolède, lesquels allaient acheter de la soie à Murcie. Ils étaient six et venaient avec leurs parasols, accompagnés de quatre valets à cheval et trois garçons de mules à pied. A peine don Quichotte les eut-il aperçus qu'il s'imagina que c'était un sujet de nouvelle aventure, et, pour imiter en tout ce qui lui semblait possible les rencontres qu'il avait lues en ses livres, il lui fut avis que l'une à quoi il avait beaucoup songé lui tombait là fort à propos. Et ainsi, avec une gentille contenance et résolution, il s'affermit sur ses étriers, empoigna sa lance, approcha son écu de sa poitrine, et, tout planté au milieu du chemin, attendit que les chevaliers errants arrivassent, car il les tenait et jugeait déjà pour tels ; et, quand ils furent à sa portée, don Quichotte éleva la voix, et, d'une façon arrogante, dit : « Que tout le monde s'arrête, si tout le monde ne confesse qu'il n'y a pas en tout l'univers plus belle damoiselle que l'impératrice de la Manche, la non pareille Dulcinée du Toboso. » Les marchands s'arrêtèrent, au son de ces discours, à regarder l'étrange figure de celui qui les faisait, et, par la figure et par les paroles, ils s'aperçurent incontinent de la folie du maître ; mais ils voulurent voir tout à loisir où tendait cette confession qu'on leur demandait qu'ils fissent, et l'un d'eux, qui était un peu gausseur et bien fort avisé, lui dit : « Seigneur chevalier, nous autres ne connaissons pas qui est cette bonne dame que vous dites, montrez-nous-la : que si elle est douée d'une si grande beauté, comme vous nous la spécifiez, nous confesserons de bon cœur et sans aucune contrainte la vérité que vous nous demandez.

— Si je ne vous l'avais montrée, répliqua don Quichotte,

que feriez-vous en confessant une vérité si évidente ! Le fin de l'histoire est que sans la voir vous le devez croire, confesser, affirmer, jurer et défendre, et, au cas que vous ne le faites, c'est moi à qui vous aurez affaire, gens pleins de démesure et de superbe ; soit que vous veniez un à un, comme le requiert l'ordre de chevalerie, ou bien tous ensemble, comme est la coutume et mauvais usage de ceux de votre sorte, je vous attends ici de pied ferme, me confiant en la raison que j'ai de mon côté.

— Seigneur chevalier, répliqua le marchand, je vous supplie au nom de tous nous autres princes qui sommes ici que nous n'en chargions point nos consciences en confessant une chose que nous n'avons jamais ni vue ni ouïe, et davantage étant si fort au préjudice des impératrices et reines de l'Alcarria et de l'Estramadure. Plaise donc à Votre Grâce nous faire voir quelque portrait de cette dame, encore qu'il ne soit pas plus grand qu'un grain de blé : par l'échantillon nous connaîtrons l'étoffe, et demeurerons satisfaits et assurés, et vous payé et content ; et même je crois que nous sommes déjà tant de votre côté qu'encore que son portrait nous montre qu'elle est borgnesse d'un œil, et que de l'autre il lui coule du vermillon et du soufre, ce nonobstant, pour vous complaire, nous dirons en sa faveur tout ce qu'il vous plaira.

— Point ne lui en coule, canaille infâme ! répondit don Quichotte enflammé de colère. Point ne lui en coule, vous dis-je, de ce que vous dites, mais plutôt de l'ambre et du musc, et elle n'est ni borgnesse ni bossue, mais plus droite qu'un fuseau de Guadarrama ; çà, vous autres, vous m'allez payer le grand blasphème que vous avez dit contre une si grande beauté qu'est celle de ma maîtresse. »

Et, en disant cela, il courut sus, avec la lance baissée, à celui qui avait dit ces paroles, avec tant de furie que, si la bonne fortune n'eût fait que Rossinante broncha et tomba à la moitié du chemin, il en eût mal pris à ce téméraire marchand. Rossinante tomba, dis-je, et son maître s'en alla roulant un bon espace par le champ, et, se voulant relever, jamais il n'y parvint, tant il était embarrassé de sa lance, écu, éperons et salade, outre le poids de l'antique armure. Et, pendant qu'il s'efforçait de se lever et qu'il ne pouvait en venir à bout, il disait à ces marchands : « Ne fuyez pas, couards, chétives gens, attendez, car ce n'est par ma faute, mais par celle de mon cheval que je suis ici gisant. »

Un valet de mules de ceux qui les accompagnaient, qui n'avait pas humeur trop bonne, entendant proférer à ce pauvre homme tombé tant de paroles arrogantes, ne le put endurer sans lui en donner réponse sur les côtes et, s'approchant de lui il prit sa lance, et, après l'avoir mise en pièces, avec l'un des morceaux il commença à donner à notre don Quichotte tant de coups qu'en dépit de ses armes il le moulut comme blé. Ses maîtres lui criaient qu'il ne lui en donnât pas tant et qu'il le laissât ; mais le garçon, qui était déjà piqué, ne voulut laisser le jeu jusqu'à décharger tout le reste de sa colère, et, courant prendre les autres tronçons de la lance, les acheva de rompre sur le misérable renversé, lequel, avec toute cette tempête de bastonnades qu'il voyait venir sur lui, ne fermait point la bouche, menaçant le ciel et la terre et les malandrins, que tels lui semblaient-ils être. Le valet se lassa, et les marchands poursuivirent leur chemin, remportant bien de quoi conter tout au long d'icelui du pauvre bâtonné.

Celui-ci, se voyant seul, se remit à éprouver s'il se pourrait lever ; mais, s'il ne le put faire lorsqu'il était en santé, comment l'aurait-il fait étant ainsi moulu et brisé ? Encore avec tout cela se tenait-il pour bien heureux, lui étant avis que c'était là une vraie disgrâce de chevalier errant, et l'attribuait toute à la faute de son cheval ; et n'était pas possible qu'il se levât, tant il avait le corps meurtri.

CHAPITRE V

SUITE DE LA DISGRÂCE
DE NOTRE CHEVALIER

Voyant donc qu'en effet il ne se pouvait remuer, il s'avisa d'avoir recours à son remède ordinaire, qui était de penser à quelque passage de ses livres, et sa folie lui amena à la mémoire celui de Baudouin et du marquis de Mantoue, quand Charlot le laissa blessé en la montagne, histoire connue et sue des petits enfants, non ignorée des jeunes gens, célébrée et même reçue des vieux, et ce néanmoins pas plus vraie que les miracles de Mahomet. Or, il lui sembla que celle-ci lui venait comme moulée pour le pas où il se trouvait, et ainsi, avec des démonstrations de grand ressentiment, il commença à se vautrer par terre et à dire d'une faible haleine, de même que l'on dit que disait le féru chevalier du bois :

> Hélas ! où donc es-tu, ma Dame,
> Qui de mon mal n'as compassion ?
> Il faut que tu n'en saches rien,
> Ou tu es fausse et déloyale.

Et en cette manière alla continuant cette romance jusqu'à ces vers qui disent :

> Ô noble marquis de Mantoue,
> Mon oncle et seigneur par le sang !

La fortune voulut que, quand il en fut à ces vers, il vint à passer par là un laboureur de sa paroisse même et son voisin, qui venait de porter un sac de blé au moulin, lequel, voyant cet homme là étendu, s'approcha de lui et lui demanda qui il était et quel mal il sentait, pour se plaindre si tristement. Don Quichotte crut sans doute que c'était là le marquis de

95

Mantoue, son oncle, et par ainsi ne lui répondit autre chose sinon qu'il poursuivit sa romance, où il lui rendait compte de sa disgrâce et des amours du fils de l'empereur avec son épouse, tout comme la romance le chante. Le laboureur était fort ébahi d'ouïr ces folies, et, lui ayant ôté la visière, qui était déjà toute en pièces des coups de bâton qu'il avait reçus, lui nettoya le visage qu'il avait plein de poussière. Et à peine l'eut-il nettoyé qu'il le reconnut et lui dit : « Seigneur Quixada (car il se devait ainsi appeler quand il avait son jugement et qu'il n'était encore passé de gentilhomme posé à chevalier errant), qui est celui qui vous a mis en tel état ? » Mais l'autre poursuivait sa romance, en réponse à tout ce qu'on lui demandait.

Ce que voyant le bonhomme, du mieux qu'il put, lui ôta le plastron et l'épaulière pour voir s'il n'avait point quelque blessure, mais il ne vit point de sang, ni marque aucune. Il tâcha de le relever de terre, et non sans grand travail le monta sur son âne, qui lui sembla une monture plus paisible. Il ramassa ses armes, jusqu'aux éclats de la lance, et les lia sur Rossinante, lequel il prit par les rênes et son âne par le licol, puis s'achemina vers son bourg, bien fort pensif d'ouïr les rêveries que don Quichotte disait ; et ne l'était pas moins don Quichotte, lequel, moulu et froissé, ne se pouvait tenir sur l'âne, et de fois à autre jetait des soupirs qu'il envoyait jusqu'au ciel, de telle sorte qu'il obligea de nouveau le laboureur à lui demander quel mal il sentait. Il faut croire que le diable lui amenât à la mémoire les contes accommodés à ses malheureux succès, car au même instant, mettant en oubli Baudouin, il se souvint du More Abindarraez, lorsque le gouverneur d'Antequera, Rodrigue de Narvaez, le prit et mena prisonnier en son château. Si bien que, quand le laboureur lui demanda derechef comment il se portait et ce qu'il sentait, il lui répondit les mêmes paroles et raisons que le captif abencérrage répondait à Rodrigue de Narvaez, ainsi qu'il en avait lu l'histoire en la *Diane* de Georges de

Montemayor, et se servant d'icelle si à propos que le laboureur se donnait au diable d'ouïr une si grande machine de sottises, par où il connut bien que son voisin était fou, et se hâtait tant qu'il pouvait d'arriver au village pour éviter l'ennui que don Quichotte lui causait avec sa longue harangue. A la fin de laquelle celui-ci déclara : « Sachez, seigneur don Rodrigue de Narvaez, que cette belle Xarifa que je vous ai dite est maintenant la jolie Dulcinée du Toboso, pour laquelle j'ai fait et fais et ferai les plus hauts et renommés actes de chevalerie qui se soient vus, se puissent voir, ou se verront au monde. » A quoi le laboureur répondit : « Regardez bien, monsieur, pécheur de moi, que je ne suis ni don Rodrigue de Narvaez, ni le marquis de Mantoue, mais Pedro Alonso, votre voisin ; et vous n'êtes Baudouin, ni Abindarraez, mais bien l'honorable gentil-homme, le seigneur Quixada. — Je sais qui je suis, répondit don Quichotte, et sais que je peux être non seulement ceux que j'ai dits, mais aussi tous les douze pairs de France et tous les neuf preux de la Renommée[1] : car mes hauts faits et gestes surpasseront ceux qu'ils ont jamais faits tous ensemble et un chacun d'eux à part soi. » En ces discours et autres semblables, ils arrivèrent à leur domicile à l'heure que la nuit s'approchait ; mais le laboureur attendit qu'il fît un peu plus noir, afin que l'on ne vît point ce pauvre froissé gentilhomme en si mauvais équipage.

Étant donc venue l'heure qui lui sembla à propos, il entra au bourg en la maison de don Quichotte, laquelle il trouva toute en rumeur. Il y avait là le curé et le barbier du lieu, grands amis de don Quichotte, auxquels la gouvernante disait à haute voix : « Que vous semble-t-il, seigneur licencié Pero Perez (ainsi s'appelait le curé), de la disgrâce de mon maître ? Il y a trois jours que ne paraissent ni lui, ni le roussin, ni l'écu, ni la lance, ni les armes. Malheureuse que je suis ! Je me persuade, et c'est aussi vrai comme je suis née pour mourir, que ces maudits livres de chevalerie qu'il

97

possède, et qu'il a coutume de lire si souvent, lui ont troublé le jugement : car, à cette heure, il me souvient de lui avoir ouï dire plusieurs fois, parlant à lui-même, qu'il se voulait faire chevalier errant et s'en aller chercher les aventures par le monde. Que tels livres puissent être recommandés à Satan et à Barabbas, puisqu'ils ont ainsi gâté et perdu le plus délicat entendement qu'il y eût en toute la Manche ! » La nièce en disait autant et ajoutait : « Sachez, seigneur maître Nicolas (c'était le nom du barbier), que plusieurs fois il est arrivé à monsieur mon oncle de lire en ces méchants livres de mésaventures deux jours et deux nuits, à la fin desquels il jetait le livre et mettait la main à l'épée pour s'escrimer à grands coups contre les murailles ; et, quand il était bien las, il disait qu'il avait tué quatre géants qui étaient comme quatre tours, et la sueur qu'il rendait de lassitude, il disait que c'était du sang des plaies qu'il avait reçues en la bataille ; puis buvait là-dessus une grande potée d'eau froide, qui le rendait tout sain et pacifique, disant que cette eau était un breuvage très précieux, que le sage Alquif ou Esquif, grand enchanteur et son ami, lui avait apporté. Mais toute la faute est à moi, qui ne vous ai pas averti des folies de monsieur mon oncle, afin que vous y apportassiez remède devant qu'il en arrivât un tel inconvénient, et que vous brûlassiez tous ces excommuniés de livres : car il en a tout plein qui mériteraient d'être brûlés comme s'ils étaient œuvres d'hérétiques. — J'en dis autant, dit le curé, et en bonne foi que le jour de demain ne se passera pas qu'il ne s'en fasse un autodafé, et qu'ils ne soient condamnés au feu, afin qu'ils ne donnent sujet à qui les lira de faire de même que mon bon ami doit avoir fait. »

Le laboureur et don Quichotte oyaient tout cela qui fut cause que le laboureur reconnut tout à fait la maladie de son voisin, et partant il commença à dire à haute voix : « Ouvrez, messieurs, ouvrez au seigneur Baudouin et au seigneur marquis de Mantoue, qui vient mal féru, et au seigneur More Abindarraez que le valeureux Rodrigue de Narvaez, gouverneur d'Antequera, amène captif. » A ces exclamations ils sortirent tous ; et, comme ils connurent les uns leur ami et les autres leur oncle et leur maître, lequel n'était encore descendu de l'âne par ce qu'il ne pouvait, ils coururent l'embrasser. Mais lui : « Arrêtez tous, car je viens mal féru par la faute de mon cheval ; que l'on me porte en mon lit et qu'on appelle, s'il est possible, la sage Urgande, afin qu'elle me panse et prenne garde à mes plaies. — Voyez, à la malheure, dit à ce point la gouvernante, si le cœur ne me disait pas de quel pied clochait mon maître. Montez au nom de Dieu, car nous vous saurons bien panser sans que cette Hurlande vienne ici. Maudits soient encore cent et cent fois ces livres de chevalerie qui ont ainsi accommodé Votre Grâce ! » Incontinent ils le menèrent au lit ; cherchant ses plaies, ils n'en trouvèrent aucune ; mais il leur dit qu'il n'était que froissé pour avoir fait une grande chute avec Rossinante, son cheval, en combattant contre dix géants les plus démesurés et audacieux que l'on eût su trouver en grande partie de la terre. « Ta, ta, ta, dit le curé, il y a des géants en campagne ? Par la sainte croix que voilà, je les brûlerai demain devant qu'il soit nuit. » Ils firent mille questions à don Quichotte, et à aucune il ne voulut répondre autre chose, sinon qu'on lui donnât à manger et le laissât dormir, qui était le plus important. On le fit ainsi, et le curé s'informa bien au long du laboureur de la façon dont il avait trouvé don Quichotte : celui-ci lui conta le tout avec les folies qu'il avait dites en le trouvant et en l'amenant, ce qui donna plus d'envie à monsieur le licencié de faire ce qu'il fit le lendemain, qui fut d'appeler son ami maître Nicolas le barbier, en la compagnie duquel il vint au logis de don Quichotte.

CHAPITRE VI

DE L'EXACTE ET PLAISANTE ENQUÊTE
QUE LE CURÉ ET LE BARBIER
FIRENT EN LA LIBRAIRIE
DE NOTRE INGÉNIEUX GENTILHOMME

Lequel dormait encore. Le curé demanda à la nièce les clefs de la chambre où étaient les livres auteurs du mal, et elle les lui bailla fort volontiers : ils entrèrent tous dedans, et la gouvernante avec eux, où ils trouvèrent plus de cent volumes gros et fort bien reliés, et encore d'autres petits ; mais aussitôt que la gouvernante les vit, elle ressortit de la chambre à grande hâte, puis revint avec une écuelle d'eau bénite et un goupillon, disant : « Prenez, monsieur le licencié, et arrosez cette chambre, de peur qu'il n'y ait quelqu'un de ce grand nombre d'enchanteurs qui sont écrits en ces livres, et qu'il ne nous enchante pour la peine de celle que nous leur voulons faire en les chassant hors du monde. » Le licencié se mit à rire de la simplesse de cette bonne femme et commanda au barbier qu'il lui tendît ces livres un à un pour voir de quoi ils traitaient, car il se pourrait faire qu'ils en trouvassent quelques-uns qui ne mériteraient pas la peine du feu. « Non, non, dit la nièce, il ne faut pardonner à pas un : tous ont été cause du dommage ; le meilleur sera de les jeter par les fenêtres dans le patio et en faire un tas, puis bouter le feu, ou bien les porter en la basse-cour, et là on fera un bûcher, et la fumée n'offensera personne. » La gouvernante parla de même, tant était grande l'envie qu'elles avaient toutes deux de la mort de ces innocents ; mais le curé n'en fut pas d'avis sans premièrement lire au moins les titres. Et le premier ouvrage que maître Nicolas lui mit entre les mains fut les quatre livres d'*Amadis de Gaule*[1], sur quoi le curé dit : « Il semble qu'il y a ici du mystère, car, à ce que j'ai entendu dire, c'est ici le premier livre de chevalerie qui s'est imprimé en Espagne, et duquel tous les autres ont pris leur origine, et partant il me semble que, comme dogmatiseur d'une si pernicieuse secte, nous le devons sans aucune excuse condamner au feu. — Non pas, monsieur, dit le barbier, car j'ai aussi ouï dire que c'est le meilleur de tous les livres qui ont été composés de ce genre, et que, partant, il lui faut pardonner comme unique en son espèce. — C'est la vérité, dit le curé, et pour cette raison on lui fait grâce pour le présent. Voyons cet autre qui est auprès de lui. — C'est, dit le barbier, *les Travaux d'Esplandian*[2], le fils légitime d'Amadis de Gaule. — En vérité, dit le curé, la bonté du père ne servira de rien au fils. Tenez, ma bonne dame, ouvrez cette fenêtre-là, et le jetez à la cour, qu'il fasse le commencement du tas pour le bûcher qu'il en faut faire. » La gouvernante le fit avec beaucoup de contentement, et le bon Esplandian s'envola à la cour, attendant avec patience le feu qui le menaçait. « Passons outre, dit le curé. — Celui-ci qui vient, dit le barbier, c'est *Amadis de Grèce*[3], et aussi tous ceux de ce côté, comme je crois, sont de la même lignée d'Amadis. — Qu'ils aillent donc tous à la basse-cour, dit le curé ; car, pour brûler la reine Pintiquinêtre et le pasteur Darinel avec ses Églogues, et aussi les endiablées et embrouillées raisons de son auteur, je brûlerais quand et quand le père qui m'a engendré, s'il allait en figure de chevalier errant. — Je suis de cet avis, dit le barbier. — Moi aussi, ajouta la nièce. — Puisque ainsi est, dit la gouvernante, baillez ça, et les envoyons à la cour. » On les lui bailla, car ils étaient beaucoup, et elle, pour épargner l'escalier, les jeta par la fenêtre en bas.

« Quel est ce tonneau ? dit le curé. — C'est, répondit le barbier, *Don Olivante de Laura*. — L'auteur de ce livre[4], dit le curé, est le même qui a composé *le Jardin des fleurs*, et, en vérité, je ne saurais résoudre lequel des deux livres est le plus véritable, ou, pour mieux dire, le moins menteur : je veux dire seulement que celui-ci ira à la basse-cour pour sot et

arrogant. — Celui qui suit est *Florismart d'Hyrcanie*[5], dit le
barbier. — Il est donc là le seigneur Florismart ! répliqua le
curé ; or, en bonne foi, il fera aussi le chemin de la cour, en
dépit de son étrange naissance et de ses aventures fantastiques, car la rudesse et la sécheresse de son style ne requièrent
pas autre chose. A la cour, et cet autre-là aussi, ma bonne
dame. — Je le veux bien, monsieur », répondit-elle ; et fort
joyeusement exécutait ce qui lui était commandé. « Voici *le
Chevalier Platir*[6], dit le barbier. — C'est là un ancien livre,
dit le curé, et ne trouve rien en lui qui mérite pardon ;
qu'il fasse compagnie aux autres sans réplique. » Ainsi fut
fait.

On ouvrit un autre livre, et l'on vit qu'il était intitulé *le
Chevalier de la Croix*[7]. « Pour un si saint nom comme celui
de ce livre-là, on lui pourrait bien pardonner son ignorance ;
mais aussi l'on dit communément que derrière la croix le
diable y est : qu'il s'en aille au feu. » Le barbier, en prenant
un autre, dit : « Celui-ci est *le Miroir de chevalerie*[8]. — Ah !
je le connais bien, dit le curé : il y a là-dedans le seigneur
Renaud de Montauban, avec ses amis et compagnons plus
larrons que Cacus, et aussi les douze pairs avec le véridique
historien Turpin. En vérité, je serais quasi d'avis de les
condamner seulement au bannissement perpétuel, et ce
d'autant qu'en partie ils tiennent l'invention du fameux
Mathieu Boiardo, d'où aussi a tramé sa toile le chrétien poète
Ludovic Arioste, lequel si je trouve ici, et qu'il parle une
autre langue que la sienne, je ne lui garderai aucun respect ;
mais, s'il parle son idiome, je l'embrasserai de tout mon
cœur. — Je l'ai en italien, dit le barbier, mais je ne l'entends
pas. — Aussi ne serait-il pas bon que vous l'entendissiez,
répondit le curé, et aussi se fût bien passé le seigneur
capitaine[9] de l'apporter en Espagne et le faire castillan, parce
qu'il lui a beaucoup ôté de sa grâce naturelle, et de même en
feront tous ceux qui voudront traduire des livres de vers en
une autre langue : car, quelque soin qu'ils y apportent, et

tant habiles soient-ils, jamais ils n'atteindront au point qu'ils ont en leur première naissance. Je dis, en effet, que ce livre-ci et tous ceux qui se trouveront traitant des affaires de France se doivent jeter et mettre en dépôt en un puits sec jusques à ce qu'avec plus mûre délibération l'on voie ce qu'il en faudra faire, exceptant un *Bernardo del Carpio,* qui traîne par là, et un autre appelé *Roncevaux* [10] : car, si ceux-là viennent entre mes mains, ils iront en celles de la gouvernante, et de là au feu sans aucune rémission. »

Le barbier confirma le tout et le trouva fort à propos, entendant que le curé était si bon chrétien et tant ami de la vérité qu'il ne dirait autre chose pour tous les biens du monde. En ouvrant encore un autre livre, il vit que c'était *Palmerin d'Olive,* et auprès de celui-ci il y en avait un autre qui s'appelait *Palmerin d'Angleterre* [11]. Ce qui étant vu par le sieur licencié, il dit : « Qu'on fasse tout à cette heure des copeaux de cette olive, et qu'on les brûle, de sorte qu'il n'en demeure pas seulement des cendres. Et cette palme d'Angleterre, qu'on la garde et la conserve comme chose unique, et qu'on lui fasse un coffret pareil à celui qu'Alexandre trouva parmi les dépouilles de Darius, lequel il choisit pour y garder les œuvres du poète Homère. Ce livre, monsieur mon compère, a de l'autorité pour deux choses : l'une pour ce que de lui-même il est fort bon, et l'autre parce que le bruit est qu'il a été composé par un savant roi de Portugal. Toutes les aventures du château de Miraguarda sont très bonnes et de beaucoup d'art, les raisons fort courtoises et claires, qui observent le décorum de celui qui parle avec une grande propriété et jugement. Je dis donc, sauf votre bon avis, monsieur maître Nicolas, que celui-ci et *Amadis de Gaule* doivent être exempts du feu, et que tous les autres, sans en faire plus de recherche ni perquisition, soient condamnés. — Non, monsieur mon compère, répliqua le barbier, car en voici un autre qui est le fameux *Don Bélianis* [12]. — Or, celui-ci, repartit le curé, avec la seconde, troisième et quatrième partie, ont besoin d'un peu de rhubarbe pour purger leur trop grande bile, et faut leur ôter tout ce qu'il y a dedans du château de la Renommée, et autres impertinences de plus grand poids pour lequel effet on leur donne un terme d'outre-mer, et selon qu'ils s'amenderont l'on usera envers eux de miséricorde ou de justice ; et cependant, compère, gardez-les en votre maison, mais ne les laissez lire à personne. — Je le veux bien », répondit le barbier ; et, sans se vouloir fatiguer davantage à lire des livres de chevalerie, il commanda à la gouvernante qu'elle prît tous les grands et qu'elle les jetât à la basse-cour.

Il ne le dit point à une sotte ni à une sourde, mais à une qui avait plus envie de les brûler que d'ourdir une toile pour grande et déliée qu'elle fût, et, en embrassant quasi huit tout à la fois, elle les jeta par la fenêtre. Or, parce qu'elle en prit plusieurs ensemble, il en tomba un aux pieds du barbier, qui eut envie de voir quel il était, et vit qu'il disait : *Histoire du fameux chevalier Tiran le Blanc* [13].

« Dieu me soit en aide, dit le curé avec un grand cri, voici donc *Tiran le Blanc* ! Donnez-le-moi, çà, compère, certes je fais état d'avoir trouvé là un trésor de contentement et une mine de passe-temps. Voici donc Quirieleyson de Montauban, ce valeureux chevalier, et son frère Thomas de Montauban, et ce chevalier Fonseca, avec le combat que le vaillant Tiran eut avec le Dogue, et les délicatesses et subtilités de la damoiselle Plaisir-de-ma-vie, avec les amours et tromperies de la veuve Reposée, et Madame l'impératrice amoureuse d'Hippolyte, son écuyer. En vérité, monsieur mon compère, pour le regard du style, celui-ci est le meilleur livre du monde : ici les chevaliers mangent et dorment, et meurent en leurs lits, font testament devant leur mort, avec d'autres choses dont manquent tous les autres livres de cette espèce. Ce néanmoins, je vous dis que celui qui le composa, puisqu'il eut l'adresse de se montrer moins ridicule que les autres, méritait qu'on l'envoyât aux galères pour tous les jours de sa vie [14]. Portez-le à votre logis et le lisez, et vous verrez que je parle d'orgues.

— Il sera fait, répondit le barbier, mais que ferons-nous de ces petits livres qui restent ? — Ceux-ci, dit le curé, ne doivent être de chevalerie, mais de poésie. » En ouvrant un, il vit que c'était la *Diane* de Georges de Montemayor [15], et dit, croyant que tout le reste fût de même genre : « Ceux-ci ne méritent pas d'être brûlés comme les autres, parce qu'ils ne font ni ne feront le dommage que ceux de chevalerie ont fait : ce sont livres d'entendement, sans préjudice du tiers. — Ah ! seigneur, dit la nièce, vous pouvez bien les faire brûler comme les autres, parce qu'il n'y aurait guère à faire, que monsieur mon oncle, guéri de la maladie de chevalerie, en lisant ceux-ci, il ne lui vînt en fantaisie de se faire berger et s'en aller par les bois et par les prés, chantant et touchant du luth, et, ce qui serait encore pis, de se faire poète : car, comme l'on dit, c'est une maladie incurable et contagieuse. — Cette fille dit la vérité, répondit le curé, et il sera bon d'ôter de devant notre ami cette occasion d'achoppement. Et, puisque nous avons commencé par la *Diane* de Montemayor, je suis d'avis qu'on ne la brûle pas, mais que l'on en ôte tout ce qui traite de la sage Félicia, et de l'eau enchantée, et quasi tous les grands vers, et que la prose lui demeure, à la bonne heure, et l'honneur d'être le premier des livres semblables. — Celui-ci, dit le barbier, c'est la *Diane*, appelée *Seconde*, du Salmantin, et cet autre qui a le même nom, l'auteur duquel est Gil Polo. — Que celle du Salmantin, répondit le curé, accompagne et accroisse le nombre des condamnés à la basse-cour, et que celle de Gil Polo se garde comme si elle était d'Apollon même. Passez outre, monsieur mon compère, et nous hâtons un peu, car il se fait tard. — Ce livre-ci est, dit le barbier en ouvrant un autre, *les Dix Livres de la fortune d'amour*, composés par Antoine de Lofraso, poète de Sardaigne [16]. — Par les ordres que j'ai reçus, dit le curé, depuis qu'Apollon fut Apollon, les Muses Muses, et les poètes poètes, il ne s'est composé livre si bouffon ni si étrange que celui-ci, et qui, pour le chemin qu'il tient, est le meilleur et plus unique de tous ceux qui ont été mis en lumière de ce genre-là ; et celui qui ne l'a lu peut faire état qu'il n'a jamais lu rien de plaisant. Baillez-le-moi, compère, car j'estime plus de l'avoir trouvé que si on m'avait donné une soutane de serge de Florence. »

Il le mit à part avec un grand contentement. Le barbier poursuivit : « Ces autres sont : *le Pasteur d'Ibérie, les Nymphes de Hénarès* et *le Remède de la jalousie. —* Il n'y reste autre chose à faire, dit le curé, sinon les livrer au bras séculier de la gouvernante, et qu'on ne me demande pas pourquoi, car on n'en aurait jamais fini. — Celui qui vient, c'est *le Pasteur de Filida. —* Ce n'est pas un pasteur, dit le curé, mais un fort discret courtisan ; qu'on le garde comme un précieux joyau. — Ce grand que voici s'intitule, dit le barbier, *Trésor de diverses poésies* [17]. — S'il y en eût eu moins, dit le curé, elles eussent été plus estimées ; il est besoin que ce livre soit purgé de quelques niaiseries qu'il y a parmi ses grandeurs : qu'on le garde, car son auteur est de mes amis, et aussi par respect pour d'autres œuvres plus héroïques et relevées qu'il a écrites. — Voici, poursuivit le barbier, le *Cancionero* de Lopez Maldonat. — L'auteur de ce livre, répliqua le curé, est aussi de mes grands amis, et ses vers en sa bouche se font admirer de qui les entend ; telle est la douceur de la voix dont il les chante qu'elle enchante. Il est quelque peu long en ses églogues, mais jamais ce qui est bon ne le fut trop : qu'on le garde avec les élus. Mais quel livre est-ce là qui est auprès de lui ? — C'est la *Galathée* [18] de Miguel de Cervantès, dit le barbier. — Il y a bien longtemps que ce Cervantès est mon ami, et je sais qu'il est plus versé en infortunes qu'en vers. Son livre a je ne sais quoi de bonne invention ; il propose quelque chose et ne conclut rien : il faut attendre la seconde partie qu'il promet, peut-être qu'avec l'amendement il obtiendra entièrement l'indulgence, qui à présent lui est refusée et, en attendant, tenez-le renfermé en votre logis, monsieur mon compère. — Je le veux bien, répondit le barbier, et en voici trois qui viennent tous ensemble : l'*Araucana*, de don Alonso de Ercilla ; l'*Austriada* de Juan Rufo, juré de Cordoue, et le *Montserrat* [19] de Christophe de Virues, poète valencien. — Ces trois livres, dit le curé, sont les meilleurs qui aient été écrits de vers héroïques en langue castillane, et peuvent rivaliser avec les plus fameux d'Italie : qu'on les garde comme les plus riches gages de poésie qu'ait l'Espagne. »

Le curé se lassa de voir plus de livres, et ainsi, tout en un tas, il voulut qu'on brûlât le reste, mais le barbier en tenait encore un ouvert, qui s'appelait *les Larmes d'Angélique* [20]. « Je les eusse pleurées, dit le curé oyant dire le nom, si j'eusse mandé brûler un livre tel que celui-là, parce que son auteur a été un des plus fameux poètes du monde, non pas seulement de l'Espagne, et a très bien et heureusement rencontré en la traduction de quelques fables d'Ovide. »

CHAPITRE VII

DE LA SECONDE SORTIE DE NOTRE BON
CHEVALIER DON QUICHOTTE DE LA MANCHE

En ces entrefaites, don Quichotte commença à s'écrier, disant : « Çà ! valeureux chevaliers, c'est ici qu'il est besoin de montrer la force de vos valeureux bras, car les courtisans remportent le meilleur du tournoi. » Pour accourir à ce bruit, on ne passa pas outre à l'examen des autres livres qui restaient, et par ainsi l'on croit qu'allèrent au feu, sans être vus ni ouïs, la *Caroléa* et *Léon d'Espagne* [1], avec les faits de l'empereur, composés par don Louis d'Avila [2], lesquels sans doute devaient être entre ceux qui restaient et peut-être, si le curé les eût vus, qu'ils n'eussent pas passé par une si rigoureuse sentence.

Quand ils furent auprès de don Quichotte, il était déjà levé de son lit, et poursuivait ses hauts cris et ses extravagances donnant de toutes parts des coups de taille et de revers et tout aussi éveillé que si jamais il n'eût dormi. Ils le prirent à bras-le-corps et le ramenèrent par force à son lit, et, après qu'il fut un peu apaisé, se tournant pour parler au curé, il lui dit : « Pour sûr, seigneur archevêque Turpin, ce nous est une grande honte, à nous qui nous appelons les douze pairs, de laisser ainsi sans plus d'efforts remporter la victoire de ce tournoi aux chevaliers courtisans, après que nous autres aventuriers avons gagné le prix en ces trois jours précédents. — Taisez-vous, monsieur mon compère, dit le curé, car Dieu permettra que la chance tourne, et que ce qui aujourd'hui se perd se regagne demain ; prenez seulement garde à vous guérir pour cette heure, car il me semble que vous devez être extrêmement las, si vous n'êtes aussi mal féru. — Féru, non, dit don Quichotte, mais bien moulu et froissé, il n'y a aucun doute. Ce bâtard de don Roland m'a tout roué de coups avec le tronc d'un chêne, et pour cela par envie, parce qu'il voit que je suis celui seul qui contrecarre ses vantardises ; mais que l'on ne m'appelle pas Renaud de Montauban, si tout aussitôt que je me lèverai de ce lit il ne me le paye, en dépit de ses enchantements, et pour cette heure que l'on m'apporte à dîner, car je sais que c'est le plus important de l'histoire, et laissez-moi faire après pour le regard de la vengeance. » Ils le firent ainsi et lui baillèrent à manger, puis il se rendormit, et eux demeurèrent tout étonnés de sa folie.

Cette nuit-là, la gouvernante brûla tous les livres qu'il y avait en la cour et en toute la maison, et y en eut de brûlés qui méritaient d'être gardés en des archives perpétuelles ; mais leur fortune ne le permit pas, ni la paresse de l'examinateur, et par ainsi s'accomplit en eux le proverbe qui dit que *bien souvent le bon pâtit pour le mauvais*.

Un des remèdes que le curé et le barbier donnèrent pour lors au mal de leur ami fut que l'on murât et cloisonnât le cabinet des livres, afin qu'il ne les trouvât pas quand il se lèverait, car peut-être, la cause étant ôtée, l'effet en cesserait, et qu'ils lui dissent qu'un enchanteur les avait emportés, et le cabinet, et tout, et ainsi fut promptement exécuté.

A deux jours de là don Quichotte se leva, et la première chose qu'il fit, ce fut d'aller voir ses livres, et, comme il ne trouva point le cabinet où il l'avait laissé, il allait le cherchant de droite et de gauche. Il allait à l'endroit où d'ordinaire était la porte, et la tâtait avec les mains, puis tournait et virait les yeux partout sans dire mot ; mais, au bout d'un grand espace de temps, il demanda à sa gouvernante de quel côté était le cabinet de ses livres. La gouvernante, qui était bien avertie de ce qu'elle devait répondre, lui dit : « Quel cabinet ou je ne sais quoi cherchez-vous ? Il n'y a plus ni cabinet ni livres céans, car le diable a tout emporté. — Ce n'était pas un diable, répliqua la nièce, mais un enchanteur, qui vint un soir sur une nuée, depuis que vous partîtes d'ici, et, descendant de dessus un serpent sur lequel il était monté, il entra en la chambre ; et ne sais ce qu'il y fit, car peu après il sortit et s'envola par le toit, laissant la maison toute pleine de fumée ; et, quand nous nous avisâmes de regarder ce qu'il avait fait, nous ne vîmes plus ni livres ni chambre aucune ; seulement il nous souvient fort bien, à moi et à la gouvernante, qu'au temps que ce méchant vieillard s'en alla il dit à haute voix que, pour cause d'une secrète inimitié qu'il avait contre le maître de ces livres et de cette chambre, il avait fait en la maison le dommage qu'on verrait après. Cet enchanteur dit aussi qu'il s'appelait le sage Mougnaton. — Freston, devait-il dire, fit don Quichotte. — Je ne sais, répondit la gouvernante, s'il s'appelait Freston ou Friton ; je sais seulement que son nom se terminait en *ton*. — Il est ainsi, dit don Quichotte, car celui-là est un savant enchanteur, mon grand ennemi, lequel me porte une grande rancune, parce qu'il connaît par son art et sa science que, par la succession des temps, je dois venir à un combat singulier avec un chevalier qu'il favorise, et que je le dois vaincre sans qu'il le puisse empêcher : aussi tâche-t-il de me faire tous les déplaisirs qu'il peut. Mais je l'assure bien qu'à grand'peine y pourra-t-il contredire ni éviter ce qui est ordonné du ciel. — Qui en doute ? fit la nièce. Mais, monsieur mon oncle, qui est-ce qui vous fait entreprendre ces querelles ? Ne serait-il pas meilleur de se tenir en paix en sa maison, sans aller ainsi par le monde chercher pain de fleur de froment, et sans considérer que d'aucuns pensent aller quérir de la laine qui reviennent tondus ? — Ô ma nièce, répondit don Quichotte, que vous entendez mal cette affaire ! Devant que l'on me tonde, j'aurai pelé et arraché la barbe à tous ceux qui s'imagineront de me toucher à la pointe d'un seul cheveu. » Toutes deux ne lui voulurent plus rien répliquer, parce qu'elles virent que sa colère s'échauffait.

Or, le fait est qu'il demeura quinze jours à la maison fort paisible et sans apparence de vouloir reprendre ses premières fantaisies, pendant lesquels jours il tint de plaisants discours avec ses deux compères, le curé et le barbier, sur ce qu'il disait, que la chose dont le monde avait le plus de nécessité était de chevaliers errants, et que l'errantesque chevalerie se ressuscitât en lui. Le curé le contredisait quelquefois, et quelquefois aussi il lui cédait, car, s'il n'eût usé de cet artifice, il n'y eût pas eu moyen de s'accommoder avec lui.

En ce même temps don Quichotte sollicita un laboureur son voisin, homme de bien (si c'est que ce titre se puisse donner à un qui est pauvre), mais qui avait fort peu de plomb en sa caboche. En somme, il lui en dit tant, le persuada et lui promit tant, que le pauvre paysan se délibéra d'aller avec lui et lui servir d'écuyer. Don Quichotte lui disait entre autres choses qu'il se disposât d'aller en sa compagnie de bonne volonté, parce qu'il lui pourrait quelquefois arriver telle aventure, qu'il gagnerait, en moins d'un tour de main, quelque île, et qu'il l'en ferait gouverneur. Par ces promesses et autres semblables, Sancho Pança (ainsi s'appelait le laboureur) laissa sa femme et ses enfants et se mit pour écuyer de son voisin. Don Quichotte donna ordre à chercher de l'argent, et, vendant une maison, en engageant une autre et faisant un mauvais marché de toutes, amassa une raisonnable somme. Il s'accommoda aussi d'une rondache qu'il emprunta d'un sien ami, et, en radoubant du mieux qu'il put sa salade rompue, il avertit son écuyer du jour et de l'heure qu'il pensait se mettre en chemin, afin qu'il s'équipât de ce qu'il verrait lui être le plus nécessaire. Surtout il lui recommanda de porter un bissac. L'autre lui dit qu'il en porterait un, et que même il faisait état de mener un âne qu'il avait très bon, car ce n'était pas son fort que d'aller beaucoup à pied. Quant à ce point de l'âne, don Quichotte s'y arrêta un peu, se creusant le cerveau pour voir s'il se souvenait qu'aucun chevalier errant eût mené d'écuyer asinesquement monté, mais il ne lui en vint pas un en mémoire. Ce nonobstant, il résolut qu'il le menât avec intention de l'accommoder d'une plus honorable monture, quand l'occasion s'en présenterait, ôtant le cheval au premier chevalier discourtois qu'il rencontrerait. Il se pourvut aussi de chemises et d'autres choses qu'il put, suivant le conseil que le tavernier lui avait donné. Ce qui étant fait et accompli, sans que Pança prît congé de ses enfants ni de sa femme, ni don Quichotte de sa gouvernante ni de sa nièce, une nuit ils sortirent du village sans que personne les vît, et durant icelle cheminèrent tant que, quand le jour vint, ils se tinrent pour assurés qu'on ne les trouverait pas, encore qu'on les cherchât.

Sancho Pança allait sur son âne comme un patriarche, avec son bissac et son outre, et avait grand désir de se voir déjà gouverneur de l'île que son maître lui avait promise. Il se rencontra que don Quichotte prit le même chemin qu'en son premier voyage, qui fut par la plaine de Montiel, mais cette fois il cheminait avec moins d'incommodité, parce que c'était au matin, et que les rayons du soleil, leur donnant de biais, ne les fatiguaient pas tant. En ces entrefaites, Sancho Pança dit à son maître : « Votre Grâce, seigneur chevalier errant, prenne garde à ne pas oublier ce qu'elle m'a promis touchant l'île, car je la saurai bien gouverner, quelque grande qu'elle soit. » A quoi lui répondit don Quichotte : « Tu dois savoir, ami Sancho Pança, que ce fut une coutume fort usitée par les chevaliers errants du temps passé de faire leurs écuyers gouverneurs des îles ou royaumes qu'ils conquéraient, et je suis délibéré pour moi de ne point manquer à une si aimable coutume ; je pense même y surpasser les autres, parce qu'eux aucune fois, et peut-être le plus souvent, attendaient que leurs écuyers fussent vieux, et puis après qu'ils étaient las de servir et de passer de mauvais jours et de pires nuits, ils leur donnaient quelque titre de comte, voire de marquis, de quelque val ou province à l'avenant ; mais, si tu vis et moi aussi, il se pourrait faire qu'avant six jours je conquisse tel royaume qui en eût d'autres dépendants qui viendraient à propos pour que l'on te couronne roi de l'un d'iceux. Et ne pense pas que ce soit grand fait, car il arrive des accidents et des affaires à ces chevaliers par des moyens si imprévus que facilement je te pourrais donner encore plus que je ne te promets. — A ce train-là, répondit Sancho Pança, si j'étais roi par quelqu'un des miracles que vous dites, pour le moins Jehanne Gutierrez, ma moitié, viendrait à être reine, et mes enfants seraient infants. — Qui en doute ? répondit don Quichotte. — J'en doute, moi, répliqua Sancho Pança, car je tiens qu'encore que Dieu fît pleuvoir des royaumes sur la terre, pas un ne viendrait bien sur la tête de Marie Gutierrez. Sachez, seigneur, qu'elle ne vaut pas deux maravédis pour être reine ; comtesse lui siérait bien mieux ; et encore Dieu nous soit en aide. — Recommande donc l'affaire à Dieu, Sancho, répondit don Quichotte, car il te donnera ce qui plus lui conviendra ; mais n'abaisse pas tant ton courage, que tu te viennes à contenter de moins que sénéchal. — Aussi ne ferai-je, monsieur, répondit Sancho, et ce d'autant plus que j'ai en vous un si brave maître qui me saura bien donner tout ce qui me sera propre et que je pourrais porter. »

CHAPITRE VIII

DU BEAU SUCCÈS QUE LE VALEUREUX DON QUICHOTTE EUT EN L'ÉPOUVANTABLE ET JAMAIS IMAGINÉE AVENTURE DES MOULINS À VENT, AVEC D'AUTRES ÉVÉNEMENTS DIGNES D'HEUREUSE RESSOUVENANCE

Là-dessus ils découvrirent trente ou quarante moulins à vent qu'il y a en cette plaine, et, dès que don Quichotte les vit, il dit à son écuyer : « La fortune conduit nos affaires mieux que nous n'eussions su désirer, car voilà, ami Sancho Pança, où se découvrent trente ou quelque peu plus de démesurés géants, avec lesquels je pense avoir combat et leur ôter la vie à tous, et de leurs dépouilles nous commencerons à nous enrichir : car c'est ici une bonne guerre, et c'est faire grand service à Dieu d'ôter une si mauvaise semence de dessus la face de la terre. — Quels géants ? dit Sancho. — Ceux que tu vois là, répondit son maître, aux longs bras, et d'aucuns les ont quelquefois de deux lieues. — Regardez, monsieur, répondit Sancho, que ceux qui paraissent là ne sont pas des géants, mais des moulins à vent et ce qui semble des bras sont les ailes, lesquelles, tournées par le vent, font mouvoir la pierre du moulin. — Il paraît bien, répondit don Quichotte, que tu n'es pas fort versé en ce qui est des aventures : ce sont des géants, et, si tu as peur, ôte-toi de là et te mets en oraison, tandis que je vais entrer avec eux en une furieuse et inégale bataille. » Et, disant cela, il donna des éperons à son cheval Rossinante, sans s'amuser aux cris que son écuyer Sancho faisait, l'avertissant que sans aucun doute c'étaient des moulins à vent, et non pas des géants, qu'il allait attaquer. Mais il était tellement aheurté à cela que c'étaient des géants qu'il n'entendait pas les cris de son écuyer Sancho, ni ne s'apercevait pas de ce que c'était, encore qu'il en fût bien près ; au contraire, il disait à haute voix : « Ne fuyez pas, couardes et viles créatures, car c'est un seul chevalier qui vous attaque. » Sur cela il se leva un peu de vent, et les grandes ailes de ces moulins commencèrent à se mouvoir, ce que voyant don Quichotte, il dit : « Vous pourriez mouvoir plus de bras que ceux du géant Briarée : vous allez me le payer. » Et, disant cela, il se recommanda de tout son cœur à sa dame Dulcinée, lui demandant qu'elle le secourût en ce danger ; puis, bien couvert de sa rondache, et la lance en l'arrêt, il accourut, au grand galop de Rossinante, donner dans le premier moulin qui était devant lui, et lui porta un coup de lance en l'aile : le vent la fit tourner avec une telle violence qu'elle mit la lance en pièces, emmenant après soi le cheval et le chevalier, qui s'en furent rouler un bon espace parmi la plaine.

Sancho Pança accourut à toute course de son âne pour le secourir, et, quand il fut à lui, il trouva qu'il ne se pouvait remuer : tel avait été le coup que lui et Rossinante avaient reçu. « Dieu me soit en aide ! dit Sancho ; ne vous ai-je pas bien dit que vous regardiez bien ce que vous faisiez, que ce n'étaient que des moulins à vent, et que personne ne le pouvait ignorer, sinon quelqu'un qui en eût de semblables en la tête ? — Tais-toi, ami Sancho, répondit don Quichotte, les choses de la guerre sont plus que d'autres sujettes à de continuels changements ; d'autant, j'y pense, et c'est la vérité même, que ce sage Freston, qui m'a volé mon cabinet et mes livres, a converti ces géants en moulins pour me frustrer de la gloire de les avoir vaincus, tant est grande l'inimitié qu'il a contre moi ; mais, en fin finale, ses mauvais artifices ne prévaudront contre la bonté de mon épée. — Dieu en fasse comme il pourra ! » répondit Sancho Pança, et, lui aidant à se lever, il le remonta sur Rossinante, qui était à demi épaulé.

Tout en discourant de leur aventure passée, ils suivirent le chemin du port Lapice, parce que là, disait don Quichotte, il n'était pas possible qu'on n'y trouvât plusieurs et diverses aventures pour être un lieu fort passant ; mais il était fort fâché de ce qu'il avait perdu sa lance, et, le disant à son écuyer, il ajouta : « Il me souvient d'avoir lu qu'un chevalier espagnol nommé Diego Perez de Vargas, ayant rompu son épée en une bataille, arracha une grosse branche du tronc d'un chêne, et avec icelle fit telles preuves ce jour-là, et assomma tant de Mores, que le surnom d'*Assommeur* lui en demeura ; et ainsi tant lui que ses descendants se sont appelés depuis ce temps-là Vargas y Machuca (assommeur). Je t'ai dit ceci, parce que du premier chêne ou rouvre que je rencontrerai, j'en pense arracher un tronc pareil et aussi bon que celui-là : et je veux faire avec icelui de tels actes que tu t'estimeras bien heureux d'avoir mérité de les venir voir, et d'être témoin de choses qui à peine pourront être crues. — Au nom de Dieu soit, dit Sancho ; je le crois tout ainsi comme vous le dites ; mais dressez-vous un petit, car il me semble que vous penchez un peu d'un côté, et ce doit être à cause du froissement de la chute. — C'est la vérité, répondit don Quichotte, et si je ne me plains de la douleur, c'est parce qu'il n'est pas licite aux chevaliers errants de se plaindre d'aucune blessure, encore que les tripes leur sortent par icelle. — S'il en est ainsi, je n'ai que répliquer, répondit Sancho ; mais Dieu sait si je serais bien aise que vous vous plaignissiez quand quelque chose vous fait mal. Pour moi, je vous peux dire que je me plaindrai de la moindre douleur que j'aurai, si ce n'est que cette défense de se plaindre ne s'étende aussi aux écuyers des chevaliers errants. » Don Quichotte ne laissa pas de rire de la simplesse de son écuyer, et ainsi lui déclara qu'il pouvait fort bien se plaindre, quand et comme il voudrait, avec ou sans envie, parce que jusqu'alors il n'avait point lu chose contraire en l'ordre de chevalerie. Sancho lui dit qu'il prît garde qu'il était heure de dîner. Son maître lui répondit que pour lors il n'avait point besoin de manger, et qu'il mangeât, lui, quand bon lui semblerait. Avec cette permission, Sancho s'accommoda le mieux qu'il put sur son âne, et, tirant du bissac ce qu'il y avait mis, il allait cheminant et mangeant derrière son maître et tout à loisir et, de fois à autre, il embouchait son outre avec si bon appétit que le plus mignon cabaretier de Malaga lui eût pu porter envie. Et, tandis qu'il allait ainsi redoublant les coups, il ne se souvenait plus d'aucune promesse que son maître lui eût faite, ni ne tenait point pour travail, mais plutôt pour grand repos, d'aller chercher les aventures, quelque dangereuses qu'elles fussent.

Bref, ils passèrent cette nuit entre les arbres, et don Quichotte arracha d'un d'iceux une branche sèche qui lui pouvait servir de lance, et y mit le fer qu'il avait ôté de l'autre qu'on lui avait rompue. Don Quichotte ne dormit point de toute la nuit, pensant en sa dame Dulcinée, afin de s'accommoder à ce qu'il avait lu en ses livres, quand les chevaliers passaient plusieurs nuits sans dormir, parmi les forêts et déserts, s'entretenant avec la souvenance de leurs maîtresses. Sancho ne la passa pas de même, car, comme il avait l'estomac plein et non pas d'eau de chicorée, il dormit tout d'une traite, et, si son maître ne l'eût appelé, ni les rayons du soleil qui le frappaient au visage, ni le chant des oiseaux, qui en grand nombre et fort joyeusement saluaient la venue du nouveau jour, n'eussent été suffisants pour l'éveiller. En se levant, il donna une accolade à l'outre, mais il la trouva un peu plus légère que le soir de devant, ce qui lui affligea le cœur, parce qu'il lui semblait qu'on ne prenait pas la route de remédier sitôt à ce défaut. Don Quichotte ne voulut pas déjeuner, parce que, comme dit est, il se mit à se repaître de doux et savoureux souvenirs.

Ils reprirent leur chemin du port Lapice, et vers les trois heures le découvrirent. « Ici, dit don Quichotte, nous pouvons, frère Sancho Pança, mettre les bras jusqu'aux coudes en ce que l'on appelle aventures. Mais prends garde qu'encore que tu me voies aux plus grands dangers du monde, tu n'as que faire de mettre la main à l'épée pour me défendre, si ce n'est que tu voies que ceux qui m'offenseront soient de la canaille et gens vils et bas, car en tel cas tu me pourras bien secourir ; mais, si ce sont des chevaliers, il ne t'est en façon quelconque licite ni permis par les lois de chevalerie de m'aider jusqu'à ce que tu sois armé chevalier. — Pour certain, monsieur, répondit Sancho, Votre Grâce sera fort bien obéie en cela, et d'autant que de mon naturel je suis pacifique et ennemi de noises et querelles. Bien est vrai qu'en ce qui touchera la défense de ma personne, je n'aurai pas beaucoup d'égard à ces lois, puisque les divines et les humaines permettent que chacun se défende de qui lui voudra faire tort. — Je n'en dis pas moins, répondit don Quichotte, mais, en ce fait de m'aider contre des chevaliers, il faut que tu retiennes en bride tes impétuosités naturelles. — Je vous le promets, répondit Sancho, et observerai ce commandement aussi précieusement que le jour du dimanche. » Étant en ces discours, il parut au chemin deux religieux de l'ordre de Saint-Benoît, montés sur deux dromadaires, car les mules sur quoi ils étaient montés n'étaient pas moins grandes. Ils portaient leurs lunettes à voyager avec leurs parasols. Après eux, venait un coche, accompagné de quatre ou cinq hommes à cheval, et deux garçons muletiers à pied. Il y avait dedans le coche, comme depuis il le sut, une dame biscaïenne qui allait à Séville, où était son mari, qui passait aux Indes avec une charge honorable. Les religieux ne venaient pas avec elle, encore qu'ils tinssent le même chemin ; mais à peine don Quichotte les eut-il aperçus qu'il dit à son écuyer : « Ou je me trompe, ou bien cette aventure-ci doit être la plus fameuse qui se soit jamais vue, parce que ces masses noires qui paraissent là doivent être et sont sans doute des enchanteurs qui emmènent en ce coche quelque princesse qu'ils ont enlevée, et il faut réparer ce tort de tout mon pouvoir. — Voici qui sera pire que les moulins à vent, dit Sancho. Prenez garde, monsieur, que ce sont là des religieux de Saint-Benoît, et ici un coche de gens qui voyagent. Regardez ce que je dis, regardez ce que vous faites, craignez que ce ne soit le diable qui vous leurre. — Je t'ai déjà dit, Sancho, que tu te connais peu en matière d'aventures ; ce que j'ai dit est vrai, et tu le verras tout à cette heure. » En disant cela, il s'avança et se mit au milieu du chemin par où les religieux venaient, et, étant si près qu'il lui sembla qu'ils pourraient ouïr ce qu'il leur dirait, il leur cria à haute voix : « Gens endiablés et fantastiques, quittez tout maintenant les hautes princesses que vous emmenez de force dans ce coche, sinon apprêtez-vous à recevoir une prompte mort pour châtiment de vos méchancetés. » Les religieux retinrent la bride de leurs mules, et furent fort étonnés, tant de la figure de don Quichotte comme de ses raisons, auxquelles ils répondirent : « Seigneur cavalier, nous ne sommes point endiablés ni fantastiques, mais deux religieux de Saint-Benoît, qui passons notre chemin, et ne savons s'il y a en ce coche ou non aucunes princesses qu'on emmène de force. — Avec moi, les douces paroles ne servent de rien, car je vous connais bien, parjure canaille », dit don Quichotte ; et, sans attendre autre réponse, piqua Rossinante, et la lance baissée courut contre le premier religieux avec tant de furie et de résolution que, si l'autre ne se fût laissé tomber de la mule, il l'eût fait tomber en terre, malgré qu'il en eût eu, et encore bien blessé, s'il ne fût tombé mort. L'autre religieux, qui vit de quelle façon on traitait son compagnon, commença à jouer des talons contre le ventre de sa bonne mule, et se mit à courir par la campagne plus vite que le vent. Sancho Pança, qui vit le religieux par terre, descendant légèrement de son âne, accourut à lui, et commença à lui dépouiller ses habits. Sur cela arrivèrent deux valets de ces religieux, qui lui demandèrent pourquoi il le dévêtait. Sancho leur répondit que cela lui appartenait légitimement, comme étant les dépouilles de la bataille que son seigneur don Quichotte avait gagnée. Les valets, qui n'entendaient point raillerie ni ne comprenaient point dépouilles ni batailles, voyant que déjà don Quichotte était éloigné de là, et qu'il parlait à celles qui étaient dans le coche, se ruèrent sur Sancho et le renversèrent par terre, et, sans lui laisser un seul poil en la barbe, le moulurent de coups et l'abandonnèrent étendu par terre, privé d'haleine et de sentiment. Sans s'arrêter davantage, le religieux remonta tout épouvanté et sans courage, ayant le visage tout défait ; puis, quand il se vit à cheval, il piqua après son compagnon, qui l'attendait assez loin de là pour voir ce qui adviendrait de cette alarme ; et, sans vouloir attendre la fin de toute cette entreprise, ils poursuivirent leur chemin, faisant plus de croix que s'ils eussent eu des diables en queue. Don Quichotte était, comme dit est, en discours avec la dame du coche et lui disait : « Votre beauté, madame, peut faire de sa personne ce qui plus lui viendra à gré : car déjà l'orgueil de vos ravisseurs gît abattu par la vigueur de mon bras ; et, afin que vous n'ayez point à vous inquiéter du nom de votre libérateur, sachez que je m'appelle don Quichotte de la Manche, chevalier errant et captif de la non pareille Dulcinée du Toboso, et, en payement du bénéfice que vous avez de moi reçu, je ne veux autre chose sinon que vous retourniez au Toboso, et que de ma part vous vous présentiez devant cette dame et lui disiez ce que pour votre liberté j'ai fait. » Or, il y avait un écuyer de ceux qui accompagnaient le coche, lequel était Biscaïen, qui écoutait tout cela que don Quichotte disait : icelui, voyant qu'il ne voulait pas laisser avancer le coche, mais au contraire disait qu'il fallait qu'il retournât promptement au Toboso, il s'en alla droit à don Quichotte, et, l'empoignant par la lance, lui parla en mauvais castillan et pire biscaïen de cette manière : « Va, chevalier, que mal tu ailles par le Dieu qui créa moi, que si ne laisses coche, ainsi tu te fais mourir comme tu es là Biscaïen[1]. » Don Quichotte l'entendit très bien, et fort posément lui répondit : « Si tu étais chevalier aussi bien que tu ne l'es pas, j'eusse déjà châtié ta folie et témérité, chétive créature. » A quoi, le Biscaïen répliqua : « Moi, pas chevalier ? Je jure Dieu, autant tu mens comme chrétien. Si tu baisses la lance et tires l'épée, tu verras bientôt comme on noie l'eau dans le chat. Biscaïen par terre, gentilhomme par mer, gentilhomme par le diable, et tu mens, regarde si autre chose tu dis. — Or, le verrez, comme dit Agrajes[2] », répondit don Quichotte ; et, jetant sa lance par terre, il tira son épée, embrassa son écu, et assaillit le Biscaïen avec résolution de lui ôter la vie. Le Biscaïen, qui le vit ainsi venir, eût bien voulu descendre de sa mule, à laquelle, pour ce qu'elle était de ces méchantes de louage, il ne se fallait pas fier, et il ne put faire autre chose, sinon tirer son épée. Fort à propos pour lui il se trouvait près du coche, d'où il put prendre un oreiller qui lui servit d'écu. Et tous deux se précipitèrent l'un contre l'autre, comme si c'eussent été deux mortels ennemis. Les assistants les eussent bien voulu mettre d'accord ; mais il ne leur fut pas possible, parce que le Biscaïen disait avec ses raisons mal cousues que, si on ne le laissait achever sa bataille, lui-même tuerait sa maîtresse et tous ceux qui le voudraient empêcher. La dame du coche, fort épouvantée de ce qu'elle voyait, fit signe au cocher qu'il se détournât un peu de là, et de loin elle se mit à regarder le furieux combat, pendant lequel le Biscaïen donna un grand coup de taille sur une épaule à don Quichotte, par-dessus son écu ; tellement que, s'il n'eût point trouvé de résistance, il l'eût fendu jusqu'à la ceinture. Don Quichotte, qui sentit la pesanteur de ce démesuré coup, jeta un grand cri, disant : « Ô maîtresse de mon âme, Dulcinée, fleur de la beauté, secourez votre chevalier, lequel, pour satisfaire à votre grande bonté, se trouve en ce rigoureux danger. » Dire ces paroles, empoigner sa lance, se couvrir bien de son écu et attaquer le Biscaïen fut tout en un même temps, avec résolution d'aventurer le tout au hasard d'un seul coup. Le Biscaïen, qui le vit ainsi venir à son encontre, comprit par cette brave assurance toute sa fureur, et résolut d'en faire autant que don Quichotte ; et par ainsi il attendit étant toujours bien couvert de son oreiller, sans pouvoir tourner sa mule d'un côté ni d'autre : car, toute lasse et n'étant accoutumée à semblables singeries, elle ne pouvait faire un seul pas. Or, s'en venait, comme dit est, don Quichotte contre l'avisé Biscaïen, l'épée haute et résolu de le fendre en deux ; et le Biscaïen l'attendait tout de même l'épée levée et fourré de son oreiller ; tous les assistants étaient épouvantés et en suspens de ce qui devait arriver de ces grands coups dont ils se menaçaient ; la dame du coche et ses servantes faisaient mille vœux et promesses à toutes les images et sanctuaires d'Espagne, afin que Dieu délivrât leur écuyer, et elles aussi, du grand péril où ils se trouvaient. Mais toute la finesse de l'histoire est qu'en ce point l'auteur laisse cette bataille en suspens, s'excusant sur ce qu'il n'a trouvé autre chose d'écrit des hauts faits de don Quichotte, sinon ce qu'il en a rapporté jusques ici. Bien est vrai que le second auteur de cette œuvre n'a voulu croire qu'une si curieuse histoire eût été livrée aux lois de l'oubli, ni que les esprits de la Manche aient été si peu curieux qu'ils n'aient gardé en leurs archives ou en leurs cabinets quelques papiers qui traitent de ce fameux chevalier. Et en cette imagination, il ne perdait point l'espérance de trouver la fin de cette plaisante histoire, laquelle, avec la faveur du ciel, il trouva de la manière qu'on racontera en la seconde partie[3].

CHAPITRE IX

FIN DE L'ÉTONNANTE BATAILLE
QU'EURENT ENSEMBLE LE BRAVE BISCAÏEN
ET LE VAILLANT MANCHÈGUE

Nous laissâmes en la première partie de cette histoire le valeureux Biscaïen et le fameux don Quichotte avec les épées hautes et nues tout prêts à décharger deux furibonds et épouvantables coups de tranchant, tels que, s'ils les eussent assenés à plein, ils se fussent pour le moins fendus du haut en bas et ouverts comme deux grenades, et sur ce point si douteux cessa et demeura tronquée une si plaisante et agréable histoire, sans que son auteur nous donnât connaissance où se pourrait recouvrer ce qui manquait d'icelle. Cela me causa un grand déplaisir, parce que le contentement d'avoir si peu lu se convertissait en un mécontentement de penser au mauvais moyen qui s'offrait de trouver tout ce qui, à mon avis, défaillait à un si plaisant conte. Il me sembla être chose impossible et hors de toute bonne coutume qu'il eût manqué à un si bon chevalier quelque sage qui eût pris la charge d'écrire des faits comme on n'en avait pas encore vu, chose qui ne manqua jamais à aucun des chevaliers errants, de ceux que l'on dit qui vont à leurs aventures, parce que chacun d'eux avait un ou deux sages à propos, qui non seulement écrivaient leurs faits, mais aussi peignaient leurs moindres pensées et petites niaiseries, si cachées qu'elles fussent. Et il ne fallait pas qu'un tant bon chevalier fût si malheureux qu'il lui manquât ce que Platir et autres semblables avaient trop. Et partant je ne me pouvais persuader qu'une si gaillarde histoire fût demeurée manchote ou estropiée, et en rejetais la faute à la malice du temps qui dévore et consomme toutes choses, lequel la tenait ou cachée ou consommée. D'autre part, il me semblait que, puisque entre ses livres il s'en était trouvé de si modernes comme les *Remèdes à la jalousie* et les *Nymphes et Bergers de Hénarès*, qu'aussi son histoire devait être moderne, et qu'encore qu'elle ne fût point écrite, elle serait en la mémoire des gens de son village et des autres circonvoisins. Cette imagination me tenait confus et désireux de savoir réellement et véritablement toute la vie et miracles de notre fameux Espagnol don Quichotte de la Manche, lumière et miroir de la chevalerie manchègue, et le premier qui en notre siècle et en ces temps si calamiteux se mit au travail et exercice des armes errantes, et à celui de défaire les torts, secourir les veuves, défendre les damoiselles, de celles-là qui allaient avec leurs cravaches et leurs palefrois et avec tout leur pucelage en croupe, par monts et par vaux ; que, si ce n'était que quelque lâche garnement ou quelque vilain propre à tout faire, ou quelque démesuré géant les forçat, il y a eu au temps passé telle damoiselle qui, au bout de quatre-vingts ans, durant lesquels elle ne dormait pas un seul jour sous un toit, est allée à la sépulture aussi entière que la mère qui l'avait enfantée [1]. Je dis donc qu'à cet égard et à beaucoup d'autres notre gaillard don Quichotte est digne de continuelles et mémorables louanges, et à moi aussi on ne m'en doit pas dénier pour le travail et la diligence que j'ai employés à chercher la fin de cette agréable histoire, encore que je sais bien que, si le ciel, le hasard et la fortune ne m'eussent aidé, le monde eût été frustré d'environ deux heures de passe-temps et de contentement que pourra avoir celui qui la lira avec attention. Or, voici comment elle fut retrouvée.

Comme j'étais un jour dans la juiverie de Tolède, survint un jeune garçon qui voulait vendre certains registres et vieux papiers à un marchand de soieries ; et, comme je suis affectionné à lire, jusqu'à des papiers déchirés qui se trouvent par les rues, étant mû de cette mienne naturelle inclination, je pris un des registres que ce garçon vendait, et le vis avec des caractères que je reconnus être arabesques. Et, combien que je les connusse, je ne les savais pas pourtant lire, de sorte que je me mis à regarder s'il ne paraissait point là quelque Morisque castillanisé qui les lût et me servît d'interprète, ce qui ne me fut pas fort difficile à rencontrer : car, encore que j'en eusse cherché pour une autre meilleure et plus antique langue[2], j'en eusse trouvé. Enfin la fortune m'en envoya un, auquel ayant dit ce que je désirais et mis le livre entre les mains, il l'ouvrit par le milieu, et lisant un peu en icelui, il se prit à rire. Je lui demandai de quoi il riait ; il me répondit que c'était d'une chose qu'il y avait écrite en la marge de ce livret par annotation. Je le requis de me la traduire et lui, sans cesser de rire : « Il y a donc ceci écrit en la marge : Cette Dulcinée du Toboso, tant de fois mentionnée en cette histoire, on dit qu'elle avait meilleure main à saler des pourceaux qu'aucune autre femme de toute la Manche. » Quand je lui ouïs dire Dulcinée du Toboso, je demeurai tout étonné et en suspens, parce qu'aussitôt je me représentai que ces paperasses contenaient l'histoire de don Quichotte. Dans cette pensée, je le pressai de lire le commencement, ce qu'il fit, et, tournant à l'impromptu l'arabe en castillan, dit qu'il y avait : *Histoire de don Quichotte de la Manche, écrite par Cid Hamet Ben Engeli*[3], *historien arabique*. Il me fut besoin d'une grande discrétion pour dissimuler le contentement que je reçus, lorsque le titre de ce livre parvint à mes oreilles et, les ravissant à cet ouvrier en soie, j'achetai de ce garçon tous les vieux papiers pour un demi-réal ; que, s'il eût eu de la pénétration et eût su l'envie que j'en avais, il eût bien pu espérer et remporter plus de six réaux de leur vente. Je m'éloignai avec le Morisque, par le cloître de la cathédrale, et le priai de me traduire en langue castillane toutes ces paperasses qui traitaient de don Quichotte sans en rien ôter ni ajouter, lui offrant de le payer à sa volonté. Il se contenta de deux arrobes de raisins secs et de deux mines de blé, et me promit de les traduire bien fidèlement et à bref délai. Mais moi, pour faciliter l'affaire et ne lâcher point de mes mains une si bonne trouvaille, je le menai en mon logis, là où en un peu moins d'un mois et demi il la traduisit tout entière, de la même sorte qu'elle est ici rapportée. Il y avait au premier cahier un portrait bien fait au naturel de la bataille de don Quichotte avec le Biscaïen, tous deux en la même posture que rapporte l'histoire, les épées levées, l'un couvert de sa rondache et l'autre de son oreiller, et la mule du Biscaïen y était si bien représentée au vif qu'on l'aurait reconnue à un tir d'arbalète pour être de louage. Le Biscaïen avait à ses pieds un écriteau qui disait : *Don Sancho de Azpeitia*, et sans doute ce devait être son nom, et aux pieds de Rossinante il y en avait un autre qui disait : *Don Quichotte*. Rossinante était merveilleusement peint, si long et si raide, tant efflanqué et maigre, avec échine si prononcée, et son corps si parfaitement étique qu'il montrait bien à découvert avec quelle justesse et propriété on lui avait donné le nom de Rossinante. Auprès de lui était Sancho Pança qui tenait son âne par le licol, au pied duquel y avait un autre rouleau qui disait : *Sancho Zancas*, et devait être qu'il avait, à ce que la peinture montrait, le ventre grand, la taille courte, les jambes grêles, et pour cette occasion on lui donna le nom de *Pança* et *Zancas*[4], car l'histoire le nomme quelquefois de ces deux surnoms. Il y avait bien encore quelques autres petites choses à remarquer, mais elles étaient toutes de peu d'importance, et ne servent de rien à la vraie relation de l'histoire, et nulle histoire n'est mauvaise, pourvu qu'elle soit vraie. Si on peut faire quelque objection à celle-ci touchant sa vérité, elle ne pourra être autre, sinon que son auteur était arabique, étant fort propre à cette nation-là d'être menteurs ; d'autre part, ces gens nous sont si ennemis qu'on pourrait penser que celui-ci est demeuré plutôt en deçà de la vérité qu'au-delà. Et par ainsi il semble que, quand il eût bien pu et dû fatiguer sa plume aux louanges d'un si bon chevalier, tout exprès il les passe sous silence. Œuvre mauvaise et pensée pire encore, vu que les historiens doivent être exacts, véritables et nullement passionnés, sans que l'intérêt ni la crainte, la rancune ni l'affection les fassent détourner du chemin de la vérité, la mère de laquelle est l'histoire, émule du temps, dépôt des actions, témoin du passé, exemple et avis du présent, avertissement pour l'avenir. En celle-ci je sais que l'on trouvera tout ce qui se pourrait souhaiter en la plus plaisante, et, si quelque chose de bon y manque, pour moi, je tiens que ç'a été par la faute de son chien d'auteur plutôt que par faute de sujet. Enfin sa deuxième partie, suivant la traduction, commençait de la sorte.

Étant les tranchantes épées de ces deux valeureux et irrités combattants dressées en l'air, il semblait proprement qu'ils menaçassent le ciel et la terre et l'abîme : telle était la résolution et contenance qu'ils avaient. Et celui qui déchargea le premier coup fut le colérique Biscaïen, lequel le donna avec tant de force et de furie que, si l'épée ne lui eût tourné en la main, ce seul coup eût été suffisant pour mettre fin à ce rigoureux combat et à toutes les aventures de notre chevalier ; mais la bonne fortune, qui le réservait à de plus grandes choses, fit tourner l'épée de son adversaire de sorte qu'encore qu'il l'assenât en l'épaule gauche, il ne lui fit autre dommage que de lui désarmer tout ce côté-là, lui emportant en passant une grande partie de sa salade avec la moitié de l'oreille, et le tout tomba par terre avec un épouvantable bruit, le laissant en fort mauvais équipage. Dieu me soit en aide, et qui sera celui qui bonnement pourra raconter à cette heure la rage qui entra au cœur de notre chevalier manchègue se voyant acoutré de cette façon ? Qu'on n'en dise rien de plus, sinon qu'il se haussa derechef sur les étriers, et, serrant plus fort l'épée avec ses deux mains, déchargea le coup de telle furie sur le Biscaïen, en l'assenant tout à plein sur l'oreiller et sur la tête que, n'étant suffisante une si bonne défense, comme si une montagne fût tombée sur lui, il commença à jeter du sang par le nez, par la bouche et par les oreilles, et à donner indice de vouloir tomber de la mule en bas, d'où sans doute il fût tombé s'il n'en eût embrassé le col ; ce nonobstant, il perdit les étriers et incontinent laissa aller ses bras. La mule, épouvantée de ce terrible coup, se mit à courir par le champ, et, après quelques sauts et ruades, jeta enfin son maître par terre.

Don Quichotte le regardait fort paisiblement, et, comme il le vit tomber, il sauta de dessus son cheval et d'une grande vitesse s'approcha de lui, et, lui mettant la pointe de l'épée sur les yeux, lui dit qu'il se rendît, sinon qu'il lui trancherait la tête. Le Biscaïen était si troublé qu'il ne pouvait répondre une seule parole, et mal lui en eût pris, dans la colère qui aveuglait don Quichotte, si les dames du coche, qui jusqu'a-lors avaient regardé le combat en grand émoi, ne fussent allées à lui, et ne lui eussent fort instamment demandé de leur faire cette grâce et insigne faveur de laisser la vie à leur écuyer. A quoi don Quichotte répondit avec beaucoup de hauteur et de gravité : « Certes, belles dames, je suis fort content de faire ce que vous me demandez, mais ce doit être avec une certaine condition et accord, qui est que ce chevalier me doit promettre d'aller au Toboso et se présenter de ma part devant la non pareille dame Dulcinée, afin qu'elle fasse de lui ce que bon lui semblera. » Les dames, trem-blantes et désolées, sans entrer en compte de ce que don Quichotte requérait et sans demander qui était cette Dulci-née, lui promirent que l'écuyer exécuterait tout ce qui de sa part lui serait commandé. « Or, dit don Quichotte, sur la foi de cette parole, je ne lui ferai plus aucun dommage, encore qu'il l'ait bien mérité. »

CHAPITRE X

DU GRACIEUX ENTRETIEN QUI SE FIT
ENTRE DON QUICHOTTE ET SANCHO PANÇA,
SON ÉCUYER

Cependant, Sancho Pança, qui avait été un peu maltraité par les garçons de ces religieux, s'était relevé et avait attentivement contemplé la bataille de son seigneur don Quichotte, priant Dieu en son cœur qu'il lui plût lui donner la victoire, et qu'il y gagnât quelque île de laquelle il le fît gouverneur, comme il le lui avait promis. Or, voyant le combat achevé et que son maître s'en allait remonter sur Rossinante, il s'approcha pour lui tenir l'étrier, mais, devant qu'il montât, il se mit à genoux devant lui, et, lui prenant la main, la baisa et dit : « Qu'il vous plaise, mon seigneur don Quichotte, me donner le gouvernement de l'île que vous avez gagnée en ce rigoureux combat ; car, quelque grande qu'elle soit, je me sens assez de forces pour la savoir gouverner tout aussi bien que quiconque a jamais gouverné îles au monde. » A quoi don Quichotte répondit : « Prenez garde, frère Sancho, que cette aventure et celles qui lui ressembleront ne sont pas aventures d'îles, mais de carrefours, auxquelles on ne gagne autre chose sinon que d'en remporter la tête cassée ou une oreille de moins. Patience : il s'offrira des aventures où je vous pourrai faire non seulement gouverneur, mais encore davantage. » Sancho l'en remercia fort, et, lui baisant derechef la main et le bas de sa cuirasse, l'aida à monter sur Rossinante ; puis lui-même monta sur son âne et alla après son maître, lequel, à grands pas, sans prendre congé des dames du coche ni leur parler davantage, entra dans un bois proche de là.

Sancho le suivait au trot de son âne ; mais Rossinante allait si fort que, se voyant distancé, il fut contraint de crier à son maître qu'il attendît. Ce que fit Don Quichotte, retirant la bride à Rossinante, jusqu'à temps que son écuyer tout las le joignît, lequel en arrivant lui dit : « Il me semble, monsieur, que ce serait bien fait de nous retirer en quelque église : car, selon que celui contre qui vous avez combattu a été maltraité, il se pourrait bien qu'on donnât connaissance du fait à la Sainte-Hermandad, et qu'on nous arrêtât, et ma foi, si on le fait, devant que nous sortions de prison, les oreilles nous cuiront. — Tais-toi, dit don Quichotte ; où as-tu jamais vu ou lu qu'aucun chevalier errant ait été traduit en justice pour homicides qu'il eût commis ? — Je ne sais ce que c'est que d'homicides, répondit Sancho, ni en ma vie n'en ai pensé contre personne : je sais seulement que la Sainte-Hermandad a l'œil sur ceux qui combattent en la campagne, et pour cela je ne m'en mêle point. — Or, ne te soucie, mon ami, répondit don Quichotte, car je te tirerai de la main des Chaldéens, à plus forte raison de celles de l'Hermandad. Mais dis-moi, par ta vie, as-tu jamais vu un plus valeureux chevalier que moi en tout l'univers connu ? As-tu lu ès histoires de pas un qui ait ou ait eu plus de courage à assaillir, plus de cœur à persévérer, plus d'adresse à frapper, plus d'artifice à renverser par terre ? — La vérité, répondit Sancho, est que je n'ai jamais lu aucune histoire, parce que je ne sais ni lire ni écrire ; mais j'oserai gager que de ma vie je n'ai servi un plus hardi maître que vous, et à Dieu ne plaise que ces hardiesses se payent là où j'ai dit. Ce dont je vous prie est que vous vous pansiez, car il vous sort du sang de cette oreille ; j'ai ici de la charpie et un peu d'onguent blanc dans le bissac. — Nous nous fussions bien passés de tout cela, répondit don Quichotte, si je me fusse souvenu de faire une fiole de baume de Fierabras, car avec une seule goutte on eût épargné le temps et les médecines. — Quelle fiole et quel baume est-ce là ? dit Sancho Pança. — C'est un baume, répondit don Quichotte, duquel je sais la recette par cœur, avec lequel on peut ne plus craindre la mort, ni penser mourir d'aucune blessure. Quand j'en ferai et que je te le

129

baillerai, tu n'as autre chose à faire, sinon que, si tu vois qu'en quelque bataille on m'a coupé par la moitié du corps (ce sont choses qui adviennent souventes fois), tu prendras tout gentiment la partie du corps qui sera tombée par terre, et fort subtilement, devant que le sang se fige, la mettras sur l'autre moitié demeurée en la selle, prenant bien garde de l'appliquer également et au juste, puis incontinent tu me donneras à boire deux seules gorgées du baume que j'ai dit, et tu me verras redevenir plus sain qu'une pomme. — S'il en est ainsi, dit Pança, je renonce dès à présent au gouvernement de l'île promise, et ne veux autre chose pour récompense de mes bons et nombreux services, sinon que vous me donniez la recette de cette excellente liqueur : car, pour ma part, j'estime qu'en quelque lieu que ce soit, l'once en vaudra plus de deux réaux, et il ne me faut que cela pour passer cette vie honorablement et à mon aise. Reste à savoir si elle coûte beaucoup à faire. — Pour moins de trois réaux on en peut faire trois pintes, répondit don Quichotte. — Bélître que je suis, répliqua Sancho, et qu'attendez-vous à la faire et à me l'enseigner ? — Paix, mon ami, répondit don Quichotte, je pense t'enseigner de bien plus grands secrets et te faire de plus grands biens, mais pour le présent pansons-nous, car l'oreille me fait plus de mal que je ne voudrais. »

Sancho tira du bissac de la charpie et de l'onguent ; mais, quand don Quichotte vit sa salade rompue, il pensa perdre le jugement. La main sur son épée, et les yeux au ciel, il dit : « Je fais serment au Créateur de toutes choses et aux quatre saints Évangiles, là où ils sont écrits plus au long, de mener la vie que fit le grand marquis de Mantoue quand il jura de venger la mort de son neveu Baudouin, qui fut de ne manger pain sur nappe, ni s'ébaudir avec sa femme, et autres choses, lesquelles, encore qu'il ne m'en souvienne, je donne ici pour exprimées, jusques à tant que j'aie pris entière vengeance de celui qui m'a fait un tel outrage. » Sancho, oyant ceci, lui dit : « Prenez garde, seigneur don Quichotte, que si ce chevalier accomplit ce que vous lui commandâtes, de s'aller présenter devant madame Dulcinée du Toboso, il s'est acquitté de son devoir, et ne mérite point d'autre peine s'il ne commet pas un nouveau délit. — C'est bien parlé et avisé à toi, répondit don Quichotte, et par ainsi je révoque mon serment pour ce qui est de prendre nouvelle vengeance de lui : mais je le fais et confirme de nouveau quant à mener la vie que j'ai dite jusques à tant que j'ôte par force d'armes à quelque chevalier un autre armet aussi bon que celui-ci. Et ne pense pas, Sancho, que ce soit là promesse en l'air, car j'ai bien qui imiter en cela : même chose advint justement et à point pour l'armet de Mambrin, lequel coûta si cher à Sacripant. — Monsieur, donnez au diable tels serments, répliqua Sancho, car ils sont au grand détriment du salut et fort préjudiciables à la conscience. Or bien, dites-moi à cette heure si par aventure de longtemps nous ne rencontrons point l'homme armé à salade, que ferons-nous ? Faudra-t-il accomplir le serment en dépit de tant d'inconvénients et d'incommodités, comme sera de coucher tout vêtu, et ne point dormir en lieu habité, et mille autres pénitences que contenait le serment de ce vieux fou de marquis de Mantoue, lequel vous voulez ratifier à présent ? Voyez bien que par tous ces chemins il ne passe point d'hommes armés, sinon des muletiers et des charretiers, qui non seulement ne portent point de salades, mais peut-être même ne les ont ouï nommer en toute leur vie. — Tu te trompes en cela, dit don Quichotte, car nous n'aurons pas été deux heures par ces carrefours que nous verrons plus de gens d'armes qu'il n'en vint devant Albraque, à la conquête de la belle Angélique [1]. — Là donc, soit ainsi, dit Sancho, et Dieu veuille qu'il nous en tourne à bien et que le temps vienne bientôt de gagner cette île qui me coûte si cher, et que je meure ensuite. — Je t'ai déjà dit, Sancho, que cela ne te donne aucun souci : car, quand il manquerait une île, voilà le royaume de Danemark ou bien celui de Sobradise qui te viendront comme bague au doigt, et tu t'en dois d'autant plus réjouir qu'ils sont en terre ferme. Mais laissons cela pour quand il en sera temps, et regarde si tu as rien à manger en ce bissac, afin que nous allions ensuite en quête de quelque château où nous logions cette nuit et y fassions le baume que je t'ai dit, car je jure Dieu que cette oreille me fait bien mal. — Je porte ici un oignon et un peu de fromage, et ne sais combien de croûtes de pain, dit Sancho, mais ce ne sont pas viandes faites pour un si vaillant chevalier comme Votre Grâce. — Oh ! que tu l'entends mal, répondit don Quichotte. Il faut que tu saches, Sancho, que c'est honneur aux chevaliers errants de ne point manger en tout un mois, et, encore qu'ils mangent, que ce soit de ce qu'ils trouveront plus sous la main ; et tu n'en douterais pas si tu avais lu autant d'histoires que j'ai fait : car encore que j'en aie lu beaucoup, je n'en ai pas trouvé une seule où les chevaliers errants mangeassent, si ce n'était par aventure et en quelques somptueux banquets qu'on leur faisait, et les autres jours ils les passaient à humer le vent. Et, encore qu'il y ait de l'apparence qu'ils ne se pouvaient passer de manger et de satisfaire toutes leurs autres nécessités naturelles, car, en effet, ils étaient hommes comme nous, il faut aussi entendre que, s'en allant la plupart du temps par les forêts et déserts, et sans cuisinier, leur plus ordinaire manger était de viandes rustiques, semblables à celles que tu m'offres à présent ; or donc, ami Sancho, ne te tourmente point de ce qui me plaît, ni ne veuille point changer le monde, ni moins jeter la chevalerie errante hors de ses gonds. — Pardonnez-moi, monsieur, dit Sancho : car je ne sais lire ni écrire, comme je vous ai déjà dit, et ne sais ni n'ai appris les règles de la profession chevaleresque. Désormais je garnirai le bissac de toute sorte de fruits secs pour vous qui êtes chevalier, et pour moi, puisque je ne le suis pas, je ferai provision d'autres choses volatiles et de plus de substance. — Je ne dis pas, Sancho, répliqua don Quichotte, qu'il soit obligatoire pour les chevaliers errants de ne manger autre chose, sinon de ces fruits que tu dis, mais bien que leur plus ordinaire nourriture devait être d'iceux et de quelques herbes qu'ils trouvaient par les champs, lesquelles ils connaissaient et que je connais aussi. — C'est une vertu, répondit Sancho, que de connaître ces herbes, car selon que je m'imagine, il sera quelque jour besoin de se servir de cette connaissance. » Et sur ce, il tira de son bissac ce qu'il avait dit y porter, et dînèrent tous deux en bonne paix et compagnie. Mais, étant désireux de chercher à loger pour cette nuit, ils expédièrent bientôt leur pauvre et sec dîner. Ils montèrent incontinent à cheval et se hâtèrent pour arriver en quelque bourgade devant qu'il fût nuit, mais le soleil leur faillit et aussi l'espérance d'arriver où ils désiraient. Ils étaient alors auprès de certaines huttes de chevriers, et résolurent d'y passer la nuit ; autant ce fut déplaisir pour Sancho de n'arriver point à aucun bourg, autant de contentement fut-ce pour son maître de coucher à la belle étoile, parce qu'il lui semblait que, toutes et quantes fois que cela lui arrivait, c'était faire un acte de possession qui facilitait la preuve de sa chevalerie[2].

CHAPITRE XI

DE CE QUI ADVINT À DON QUICHOTTE
AVEC DES CHEVRIERS

Il fut reçu par ces chevriers de fort bonne grâce, et Sancho, ayant accommodé Rossinante et son âne du mieux qu'il put, s'en fut après l'odeur que rendaient certains morceaux de chèvre mis à bouillir dans un chaudron sur le feu, et, encore qu'il eût voulu au même instant examiner s'ils étaient en état qu'on pût les transférer du chaudron à l'estomac, il s'en tint là, parce que les chevriers les ôtèrent de dessus le feu, et,

étendant par terre des peaux de brebis, dressèrent fort
promptement leur table rustique, et les convièrent tous les
deux, avec des marques de bonne volonté, à partager ce
qu'ils avaient. Six d'entre eux, qui étaient ceux qu'il y avait
en la loge, s'assirent autour des peaux, ayant premièrement,
avec des cérémonies un peu grossières, prié don Quichotte
de s'asseoir sur une auge qu'ils renversèrent sens dessus
dessous. Don Quichotte s'assit, et Sancho était là tout
debout pour le servir au buffet et lui bailler la coupe qui était
faite de corne. Son maître, le voyant debout, lui dit : « Afin
que tu voies, Sancho, le bien que comprend en soi la
chevalerie errante, et comme ceux qui s'exercent en quelque
ministère d'icelle, sont à point d'être honorés et estimés du
monde, je veux que tu t'assoies ici à côté de moi, et en la
compagnie de ces bonnes gens, et que tu ne sois qu'un avec
moi, qui suis ton maître et naturel seigneur, que tu manges
en mon plat et boives au même vaisseau que je boirai ; de la
chevalerie errante il se peut dire la même chose que de
l'amour : elle rend toutes choses égales. — Grand merci,
monsieur, dit Sancho, mais je vous peux bien avouer que,
pourvu que j'aie bien à manger, je le mangerai aussi bien et
mieux étant debout et tout seul que si j'étais assis près d'un
empereur ; et même, à dire vrai, je trouve beaucoup meilleur
ce que je mange en mon petit coin, sans cérémonies ni
façons, ne fût-ce que pain et oignons, que les coqs d'Inde des
tables d'autrui, où je serais contraint de mâcher lentement,
boire peu, m'essuyer souvent, ne point éternuer ni tousser si
j'en avais envie, ni faire autres choses que la solitude et la
liberté apportent avec elles. Tellement, monsieur, que ces
honneurs que vous me voulez donner, pour être ministre et
adhérent de la chevalerie errante, comme je le suis étant votre
écuyer, convertissez-les en autres choses qui me soient de
plus de commodité et de profit, parce que celles-ci, encore
que je les tienne pour reçues, je les renonce jusqu'à la fin du
monde. — Avec tout cela, il faut t'asseoir, dit don Qui-

chotte, car *qui s'humilie Dieu l'exalte.* » Et, l'empoignant par le bras, il le contraignit de s'asseoir auprès de lui.

Les chevriers n'entendaient point ce jargon d'écuyers et de chevaliers errants, et ne faisaient que manger sans dire mot et regarder leurs hôtes qui, de fort bonne grâce et de grand appétit, engloutissaient des morceaux comme le poing. Le service des viandes étant achevé, ils étendirent sur les peaux de brebis une grande quantité de glands secs, et quand et quand ils mirent la moitié d'un fromage plus dur que s'il eût été fait de chaux et de sable. La corne, entre-temps, ne demeurait pas au repos, et allait si souvent à la ronde, tantôt pleine, tantôt vide, comme godets de noria, que facilement elle vida une outre de deux qui étaient là.

Après que don Quichotte eut bien contenté son estomac, il prit une poignée de ces glands en sa main, et, les considérant attentivement, proféra les paroles suivantes :

« Heureux âge et siècles heureux, ceux à qui les anciens donnèrent le nom de dorés, non pas pour ce qu'en iceux l'or (qui en notre âge de fer s'estime tant) se gagnât sans aucune peine, mais d'autant qu'alors ceux qui vivaient ne savaient que c'était de ces deux paroles *tien* et *mien*. En ce saint âge toutes choses étaient communes ; il n'était nécessaire à personne, pour gagner son ordinaire soutien, de prendre autre peine, sinon hausser la main et le prendre à ces robustes chênes, qui libéralement invitaient à cueillir de leur fruit doux et succulent. Les claires fontaines et les eaux courantes leur offraient en une magnifique abondance des ondes transparentes et savoureuses. Par les cavernes des rochers et par les creux des arbres, les soigneuses et prudentes abeilles formaient leurs républiques, offrant aux premières mains venues, sans aucun intérêt, la fertile récolte de leur très doux travail. Les vaillants lièges rendaient de soi, sans autre artifice que celui de leur courtoisie, leurs larges et légères écorces, desquelles on commença de couvrir les maisons soutenues sur de rustiques pieux, rien que pour se défendre de

135

l'inclémence du ciel. Tout était paix alors, tout amitié, tout concorde. Encore ne s'était point enhardi le pesant soc de la courbe charrue d'entamer les pieuses entrailles de notre première mère ; celle-ci, sans être forcée, offrait, de toutes les parts de son sein fertile et spacieux, ce qui pouvait soûler, sustenter et délecter les enfants qui la possédaient pour lors. Oui, c'était alors que les simples et belles bergeronnettes allaient de vallée en vallée et de colline en colline, en tresses et en cheveux, sans autres habits que ceux qui étaient nécessaires pour couvrir honnêtement ce que l'honnêteté veut et a toujours voulu qui se couvrît ; et leurs ornements n'étaient pas de ceux que l'on use à présent, que la pourpre de Tyr et la soie en tant de façons martyrisée font trouver si beaux et si magnifiques, mais c'étaient quelques feuilles de verte bardane et de lierre entrelacées ; de quoi peut-être elles allaient aussi pompeuses et galamment accoutrées que sont aujourd'hui nos dames de la Cour avec les rares et étranges inventions que l'oisive curiosité leur a enseignées. Alors les tendres sentiments de l'âme s'exprimaient sincèrement de la même façon qu'elle les concevait, sans chercher aucun détour artificieux pour les faire valoir davantage. La fraude, la tromperie ni la malice ne s'étaient point encore mêlées avec la vérité et la simplicité. La justice se contentait en ses propres limites sans que l'osassent troubler ni offenser les artifices de la faveur et de l'intérêt, qui à présent tant la méprisent, la troublent et persécutent. La loi du bon plaisir n'avait encore pris place en l'entendement du juge, parce qu'alors il n'y avait que juger, ni qui juger. Les jeunes filles et l'honnêteté s'en allaient, comme j'ai dit, partout seules et maîtresses, sans crainte que l'effrénée liberté et intention lascive d'autrui leur fissent aucun déplaisir, et leur perdition naissait de leur seul appétit et de leur propre volonté. Et maintenant, en ces détestables siècles, il n'y en a pas une assurée, fût-elle enfermée en autre nouveau labyrinthe comme celui de Crète, parce que par les fentes ou par l'air, avec

136

le zèle de la maudite sollicitude, entre et pénètre l'amoureuse peste, et leur fait faire naufrage avec toute leur retenue. Pour leur assurance, par succession de temps et d'autant que la malice croissait de plus en plus, on institua l'ordre des chevaliers errants afin de défendre les filles, protéger les veuves et secourir les orphelins et les nécessiteux. Je suis de cet ordre-là, mes frères chevriers, lesquels je remercie du bon traitement et bon accueil que vous faites à moi et à mon écuyer : certes la loi naturelle oblige tout homme à favoriser les chevaliers errants ; toutefois, parce que sans connaître cette obligation, vous m'avez reçu et bien traité, il est raisonnable que, de la meilleure volonté qu'il m'est possible, je vous rende grâces de la vôtre. »

Notre chevalier fit toute cette longue harangue (de laquelle on se fût bien passé) à cause que les glands qu'on lui servit lui avaient ramené à la mémoire l'âge d'or, et l'avaient mis en fantaisie de tenir cet inutile discours aux chevriers, lesquels, sans lui répondre une seule parole, l'avaient écouté tout ébahis et en suspens. Sancho, mêmement, ne disait mot, mais il mangeait des glands, et visitait fort souvent la deuxième outre, qu'on avait pendue à un liège, afin que le vin se rafraîchît. Don Quichotte fut plus longtemps à parler que le souper à s'achever ; à la fin duquel l'un des chevriers lui dit :

« Afin que vous puissiez à bon escient dire, seigneur chevalier errant, que nous vous avons accueilli avec beaucoup de bonne volonté, nous vous voulons donner un soulas et contentement, qui sera de faire chanter un de nos compagnons, lequel ne tardera pas beaucoup à être ici ; c'est un jeune berger fort entendu et fort amoureux, et qui surtout sait lire et écrire, et joue si bien d'un rebec qu'on ne saurait rien souhaiter de mieux. » A peine le chevrier avait-il achevé, qu'il ouït le son du rebec, et à peu de là arriva celui qui en jouait, qui était un jeune garçon d'environ vingt-deux ans, de fort bonne mine. Ses compagnons lui demandèrent s'il avait soupé, il répondit que oui, et celui qui avait fait les offres lui dit : « Eh bien ! Antoine, tu nous pourras faire ce plaisir de chanter un peu, afin que monsieur notre hôte voie que par les monts et par les forêts on s'entend aussi en musique. Nous lui avons fait récit de tes perfections, et nous désirons que tu les montres, et que tu ne nous fasses point passer pour menteurs ; assieds-toi, je te prie, et chante-nous la romance de tes amours que ton oncle le bénéficier a composée et qui a été trouvée fort belle au village. — Soit », répondit le jeune berger, et, sans se faire prier davantage, il s'assit sur le tronc d'un chêne qu'on avait coupé, et, ayant accordé son rebec, il commença de fort bonne grâce à chanter en cette manière :

ANTOINE

Ô Lalie, je sais que m'adores,
Malgré que ne m'en as rien dit,
Non pas des yeux tant seulement,
Muettes langues des amours.
 Je sais que tu m'as deviné :
Je m'assure donc que tu m'aimes,
Car jamais ne fut malheureux
Un amour qui se fit connaître.
 Bien est-il vrai qu'aucune fois,
Ô Lalie, tu m'as démontré
Que ton âme est faite de bronze
Et ton sein pur de dur rocher.
 Mais là-bas, parmi tes reproches
Et tes très honnêtes refus,
Quelquefois l'espérance laisse
Voir un peu le bord de sa robe.
 Pareillement se lance au piège
Ma foi, qui encore n'a pu
Défaillir pour n'être appelée,
Ni croître pour être choisie.
 Si donc l'amour est courtoisie,
Par la tienne je comprends bien
Que la fin de mes espérances
Sera comme je l'imagine.
 Et si services sont capables

138

De s'acquérir un cœur bénin,
Aucuns de ceux que j'ai rendus
Viennent secourir ma querelle.

    Car, pour peu que tu aies pris garde,
Plus d'une fois tu auras vu
Que le lundi me suis vêtu
De mes beaux habits de dimanche.

    Comme l'amour et la piaffe
Suivent identique chemin,
En tout temps devant tes beaux yeux
J'ai voulu me montrer galant.

    Pour toi, j'ai renoncé aux bals,
Mais rappelle-toi les musiques
Qu'à heure indue tu as ouïes
Et dès le premier chant du coq.

    Je ne compte point les louanges
Que j'ai dites de ta beauté :
Car, encor que vraies, elles font
Que suis d'aucunes mal voulu.

    Thérèse aussi du Berrocal,
En m'oïant te louer me dit :
« Tel pense qu'il adore un ange,
Qui s'est épris d'une guenon.

    « Grâces soient aux beaux affiquets,
Et aux chevelures postiches,
Et aux hypocrites beautés
Qui abusent Amour lui-même. »

    Je la démens, elle se fâche,
Et son cousin prit son parti ;
Il me défia, et tu sais bien
Ce que je fis et ce qu'il fit.

    Je ne t'aime ainsi tout en tas,
Ni ne te sers et te prétends
Pour le fait de concubinage,
Plus loyale est mon intention.

    L'Église a de belles courroies,
Qui sont des lacs de fine soie :
Mets donc ton col dessous le joug,
Tu verras que j'y mets le mien.

    Et si non, dès ici je jure
Par le saint le plus vénéré
De ne sortir de ces montagnes
Que pour me faire capucin.

Sur cela, le chevrier mit fin à son chant, et, encore que don Quichotte le priât de chanter quelque chose de plus, Sancho ne le voulut permettre, parce qu'il était plus disposé à dormir qu'à ouïr chansons. Et ainsi dit à son maître : « Votre Grâce peut bien, dès à présent, s'accommoder au lieu où elle voudra reposer cette nuit, car le travail que ces bonnes gens ont tout le jour ne leur permet pas de passer les nuits à chanter. — Je t'entends bien, Sancho, lui répondit don Quichotte, et je reconnais que les visites à l'outre requièrent plutôt le plaisir du sommeil que de la musique. — Dieu soit loué, dit Sancho, nul n'en a paru dégoûté. — Je ne dis pas non, répliqua don Quichotte, mais accommode-toi où tu voudras. Ceux de ma profession ont meilleure apparence en veillant qu'en dormant. Ce nonobstant, il serait fort à propos, Sancho, que tu me pansasses cette oreille : elle me fait plus souffrir qu'il n'est besoin. » Sancho fit ce qu'il lui commandait. Et l'un des chevriers, voyant la blessure, lui dit qu'il ne se tourmentât point, qu'il lui baillerait un remède pour se guérir facilement. Et, prenant quelques feuilles de romarin, dont il y avait là grande quantité, les mâcha et mêla avec un peu de sel, et, les lui appliquant à l'oreille, la lui banda fort bien, l'assurant qu'il n'avait besoin d'autre médecine, et ce fut vrai.

CHAPITRE XII

DE CE QUE RACONTA UN CHEVRIER À CEUX QUI ÉTAIENT AVEC DON QUICHOTTE

En ces entrefaites, il arriva un autre jeune garçon de ceux qui leur apportaient la provision du village, lequel leur dit : « Savez-vous ce qui se passe au village, mes compagnons ? —

Comment le pouvons-nous savoir ? répondit l'un d'eux. — Sachez, continua le garçon, que ce matin est trépassé ce fameux pasteur étudiant appelé Chrysostome, et l'on murmure qu'il est mort par amour pour cette endiablée jeunesse de Marcelle, fille de Guillaume le riche, celle qui va par ces environs en habit de bergère. — Est-ce de Marcelle que tu parles ? dit l'un d'eux. — Oui, de celle-là, répondit le chevrier. Et ce qu'il y a de bon c'est qu'il a ordonné par son testament qu'on l'enterre aux champs comme s'il était Maure, et que ce soit au pied de la roche où est la Fontaine du liège, car selon le bruit commun et comme l'on croit qu'il l'a dit lui-même, c'est là qu'il la vit la première fois. Et aussi a ordonné d'autres choses, telles que les abbés du village disent qu'il ne faut pas les accomplir, ni n'est bon qu'on le fasse, parce qu'elles ressemblent aux coutumes des Gentils. A quoi répond son grand ami Ambroise, l'étudiant, qui a aussi pris l'habit de pasteur avec lui, qu'il faut tout accomplir, sans y manquer en rien, comme Chrysostome l'a ordonné, et sur ce débat tout le village est en rumeur ; mais enfin, à ce que l'on dit, on fera ce qu'Ambroise et tous les bergers ses amis désirent, et ils viennent demain l'enterrer en grande pompe où j'ai dit. Je tiens, pour moi, qu'il fera beau voir cela ; en tout cas je ne laisserai pas d'y aller, encore que je n'eusse pas à revenir demain au village. — Nous ferons tous de même, répondirent les chevriers, et tirerons au sort qui devra demeurer ici d'entre nous pour garder les chèvres de tous les autres. — Tu dis bien, Pierre, fit l'un d'eux, encore qu'il ne soit pas besoin d'user de ce soin, car je demeurerai pour tous, et ne l'impute pas à vertu et à mon peu de curiosité, mais parce qu'un chicot qui me perça l'autre jour le pied m'empêche de cheminer. — Nous ne t'en remercions pas moins », répondit Pierre.

Alors don Quichotte pria Pierre de lui dire qui était ce mort, et quelle bergère était-ce là. A quoi Pierre répondit ce qu'il en savait : « Ce mort fut un riche gentilhomme, habitant d'un village qui était entre ces montagnes, lequel avait étudié plusieurs années à Salamanque, au bout desquelles il était revenu au pays avec réputation d'homme fort docte et fort lettré. Surtout, on disait qu'il savait la science des étoiles et ce que font au ciel le soleil et la lune, car il nous disait fort exactement la crise du soleil et de la lune. — Cela s'appelle éclipse, mon ami, et non pas crise, quand ces deux grands luminaires s'obscurcissent », dit don Quichotte. Mais Pierre, ne s'arrêtant pas à ces puérilités, poursuivit son conte, disant : « Aussi mêmement il devinait quand l'année devait être abondante ou estile. — Vous voulez dire stérile, mon ami, dit don Quichotte. — Stérile ou estile, répondit Pierre, ce m'est tout un. Et je dis que, grâce à ses avis, son père et ses amis qui le croyaient se firent fort riches, car ils faisaient ce qu'il leur conseillait, leur disant : « Semez cette année de l'orge, et non du froment ; cette autre des pois, et non de l'orge ; l'année qui vient, il y aura foison d'huile, et les trois d'après on n'en recueillera pas une goutte. » — Cette science s'appelle *astrologie,* dit don Quichotte. — Je ne sais comment elle s'appelle, répliqua Pierre, mais je sais bien qu'il savait tout cela et encore davantage. Finalement il ne se passa pas beaucoup de mois, après qu'il fut revenu de Salamanque, qu'un beau matin il parut habillé en berger avec sa houlette et son sayon, ayant quitté sa robe longue d'écolier, et en même temps que lui se vêtit en pasteur un autre de ses grands amis, nommé Ambroise, qui avait été son compagnon d'étude. J'oubliais de vous dire que le défunt Chrysostome était un grand personnage pour composer des couplets : c'était lui qui faisait les vilanelles pour la veille de la nuit de Noël et les actes [1] pour la Fête-Dieu, que les jeunes garçons de notre village représentaient, et chacun disait qu'ils étaient d'un beau achevé. Quand ceux du village virent ainsi à l'improviste ces deux écoliers accoutrés en bergers, ils en furent bien étonnés et ne pouvaient deviner la cause qui les avait mus à un si étrange changement. En ce temps-là, le père de notre Chrysostome venait de mourir et lui se trouva héritier d'une grande quantité de biens, tant meubles qu'immeubles, et aussi d'un très grand nombre de troupeaux grands et petits, avec grande abondance de deniers dont le jeune homme demeura maître *dissolu*, et, à la vérité, il le méritait bien parce qu'il était bon compagnon, charitable et ami des gens de bien, et avait une face comme une bénédiction. Depuis, l'on sut qu'il n'avait changé d'habit pour autre sujet que pour s'en aller parmi ces déserts après cette bergère Marcelle que notre jeune garçon a tantôt nommée, de laquelle le pauvre défunt Chrysostome était devenu amoureux.

« Et je vous veux dire maintenant, parce qu'il est bon que vous le sachiez, qui est cette jeune créature : car peut-être, et même sans peut-être, n'avez-vous ouï en jour de votre vie une chose semblable, et vécussiez-vous plus que Sarna. — Dites Sara, répliqua don Quichotte, qui ne pouvait souffrir ces coq-à-l'âne du chevrier. — Assez de temps vit la gale[2], répondit Pierre, et si c'est, monsieur, que vous me vouliez à chaque pas rejeter au nez les paroles, nous n'aurons pas fini d'un an. — Pardonnez-moi, mon ami, dit don Quichotte, car je vous l'ai dit à cause de la grande différence qu'il y a de Sarna à Sara ; mais vous avez fort bien répondu, car Sarna vit plus que Sara, et poursuivez votre histoire, je ne vous répliquerai plus rien. — Je dis donc, mon bon seigneur, dit le chevrier, qu'à notre village, il y avait un laboureur encore plus riche que le père de Chrysostome, qui s'appelait Guillaume, et auquel Dieu, outre ses grandes richesses, avait donné une fille de qui la mère mourut en accouchant : c'était la plus honnête femme qu'il y eût en tous ces environs ; il me semble que je la vois avec cette face qui, d'un côté, représentait le soleil, et de l'autre la lune, et surtout grande ménagère et amie des pauvres : tellement que je crois que son âme doit être asture jouissante de la gloire de Dieu en l'autre monde. Du regret de la mort d'une si bonne femme mourut son mari Guillaume laissant sa fille Marcelle, encore fort petite et riche, au pouvoir d'un sien oncle, prêtre et bénéficier de notre bourgade. La petite fille crût avec tant de beauté qu'elle nous faisait ressouvenir de celle de sa mère, qui en était douée d'une si grande ; ce néanmoins on jugeait que celle de la fille la devait surpasser : et aussi fit-elle, car, lorsqu'elle parvint à l'âge de quatorze à quinze ans, personne ne la voyait qui ne bénît Dieu de l'avoir créée si belle, et la plupart en devenaient éperdument amoureux. Son oncle la gardait avec beaucoup de soin et fort recluse ; mais, ce nonobstant, la renommée de sa grande beauté s'étendit de telle sorte que, tant pour l'amour d'elle qu'à cause de ses grandes richesses, non seulement ceux de notre village, mais de plusieurs autres à la ronde, voire les principaux et plus apparents de tous, priaient, sollicitaient et importunaient son oncle de la leur donner pour femme. Mais lui, qui est droitement bon chrétien, encore qu'il voulût la marier vitement, comme il la vit en âge, il ne le voulut faire sans son consentement, et ce, sans égard au gain et profit qui lui revenait de tenir le bien de la fille en différant son mariage. Et, ma foi, c'est ainsi que l'on en parla en plus d'une assemblée par le village, à la louange du bon prêtre, car je veux que vous sachiez, seigneur chevalier errant, qu'en ces petits endroits on traite de tout et de tout on murmure. Et tenez pour vous, comme je tiens pour moi, que le prêtre qui oblige ses paroissiens à dire du bien de lui, doit être extraordinairement bon, et surtout dans les villages. — C'est la vérité même, dit don Quichotte, et poursuivez, car le conte est fort beau, et vous, bon Pierre, le contez de fort bonne grâce. — Que celle de Notre-Seigneur ne me manque pas, c'est celle-là qui importe.

« Vous saurez donc qu'encore que l'oncle proposât à sa nièce et lui dît les qualités, en particulier, de chacun de ceux qui la demandaient pour femme, l'engageant à se marier et en choisir un à son goût, jamais elle ne répondit autre chose, sinon qu'elle ne se voulait point marier pour lors, et qu'étant si jeune elle ne se sentait pas capable de pouvoir supporter le faix du mariage. Avec ces excuses qu'elle donnait, qui en apparence étaient justes, son oncle cessait de l'importuner et attendait qu'elle vînt un peu plus en âge, et qu'elle sût choisir un parti à son contentement. Il disait, et disait fort bien, que les pères ne devaient point pourvoir leurs enfants contre leur volonté. Mais, un beau jour qu'on n'y pensait pas, voilà la mijaurée Marcelle devenue bergère ; et, sans que son oncle ni tous ceux du village fussent capables de la dissuader, elle se mit à aller aux champs avec les autres bergères du lieu et à garder elle-même son troupeau. Et dès qu'elle sortit en public et que l'on vit sa beauté à découvert, je ne vous saurais bonnement dire combien de riches jouvenceaux, tant gentils-hommes que laboureurs, ont pris le même habit que Chrysostome, et lui vont faisant l'amour par ces campagnes.

« L'un d'eux, comme je vous ai dit, a été notre défunt, duquel on disait qu'il ne l'aimait pas seulement, mais qu'il l'adorait. Et que l'on ne pense pas que, encore que Marcelle se soit mise à mener une vie si libre et de si peu de retenue, elle ait pourtant donné ni fait semblant d'aucun indice qui soit au détriment de son honnêteté et de sa sagesse ; au contraire, le soin qu'elle a de son honneur est tel que, de tous ceux qui la servent et sollicitent, pas un ne s'est vanté, ni avec vérité ne se pourra vanter, qu'elle lui ait donné tant soit peu d'espérance. Car, bien qu'elle ne fuie ni ne dédaigne la compagnie et conversation des bergers, et qu'elle les traite courtoisement et amicalement, aussitôt que quelqu'un d'eux vient à lui découvrir son intention, encore qu'elle soit si juste et si sainte qu'est le mariage, elle vous les rejette loin comme une arbalète. Et, par cette étrange humeur, elle porte plus de dommage en ce pays que si la peste y était entrée, parce que sa douceur et sa beauté attirent les cœurs de ceux qui la fréquentent pour la servir et l'aimer ; mais son dédain et ses mépris les conduisent au terme de se désespérer, et ainsi ils ne savent que lui dire, sinon l'appeler à haute voix cruelle et ingrate, et plusieurs autres titres semblables qui manifestent bien son caractère. Et si vous restiez ici quelque jour, monsieur, vous verriez retentir ces monts et ces vaux des lamentations de ceux qu'elle a éconduits, qui néanmoins la suivent.

« Il y a fort proche d'ici un lieu où croissent environ deux douzaines de grands hêtres, et il n'y en a pas un qui n'ait gravé sur son écorce polie le nom de Marcelle, et quelquefois au-dessus du nom une couronne est entaillée au même arbre, comme si plus clairement l'amant voulait dire que Marcelle emporte et mérite la couronne de toute la beauté humaine. Ici soupire un pasteur, là se plaint un autre, de là on entend des chansons amoureuses, de deçà de funèbres élégies. Tel y a qui passe toutes les heures de la nuit assis au pied de quelque chêne ou rocher, et, sans fermer ses yeux éplorés, ravi et transporté en ses pensées, demeure là jusqu'au soleil levant ; tel aussi y a qui, sans donner relâche ni trêve à ses soupirs, au beau milieu de l'ardeur du plus chaud midi de l'été, tout étendu sur le sable brûlant, envoie ses plaintes au ciel pitoyable ; mais de celui-ci et de celui-là, et des uns et des autres, l'insolente Marcelle triomphe sans souci. Et nous tous, qui la connaissons, attendons de voir ce qu'il arrivera de cette fierté, et qui sera le bienheureux qui domptera une humeur si terrible et jouira d'une si extrême beauté. Or, étant ce que je vous ai raconté une vérité si indubitable, je me persuade que n'est pas moins vrai ce qu'on a dit de la cause de la mort de Chrysostome ; et partant je vous conseille, monsieur, que vous ne laissiez pas de vous trouver demain à son enterrement, qui sera fort beau à voir, parce que Chrysostome a beaucoup d'amis, et n'y a que demi-lieue d'ici à l'endroit où il a commandé qu'on l'enterrât.

— J'y ai pensé, dit don Quichotte, et vous rends grâce du contentement que vous m'avez donné avec le récit d'un si bon conte. — Oh ! répliqua le chevrier, je ne sais pas encore

146

la moitié des accidents arrivés aux amoureux de Marcelle ; mais il se pourrait faire que demain nous rencontrions par le chemin quelque pasteur qui nous les dît. Quant à présent, il sera bon que vous vous retiriez à couvert pour dormir, parce que le serein pourrait causer quelque mal à votre blessure, encore que le médicament que l'on vous y a appliqué soit tel qu'il n'y a plus aucun accident à craindre. »

Sancho Pança, qui donnait au diable ce long caquet du chevrier, sollicita de son côté que son maître entrât en la cabane de Pierre pour y dormir. Il le fit ainsi, et passa tout le reste de la nuit à se ressouvenir de sa dame Dulcinée, à l'imitation des amants de Marcelle. Sancho Pança s'accommoda entre Rossinante et son âne, et dormit non pas comme un amant rebuté, mais comme un homme moulu de coups.

CHAPITRE XIII

FIN DU CONTE DE LA BERGÈRE MARCELLE
AVEC D'AUTRES ÉVÉNEMENTS

Mais à peine se commença le jour à découvrir par les balcons de l'orient quand, des six chevriers, cinq se levèrent et allèrent éveiller don Quichotte pour savoir s'il était encore résolu d'aller voir le fameux enterrement de Chrysostome : pour eux, ils lui feraient compagnie. Don Quichotte, qui ne désirait autre chose, se leva et commanda à Sancho qu'il sellât et bâtât tout à l'instant, ce qu'il fit avec beaucoup de diligence, et ils se mirent tout aussitôt en chemin.

Ils n'avaient pas fait un quart de lieue qu'au croiser d'un sentier ils virent venir à eux environ six bergers vêtus de pelisses noires, et la tête couronnée de guirlandes de cyprès et de laurier-rose. Chacun d'eux portait un gros bâton de houx à la main. Venaient aussi avec eux deux gentilshommes à cheval, bien accommodés pour voyager et trois garçons à pied, qui les accompagnaient. En s'abordant ils se saluèrent courtoisement, et, se demandant les uns aux autres où ils allaient, ils surent que tous s'acheminaient au lieu de l'enterrement, et par ainsi se mirent à cheminer tous ensemble. L'un de ceux qui étaient à cheval, parlant à son compagnon, lui dit : « Il me semble, seigneur Vivaldo, que nous ne devons pas estimer pour perdu le temps que nous emploierons à voir ce fameux enterrement : il ne peut laisser d'être magnifique, selon les étranges faits que nous ont racontés ces bergers, tant du pasteur mort que de la bergère homicide.

— C'est mon avis, répondit Vivaldo, et je ne me soucie point de retarder un jour, mais plutôt j'en tarderais quatre afin de le voir. »

Don Quichotte leur demanda ce qu'ils avaient entendu dire de Marcelle et de Chrysostome. Le voyageur lui dit que ce matin-là ils avaient rencontré ces bergers, et que, les voyant en ce triste habit, ils leur avaient demandé pourquoi ils étaient ainsi accoutrés ; l'un d'eux alors leur avait rapporté l'étrange humeur et la beauté d'une bergère appelée Marcelle, et les amours de plusieurs qui la recherchaient, et la mort de ce Chrysostome, à l'enterrement duquel ils allaient. Enfin, il raconta tout ce que Pierre avait raconté à don Quichotte.

Ce discours achevé, ils en recommencèrent un autre, et celui qui s'appelait Vivaldo demanda à don Quichotte quelle occasion le mouvait d'aller armé en cette sorte, par un pays si pacifique. A quoi don Quichotte répondit : « La profession et l'exercice que je fais ne consentent ni ne permettent que j'aille armé autrement ; la bonne chère, les délicatesses et le repos ont été inventés pour les mignons courtisans ; mais le travail, l'inquiétude et les armes sont à ceux-là seulement que le monde appelle chevaliers errants, desquels, moi, bien qu'indigne, je suis le moindre de tous. » A peine lui eurent-ils ouï dire cela qu'ils le tinrent tous pour fou ; et, pour mieux s'en assurer et voir quel genre de folie était la sienne, Vivaldo lui demanda ce que voulait dire chevaliers errants.

« Vos Grâces n'ont-elles point lu, répondit don Quichotte, les annales et histoires d'Angleterre, où sont traités les fameux exploits du roi Arthur, que communément, en notre vulgaire castillan, nous appelons le roi Artus, duquel nous savons par ancienne tradition, et qui est commune en tout le royaume de la Grande-Bretagne, que ce roi n'est pas mort, mais que, par art d'enchantement, il a été converti en corbeau, et que par la suite des temps il reviendra régner et recouvrer son royaume et son sceptre ; voilà pourquoi on ne saurait prouver que depuis ce temps-là aucun Anglais ait tué de corbeau. Or, au temps de ce bon roi, fut institué ce fameux ordre des Chevaliers de la Table ronde, et se passèrent, sans manquer d'un seul point, les amours, qui sont là racontées, de don Lancelot du Lac avec la reine Genièvre, étant médiatrice et consentante d'icelles l'honorable duègne Quintagnone, dont fut faite cette romance si connue et tant chantée en notre Espagne, qui dit :

> Jamais il n'y eut chevalier
> De dames si bien servi,
> Comme le fut Lancelot,
> Lorsque de Bretagne il vint,

avec cette suite si douce et si suave de ses amoureux et vaillants exploits. Dès lors donc cet ordre de chevalerie alla s'étendant et dilatant en plusieurs et diverses parties de la terre, et en icelle se rendirent fameux par leurs hauts faits le vaillant Amadis de Gaule, avec tous ses fils et petits-fils jusques à la cinquième génération ; et le valeureux Félix-Mars d'Hyrcanie, et ce Tiran le Blanc, qu'on ne saurait assez louer : et peu s'en faut que de notre temps nous n'ayons vu, connu et ouï l'invincible et valeureux chevalier don Bélianis

149

de Grèce. Voilà donc, messieurs, ce qu'est être chevalier errant, voilà l'ordre de leur chevalerie, dans lequel, comme vous avez entendu, moi, combien que pauvre pécheur, j'ai fait profession tout de même que l'ont faite les dits chevaliers. Et ainsi je m'en vais par ces solitudes et ces déserts, cherchant les aventures, en résolution d'offrir mon bras et ma personne à la plus dangereuse que la fortune me fera rencontrer pour l'aide des faibles et nécessiteux. » Par ces raisons que don Quichotte allégua, ces voyageurs achevèrent de se persuader qu'il était estropié du cerveau et de quelle espèce de folie il était gouverné, de quoi ils éprouvèrent le même étonnement que tous ceux qui, pour la première fois, venaient à la connaître. Vivaldo, qui était homme fort discret et de joyeuse humeur, afin de passer sans chagrin le peu de chemin qu'ils disaient avoir encore à faire pour arriver à la montagne de l'enterrement, voulut lui donner sujet de pousser plus avant ses rêveries, et par ainsi lui dit : « Il me semble, seigneur chevalier errant, que la profession que vous faites est des plus étroites et des plus austères qu'il y ait au monde, et tiens pour moi que celle des chartreux n'est pas si étroite.

— Aussi étroite, peut-être, répondit notre chevalier, mais aussi nécessaire au monde, je suis à deux doigts près de le mettre en doute : car, s'il faut dire la vérité, le soldat qui met en exécution le commandement de son capitaine ne fait pas moins que le capitaine même qui lui commande. Je veux dire que les religieux avec une paix et une tranquillité profondes demandent au ciel le bien de la terre ; mais nous autres soldats et chevaliers mettons en exécution ce qu'ils demandent, et ce par la valeur de nos bras et le tranchant de nos épées, non pas sous une couverture, mais à ciel découvert, en butte aux insupportables rayons du soleil en été et aux gelées hérissées de l'hiver. Nous sommes donc les ministres de Dieu sur la terre et les bras par lesquels s'y exécute sa justice. Et comme les choses de la guerre et celles qui la touchent et concernent ne se peuvent exécuter si ce n'est en suant, peinant et travaillant, il s'ensuit que ceux qui en font profession endurent sans doute plus grand travail que ceux qui, en une tranquille paix et repos, sont à prier Dieu qu'il favorise ceux qui ont peu de pouvoir. Je ne veux pas dire, et loin de moi la pensée, que l'état de chevalier errant soit aussi bon que celui de moine cloîtré ; je veux seulement inférer de ce que j'endure que, sans nul doute, il est plus pénible et plus tourmenté, plus affamé, altéré, misérable, déchiré et pouilleux, car il faut croire que les chevaliers errants du temps passé souffraient beaucoup de misère durant le cours de leur vie. Et, si d'aucuns sont parvenus à être empereurs par la valeur de leurs bras, en bonne foi, il faut croire qu'il leur a coûté bon et que ç'a été aux dépens de leur sang et de leur sueur ; et si à ceux-là qui sont montés à tel degré il eût manqué des enchanteurs et des sages pour les aider, ils eussent été bien frustrés de leurs prétentions et déçus dans leurs espérances. — Je suis de cette opinion, répliqua le voyageur ; mais une chose entre plusieurs autres ne me plaît pas chez les chevaliers errants, c'est que, quand ils se voient en occasion d'entreprendre une grande et périlleuse aventure, en laquelle il se reconnaît un manifeste danger de perdre la vie, jamais, à l'instant même de l'entreprise, ils ne se souviennent de se recommander à Dieu, comme tout chrétien est obligé de faire en semblables périls, mais au contraire ils se recommandent à leurs dames avec autant d'emportement et dévotion comme si elles étaient leur Dieu, chose qui, à mon avis, sent un peu le paganisme. — Monsieur, répondit don Quichotte, il ne peut en être autrement, et le chevalier errant qui n'en userait ainsi se méprendrait et tomberait dans un mauvais cas. Il est reçu en usage et coutume parmi l'errantesque chevalerie, que le chevalier errant, lequel, étant sur le point d'entreprendre quelque grand fait d'armes, aurait sa dame présente, tourne ses yeux vers elle doucement et amoureusement comme si par leur truchement il lui demandait de le favoriser et défendre en cette douteuse rencontre où il va se hasarder. Voire même si nul ne l'ouït, il est obligé de dire quelques paroles entre ses dents, par lesquelles il se recommande à elle de tout son cœur, et de cela nous en avons d'infinis exemples dans les histoires. Et ne faut pas pourtant entendre qu'ils doivent laisser de se recommander à Dieu, car il leur reste encore assez de temps et de commodité pour le faire au cours de la besogne. — Nonobstant tout cela, répliqua le voyageur, il me reste un scrupule : j'ai lu souvent que deux chevaliers errants s'attaquent de paroles, et de l'une à l'autre se viennent à échauffer et entrer en colère, puis à tourner leurs chevaux et prendre un bon espace de champ, et tout aussitôt, sans marchander davantage, se vont rencontrer à toute bride, puis, au milieu de la course, ils se recommandent à leurs maîtresses ; et ce qui arrive ordinairement de telle rencontre, c'est que l'on est renversé par-dessus la croupe du cheval en bas et percé de part en part de la lance de son adversaire ; et à l'autre il lui advient aussi que, s'il ne se tenait ferme aux crins du sien, il courrait fortune de tomber aussi par terre. Et ne sais point comment celui qui est mort a eu le loisir de se recommander à Dieu en une affaire si précipitée. Il eût bien mieux valu que les paroles qu'il a employées en la carrière à se recommander à sa dame, il s'en fût servi à ce qui était de son devoir et qu'il était obligé de faire comme un fidèle chrétien. D'autant que pour moi j'estime que tous les chevaliers errants n'ont pas des maîtresses à qui se recommander, car enfin ils ne sont pas tous amoureux. — Cela ne peut être, répondit don Quichotte. Je dis qu'il ne se peut faire qu'il y ait des chevaliers errants sans dame, parce que cela leur est aussi naturel d'être amoureux comme il l'est au ciel d'avoir des étoiles. Et, assurément, il ne s'est point vu d'histoire où il se soit trouvé chevalier errant sans amour ; et, posé le cas que quelqu'un n'en eût point, il ne serait pas tenu pour légitime chevalier, mais pour bâtard, qui serait entré en la forteresse de ladite chevalerie, non par la porte mais par-dessus les murailles, comme un brigand et un larron. — Tout de même, dit le voyageur, il me semble (si j'ai bonne mémoire) avoir lu que don Galaor, frère du valeureux Amadis de Gaule, n'eut jamais de maîtresse particulière à laquelle il se pût recommander, et, toutefois, il n'en fut pas moins estimé, mais fut un fort brave et fameux chevalier. » A quoi répondit notre don Quichotte : « Monsieur, une seule hirondelle ne fait pas l'été. D'ailleurs je sais que ce chevalier était en secret fort amoureux, outre que, pour ce regard de conter fleurette à toutes celles qui lui venaient à gré, c'était sa complexion naturelle, de quoi il ne pouvait chevir. Mais, en somme, c'est une chose fort vraie qu'il en avait une seule qu'il avait faite dame de sa volonté et à laquelle il se recommandait fort souvent et fort secrètement parce qu'il faisait état d'être fort secret chevalier. — Eh bien, s'il est de l'essence de tout chevalier errant d'être amoureux, dit le voyageur, l'on peut bien croire que vous l'êtes, puisque vous êtes de la profession ; et, si vous ne vous piquez d'être aussi secret que don Galaor, je vous supplie au nom de toute cette compagnie et au mien de nous dire le nom, la patrie, la qualité et la beauté de votre maîtresse, car elle s'estimera bien heureuse que tout le monde sache qu'elle est aimée et servie d'un chevalier tel comme vous paraissez. » Ici, don Quichotte jeta un grand soupir et dit : « Je ne pourrai pas assurer si ma douce ennemie prend plaisir ou non à ce que le monde sache que je la sers, seulement je puis dire (pour répondre à ce que l'on me demande avec tant de courtoisie) que son nom est Dulcinée, sa patrie le Toboso, village de la Manche ; et sa qualité doit être pour le moins de princesse, puisqu'elle est ma reine et maîtresse. Je vous dirai que sa beauté est plus qu'humaine, vu qu'en icelle sont rendus véritables tous les impossibles et chimériques attributs de beauté que les poètes donnent à leurs dames ; que ses cheveux sont d'or, son front les champs élyséens, ses sourcils des arcs-en-ciel, ses yeux

153

des soleils, ses joues des roses, ses lèvres du corail, ses dents des perles, son col de l'albâtre, sa poitrine du marbre, ses mains de l'ivoire, sa blancheur de la neige ; et les parties que l'honnêteté cache à la vue humaine sont telles, comme je pense et j'estime, que la seule discrète considération les peut louer et exalter, mais non pas les comparer. — Nous voudrions bien savoir son lignage, sa race et généalogie », répliqua Vivaldo ; à quoi don Quichotte : « Elle n'est pas de ces anciens Curtius, Caïus et Scipions romains, ni des modernes Colonnas et Ursins, ni des Moncades et Requesens de Catalogne ; moins encore des Reballas et Villeneuves de Valence, des Palafoxes, Nuzas, Rocaberti, Corellas, Lunas, Alagones, Urreas, Foces, ni Gurreaz de Aragon ; Cerdas, Manriques, Mendoces et Guzmans de Castille ; Alencastros, Pallas et Meneses de Portugal ; mais elle est de ceux du Toboso de la Manche, qui est un lignage, combien que moderne, tel qu'il peut donner un généreux commencement aux plus illustres familles des siècles à venir : et que l'on ne me réplique point à cela, si ce n'est avec les conditions que Zerbin mit au pied du trophée qu'il fit des armes de Roland, où il disait :

Et que nul ne les meuve
Qui ne puisse venir avec Roland en preuve[1].

— Encore que ma race soit des Cachopins[2] de Laredo, répondit le passant, je ne l'oserais pas comparer avec celle du Toboso de la Manche ; encore qu'à dire la vérité, semblable nom ne soit jamais parvenu à mes oreilles. — Comment cela se peut-il qu'il n'y soit point parvenu ? » répliqua don Quichotte. Tous les autres écoutaient avec grande attention l'entretien de ces deux-ci, et même, jusqu'aux chevriers et pasteurs connurent le grand défaut de jugement de notre don Quichotte. Le seul Sancho Pança croyait que tout ce que son maître disait fût vrai, sachant qui il était et l'ayant connu depuis sa naissance. Mais ce qui le tenait un peu en doute était cette histoire de la belle Dulcinée du Toboso, parce que jamais tel nom ni telle princesse n'étaient venus à sa connaissance, encore qu'il demeurât fort près du Toboso. Ils allaient ainsi discourant, quand ils aperçurent que, par une ouverture qui était entre deux hautes montagnes, descendaient une vingtaine de pasteurs, tous vêtus de pelissons noirs et couronnés de guirlandes qui étaient, comme l'on vit après, les unes d'if et les autres de cyprès. Six d'entre eux portaient une bière couverte de diverses fleurs et de rameaux. Ce que voyant l'un des chevriers, il dit : « Voici venir ceux qui apportent le corps de Chrysostome, et au pied de cette montagne est le lieu où il a ordonné qu'on l'enterrât. » Aussi se hâtèrent-ils d'arriver, au moment que le cortège avait déjà posé la bière en terre ; et quatre bergers, avec des pics, creusaient la fosse à côté d'un dur rocher. Ils se reçurent les uns les autres fort courtoisement, et don Quichotte et ses compagnons se mirent à contempler la bière, en laquelle ils virent un cadavre couvert de fleurs et vêtu en pasteur, âgé en apparence d'environ trente ans ; et, encore qu'il fût mort, il montrait qu'étant vivant il avait été beau de visage et fort dispos de sa personne ; il avait à l'entour de lui dedans la même bière quelques livres et plusieurs papiers ouverts et fermés. Et tant ceux qui regardaient que ceux qui creusaient la fosse, et tout le reste des assistants, gardaient un merveilleux silence jusqu'à ce que l'un de ceux qui avaient apporté le mort dît à un autre : « Regardez bien, Ambroise, si c'est ici le lieu que Chrysostome a dit, puisque vous voulez que l'on accomplisse si exactement ce qu'il a ordonné par son testament. — Oui, c'est ici, répondit Ambroise, car en icelui ce mien malheureux ami m'a plusieurs fois raconté l'histoire de son infortune. C'est là, dit-il, qu'il vit la première fois cette ennemie mortelle du genre humain ; et ce fut là aussi qu'il lui déclara la première fois sa pensée autant honnête qu'amoureuse ; et là aussi fut la dernière fois que Marcelle l'acheva de rebuter et dédaigner ; de sorte qu'il mit fin à la tragédie de sa vie misérable et voulut qu'ici, pour mémoire dé tant de malheurs, il fût mis en dépôt aux entrailles de l'éternel oubli. » Et, se retournant vers don Quichotte et les autres passants, il poursuivit son propos, disant : « Ce corps, messeigneurs, que vous voyez ici d'un œil si pitoyable, fut dépositaire d'une âme que le ciel avait douée d'une grande partie de ses richesses ; c'est ici le corps de Chrysostome, lequel fut unique en l'esprit, unique en la courtoisie, extrême en gentillesse, phénix en l'amitié, magnifique sans mesure, grave sans présomption, joyeux sans bassesse, et finalement le premier en tout ce qui se peut dire être bon, et sans second en tout ce qui est d'être malheureux. Il l'aima bien, et il fut haï ; il adora, et fut dédaigné ; il pria une cruelle, importuna un marbre, courut après le vent, jeta des cris après la solitude ; il servit l'ingratitude, dont il eut pour récompense d'être fait dépouille de la mort au milieu de la carrière de sa vie, à laquelle mit fin une bergère qu'il tâchait d'éterniser pour qu'elle vécût dans la mémoire des hommes : de quoi pourraient bien rendre témoignage ces papiers que vous voyez, s'il ne m'avait commandé de les livrer au feu après avoir livré son corps à la terre. — Vous userez de plus de rigueur envers eux que leur maître même, dit Vivaldo, attendu qu'il n'est juste ni bien à propos d'accomplir une volonté déraisonnable. César-Auguste l'eût été s'il eût consenti de mettre en exécution ce que le divin Mantouan avait ordonné par son testament. Tellement, seigneur Ambroise, qu'encore que vous donniez le corps de votre ami à la terre, ne veuillez pas livrer ses écrits à l'oubli ; que, s'il l'a ordonné comme offensé, il n'est pas bon que vous l'accomplissiez comme indiscret, au contraire, faites en donnant la vie à ces papiers que la cruauté de Marcelle soit toujours vivante, afin qu'elle serve d'exemple dans l'avenir, à tous les vivants et qu'ils se retirent et se gardent de tomber en de semblables précipices : car je sais, moi et tous ceux qui sont ici venus et qui avons ouï l'histoire de votre amoureux et désespéré ami, nous savons votre amitié et la cause de sa mort, et aussi les ordres qu'il a laissés au terme de sa vie. Et de cette lamentable histoire il se peut tirer combien a été grande la cruauté de Marcelle, l'amour de Chrysostome, la foi de votre amitié, et quelle fin ont ceux qui à bride abattue courent par la voie que le fol amour leur met devant les yeux. Nous sûmes hier au soir la mort de Chrysostome et qu'il devait être enterré en ce lieu, et pour ce, mus de curiosité et de pitié, nous laissâmes notre droit chemin, et délibérâmes de venir voir de nos propres yeux ce qui nous avait tant apporté de douleur à l'ouïr ; et, pour payement de ce déplaisir et du désir que nous avons d'y apporter quelque remède si nous le pouvions faire, nous te prions, prudent Ambroise (au moins je t'en supplie pour ma part), que tu ne brûles pas ces papiers, mais m'en laisses emporter quelques-uns. » Et, sans attendre la réponse du pasteur, il étendit la main et en prit quelques-uns de ceux qui étaient le plus près, ce que voyant Ambroise, il lui dit : « Monsieur, je permettrai par courtoisie que vous gardiez ceux que vous avez déjà pris, mais de penser que je laisse de brûler ceux qui demeurent c'est en vain. » Vivaldo, qui était désireux de voir ce que disaient ces papiers, ouvrit incontinent l'un d'iceux et vit qu'il avait pour titre : *Chanson désespérée*. Ambroise l'ouït et dit : « C'est là le dernier papier qu'a écrit l'infortuné, et, afin que vous voyiez, monsieur, en quel terme l'avaient réduit ses malheurs, lisez-le en sorte que l'on vous entende : vous en aurez bien le temps pendant que l'on tardera à ouvrir la sépulture. — Volontiers », dit Vivaldo ; et comme tous les assistants étaient en la même volonté, ils se mirent à l'entour de lui, et, d'une voix claire, il lut ce qui suit.

CHAPITRE XIV

OÙ L'ON RAPPORTE LES VERS DÉSESPÉRÉS
DU DÉFUNT PASTEUR,
AVEC CERTAINS INESPÉRÉS ÉVÉNEMENTS

CHANSON DE CHRYSOSTOME

Puisque tu veux, cruelle, qu'on publie en toutes langues et en tous pays l'âpre force de ta rigueur,

Je ferai que l'enfer même communique à mon triste cœur un son gémissant qui change celui de ma voix ordinaire.

Et au gré de mon désir qui s'efforce de conter ma douleur et tes exploits, jaillira l'accent de ma plainte et, pour plus de torture encore, il s'y mêlera des lambeaux de mes misérables entrailles.

Écoute donc, prête l'oreille, non pas au son harmonieux, mais au bruit qu'un affreux délire tire du fond de mon cœur pour mon plaisir et ton dépit.

Que le rugissement du lion, le hurlement du loup sauvage, l'horrible sifflement du serpent écailleux,

L'effroyable mugissement de je ne sais quel monstre, le croassement augural de la corneille, et la clameur du vent sur la mer déchaînée, que l'implacable bramement du taureau abattu déjà, que le tendre roucoulement de la veuve colombe, le triste hululement du détestable hibou, et les plaintes de toute la noire troupe de l'enfer,

Que tout s'unisse avec mon âme gémissante et produise, en se confondant, un son qui trouble tous les sens. Car la peine qui m'habite demande, pour la conter, des modes inouïs.

Cette étrange confusion, ce ne sont pas les sables du Tage paternel qui répéteront ses tristes échos, ni les oliviers du fameux Bétis.

Mais là se répandront mes peines, au sommet des rochers, au fond des noirs abîmes, par une langue morte en paroles vivantes.

Ou dans d'obscures vallées, ou sur des plages farouches, nues de tout contrat humain, où jamais le soleil ne montra sa lumière, ou bien parmi la multitude venimeuse que nourrit le limon libyen.

Et quoique les rauques échos de mon mal et de ta rigueur résonnent dans la solitude, par un privilège de mon court destin, ils seront portés dans le monde immense.

Un dédain nous tue ; la patience s'épuise par un soupçon faux ou vrai ; la jalousie nous tue avec plus de rigueur encore.

Une longue absence trouble la vie ; la ferme espérance d'un heureux destin demeure impuissante contre la crainte de l'oubli.

En tout, la mort est inévitable ; mais moi, miracle inouï ! je vis jaloux, absent, et dédaigné, assuré des soupçons qui me font dépérir, et dans l'oubli où s'avive mon feu.

Et parmi ces tourments, ma vie jamais n'arrive à voir l'ombre de l'espérance, et mon désespoir y renonce ; bien plus, pour aller jusqu'au bout de ma triste querelle, je jure de rester à jamais privé d'elle.

Peut-on à la fois espérer et craindre ? Est-il bien de le faire alors que notre crainte a tant de causes certaines ?

Dois-je, si la cruelle jalousie est devant moi, fermer les yeux, quand il me faut la voir par mille plaies ouvertes de mon âme ?

Qui n'ouvrirait toutes grandes les portes à la défiance quand il voit à découvert le dédain, les soupçons, ô changement amer ! devenus vérité, et la vérité pure mensonge devenue.

Jalousie, fier tyran au royaume d'Amour, mets un fer dans mes mains, donne-moi, ô dédain, une corde tordue.

Mais hélas ! la douleur dans son cruel triomphe étouffe votre souvenir.

Je meurs enfin, et, pour n'espérer point nul bonheur ni de la mort, ni de la vie, je veux poursuivre jusqu'au bout ma fantaisie.

Je le dirai, oui, celui-là est dans la bonne voie qui aime bien, et l'âme la plus libre n'est-elle aussi la plus soumise à la très antique tyrannie d'Amour ?

Oui, je dirai que ma belle ennemie a l'âme belle comme le corps ; que son oubli vient de ma propre faute, et que c'est par les maux mêmes dont il nous tue qu'Amour sait maintenir la paix en son royaume.

Et dans cette opinion, précipitant avec un dur lacet le terme misérable auquel m'ont conduit ses dédains, je livrerai aux vents et mon corps et mon âme, sans palme, sans laurier, sans rien qui garantisse mon espoir de gloire future.

Toi qui par tant de déraisons montres la raison qui me force à renoncer à la misère d'une vie que j'abhorre,

Puisque tu vois que la profonde plaie faite à mon cœur donne des marques évidentes de la joie avec quoi je m'offre à ta rigueur,

Si par hasard tu reconnais que je mérite que le ciel brillant de tes yeux se trouble par ma mort, garde-toi de ces larmes : je ne veux pas que tu m'accordes rien au prix des ruines de mon âme.

Que bien plutôt, en ce moment funeste, ton rire donne à penser que pour toi ma fin fut une grande fête. Mais c'est aussi simplicité que te donner un tel avis : ne sais-je pas que tu mets ton orgueil à voir ma vie joindre si tôt son terme.

Et, puisqu'il en est temps, que du fond de l'abîme s'élèvent l'altéré Tantale, et Sisyphe et le poids de son rocher terrible ;

Que Tithyon amène son vautour ; qu'Ixion n'arrête point sa roue, ni les cinquante sœurs leurs vains travaux ;

Et que tous réunis déversent en mon cœur leur mortelle torture, et qu'à voix basse (si on le doit à un désespéré) ils entonnent le chant funèbre, qu'ils chantent les funérailles d'un corps à qui l'on refusa jusqu'au linceul.

Et que le portier infernal avec sa triple gueule et que mille autres monstres et mille autres chimères, y fassent contrepoint car un amant défunt ne mérite nulle autre pompe.

Chanson désespérée, ne te plains pas d'abandonner ma triste compagnie : la cause qui t'a fait naître repaît sa joie de mon malheur ; garde-toi donc d'être triste, même au fond de la sépulture.

La chanson de Chrysostome plut à ses auditeurs, encore que, selon celui qui l'avait lue, elle ne se conformât point à ce qu'il avait entendu dire de la réserve de Marcelle : or, Chrysostome se plaignait, en cette chanson, de jalousie, de soupçon, et d'absence, le tout au préjudice de la bonne renommée de Marcelle. A quoi répondit Ambroise (en homme qui savait les plus secrètes pensées de son ami) : « Afin, monsieur, que vous soyez satisfait de ce doute, il est bon que vous sachiez que, lorsque ce malheureux écrivit cette chanson, il s'était éloigné de Marcelle, et s'en était éloigné de sa volonté, pour voir si l'absence userait en son endroit de ses lois ordinaires. Et, comme il n'y a chose qui ne fatigue l'amoureux éloigné de ce qu'il aime, ni crainte qui ne lui donne quelque atteinte, ainsi était Chrysostome travaillé des jalousies imaginaires et des soupçons qu'il appréhendait comme s'ils eussent été véritables. Et par ce moyen demeure en son point la vérité, que la renommée publie touchant la vertu de Marcelle, laquelle, sauf qu'elle est cruelle, un peu arrogante et fort dédaigneuse, l'envie même ne doit ni ne peut lui attribuer aucune faute.

— C'est la vérité », répondit Vivaldo ; et, voulant lire un autre papier de ceux qu'il avait sauvés du feu, il en fut empêché par une merveilleuse vision (car telle semblait-elle) qui à l'improviste s'offrit à leurs yeux : sur le haut du rocher sous lequel on creusait la sépulture parut la bergère Marcelle, si belle que sa beauté surpassait sa renommée. Ceux qui jusques alors ne l'avaient vue la regardaient avec étonnement et en silence, et ceux qui étaient accoutumés à la voir ne furent pas moins ébahis que les autres qui jamais ne l'avaient vue. Mais à peine Ambroise l'eut-il aperçue qu'avec les démonstrations d'un cœur indigné, il s'écria : « Viens-tu point par aventure, ô fier et cruel basilic de ces montagnes, voir si les plaies de ce misérable que ta cruauté a privé de la vie verseront du sang en ta présence ? Ou viens-tu pour te glorifier aux cruels exploits de ta naturelle condition ? Ou pour regarder de là-haut, tel un autre inhumain et cruel Néron, le pitoyable embrasement de Rome ? Ou pour fouler d'un pied arrogant ce malheureux cadavre, comme fit l'ingrate fille celui de son père Tarquin[1] ? Dis-nous promptement pourquoi tu viens, ou ce que plus tu désires : car, pour ce que je sais que les pensées de Chrysostome ont toujours été de t'obéir durant sa vie, je ferai qu'encore qu'il soit mort, celles de tous ceux qui se sont appelés ses amis soient toujours disposées à te rendre la même obéissance.

— Je ne viens, Ambroise, pour aucune de ces choses que tu as dites, répondit Marcelle, mais pour défendre ma propre cause et donner à entendre combien sont éloignés de la raison tous ceux qui m'attribuent la faute de leurs peines et de la mort de Chrysostome ; et ainsi je vous prie tous, vous qui êtes ici, que vous me prêtiez un peu d'attention : il ne sera besoin de beaucoup de temps ni d'user d'un grand discours pour persuader une vérité à des personnes de sens.

« Le ciel m'a faite belle, selon que vous dites, et de telle manière que ma beauté vous contraint à m'aimer sans que vous ayez la puissance de faire autrement. Et, pour l'amour que vous me montrez, vous dites et même vous voulez que je sois obligée à vous aimer. Je connais bien par le naturel entendement que Dieu m'a donné, que tout ce qui est beau est aimable, mais je ne comprends point que, pour la raison qu'il est aimé, ce qui est aimé pour beau soit obligé d'aimer celui qui l'aime. Et davantage, il pourrait arriver que cet amateur du beau fût laid, et, étant ce qui est laid digne d'être haï, il serait mal à propos de dire : « Je t'aime parce que tu es belle, il faut que tu m'aimes aussi, encore que je sois laid. » Mais, posé le cas que les beautés aillent de pair, les désirs ne doivent pas pourtant marcher du même pied : car toutes les beautés ne donnent pas de l'amour ; d'aucunes réjouissent la vue et ne captivent pas la volonté. Que si toutes les beautés causaient de l'amour, il y aurait confusion et dérèglement des volontés sans savoir où elles voudraient s'arrêter, car les beaux sujets étant infinis, les désirs seraient infinis, et, suivant ce que j'ai entendu dire, le vrai amour ne se divise point et doit être volontaire et non forcé. Cela étant ainsi, comme en effet je le crois, pourquoi voulez-vous que je soumette par force ma volonté, sans avoir autre obligation que celle-là seulement que vous dites que vous m'aimez ? Mais dites-moi : si, tout ainsi que le ciel m'a créée belle, il m'eût formée laide, eût-il été raisonnable que je me fusse plainte de vous autres pour ce que vous ne m'eussiez point aimée ? Et d'autant plus que vous devez considérer que je n'ai pas choisi la beauté que j'ai : car, telle qu'elle est, le ciel me l'a donnée par grâce, sans que je l'aie demandée ni choisie. Et, tout comme la vipère ne doit point être rendue coupable pour le venin dont elle est pleine, encore qu'elle tue avec icelui, parce que c'est nature qui le lui a donné, aussi ne dois-je point être blâmée d'être belle, car la beauté en la femme honnête est comme le feu éloigné ou comme l'épée tranchante : l'un ne brûle, l'autre ne blesse qui ne s'en approche pas. L'honneur et la vertu sont les ornements de l'âme ; sans lesquels le corps ne doit paraître beau, encore qu'il le soit de lui-même. Si donc l'honnêteté est une des vertus qui ornent et embellissent davantage le corps et l'âme, pourquoi aura-t-elle à la perdre celle qui est aimée pour belle, pour correspondre à l'intention de celui qui, par pur plaisir, tâche et emploie toutes ses forces et toute son habileté à la lui faire perdre ? Libre je naquis, et, afin de pouvoir vivre libre, j'ai choisi la solitude des campagnes ; les arbres de ces montagnes sont ma compagnie, les claires eaux de ces ruisseaux me servent de miroir : c'est aux arbres, c'est aux eaux, que je confie mes pensées et ma beauté. Je suis ce feu éloigné et cette épée mise hors d'atteinte. Ceux que j'ai rendus amoureux par ma vue, je les ai désabusés par mes paroles ; et, si les désirs se nourrissent d'espérance, moi, n'en ayant donné aucune à Chrysostome, ni à nul autre, l'on peut bien dire que ç'a été plutôt son opiniâtreté qui l'a tué que ma cruauté. Et si l'on pense m'opposer que ses pensées étaient fondées sur l'honnêteté, et que partant j'étais obligée d'y correspondre, je dirai que, lorsqu'en ce même lieu, où à présent l'on creuse sa sépulture, il me découvrit son intention, je lui répondis que la mienne était de vivre en perpétuelle solitude, et que la terre seule jouirait du fruit de ma retenue et des dépouilles de ma beauté. Si, malgré cet avertissement, il a voulu s'opiniâtrer contre l'espérance et voguer contre le vent, trouvez-vous étrange qu'il ait fait naufrage au milieu du gouffre de sa folle indiscrétion ? Si je l'eusse entretenu et amusé de paroles, j'eusse été fausse ; et si je l'eusse contenté, j'eusse agi contre ma meilleure intention et délibération. Il persista, désabusé ; il se désespéra sans être haï : voyez maintenant s'il serait raisonnable que l'on me rejetât la faute de sa peine ? Que l'abusé se plaigne, et que celui à qui ont manqué les espérances promises se désespère ; que celui que j'aurai appelé prenne confiance, et qu'il se glorifie, celui à qui j'aurai fait bel accueil ; mais qu'il ne me nomme point cruelle ni homicide, celui à qui je ne promets rien, que je n'abuse, n'appelle ni n'accueille. Le ciel n'a point voulu jusqu'à cette heure que j'aimasse par destin, et c'est vanité de penser que je doive aimer par choix. Que cet avis général serve à chacun de ceux qui me sollicitent pour son profit particulier, et que l'on sache dorénavant que, si aucun meurt à mon occasion, il ne mourra point pour être jaloux ni malheureux : qui n'aime personne ne doit causer de jalousie à personne, et détromper ne doit être pris pour dédain. Qui m'appelle bête farouche et basilic, qu'il me laisse là comme chose pernicieuse et mauvaise, et qui m'appelle ingrate ne me serve point ; qui m'estime insaisissable, ne me cherche point à saisir ; cruelle, ne me suive pas : car cette bête farouche, ce basilic, cette ingrate, cette cruelle et cette insaisissable ne les cherchera, servira, connaîtra, ni suivra en manière quelconque. Que si à Chrysostome son impatience et précipité désir lui ont causé la mort, pourquoi en accuser mon procédé honnête et ma prudente discrétion ? Si je conserve ma pureté en la compagnie des arbres, pourquoi doit vouloir que je la perde qui veut que je l'aie en la compagnie des hommes ? J'ai, comme vous savez, quelque bien et ne convoite point celui d'autrui. Je suis de condition libre et ne désire point m'assujettir, je n'aime ni ne hais personne. Je ne trompe point celui-ci ni ne recherche celui-là ; je ne me moque point de l'un ni ne m'entretiens avec cet autre. L'honnête conversation des bergères de ces villages, et le soin que j'ai de mes chèvres me font passer le temps. Mes désirs sont bornés à ces montagnes, et, s'ils en sortent, c'est pour contempler la beauté du ciel, et ces voies où l'âme chemine vers sa demeure première. »

Et sans vouloir écouter aucune réponse, elle tourna le dos, et s'en fut au plus épais d'un bois qui était proche de là, laissant tous les assistants étonnés de son esprit comme de sa beauté. Certains, frappés du puissant trait des rayons de ses beaux yeux, firent montre de la vouloir suivre, sans avoir égard à l'avis manifeste qu'ils avaient entendu d'elle-même. Ce qui étant vu par don Quichotte, lui étant avis qu'il était fort à propos d'user de sa chevalerie en secourant les damoiselles nécessiteuses, il mit la main sur la poignée de son épée et s'écria à haute et intelligible voix : « Que personne, de quelque état et condition qu'il puisse être, ne soit si hardi que de suivre la belle Marcelle, sous peine d'encourir ma furieuse indignation. Elle a démontré par des raisons évidentes le peu ou point de faute qu'elle a eu en la mort de Chrysostome, et combien elle est éloignée de vouloir condescendre aux désirs d'aucun de ses amants ; il est donc raisonnable qu'au lieu d'être suivie et poursuivie elle soit honorée de tous les gens de bien qui sont au monde, car elle a démontré y être seule à vivre avec une si honnête intention. »

Or, soit à cause des menaces de don Quichotte, ou bien pour ce qu'Ambroise leur dit qu'ils achevassent ce qu'ils avaient à faire pour leur bon ami, pas un des bergers ne se bougea ni ne partit de là jusques à tant que, la fosse étant achevée et les papiers de Chrysostome brûlés, ils missent son corps en terre, non sans maintes larmes des assistants. Ils couvrirent la sépulture d'une grosse pierre, en attendant que l'on accommodât une lame qu'Ambroise pensait faire faire, ainsi qu'il dit, avec une épitaphe qui devait parler de cette manière :

> *Ici gisent d'un amoureux*
> *Les pauvres membres refroidis ;*
> *C'était un pasteur de brebis*
> *Qui en amour fut malheureux.*

> *Il mourut du trait rigoureux*
> *D'une belle et farouche ingrate,*
> *Par qui son empire dilate*
> *Amour, ce tyran furieux.*

Puis ils semèrent par-dessus la sépulture quantité de fleurs et rameaux, et, ayant fait toutes les condoléances à leur ami Ambroise, prirent congé de lui. Vivaldo et son compagnon en firent autant, et don Quichotte, qui dit adieu à ses hôtes et aux voyageurs, lesquels le prièrent de venir avec eux à

165

Séville, disant que c'était un lieu si propre à trouver des aventures qu'en chaque rue et derrière chaque coin il s'en offre plus que nulle part ailleurs. Don Quichotte les remercia de cet avis et de la bonne volonté qu'ils montraient de lui faire plaisir, et leur dit que pour lors il ne voulait ni ne devait aller à Séville jusques à ce qu'il eût nettoyé et repurgé toutes ces montagnes des larrons et malandrins dont il était bruit qu'elles étaient toutes pleines.

Ces voyageurs, voyant sa bonne résolution, ne voulurent pas l'importuner davantage, mais, prenant derechef congé de lui, le laissèrent et poursuivirent leur chemin auquel il ne leur manqua pas de quoi s'entretenir, tant de l'histoire de Marcelle et de Chrysostome que des folies de don Quichotte. Celui-ci se résolut d'aller chercher la bergère Marcelle et lui offrir tout ce qu'il pouvait pour son service ; mais il ne lui advint pas comme il pensait, selon qu'il est raconté dans la suite de cette véritable histoire, mettant ici fin à la seconde partie.

CHAPITRE XV

OÙ L'ON RACONTE
LA FÂCHEUSE AVENTURE QU'EUT DON QUICHOTTE
RENCONTRANT CERTAINS SCÉLÉRATS
DE MULETIERS YANGOIS [1]

Le sage Cid Hamet Ben Engeli raconte que, comme don Quichotte prit congé de ses hôtes et de tous ceux qui se trouvèrent à l'enterrement du pasteur Chrysostome, lui et son écuyer entrèrent dans le même bois où ils avaient vu entrer la bergère Marcelle ; et, ayant cheminé plus de deux heures par icelui, la cherchant de toutes parts sans la pouvoir trouver, enfin ils arrivèrent à un pré, tout plein d'herbe fraîche, près duquel courait un ruisseau si paisible et si frais qu'ils se sentirent invités à passer là les heures de la sieste qui déjà commençait furieusement à se faire sentir. Ils mirent pied à terre, et, laissant l'âne et Rossinante paître tout à leur aise et en liberté l'herbe qui poussait là en abondance, donnèrent l'assaut à la besace, et, sans cérémonie aucune, le maître et le valet mangèrent en bonne paix et de compagnie ce qu'ils trouvèrent dedans.

Sancho ne s'était point inquiété de mettre des entraves à Rossinante, s'assurant sur ce qu'il le connaissait si doux et si peu concupiscent que toutes les cavales des prairies de Cordoue ne l'eussent pas induit en péché. Or, la fortune voulut, et le diable (qui ne dort pas toujours) qu'il y eût paissant par cette vallée une troupe de petites cavales galiciennes qui appartenaient à certains muletiers yangois ; leur coutume est de faire la sieste avec leurs bêtes et de les faire paître par les lieux où il y a de l'herbe et de l'eau ; et celui où se vint à arrêter don Quichotte était fort à propos pour ces Yangois. Il advint donc qu'il prit envie à Rossinante de se regaillardir un peu avec mesdames les cavales, et, comme il les eut flairées, sortant de son pas naturel et ordinaire sans demander congé à son maître, il prit un petit trot assez leste et s'en alla leur communiquer sa nécessité. Mais elles qui, en apparence, avaient plus d'envie de repaître que d'en tâter, le reçurent avec les fers et les dents, de telle sorte qu'en peu d'espace de temps elles lui rompirent les sangles et vous le mirent tout nu et sans selle ; mais ce qu'il devait encore bien mieux sentir, ce fut que les muletiers, voyant la force que l'on faisait à leurs cavales, y accoururent avec des pieux et lui en donnèrent tant de coups qu'ils le jetèrent par terre en mauvais état. Sur ces entrefaites, don Quichotte et Sancho qui avaient vu comme l'on bâtonnait Rossinante, accouraient haletants. Alors don Quichotte dit à Sancho : « A ce que je vois, ami Sancho, ces gens ne sont pas chevaliers, mais de la basse canaille. Ceci dit parce que tu me peux bien aider à prendre la vengeance requise du tort qui s'est fait en notre présence à Rossinante. — Quelle diantre de vengeance prendrons-nous, répondit Sancho, si ceux-là sont plus de vingt, et nous ne sommes que nous deux, et peut-être encore ne sommes-nous qu'un et demi ? — J'en vaux cent », répliqua don Quichotte, et, sans faire plus de discours, mit la main à son épée et se rua sur les Yangois. Sancho Pança en fit de même, ému et incité par l'exemple de son maître.

Et d'entrée don Quichotte donna un tel coup de taille à l'un d'eux qu'il lui fendit une saie de cuir dont il était vêtu, avec une grande partie de l'épaule. Les Yangois, qui se virent ainsi maltraités par ces deux hommes seuls, eux étant en si grand nombre, eurent recours à leurs gros bâtons, et, les environnant tous deux, commencèrent à les charger dru et menu, et de bonne façon. Bien est vrai qu'à la seconde touche ils renversèrent le pauvre Sancho par terre, puis en firent autant à don Quichotte, sans que son adresse et son courage lui servissent de rien. Et le hasard voulut qu'il vînt à tomber aux pieds de Rossinante, qui ne s'était point encore relevé : par où l'on reconnaît de quelle furie travaillent des pieux entre des mains rustiques et irritées. Puis les Yangois, voyant la mauvaise besogne qu'ils avaient faite, le plus hâtivement qu'ils purent rechargèrent leurs bêtes et poursuivirent leur chemin, laissant les deux aventuriers en mauvais équipage et encore plus malcontents.

Le premier qui reprit ses sens fut Sancho Pança, lequel, se trouvant auprès de son seigneur, d'une voix débile et pitoyable lui dit : « Seigneur don Quichotte, ho ! seigneur don Quichotte ! — Que veux-tu, Sancho, mon frère ? répondit don Quichotte d'un même ton efféminé et dolent. — Je voudrais, s'il était possible, poursuivit Sancho Pança, que Votre Grâce me donnât deux traits de ce breuvage du Fer-de-Bras, s'il est que vous en ayez là présentement, car peut-être sera-t-il bon pour le brisement des os, comme il l'est pour les blessures. — Ah ! si j'en avais ici, pauvre misérable que je suis, que nous faudrait-il autre chose ? répondit don Quichotte ; mais je te jure, Sancho Pança, foi de chevalier errant, que, devant que deux jours se passent (si la fortune n'en dispose autrement), j'en aurai en mon pouvoir, ou bien les mains me faudront. — Mais en combien de jours vous semble-t-il que nous pourrons mouvoir les pieds ? répliqua Sancho Pança. — Quant à moi, je peux dire, dit le moulu chevalier don Quichotte, que je ne saurais mettre un terme préfix à ces jours-là ; mais je suis cause de tout, car je ne devais pas mettre la main à l'épée contre des hommes qui ne sont point chevaliers comme moi, et crois aussi que, pour punition d'avoir transgressé les lois de la chevalerie, le Dieu des batailles a permis que je reçusse ce châtiment ; par quoi, mon ami Sancho, il faut que tu prennes garde à ce que je te veux dire présentement, parce que c'est chose qui importe beaucoup au salut de tous deux : lorsque tu verras qu'une semblable canaille nous fera quelque tort, n'attends pas que je mette la main à l'épée pour eux, car je ne le ferai en façon quelconque, mais toi, mets l'épée au poing et me les châtie à ton aise ; que s'il survient quelques chevaliers pour les secourir, je te saurai fort bien défendre et les repousser de toute ma puissance, car tu as déjà reconnu à mille enseignes et expériences jusqu'où s'étend la valeur de mon redoutable bras. » (Tant était devenu arrogant ce pauvre chevalier pour avoir vaincu le vaillant Biscaïen.)

Mais Sancho Pança ne trouva pas l'avis de son maître si bon qu'il laissât de lui répondre, disant : « Monsieur, je suis homme pacifique, doux et ami du repos, et si sais-je bien dissimuler les injures que l'on me fait, vu que j'ai femme et enfants à nourrir et à élever : soit donc aussi avis à Votre Grâce (puisque ce ne peut être commandement) que je ne mettrai en façon quelconque la main à l'épée, ni contre vilain ni contre chevalier, et que je proteste ici devant Dieu que je pardonne toutes les injures que l'on m'a faites et que l'on me fera, soit que me les ait faites ou fasse ou doive faire personne grande ou petite, riche ou pauvre, noble ou roturière, sans en excepter aucun de quelque état ou condition qu'il soit. » A quoi son maître lui répondit : « Je voudrais avoir assez de souffle pour te parler un peu tranquillement, et que la douleur qui me tient en cette côte s'apaisât autant de temps qu'il en faudrait pour te donner à entendre, ami Pança, l'erreur en laquelle tu es. Viens çà, misérable ; si le vent de la fortune, lequel jusques à présent nous a été si contraire, se vient à changer en notre faveur, nous remplissant les voiles du désir, afin que sûrement et sans aucune contrariété nous puissions prendre port en quelqu'une de ces îles que je t'ai promises ; que serait-ce de toi, si, venant à la conquêter, je t'en faisais seigneur ? Eh bien ! tu ruinerais toute l'affaire, n'étant pas chevalier, ni ne le voulant être, et n'ayant aucun courage ni intention de venger tes injures et défendre ta souveraineté : car il faut que tu saches qu'aux royaumes et terres nouvellement conquises, jamais les cœurs de leurs naturels ne sont si paisibles ni tant affectionnés au parti du nouveau seigneur qu'il ne faille craindre qu'ils pussent faire quelque nouveauté pour altérer et troubler derechef les affaires et retourner (comme l'on dit) à tenter la fortune ; et par ainsi il est nécessaire que le nouveau possesseur ait de l'entendement pour se savoir gouverner et de la valeur pour attaquer ou se défendre en tout événement. — En celui-ci qui vient de nous arriver, répliqua Sancho, je voudrais bien avoir eu cet entendement et ce courage que vous dites ; mais je vous jure, foi de pauvre homme, que je suis mieux disposé pour recevoir des emplâtres que pour m'amuser à des discours. Regardez si vous vous pourrez lever, et nous aiderons Rossinante, encore qu'il ne le mérite pas, car il a été la cause principale de toute cette batterie. Je n'eusse jamais cru cela de Rossinante, car je le tenais pour une personne chaste et aussi pacifique que moi ; enfin, l'on dit bien vrai qu'il faut un long temps pour connaître bien les personnes et qu'il n'y a rien d'assuré en cette vie. Qui eût dit qu'après ces grands coups d'épée, comme vous en donnâtes au pauvre chevalier errant, il nous dût venir ensuite et en poste cette si grande tempête de bastonnades qui s'est déchargée sur nos épaules ? — Pour les tiennes, Sancho, répliqua don Quichotte, elles doivent être faites à de semblables averses, mais les miennes, qui ont été élevées entre toiles de linon et de Hollande, il est tout certain qu'elles sentiront bien plus vivement la douleur de cette disgrâce. Et si ce n'était pour ce que je m'imagine (mais que dis-je, imagine ?), que je sais pour certain que toutes ces incommodités sont inhérentes à l'exercice des armes, je me laisserais ici mourir de pure fâcherie. » A quoi repartit l'écuyer : « Monsieur, puisque ces disgrâces sont du propre cru de la chevalerie, dites-moi si elles arrivent fort souvent ou si elles ont leurs temps limités auxquels elles arrivent parce qu'il me semble qu'en deux récoltes nous ne vaudrions plus rien pour la troisième, si Dieu, dans sa miséricorde infinie, ne nous donne secours.

— Sache, ami Sancho, répondit don Quichotte, que la vie des chevaliers errants est sujette à mille hasards et mésaventures, et aussi, ni plus ni moins, elle est en puissance prochaine de faire devenir lesdits chevaliers errants rois et empereurs, comme l'expérience l'a démontré en plusieurs et divers d'entre eux, des histoires desquels j'ai une entière connaissance. Et je pourrais te raconter à cette heure (si la douleur me le permettait) de quelques-uns qui, par la seule force et valeur de leurs bras, sont montés et parvenus à ces hauts degrés que je t'ai racontés. Et ceux-là mêmes se sont vus devant et après en diverses calamités et misères : car le valeureux Amadis de Gaule se vit au pouvoir de son mortel ennemi Archalaüs, l'enchanteur, duquel on tient pour vérifié que, le tenant prisonnier, et l'ayant lié à un pilier de la cour de sa maison, il lui donna plus de deux cents coups d'étrivières avec les rênes de son cheval ; et aussi il y a un auteur secret et digne de foi qui raconte qu'ayant attrapé le

171

chevalier du Phébus en une certaine trappe qui s'enfonça dessous ses pieds en un certain château, au tomber il se trouva en une profonde fosse sous la terre, lié par les pieds et par les mains, là où on lui bailla une de ces médecines qu'on appelle d'eau de neige et de sable, de laquelle il arriva tout près du dernier moment ; et, s'il n'eût été secouru en cette affliction par un magicien, son grand ami, le pauvre chevalier eût été fort mal accommodé. Or donc je peux bien passer entre un si bon nombre de gens de bien, puisque les affronts qu'ils ont reçus sont plus grands que non pas ceux qu'à présent nous recevons, je veux que tu saches, Sancho, que les coups et blessures que l'on reçoit avec des instruments et outils qui d'aventure se trouvent sous la main ne causent point d'affront ; et cela même est écrit en la loi du duel, et en paroles expresses : que, si un cordonnier frappe quelqu'un avec une forme qu'il tient en sa main, encore que véritablement elle soit de bois, on ne dira pas pourtant que celui qui en a été frappé ait reçu des bastonnades. Je dis ceci afin que tu ne penses pas qu'encore que nous ayons été bien frottés en cette mêlée, nous n'avons point pourtant reçu d'affront, parce que les armes que ces hommes-là portaient, dont ils nous ont assommés, n'étaient autre chose que leurs pieux, et pas un d'eux (à ce qu'il m'en souvient) n'avait aucun estoc, épée ni poignard. — Ils ne me donnèrent pas le loisir d'y prendre garde de si près, répondit Sancho, d'autant qu'à peine eus-je mis la main à ma durandal qu'ils me baptisèrent les épaules avec leurs pieux, de manière qu'ils m'éblouirent la vue et m'ôtèrent la force des pieds en me renversant où me voici couché, et là où je ne me donne pas tant de peine de penser si ce fut un affront ou non, comme m'en fait la douleur des coups, qui demeureront aussi longtemps empreints en ma mémoire qu'en mes épaules. — Va, je te fais savoir, frère Pança, répliqua don Quichotte, qu'il n'y a mémoire à quoi le temps ne mette fin, ni douleur que la mort ne fasse parler. — Eh ! quel plus grand malheur y peut-il avoir, répliqua Pança, que celui qui attend que le temps le consomme et que la mort y mette fin ? Si notre disgrâce était de celles qui se guérissent avec une couple d'emplâtres, il n'y aurait pas tant de mal ; mais je vois que tous les emplâtres d'un hôpital ne seraient pas suffisants pour seulement nous remettre tant soit peu en bon état.

— Laisse cela, Sancho, prends courage et fais de nécessité vertu, repartit don Quichotte, car j'en ferai ainsi, et voyons comment se porte Rossinante ; à ce qu'il m'en semble, le pauvre n'a pas eu la moins bonne part de cette disgrâce. — Il ne s'en faut pas ébahir, répliqua Sancho, vu qu'il est aussi chevalier errant ; mais de quoi je m'étonne, c'est que mon âne ait été exempt et franc des coups là où nous autres en sommes sortis sans côtes. — La fortune laisse toujours une porte ouverte aux malheurs afin d'y apporter remède, dit don Quichotte. Je le dis parce que cette petite bête pourra suppléer à cette heure au défaut de Rossinante en me portant d'ici à quelque château où je puisse être pansé de mes plaies. Au reste je n'estimerai pas à déshonneur une telle monture, parce qu'il me souvient d'avoir lu que ce bon vieillard Silène, gouverneur et pédagogue du joyeux dieu des Ris, lorsqu'il fit son entrée en la cité aux cent portes, était monté fort à son aise sur un très bel âne. — Sans doute devait-il être monté comme vous dites, répondit Sancho ; mais il y a grande différence entre être assis à cheval et être couché en travers de la monture comme un sac à ordures. » A quoi repartit don Quichotte : « Les blessures que l'on reçoit aux batailles donnent plutôt de l'honneur que d'en ôter ; ainsi donc, Pança, mon ami, ne me réplique pas davantage ; mais, comme je t'ai dit, lève-toi du mieux que tu pourras, et mets-moi de la sorte qui te sera plus à gré dessus ton âne, et nous en allons d'ici devant que la nuit vienne et nous surprenne en ce désert. — Pourtant je vous ai ouï dire, dit Pança, qu'il est fort ordinaire aux chevaliers errants de dormir aux campagnes et déserts la plupart de l'année, et qu'ils le réputent à très grand bonheur. — Cela arrive, dit don Quichotte, quand ils ne peuvent faire autre chose ou quand ils sont amoureux, et cela est si véritable qu'il y a eu tel chevalier errant qui s'est tenu sur une roche au soleil et à l'ombre et aux inclémences du ciel deux ans durant sans que sa maîtresse en sût rien, et l'un de ceux-là fut Amadis, lorsque, se faisant appeler le Beau Ténébreux, il se logea en la Roche-Pauvre, je ne sais si ce fut l'espace de huit ans ou de huit mois, je ne suis plus très sûr du compte ; c'est assez qu'il fût là à faire pénitence pour je ne sais quel déplaisir que lui avait fait sa dame Oriane. Mais laissons cela, Sancho, et te dépêche devant qu'il arrive quelque autre mésaventure à l'âne comme il a fait à Rossinante.

— Ce serait bien le diable », dit Sancho, et en jetant trente *aïe ! aïe !* et soixante soupirs et six-vingts « Maugré de nous », et autant de « Je renie qui m'a ici amené », il se leva, demeurant tout courbé, à la moitié du chemin, comme un arc turquois, sans pouvoir venir à bout de se redresser ; et avec toute cette peine il harnacha son âne, lequel aussi avait quelque peu profité de la trop grande liberté de ce jour-là. Il leva ensuite Rossinante, lequel, s'il eût eu langue pour se pouvoir plaindre, assurément ni Sancho ni son maître ne lui en eussent rien dû. Enfin, Sancho accommoda don Quichotte sur l'âne et attacha Rossinante à la queue d'icelui, et, prenant l'âne par le licou, s'achemina à peu près vers le lieu où il lui sembla que pouvait être le grand chemin. Et la fortune, qui conduisait ces choses de bien en mieux, le lui fit trouver avant une petite lieue. Y étant parvenu, il découvrit une hôtellerie, qui, en dépit qu'il en eût et au gré de don Quichotte, devait être un château. Sancho s'opiniâtrait que c'était une hôtellerie, et son maître que non, mais un château ; et dura leur débat si longtemps qu'avant de l'achever ils eurent loisir d'y arriver, et Sancho entra dedans avec toute sa caravane sans s'informer davantage.

CHAPITRE XVI

DE CE QUI ADVINT À L'INGÉNIEUX
CHEVALIER EN CETTE HÔTELLERIE
QU'IL S'IMAGINAIT ÊTRE UN CHÂTEAU

L'hôtelier, qui vit ainsi don Quichotte en travers sur l'âne, demanda à Sancho Pança quel mal il avait. Sancho lui répondit que ce n'était rien, sinon qu'il était tombé d'un rocher en bas et qu'il avait les côtes quelque peu meurtries. Cet hôtelier avait pour femme une qui n'était pas de même naturel que sont ordinairement celles de cette qualité : elle était naturellement charitable et avait pitié des calamités de son prochain, et par ainsi elle accourut tout aussitôt pour panser don Quichotte, et fit venir une fille qu'elle avait, jeunette et d'assez bonne façon, pour lui aider à médicamenter son hôte.

Il y avait en la même taverne une jeune servante asturienne, large de visage, plate de l'occiput, camuse, borgnesse d'un œil et qui n'avait l'autre guère sain ; la vérité est que la gaillardise de son corps suppléait les autres défauts, elle n'avait pas sept empans depuis les pieds jusqu'à la tête, et les épaules qui la chargeaient un tant soit peu lui faisaient regarder en terre plus qu'elle n'eût voulu. Cette gente personne donc aida à la fille, et les deux ensemble firent un fort mauvais lit à don Quichotte en une soupente qui montrait de clairs indices d'avoir autrefois servi de grenier à la paille pendant plusieurs années, et en icelle aussi logeait un muletier, qui avait son lit un peu plus avant que celui de notre don Quichotte. Et, encore qu'il fût fait des bâts et couvertures de ses mulets, il surpassait de beaucoup en bonté celui de notre don Quichotte, qui n'était que de quatre ais mal rabotés sur deux bancs assez inégaux ; et un matelas qui en son épaisseur ressemblait à une courtepointe remplie de boules ; que, si l'on n'eût vu par quelques trous que c'était de la laine, on eût dit au tâter qu'elles ressemblaient à des cailloux ; les deux draps étaient faits de cuir de bouclier, le tout complété d'une couverture blanche, de laquelle, si l'on eût voulu compter les fils, on n'en eût pas omis un seul du compte. Tel fut le maudit lit où se coucha don Quichotte, et promptement l'hôtesse et sa fille lui appliquèrent des emplâtres depuis le haut jusques en bas, cependant que Maritorne les éclairait (car ainsi s'appelait l'Asturienne).

Et comme, en mettant les emplâtres, l'hôtesse vit que don Quichotte était si fort meurtri en tant d'endroits, elle dit que cela ressemblait plutôt à des coups qu'à une chute. « Ce n'ont pas été des coups, dit Sancho, mais c'est que le rocher avait beaucoup de pointes et de heurts, et chacun a fait sa meurtrissure. » Et lui dit aussi : « Madame, faites en sorte qu'il y ait quelques étoupes de demeurant, car il ne manquera point qui en ait besoin, les reins me font aussi un peu mal. — De la sorte, répondit l'hôtesse, vous êtes aussi tombé ? — Je ne suis pas tombé, dit Sancho Pança, mais du sursaut que j'ai eu de voir tomber mon maître, tout le corps me fait tant mal qu'il me semble que l'on m'a donné mille coups de bâton. — Il pourrait bien être ainsi, dit la fille, car à moi il m'est arrivé plusieurs fois de rêver que je tombais du haut d'une tour en bas et que jamais je ne venais jusqu'à terre, et puis, quand je me réveillais, je me trouvais aussi moulue et brisée que si je fusse véritablement tombée. — Voilà le point, madame, répondit Sancho Pança, car moi, sans nullement rêver, mais étant plus éveillé que je ne suis à cette heure, je me trouve avec presque autant de meurtrissures que mon seigneur don Quichotte. — Comment s'appelle ce chevalier ? demanda l'Asturienne Maritorne. — Il s'appelle don Quichotte de la Manche, répondit Sancho Pança, et c'est un chevalier d'aventures, et des meilleurs et des plus vaillants qui de longtemps en çà se soient vus au monde. — Qu'est-ce qu'un chevalier d'aventures ? répliqua la jeune servante — Êtes-vous si nouvelle au monde que vous ne le sachiez pas ? répondit Sancho Pança. Or, sachez, ma chère, qu'un chevalier errant est une chose qui, en deux paroles, se voit bâtonné et empereur. Aujourd'hui, il est la plus malheureuse créature du monde et la plus nécessiteuse, et demain il aura deux ou trois couronnes à donner à son écuyer. — Comment se fait-il, l'étant de ce tant bon seigneur, dit l'hôtesse, que vous n'ayez au moins quelque comté ? — Il est encore de bonne heure, répondit Sancho, parce qu'il n'y a qu'un mois que nous allons cherchant les aventures, et jusques à présent nous n'en avons pas rencontré une qui le soit : car quelquefois il arrive que l'on cherche une chose et qu'on en trouve une autre. Il est bien vrai que, si monseigneur don Quichotte se guérit de cette blessure ou chute, et que moi je n'en demeure pas contrefait, je ne troquerais pas mes espérances avec le meilleur titre d'Espagne. » Don Quichotte écoutait fort attentivement tous ces discours et, se mettant en son séant au lit le mieux qu'il put, il prit l'hôtesse par la main et lui dit : « Croyez-moi, belle et haute dame, vous vous pouvez bien tenir pour heureuse d'avoir hébergé en cestui votre château ma personne, qui est telle que, si je ne la loue, c'est parce que l'on a accoutumé de dire que la louange de soi-même rabaisse qui la fait ; mais mon écuyer vous dira qui je suis ; j'ajoute seulement que je conserverai éternellement gravé en ma mémoire le service que vous m'avez rendu, afin de vous en remercier tant que la vie me durera. Et plût aux cieux que l'amour ne me tînt point tant esclave ni tant sujet à ses lois et aux yeux de cette belle ingrate que je dis entre mes dents, car ceux de cette belle damoiselle seraient seigneurs de ma liberté. » La tavernière, sa fille et la bonne Maritorne étaient toutes confuses d'ouïr les raisons de ce chevalier errant, car elles les entendaient tout de même que s'il eût parlé grec, encore qu'elles comprissent bien que toutes tendaient à faire des offres et à parler d'amour ; et, n'étant point accoutumées à tel langage, elles le regardaient et s'émerveillaient, et il leur semblait que ce fût un autre homme que ceux qu'on voyait d'ordinaire ; et ainsi, après l'avoir remercié de ses offres avec des discours et paroles d'aubergiste, le laissèrent là. Et l'Asturienne Maritorne pansa Sancho, lequel n'en avait pas moins besoin que son maître.

Or, le muletier avait comploté avec elle que cette nuit-là ils se récréeraient un peu ensemble, et elle lui avait donné parole qu'après que les hôtes se seraient endormis, ainsi que leurs maîtres, elle l'irait trouver et le contenterait en tout ce qu'il lui plairait commander. Et l'on raconte de cette bonne fille que jamais elle ne donna parole à personne qu'elle ne l'accomplît, encore qu'elle l'eût donnée en une montagne et sans aucun témoin, car elle se targuait fort d'être de noble race et ne tenait point à honte de servir dans la taverne, c'étaient, disait-elle, les malheurs qui l'avaient réduite à cet état.

Le dur, étroit, vil et perfide lit de don Quichotte était le premier au milieu de cette étable étoilée et tout auprès d'icelui Sancho fit le sien, qui n'était que d'une natte de joncs et d'une couverture, laquelle montrait plutôt être de canevas tondu que de laine. Après ces deux lits venait celui du muletier, fabriqué, comme on l'a dit, des bâts et de tout l'équipage de ses deux meilleurs mulets ; et il en avait douze, reluisants, polis, gras et fameux, car c'était l'un des plus riches muletiers d'Arevalo, selon que le raconte l'auteur de cette histoire qui fait particulière mention de ce muletier, d'autant qu'il le connaissait fort bien, et même l'on tient qu'il lui était quelque peu parent [1]. Cid Hamet Ben Engeli fut en effet historien fort soigneux et fort exact en toutes choses, cela se reconnaît bien en ce que celles qui sont rapportées, pour être si petites et si communes, il ne les a pourtant voulu passer sous silence, d'où pourront prendre exemple les graves historiens qui nous rapportent les actions si brièmement et si succinctement qu'à peine les sentons-nous du bout des lèvres, laissant à l'encrier, par mégarde, malice ou ignorance, ce qui est de plus substantiel en une œuvre. Béni soit mille fois l'auteur de *Tablant*, de *Richemont*, et celui de cet autre livre auquel se racontent les hauts faits du *Comte Tomillas*[2]. Quelle minutie dans toutes leurs descriptions !

Je dis donc qu'après que le muletier eut visité ses bêtes et qu'il leur eut donné leur second fourrage, il s'alla coucher sur ses bâts et se mit à attendre sa très ponctuelle Maritorne. Sancho, bandé et médicamenté, s'était aussi couché, mais, encore qu'il tâchât de dormir, la douleur de ses côtes ne le permettait pas ; et don Quichotte, avec la douleur des siennes, avait les yeux ouverts comme un lièvre. Toute la taverne était en silence et en toute icelle il n'y avait autre lumière que celle que donnait une lampe, laquelle brûlait pendue au milieu du portail. Ce merveilleux repos et les pensées que notre chevalier tirait continuellement des aventures qui à chaque pas sont racontées aux livres, causes de sa disgrâce, lui amenèrent à l'imagination une des plus étranges folies qui se puissent bonnement imaginer, et ce fut qu'il se représenta être arrivé à un fameux château (car, comme nous avons dit, toutes les tavernes où il logeait étaient châteaux à ses yeux) et que la fille de l'hôte était la fille d'icelui, laquelle, vaincue de sa gentillesse et bonne grâce, était devenue amoureuse de lui et lui avait promis que cette nuit-là elle viendrait coucher avec lui un bon moment à l'insu de ses père et mère. Et, tenant toute cette chimère qu'il s'était forgée pour ferme et assurée, il commença à s'affliger et à penser au dangereux hasard auquel son honnêteté se devait trouver, proposant en son cœur de ne commettre trahison à l'endroit de sa dame Dulcinée du Toboso, encore que la reine Genièvre elle-même avec sa dame Quintagnone se présentassent devant lui.

Tandis qu'il songeait à ces sottises, le temps arriva et l'heure (pour lui malheureuse) de l'Asturienne, laquelle, tout en chemise et déchaussée, ses cheveux ramassés en une coiffe de futaine, à pas de larron et à tâtons, entra en quête du muletier dans la chambre où tous les trois étaient logés. Mais à peine fut-elle à la porte, que don Quichotte la sentit venir, et, se mettant sur son séant dans son lit, en dépit de ses emplâtres et de la douleur de ses côtes, il étendit les bras pour recevoir sa belle damoiselle. L'Asturienne qui, toute ramassée et sans dire mot, allait tendant les mains devant elle pour chercher son bien-aimé muletier, rencontra en passant les bras de don Quichotte, lequel la saisit étroitement par le poignet, et, la tirant à soi (sans qu'elle osât dire une seule parole), la fit asseoir sur son lit. Il lui tâta sa chemise, et, encore qu'elle fût d'une serpillière, elle lui parut d'un très fin et délié cendal. Elle portait pour bracelets de gros boutons de verre, mais qui lui donnèrent des lueurs de précieuses perles orientales. Ses cheveux, qui tiraient un peu sur le crin, il les tint pour des tresses de très luisant or d'Arabie, dont la splendeur rendait obscure celle du soleil même ; et de son haleine, qui sans nul doute sentait la vieille salade qui a passé la nuit, il lui sembla que c'était une odeur suave et aromatique ; finalement il se la dépeignit en son imagination de la même façon qu'il avait lu en ses livres de l'autre princesse qui vint voir le chevalier blessé, toute perdue d'amour et avec les mêmes accoutrements qui sont ici mentionnés. Et ce pauvre gentilhomme était tellement aveuglé que l'attouchement, l'haleine ni les autres choses qu'avait en soi la bonne fille ne lui découvraient point la vérité, lesquelles eussent pu faire vomir tout autre qu'un muletier ; bien au contraire, il lui semblait tenir entre ses bras la déesse de la beauté ; et, la tenant ainsi bien serrée, il commença d'une voix amoureuse et basse à lui dire : « Je voudrais me trouver en état, belle et haute dame, de pouvoir payer une si grande faveur comme est celle que vous m'avez faite de la vue de votre grande beauté ; mais la fortune, qui ne se lasse point de persécuter les gens de bien, a voulu me mettre en ce lit, où je gis, si moulu et si froissé qu'encore que de ma volonté je voulusse satisfaire à la vôtre, il me serait du tout impossible. Outre qu'à cette impuissance il s'en ajoute une autre plus grande, qui est la foi que j'ai promise et donnée à la sans pareille Dulcinée du Toboso, unique dame et maîtresse de mes plus secrètes pensées ; que, si ce n'était cet obstacle, je ne serais pas si fol chevalier que de laisser passer en blanc cette heureuse occasion que votre grande bonté me présente. »

Maritorne était fort en peine et tressuait d'angoisse de se voir ainsi prise par don Quichotte, et, sans entendre ni écouter les discours qu'il lui faisait, tâchait de se dégager sans dire mot. Le bon muletier, que ses mauvais désirs gardaient de dormir, dès que sa gouge entra par la porte, l'entendit et se tint à écouter attentivement tout ce que don Quichotte disait, et, jaloux que l'Asturienne lui eût manqué de parole pour un autre, il s'approcha un peu plus près du lit de don Quichotte, et se tint coi jusques à voir où tendaient ces propos qu'il ne pouvait entendre. Mais, comme il vit que la fille faisait tout son effort pour se faire lâcher et que don Quichotte travaillait à la retenir, ne trouvant pas la farce agréable, il leva le bras bien haut et déchargea un si horrible coup de poing sur les étroites mâchoires de l'amoureux chevalier qu'il lui mit toute la bouche en sang, et, de ce non content, il lui monta sur les côtes, et avec les pieds, plus vite qu'au trot, les courut toutes de bout en bout. Le lit, qui était un peu faible et n'avait pas de très solides fondements, ne pouvant souffrir le surcroît du muletier, s'écroula par terre, et, au bruit de la chute, le tavernier s'éveilla, qui s'imagina tout aussitôt que ce devaient être des traits de Maritorne, parce que, l'ayant appelée à haute voix, elle ne répondait point. Sur ce soupçon il se leva, et, ayant allumé une lampe, il s'en fut aux lieux où il avait entendu la mêlée. La servante, oyant que son maître venait, et sachant qu'il était d'une humeur terrible, toute peureuse et troublée, se réfugia au lit de Sancho Pança, lequel dormait encore, et là elle se coucha toute en un petit peloton. Le tavernier entra, disant : « Où es-tu, putain ? Assurément ce sont ici de tes tours. » Là-dessus, Sancho s'éveilla, et, sentant ce paquet quasi sur soi, pensa que ce fût le cauchemar et commença à donner des coups de poing deçà et delà et entre autres en déchargea je ne sais combien sur Maritorne, laquelle, sentant la douleur et jetant bas toute honnêteté, rendit le change à Sancho avec tant d'avantage qu'en dépit de lui il s'éveilla, et, se voyant traité de cette façon, et sans savoir par qui, se levant du mieux qu'il pût, embrassa Maritorne, et commencèrent entre eux la plus belle mêlée et la plus plaisante escarmouche du monde. Le muletier, voyant à la clarté de la lampe du tavernier en quel état était sa dame, laissant là don Qui-chotte, courut à elle pour lui donner le secours nécessaire ; le tavernier fit de même, mais avec une intention différente, parce qu'il alla pour châtier la servante, croyant sans doute qu'elle seule était la cause de toute cette harmonie ; et par ainsi fut, comme l'on a accoutumé de dire, le chat à la souris, la souris à la corde et la corde au bâton : le muletier déchargeait sur Sancho, Sancho donnait sur la fille, la fille sur lui, le tavernier daubait sur la servante, et tous y allaient de si bon cœur qu'ils ne se donnaient aucune relâche ; et le bon fut que la lampe du tavernier s'éteignit, et, comme ils demeurè-rent à tâtons, ils frappaient ainsi en gros tant sans pitié qu'en quelque part qu'ils mettaient la main il y paraissait.

Le hasard voulut que logeât cette nuit-là en la taverne un archer, de ceux qu'on appelle de la Sainte-Hermandad vieille[3] de Tolède, lequel, oyant aussi l'étrange bruit de la mêlée, prit sa demi-verge et la boîte de fer-blanc où étaient ses titres et entra à tâtons en la chambre, disant : « Halte de par la justice, halte de par la Sainte-Hermandad ! » Et le premier qu'il rencontra fut ce pauvre gourmé de don Quichotte, qui gisait sur son lit effondré, le ventre en haut et sans aucun sentiment ; et, lui mettant sans y voir la main à la

barbe, l'archer ne cessait de crier : « Main-forte à la justice ! » Mais, sentant que celui qu'il tenait ainsi ne grouillait
ni ne remuait point, il se mit à penser qu'il était mort, et que
ceux qui étaient là-dedans étaient ses meurtriers. En ce
soupçon, il renforça la voix, disant : « Que l'on ferme la
porte de la taverne ! Que personne ne sorte ! On a ici tué un
homme. » Ces cris effrayèrent tout le monde, et chacun cessa
la noise au point où la voix le surprit. Le tavernier se retira en
sa chambre, le muletier à ses bâts, la servante à son taudis ;
les seuls malheureux don Quichotte et Sancho ne se purent
bouger de là où ils étaient. Sur cela, l'archer quitta prise et
lâcha la barbe de don Quichotte et alla chercher de la lumière
pour arrêter et prendre les délinquants ; mais il n'en trouva
point, parce que le tavernier avait tout exprès éteint la lampe,
lorsqu'il se retira en sa chambre, tellement qu'il fut contraint
d'avoir recours à la cheminée, où, avec beaucoup de travail et
un long temps, il alluma une autre lampe.

CHAPITRE XVII

OÙ SE POURSUIVENT LES INNOMBRABLES
TRAVAUX QUE LE BRAVE DON QUICHOTTE
AVEC SON ÉCUYER SANCHO PANÇA
SOUFFRIT EN L'HÔTELLERIE
QU'À SON MALHEUR IL AVAIT PRISE
POUR UN CHÂTEAU

Don Quichotte était cependant revenu de sa défaillance, et, du même ton de voix qu'il avait le jour précédent appelé son écuyer, lorsqu'il était gisant en la vallée des pieux, commença à l'appeler, disant : « Sancho, mon ami, dors-tu ? Dors-tu, ami Sancho ? — Comment puis-je dormir, maugrebleu de ma peau ? répondit Sancho, tout plein de fâcherie et de dépit ; il m'est avis que tous les diables m'ont tourmenté cette nuit. — Tu le peux bien croire sans doute, répondit don Quichotte, car, ou je n'y connais rien, ou bien ce château est enchanté ; et il faut que tu saches... Mais ce que je te veux dire à cette heure, jure-moi que tu le tiendras secret jusques après ma mort. — Je le jure, répondit Sancho. — Je le dis, répliqua don Quichotte, pour ce que je n'aime pas que l'on ôte l'honneur à personne. — Oui, je dis que je jure, dit derechef Sancho, que je le tiendrai secret jusques après vos jours, et Dieu veuille que je le puisse découvrir dès demain ! — Comment, Sancho, te fais-je tant de mal, répondit don Quichotte, que tu veuilles me voir mort à si bref délai ? — Ce n'est pas pour cela, répondit Sancho, mais c'est parce que je suis ennemi de garder beaucoup les choses, et ne voudrais pas qu'elles se pourrissent pour être trop gardées. — Soit pour ce que ce soit, dit don Quichotte, je me fie bien davantage en ton amitié et en ta courtoisie ; et partant il faut que tu saches que cette nuit, il m'est arrivé une des plus étranges aventures que l'on saurait dire, et, pour te la raconter en peu de mots, tu sauras qu'il y a peu d'instants est

184

venue à moi la fille du seigneur de ce château, qui est la plus gracieuse et la plus belle damoiselle qui se puisse trouver en grande partie de la terre. Que te pourrais-je dire de l'attrait de sa personne ? Et quoi des grâces de son esprit ? Quoi encore des autres choses cachées, lesquelles, pour garder la foi que je dois à ma dame Dulcinée du Toboso, je laisserai passer intactes et sous silence ? Seulement je te veux dire que le ciel, envieux d'un aussi grand bien que celui que la fortune m'avait mis entre les mains, ou bien, peut-être (et ceci est le plus certain) parce que, comme j'ai dit, ce château est enchanté, tandis que j'étais avec elle en de très doux et très amoureux colloques, sans que je la visse ni susse par où elle était entrée, il est venu une main attachée au bras de quelque démesuré géant, qui m'a déchargé un coup de poing sur les mâchoires, si pesant que je les ai toutes baignées de sang, et puis il m'a moulu de telle sorte que je suis pire que je n'étais hier, quand les muletiers, pour les inconséquences de Rossinante, nous firent l'affront que tu sais ; par où je conjecture que le trésor de la beauté de cette damoiselle doit être gardé par quelque Maure enchanté, et ne doit pas être pour moi. — Ni pour moi non plus, répondit Sancho, car plus de quatre cents Maures m'ont tellement rossé que le froissis des pieux n'a été que des gâteaux au prix. Mais dites-moi, monsieur, comment pouvez-vous appeler cette aventure bonne et rare, ayant été traités de la sorte que nous sommes ? Encore pour votre regard il n'y a pas tant de mal, puisque vous avez eu entre vos mains cette incomparable beauté que vous venez de dire ; mais moi, qu'ai-je eu, sinon les plus grandes gourmades que je pense recevoir de ma vie ? Malheureux que je suis, et malheureuse la mère qui m'a enfanté, qui ne suis ni chevalier errant, ni le pense jamais être, et néanmoins de tous les malheurs m'en vient toujours la meilleure part. — Tu as donc aussi été gourmé ? répondit don Quichotte. — Ne vous ai-je pas dit que oui ? Maudite soit ma race ! dit Sancho. — Ne te chagrine pas, mon ami, repartit don Quichotte : car je m'en vais tout à cette heure faire le baume précieux avec lequel nous nous guérirons en un clin d'œil. »

Sur ces entrefaites, l'archer vint à bout d'allumer sa lampe et entra en la chambre pour voir celui qu'il pensait qui fût mort. Comme Sancho le vit entrer tout en chemise, un mouchoir entortillé tout autour de sa tête, la lampe en sa main, et avec une fort mauvaise mine, il demanda à son maître : « Monsieur, est-ce point ici d'aventure le Maure enchanté qui revient encore une fois pour nous châtier s'il n'est rien demeuré en son encrier ? — Ce ne peut être le Maure, répondit don Quichotte, car les enchantés ne se laissent voir à personne. — S'ils ne se laissent voir, dit Sancho, ils se font sentir ; mes épaules en savent quelque chose. — Et les miennes aussi, répliqua don Quichotte ; mais cela n'est pas un indice suffisant pour croire que ce personnage-ci soit le Maure enchanté. » L'archer arriva sur cela, et, comme il les trouva devisant ainsi paisiblement, il demeura tout étonné. Bien vrai est que don Quichotte était encore couché, le ventre en l'air, sans se pouvoir bouger, tant il était moulu et couvert d'emplâtres. L'archer s'approcha et lui dit : « Eh bien ! comment vous va, bonhomme ? — Je parlerais plus poliment que cela, dit don Quichotte, si j'étais que de vous : parle-t-on de la sorte en ce pays-ci, aux chevaliers errants, imbécile que vous êtes ? » L'archer, se voyant si maltraité d'un homme de si mauvaise façon, ne le put endurer, et, haussant la lampe avec toute son huile, en donna par la tête à don Quichotte, de telle sorte qu'il la fracassa, et, comme tout demeura ainsi sans y voir goutte, il sortit incontinent. Sancho Pança dit alors : « Sans doute, monsieur, c'est là le Maure enchanté, et il doit garder le trésor pour d'autres, car pour nous il ne garde que les coups de poing et les coups de lampe. — Il en est ainsi, répondit don Quichotte, et il ne faut point faire cas de ces enchantements ; aussi n'y a-t-il pas de quoi se mettre en colère et se fâcher contre eux : car, comme ce sont choses invisibles et fantastiques, nous ne trouverons pas de qui nous venger, encore que nous y tâchions de tout notre pouvoir. Lève-toi, Sancho, si tu peux, et appelle le gouverneur de cette forteresse, et tâche que l'on me donne un peu d'huile, un peu de vin, de sel et de romarin, pour faire ce baume salutaire : en vérité, je crois que j'en ai bien besoin à cette heure, car il me sort beaucoup de sang de la plaie que ce fantôme m'a faite. »

Sancho se leva non sans douleur de ses os, et s'en alla à l'aveuglette là où était l'hôte, et, se heurtant à l'archer, lequel était à écouter ce qui arriverait de son ennemi, il lui dit : « Monsieur, qui que vous soyez, faites-nous cette grâce et ce bien de nous donner un peu de romarin, d'huile, de sel et de vin, dont il est besoin pour panser l'un des meilleurs chevaliers errants qui soient sur la terre, lequel gît en ce lit mis à mal par les mains du Maure enchanté qui est en cette hôtellerie. » Quand l'archer lui entendit dire cela, il le tint pour un homme totalement privé d'entendement, et, comme le jour commençait déjà à venir, il ouvrit la porte de l'hôtellerie, et, appelant l'hôte, lui dit ce que ce bonhomme désirait.

L'hôte lui fournit ce qu'il demandait, et Sancho le porta à don Quichotte, qui était là tenant ses mains à sa tête, et se plaignant de la douleur du coup de lampe, qui ne lui avait pourtant point fait d'autre mal que de lui lever deux bosses un peu enflées ; et ce qu'il pensait qui fût du sang n'était autre chose que la sueur qu'il rendait de l'angoisse de la tourmente passée. En conséquence, il prit ces simples, desquels il fit un composé, en les mêlant tous et les faisant cuire bien longtemps, jusqu'à ce qu'il lui semblât que le tout fût bien à point. Il demanda ensuite quelque fiole pour le mettre ; mais, comme il ne s'en trouva point en la taverne, il se résolut de le mettre en une burette à huile faite de fer-blanc, de laquelle l'hôte lui fit gracieuse donation. Et tout aussitôt il commença à dire sur la burette plus de quatre-vingts *Pater noster,* et autant d'*Ave Maria,* de *Salve Regina* et de *Credo,* et accompagnait chaque parole d'une croix en manière de bénédiction : à toute cette cérémonie se trouvèrent présents Sancho, le tavernier et l'archer, car le muletier était tout en paix occupé au bien de ses mulets.

Cela fait, il voulut incontinent lui-même faire l'expérience de la vertu de ce précieux baume comme il se l'imaginait ; et ainsi but de ce qui ne put entrer en la burette, et qui était demeuré au pot dans lequel il avait été cuit, environ demi-pot. A peine l'eut-il achevé de boire qu'il commença à vomir, de telle sorte qu'il ne lui resta rien en l'estomac, et, avec l'angoisse et le tourment de ce vomissement, il lui prit une très abondante sueur, et pour lors il commanda qu'on l'enveloppât très bien et qu'on le laissât tout seul, ce qu'ils firent, et il dormit plus de trois heures, au bout desquelles il s'éveilla et se sentit tout soulagé de son corps et tellement amendé de sa foulure qu'il se tint pour sain et guéri. Il crut véritablement qu'il avait retrouvé le baume de Fierabras, et que, avec ce remède, il pouvait désormais sans aucune appréhension entreprendre toutes aventures, batailles et querelles, quelque dangereuses qu'elles fussent. Sancho Pança, qui tint aussi pour un miracle l'amendement de son maître, le pria de lui donner ce qui était resté au pot, qui n'était pas en petite quantité. Don Quichotte le lui accorda, et lui, le prenant à deux mains, d'une bonne foi et d'une meilleure volonté, vous le mit sur sa conscience et en entonna un bien peu moins que son maître.

Or, est-il que l'estomac du pauvre Sancho ne devait pas être aussi délicat que celui de son maître, et par ainsi, devant qu'il pût vomir, il souffrit tant d'angoisses et tant de soulèvements d'estomac, tant de sueurs et tant de défaillances, qu'il pensa véritablement que son heure dernière était venue ; et, se voyant ainsi affligé et tourmenté, il maudissait le baume et le larron qui le lui avait donné. Don Quichotte, le voyant ainsi, lui dit : « Je crois, Sancho, que tout ce mal te vient de ce que tu n'as pas reçu l'ordre de chevalerie : car je tiens, pour moi, que cette liqueur ne doit servir à ceux qui ne sont pas chevaliers. — Si vous saviez cela, répliqua Sancho, maudit suis-je et toute ma race de l'avoir fait ! Pourquoi avez-vous permis que j'en tâtasse ? » Sur ces entrefaites, le breuvage fit son effet, et commença le pauvre écuyer à se vider par en haut et par en bas avec une telle impétuosité que la natte de joncs sur laquelle il s'en était retourné coucher et la couverture de tiretaine de quoi il se couvrait furent toutes gâtées. Il suait et tressuait avec de tels paroxysmes et accidents que non seulement lui mais tous les autres pensèrent qu'il s'en allait mourir. Cette bourrasque et mauvaise passe lui dura quasi deux heures, au bout desquelles il ne se trouva pas amendé comme son maître mais si moulu et rompu qu'il ne pouvait se tenir debout.

Don Quichotte, lequel, comme je vous ai dit, se sentait allégé et gaillard, voulut partir tout incontinent en quête d'aventures, lui étant avis que tout le temps qu'il tardait en ce lieu-là, c'était en ôter autant au monde et à ceux qui y avaient besoin de son aide et protection ; et surtout avec l'assurance et bonne confiance qu'il avait en son très précieux baume. Pressé par ce désir, lui-même sella Rossinante et mit le bât à l'âne de son écuyer, lequel il aida aussi à vêtir et à monter sur sa bête. Il monta tout incontinent à cheval, et s'approchant d'un des coins de la taverne, il prit une demi-pique qui était là, afin qu'elle lui servît de lance. Tous ceux qui étaient en la taverne, au nombre de plus de vingt personnes, s'amusaient à le regarder ; la fille du tavernier le contemplait aussi, et lui n'ôtait point les yeux de dessus elle, et de fois à autre il jetait un soupir, qu'il semblait arracher du fond de ses entrailles, et tous croyaient que ce fût de la douleur qu'il sentait en ses côtes, pour le moins le pensaient ceux qui l'avaient vu médicamenter et lui mettre les emplâtres le soir précédent.

Or, comme ils furent tous deux à cheval et lui étant à la porte de la taverne, il appela le tavernier, et, d'une voix posée et grave, lui dit : « Seigneur châtelain, les faveurs que j'ai reçues en votre château sont fort grandes et en grand nombre, et suis très obligé à vous en être reconnaissant tous les jours de ma vie. Que si je vous en peux payer en vous vengeant de quelque homme superbe qui vous ait offensé, sachez que mon office n'est autre, sinon d'aider à ceux qui ont peu de pouvoir et venger ceux à qui l'on fait tort, et châtier les traîtres. Repassez un peu par votre mémoire, et, si vous trouvez quelque chose de semblable à me recommander, il ne faut que le dire : car je vous promets, par l'ordre de chevalerie que j'ai reçu, de vous rendre satisfait et content, selon votre volonté. »

Le tavernier lui répondit avec autant de douceur : « Seigneur chevalier, il n'est point nécessaire que Votre Grâce me venge d'aucun tort qui m'ait été fait, parce que je sais bien prendre la vengeance telle que bon me semble, quand l'on me fait quelque déplaisir ; j'ai seulement besoin que Votre Grâce me paye la dépense qu'elle a faite cette nuit passée en la taverne, tant de la paille et de l'orge de ses deux bêtes que du souper et du gîte. — Est-ce donc ici une taverne ? répliqua don Quichotte. — Oui-da et fort honorable, repartit le tavernier. — Vraiment, j'ai bien été abusé jusqu'ici, répondit don Quichotte, car, en vérité, je pensais que ce fût un château, et non des pires ; mais, puisque ainsi est que ce n'est pas un château, mais une taverne, ce qui se pourra faire pour le présent est que vous excusiez le payement, d'autant que je ne peux contrevenir à l'ordre des chevaliers errants, desquels je tiens pour assuré (sans que jusqu'ici j'aie lu quelque chose au contraire) que jamais ils n'ont payé pour logis ni autre chose en taverne où ils aient été, parce qu'on leur est redevable, par toute loi et de droit, de tout bon accueil et traitement qu'on leur saurait faire, et ce pour récompense du travail insupportable qu'ils endurent à chercher les aventures de nuit et de jour, en hiver et en été, à pied et à cheval, endurant faim et soif, au chaud et au froid, sujets à toutes les inclémences du ciel et à toutes les incommodités de la terre. — Je n'ai rien à voir à tout cela, répondit le tavernier : que l'on me paye ce qui m'est dû, et laissons là ces contes et ces chevaleries, car je ne me soucie d'autre chose que d'avoir mon bien. — Vous êtes un sot et un mauvais hôtelier », répondit don Quichotte ; et, donnant des éperons à Rossinante et baissant sa courte et grosse lance, il sortit de la taverne sans que personne le retînt ; et, sans regarder si son écuyer le suivait, gagna le large.

Le tavernier, voyant qu'il s'en allait sans le payer, s'adressa à Sancho pour avoir de l'argent ; mais celui-ci déclara que, puisque son seigneur et maître n'avait pas voulu payer, aussi ne payerait-il point et que, comme il était écuyer de chevalier errant, la même règle et la même raison valaient pour lui que pour son maître de ne payer chose aucune dans les hôtelleries et tavernes. Le tavernier se fâcha tout rouge et le menaça que, s'il ne le payait, il s'en ferait bien redresser d'une façon qui lui cuirait. A quoi Sancho jura que, par la loi de chevalerie que son maître avait reçue, il ne payerait pas un seul liard, lui en dût-il coûter la vie : car il ne voulait point faire de tort ni contrevenir à la bonne et ancienne coutume des chevaliers errants, ni donner sujet aux écuyers de ces chevaliers-là qui devaient venir au monde, de se plaindre de lui en lui reprochant l'infraction d'une si juste et équitable loi.

Or, la mauvaise fortune du pauvre Sancho voulut qu'entre ces gens-là qui étaient en la taverne se trouvassent quatre drapiers de Ségovie, trois merciers des Haras de Cordoue et deux marchands de la foire de Séville[1], gens gaillards, bien délibérés, matois et plaisants, qui aimaient bien à rire, lesquels, comme incités et mus d'un même esprit, s'approchèrent de Sancho, et, le descendant de l'âne, l'un d'eux s'en alla quérir la couverture du lit de l'hôte, et, l'ayant mis sur icelle, ils levèrent les yeux et virent que le toit était un peu plus bas qu'il n'était besoin pour ce qu'ils prétendaient faire ; aussi décidèrent-ils de sortir dans la cour, qui avait le ciel pour limite. Et là, Sancho étant mis et étendu au beau milieu de la couverture, ils commencèrent à le lever en haut et à s'en donner du passe-temps, comme l'on fait des chiens à carême-prenant.

Les cris que le misérable berné faisait furent si grands qu'ils parvinrent jusqu'aux oreilles de son maître, lequel, s'arrêtant pour les écouter attentivement, crut que c'était quelque nouvelle aventure qui lui survenait, jusqu'à ce qu'il connût clairement que celui qui criait était son écuyer ; et tournant bride, il revint à la taverne avec un pénible galop, et, la trouvant fermée, il tourna tout à l'entour pour voir s'il trouverait par où y entrer. Mais il ne fut pas sitôt auprès des murailles de la cour qu'il vit le mauvais jeu que l'on faisait à son écuyer. Il le voyait monter et descendre par l'air de si bonne grâce et avec tant de prestesse que, si la colère l'eût quitté, je crois pour moi qu'il se fût mis à rire. Il tâcha de monter de dessus son cheval sur la muraille ; mais il était si fort moulu et brisé qu'il ne put pas seulement mettre pied à terre ; et ainsi, du haut de son cheval, il commença à crier tant d'injures et de vilenies à ceux qui bernaient Sancho qu'il n'est pas possible de les pouvoir écrire ; mais pour tout cela ils ne laissaient pas de rire et de continuer leur besogne, ni le pauvre voltigeur de Sancho ne cessait ses plaintes, y mêlant tantôt des menaces, tantôt des prières ; mais tout cela y servait de peu et n'y servit de rien jusqu'à tant que, de force qu'ils furent las, ils le laissèrent.

Après cela, ils lui amenèrent son âne, et, l'ayant remonté dessus, ils l'enveloppèrent de son caban. Et la pitoyable Maritorne, le voyant si fatigué, pensa que ce serait bien fait de le soulager d'une potée d'eau, et même elle lui en apporta du puits pour être plus fraîche. Sancho prit la cruche, et, la voulant porter à sa bouche, il s'arrêta aux cris que son maître jetait, disant : « Mon fils Sancho, ne bois point d'eau. Mon fils, n'en bois pas, car elle te fera mourir ! Vois : ici j'ai ce très saint baume (et lui montrait en même temps la burette où était le breuvage), que si tu en bois seulement deux gouttes, tu guériras sans nul doute. » A ces cris, Sancho tourna les yeux comme de travers, et répondit en criant plus fort : « Votre Grâce a-t-elle d'aventure oublié que je ne suis point chevalier, ou veut-elle que j'achève de vomir toutes les entrailles qui me sont restées d'hier au soir ? Gardez votre liqueur, de par tous les diables, et me laissez en paix. » Achever ces mots et commencer de boire fut tout un ; mais, comme il sentit au premier trait que c'était de l'eau, il ne voulut passer outre, mais pria Maritorne qu'elle lui apportât du vin, ce qu'elle fit de très bonne volonté et le paya de son propre argent : car l'on dit d'elle, en effet, qu'encore qu'elle fît ce trafic, elle avait quelques ombres et quelques traits de chrétienne.

Comme Sancho eut bu, il donna des talons à son âne, et, la porte de la taverne lui étant ouverte à deux battants, il en sortit fort content de n'avoir rien payé et d'être venu à bout de son intention, bien qu'aux dépens de ses cautions ordinaires, qui étaient ses épaules. Il est vrai que le bissac demeura à l'hôte pour payement de ce qui lui était dû ; mais Sancho ne s'aperçut pas de sa perte, tant il s'en allait troublé. Le tavernier, le voyant dehors, voulait mettre la barre à la porte ; mais les berneurs ne le permirent pas, car ils étaient gens, don Quichotte eût-il été véritablement des chevaliers errants de la Table ronde, à ne pas l'estimer deux liards.

CHAPITRE XVIII

OÙ L'ON RAPPORTE L'ENTRETIEN
QU'EUT SANCHO PANÇA
AVEC SON MAÎTRE DON QUICHOTTE,
PLUS D'AUTRES AVENTURES DIGNES
D'ÊTRE RAPPORTÉES

Sancho rejoignit son maître, tout épuisé et le cœur si failli qu'il ne pouvait exciter son âne. Quand don Quichotte le vit en tel état, il lui dit : « A cette heure, je crois absolument, mon bon Sancho, que ce château ou taverne est enchanté, car ceux qui ont si cruellement pris leur passe-temps à tes dépens, que pouvaient-ils être sinon fantômes et gens de l'autre monde ? Ce qui me confirme dans ce sentiment, c'est d'avoir vu que, tandis que j'assistais par-dessus les murailles de la cour aux actes de ta triste tragédie, il ne me fut pas possible de monter sur icelles, et moins encore de descendre de dessus mon Rossinante, parce qu'ils m'avaient sans doute enchanté : car je te jure par la foi que je dois à Dieu que, si j'eusse pu y monter, ou bien mettre pied à terre, je t'eusse vengé de telle sorte que ces félons et malandrins s'en fussent ressouvenus à tout jamais, encore qu'en cela j'eusse contrevenu aux lois de la chevalerie, lesquelles comme je t'ai déjà dit plusieurs fois ne permettent pas qu'un chevalier mette la main sur un qui ne l'est pas, si ce n'est à son corps défendant, et en cas de nécessité urgente. — Que je fusse ou ne fusse pas chevalier, je me fusse aussi vengé, si j'eusse pu, dit Sancho, mais il ne fut pas en ma puissance, encore que je tiens, que ceux qui se donnaient ainsi carrière avec moi n'étaient ni fantômes ni hommes enchantés, comme vous le dites, mais de chair et d'os comme nous ; et tous avaient leurs noms, ainsi que je les ouïs nommer, lorsqu'ils me faisaient voltiger en l'air : car l'un s'appelait Pedro Martinez, et l'autre Tenorio Hernandez ; et, pour le tavernier, j'ouïs qu'on l'appelait Jean Palomèque le Gaucher : aussi bien, monsieur, pour le regard de ce que vous ne pûtes sauter par-dessus la muraille de la cour, ni descendre de cheval, il tint à autre chose qu'à des enchantements. Et tout ce que je peux tirer à clair de tout ceci, c'est que ces aventures que nous cherchons en fin finale nous conduiront à tant de malheurs que nous ne saurons plus lequel est notre pied droit ; et ce qui serait le meilleur et le plus assuré selon mon petit entendement, ce serait de nous en retourner en notre village, à cette heure qu'il est temps de faire l'août et de vaquer à notre champ, sans nous en aller, ainsi rôdant deçà delà et, comme l'on dit, de Cordoue à La Mecque et du pot à la terrine.

— Eh ! pauvre Sancho, répondit don Quichotte, que tu n'es guère savant en matière de chevalerie ! Tais-toi et prends patience : un jour viendra auquel tu verras de tes yeux combien c'est chose honorable d'exercer cette profession. Ou bien dis-moi quel plus grand contentement peut-il y avoir au monde, quel plus grand plaisir que de gagner une bataille et de triompher de son ennemi ? Aucun, sans doute. — Il doit en être ainsi, répondit Sancho, bien que je n'en sache rien. Je sais seulement que, depuis que nous sommes chevaliers errants, ou bien que vous l'êtes (car pour moi il ne faut pas que je me compte en si honorable compagnie), jamais nous n'avons gagné aucune bataille, si ce n'a été celle du Biscaïen, et encore Votre Grâce en est sortie avec une demi-oreille et une demi-salade en moins ; depuis ce temps-là, ce n'a été que coups de bâton sur coups de bâton et coups de poing sur coups de poing ; et moi, j'ai encore eu cet avantage d'être berné, et par des personnes enchantées, desquelles je ne peux me venger, ce que je désirerais bien, afin de savoir jusqu'où s'étend le contentement que l'on reçoit de vaincre son ennemi, comme vous dites. — Voilà mon mal, Sancho, et c'est aussi ce qui te met en peine, repartit don Quichotte ; mais désormais je tâcherai d'avoir une épée faite de tel artifice que celui qui la portera ne pourra être offensé d'aucune sorte d'enchantements, et même il se pourrait que la fortune me fît tomber entre les mains celle qu'avait Amadis, lorsqu'il s'appelait le *Chevalier de l'ardente Épée*, qui fut une des meilleures que jamais chevalier du monde portât : car, outre qu'elle avait la vertu que je te dis, elle tranchait comme un rasoir, et n'y avait armure, pour forte et enchantée qu'elle fût, qui pût lui résister. — Je suis si chanceux, dit Sancho, que, quand même vous viendriez à posséder une pareille épée, elle servirait seulement à ceux qui ont reçu l'ordre de chevalerie, tout de même que le baume : et les écuyers, qu'ils s'en aillent paître ! — Ne crains point cela, Sancho, dit don Quichotte, le ciel te favorisera mieux que tu ne penses. »

Don Quichotte et son écuyer cheminaient devisant ainsi, quand le premier s'aperçut que par le chemin qu'ils suivaient venait droit à eux un grand et fort épais tourbillon de poussière ; à cette vue, il se retourna vers Sancho et lui dit : « C'est ici le jour, ô Sancho, auquel on verra le bien que ma fortune m'a réservé ; c'est ici le jour, dis-je, auquel se doit montrer autant que jamais la valeur de mon bras, et auquel je dois faire des œuvres telles qu'elles demeureront écrites pour tous les siècles futurs au livre de la renommée. Vois-tu cette poussière qui se lève là, Sancho ? Or, sache qu'elle est tout enflée d'une très grande armée de diverses et innombrables nations qui vient de ce côté-là, marchant droit à nous. — A ce compte-là, il y en doit avoir deux, dit Sancho, parce que de cet autre côté opposé se lève aussi une semblable poussière. » Don Quichotte se retourna et vit que c'était la vérité, et, se réjouissant extrêmement, il pensa sans aucun doute que c'étaient deux armées qui se venaient asssaillir et choquer au milieu de cette spacieuse plaine, parce qu'il avait à toute heure la fantaisie pleine de ces batailles, enchantements, aventures, rêveries, amours et défis qui se racontent ès livres de chevalerie, et tout ce qu'il disait, pensait ou faisait, tendait toujours à choses semblables.

Or, la poussière qu'il avait vue, c'étaient deux grands troupeaux de brebis et de moutons, qui venaient par ce chemin-là de deux différents côtés, qui la soulevaient ainsi, et même, à cause de cette poussière, ils ne se purent apercevoir jusqu'à ce qu'ils fussent fort près. Don Quichotte affirmait avec tant de force que c'étaient des armées que Sancho en vint à le croire et à lui dire : « Eh bien, monsieur, que faut-il que nous fassions nous autres ? — Quoi ? dit don Quichotte : favoriser ceux qui sont en nécessité et ont besoin de secours ; et faut que tu saches, Sancho, que cette armée qui marche droit à nous est conduite et menée par le grand empereur Alifanfaron, seigneur de la grande île de Taprobane ; et cette autre qui nous arrive dans le dos est celle de son ennemi le roi des Garamantes, Pentapolin au bras retroussé, parce qu'il entre toujours aux batailles ayant le bras droit tout nu. — Mais pourquoi ces deux seigneurs se veulent-ils tant de mal ? demanda Sancho. — Ils se veulent du mal, répondit don Quichotte, parce que cet Alifanfaron est un furibond païen devenu amoureux de la fille de Pentapolin, qui est une fort belle et fort gracieuse dame et qui est chrétienne ; et son père ne la veut bailler à ce roi païen, si premièrement il ne quitte la loi de son faux prophète Mahomet et ne se convertit à la sienne. — Par ma barbe, dit Sancho, Pentapolin fait fort bien, et je lui aiderai autant qu'il me sera possible. — En cela, tu ne feras que ton devoir, Sancho, dit don Quichotte : car, pour entrer en de semblables batailles, il n'est pas requis d'être fait chevalier. — J'entends bien, répondit Sancho ; mais où mettrons-nous cet âne pour être assurés de le retrouver après la frottée ? Car, d'y entrer avec une telle monture, je ne crois pas qu'il soit en usage jusqu'à cette heure. — C'est la vérité, dit don Quichotte ; mais ce que tu en pourras faire, c'est de le laisser aller à la bonne aventure, soit qu'il se perde ou non : car, après que nous serons victorieux, nous aurons tant de chevaux que Rossinante même court fortune d'être changé pour un autre. Mais écoute-moi et regarde, parce que je te veux rendre compte des plus considérables chevaliers qui sont en ces deux armées ; et, afin que tu les puisses mieux voir et distinguer, retirons-nous sur cette petite colline que voilà, d'où nous pourrons découvrir les deux armées. »

Ils le firent et gravirent un petit tertre duquel se pouvaient bien voir les deux troupeaux qui semblaient des armées à don Quichotte, si les nuées de poussière qu'ils émouvaient ne leur eussent troublé et offusqué la vue ; mais, ce nonobstant, voyant en son imagination ce qu'il ne voyait ni n'était là, il commença à dire à haute voix : « Ce chevalier que tu vois là, aux armes jaunes, lequel porte en son écu un lion couronné, prosterné aux pieds d'une damoiselle, c'est le valeureux Laurcalco, seigneur du Pont d'argent. L'autre, qui a pour armes des fleurs d'or et porte en son écu trois couronnes d'argent en champ d'azur, c'est le redouté Micocolembo, grand-duc de Quirocia ; l'autre, aux membres de géant et qui est à sa main droite, c'est le hardi Brandabarbaran de Boliche, seigneur des trois Arabies, lequel est vêtu de cuir de serpent et a pour son écu une porte qui est, à ce que l'on dit, l'une de celles du temple que Samson abattit, lorsqu'en mourant il se vengea de ses ennemis. Mais tourne les yeux de cet autre côté, et tu verras en tête de cette autre armée toujours le vainqueur et jamais vaincu, Timonel de Carcajone, prince de la Nouvelle-Biscaye, qui est armé d'armes parties par quartiers d'azur, de vert, de blanc et de jaune paille, et porte en son écu un chat d'or en champ de gueules, avec un blason qui dit *Miaou*, qui est le commencement du nom de sa maîtresse, laquelle, comme l'on dit, est la nonpareille Miaouline, fille du duc Alfegniquen de l'Algarbe. L'autre, qui charge et presse l'échine de cette puissante cavale, et porte les armes blanches comme neige, l'écu tout blanc et sans aucune devise, c'est un chevalier novice, Français de nation, appelé Pierre Papin[1], seigneur des baronnies d'Utrique. Cet autre qui, de ses talons ferrés, presse les flancs mouchetés de ce zèbre rapide, et porte en ses armes de vair d'azur, c'est le puissant duc de Nerbie, Espartafilardo du Bois, lequel porte pour emblème en son écu un champ d'asperges avec une devise en castillan qui dit : *Suis ma fortune.* »

Et en cette façon nomma plusieurs chevaliers de l'un et de l'autre escadron qu'il s'imaginait, et leur donna à tous leurs armes, couleurs, devises et surnoms, tout à l'improviste, étant transporté de l'imagination de son étrange folie, et sans s'arrêter il poursuivit : « Cet escadron devant nous est formé et composé de gens de diverses nations. Voilà ceux qui boivent les douces eaux du fameux Xanthe, les montagnards qui foulent les champs massyliens ; ceux qui criblent l'or très fin et menu en l'heureuse Arabie ; ceux-là qui jouissent des fameuses et fraîches rives du clair Thermodon ; ceux qui saignent par plusieurs et diverses voies le doré Pactole ; les Numides, peu sûrs en leurs promesses ; les Perses, fameux en arcs et en flèches ; les Parthes, les Mèdes, qui combattent en fuyant ; les Arabes, aux habitations muables ; les Scythes, aussi cruels que blancs ; les Éthiopiens, aux lèvres percées, et infinies autres nations, les faces desquelles je vois et connais, encore que de leurs noms ne me souvienne. En cet autre escadron viennent ceux qui boivent les courants cristallins du Bétis fertile en oliviers ; ceux qui frottent et polissent leurs visages avec la liqueur du toujours riche et doré Tage ; ceux qui jouissent des profitables eaux du divin Génil ; ceux qui foulent les champs tartésiens, abondants en pâturages ; ceux qui s'ébattent par les prairies élyséennes de Xérès[2] ; les Manchègues riches et couronnés de blonds épis ; ceux-là qui sont vêtus de fer, anciennes reliques du sang des Goths ; ceux qui se baignent dans le Pisuerga, renommé pour la douceur de son courant ; ceux qui font paître leurs troupeaux aux larges pâtis du sinueux Guadiana, célèbre par son cours souterrain ; ceux qui tremblent au froid de l'ombreux Pyrénée et des blancs sommets du superbe Apennin. Et finalement tous ceux que l'Europe contient et enserre. »

Dieu me soit en aide, et que de provinces il dit, et que de nations il nomma, en donnant à chacune avec une merveilleuse promptitude les attributs qui lui convenaient, étant tout pénétré, tout imbibé de ce qu'il avait lu en ses livres menteurs ! Sancho Pança était fort attentif à ses paroles sans en dire une, mais de fois à autre retournait la tête pour regarder s'il ne verrait point les chevaliers et géants que son maître nommait ; et comme il n'en découvrait aucun, il lui dit : « Monsieur, je me donne au diable, si l'homme, ou le géant, ou le chevalier, de tous ceux que vous dites, paraît pour tout cela, au moins je ne les vois point ; peut-être que c'est tout enchantement, comme les fantômes d'hier au soir. — Comment dis-tu ? répondit don Quichotte. N'entends-tu pas le hennissement des chevaux, le son des trompettes et le bruit des tambours ? — Je n'entends autre chose, répondit Sancho, que force bêlements de brebis et de moutons ! » Aussi était-ce la vérité, parce que les deux troupeaux étaient déjà fort près. « L'appréhension que tu as, Sancho, dit don Quichotte, fait que tu ne vois ni n'entends rien de droit sens, car l'un des effets de la peur est de troubler les sens et faire que les choses ne paraissent pas ce qu'elles sont ; si tu crains si fort, retire-toi à l'écart et me laisse seul, car je suffis à faire obtenir la victoire à la partie que je voudrai favoriser de mon aide. » En disant ces paroles, il donna des éperons à Rossinante, et, ayant mis la lance en arrêt, descendit du coteau comme un coup de foudre. Sancho lui criait à haute voix : « Retournez, seigneur don Quichotte, car je jure Dieu que ce sont moutons et brebis que vous allez attaquer. Revenez, malheur au père qui m'a engendré ! Quelle folie est ceci ? Regardez qu'il n'y a géant ni chevalier aucun, ni chats, ni armes, ni écus partis ni entiers ni vairs azurés ni endiablés !

Qu'est-ce que vous faites ? Ah ! pauvre pécheur que je suis devant Dieu ! »

Don Quichotte ne retourna pas pour tout cela, mais poussait toujours, disant à haute voix : « Çà donc, vous autres chevaliers qui suivez et combattez sous les bannières du valeureux empereur Pentapolin au bras retroussé, suivez-moi tous, et vous verrez avec quelle facilité je lui donne vengeance de son ennemi Alifanfaron de la Taprobane. » En disant cela, il entra au beau milieu de l'escadron des moutons, et commença à leur donner des coups de lance avec tant de courage et de résolution que si à bon escient il eût donné sur ses mortels ennemis. Les pasteurs et bergers qui conduisaient le troupeau lui criaient qu'il laissât cela : mais, voyant qu'il ne leur servait de rien de crier, ils déceignirent leurs frondes, et commencèrent à lui saluer les oreilles avec des pierres grosses comme le poing. Don Quichotte ne s'en souciait pas, mais, courant de toutes parts, disait : « Où es-tu, superbe Alifanfaron ? Viens çà ! c'est un seul chevalier, qui désire seul à seul éprouver tes forces et t'ôter la vie pour satisfaction de la peine que tu donnes au valeureux chevalier Pentapolin, roi des Garamantes. » Là-dessus arriva une amande de rivière qui, lui donnant par le côté, lui enfonça deux côtes dans la poitrine. Se voyant si maltraité, il crut sans doute qu'il était mort ou blessé, et, se ressouvenant de son baume, il tira sa burette, et, la portant en sa bouche, commença à verser de cette liqueur en son estomac ; mais, avant qu'il eût achevé d'entonner ce qui lui semblait être suffisant, il vint encore une autre amande, qui lui donna sur la main et sur la burette si en plein qu'elle la mit en pièces, lui emportant en passant trois ou quatre dents de la bouche et lui écrasant fort vilainement deux doigts de la main. Tel fut le premier coup, et tel le second, qu'il fut force au pauvre chevalier de se laisser tomber du cheval en terre. Les bergers accoururent et crurent l'avoir tué ; aussi, à grande hâte, ils ramassèrent leur troupeau et chargèrent leurs brebis mortes, qui passaient le nombre de sept, et, sans vérifier plus avant, s'en allèrent.

Sancho avait été pendant tout ce temps-là sur le coteau, regardant les folies que son maître faisait, et, s'arrachant la barbe, et maudissant l'heure et le point où la fortune le lui avait fait connaître. Le voyant donc tombé par terre et que les bergers s'en étaient allés, il descendit de la côte, et, s'approchant de lui, le trouva en fort piteux état, encore qu'il n'eût pas perdu le sentiment, et il lui dit : « Ne vous disais-je pas bien, seigneur don Quichotte, que vous retournassiez, et que ceux que vous alliez attaquer n'étaient point des armées, mais des troupeaux de moutons ? — Ainsi peut faire disparaître et contrefaire les choses ce larron de magicien, mon habile ennemi, dit don Quichotte. Sache bien, Sancho, qu'il est très facile à telles gens de nous faire paraître ce qu'ils veulent ; et ce méchant qui me persécute, envieux de la gloire qu'il a reconnu que je devais remporter de cette bataille, a changé les escadrons d'ennemis en troupeaux de moutons. Mais fais une chose, Sancho, je t'en prie, afin que tu te détrompes, et que tu reconnaisses la vérité de ce que je te dis : monte sur ton âne et les suis tout bellement, et tu verras comme, étant un peu éloignés d'ici, ils reviendront en leur premier être, et, quittant la forme de moutons, ils seront bel et bien hommes comme je te les ai dépeints premièrement ; mais n'y va pas maintenant : car j'ai besoin de ta bonté et de ton aide ; approche-toi de moi et regarde combien de dents me manquent. Je crois bien qu'il ne m'en est pas demeuré une en la bouche. » Sancho s'en approcha si près qu'il lui mit quasi les yeux en la bouche, et ce fut au temps que le baume avait opéré en l'estomac de don Quichotte, et, au moment où Sancho vint lui regarder en la bouche, il lui lança plus fort qu'une escopette tout ce qu'il y avait dedans, et en donna par la barbe au compatissant écuyer. « Sainte Marie ! dit Sancho, et qu'est ceci qui m'est arrivé ? Sans doute, ce pauvre misérable est blessé à mort, puisqu'il jette du sang par la

bouche. » Mais considérant un peu mieux l'affaire, il s'aperçut à la couleur, saveur et odeur, que ce n'était pas du sang,
mais bien du baume de la buire qu'il lui avait vu boire ; et il
lui en prit un tel mal au cœur que, son estomac se
tribouillant tout, il vomit ses tripes sur son maître, et ils
demeurèrent tous deux arrangés le mieux du monde.

Sancho accourut à son âne pour prendre au bissac de quoi
se nettoyer et panser son maître ; mais, comme il ne le trouva
pas, il fut sur le point de perdre le jugement : il commença
derechef à se maudire, proposa en son cœur de quitter son
maître et s'en retourner en son village, encore qu'il perdît ses
gages du passé et l'espérance qu'il avait du gouvernement de
l'île promise. Sur ces entrefaites, don Quichotte se leva, et,
mettant la main gauche sur sa bouche, de peur que le reste de
ses dents n'en sortît, empoigna de l'autre les rênes de
Rossinante, lequel ne s'était point bougé d'auprès de son
maître (tant il était loyal et de bon naturel), et s'en alla où
était son écuyer, qu'il trouva appuyé la poitrine sur son âne,
la main à la joue dans l'attitude d'un homme extrêmement
pensif.

Don Quichotte, le voyant en cette posture, avec des
apparences de si grande tristesse, lui dit : « Sache, Sancho,
qu'un homme n'est pas plus qu'un autre s'il ne fait plus
qu'un autre ; toutes ces bourrasques qui nous arrivent sont
signe que bientôt le temps deviendra serein, et que nos
affaires iront mieux : car il n'est pas possible que le bien ni le
mal soient toujours durables ; et il s'ensuit que, le mal ayant
beaucoup duré, le bien est fort près ; tellement qu'il ne te
faut pas affliger pour les disgrâces qui m'arrivent, puisqu'il
ne t'en échoit point de part. — Comment ! répondit Sancho,
et celui que l'on berna hier, était-ce par aventure un autre
que le fils de mon père ? Et le bissac qui me manque
aujourd'hui avec tout mon pauvre bagage, appartient-il à un
autre qu'à celui-là même ? — Quoi ! le bissac te manque,
Sancho ? dit don Quichotte. — Sûrement il me manque,

répondit Sancho. — De la sorte, nous n'avons rien à manger pour aujourd'hui ? répliqua don Quichotte. — Cela serait, répondit Sancho, si ces herbes, que vous prétendez connaître, manquaient par ces prés, ces herbes avec lesquelles les malheureux chevaliers errants comme vous êtes ont accoutumé de suppléer à tels défauts. — Hum ! répondit don Quichotte, je prendrais à cette heure plutôt un quartier de pain, ou une fouace et deux têtes de harengs saurets, que toutes les herbes que décrit Dioscoride, fût-il commenté par le docteur Laguna. Mais enfin, monte sur ton âne, mon bon Sancho, et t'en viens après moi ; Dieu, qui pourvoit à toutes choses, ne nous manquera pas ; et ce d'autant moins que ce que nous faisons est pour son service, puisqu'il ne manque point aux petits moucherons de l'air, ni aux vermisseaux de la terre, non plus qu'aux grenouillettes de l'eau, et il est si pitoyable qu'il fait luire son soleil sur les bons et sur les mauvais et pleuvoir sur les justes et les injustes. — Votre Grâce était mieux faite pour être prédicateur, dit Sancho, que pour être chevalier errant. — Les chevaliers errants savaient de tout, et doivent de tout savoir, dit don Quichotte. Il y a eu au temps passé tel chevalier errant qui se mettait aussi bien à faire un sermon ou un discours au milieu d'un grand chemin que s'il eût été gradué en l'université de Paris ; d'où l'on peut inférer que jamais la lance n'a émoussé la plume, ni la plume la lance. — Bon, répondit Sancho, soit ainsi comme vous le dites ; mais allons-nous-en d'ici, et cherchons où loger cette nuit, et Dieu veuille que ce soit en lieu où il n'y ait ni couverture de lit, ni berneurs, ni fantômes, ni Maures enchantés : car, s'il y en a, je donnerai tout au diable. — Demande-le à Dieu, mon fils, dit don Quichotte, et guide-nous par où tu voudras : pour cette fois, je veux laisser à ton choix le soin de nous loger ; mais baille çà un peu la main, et me tâte avec le doigt et regarde bien ce qu'il me manque de dents de ce côté droit de la mâchoire d'en haut ; c'est là que je sens la douleur. » Sancho, y tâtant, y mit les doigts et lui dit : « Combien de grosses dents aviez-vous d'ordinaire de ce côté-là ? — Quatre, répondit don Quichotte, sans la dent de sagesse, tout entières et fort saines. — Monsieur, regardez bien ce que vous dites, répondit Sancho. — Je dis quatre, s'il n'y en avait cinq, répliqua don Quichotte, parce que de ma vie on ne m'a tiré aucune dent de la bouche, ni ne m'en est point tombé et n'en ai point de mangée de pourriture, ni de catarrhe. — Eh bien, en la mâchoire de dessous, dit Sancho, vous n'avez que deux grosses dents et demie, et en celle d'en haut ni demie ni entière, car elle est aussi rase que la paume de la main. — Ah ! malchanceux de moi ! dit alors don Quichotte, oyant les tristes nouvelles que son écuyer lui disait ; j'eusse mieux aimé que l'on m'eût abattu un bras, pourvu que ce n'eût pas été celui avec lequel je tiens l'épée ! Sache, Sancho, que la bouche sans dents est comme un moulin sans meule, et qu'il faut beaucoup plus estimer une dent qu'un diamant. Mais nous sommes tous sujets à cela, nous autres qui faisons profession de cet ordre si étroit de chevalerie ; monte, mon ami, et marche devant, je te suivrai au pas que tu voudras. »

Sancho le fit ainsi, et s'achemina vers le lieu où il lui semblait qu'il pourrait trouver un gîte, sans sortir du chemin royal, qui était fort fréquenté par là. Or, s'en allant ainsi peu à peu, parce que la douleur des mâchoires de don Quichotte ne leur laissait ni repos, ni envie de se hâter, Sancho voulut l'entretenir et le divertir, lui contant quelque chose, et, entre autres propos, lui tint ceux qu'on lira au chapitre suivant.

CHAPITRE XIX

DES INGÉNIEUX DISCOURS QUE SANCHO
TENAIT À SON MAÎTRE,
ET DE L'AVENTURE QUI LEUR ARRIVA
AVEC UN CADAVRE, ET AUTRES FAMEUX
ACCIDENTS

« Il me semble, monsieur, que toutes ces infortunes qui nous sont arrivées ces jours passés ont sans doute été punition du péché que vous avez commis contre l'ordre de votre chevalerie, n'ayant pas accompli votre serment de ne manger pain sur nappe, ni vous regaillardir avec la reine, et tout ce qui s'ensuit que vous avez juré d'accomplir, jusqu'à ôter cet armet de Malandrin, ou comment est-ce que s'appelle ce Maure ? car il ne m'en souvient pas bien. — Vraiment, tu as grande raison, Sancho, dit don Quichotte ; mais, pour te dire la vérité, cela m'était échappé de la mémoire ; et aussi tu peux tenir pour certain que, pour la faute de ne m'en avoir pas fait ressouvenir en temps et lieu, il t'est arrivé l'histoire de la couverture ; toutefois j'y apporterai remède, car en l'ordre de chevalerie il y a moyens de composition pour toutes choses. — Bah ! ai-je d'aventure juré quelque chose ? répondit Sancho. — Il n'importe que tu n'aies point juré, dit don Quichotte : il suffit que tu sois touché du soupçon de complicité ; et, pour oui ou pour non, ce ne sera point mal de faire réparation. — Or, si cela est ainsi, dit Sancho, regardez bien que vous ne l'oubliiez pas encore une fois, comme l'affaire du serment : car l'envie reprendrait peut-être à ces fantômes de s'ébattre derechef avec moi, et même avec vous, s'ils vous voient si opiniâtre. »

En ces discours et autres, la nuit les surprit au milieu du chemin, sans avoir découvert ni pouvoir découvrir aucun lieu où ils se pussent retirer pour cette nuit ; et le moins bon

de l'affaire était qu'ils mouraient de faim, car, par défaut du
bissac, toutes les provisions leur défaillaient ; et, pour
achever de confirmer cette disgrâce, il leur arriva une
aventure qui, sans artifice, pouvait bien cette fois s'appeler
ainsi. La nuit était tombée, et assez obscure ; néanmoins, ils
ne laissaient pas de cheminer, Sancho estimant que, puisque
c'était là un grand chemin, à une ou deux lieues ou environ,
infailliblement ils y trouveraient quelque hôtellerie. Allant
donc de cette manière par la nuit obscure, l'écuyer ayant
faim et le maître bonne envie de manger, ils virent que, par le
même chemin, une grande multitude de lumières pareilles à
des étoiles mouvantes venait droit à eux. Sancho, les voyant,
se pâma d'effroi, et don Quichotte ne fut pas sans perdre un
peu l'esprit : l'un tira son âne par le licou, et l'autre retint la
bride à son roussin ; et, se tenant là tout cois, ils regardaient
attentivement ce que ce pouvait être que cela. Les lumières
s'acheminaient vers eux, et tant plus elles en approchaient,
plus elles paraissaient grandes.

A cette apparition, Sancho commença à trembler comme
un qui a du vif-argent en tête[1], et le poil dressa à don
Quichotte ; toutefois, s'encourageant un peu, il dit : « Sancho, ceci sans doute doit être une très grande et périlleuse
aventure où il sera nécessaire que je fasse paraître toute ma
valeur et mon courage. — Malheureux que je suis ! répondit
Sancho, si de fortune cette aventure est de fantômes, comme
il commence de me paraître, où trouvera-t-on encore des
côtes pour y suffire ? — Tout fantômes qu'ils soient, dit don
Quichotte, je ne consentirai pas qu'ils touchent seulement au
poil de ton pourpoint ; que si l'autre fois ils se jouèrent de
toi, ce fut parce que je ne pus franchir les murailles de la
cour ; mais, à présent, nous voici en rase campagne, où je
pourrai à mon bon plaisir m'escrimer de mon épée. — Et,
s'ils vous enchantent et engourdissent comme ils firent
l'autre fois, dit Sancho, de quoi servira d'être en champ
ouvert ou non ? — Ce néanmoins, répliqua don Quichotte,

207

je te prie, Sancho, d'avoir bon courage, car l'expérience te montrera celui que j'ai. — Oui, s'il plaît à Dieu, j'en aurai », répondit Sancho ; et s'écartant tous deux à un des côtés du chemin, derechef ils se mirent à regarder fixement ce que pouvaient être ces lumières qui cheminaient.

Ils commencèrent alors à apercevoir un grand nombre de personnes en chemises, épouvantable vision qui fit perdre tout à fait courage à Sancho Pança, lequel commença à claquer des dents comme s'il eût eu la fièvre quarte ; et s'accrut encore ce claquement de dents, lorsqu'ils virent distinctement ce que c'était, parce qu'ils découvrirent jusqu'à vingt de ces hommes en chemises, tous à cheval, portant des torches allumées en leurs mains. Après iceux venait une litière couverte de deuil, que six autres chevaliers suivaient habillés de deuil jusqu'aux pieds de leurs mules : car ils virent bien que ce n'étaient pas des chevaux selon le pas lent qu'ils cheminaient. Et ces enchemisés marchaient toujours murmurant entre eux d'une voix basse et pitoyable.

Cette étrange vision à telles heures et en lieu si désert était bien suffisante pour faire entrer de la peur au cœur de Sancho, voire même en celui de son maître ; et aussi eût-elle fait pour le regard de don Quichotte, car déjà Sancho avait fait naufrage avec toute sa valeur et son courage ; mais il advint au contraire à son maître, lequel en ce même point se représenta vivement en l'imagination que c'était là une des aventures de ses livres. Il se figura que la litière était une bière ou brancard, où l'on portait quelque chevalier mal féru ou bien mort, de qui la vengeance était réservée à lui seul ; et, sans plus délibérer, il mit sa lance en arrêt, s'affermit bien en sa selle, et, avec une gaillarde contenance, se mit au milieu du chemin par où nécessairement ces gens en chemises devaient passer ; et, quand il les vit assez proches, il haussa la voix et leur dit : « Halte, chevaliers, ou qui que vous soyez, et me rendez compte de quelles gens vous êtes, d'où vous venez, où vous allez, et ce que c'est que vous portez en ces brancards : car, selon les apparences, ou vous avez fait, ou bien l'on vous a fait quelque déplaisir ; et il convient nécessairement que je sache, ou pour vous punir du mal que vous avez commis, ou bien pour vous venger du tort qu'on vous a fait. — Nous sommes pressés, répondit l'un des hommes en chemises, et l'hôtellerie est loin, et nous ne pouvons nous amuser à vous rendre compte de tout ce que vous demandez » ; et, donnant des éperons à sa mule, il passa outre. Don Quichotte se sentit grandement offensé de cette réponse, et, le saisissant par la bride, lui dit : « Halte, et soyez mieux appris, et me rendez raison de ce que je vous ai demandé ; sinon, nous allons tous nous battre. » La mule était ombrageuse, si bien qu'en la prenant par la bride elle s'effaroucha, se cabra, et son maître tomba en terre par-dessus la croupe. Un des valets, qui allait à pied, le voyant tomber, se mit à dire des injures à don Quichotte, lequel, déjà tout en colère, sans attendre davantage, mettant sa grosse lance en arrêt, attaqua un des endeuillés et le jeta par terre mal en point ; puis, retournant vers les autres qui restaient, il faisait beau voir avec quelle promptitude il les assaillait et les mettait en désarroi, car il semblait qu'en cet instant il fût venu des ailes à Rossinante, tant il allait superbe et léger.

Tous ces enchemisés étaient des gens craintifs et sans aucunes armes : par ainsi, fort facilement et en un moment, ils quittèrent le combat et se mirent à courir à travers champs avec les flambeaux allumés, de sorte qu'ils ressemblaient proprement à ceux qui font des mascarades et qui vont courant la nuit en temps de réjouissances et de fêtes. Ceux mêmes qui étaient vêtus de deuil, étant enveloppés et embarrassés en leurs longues robes et soutanes, ne se pouvaient remuer, tellement que don Quichotte les battit tous fort à son aise, et leur fit quitter la place malgré qu'ils en eussent, parce que tous pensèrent que ce n'était point un homme, mais un diable d'enfer qui venait pour leur ôter ce corps mort qu'ils portaient en la litière. Sancho regardait tout cela, fort émerveillé de la grande hardiesse de son maître, et disant en soi-même : « Sans doute mon maître est-il aussi vaillant et courageux qu'il le dit. »

Une torche brûlait sur le sol tout auprès du premier qui était tombé de la mule, à la clarté de quoi don Quichotte le put voir, et, s'approchant de lui, il lui mit la pointe de sa lance sur le visage, lui disant qu'il se rendît, ou autrement qu'il le tuerait ; à quoi celui qui était tombé répondit : « Je suis assez rendu, puisque je ne me peux remuer, car j'ai une jambe rompue. Je vous en supplie, si vous êtes un chevalier chrétien, que vous ne me tuiez pas, car vous commettriez un grand sacrilège : je suis licencié et ai reçu les premiers ordres. — Mais quel diable vous a amené ici, dit don Quichotte, étant homme d'Église ? — Qui, monsieur ? répliqua celui qui était par terre. Mais mon malheur ! — Un plus grand vous menace, dit don Quichotte, si vous ne satisfaites à tout ce que je vous ai demandé tout à l'heure. — Vous serez facilement satisfait, répondit le licencié ; et ainsi vous saurez qu'encore que je vous aie dit auparavant que j'étais licencié, je ne suis toutefois que bachelier et m'appelle Alphonse Lopez ; je suis natif d'Alcovendas et viens de la ville de Baeza, en compagnie d'onze autres prêtres qui sont ceux qui se sont enfuis avec les flambeaux ; nous allons à la ville de Ségovie conduire un corps qu'on y porte d'un chevalier mort à Baeza, où il a été en garde quelque temps, et, à cette heure, comme je dis, nous emportions ses os à sa sépulture, laquelle est à Ségovie, lieu de sa naissance. — Et qui l'a tué ? demanda don Quichotte. — Dieu, répondit le bachelier, par le moyen de certaines fièvres pestilentielles qui l'ont pris. — De cette façon, dit don Quichotte, Notre-Seigneur m'a relevé de la peine que je pensais prendre de venger sa mort, si quelque autre l'eût tué ; celui-là l'ayant fait mourir, il n'est que de se taire et plier les épaules ; j'en ferais ainsi s'il m'avait moi-même tué. Et veux quand et quand que Votre Révérence sache que je suis un chevalier du pays de la Manche, appelé don Quichotte, et que mon office et exercice est d'aller par le monde, redressant les torts et défaisant les injures. — Je ne sais ce que ce peut être que de redresser les torts, dit le bachelier, mais moi de droit que j'étais, vous m'avez rendu tors en me rompant une jambe, laquelle je ne verrai plus droite tant que je vivrai ; et le grief que vous avez réparé en moi a été de me laisser si fort grevé que je le serai pour tout jamais ; et ç'a été une assez grande mésaventure pour moi, de vous avoir rencontré, vous qui allez cherchant les aventures. — Toutes choses, répondit don Quichotte, ne réussissent pas d'une même façon ; et le mal a été, monsieur le bachelier Alphonse Lopez, de venir comme vous veniez de nuit, vêtus de ces surplis, avec des flambeaux allumés, disant vos heures, couverts de deuil, et ressemblant proprement à chose mauvaise et de l'autre monde ; et par ainsi je n'ai pu me garder de faire ce à quoi mon devoir m'oblige en vous attaquant, et même je vous eusse attaqués encore que j'eusse su véritablement que vous étiez les diables d'enfer mêmes, car je vous ai toujours jugés et tenus pour tels. — Or, puisque mon malheur l'a ainsi voulu, dit le bachelier, je vous supplie, seigneur chevalier errant (qui si mal avez erré), que vous m'aidiez à sortir de dessous cette mule qui me tient une jambe engagée entre l'étrier et la selle. — J'eusse parlé d'ici à demain, dit don Quichotte, et jusqu'à quand attendiez-vous à me dire votre mal ? »

Il cria incontinent à Sancho Pança d'accourir ; mais l'autre ne se soucia pas de venir, parce qu'il s'amusait à dévaliser un mulet de bagage que ces bons messieurs menaient, bien pourvu de choses à manger. Sancho fit un sac de son caban, et, l'emplissant tant qu'il put tenir, le chargea sur son âne, et incontinent accourut au cri de son maître pour aider à délivrer monsieur le bachelier de l'oppression de la mule, sur laquelle l'ayant fait remonter, il lui bailla le flambeau ; et don Quichotte lui dit qu'il suivît la route de ses compagnons, et que de sa part il leur demandât pardon du tort qu'il leur avait fait, n'ayant pas été en sa puissance de se garder de le leur faire. Sancho ajouta : « Si d'aventure ces messieurs veulent savoir qui a été ce valeureux qui les a ainsi accommodés, vous leur direz que c'est le fameux don Quichotte de la Manche, lequel autrement se nomme le *Chevalier de la Triste Figure*. » Là-dessus le bachelier s'en fut.

Don Quichotte demanda à Sancho qui l'avait mû à l'appeler le *Chevalier de la Triste Figure* plutôt alors que jamais. « Je vous le dirai, répondit Sancho ; c'est parce que je me suis mis à vous contempler un peu à la lueur du flambeau que porte ce pauvre mal allant ; et véritablement vous avez la plus mauvaise figure que j'aie jamais vue ; et en doit être la cause ou la lassitude et travail de ce combat, ou bien l'absence de vos dents. — Ce n'est pas cela, répondit don Quichotte, mais c'est que ce sage à qui doit appartenir la charge d'écrire l'histoire de mes exploits aura été d'avis que je prenne quelque nom appellatif comme en prenaient tous les chevaliers du temps jadis : car l'un s'appelait celui *de l'Ardente Épée* ; un autre, celui *de la Licorne* ; celui-là, *des Damoiselles* ; celui-ci, *de l'Oiseau Phénix* ; l'autre, le *Chevalier du Griffon* ; cet autre, celui *de la Mort* ; et par ces noms et marques ils étaient connus par toute la surface du globe. Je pense donc que le susdit sage t'aura mis en la bouche et en la pensée tout présentement que tu m'aies appelé le *Chevalier de la Triste Figure*, comme je veux m'appeler dorénavant ; et, afin qu'un tel nom me convienne mieux, je suis résolu de faire peindre en mon écu, lorsque j'en aurai plus de commodité, une fort triste figure. » Sancho lui dit : « Monsieur, il n'est aucun besoin d'employer du temps et de l'argent à faire faire cette figure, il suffit que vous découvriez la vôtre et montriez le visage à ceux qui vous regarderont : car sans plus, et sans autre image ni écu, ils vous appelleront celui *de la Triste Figure* ; et croyez que je dis vrai, car je vous promets, monsieur (et ceci soit dit par raillerie), que la faim et la faute de vos dents vous font un si mauvais visage que, comme j'ai dit, on peut se passer de la triste peinture. »

Don Quichotte se prit à rire de la plaisanterie de Sancho, mais ce nonobstant il se proposa de se faire appeler par ce nom-là, s'il pouvait faire peindre son écu ou rondache comme il l'avait imaginé, et lui dit : « Je pense, Sancho, que je suis excommunié pour avoir mis violemment les mains en chose sacrée, *juxta illud : Si quis, suadente diabolo*[2], etc., encore que je sais bien que je n'y ai pas mis les mains, mais seulement cette lance ; et ce, d'autant plus que je ne pensais offenser aucun prêtre ni chose appartenant à l'Église, laquelle je respecte et adore comme catholique et fidèle chrétien que je suis, mais bien pensais-je avoir affaire à des fantômes et spectres de l'autre monde. Et, quand ainsi serait, j'ai bonne mémoire de ce qui arriva au Cid Ruy Diaz, lorsqu'il rompit le siège de l'ambassadeur de ce roi en présence de Sa Sainteté, de quoi il fut excommunié, pourtant le bon Rodrigue de Bivar s'était conduit ce jour-là en fort honorable et vaillant chevalier. »

Le bachelier, oyant cela, s'en alla, comme il a été dit, sans lui répliquer une seule parole[3]. Don Quichotte eût bien voulu voir si le corps que l'on portait en litière était des os ou non ; mais Sancho n'y consentit pas, disant : « Monsieur, vous avez achevé cette périlleuse aventure avec moins de difficulté que toutes celles que j'ai vues par ci-devant ; mais ces gens-ci, encore qu'ils soient vaincus et mis en déroute, il se pourrait faire qu'ils reconnussent que c'est une seule personne qui les a défaits, et, fâchés et honteux, ils pourraient se rallier et nous venir chercher, tellement qu'ils nous tailleraient bien de la besogne. Notre âne est à point comme il faut, la montagne est proche, et la faim nous presse : nous n'avons autre chose à faire, sinon nous retirer d'un bon pas ; et, comme l'on dit, que le mort s'en aille à la sépulture, et le vif à la pâture. » Et sur ce, chassant son âne devant soi, pria son maître de le suivre, lequel jugeant que Sancho avait raison, sans lui répliquer davantage, le suivit.

Ils n'eurent pas fait beaucoup de chemin entre deux petites montagnes qu'ils se trouvèrent en une vallée spacieuse et couverte en laquelle ils mirent pied à terre ; et Sancho allégea un peu l'âne, puis, tous deux, étendus sur l'herbe verte, avec la sauce de leur appétit, ils déjeunèrent, dînèrent, goûtèrent et soupèrent tout ensemble, contentant leur estomac avec bonne quantité des viandes froides que messieurs les prêtres qui accompagnaient le défunt (lesquels rarement se laissent souffrir) portaient sur un mulet de bagage. Mais il leur arriva un autre malheur, que Sancho même regarda pour le plus grand et le pire de tous, et ce fut qu'ils n'avaient point de vin à boire, ni même de l'eau pour se mouiller la bouche. La soif les pressait, mais Sancho, voyant le pré où ils étaient plein d'herbe verte et menue, dit ce qui se dira au chapitre suivant.

CHAPITRE XX

DE L'AVENTURE EXTRAORDINAIRE ET INOUÏE, TELLE QU'IL N'EN FUT JAMAIS MISE À FIN AVEC MOINS DE PÉRIL PAR AUCUN FAMEUX CHEVALIER DU MONDE COMME CELLE-CI LE FUT PAR LE VALEUREUX DON QUICHOTTE DE LA MANCHE

« Monsieur, ces herbes rendent témoignage qu'il n'est pas possible qu'il n'y ait ici près quelque fontaine ou ruisseau qui les humecte, et partant il sera bon que nous allions un peu plus avant : car nous trouverons de quoi apaiser cette terrible soif qui nous travaille, laquelle sans doute cause une plus grande peine que la faim. » Ce conseil sembla fort à propos à don Quichotte ; et, prenant Rossinante par la bride, et Sancho son âne par le licou, après avoir mis dessus les reliefs du souper, ils commencèrent à cheminer en remontant la prairie à tâtons parce que l'obscurité de la nuit ne leur permettait de rien voir ; mais ils n'eurent pas cheminé deux cents pas qu'un grand bruit d'eau, comme de celle qui tombe du haut de quelque rocher ou précipice, parvint à leurs oreilles. Ce bruit les réjouit grandement, et, s'arrêtant pour écouter de quel côté il venait, ils en ouïrent à l'improviste un autre plus retentissant qui leur tempéra le contentement du premier, spécialement à Sancho, lequel était naturellement craintif et de peu de courage. Je dis qu'ils ouïrent que l'on donnait des coups en cadence avec un certain cliquetis de fers et de chaînes, lesquels, accompagnés du furieux bruit de l'eau, eussent pu inspirer de la frayeur à tout autre cœur qu'à celui de don Quichotte. La nuit était obscure, comme on l'a dit, et eux se trouvaient parmi des arbres très hauts, dont les feuilles, mues d'un petit vent, faisaient un bruit tout ensemble doux et effrayant ; tellement que la solitude, l'assiette du lieu, l'obscurité, le bruit de l'eau, avec le murmure des feuilles, tout ensemble causait horreur et épouvante, et davantage quand ils virent que ni les coups ne cessaient, ni le vent ne s'apaisait, ni le jour ne venait, et, outre tout cela, ils ne connaissaient point le lieu où ils se trouvaient.

Mais don Quichotte, toujours accompagné de son cœur intrépide, sauta sur Rossinante, et, embrassant son écu, coucha sa lance et dit : « Ami Sancho, il faut que tu saches que je suis né, par la volonté du ciel, en ce présent âge de fer, afin d'y faire revivre celui d'or ou le doré, comme on a coutume de le nommer. Je suis celui pour qui sont réservés les périls, les grands exploits, les hauts faits. Je suis, dis-je derechef, celui qui doit ressusciter ceux de la Table ronde, les douze pairs de France et les neuf de la Renommée, et celui qui doit faire oublier les Platir, les Tablants, Olivants et Tirants, les Phébus, les Bélianis, et toute la troupe des chevaliers errants du temps passé, accomplissant en celui auquel je me trouve tant de braves et étranges exploits et faits d'armes qu'ils obscurciront les plus illustres qu'ils firent jamais. Tu remarques bien, écuyer fidèle et loyal, les ténèbres de cette nuit, son étrange silence, le sourd et confus murmure de ces arbres, l'épouvantable bruit de cette eau que nous sommes venus chercher, laquelle semble tomber et se précipiter des hautes montagnes de la lune, et ce continuel battement qui nous frappe et déchire les oreilles, toutes choses qui ensemble et chacune à part soi sont suffisantes à donner de la peur et causer de l'étonnement en la poitrine de Mars même, combien plus en celle de qui n'est pas accoutumé à semblables aventures et rencontres ? Or, tout ceci que je te peins, ce sont des amorces et des aiguillons à mon âme, et déjà le cœur m'éclate en la poitrine du désir qu'il a d'entreprendre cette aventure, quelque dangereuse qu'elle paraisse : ainsi, serre un peu les sangles à Rossinante, et Dieu demeure avec toi, et m'attends en ce lieu jusqu'à trois jours d'ici et pas plus, dedans lesquels si je ne reviens, tu t'en pourras retourner à notre village, et, de là, tu me feras cette merci et ce bon office de t'en aller au Toboso dire à l'incomparable dame et maîtresse de mon cœur Dulcinée que son esclave chevalier est mort pour entreprendre des choses qui le pussent rendre digne de s'appeler sien. » Quand Sancho ouït les paroles de son maître, il se mit à pleurer le plus tendrement du monde et à lui dire : « Monsieur, je ne sais pourquoi Votre Grâce veut entreprendre une si épouvantable aventure ; à cette heure il fait nuit, personne ne nous voit, nous pouvons bien prendre un autre chemin et nous détourner de ce danger, ne dussions-nous boire de trois jours ; et, puisqu'il n'y a personne qui nous voie, encore moins y en aura-t-il qui nous taxe de couardise ; et de plus

216

j'ai ouï plusieurs fois prêcher au curé de notre village (que vous connaissiez fort bien) que qui cherche le danger y périt : de sorte qu'il n'est pas bon de tenter Dieu en entreprenant un fait tant hors de raison, et duquel on ne peut échapper sinon par miracle ; il suffit de ceux que le ciel a faits en votre endroit, en vous préservant d'être berné comme je l'ai été, et en vous rendant victorieux, libre et sauf de tant d'ennemis comme ceux qui accompagnaient le défunt. Et, quand tout cela ne serait suffisant pour émouvoir ou amollir ce dur cœur, qu'au moins l'émeuve le penser et croire qu'à peine serez-vous éloigné d'ici que, de la peur que j'aurai, je donnerai mon âme à qui la voudra emporter. J'ai quitté mon pays, j'ai laissé femme et enfants pour vous venir servir, croyant par là gagner plutôt que perdre ; mais, comme la trop grande convoitise rompt le sac, elle a détruit mes espérances : car, lorsqu'elles étaient le plus vives en moi de pouvoir obtenir cette diablesse d'île que tant de fois vous m'avez promise, je vois qu'en échange de celle-ci vous me voulez à cette heure laisser en un lieu si éloigné du commerce des hommes. Par le seul Dieu, monsieur, qu'il ne me soit point fait un tel déplaisir, et, au cas que vous persistiez dans cette entreprise, différez-la au moins jusqu'à demain matin ; car, à ce que me montre la science que j'appris quand j'étais pasteur, il n'y doit pas avoir trois heures d'ici à l'aube du jour, parce que la bouche de la petite Ourse est au-dessus de la tête, et fait minuit en la ligne du bras gauche.

— Comment peux-tu voir, Sancho, dit don Quichotte, là où elle fait cette ligne, ni où est cette bouche ou cette nuque que tu dis, si la nuit est si obscure qu'il ne paraît aucune étoile en tout le ciel ? — Il est ainsi, dit Sancho ; mais la peur a force yeux et voit les choses sous la terre, combien plus celles qui sont au ciel, encore que l'on peut sainement estimer qu'il y a fort peu d'ici au jour. — Qu'il en manque ce qu'il voudra, répondit don Quichotte, on ne dira pas pour mon regard ni à cette heure, ni en quelque temps que ce soit,

217

que les larmes et les prières m'aient empêché de faire mon devoir de chevalier ; et partant je te prie, Sancho, de te taire, car Dieu qui m'a mis au cœur d'entreprendre à cette heure cette tant épouvantable et non jamais vue aventure, aura soin de pourvoir à mon salut et de consoler ta tristesse. Ce qu'il faut que tu fasses est de serrer bien les sangles à Rossinante et te tenir ici, car je reviendrai bientôt ou vif ou mort. »

Sancho donc, voyant la dernière résolution de son maître, et combien peu servaient avec lui ses larmes, ses conseils et ses prières, résolut d'user de son industrie et de le faire attendre là, s'il pouvait, jusqu'au jour ; et ainsi, comme il serrait les sangles du cheval, il lia tout doucement et sans être aperçu avec le licou de son âne les deux pieds de Rossinante, de sorte que, quand don Quichotte voulut partir, il ne lui fut pas possible parce que le cheval ne se pouvait bouger, sinon en sautant. Sancho Pança, voyant le bon succès de son artifice, dit à son maître : « Eh bien, monsieur, le ciel, touché de mes larmes et de mes prières, a ordonné que Rossinante ne se pût bouger, et, si vous voulez vous opiniâtrer et lui donner des éperons, ce sera vouloir importuner la fortune et regimber, comme l'on dit, contre l'aiguillon. »

Don Quichotte se désespérait, et, tant plus il donnait des éperons à son cheval, tant moins le pouvait-il faire aller, et, sans s'apercevoir en façon quelconque qu'il était lié, il trouva bon de se calmer et d'attendre ou qu'il fît jour, ou bien que Rossinante se pût remuer. Il pensait évidemment que cela venait de toute autre cause que de l'industrie de Sancho, et partant il lui dit : « Puisque ainsi est, Sancho, que Rossinante ne se peut mouvoir, je suis content d'attendre que l'aube du jour nous rie, encore que je pleure tout le temps qu'elle tardera à venir. — Il n'y a pas de quoi pleurer, répondit Sancho, car je vous entretiendrai en vous faisant des contes d'ici au jour, si ce n'est que vous vouliez mettre pied à terre et dormir un peu sur l'herbe verte, à la façon des chevaliers errants, afin de vous trouver un peu plus frais et reposé quand viendra le jour et le point d'entreprendre cette grande aventure qui vous attend. — Qu'appelles-tu mettre pied à terre, ou que veux-tu dire de dormir? dit don Quichotte. Suis-je d'aventure de ces chevaliers qui prennent du repos au milieu des périls? Dors, toi qui es né pour dormir, ou fais ce que tu voudras, car je ferai ce que je verrai s'accorder le mieux avec mon entreprise. — Ne vous fâchez pas, monsieur, répondit Sancho, car je ne le dis pas pour cela »; et, s'approchant de lui, il mit l'une des mains à l'arçon de devant, et l'autre à celui de derrière, tellement qu'il embrassait la cuisse gauche de son maître sans oser s'en éloigner d'un doigt, tant il avait peur de ces coups qui continuaient à résonner alternativement.

Don Quichotte lui dit qu'il lui fît quelque conte pour l'entretenir, comme il le lui avait promis; à quoi Sancho répondit qu'il le ferait, si la peur de ce qu'il oyait le quittait. « Mais, malgré tout cela, poursuivit-il, je m'efforcerai de vous raconter une histoire; qui si j'en peux venir à bout et qu'on ne m'empêche point, est bien la meilleure de toutes les histoires; et soyez-moi attentif, car je m'en vais commencer.

« Il y avait une fois, le bien qui viendra soit pour tous, et le mal pour qui le va chercher, et prenez garde, monsieur, que le commencement que les anciens donnaient à leurs fables n'était pas n'importe quoi: car ce fut une sentence de Caton Danseur, le Romain, qui dit: *Et le mal pour qui le va chercher*, qui vient ici comme bague au doigt, afin que vous vous teniez coi et n'alliez point chercher le mal nulle part, mais plutôt que nous nous en retournions par un autre chemin, puisque personne ne nous contraint de suivre celui-ci, auquel tant de frayeurs nous assaillent. — Poursuis ton conte, Sancho, dit don Quichotte, et me laisse le soin du chemin que nous devons suivre.

— Je dis donc, poursuivit Sancho, qu'en un lieu de l'Estramadure il y avait un pasteur chevrier, je veux dire qui gardait des chèvres, lequel pasteur ou chevrier, comme je dis de mon conte, s'appelait Lope Ruyz, et ce Lope Ruyz était amoureux d'une bergère qui s'appelait Torralba, laquelle bergère appelée Torralba était fille d'un riche berger, et ce riche berger... — Si tu dis ton conte de cette façon, Sancho, dit don Quichotte, en répétant toujours deux fois ce que tu dis, tu n'auras pas fait en deux jours, dis-le tout à la suite, et le conte comme un homme intelligent, ou sinon ne dis mot. — De la même façon que je le conte, répondit Sancho, se disent en mon pays tous les contes, et je ne le sais point faire autrement, et il n'est pas bien à propos que vous me demandiez d'introduire de nouveaux us. — Dis comme tu voudras, répondit don Quichotte, et puisque la fortune veut que je ne puisse faire autrement que de t'écouter, poursuis. — Adoncques, seigneur de mon âme, poursuivit Sancho, comme j'ai déjà dit, ce pasteur était amoureux de la bergère Torralba, une grosse fille toute ronde, revêche, et quelque peu hommasse, parce qu'elle avait un peu de moustache ; il me semble que je la vois d'ici. — L'as-tu donc connue ? dit don Quichotte. — Je ne l'ai pas connue, répondit Sancho ; mais celui qui me fit ce conte me dit qu'il était certain et si véritable que, quand je le raconterais à un autre, je pourrais bien affirmer et jurer que j'ai tout vu. De façon que, jours allants, jours venants, le diable qui ne dort point, mais qui trouble tout, fit en sorte que l'amour que le berger portait à la bergère se convertît en homicide et mauvaise volonté, et la cause de cela fut, selon les mauvaises langues, une certaine quantité de petites jalousies qu'elle lui donna, qui étaient telles qu'elles passaient les bornes, et arrivèrent jusqu'à ce qui est défendu ; et si grande fut la haine que le berger lui porta dorénavant que, pour ne plus la voir, il se voulut absenter de ce pays-là et s'en aller en lieu où jamais ses yeux ne la vissent. La Torralba, se voyant dédaignée de Lope, tout aussitôt se prit à l'aimer plus que jamais elle n'avait fait.

— C'est la condition naturelle des femmes, dit don Quichotte : dédaigner qui les aime et aimer qui les hait.

Passe outre, Sancho. — Il advint, dit Sancho, que le berger effectua ce qu'il avait résolu, et, chassant ses chèvres devant lui, s'achemina par les champs de l'Estramadure pour passer de là au royaume de Portugal. La Torralba, qui en fut avertie, s'en fut à ses trousses, le suivant à pied de loin et toute déchaussée, un bourdon en sa main et un bissac à son cou, où elle portait, comme le bruit est, un morceau de miroir, et un autre d'un peigne, et je ne sais quelle petite boîte de fard pour le visage ; mais qu'elle ait apporté ce qu'elle voudra, je ne me veux pas mettre à cette heure à en faire la preuve, je dirai seulement que l'on dit que le berger arriva avec son troupeau pour passer le fleuve Guadiana, lequel pour lors était fort creux et quasi débordé, et, du côté qu'il y arriva, il n'y avait ni bac ni bateau, ni personne pour le passer ni lui ni son troupeau de l'autre côté de la rivière, de quoi il s'affligea fort, parce qu'il voyait que la Torralba le talonnait de près et qu'elle l'importunerait fort par ses prières et par ses larmes ; mais il regarda tant qu'enfin il vit un pêcheur lequel avait auprès de soi un bateau si petit qu'il n'y pouvait tenir qu'une personne et une chèvre à la fois ; ce néanmoins il lui parla, et tomba d'accord avec lui qu'il le passerait lui et trois cents chèvres qu'il menait. Le pêcheur entra en la petite barque et passa une chèvre ; il retourna et en passa encore une, il revint encore et en passa encore une autre. Prenez garde, monsieur, au nombre de chèvres que le pêcheur passe : car, s'il en échappe une de la mémoire, le conte sera fini et ne sera pas possible d'en raconter plus une seule parole. Je poursuis donc et dis que l'abord de l'autre côté était tout plein de vase et fort glissant, tellement que le pêcheur tardait beaucoup à aller et venir ; toutefois il revint querir une autre chèvre, puis une autre, et encore une autre.

— Fais état qu'il les passa toutes, dit don Quichotte, et ne t'amuse pas d'aller et venir de cette façon, car tu n'achèveras pas de les passer en un an. — Combien y en a-t-il de passées jusques à cette heure ? dit Sancho. — Que diable sais-je ?

répondit don Quichotte. — Eh! Vous avais-je pas dit que vous en tinssiez bien le compte! Allons, l'histoire est achevée, il n'y a plus moyen de passer outre. — Comment donc? répondit don Quichotte. Cela est-il tant de l'essence de l'histoire, de savoir tout au long le nombre des chèvres qui ont passé, que, si on manque d'une, tu ne puisses poursuivre l'histoire? — Non, monsieur, en façon aucune, répondit Sancho, parce que, tout aussitôt que je vous ai demandé que vous me dissiez combien de chèvres étaient passées, et que vous m'avez répondu que vous n'en saviez rien, au même instant il m'est échappé de la mémoire tout ce qui me restait à dire, et en bonne foi que c'était un sujet de grande vertu et de contentement. — De façon, dit don Quichotte, que l'histoire est déjà tout achevée? — Aussi achevée que ma mère, dit Sancho. — Je te dis en vérité, répondit don Quichotte, que tu as raconté une des plus prodigieuses fables, conte ou histoire, que personne ait jamais pu penser au monde, et qu'une telle façon de la raconter et de la planter là ne se pourra oncques voir, ni ne se sera vue en toute la vie d'un homme, encore que je n'attendais autre chose de ton esprit ; mais je ne m'en étonne pas, car peut-être que ces coups qui frappent sans cesse t'ont troublé l'entendement. — Il se pourrait bien faire, répliqua Sancho, mais je sais bien que pour le regard de mon conte il n'y a plus rien à dire, parce qu'il s'achève justement là où commence l'erreur du calcul du passage des chèvres. — Or, sus, à la bonne heure, qu'il s'achève là où il voudra, dit don Quichotte, et voyons si Rossinante se peut bouger. » Et, disant cela, recommença à lui donner des éperons, et Rossinante à faire des sauts, puis à s'arrêter, tant il était bien lié.

Sur ces entrefaites, il semble que, ou fût-ce à cause de la fraîcheur de la matinée qui s'approchait, ou bien que Sancho eût mangé à son souper quelque aliment laxatif, ou même que ce fût chose naturelle, qui est encore le plus probable, il lui prit envie et désir de faire ce qu'un autre n'eût pu faire pour lui, mais la peur qui lui avait saisi le cœur était si grande, qu'il ne s'osait écarter de son maître du noir de l'ongle ; quant à penser qu'il ne fît ce dont il avait envie, il n'était non plus possible ; tellement que ce qu'il fit pour le bien de la paix fut de lâcher la main droite, dont il tenait l'arçon de derrière, et tout bellement et sans bruit il défit le nœud coulant de l'aiguillette qui soutenait ses chausses sans aide de rien autre, de sorte qu'elles tombèrent incontinent en bas, et demeurèrent comme s'il eût eu les fers aux pieds ; après cela, levant sa chemise le mieux qu'il put, il mit au vent ses deux fesses qui n'étaient pas fort petites. Cela fait (qu'il pensait être le plus important pour sortir de cette terrible détresse), il lui survint une autre difficulté plus grande : ce fut qu'il lui sembla ne pouvoir se soulager sans laisser échapper quelque bruit, si bien qu'il commença à grincer les dents et à resserrer les épaules en retenant son haleine tant qu'il pouvait. Mais, nonobstant toutes ces diligences, il fut si malheureux qu'en fin finale il vint à faire un peu de bruit bien différent de celui qui lui faisait tant de peur. Don Quichotte l'ouït, et lui demanda : « Quel bruit est-ce là, Sancho ? — Je ne sais, monsieur, répondit-il ; ce doit être quelque chose de nouveau, car les aventures et mésaventures jamais ne commencent pour peu. » Il se remit derechef à tenter fortune, et réussit si bien que, sans autre bruit ni trouble que le passé, il se trouva délivré de la charge qui lui avait donné tant de chagrin.

Mais, don Quichotte ayant le sens de l'odorat aussi vif que celui de l'ouïe, et Sancho étant comme cousu avec lui, et si près que les vapeurs montaient quasi en droite ligne, il ne se put faire qu'il n'en arrivât quelques-unes à son nez ; à peine y eurent-elles atteint qu'il alla vitement au secours, le serrant entre ses deux doigts, et d'un ton un peu nasillard lui dit : « Il me semble, Sancho, que tu as très peur. — Oui, bien fort, répondit Sancho ; mais comment vous en apercevez-vous à cette heure plus que jamais ? — C'est qu'à cette heure plus que jamais tu sens, et non pas l'ambre, répondit don Quichotte. — Il pourrait bien être, dit Sancho, mais ce n'est pas ma faute, mais la vôtre, qui me menez ainsi à heure indue par ces passages et dangers à quoi je ne suis accoutumé. — Retire-toi trois ou quatre pas par-delà, mon ami, dit don Quichotte (et tout cela sans ôter les doigts de son nez) et dorénavant prends un peu plus garde à ta personne et au respect que tu me dois : car la trop grande familiarité dont j'ai usé avec toi a engendré ce mépris. — Je gagerais, répliqua Sancho, que vous pensez que j'aie fait de ma personne... je ne sais quoi d'illicite. — Ce sont matières, ami Sancho, répondit don Quichotte, qu'il vaut mieux ne pas remuer. »

En ces colloques et autres semblables, le maître et le valet passèrent la nuit ; mais Sancho, voyant que le jour arrivait tant qu'il pouvait, délia Rossinante tout doucement et avec beaucoup de discrétion, puis remit son haut-de-chausses. Or, comme Rossinante se vit libre (encore que de soi-même il ne fût pas trop fougueux), il semble qu'il le ressentit un peu, et commença à frapper des pieds de devant, car pour des courbettes (ne lui en déplaise), il n'en savait point faire. Voyant don Quichotte que Rossinante se mouvait, il le tint pour bon signe, croyant véritablement que c'en était un qui l'encourageait d'entreprendre cette épouvantable aventure.

Cependant l'aube s'acheva de découvrir, et les choses de paraître succinctement, et don Quichotte se vit entre de grands arbres, qui étaient des châtaigniers, lesquels rendent un ombrage fort obscur : il ouït que le battement de ces grands coups ne cessait point, mais il ne vit pas quelle en était la cause. Et par ainsi, sans plus s'arrêter, il fit sentir les éperons à Rossinante, et, prenant derechef congé de Sancho, lui commanda qu'il l'attendît là trois jours tout au plus, ainsi que déjà il lui avait dit, et que si au bout d'iceux il n'était de retour, il tînt pour certain que Dieu avait permis qu'il finît ses jours en cette périlleuse aventure. Il lui répéta le message et l'ambassade qu'il devait faire de sa part à sa dame Dulcinée, et lui dit aussi, pour le regard du payement de ses salaires, qu'il ne s'en mît point en peine, parce qu'il avait fait son testament devant que de partir de son village, et qu'en icelui il se trouverait gratifié de ce qui était de ses gages au prorata du temps qu'il avait servi ; mais que, si Dieu le tirait de ce péril sain et sauf, et sans encombre, il pouvait tenir pour plus que certaine l'île qu'il lui avait promise. Sancho se mit derechef à pleurer, oyant de nouveau les pitoyables discours de son bon maître, et se résolut de ne le point abandonner jusqu'au terme de l'affaire. De ces larmes et de cette résolution si honorable de Sancho Pança, l'auteur de cette histoire conclut qu'il devait être bien né, et pour le moins vieux chrétien : sa peine attendrit quelque peu son maître, non pas tant toutefois qu'il démontrât aucune lâcheté ; mais, dissimulant le mieux qu'il put, il commença à cheminer vers le lieu d'où il lui semblait que procédait le bruit de l'eau et de ce battement. Sancho le suivait à pied, menant par le licou, comme il avait accoutumé, son âne, perpétuel compagnon de ses heureuses et adverses fortunes. Et, ayant cheminé un bon bout parmi ces châtaigniers et arbres ombrageux, ils donnèrent en un petit pré qui était au pied de certains hauts rochers, desquels tombait un très grand torrent d'eau. Au pied de ces rochers il y avait certaines maisons mal bâties, plutôt ruines que maisons, et d'entre icelles ils reconnurent que le bruit de ce battement sortait, lequel ne cessait point encore. Rossinante s'effaroucha à ce grand bruit que faisait l'eau en tombant et à ces grands coups. Mais don Quichotte, l'apaisant et le flattant, s'approcha peu à peu des maisons, se recommandant de tout son cœur à sa maîtresse, la suppliant qu'en cette horrible et épouvantable journée et entreprise elle le voulût favoriser ; et, tout en allant, il se recommandait aussi à Dieu, afin qu'il ne l'oubliât point. Sancho ne le quittait point d'un pouce, mais étendait le cou et la vue tant qu'il pouvait par entre les

225

jambes de Rossinante pour aviser s'il ne verrait point ce qui le tenait ainsi en suspens et en crainte. Quand ils eurent cheminé encore environ cent pas, ayant tourné un rocher, leur apparut à découvert et toute patente la cause même, sans qu'il y en pût avoir d'autre, de l'horrible et épouvantable bruit qui les avait tenus toute la nuit ainsi en suspens et effrayés. C'étaient (s'il ne t'en déplaît, ô lecteur) six maillets d'une foulerie à draps qui formaient ce bruit par leurs coups alternatifs.

Quand don Quichotte vit ce que c'était, il devint muet et se sentit défaillir du haut en bas. Sancho le regarda et vit qu'il tenait la tête penchée sur sa poitrine avec apparence d'être tout honteux. Don Quichotte se mit aussi à regarder Sancho, et vit qu'il avait les joues enflées et en apparence tout près d'éclater de rire, et sa mélancolie n'eut pas tant de pouvoir sur lui que, voyant Sancho de telle sorte, il se pût tenir lui-même de rire ; et, comme Sancho vit que son maître avait commencé, il lâcha la bonde de telle façon qu'il fut contraint de se serrer les flancs avec ses deux poings pour ne pas crever. Il se calma par quatre fois, et autant de fois recommença sa risée, avec la même impétuosité qu'à la première, de quoi don Quichotte se donnait au diable ; et encore plus quand il lui ouït dire comme par manière de moquerie ces paroles : « Il faut que tu saches, ami Sancho, que je suis né par le vouloir du ciel en cestui notre âge de fer pour y faire revivre l'âge doré ou d'or. Je suis celui pour qui sont réservés les périls, les grands exploits et les faits valeureux. » Et ainsi continua à rapporter et à lui répéter tous ou la plupart des discours que don Quichotte lui avait dits la première fois qu'ils avaient ouï ces épouvantables coups... Or, voyant don Quichotte que Sancho se moquait de lui, il se courrouça et fâcha de telle sorte qu'il leva sa lance en haut et lui en déchargea deux tels coups que, si, au lieu de tomber sur ses épaules, ils eussent porté sur sa tête, don Quichotte eût été quitte de payer son salaire, si d'aventure ce n'eût été à ses héritiers. Sancho, voyant que ses moqueries obtenaient si mauvais succès, craignant que son maître ne passât plus outre, lui dit d'une grande humilité : « Apaisez-vous, monsieur, car par Dieu je plaisante. — Et si vous plaisantez, je ne plaisante pas, moi, répondit don Quichotte. Venez çà, monsieur le plaisant. Vous semble-t-il que, si, tout ainsi comme c'étaient des maillets de foulerie, c'eût été une autre périlleuse aventure, je n'eusse pas montré le courage qu'il convenait pour l'entreprendre et la mettre à fin ? Suis-je obligé par hasard, étant chevalier comme je suis, à connaître et distinguer les sons, et savoir ceux qui sont de maillets de foulerie ou non ? Outre plus qu'il pourrait être, comme c'est la vérité, que de ma vie je n'en aie vu aucun comme vous qui avez été nourri et né entre iceux, méchant vilain que vous êtes. Ou bien faites que ces six maillets se changent en six géants, et me les envoyez un à un à la barbe, ou tous ensemble, et, si je ne vous les flanque les pattes en l'air, moquez-vous de moi tant que vous voudrez. — Eh bien, monsieur, c'est assez, répliqua Sancho, car je confesse d'avoir un peu trop gaussé ; mais dites-moi, à cette heure que nous sommes en paix (ainsi Dieu vous tire de toutes les aventures qui vous arriveront, aussi sain et sauf que de celle-ci !), cela n'a-t-il pas été une chose pour rire et aussi une chose bonne à raconter, que la grande peur que nous avons eue ? Au moins moi, car, pour votre regard, je sais bien que vous ne connaissez ni ne savez ce que c'est que crainte ni effroi. — Je ne dis pas, répondit don Quichotte, que ce qui nous est arrivé ne soit chose digne de risée, mais non pas chose à raconter, car toutes personnes n'ont pas assez d'esprit pour savoir mettre les choses en leur point. — Au moins, répondit Sancho, avez-vous su mettre en son point votre lance, en me l'appointant sur la tête et m'en donnant sur les épaules, et rends grâces à Dieu et à la diligence que j'ai mise à esquiver le coup ; mais passons, tout s'en ira en la lessive ; car j'ai ouï dire : celui-là te veut du bien qui te fait

227

pleurer ; et davantage que les grands seigneurs ont de
coutume, après une mauvaise parole qu'ils disent à un valet,
lui donner tout aussitôt une paire de chausses ; toutefois je
ne sais ce qu'ils lui donnent après lui avoir donné des coups
de bâton, si ce n'est que les chevaliers errants, après les coups
de bâton, donnent des îles ou royaumes en terre ferme. —
Les dés pourraient en décider ainsi, dit don Quichotte, et
tout ce que tu dis devenir vérité. Pardonne donc ce qui est
passé ; puisque tu es sage, tu sais que les premiers mouvements ne sont pas au pouvoir de l'homme ; prends garde
désormais à une chose (afin que tu t'abstiennes, et sois un
peu plus retenu en parlant avec moi). En tous les livres de
chevalerie que j'ai lus, qui sont infinis, jamais je n'ai trouvé
qu'aucun écuyer parlât tant avec son maître que tu fais avec
le tien. Et en vérité je trouve que c'est une grande faute à toi
et à moi ; à toi en ce que tu fais peu de cas de moi, et à moi en
ce que je ne me fais pas estimer davantage. Oui, Gandalin,
écuyer d'Amadis de Gaule, fut comte de l'île Ferme ; et on lit
de lui qu'il parlait toujours à son maître le bonnet en la main,
la tête baissée et le corps tout penché, *more turquesco* ; et que
dirons-nous de Gasabal, écuyer de don Galaor, qui fut si peu
causeur que, pour nous déclarer l'excellence de son merveilleux silence, son nom n'est mentionné qu'une seule fois en
toute cette histoire, aussi grande que véritable. De tout ce
que je t'ai dit, Sancho, tu dois inférer qu'il faut faire une
distinction de maître à valet, de seigneur à serviteur et de
chevalier à écuyer ; de sorte que dorénavant il nous faut
traiter avec retenue et sans plus de badinage : car, de quelque
façon que je me fâche contre vous, monsieur, il en prendra
mal à la cruche. Les grâces et bénéfices que je vous ai promis
arriveront en leur saison, et, s'ils n'arrivent, au moins le
salaire ne se perdra pas, je vous l'ai dit. — Tout ce que dit
Votre Grâce est fort bien, fit Sancho, mais je voudrais savoir,
si d'aventure le temps des récompenses n'arrivait et qu'il fût
nécessaire d'avoir recours à celui des salaires, combien

gagnait un écuyer d'un chevalier errant en ces temps-là, et s'ils faisaient leur marché par mois ou par jour, comme les aides à maçons. — Je ne crois pas, répondit don Quichotte, que jamais ces écuyers-là fussent à gages, mais seulement servaient au bon plaisir du chevalier. Et si je t'en ai assigné au testament clos que j'ai laissé en ma maison, ç'a été pour ce qui pourrait arriver : car je ne sais pas encore quel sera en ces temps si calamiteux le destin de la chevalerie, et ne voudrais pas que pour si peu mon âme fût en peine dans l'autre monde . car je veux que tu saches, Sancho, qu'en celui-ci il n'y a état plus dangereux que celui des aventuriers. — C'est la vérité, dit Sancho, puisque le seul bruit des maillets d'une foulerie a pu troubler et inquiéter le cœur d'un si valeureux chevalier errant comme vous l'êtes ; mais vous pouvez bien être assuré que dorénavant je ne découdrai plus les lèvres pour me moquer de vos affaires, mais pour vous honorer comme mon maître et seigneur naturel. — De cette sorte, répliqua don Quichotte, tu vivras honoré sur la face de la terre, parce qu'après les parents il faut respecter les maîtres comme s'ils l'étaient. »

CHAPITRE XXI

DE LA HAUTE AVENTURE
ET RICHE CONQUÊTE DE L'ARMET DE MAMBRIN,
AVEC D'AUTRES CHOSES
ARRIVÉES À NOTRE INVINCIBLE CHEVALIER

Sur ces entrefaites il commença à pleuvoir un peu, et Sancho eût bien voulu qu'ils fussent entrés au moulin de la foulerie ; mais don Quichotte l'avait pris tellement en haine, à cause de sa ridicule méprise, qu'il ne voulut en façon quelconque entrer dedans. Et par ainsi, prenant leur chemin à main droite, ils donnèrent en un autre pareil à celui qu'ils avaient suivi la veille.

Non loin de là, don Quichotte découvrit un homme à cheval, lequel portait sur sa tête quelque chose qui reluisait comme si c'eût été de l'or, et à peine l'eut-il vu qu'il se tourna devers Sancho, lui disant : « Il me semble, Sancho, qu'il n'y a proverbe qui ne soit véritable, parce que ce sont toutes sentences tirées de l'expérience même, mère de toutes les sciences, et spécialement celui qui dit que, *là où une porte se ferme, l'autre s'ouvre*. Je le dis pour ce que, si hier au soir la fortune nous ferma la porte de l'aventure que nous cherchions en nous leurrant avec ces marteaux à foulon, à cette heure elle nous en ouvre une autre toute grande pour une autre meilleure et plus certaine, de laquelle si je ne viens à bout, ce sera ma faute sans que je le puisse attribuer au peu de connaissance que j'ai en marteaux de foulerie ni à l'obscurité de la nuit. Adoncques, si je ne m'abuse, voici venir droit à nous un homme qui porte sur sa tête le heaume de Mambrin [1], pour lequel j'ai fait le serment que tu sais. — Regardez bien ce que vous dites, et encore mieux ce que vous faites, dit Sancho, car je ne voudrais pas que ce fussent d'autres foulons qui nous achevassent de fouler et marteler l'entendement. — Quel diable d'homme tu es ! répliqua don Quichotte ; quelle comparaison y a-t-il de heaume à foulons ? — Je n'en sais rien, répondit Sancho ; mais, en bonne foi, si je pouvais parler autant que j'en avais coutume, peut-être donnerais-je de telles raisons que vous verriez que vous vous trompez en ce que vous dites. — Comment me puis-je tromper en ce que je dis, traître scrupuleux ? dit don Quichotte. Dis-moi, ne vois-tu pas ce chevalier qui vient vers nous sur un cheval gris pommelé et qui porte en tête un armet d'or ? — Ce que je vois et conjecture, répondit Sancho, n'est autre chose qu'un homme monté sur un âne gris pareil au mien, et qui porte sur sa tête une chose qui reluit. — Eh bien, c'est l'armet de Mambrin, dit don

Quichotte : va-t'en un peu à l'écart et me laisse seul avec lui, et tu verras que, sans dire mot, afin d'épargner le temps, je conclurai cette aventure et que l'armet que tant j'ai désiré me demeurera. — J'aurai le soin de m'écarter, répliqua Sancho ; mais Dieu veuille, je le dis encore, que ce soit de l'origan, et non des marteaux à foulon. — Je vous ai déjà dit, frère, que vous ne me fissiez plus mention, même en pensée, de ces foulons, dit don Quichotte : car je jure sur…, je n'en dis pas davantage, que je vous foulerai l'âme tout mon soûl. » Sancho se tut, de peur que son maître n'accomplît le vœu qu'il avait lancé rond comme une boule.

Or, voici ce qui en était de l'armet, du cheval et du chevalier que voyait don Quichotte : en cette contrée il y avait deux villages, l'un desquels était si petit qu'il n'y avait ni apothicaire ni barbier, tandis que l'autre, qui était tout près, en était pourvu ; ainsi le barbier du plus grand servait au moindre, auquel il y eut justement un malade ayant besoin d'être saigné, et un autre de se faire la barbe. C'est pourquoi le barbier s'y rendait, portant un bassin de cuivre. Et la fortune voulut qu'au cours de sa marche il commença à pleuvoir, et, de peur que son chapeau ne fût taché de la pluie, parce qu'il devait être neuf, il se mit son bassin sur la tête ; et, comme il était fort net, il luisait d'une demi-lieue de loin. Enfin l'homme était monté sur un âne gris, comme Sancho avait dit. Et voilà comment il sembla à don Quichotte qu'il y eût là cheval gris pommelé, chevalier, et armet d'or, car toutes les choses qu'il voyait, il les accommodait facilement à ses délirantes chevaleries et vagabondes pensées.

Et, quand il vit que le pauvre chevalier approchait, sans entrer autrement en discours avec lui, à toute course de Rossinante, il coucha sa lance contre lui en intention de le percer de part en part ; mais, quand il fut tout contre lui, sans retenir la furie de sa carrière, il lui dit : « Défends-toi, chétive créature, ou me rends de bon gré ce qui m'est dû avec tant de raison. » Le barbier, qui, tandis qu'il y pensait le moins, vit venir contre lui ce fantôme, n'eut d'autre remède pour esquiver le coup de sa lance que de se laisser choir de son âne, et il n'eut pas plus tôt touché terre qu'il se leva plus vite qu'un daim, et commença à courir par la plaine si légèrement que le vent ne l'eût pas atteint. Il laissa son bassin à terre, de quoi don Quichotte fut content et dit que le païen avait fort adroitement agi et avait imité le castor, lequel, se voyant pressé des chasseurs, arrache et tranche avec ses dents ce pourquoi il sait par instinct naturel qu'il est poursuivi.

Il commanda à Sancho de relever l'armet ; l'autre, le prenant entre ses mains, s'écria : « Par Dieu ! le bassin est bon et vaut une pièce de huit réaux comme un maravédi. » Il le bailla à son maître, et celui-ci se le mit incontinent en tête, le tournant d'une part et de l'autre et cherchant l'enchâssure, et, comme il ne la trouva point, il dit : « Sans doute le païen à la mesure de qui fut forgée cette fameuse salade devait avoir une très grosse tête ; et le pis que j'y vois est qu'il en manque la moitié. » Quand Sancho ouït appeler ce bassin salade, il ne se put tenir de rire, mais il se ressouvint de la colère de son maître et s'arrêta au milieu de son ris. « De quoi ris-tu, Sancho ? lui dit don Quichotte. — Je ris, répondit-il, de considérer la grosse tête qu'avait le païen maître de cet armet, qui ressemble à un bel et bon bassin de barbier. — Sais-tu bien ce que je m'imagine, Sancho ? répliqua don Quichotte. Que cette fameuse pièce de cet armet enchanté doit être, par quelque étrange accident, tombée entre les mains de quelqu'un qui n'a pas su connaître ni estimer sa valeur ; et, sans savoir ce qu'il faisait, voyant qu'elle était d'or très fin et très pur, il en fondit la moitié pour faire son profit du prix de l'or, et l'autre moitié, il en fit cet armet qui ressemble à un bassin de barbier, comme tu dis ; quoi qu'il en soit, pour moi qui le connais, il ne me chaut de sa transmutation car, au premier lieu où il y aura un forgeron, je le raccommoderai de telle sorte qu'il n'ait rien à envier à celui que fit et forgea le dieu des forges pour le dieu des batailles [2] ; et cependant je le porterai comme je pourrai, car il vaut mieux quelque chose que rien, vu même qu'il sera suffisant pour me défendre de quelque coup de pierre. — Oui bien, dit Sancho, pourvu qu'on ne la tire point avec une fronde comme on en tira au combat des deux armées, où l'on vous en donna par les mâchoires et vous rompit la burette en laquelle était ce très béni breuvage qui me fit vomir la fressure. — Je ne regrette pas beaucoup de l'avoir perdu, dit don Quichotte, car tu n'ignores pas, Sancho, que j'en sais la recette par cœur. — Je la sais aussi, répondit Sancho ; mais, si j'en refais ou que j'en tâte jamais de ma vie, que ce soit ici mon dernier jour ; et bien plus je ne pense pas me mettre en occasion d'en avoir besoin, car je veux employer tous mes cinq sens de nature à me garder d'être féru ni de férir personne. Pour le regard d'être berné une autre fois, je n'en dis rien : car on ne peut obvier à telles disgrâces, et, si elles arrivent, il n'y a autre chose à faire qu'à courber les épaules, retenir son haleine, fermer les yeux et se laisser aller où la fortune et la couverture nous mèneront.

— Tu es un mauvais chrétien, Sancho, observa don Quichotte, car jamais tu n'oublies l'injure qu'on t'a une fois faite : or, sache que c'est affaire à cœurs nobles et généreux de ne tenir compte de bagatelles. Quel pied as-tu estropié, quelle côte rompue, quelle tête cassée, pour ne mettre en oubli cette plaisanterie ? Car, à bien considérer la matière, ce ne fut autre chose que plaisanterie et passe-temps. Si je ne l'entendais ainsi, je serais déjà retourné là-bas, et aurais fait pour te venger plus de dommage que n'en firent les Grecs pour l'amour de la belle Hélène qu'on leur avait enlevée. Laquelle, si elle eût été en ce temps-ci, ou que ma Dulcinée eût été en celui-là, peut être assurée qu'elle n'eût pas eu une telle réputation de beauté. » Et en cet endroit il poussa un soupir si grand qu'il l'envoya jusqu'aux nues. « Eh bien, va pour plaisanterie, dit Sancho, puisque la vengeance ne put être sérieuse ; mais je sais quant à moi ce qu'il y eut de sérieux et de plaisant en tout cela, et sais tout de même que ni l'un ni l'autre ne me sortiront de la mémoire, ni ne s'ôteront jamais de mes épaules. Mais brisons, et dites-moi, monsieur, que ferons-nous de ce cheval pommelé, qui semble un âne gris, que ce Martin a ici abandonné quand vous l'avez jeté par terre ? Car, si j'en crois la façon dont il a pris la poudre d'escampette, il n'y a point d'apparence qu'il le revienne jamais quérir, et par ma barbe, le grison n'est pas mauvais. — Je n'ai pas accoutumé, dit don Quichotte, de dépouiller ceux que je vaincs, et ce n'est point l'usage de la chevalerie de leur ôter leurs chevaux et les laisser à pied, si ce n'était que le vainqueur eût perdu le sien en la bataille : en tel cas, il est permis de prendre celui du vaincu, comme étant conquis en bonne guerre ; donc, Sancho, laisse ce cheval, cet âne ou ce que tu voudras que ce soit, car, dès que son maître nous verra éloignés d'ici, il le reviendra quérir. — Dieu sait si j'aurais envie de l'emmener, répliqua Sancho, ou pour le moins de le troquer contre le mien, qui ne me semble pas si bon, et véritablement les lois de la chevalerie sont bien étroites, puisqu'elles ne s'étendent pas seulement à laisser échanger un âne pour un autre, et je désirerais fort savoir si je pourrais au moins changer les harnais. — En cela je ne suis pas trop assuré, répondit don Quichotte, et, en cas de doute (jusqu'à plus ample informé), je suis d'avis que tu les changes si c'est que tu en aies une extrême nécessité. — Si extrême, répondit Sancho, que, quand ce serait pour ma propre personne, je n'en aurais pas plus de besoin » ; et fort de cette permission, il fit *mutatio caparum*, et accoutra son âne fort joliment, l'ayant amélioré du tiers et du quint.

Cela fait, ils déjeunèrent du reste des dépouilles du chanoine et du sac du mulet de charge qu'ils avaient dévalisé, et burent de l'eau du ruisseau des marteaux à foulon sans tourner la tête pour les regarder, tant était grande la haine qu'ils leur portaient pour la peur qu'ils leur avaient faite. Leur colère s'étant apaisée et pareillement leur mélancolie, ils montèrent à cheval, et, sans prendre aucun chemin assuré (étant le propre des chevaliers errants de n'en tenir jamais aucun), se mirent à cheminer par où la volonté de Rossinante les guida, parce qu'il emportait après soi celle de son maître, et par même moyen celle de l'âne, qui toujours le suivait en bon amour et compagnie, en quelque part qu'il le guidât. Ce nonobstant, ils retournèrent au grand chemin, et le suivirent à l'aventure sans autre dessein.

Or, comme ils allaient ainsi cheminant, Sancho dit à son maître : « Monsieur, vous plaît-il me permettre que je discoure un peu avec vous, parce que, depuis que vous m'avez imposé cet âpre commandement du silence, il s'est pourri plus de quatre choses en mon estomac ; et une que j'ai à cette heure sur le bout de la langue, je ne voudrais pas qu'elle se gâtât. — Dis-la, dit don Quichotte, et sois bref en tes discours, car nul n'est agréable s'il est trop long. — Je dis donc, monsieur, répondit Sancho, que depuis quelques jours en çà j'ai considéré le peu qu'on gagne et profite d'aller après les aventures que vous cherchez par ces déserts et carrefours, là où, encore que l'on surmonte et mette à fin les plus périlleuses, il n'y a personne qui les voie ni qui les puisse savoir ; et par ainsi elles demeurent en un perpétuel silence, au grand préjudice de l'intention de Votre Grâce et de ce qu'elles méritent ; partant, il me semble qu'il serait plus à propos, sauf avis contraire de votre part, que nous allassions servir quelque empereur ou autre grand prince qui eût quelque guerre, et qu'au service d'icelui vous montrassiez la valeur de votre personne, vos forces grandes et votre plus grand entendement. Voyant cela, le seigneur que nous servirions serait forcé de nous récompenser chacun selon nos mérites, et, ce faisant, il ne manquerait point de quelqu'un qui mît par écrit vos grandes prouesses pour une perpétuelle mémoire. Des miennes, je n'en parle point, parce qu'elles ne doivent point sortir des limites écuyéresques, quoique je puisse dire que, si c'est la coutume dans la chevalerie d'écrire les faits des écuyers, je ne pense point que les miennes doivent demeurer dans l'écritoire.

— Ce n'est pas mal dit à toi, répondit don Quichotte ; mais, devant que l'on arrive à ce terme, il faut aller par le monde, comme pour faire ses preuves, cherchant les aventures, de façon qu'en mettant quelqu'une à fin on acquière une renommée et bruit tels que, quand on ira à la cour d'un grand monarque, le chevalier soit déjà connu par ses œuvres, et qu'à peine les petits garçons l'auront vu entrer par la porte de la ville que tous le suivront et l'environneront, criant à haute voix et disant : « Voici le chevalier du Soleil, ou du « Serpent » (ou bien de quelque autre enseigne, sous laquelle il pourrait avoir fait quelque grand exploit). « C'est cestui-ci, diront-ils, lequel a vaincu en combat singulier le gros géant Brocabruno de si grande force, celui qui a désenchanté le grand mameluk de Perse du long enchantement auquel il avait été quasi l'espace de neuf cents ans. » Et ainsi, de main en main, ils iront publiant ses hauts faits, et tout incontinent, au bruit de ces petits garçons et des autres gens, le roi de ce royaume-là se mettra à la fenêtre de son palais royal ; et, comme il verra le chevalier, le reconnaissant à ses armes ou à la devise de son écu, il dira forcément : « Çà donc, que tous les chevaliers qui sont en ma cour sortent pour recevoir la fleur de la chevalerie que voici venir. » Et à ce commandement tous sortiront, et le roi descendra jusqu'au milieu de l'escalier, embrassera le chevalier fort étroitement, et lui donnera la paix en le baisant au visage, et ensuite le conduira par la main en la chambre de la reine, où le chevalier la trouvera avec l'infante sa fille, qui doit être l'une des plus belles et parfaites damoiselles qui à peine se puissent trouver en la plus grande partie de la terre découverte. Il arrivera après cela, et tout aussitôt, qu'elle jettera les yeux sur ce chevalier, et lui aussi les siens sur elle, et chacun d'eux semblera à l'autre, chose plus divine qu'humaine ; et, sans savoir comment, ni oui ni non, ils demeureront pris et enlacés en les inextricables rets d'amour, avec une grande angoisse en leurs cœurs, pour ne savoir comment ils pourront parler l'un à l'autre afin de se découvrir leurs peines et douleurs. De là, sans doute, on le mènera en quelque quartier du palais, richement accommodé, où, l'ayant dépouillé de ses armes, on lui apportera un riche manteau d'écarlate pour se couvrir ; et, s'il a eu bonne grâce dans son armure, il l'aura encore meilleure en pourpoint. La nuit étant venue, il soupera avec le roi, la reine et l'infante, et pendant le souper il n'ôtera point sa vue de dessus elle, la regardant à la dérobée des assistants ; et elle fera de même, avec la même sagacité, parce que, comme j'ai dit, c'est une fort discrète damoiselle. On lèvera les tables, et, à l'improviste, il entrera par la porte de la salle un affreux petit nain et une belle dame, laquelle vient derrière ce nain entre deux géants avec, au bout de tout cela, une certaine aventure, ourdie par un très ancien sage, telle que celui qui la mettra à fin sera tenu pour le meilleur chevalier du monde. Le roi commandera incontinent que tous ceux qui seront là présents en fassent l'épreuve, et pas un d'eux n'y mettra fin, fors le chevalier nouveau venu, au grand accroissement de sa renommée, de quoi l'infante demeurera très satisfaite, et se tiendra pour contente et plus que payée d'avoir mis et colloqué ses pensées en si haut lieu. Et le bon est que ce roi ou prince, ou ce que c'est, a une grande et dangereuse guerre avec un autre aussi puissant que lui ; et ce chevalier étranger, au bout de quelques jours qu'il aura été en sa cour, lui demandera congé de le servir en cette dite guerre. Le roi le lui baillera de fort bon gré, et le chevalier lui baisera fort courtoisement les mains pour la faveur qu'il lui fait. Et, cette même nuit, il prendra congé de l'infante sa maîtresse par le treillis d'un jardin qui répond à la chambre où elle couche, par lequel il lui a déjà parlé plusieurs fois, grâce à la médiation d'une damoiselle en qui l'infante a beaucoup de confiance. Il soupirera, elle s'évanouira, la damoiselle ira querir de l'eau et se tourmentera fort, parce que la matinée approche, et elle ne voudrait pas qu'ils fussent découverts à cause qu'il y va de l'honneur de sa maîtresse. Enfin, l'infante reviendra à elle et baillera ses mains blanches par le treillis au chevalier, lequel les baisera mille et mille fois, et les lui baignera de larmes. Ils demeureront d'accord entre eux du moyen qu'ils tiendront pour faire savoir de leurs nouvelles l'un à l'autre ; et la princesse le priera de tarder à revenir le moins qu'il pourra : il le lui promettra avec mille serments, et derechef il lui baise les mains, et il prend congé avec tant de déplaisir et douleur que peu s'en faut qu'il ne perde la vie ; de là il s'en va à sa chambre, se jette sur son lit, où il ne peut dormir pour la douleur de son départ, se lève de fort grand matin, et s'en va prendre congé du roi, de la reine et aussi de l'infante, mais on lui dira, après avoir pris congé des deux, que l'infante est indisposée, et qu'on ne la voit point. Le chevalier pensera que c'est du déplaisir qu'elle a de son départ ; celui lui percera le cœur, et peu s'en faudra qu'il ne donne quelque indice manifeste de sa peine : la damoiselle médiatrice sera présente, remarquera bien tout, et l'ira dire à sa maîtresse, qui la recevra avec des larmes, et lui dira que l'une des plus grandes peines qu'elle a, c'est qu'elle ne sait pas qui est son chevalier, et s'il descend de la race de quelque roi ou non. Sa damoiselle l'assurera qu'il ne peut entrer tant de courtoisie, de gentillesse ou vaillance, comme est celle de son chevalier, si ce n'est en un sujet royal et grave. La pauvre affligée se console avec cela, tâchera de se consoler, pour ne donner aucun mauvais indice de soi à ses père et mère, et au bout de deux jours elle paraîtra en public. Cependant le chevalier s'en est déjà allé, il combat en la guerre, vainc l'ennemi du roi, gagne beaucoup de villes et triomphe dans plusieurs batailles ; il revient à la cour, voit sa maîtresse au lieu accoutumé ; ils résolvent qu'il la demande pour femme à son père en récompense de ses services : le roi ne la lui veut pas bailler, parce qu'il ne sait pas qui il est ; mais, avec tout cela, l'infante, ou bien qu'elle soit enlevée, ou bien de quelque autre façon, vient à être son épouse, et son père le tient à grand honneur, parce qu'il est informé que ce chevalier est le fils d'un fort valeureux roi de je ne sais quel royaume, parce que je crois qu'il n'est pas en la carte. Le père vient à mourir, l'infante est héritière, et voilà le chevalier devenu roi en deux mots. C'est incontinent le point de donner des récompenses à son écuyer, et à tous ceux qui lui auront aidé à monter à une si haute dignité. Il marie son écuyer avec une damoiselle de l'infante, laquelle sera sans doute celle qui aura été médiatrice de leurs amours, et qui est fille d'un haut et puissant duc.

— Nous y voilà, et cartes sur table, dit Sancho, je me tiens à cela, car il arrivera tout au pied de la lettre pour Votre Grâce, puisqu'elle s'appelle le *Chevalier de la Triste Figure.*

— N'en doute point, Sancho, répliqua don Quichotte, c'est de cette façon, et par les voies que je t'ai contées, que les chevaliers errants parviennent aux rangs de rois et empereurs. A cette heure, il reste seulement à voir quel roi il y a entre les chrétiens ou païens qui ait guerre et une belle fille, mais il y aura du temps pour y penser : car, comme je t'ai dit, il faut acquérir de la renommée en d'autres endroits auparavant que de venir à la cour. Aussi me manque-t-il autre chose, qui est que, posé le cas qu'il se trouve un roi avec une guerre et une belle fille, et que j'aie acquis un renom incroyable par tout l'univers, je ne sais pas comment il se pourra trouver que je sois de lignage de rois, ou pour le moins cousin germain d'empereur : car le roi ne voudra pas donner sa fille pour femme, si premièrement il n'est bien informé de ceci, encore que mes fameux exploits méritent davantage ; tellement que, par ce défaut, je crains de perdre ce que par la valeur de mon bras j'ai bien mérité. Bien est-il vrai que je suis gentilhomme de maison bien connue, de possession, de propriété, et en droit de revendiquer les cinq cents sous de réparation[3] ; et il se pourrait faire que le sage qui écrirait mon histoire recherchât tellement mon parentage et ma généalogie qu'il me trouvât cinquième ou sixième neveu de roi : car je te fais savoir, Sancho, qu'il y a deux sortes de lignages au monde : les uns prennent leur origine et ont leur extraction des princes et monarques que le temps peu à peu défait, et qui se sont achevés en pointe comme pyramide mise à l'envers, les autres qui ont eu commencement de petites gens, et qui vont en montant de degré en degré jusques à parvenir à être de grands seigneurs, tellement que la différence consiste en ce que les uns ont été qui ne sont plus, et d'autres sont qui n'ont point été ; et moi, je pourrais être de ceux dont, après information, on trouverait que leur commencement aurait été grand et fameux, de quoi le roi, mon futur beau-père, se contenterait bien. Et, quand cela ne serait pas, l'infante m'aimerait de telle sorte qu'en dépit de son père, encore qu'elle sût certainement que je suis fils d'un porteur d'eau, elle me recevrait pour seigneur et pour époux ; et sinon, voici où il viendrait à propos de l'enlever et la mener où bon me semblerait, car le temps ou la mort mettrait fin au déplaisir de ses père et mère.

— Ici vient aussi fort à propos, dit Sancho, ce que disent quelques gens sans âme, à savoir : Ne demande point de gré ce que tu peux prendre par force. Ou plus à propos encore : Mieux vaut le saut du buisson que la prière des gens de bien. Je le dis parce que, si ce seigneur roi votre beau-père ne veut condescendre à vous confier madame l'infante, il n'y a autre chose à faire, sinon, comme vous dites, de l'enlever et de l'emmener autre part, mais le mal est que, en attendant que l'on fasse la paix et qu'on jouisse paisiblement du royaume, le pauvre écuyer demeurera sur ses dents en fait de récompense. A moins que la damoiselle médiatrice, qui doit être sa femme, s'en aille avec l'infante, et qu'il passe avec elle sa mauvaise aventure jusqu'à ce que le ciel en ordonne autrement : car, comme je crois, son maître la lui pourra donner pour légitime épouse. — Pour cela, il n'y a personne qui

l'empêche, dit don Quichotte. — Quoi qu'il en soit, répondit
Sancho, il n'y a autre chose à faire, sinon de nous recommander à Dieu et laisser courir le hasard. — Dieu fasse, répondit
don Quichotte, selon mes vœux et selon tes besoins,
Sancho ; et méchant soit qui pour méchant se tient. — Soit
par Dieu, dit Sancho, car pour moi je suis des vieux
chrétiens, et pour devenir comte c'est assez. — C'est même
trop, dit don Quichotte, et, quand tu n'en serais pas, cela ne
ferait pas grand-chose à l'affaire : car, moi étant le roi, je te
peux bien donner qu'en te faisant comte te voilà chevalier, et
qu'on en dise ce que l'on voudra : en bonne foi, je sais qu'on
te baillera ce titre de *Seigneurie*, en dépit qu'on en ait. — Et
pensez-vous que je ne puisse pas bien donner autorité à mon
équalité ? dit Sancho. — Il faut dire qualité et non pas
équalité, dit son maître. — Ainsi soit, répondit Sancho
Pança ; je dis que je la saurais bien accommoder : car, ma foi,
je fus un temps bedeau d'une confrérie, et la robe me seyait si
bien que tout le monde disait que j'avais de la prestance assez
pour pouvoir passer marguillier. Que sera-ce quand je me
mettrai sur le dos une robe ducale, ou que je m'habillerai
d'or ou de perles, à la façon d'un comte étranger ? Pour moi,
je tiens qu'on me viendra voir de cent lieues. — Tu auras
bonne mine, dit don Quichotte, mais il faudra que tu te rases
la barbe fort souvent : car, selon que tu l'as épaisse et toute
mêlée et hérissée, si tu ne la fais au rasoir que pour le moins
de deux jours l'un, on connaîtra ce que tu es à une portée
d'escopette. — Bah ! dit Sancho, il n'est que de prendre un
barbier à gages chez soi. Et même, s'il était besoin, je le ferais
suivre derrière moi comme l'écuyer d'un grand. — Et
comment sais-tu, demanda don Quichotte, que les grands
mènent leurs écuyers après eux ? — Je vous le dirai, répondit
Sancho : ces années passées, je fus un mois à la cour, et je vis
là que, se promenant un seigneur fort petit, qu'on disait être
fort grand[4], un homme le suivait à cheval à tous les tours
qu'il faisait, tellement qu'il semblait que ce fût sa queue. Je

Ceux qui étaient à cheval avaient des escopettes à rouet, et ceux qui étaient à pied étaient armés de piques et d'épées ; et, aussitôt que Sancho les vit, il dit : « Voici une chaîne de galériens et forçats du roi qui vont aux galères. — Comment forçats ? demanda don Quichotte. Est-il possible que le roi fasse violence à personne ? — Je ne dis pas cela, répondit Sancho, mais que ce sont des gens qui, pour leurs délits, sont condamnés à servir le roi aux galères par force. — Enfin, répliqua don Quichotte, en quelque façon que ce soit, ces gens-ci, encore qu'on les mène, vont par force et non de leur bon gré ? — Il est certain, dit Sancho. — C'est bon, dit son maître, voici l'occasion d'exercer mon office : résister à la force et secourir les misérables. — Prenez garde, monsieur, dit Sancho, que la justice, qui est le roi même, ne fait force ni injure à telles gens, mais qu'elle les châtie pour leurs délits. »

Sur ce arriva la chaîne des galériens, et don Quichotte, avec des paroles fort courtoises, requit ceux qui les avaient en garde de l'informer et lui dire la cause ou les causes pourquoi ils menaient ces gens de cette façon. L'un des gardes à cheval lui répondit que c'étaient des forçats de Sa Majesté qui allaient aux galères et qu'il n'avait rien que cela à dire, et lui n'avait que faire d'en savoir davantage. « Ce néanmoins, répliqua don Quichotte, je voudrais savoir de chacun d'eux en particulier la cause de sa disgrâce. » Puis il ajouta à ces raisons d'autres semblables et si pleines de courtoisie, pour les engager à lui dire ce qu'il désirait savoir, que l'autre garde à cheval lui dit : « Encore que nous ayons ici le registre et le rôle des sentences de chacun de ces malheureux, il n'est pas l'heure de nous amuser à les tirer ni à les lire ; approchez-vous, et leur demandez à eux-mêmes, car ils vous le diront s'ils veulent. Et sûrement, ils le voudront bien, parce que ce sont gens qui prennent plaisir à faire et à dire des coquineries. » Avec cette permission, laquelle don Quichotte eût prise encore qu'on ne la lui eût pas donnée, il s'approcha de la chaîne et demanda au premier pour quels péchés il allait en si mauvais équipage. Il lui répondit que c'était pour avoir été amoureux. « Et pas pour autre chose ? répliqua don Quichotte. Or, si l'on envoie les hommes aux galères pour être amoureux, il y a longtemps que j'y serais à tirer la rame. — Ce ne sont les amours que vous pensez, dit le galérien ; les miennes furent que j'aimai tant une corbeille à lessive pleine de linge blanc, et l'embrassai si étroitement, que, si la justice ne me l'eût ôtée par force, je ne l'eusse pas encore laissée à présent de mon bon gré : ce fut en flagrant délit, et il ne fut pas besoin de la question, l'affaire se conclut, on m'accommoda les épaules avec cent coups de fouet, et par-dessus on me condamna à trois ans de gourapes, et voilà la besogne faite. — Que veut dire gourapes ? demanda don Quichotte. — Gourapes, ce sont les galères », répondit le forçat, lequel était un jeune homme âgé d'environ vingt-quatre ans, et dit qu'il était natif de Piedrahita.

Don Quichotte fit la même demande au second, lequel ne lui répondit mot, tant il était triste et mélancolique ; mais le premier répondit pour lui et dit : « Monsieur, celui-ci est là comme vous voyez, en qualité de serin de Canarie, c'est-à-dire de musicien et chantre. — Et comment cela ? reprit don Quichotte ; va-t-on aussi aux galères pour être musicien et chantre ? — Oui, monsieur, répondit le forçat, car il n'y a rien pire que de chanter dans la géhenne[1]. — Au contraire, j'ai ouï dire, dit don Quichotte, que qui chante ses maux enchante. — C'est ici au rebours, dit le galérien, car qui chante une fois pleure toute sa vie. — Je ne l'entends pas », dit don Quichotte ; mais un des gardes lui dit : « Seigneur chevalier, chanter dans le tourment se dit, entre cette gent *non santa*[2], confesser en la question. On donna la géhenne à ce pauvre misérable, et il confessa son péché, qui était d'être larron de bétail, et, pour l'avoir confessé, on l'a condamné aux galères pour six ans outre deux cents coups de fouet, qu'il a déjà reçus sur les épaules ; et il est toujours ainsi pensif et triste, parce que les autres larrons, tant ceux qui sont demeurés là-bas que ceux qui sont ici, le gourmandent, le bafouent, le moquent et font peu d'état de lui, pour ce qu'il a confessé et n'a pas eu le courage de dire non : car ils disent qu'il y a autant de lettres à un non qu'à un oui, et qu'un pauvre délinquant est assez heureux, qui a sa vie ou sa mort en sa langue, et non en celle des témoins et preuves, et pour moi je tiens qu'ils ne sont pas fort éloignés du chemin de la raison. — Je l'entends ainsi », répondit don Quichotte, lequel, passant au troisième, lui demanda la même chose qu'aux autres, et il lui répondit promptement et tout délibérément, lui disant : « Je m'en vais pour cinq ans à mesdames les galères, faute de dix écus. — J'en donnerai fort volontiers vingt, dit don Quichotte, pour vous délivrer de ce chagrin. — Cela me semble, répondit le forçat, comme à un qui a de l'argent au milieu de la mer et meurt de faim, sans avoir où acheter ce dont il a de besoin. Je le dis pour ce que, si j'eusse eu en temps et lieu ces vingt écus que vous m'offrez à présent, j'en eusse graissé la plume du greffier, et éveillé l'esprit du procureur, de sorte que je me verrais aujourd'hui au milieu de la place de Zocodover, à Tolède, et non pas mené en laisse par ce chemin-ci ; mais Dieu est grand, patience, et baste. »

Don Quichotte passa au quatrième, qui était un homme de vénérable aspect, avec une barbe blanche qui lui descendait plus bas que la poitrine ; lequel oyant qu'on lui demandait la cause pourquoi il était là, commença à pleurer et ne répondit mot ; mais le cinquième condamné lui servit d'interprète et dit : « Cet honnête homme va aux galères pour quatre ans, après avoir fait les promenades accoutumées, habillé en pompe et à cheval. — Cela s'appelle, dit Sancho Pança, à ce qu'il m'en semble, avoir fait amende honorable et être mis au pilori. — Tu dis vrai, répliqua le galérien, et le sujet pourquoi on lui a donné cette peine est pour avoir été courtier d'oreilles, voire de corps entiers, je veux dire que ce chevalier-ci va aux galères comme entremetteur, et mêmement aussi pour avoir eu quelques pointes de sorcier. — Si vous n'y eussiez point ajouté ces pointes, dit don Quichotte, mais seulement d'avoir été honnête entremetteur, il ne méritait pas d'aller tirer la rame aux galères, mais plutôt pour y commander et être général d'icelles, car le métier d'entremetteur n'est pas si commun : c'est un métier de gens d'esprit, et qui est très nécessaire en une république bien ordonnée, et ne se devrait exercer que par des personnes bien nées. Même il y devrait avoir des contrôleurs et examinateurs comme il y en a des autres métiers, et en nombre fixe et limité, ainsi que des courtiers de banque, et par ce moyen on éviterait tout plein de maux, qui arrivent de ce que ce métier et exercice se pratique par des idiots et gens de peu d'entendement, comme sont des femmelettes telles quelles, de petits sots de pages, des bouffons de peu d'ans et de peu d'expérience, et à qui, en la meilleure et plus nécessaire occasion, lorsqu'il est besoin de trouver quelque entreprise d'importance, la bouillie leur gèle entre la bouche et la cuiller, et ne savent pas laquelle est leur main droite. Je voudrais bien passer outre et dire les raisons pourquoi il conviendrait faire élection de ceux qui en la république devraient exercer une charge si nécessaire, mais ce n'est pas ici le lieu, je le confierai quelque jour à personne qui y pourra pourvoir et remédier. Je dirai seulement à présent que la douleur que j'avais conçue de voir ces cheveux blancs et cette vénérable face en une telle affliction pour être entremetteur m'a été ôtée par cette addition de sorcier, encore que je sais bien qu'il n'y a sorcellerie ni charmes au monde qui puissent mouvoir et forcer la volonté comme quelques simples le pensent, car nous avons notre libre arbitre, et n'y a herbe ni enchantement qui lui fasse force. Ce qu'ont accoutumé de faire quelques simples femmelettes et certains méchants fourbes, ce sont quelques mélanges et venins, de quoi ils font devenir les hommes fous, en leur donnant à entendre qu'ils ont la force de les faire aimer, étant, comme j'ai dit, une chose impossible de forcer la volonté. — Il est ainsi, dit le bon vieillard, et en vérité, monsieur, qu'en ce qui est du sorcier, il n'y a point eu de ma faute ; mais, pour ce qui touche l'entremetteur, je ne l'ai pu nier ; mais je ne pensais pas faire mal en cela, car ma seule intention était que tout le monde se réjouît et vécût en paix et tranquillité, sans querelles ni fâcheries ; mais ce bon désir ne m'a servi de rien pour empêcher que je n'allasse au lieu d'où je n'espère pas revenir, selon que me pressent les ans, et un mal d'urine que j'ai, qui ne me laisse point en repos un instant » ; et ici il se remit à pleurer comme auparavant, de quoi Sancho eut tant de pitié qu'il tira de son sein un réal de vingt sous et lui donna l'aumône.

Don Quichotte passa outre, et demanda à un autre quel était son délit ; il lui répondit avec beaucoup plus de gaillardise que le précédent : « Je suis ici pour m'être trop joué avec deux miennes cousines germaines et avec deux autres sœurs, mais qui ne me l'étaient pas, finalement, je me suis tellement joué avec toutes, que de ce jeu le parentage s'en est accru avec tant de mélange et si embarrassé qu'il n'y a diable qui s'y retrouve. J'ai été convaincu de tout, la faveur m'a manqué, je n'avais point d'argent, de sorte que je me suis vu sur le point de perdre les avaloires : j'ai été condamné pour six ans aux galères, à quoi j'ai acquiescé, c'est pour châtiment de ma faute ; je suis jeune, que la vie me dure : car avec elle on vient à bout de tout, et, si Votre Grâce, monsieur, porte quelque chose de quoi assister ces pauvres misérables, Dieu vous le rendra en paradis, et nous aurons ici en terre le soin de le prier en nos oraisons pour votre vie et santé, qu'elle soit aussi longue et aussi bonne comme votre belle personne le mérite. » Celui-là était habillé en écolier, et l'un des gardes dit à don Quichotte qu'il était beau parleur et fort gentil latiniste.

Après tous ceux-là venait un homme de bonne apparence, âgé de trente ans, hormis qu'en regardant il mettait un œil dans l'autre. Il allait un peu différemment attaché des autres, car il avait une chaîne au pied si grande qu'il l'entortillait tout à l'entour de son corps, et deux carcans à la gorge, l'un attaché à la chaîne, et l'autre était de ceux que l'on appelle garde-ami ou pied d'ami ; à icelui tenaient deux fers qui allaient jusqu'à la ceinture, auxquels étaient attachées deux menottes où il avait les mains, fermées d'un gros cadenas, de sorte qu'il ne pouvait porter ses mains à sa bouche, ni baisser la tête pour atteindre à ses mains. Don Quichotte demanda pourquoi cet homme avait plus de fers que les autres. Le garde lui répondit que c'était parce que lui seul avait commis plus de crimes que tous les autres ensemble ; et qu'il était si hardi et si grand coquin qu'encore qu'il fût amené de telle façons ils n'étaient pas assurés de lui, mais avaient toujours peur qu'il ne leur échappât. « Quels crimes est-ce qu'il peut avoir commis, dit don Quichotte, s'ils ne lui ont point valu de plus grande peine que de l'envoyer aux galères ? — Il y va pour dix ans, répliqua le garde, qui est autant qu'une mort *cévile* : qu'on ne s'en enquête pas davantage, que l'on se contente de savoir que ce bonhomme est le fameux Ginés de Passamont, que l'on appelle autrement Ginésillo de Parapilla. — Tout doux, monsieur le commissaire, dit alors le forçat, ne nous mettons point à décider des noms et surnoms, je m'appelle Ginés, et non pas Ginésillo, et Passamont est ma lignée, et non Parapilla, comme vous dites ; mais que chacun prenne garde à la poutre qu'il a en l'œil : il y aura assez à faire. — Parlez moins fort, répliqua le commissaire, monsieur le larron de haute marque, si vous ne voulez que je vous fasse taire en dépit que vous en ayez. — Il paraît bien, répondit le forçat, que l'homme va comme il plaît à Dieu, mais l'on saura quelque jour si je m'appelle Ginésillo de Parapilla ou non. — Eh bien, ne t'appelle-t-on pas ainsi, imposteur ? dit le garde. — Oui, on m'y appelle, répondit Ginés ; mais je ferai en sorte qu'on ne m'y appellera plus, ou bien je m'arracherai le poil là où je dis entre mes dents. Seigneur chevalier, si vous avez quelque chose à nous donner, donnez-le-nous, et vous en allez avec Dieu, car vous nous ennuyez de vous tant informer des vies d'autrui ; et, si vous voulez savoir la mienne, sachez que je suis Ginès de Passamont, la vie duquel est écrite par cette main. — C'est la vérité, dit le commissaire, car lui-même a écrit son histoire le mieux du monde ; et il a laissé le livre en la prison en gage pour deux cents réaux. — J'ai bien espérance de le dégager, dit Ginès, fût-il en gage pour deux cents écus. — Est-il si bon ? demanda don Quichotte. — Oui, il est si bon, répondit Ginès, que c'est mauvaise affaire pour *Lazarille de Tormes*[3] et pour tous ceux qui se sont écrits ou s'écriront dans le genre. Ce que je vous peux dire est qu'il traite de vérités et de si belles vérités et si plaisantes qu'il n'y a mensonges qui leur puissent être comparés. — Et comment s'intitule le livre ? demanda don Quichotte. — *La Vie de Ginès de Passamont,* répondit l'autre. — Est-il achevé ? demanda don Quichotte. — Comment peut-il être achevé, répondit-il, si ma vie ne l'est pas encore ? Ce qui en est écrit est depuis ma naissance jusqu'à cette dernière fois que l'on m'envoya aux galères. — Vous y avez donc été déjà une autre fois ? dit don Quichotte. — J'y ai déjà été une fois pendant quatre ans pour le service de Dieu et du roi, et sais bien quel goût ont le biscuit et le nerf de bœuf, répondit Ginès, et il ne me fâche pas beaucoup d'y aller derechef, car j'y aurai le loisir d'achever mon livre, où il me reste encore beaucoup à dire ; et, aux galères d'Espagne, il y a plus de repos qu'il ne serait de besoin, encore qu'il ne m'en faille pas beaucoup plus pour ce que j'ai à écrire, car je le sais tout par cœur. — Tu me sembles habile homme, dit don Quichotte. — Et malheureux, répondit Ginès, car les malheurs persécutent volontiers le talent. — Ils persécutent les coquins, dit le commissaire. — Je vous ai déjà dit, monsieur le commissaire, répondit Passamont, que vous allassiez tout beau, car ces messieurs ne vous ont pas donné cette verge afin que vous nous gourmandiez ainsi, pauvres misérables, mais afin que vous nous meniez et conduisiez au lieu où Sa Majesté a commandé. Sinon, par la vie de... et baste, il se pourrait faire que quelque jour les taches qui se sont faites en la taverne parussent en la lessive : que tout le monde se taise et vive en gens de bien, et qu'il parle mieux, et cheminons, car c'est assez de fariboles. » Le commissaire haussa sa verge afin d'en frapper Passamont pour réponse à ses menaces, mais don Quichotte se mit entre deux, et le pria de ne le point maltraiter : à un malheureux qui avait les mains si bien liées on pouvait bien laisser quelque peu la langue libre. Et, se retournant vers tous ceux qui étaient à la chaîne, il leur dit : « De tout ce que vous m'avez fait entendre, très chers frères, j'ai compris qu'encore que l'on vous châtie pour vos fautes, les peines que vous allez souffrir ne vous plaisent pas beaucoup, et que vous y allez bien à regret et fort contre votre volonté, et qu'il se pourrait faire que le peu de courage que celui-là eut en la question, la faute d'argent de celui-ci, le peu de faveur de cet autre, finalement l'oblique sentence du juge, eussent été cause de votre perdition et qu'on ne vous eût pas gardé le bon droit que vous aviez. Toutes ces choses se représentent à cette heure à ma mémoire, tellement qu'elle me dit et me persuade, voire même me contraint que je montre en votre endroit pourquoi le ciel m'a mis au monde et m'a fait faire cette profession de l'ordre de chevalerie et le vœu que j'ai fait de secourir les nécessiteux et ceux qui sont opprimés par les grands. Mais, d'autant que je sais que l'une des règles de la sagesse est que ce qui se peut faire d'amitié ne se fasse point par mal, je veux prier ces messieurs les gardes et commissaires qu'il leur plaise de vous délier et vous laisser aller en paix, car il n'en manquera pas d'autres à servir le roi en de meilleures occasions. Il me semble étrange et cruel de faire esclaves ceux que Dieu et nature ont créés libres, et d'autant plus, messieurs les gardes, ajouta don Quichotte, que ces misérables n'ont rien commis contre vous autres. Que chacun porte son péché ; il y a un Dieu au ciel qui n'oublie pas de châtier les méchants ni de récompenser les bons, joint qu'il n'est pas à propos que des hommes d'honneur soient bourreaux des autres, mêmement quand ils n'y ont point d'intérêt. Je vous demande ceci avec cette humilité et douceur, afin que, si vous y consentiez, j'aie sujet de vous en remercier ; et, au cas que vous n'y vouliez consentir de votre bon gré, cette lance et cette épée, par la valeur de mon bras, vous le feront bien faire par force.

— La plaisante sornette ! répondit le commissaire. Admirable résolution après tant de réflexion ! Nous laisserions aller les forçats du roi comme si nous avions l'autorité de les lâcher ou que vous l'eussiez pour nous le commander ! Monsieur, passez votre chemin à la bonne heure, et redressez ce bassin que vous avez en la tête, et n'allez point chercher trois pieds au chat. — C'est vous le chat, le rat et le coquin », répondit don Quichotte, et, aussitôt dit, aussitôt fait, se rua sur lui si promptement que, sans lui donner le loisir de se mettre en défense, il le renversa par terre, fort blessé d'un grand coup de lance. Heureusement pour don Quichotte, c'était celui-là qui portait l'escopette. Les autres gardes demeurèrent étonnés, indécis de cet accident inopiné ; mais, reprenant leurs esprits, ceux qui étaient à cheval mirent la main à leurs épées, et ceux de pied à leurs piques, et assaillirent don Quichotte, qui les attendait de pied ferme. Sans doute, son cas eût mal tourné, si les forçats, voyant l'occasion qui se présentait de se mettre en liberté, ne l'eussent empoignée, tâchant de rompre la chaîne en laquelle ils étaient enfilés. Le tumulte et la révolte furent tels que les gardes, d'un côté pour accourir aux forçats qui se détachaient, et d'autre part pour attaquer don Quichotte qui les assaillait, ne firent chose qui leur servît de rien. Sancho aida de son côté à délier Ginès de Passamont, qui fut le premier qui sauta en campagne libre et débarrassé, et, attaquant le commissaire tombé, il lui ôta l'épée et l'escopette, avec

251

laquelle il se mit à viser tantôt l'un, tantôt l'autre, sans toutefois tirer. Il ne demeura pas un des gardes en tout le camp, mais ils s'enfuirent tous, tant de l'escopette de Passamont que des coups de pierres que les forçats qui étaient déliés leur jetaient.

Sancho s'attrista fort de cette affaire, parce qu'il se représenta que ceux qui s'enfuyaient en donneraient avis à la Sainte-Hermandad, laquelle, au son du tocsin, enverrait incontinent ses archers pour chercher les malfaiteurs, et partant le dit à son maître, le priant qu'ils se départissent incontinent de là, et se retirassent en la prochaine montagne. « Voilà qui est bon, dit don Quichotte, mais je sais bien ce qui convient à présent. » Et, appelant les forçats, qui étaient tous en tumulte et avaient dépouillé le commissaire jusqu'à le laisser tout nu, ils se mirent à l'entour de lui pour voir ce qu'il lui plaisait leur commander, et il leur dit ainsi : « C'est affaire à des personnes bien nées de reconnaître les bienfaits, et l'un des péchés où Dieu est le plus offensé, c'est l'ingratitude : je dis ceci, messieurs, parce que vous avez déjà vu par expérience manifeste le bénéfice que vous avez reçu de moi pour récompense duquel je désire, et telle est ma volonté, que, ainsi chargés de cette chaîne que je vous ai ôtée du cou, vous vous mettiez soudain en chemin et vous rendiez à la cité du Toboso, et que là vous vous présentiez devant madame Dulcinée du Toboso, et lui disiez que son chevalier, qui est celui de la Triste Figure, se recommande à elle, et que vous lui racontiez de point en point tout ce qui s'est passé en cette fameuse affaire, jusqu'à vous avoir rendu la liberté tant désirée ; et, cela fait, vous vous en pourrez aller à la bonne aventure là où il vous plaira. »

Ginès de Passamont répondit pour tous et dit : « Monsieur notre maître et libérateur, il est du tout impossible d'accomplir ce que vous nous enjoignez, d'autant que nous ne pouvons aller tous ensemble par les chemins, mais seuls et séparés, l'un d'un côté, l'autre de l'autre, tâchant de nous cacher aux entrailles de la terre pour n'être trouvés des archers de la Sainte-Hermandad, qui, sans doute, ne manqueront pas de nous poursuivre ; mais ce que vous pouvez faire, et est bien raison que vous le fassiez, c'est de convertir ce service et tribut de madame Dulcinée du Toboso en telle quantité d'*Ave Maria* et de *Credo* que nous dirons à votre intention, et cela se pourra accomplir de nuit et de jour, en fuyant ou en s'arrêtant, en paix ou en guerre ; mais de penser que nous nous en retournions aux marmites d'Égypte, je veux dire reprendre notre chaîne et nous mettre en route pour le Toboso, ce serait penser qu'il est nuit, à présent qu'il n'est pas encore dix heures du matin, et demander cela de nous, ce serait comme demander des poires à un orme. — Eh bien, par la morbleu, dit don Quichotte, déjà pris de colère, monsieur le fils de putain, don Ginésillo de Paropillo, ou comme vous vous appelez, vous irez tout seul, la queue entre les jambes et toute la chaîne sur le dos. » Passamont n'était pas bien endurant et n'avait plus aucun doute sur l'état de don Quichotte, puisqu'il avait commis une telle folie que de leur vouloir donner la liberté : se voyant donc ainsi maltraiter, il fit signe de l'œil à ses compagnons, lesquels, se mettant un peu à l'écart, commencèrent à faire pleuvoir tant et tant de pierres à don Quichotte qu'il avait fort à faire à se couvrir de sa rondache ; et le pauvre Rossinante ne se souciait non plus de l'éperon que s'il eût été de bronze. Sancho se mit derrière son âne, et s'en faisait un rempart contre la nuée et la grêle qui tombait sur tous deux. Don Quichotte ne put si bien se couvrir que ne l'atteignissent je ne sais combien de cailloux d'une telle force qu'ils le renversèrent par terre ; à peine fut-il tombé que l'écolier se rua sur lui, lui ôta le bassin de la tête, lui en donna trois ou quatre coups sur les épaules, et autant en terre, dont il le mit tout en pièces. Ils lui ôtèrent une casaque qu'il portait par-dessus ses armes, et lui voulaient encore ôter son bas de chausses, si les grègues ne l'eussent empêché. Ils ôtèrent le

caban à Sancho, et, le laissant en petite tenue, après avoir
partagé les autres dépouilles de la bataille, s'en furent chacun
de son côté, plus soucieux d'échapper à la Sainte-Hermandad que de se charger de chaînes et s'aller présenter devant
madame Dulcinée du Toboso. L'âne, Rossinante, Sancho et
don Quichotte demeurèrent seuls : l'âne la tête baissée, tout
pensif et secouant de temps en temps les oreilles, pensant que
la bourrasque des pierres qui lui persécutaient les oreilles ne
fût pas encore finie ; Rossinante étendu auprès de son maître,
car il avait aussi été renversé par terre d'un autre coup de
pierre ; Sancho à demi nu et avec appréhension de la Sainte-
Hermandad, et don Quichotte fort chagrin de se voir si mal
accoutré par ceux-là mêmes à qui il avait fait tant de bien.

CHAPITRE XXIII

DE CE QUI ADVINT AU FAMEUX
DON QUICHOTTE EN LA SIERRA MORENA,
QUI FUT UNE DES PLUS RARES AVENTURES
QUI SE RACONTENT EN CETTE VÉRIDIQUE HISTOIRE

Don Quichotte, se voyant en si piteux état, dit à son
écuyer : « J'ai toujours ouï dire, Sancho, que faire du bien à
des vilains, c'est jeter de l'eau en la mer ; si j'eusse cru ce que
tu m'as dit, j'eusse évité ce déplaisir, mais c'est fait ; patience,
et soyons sages dorénavant. — Vous serez sage, répondit
Sancho, autant que je suis Turc ; mais, puisque vous dites
que, si vous m'eussiez cru, vous eussiez évité ce dommage,
croyez-moi à cette heure, et vous en éviterez un autre plus
grand : car je vous fais savoir qu'avec la Sainte-Hermandad il
ne sert de rien d'user de chevaleries, car elle ne se soucie non
plus de tous les chevaliers errants qu'il y a au monde que de
deux maravédis ; et sachez qu'il me semble déjà que les

flèches [1] de ses archers me bruissent autour des oreilles. —
Tu es naturellement poltron, dit don Quichotte ; mais, afin
que tu ne dises pas que je suis opiniâtre et que je ne fais
jamais rien de ce que tu me conseilles, je te veux croire pour
ce coup et m'éloigner de la furie que tu redoutes tant ; mais il
faut que ce soit à une condition : jamais, ni à la vie ni à la
mort, tu ne diras à personne que je me sois retiré ou éloigné
de ce danger par crainte, mais seulement pour te complaire et
céder à tes prières ; que si tu dis autre chose, tu mentiras, et
dès à présent comme pour lors, et dès lors comme dès à
présent, je te démens et dis que tu mens et mentiras toutes et
quantes fois tu le penseras ou diras, et ne me réplique pas
davantage : car, rien qu'à penser que je m'écarte et retire de
quelque péril, et principalement de celui-ci, qui semble
comporter quelque apparence et ombrage de peur, je suis
quasi sur le point de demeurer et d'attendre ici tout seul non
seulement la Sainte-Confrérie que tu dis et que tu crains,
mais tous les confrères des douze tribus d'Israël, et les sept
Macchabées, et Castor et Pollux, et tous les frères et
confréries qu'il y a au monde. — Monsieur, répondit
Sancho, se retirer, ce n'est pas s'enfuir, et attendre n'est
sagesse quand le péril est plus grand que ce qu'on en espère :
c'est affaire à gens bien avisés de se conserver aujourd'hui
pour demain et de ne pas tout hasarder en un jour. Sachez-le,
quoique rustre et vilain, je possède quelque peu de ce que
l'on appelle bon gouvernement, aussi ne vous repentez pas
d'avoir suivi mon conseil, mais montez sur Rossinante, si
vous pouvez, sinon je vous aiderai, et me suivez, car ma
caboche me dit que nous avons à présent plus besoin des
pieds que des mains. »

Don Quichotte monta à cheval sans plus de réplique, et
Sancho, monté sur son âne, lui servant de guide, ils entrèrent
en la Sierra Morena par un endroit qui était près de là,
Sancho ayant intention de la traverser tout entière et s'en
aller devers le Viso ou Almodovar del Campo et se cacher

quelques jours entre ces âpres rochers et déserts, afin de n'être point trouvés si les archers de l'Hermandad les cherchaient. Et ce qui les encouragea de ce faire fut qu'ils virent que de l'escarmouche des forçats était échappé le bissac des vivres qui était sur l'âne, chose qui fut jugée pour miracle, considéré comme ces méchants avaient bien tout fouillé et revisité.

Cette nuit-là ils arrivèrent au milieu des entrailles de la Sierra Morena, où Sancho trouva bon de demeurer la nuit et quelques jours aussi, au moins tant que durerait la provision qu'il portait ; et ainsi là passèrent la nuit entre deux rochers et plusieurs chênes-lièges. Mais la fatale destinée, laquelle, selon l'opinion de ceux qui ne sont point éclairés de la vraie foi, guide, assaisonne et compose tout à sa fantaisie, ordonna que Ginès de Passamont, ce fameux fripon et voleur, lequel était échappé de la chaîne par la vertu et la folie de don Quichotte, conduit par la peur de la Sainte-Hermandad qu'il avait toute raison d'appréhender, résolut de se cacher parmi ces montagnes. Et sa fortune l'achemina, et sa crainte aussi, au même endroit où don Quichotte et Sancho Pança s'étaient retirés, et en ce temps et heure qu'il les put fort bien reconnaître, juste à point pour les laisser s'endormir. Et, comme les méchants sont toujours remplis d'ingratitude, que la nécessité contraint les personnes à faire ce qui ne se doit, et aussi que le remède présent l'emporte sur celui à venir, Ginès, qui n'était nullement reconnaissant, ni n'avait un brin de bon propos, s'avisa de dérober l'âne à Sancho Pança, ne se souciant pas de Rossinante, pour être une pièce aussi peu bonne à engager qu'à vendre. Sancho Pança dormait : il lui déroba son âne, et, devant qu'il fût jour, il se trouva trop loin pour pouvoir être rattrapé.

L'aurore parut pour réjouir la terre et attrister Sancho Pança, qui se trouva sans son grison et commença de faire les plus tristes et douloureuses plaintes du monde, si bien que don Quichotte s'éveilla et ouït qu'il disait : « O fils de mes entrailles, né en ma propre maison, jouet de mes enfants, délices de ma femme, envie de mes voisins, soulagement de mes fardeaux, et finalement l'entretien et nourriture de la moitié de ma personne, car, de vingt-six maravédis que tous les jours tu me gagnais, je fournissais la moitié de ma dépense ! » Don Quichotte, oyant cette plainte et en sachant la cause, se mit à consoler Sancho avec les meilleures raisons qu'il lui fut possible, et le pria d'avoir patience, lui promettant de lui donner une lettre de change afin qu'on lui en délivrât trois en sa maison, de cinq qu'il y avait laissés. Sancho se consola avec cela, essuya ses larmes, apaisa ses sanglots et remercia don Quichotte de la faveur qu'il lui faisait.

Or celui-ci, se voyant entre ces montagnes, eut le cœur plein de joie, se représentant que ces lieux-là étaient fort à propos pour les aventures qu'il cherchait. Il se remettait en mémoire les merveilleux événements qui, en semblables solitudes et déserts, étaient arrivés aux chevaliers errants. Il était si pensif et si transporté en ses imaginations qu'il ne se ressouvenait d'autre chose ; Sancho, de son côté (après qu'il lui sembla être en sûreté), n'avait d'autre soin que de contenter son estomac des reliefs qui étaient demeurés des cléricales dépouilles, et suivait ainsi son maître, chargé de tout ce que devait porter le grison, et tout en marchant il tirait toujours quelque chose du bissac et le passait en sa panse ; et, tandis qu'il allait de cette sorte, il ne se fût pas soucié pour un liard de rencontrer une autre aventure. Sur ce, il leva les yeux et vit que son maître était arrêté, et qu'il tâchait de ramasser avec le bout de sa lance je ne sais quel paquet qui était tombé par terre, et il se hâta afin de lui aider, s'il en eût été besoin, et, au même temps qu'il arriva, il levait avec la pointe de sa lance un coussin et une mallette qui y était attachée. Le tout était à moitié ou tout à fait pourri et déchiré, mais si pesant qu'il fallut que Sancho s'avançât pour le prendre, et son maître lui commanda de voir ce qui était dedans. Sancho le fit fort promptement, et, encore que la

257

mallette fût fermée d'une chaîne avec son cadenas, il vit par
les endroits rompus et pourris quatre chemises de fine toile
de Hollande et autres linges, non moins élégants que
propres ; il trouva en un mouchoir un bon petit tas d'écus
d'or ; et, aussitôt qu'il les vit, il s'écria : « Béni soit le ciel qui
nous a adressé une aventure qui nous soit profitable. » Et, en
fouillant davantage, il trouva des tablettes fort richement
reliées. Don Quichotte les lui demanda, et lui commanda de
garder l'argent pour lui. Sancho lui baisa les mains pour cette
faveur, et, dévalisant la mallette, en prit le linge et le mit au
bissac des provisions. Alors don Quichotte déclara : « Il
m'est avis, Sancho, et il n'est pas possible qu'il en soit
autrement, que quelque voyageur égaré doit avoir passé par
cette montagne, et qu'il a été assailli par des brigands qui
l'ont massacré, puis l'ont apporté enterrer en ce lieu
détourné. — Ce ne peut être cela, répondit Sancho, parce
que, si c'eût été des voleurs, ils n'eussent pas laissé cet argent
ici. — Tu dis la vérité, dit don Quichotte, et par ainsi je ne
devine pas bien ni ne comprends ce que ce peut être, mais
attends un peu, et nous verrons s'il n'y a rien d'écrit sur ces
tablettes par où nous puissions trouver quelque trace de ce
que nous désirons connaître. » Il les ouvrit, et la première
chose qu'il trouva écrit comme au brouillon, encore que
d'une fort belle écriture, fut un sonnet qu'il lut tout haut,
afin que Sancho l'ouît aussi, et vit qu'il disait de cette
manière :

SONNET

Ou le dieu des amours n'a point de connaissance,
Ou le cruel archer a par trop de rigueur,
Ou le feu dévorant qui ronge ma vigueur
N'est égal au sujet de mon âpre souffrance.

Mais, si l'Amour est dieu, il n'a point d'ignorance
Et moins de cruauté. D'où part donc ma langueur ?

D'où vient l'excès du mal que j'endure en mon cœur,
Et que j'éprouve en moi si plein de violence ?

Je mentirais, Philis, de vous en accuser :
Avec tel mal tel bien ne peut sympathiser,
Et ne me vient d'en haut cette infortune dure.

Le plus sûr que j'y vois, c'est de bientôt périr :
Car un mal inconnu, ce n'est que d'aventure
Et par miracle seul que l'on en peut guérir.

« Par ces rimes, dit Sancho, on ne saurait rien entendre, si ce n'est que du fil qui est là on puisse tirer le peloton. — Quel fil y a-t-il ici ? dit don Quichotte. — Il me semble, dit Sancho, que vous avez là nommé du fil. — Non pas, répondit don Quichotte, mais bien Philis, et sans doute c'est le nom de la dame de qui l'auteur de ce sonnet se plaint, et en bonne foi c'est un assez bon poète, ou je m'y connais peu. — Eh quoi ! dit Sancho, vous vous entendez donc aussi en rimes ? — Oui-da, et plus que tu ne penses, dit don Quichotte, et tu le verras bien quand tu porteras une lettre écrite tout en vers, depuis le haut jusqu'en bas, à madame Dulcinée du Toboso : car je veux que tu saches, Sancho, que tous ou la plupart des chevaliers errants du temps passé étaient grands troubadours et grands musiciens ; ces deux talents, ou pour mieux dire grâces, sont essentiels aux amoureux errants : la vérité est que les rimes et compositions de vers des chevaliers du temps passé ont plus de passion qu'ils n'ont d'excellence. — Continuez de lire, dit Sancho, car vous trouverez quelque chose qui nous contentera. » Don Quichotte tourna le feuillet et dit : « Ceci est de la prose et semble une lettre. — Est-ce une lettre missive, monsieur ? demanda Sancho. — Au commencement elle ne semble être que d'amours, répondit don Quichotte. — Eh bien ! monsieur, lisez tout haut, dit Sancho ; car je me plais fort à ces choses d'amours. — Voyons », dit don Quichotte ;

et, la lisant tout haut, comme Sancho l'en avait prié, il vit qu'elle disait de cette manière :

Ta fausse promesse et mon malheur certain me conduisent en lieu d'où tu entendras plus tôt les nouvelles de ma mort que l'expression de mes plaintes. Tu m'as rejeté, ingrate, pour un autre qui a plus de richesses que moi, mais non plus de valeur ; que si la vertu était une richesse que l'on estimât, je n'envierais point les richesses des autres, ni ne pleurerais mes propres infortunes. Ce que ta beauté avait élevé, tes œuvres l'ont abattu ; par celle-là je croyais que tu fusses ange, et par celles-ci je connais que tu es femme. Demeure en paix, ô cause de ma guerre, et fasse le Ciel que les tromperies de ton époux soient pour toujours cachées, afin que tu n'aies point de sujet de te repentir de ce que tu as fait, ni moi occasion de prendre vengeance de ce que je ne voudrais pas !

En achevant de lire cette lettre, don Quichotte dit : « Moins encore par cette lettre que par les vers se peut-il comprendre autre chose, sinon que qui l'a écrite est quelque amant dédaigné » ; et, feuilletant quasi tout le livret, il trouva d'autres vers et d'autres lettres, dont il en put lire les unes et non les autres ; mais ce qu'elles contenaient toutes était plaintes, lamentations et défiances, contentements et déplaisirs, faveurs et dédains, les uns célébrés et déplorés les autres.

Et pendant que don Quichotte feuilletait le livre, Sancho revisitait la mallette, sans laisser un seul recoin en icelle ni au coussinet qu'il ne fouillât et sondât, ni couture qu'il ne défît, ni houppe de laine qui ne fût cardée et peignée, afin qu'il n'y restât rien faute de diligence ou de soin, tant avaient excité en lui de friandise les écus qu'il avait trouvés : et il y en avait plus de cent. Et, encore qu'il ne trouvât rien de plus, il tint pour bien employés les tours de la couverture, le vomissement du breuvage, les bénédictions des pieux, les coups de poing du muletier, la perte du bissac, le larcin de son caban, et toute la faim, la soif et la lassitude qu'il avait endurées au service de son bon maître, lui étant avis qu'il était plus que bien payé par le don qui lui avait été fait de la trouvaille.

Il demeura un grand désir au chevalier de la Triste Figure de savoir qui était le maître de la mallette, conjecturant par le sonnet, la lettre, les pièces d'or et les bonnes chemises, que ce devait être quelque amoureux de qualité que les dédains et mauvais traitements de sa maîtresse avaient conduit à quelque fin désespérée. Mais, comme il ne paraissait en ce lieu inhabitable et scabreux aucune personne de qui on pouvait être informé, il ne put songer qu'à passer outre sans tenir de chemin que celui par où Rossinante voulait et pouvait cheminer. Et il ne cessait d'imaginer qu'il ne se pouvait faire qu'à travers ces broussailles il ne lui arrivât quelque étrange aventure. Marchant donc ainsi en cette pensée, il vit qu'au sommet d'une petite montagne qui se présentait devant ses yeux un homme allait sautant de rocher en rocher, et d'un buisson à l'autre avec une extrême légèreté. Il crut apercevoir qu'il était tout nu, qu'il avait la barbe noire et épaisse, les cheveux touffus et mêlés, les pieds et les jambes entièrement nus, les cuisses couvertes de certaines chausses qui paraissaient de velours fauve, mais celles-ci tellement déchirées qu'on voyait la chair nue en plusieurs endroits. Il avait la tête découverte, et, bien qu'il passât à la vitesse que je vous ai dite, néanmoins le chevalier de la Triste Figure vit et remarqua toutes ces particularités ; et, encore qu'il tâchât de le suivre, il n'y put parvenir parce qu'il n'était pas permis à la faiblesse de Rossinante d'aller par ces lieux si âpres, d'autant qu'il était de lui-même trotte-menu et flegmatique. Don Quichotte s'imagina tout aussitôt que c'était là le maître du coussin et de la mallette, et se proposa en soi-même de le chercher, dût-il rester un an parmi ces montagnes ; et ainsi il commanda à Sancho de descendre de son âne[2] et de couper par un des côtés de la montagne tandis qu'il irait de l'autre : par cette diligence il se

261

pourrait faire qu'ils rencontrassent cet homme qui s'était en si grande hâte ôté de devant eux. « Je ne pourrai faire cela, dit Sancho, car en m'éloignant de vous la crainte vient incontinent m'assaillir avec mille sortes de sursauts et de visions ; et que ce que je vous dis vous serve d'avis, afin que dorénavant vous ne m'éloigniez pas d'un doigt de votre présence. — Soit, dit le chevalier de la Triste Figure : je suis fort content de ce que tu te veux servir de mon courage, lequel ne te manquera jamais, quand même l'âme te manquerait du corps ; viens t'en à cette heure après moi, pas à pas, ou comme tu pourras, et fais des lanternes de tes yeux : nous ferons le tour de cette petite montagne, et peut-être rencontrerons-nous cet homme que nous avons vu, lequel, sans aucun doute, n'est autre que le maître de ce que nous avons trouvé. » A quoi Sancho répondit : « Il serait meilleur de ne le point chercher, parce que, si nous le trouvions et que d'aventure ce fût le maître de cet argent, il est clair qu'il me le faudra rendre, et partant mieux vaudrait, sans faire cette inutile diligence, que je le possédasse de bonne foi, jusqu'à ce que, par une autre voie moins curieuse et moins diligente, son vrai maître et seigneur parût, et peut-être que cela arriverait en un temps que je l'aurais dépensé, et lors le roi me tiendrait quitte. — Tu te trompes, Sancho, répondit don Quichotte, car, puisque nous sommes tombés en soupçon de qui en est le maître et que celui-ci a quasi paru devant nous, nous sommes plutôt obligés à le chercher et à le lui rendre ; et, quand même nous ne le chercherions pas, le véhément soupçon que nous avons qu'il le soit nous rend aussi coupables que s'il l'était. Allons, Sancho mon ami, n'aie point de peine de le chercher, pour ce que je serai relevé d'une si grande si je le trouve. » Et, disant cela, il piqua Rossinante, et Sancho le suivit à pied et tout chargé, grâce à Ginésillo de Passamont.

Ayant tourné une partie de la montagne, ils trouvèrent en un ruisseau une mule sellée et bridée, par terre, morte et à demi mangée des chiens et piquée des choucas, ce qui confirma davantage le soupçon qu'ils avaient que celui qui fuyait devant eux était le maître de la mule et du coussin. Or, tandis qu'ils considéraient la bête, ils ouïrent un sifflement comme d'un berger qui gardait des troupeaux ; et tout au même instant parurent à leur main gauche un bon nombre de chèvres, et après elles, sur le haut de la montagne, venait le chevrier qui les gardait, lequel était un homme assez âgé. Don Quichotte l'appela à haute voix et le pria de descendre au lieu où ils étaient ; et lui répondit à grands cris, leur demandant qui les avait amenés en ce lieu peu ou nullement fréquenté sinon de pattes de chèvres ou de loups, et d'autres bêtes qui allaient par ces déserts. Sancho lui répondit qu'il descendît et qu'ils lui rendraient bon compte de tout. Le chevrier descendit, et, en arrivant où don Quichotte était, dit : « Je gage que vous vous amusez à regarder la mule de louage qui est morte en cette fondrière, et de bonne foi il y a déjà six mois qu'elle est là. Dites-moi, n'avez-vous point rencontré son maître par là ? — Nous n'avons rencontré personne, répondit don Quiehotte, mais un coussin et une petite mallette, non loin d'ici. — Je l'ai aussi trouvée, répondit le berger, mais je ne l'ai pas voulu relever, ni seulement en approcher, craignant quelque mauvaise affaire et qu'on ne dît que je l'eusse dérobée : car le diable est subtil, et quelquefois il vous sort sous les pieds on ne sait quoi qui vous fait choper et tomber, sans savoir comment ni pourquoi. — C'est cela même que je dis, répondit Sancho : car je l'ai aussi trouvée, mais je n'en ai pas voulu approcher à un jet de pierre près ; je l'ai laissée là tout comme elle était, car je ne veux point de chien qui ait de sonnette au cou. — Dites-moi, bonhomme, dit don Quichotte, savez-vous point qui est le maître de ces objets ? — Ce que je peux vous en dire, répliqua le chevrier, c'est qu'il y a six mois, plus ou moins, il vint à une loge de bergers, distante de ce lieu-ci comme vous pourriez dire de trois lieues, un jeune homme de belle taille et de gentille disposition, lequel était monté sur cette mule qui est là morte, et avec le même coussin et la mallette que vous avez trouvés et auxquels vous n'avez point touché. Il nous demanda quel endroit de cette montagne était le plus âpre et le plus caché : nous lui dîmes que c'était celui-ci où nous sommes à présent, et c'est la vérité, parce que, si vous entrez une demi-lieue plus avant, peut-être n'en pourrez-vous pas trouver la sortie, et je m'émerveille que vous ayez pu venir ici, car il n'y a ni voie ni sentier qui y conduise. Donc ce jeune homme, oyant notre réponse, tourna bride et s'en alla vers le lieu que nous lui avions montré, nous laissant tous fort satisfaits de sa bonne mine, émerveillés de sa demande, et encore plus de le voir ainsi cheminer en hâte et s'en retourner vers la montagne ; depuis ce temps-là nous ne l'avons point vu, sinon il y a quelques jours qu'il rencontra un de nos bergers, duquel s'approchant sans dire mot, il l'attaqua et lui donna force coups de poing et de pied, et ensuite il s'en alla droit à l'ânesse du bagage et prit tout le pain et le fromage qu'elle portait ; et, cela fait, il rentra d'une étrange vitesse en la montagne. Comme nous sûmes cela, quelques-uns d'entre nous autres chevriers, nous allâmes en sa quête quasi deux jours, par le plus épais de cette montagne, à la fin desquels nous le trouvâmes fourré au creux d'un gros et vaillant chêne-liège. Il s'en vint à nous, avec beaucoup de douceur, ayant son vêtement tout déchiré et le visage défiguré et brûlé par le soleil ; à grand-peine l'eussions-nous pu reconnaître, si ce n'eût été que les habits, encore que tout déchirés, par la ressouvenance que nous en avions, nous donnèrent à entendre que c'était celui que nous cherchions. Il nous salua courtoisement, et en peu de mots, mais en termes excellents, il nous dit que nous ne nous étonnassions point de le voir aller en cet état, parce qu'il lui convenait de faire ainsi pour accomplir certaine pénitence qui lui avait été imposée pour ses grands péchés. Nous le priâmes de nous dire qui il était, mais jamais nous ne pûmes l'obtenir. Nous le requîmes aussi de nous dire en quel lieu nous le trouverions, afin que, quand il aurait besoin de nourriture (de laquelle il ne se pouvait passer), nous lui en donnassions, et que nous lui en porterions avec beaucoup d'amour et de soin ; que, s'il ne lui plaisait de nous le dire, au moins il vînt en demander, et non pas l'ôter de force aux bergers. Il nous remercia de notre offre, nous demanda pardon des violences passées, et promit de demander ses nécessités dorénavant pour l'amour de Dieu sans faire aucun déplaisir à personne. Quant à ce qui touchait le lieu de sa retraite, il dit qu'il n'en avait point d'autre que celle que lui offrait l'occasion où le surprenait la nuit, et il acheva son discours en pleurant si tendrement que nous qui l'avions écouté eussions été de pierre si nous ne l'eussions accompagné à pleurer, considérant comment nous l'avions vu la première fois, et le voyant en l'état où il était alors. Parce que, comme j'ai dit, c'était un fort gentil et gracieux jeune homme, et qui montrait en ses courtoises et belles raisons être une personne bien née et bien apprise : car, quoique nous autres qui l'écoutions fussions rustiques, sa gentillesse était si grande qu'elle suffisait pour le donner à connaître à la rusticité même. Or, étant au milieu de son discours, il s'arrêta, demeura comme muet, et ficha les yeux en terre un bon espace de temps, pendant lequel nous nous tînmes tout cois et en suspens, attendant pour voir ce qui arriverait de ce transport, avec une grande pitié de le voir, d'autant que, par les gestes qu'il faisait, ouvrant les yeux, les tenant fichés en terre un long temps sans remuer les paupières, et puis d'autres fois les refermant, serrant les lèvres et fronçant les sourcils, nous connûmes facilement que quelque accident de folie lui était survenu. Mais il nous donna bientôt à entendre que ce que nous pensions était vrai, parce qu'avec une grande furie il se leva de terre où il s'était couché, et se rua sur le premier qu'il trouva près de lui, d'une telle force et rage que, si nous ne le lui eussions ôté des mains, il l'eût tué à coups de poing et à belles dents. En même temps il disait : « Ah ! parjure et déloyal Fernand, c'est ici, c'est ici que tu me payeras le grand tort que tu m'as fait ! Ces mains t'arracheront le cœur, auquel logent et ont leur demeure toutes les méchancetés ensemble, principalement la fraude et la tromperie. » Et il ajoutait encore beaucoup d'autres discours, lesquels s'acheminaient tous à dire du mal de ce Fernand, et à le taxer et accuser de trahison et de parjure. Nous le lui ôtâmes donc, mais non sans peine, et lui, sans nous répliquer une seule parole, se départit d'avec nous et courut s'embusquer parmi les halliers et les bruyères, si bien qu'il nous ôta le moyen de le suivre. Par là nous conjecturâmes que sa folie le prenait à certains temps et que quelqu'un qui s'appelait Fernand lui devait avoir rendu quelque mauvais office, et aussi fâcheux que le démontrait l'état auquel il l'avait réduit. Ces choses ont été depuis lors confirmées, toutes les fois (qui ne sont pas en petit nombre) qu'il est allé au-devant des bergers, tantôt pour leur demander par amitié de ce qu'ils portent à manger, et d'autres fois pour le leur arracher de force, car, lorsque son accès de folie le prend, encore que les bergers lui offrent de bon gré ce qu'ils ont, il ne l'accepte pas, mais le leur prend à coups de poing ; et, lorsqu'il revient en son bon sens, il leur en demande pour l'amour de Dieu, avec douceur et courtoisie, et leur en rend grâces la larme à l'œil. Et je vous dis en vérité, messieurs, poursuivit le chevrier, que nous résolûmes hier, moi et quatre jeunes bergers, dont deux mes valets et deux mes amis, de l'aller chercher jusques à tant que nous le trouvions, et, l'ayant trouvé, soit de force ou de bon gré, nous le mènerons à la ville d'Almodovar, qui est à huit lieues d'ici, et là nous le ferons guérir, au cas qu'il y ait remède à son mal, ou pour le moins nous saurons qui il est lorsqu'il sera en bon sens, et s'il a des parents que l'on puisse avertir de sa disgrâce. Voilà, messieurs, ce que je vous peux dire touchant ce que vous m'avez demandé ; et sachez que le maître de ces choses que vous avez trouvées est celui-là même que vous avez vu passer tout nu et d'une telle vitesse » : car don Quichotte leur avait dit comment il avait vu passer cet homme sautant par la montagne de côté et d'autre.

Notre chevalier demeura fort étonné de ce qu'il avait entendu dire au chevrier, ce qui lui augmenta encore le désir de savoir qui était ce malheureux fou, et proposa ce qu'il avait déjà pensé, qui était de le chercher par toute la montagne, sans laisser ni coin ni caverne qu'il ne visitât, jusqu'à tant qu'il l'eût trouvé ; mais la fortune en disposa mieux qu'il ne pensait ni n'espérait, parce qu'au même instant, par une gorge de la montagne qui répondait au lieu où ils étaient, parut le jeune homme qu'il cherchait, lequel venait se disant à lui-même des choses qui ne pouvaient être entendues de près, encore moins de loin. Son vêtement était tel qu'il a été dépeint, fors seulement qu'arrivant près d'eux, don Quichotte reconnut qu'un collet tout déchiré qu'il portait était d'ambre[3] ; par où il finit de se persuader que la personne qui portait de tels habits ne devait pas être de basse qualité. Le jeune homme, étant arrivé près d'eux, les salua d'une voix discordante et rauque, mais toutefois avec beaucoup de courtoisie. Don Quichotte lui rendit son salut avec non moins de civilité, et, mettant pied à terre d'une gentille contenance et bonne grâce, l'alla embrasser et le tint un bon espace de temps étroitement entre ses bras, comme si de longtemps il l'eût connu. L'autre, que nous pouvons bien appeler le *Déguenillé de la Mauvaise Mine* (comme don Quichotte le *Chevalier de la Triste Figure*), après s'être laissé embrasser, le recula un peu de soi, et, ayant mis les mains sur les épaules de don Quichotte, le regarda un peu, comme voulant voir s'il le reconnaissait, n'étant peut-être pas moins étonné de voir la figure, la taille et les armes de don Quichotte que don Quichotte l'était de le voir. Bref, le premier qui parla, après cet embrassement, fut le Déguenillé, lequel dit ce qui se rapportera ci-après.

267

CHAPITRE XXIV

SUITE DE L'AVENTURE
DE LA SIERRA MORENA

L'histoire raconte que l'attention avec laquelle don Quichotte écoutait le misérable *Chevalier de la Montagne* était fort grande, et qu'icelui, poursuivant son discours, dit : « Certes, monsieur, qui que vous soyez, car je ne vous connais point, je vous remercie de la courtoisie dont vous avez usé en mon endroit, et je désirerais me trouver en termes que je vous pusse servir, et reconnaître plus qu'avec de simples intentions celles que me témoigne votre bon accueil ; mais ma fortune ne veut me donner autre chose pour correspondre aux bonnes œuvres que vous me faites, sinon de bons désirs d'y satisfaire. — Ceux que j'ai, sont de vous rendre service, dit don Quichotte. Aussi avais-je résolu de ne sortir de ces montagnes que je ne vous eusse trouvé, et su de vous si, à la douleur que vous montrez avoir en votre étrange façon de vivre, il se pouvait trouver quelque espèce de remède ; et, en ce cas, de le chercher avec toute la diligence possible. Et, au cas que votre malheur fût de ceux qui ont fermé la porte à toute sorte de consolation, j'avais pensé de vous aider à le pleurer et le plaindre du mieux possible : car c'est quelque consolation aux malheurs de trouver qui en ait compassion. Et, si ma bonne volonté mérite d'être reconnue par quelque genre de courtoisie, je vous supplie, monsieur, par la grande qui est en vous, et en même temps je vous conjure par la chose que vous avez le plus aimée ou aimez en ce monde, de me dire qui vous êtes et le sujet qui vous a conduit à vivre et à mourir en ces lieux solitaires comme une bête brute, puisque vous demeurez parmi elles autant aliéné de vous-même que le démontrent votre habit et votre personne ; et je vous jure, ajouta don Quichotte, par l'ordre de chevalerie que j'ai reçu, quoique indigne et pauvre pécheur, et par la profession de chevalier errant, que, si en cela, monsieur, vous me voulez complaire, je vous servirai aussi véritablement que m'y oblige ma qualité, soit en apportant du remède à votre disgrâce, s'il y en a, soit en vous aidant à la pleurer, ainsi que je vous ai promis. »

Le *Chevalier du Bois*, oyant parler en cette sorte celui de la *Triste Figure*, ne faisait autre chose sinon le regarder et contempler depuis le haut jusqu'en bas, et, après qu'il l'eut bien considéré, il lui dit : « Si vous avez de quoi me donner à manger, pour l'amour de Dieu donnez-m'en : car, après avoir mangé, je ferai tout ce qu'il vous plaira en reconnaissance de tant de bonne volonté que vous m'avez ici démontrée. » Aussitôt Sancho tira de son sac, et le berger de sa mallette, de quoi satisfaire et contenter la faim du pauvre Déguenillé, lequel mangea de ce qu'ils lui donnèrent comme une personne hébétée et avec tant de hâte qu'un morceau ne faisait pas place à l'autre, car il engloutissait plutôt qu'il n'avalait ; et, pendant qu'il mangeait, ni lui ni ceux qui le regardaient ne disaient un seul mot. Or, comme il eut achevé de manger, il leur fit signe qu'ils le suivissent, comme ils firent, et il les mena en un petit pré vert qui n'était pas fort loin de là, au détour d'un rocher, et, y étant arrivé, il se coucha par terre sur l'herbe, et les autres en firent de même, et le tout sans que personne parlât aucunement jusqu'à ce que le Déguenillé, après s'être accommodé en sa place, dît : « Si vous désirez savoir, messieurs, en peu de paroles l'immensité de mes misères, il faut que vous me promettiez de n'interrompre par aucune question ni autrement le fil de ma triste histoire, parce qu'au même point que vous le ferez je finirai mon conte. » Ces paroles ramenèrent en mémoire à don Quichotte la fable que son écuyer lui avait racontée, lorsqu'il ne se put ressouvenir du nombre des chèvres qui avaient passé la rivière et que l'histoire demeura en suspens. Mais le Déguenillé poursuivit, disant : « Cet avertissement que je vous fais est parce que je voudrais achever promptement le conte de mes disgrâces : car, de les ramener à ma mémoire, cela ne me sert d'autre chose que d'y en ajouter d'autres ; et tant moins vous me ferez de questions, plus tôt achèverai-je de vous les dire, encore que je n'omettrai rien qui soit d'importance pour contenter entièrement votre désir. » Don Quichotte le lui promit au nom de tous les autres ; et lui, sur cette assurance, commença en cette manière :

« Mon nom est Cardénio, ma patrie l'une des meilleures villes de cette Andalousie, ma race noble, mes parents riches et mon malheur si grand qu'ils l'auront pleuré et mon lignage ressenti, sans l'avoir pu alléger de leurs richesses : car les biens de la fortune servent de peu pour remédier aux infortunes qui viennent d'en haut. Il demeurait en cette même ville un ange du ciel, où l'amour avait placé toute la gloire que j'eusse pu désirer. Telle est la beauté de Lucinde, fille aussi noble et aussi riche que moi, mais de plus de bonheur et de moins de constance que n'en méritaient mes honnêtes pensées. J'aimai cette Lucinde et l'adorai dès mes tendres ans ; elle aussi m'aimait avec toute la simplesse et la bonne volonté que son peu d'âge lui permettait. Nos pères savaient nos intentions et n'en étaient pas marris, parce qu'ils voyaient bien que, si elles passaient outre, elles ne pouvaient avoir d'autre but que de nous marier ensemble, chose que l'égalité de notre lignage et de notre richesse faisait trouver fort bien à propos. L'âge crût, et avec lui l'amour de tous deux, tellement qu'il sembla au père de Lucinde que par convenance il était obligé à me refuser l'entrée de sa maison, imitant quasi en cela les père et mère de cette Thisbé tant chantée par les poètes. Ce refus ne fit qu'ajouter flamme à flamme, et désir à désir ; car, encore qu'ils imposassent silence à la langue, ils ne le purent pas faire à la plume, laquelle, avec plus de liberté que la langue, fait entendre à qui elle veut ce qui dedans l'âme est enclos : car souvent la présence de la chose aimée trouble et rend muette l'intention la plus résolue et la langue la plus hardie. Ah ! Dieu ! Combien de billets lui écrivis-je ! Combien de douces et honnêtes réponses en eus-je ! Combien de chansons composai-je, et combien de vers amoureux où l'âme déclarait et expliquait ses sentiments, peignait ses ardents désirs, entretenait ses souvenirs et récréait sa volonté ! En réalité, me voyant à l'extrémité, et que mon âme se consumait du désir de la voir, je me résolus d'achever en un instant ce qui me semblait être plus convenable pour obtenir ma désirée et méritée récompense : ce fut de la demander à son père pour légitime épouse, comme je fis. A quoi il me répondit qu'il me remerciait fort de la volonté que j'avais de lui faire honneur et me faire honneur par son alliance, mais que, mon père étant en vie, c'était à lui qu'à juste droit il appartenait de faire cette demande, parce que, si ce n'était de sa volonté et de son plein consentement, Lucinde n'était pas pour être prise ni donnée à la dérobée. Je lui rendis grâces de sa bonne affection, m'étant avis qu'il avait raison en ce qu'il disait, et que mon père y consentirait dès que je lui en parlerais.

« Avec cette intention, tout à l'instant même je m'en allai trouver mon père pour lui déclarer mon désir ; et, au même temps que j'entrai en la chambre où il était, je le trouvai qui tenait une lettre tout ouverte en sa main, laquelle il me bailla devant que je lui disse une seule parole, et me dit : « Cardénio, tu verras par cette lettre la volonté que le duc Richard a de te protéger. » Ce duc Richard, comme vous autres, messieurs, devez savoir, est un des grands d'Espagne, lequel a ses terres au meilleur endroit de cette Andalousie. Je pris et lus la lettre, laquelle était si pressante que j'eusse trouvé moi-même mauvais que mon père n'eût pas accompli le contenu d'icelle. Il lui mandait qu'il m'envoyât promptement auprès de lui : il désirait que je fusse le compagnon et non pas le serviteur de son fils aîné, et prenait à charge de me placer en un état correspondant à l'estime qu'il faisait de ma personne. Je lus cette lettre et devins muet, et encore plus quand j'ouïs mon père me dire : « Cardénio, tu partiras d'ici à deux jours pour faire la volonté du duc ; rends grâces à Dieu de ce qu'Il t'ouvre le chemin par lequel tu pourras obtenir ce que je sais que tu mérites. » A ces raisons il en ajouta encore d'autres qui étaient les conseils d'un père. Le terme de mon départ arriva : je parlai une nuit à Lucinde, et lui dis tout ce qui se passait. Je fus aussi voir son père, le suppliant qu'il retardât et différât pour quelques jours de l'établir jusqu'à ce que je visse ce que le duc Richard désirait de moi. Il me le promit, et elle me le confirma par mille serments et mille pâmoisons. Finalement je m'en vins où le duc Richard était, duquel je fus si bien reçu et traité que tout aussitôt l'envie commença à faire son office ordinaire, parce que tous les anciens serviteurs de la maison m'en portaient, leur étant avis que les faveurs que me marquait le duc Richard devaient être à leur préjudice. Mais celui qui reçut le plus de contentement de ma venue, ce fut le second fils du duc appelé Fernand, jeune homme gaillard, gentil, libéral et amoureux, lequel en peu de temps me prit en telle amitié qu'il donnait assez à dire à tous, et, encore que l'aîné m'aimât bien et me fît de grandes faveurs, cela n'atteignait point au degré de l'amitié que Fernand me portait, et à l'extrême du bon traitement qu'il me faisait. Or, le fait est que, comme entre les amis il n'y a rien de secret qu'on ne se communique, et que la privauté que j'avais avec Fernand se convertissait en amitié, il me déclarait toutes ses pensées, spécialement un sentiment amoureux qui l'inquiétait grandement. Il aimait fort la fille d'un laboureur vassal de son père, lequel était fort riche, elle était si belle, si sage, si discrète et si honnête, que personne de tous ceux qui la connaissaient ne pouvait résoudre en laquelle de ces choses elle était le plus parfaite, ou excellait le plus. Ces qualités si rares de la belle vassale réduisirent à tels termes les désirs de don Fernand qu'il se délibéra, pour pouvoir venir à bout de cette fille et vaincre son honnêteté, de lui donner parole d'être son époux, car autrement c'était rechercher l'impossible. Moi, étant obligé de son amitié, je tâchai par les meilleures raisons que je sus lui alléguer, et avec les plus vifs exemples de le détourner d'un tel projet. Mais, voyant que cela ne servait de rien, je me résolus de déclarer l'affaire au duc Richard, son père ; de quoi don Fernand, comme fin et subtil, se douta et eut crainte, parce qu'il lui semblait que j'étais obligé, par le devoir d'un bon serviteur, de ne tenir secrète une chose si fort au préjudice de l'honneur de monseigneur le duc ; et ainsi, pour m'en divertir et me tromper, il me dit qu'il ne trouvait autre meilleur remède pour pouvoir éloigner de sa mémoire la beauté qui le rendait si sujet que de s'absenter pour quelques mois, et qu'il voulait que l'absence fût que nous nous en vinssions tous deux chez mon père, sous ombre qu'ils diraient au duc qu'ils venaient voir et acheter de fort bons chevaux qu'il y avait en notre ville, qui est la mère des meilleurs du monde. A peine lui ouïs-je dire ceci, que poussé de ma passion, je l'approuvai ; et même si sa résolution n'eût été si bonne, je l'eusse néanmoins approuvée pour l'une des plus certaines qui se fussent pu imaginer à cause de la bonne occasion et commodité qui s'offrait de retourner voir ma Lucinde. Dans cette pensée, j'approuvai donc son avis et encourageai son projet, lui disant qu'il l'effectuât le plus brièvement qu'il lui serait possible, parce qu'en effet l'absence faisait toujours son office en dépit des plus fermes sentiments. Mais, lorsqu'il me vint dire ceci, ainsi que l'on sut depuis, il avait déjà joui de la fille du laboureur sous titre d'époux, et attendait l'occasion de se découvrir sans aucun danger, appréhendant ce que le duc son père ferait lorsqu'il saurait la folie qu'il avait commise. Il advint donc que, comme l'amour chez les jeunes hommes pour la plupart n'est pas amour, mais un appétit, lequel a pour fin dernière le plaisir, et dès qu'ils viennent à obtenir satisfaction, ce qui semblait auparavant amour s'achève et s'en retourne en arrière, d'autant qu'il ne peut passer outre la borne que nature y a mise, laquelle borne n'a point été plantée à ce qui est véritablement amour ; je veux dire que, tout aussitôt que don Fernand eut joui de la fille du laboureur, ses désirs s'apaisèrent et ses affections se refroidirent, et, si auparavant il feignait de se vouloir absenter pour y remédier, alors il tâchait à bon escient de s'en aller pour ne les mettre à exécution. Le duc lui donna congé et me commanda de l'accompagner ; nous vînmes en notre ville, où mon père reçut Fernand selon sa qualité. Je vis tout aussitôt Lucinde, et mes désirs commencèrent à revivre, encore qu'ils n'eussent point été morts ni assoupis, et, par malheur pour moi, je les communiquai à don Fernand, parce qu'il me sembla que, pour raison de la grande amitié qu'il me montrait, je ne lui devais rien celer. Je lui louai la beauté, la bonne grâce et la discrétion de Lucinde, de telle sorte que ces louanges émurent en lui un désir de voir une damoiselle ornée de tant d'attraits. Las ! pauvre moi ! je voulus contenter ce désir, la lui montrant un soir à la clarté d'un flambeau par une fenêtre où nous avions accoutumé de nous parler tous deux. Il la vit en jupon, et mit en oubli toutes les beautés qu'il avait vues jusques alors. Il devint muet, perdit le sentiment, demeura tout étonné, et finalement en devint éperdument amoureux, comme vous le verrez par la suite du discours de ma mésaventure. Et, pour lui plus allumer le désir (lequel il me celait et dès qu'il était seul, découvrait au ciel), la fortune voulut qu'il trouvât un jour un billet d'elle, par quoi elle m'encourageait à la demander à son père en mariage : il lui sembla si discret, si honnête et si plein d'amour qu'en le lisant il me déclara qu'en la seule Lucinde étaient encloses toutes les grâces de beauté et d'entendement qui étaient départies à tout le reste des femmes du monde.

C'est bien la vérité que je veux confesser à cette heure, qu'encore que je visse avec combien de raison don Fernand louait Lucinde, il me fâchait d'ouïr ces louanges de sa bouche, et je commençai à craindre et à me défier de lui à bonne raison, car il ne se passait moment qu'il ne voulût que nous parlassions de Lucinde, et en entamait toujours le propos, encore qu'il le tirât par les cheveux. Ce qui éveillait en moi un je ne sais quoi de jalousie, non pas que j'appréhendasse aucun revers de la bonté et de la foi de Lucinde, ce nonobstant ma fortune me faisait craindre ce dont elle-même m'assurait. Don Fernand tâchait toujours de lire les lettres que j'écrivais à Lucinde et les réponses qu'elle me faisait, sous ombre, à ce qu'il disait, de prendre un grand plaisir à voir l'esprit et la sagesse de tous deux.

« Or, il advint que, Lucinde m'ayant demandé un livre de chevalerie pour lire, qui était *Amadis de Gaule*, qu'elle affectionnait fort... » Don Quichotte n'eut pas sitôt ouï nommer un livre de chevalerie qu'il dit : « Pourvu que vous m'eussiez dit au commencement de votre histoire que Sa Grâce madame Lucinde était affectionnée à lire des livres de chevalerie, il n'était pas besoin d'autre chose pour me donner à connaître l'élévation de son entendement, car elle ne l'eût pas eu si bon que vous l'avez dépeint, si elle n'eût pris du contentement à une si savoureuse lecture : pour moi donc il n'est aucun besoin d'employer plus de paroles à me déclarer sa beauté, sa valeur et son intellligence, car, entendant seulement ses goûts, je la confirme et la tiens pour la plus belle et spirituelle femme du monde. Et voudrais, monsieur, qu'avec *Amadis de Gaule* vous lui eussiez envoyé aussi le bon *Don Rugel de Grèce* : car je sais que mademoiselle Lucinde eût reçu un grand contentement de Daraïde et de Garaya, et des finesses d'esprit du pasteur Darinel [1], et de ces admirables vers de ses *Bucoliques*, chantées et représentées par lui avec tant de bonne grâce, de finesse et de laisser-aller ; mais un temps viendra que cette faute se réparera. Il n'est pour cela que de vous en venir avec moi en mon village, là où je vous pourrai mettre entre les mains plus de trois cents livres, qui sont les délices de mon âme et l'entretien de ma vie, encore que je tiens pour moi que je n'en ai plus un à cette heure, grâce à la malice des méchants et envieux enchanteurs. Mais que Votre Grâce me pardonne, si nous avons contrevenu à ce que nous lui avons promis de n'interrompre point son discours : car, oyant faire mention de choses de chevalerie et de chevaliers errants, il m'est autant possible de me garder d'en parler comme aux rayons du soleil de se tenir d'échauffer, et à ceux de la lune de donner de l'humidité. Allons, pardonnez et poursuivez, qui est ce qui plus importe pour le présent. »

Cependant que don Quichotte disait ces choses que vous avez ouïes, Cardénio s'était laissé tomber la tête sur sa poitrine, d'un air profondément pensif. Et, encore que don Quichotte lui eût dit par deux fois qu'il poursuivît son histoire, il ne levait point la tête ni ne répondait aucune parole. Mais, au bout d'un bon espace de temps, il la leva et dit : « L'on ne me peut ôter de l'entendement, et n'y aura personne du monde qui me l'en ôte, ni qui me donne à entendre autre chose, et celui-là serait un maraud qui penserait ou croirait le contraire, sinon que ce méchant vilain de maître Elisabad vivait en concubinage avec la reine Madasime. — Cela non, mort de ma vie ! répondit don Quichotte en grande colère, faisant un serment assaisonné comme il avait de coutume, et c'est là une grande malice, et, pour mieux dire, une grande vilenie. La reine Madasime était femme d'honneur, et il ne faut pas croire qu'une si grande princesse voulût faire l'amour avec un médicastre ; et quiconque dira du contraire, il mentira comme un grand coquin ; et je le lui donnerai à entendre à pied ou à cheval, armé ou désarmé, de nuit ou de jour, ou comme il lui plaira. » Cardénio le regardait fort attentivement ; il lui était survenu son accès de folie, et il n'était pas en termes de poursuivre son histoire, ni don Quichotte non plus de l'écouter, selon qu'il en avait été dégoûté par ce qu'il lui avait ouï dire de Madasime. Chose étrange qu'il prît ainsi sa défense comme si véritablement elle eût été sa naturelle dame, en tel état l'avait réduit ses maudits livres ! Enfin, lorsque Cardénio, retombé en sa folie, s'ouït démentir et traiter de coquin et autres injures, le jeu ne lui sembla pas beau : il ramassa un caillou qu'il trouva près de lui, et en donna un tel coup en l'estomac à don Quichotte qu'il le renversa par terre. Sancho Pança, voyant traiter son maître de telle façon, se rua sur le fou à poings fermés, et le Déguenillé le reçut de telle sorte que d'un seul coup il le jeta à ses pieds, puis monta sur lui et lui démolit les côtes fort à son aise. Le chevrier, qui le voulut défendre, courut le même péril, et, après qu'il les eut tous matés et moulus, il les laissa là, et s'en alla tout doucement et posément rentrer dans le bois. Sancho se leva, et, avec la rage qu'il avait de se voir ainsi gourmé sans l'avoir mérité, courut en prendre la vengeance sur le chevrier lui disant que c'était sa faute, parce qu'il ne les avait pas avertis que la folie surprenait cet homme à certains temps ; que, s'ils l'eussent su, ils s'en fussent donnés de garde. Le chevrier lui répondit qu'il l'avait dit, et que, s'il ne l'avait entendu, ce n'était pas sa faute. Sancho Pança répliqua, et le chevrier répliqua de son côté, et la fin de leurs répliques fut de s'empoigner à la barbe et se donner de tels coups de poing que, si don Quichotte n'eût fait la paix, ils se fussent mis en pièces. Sancho, tenant le chevrier, disait : « Laissez-moi, seigneur chevalier de la Triste Figure, que sur celui-ci, qui n'est pas chevalier, mais vilain comme moi, je peux bien, tout à mon aise, me venger du tort qu'il m'a fait, en combattant contre lui main à main comme un homme honorable. — Il en est ainsi, dit don Quichotte, mais je sais qu'il n'y a point de sa faute en tout ce qui est arrivé. » Par ces mots il les apaisa, et don Quichotte se reprit à demander au chevrier s'il serait possible de retrouver Cardénio, parce qu'il lui restait un très grand désir de savoir la fin de son histoire. Le chevrier lui répondit de même qu'auparavant, qu'il ne savait pas sa demeure d'une manière sûre, mais que, s'il s'arrêtait encore quelque temps par ces contrées, il ne pourrait faillir de le retrouver ou sage ou fou.

CHAPITRE XXV

DES CHOSES ÉTRANGES QUI ARRIVÈRENT AU VAILLANT CHEVALIER DE LA MANCHE EN LA SIERRA MORENA, ET DE L'IMITATION QU'IL FIT DE LA PÉNITENCE DU BEAU TÉNÉBREUX

Le chevrier prit congé de don Quichotte, lequel, remontant sur Rossinante, commanda à Sancho de le suivre, ce que celui-ci fit de fort mauvaise grâce. Ils s'en allaient peu à peu entrant au plus âpre de la montagne, et Sancho mourait d'envie de discourir avec son maître, mais il désirait que celui-ci entamât l'entretien pour ne point contrevenir au commandement qu'il lui avait fait ; mais, ne pouvant supporter un si long silence, il lui dit : « Seigneur don Quichotte, donnez-moi votre bénédiction et mon congé quand et quand : car dès ici je m'en veux retourner à ma maison, vers ma femme et mes enfants, avec lesquels pour le moins je parlerai et deviserai de tout ce que bon me semblera : car, de vouloir que j'aille avec vous par ces déserts et solitudes, de jour et de nuit, sans vous parler quand l'envie m'en prendra, c'est m'enterrer tout vif ; et, si la fortune voulait que les bêtes parlassent comme elles parlaient au temps d'Ysope, il y aurait encore moins de mal, car je pourrais deviser avec mon âne, si je l'avais, de ce qui me viendrait en la fantaisie, et avec cela je passerais ma mauvaise chance : car c'est une chose fâcheuse, et qui ne se peut prendre en patience, d'aller cherchant des aventures toute sa vie, et ne trouver que coups de pied, bernements, coups de pierres et de poing, et, outre tout cela, il nous faut coudre la bouche sans oser dire ce que l'on a sur le cœur, comme si l'on était muet. — Je t'entends bien, Sancho, répondit don Quichotte ; tu meurs d'envie que je te lève l'interdit que je t'ai mis sur la langue : or sus, soit ; dis ce que tu voudras, à condition que cette permission ne durera pas plus que le temps que nous demeurerons parmi ces montagnes. — Bon, dit Sancho, je vais parler sur l'heure, car Dieu sait ce qui adviendra ci-après, et, pour commencer à jouir de ce sauf-conduit, je vous demande : que vous importait-il de prendre ainsi la défense de cette reine Magimase, ou comme est-ce qu'elle s'appelle ? Ou que faisait à l'affaire que cet abbé[1] fût son ami ou non ? Que si vous eussiez laissé dire, n'étant pas juge de ce point, je crois bien que le fou eût continué son histoire, et qu'on eût épargné le coup de pierre, les coups de pied et encore plus de six bons soufflets. — En bonne foi, répondit don Quichotte, si tu savais comme je le sais combien c'était une honnête et noble dame que la reine Madasime, tu dirais sûrement que j'eus beaucoup de patience, puisque je ne rompis point la bouche d'où tels blasphèmes sortirent. Car c'en est un grand de dire ou de penser qu'une reine fasse l'amour avec un chirurgien : la vérité du conte est que ce maître Elisabad, dont parlait ce fou, était un homme fort sage, de fort bon conseil et qui servait de gouverneur et de médecin à la reine ; mais de penser qu'elle fût son amie, c'est folie digne de fort grand châtiment ; et, afin que tu voies que Cardénio ne savait ce qu'il disait, il faut que tu prennes garde que, quand il le dit, il était déjà privé de son jugement. — Eh ! répondit Sancho, c'est pourquoi il n'était là besoin de faire état des paroles d'un fou. Car si la bonne fortune ne vous eût aidé, ou qu'elle eût envoyé le coup de pierre à la tête comme elle l'adressa à la poitrine, nous eussions été bien accommodés pour avoir pris la querelle de cette dame, que Dieu confonde ! Et puis, il en est toujours ainsi : comment Cardénio n'en eût pas échappé puisqu'il est fou ! — Contre les sages et contre les fous tout chevalier errant est obligé à défendre l'honneur des dames, quelles qu'elles soient, et combien plus pour les reines de si haut parage et vertu comme fut la reine Madasime, à laquelle j'ai une particulière affection pour ses belles qualités : car, outre qu'elle était extrêmement belle, elle fut encore fort prudente et fort patiente en ses calamités qui furent en grand nombre. Et les conseils et la compagnie de maître Elisabad lui furent de grand profit pour supporter ses travaux avec prudence et patience, et de là prit occasion le vulgaire ignorant et mal intentionné de dire et penser qu'elle était sa bonne amie, et je dis encore une fois que mentent et mentiront encore deux cents fois tous ceux qui le penseront et le diront. — Je ne le dis ni ne le pense, répondit Sancho ; c'est affaire à eux, je ne mange point de ce pain : s'ils firent l'amour ou non, ils en auront rendu compte à Dieu ; de mes vignes je viens, et ne sais rien de rien ni ne m'enquiers des vies d'autrui : car celui qui achète et qui ment en sa bourse bien le sent ; et combien plus, moi qui tout nu naquis, tout nu je me trouve, je ne perds ni ne gagne, mais, quand bien ils auraient fait l'amour, que m'importe ? D'aucuns pensent qu'il y a des quartiers de lard, tandis qu'il n'y a pas seulement des crochets pour les pendre ; mais qui peut mettre des portes aux champs ? De Dieu même on a mal parlé. — Oh ! Dieu me soit en aide ! dit don Quichotte, que de sottises tu enfiles, Sancho ! Qu'y a-t-il de commun entre ce que nous disons et les proverbes que tu dévides ? Tais-toi, Sancho, sur ta vie et dorénavant mêle-toi d'étriller ton âne sans plus te mêler de ce qui ne t'importe, et entends de tous tes cinq sens de nature que tout ce que j'ai fait, je fais et ferai, est bien fondé en raison et très conforme aux règles de chevalerie, car je les sais mieux que pas un chevalier qui en ait jamais fait profession. — Monsieur, répondit Sancho, est-ce une bonne règle de chevalerie que nous allions ainsi égarés par ces montagnes sans chemin ni sentier, cherchant un fou à qui peut-être, après l'avoir trouvé, il viendra en fantaisie d'achever ce qu'il a laissé en train, non pas de son conte, mais de la tête de Votre Grâce et de mes côtes, en nous les achevant de rompre tout à fait ? — Tais-toi, dis-je encore une fois, Sancho, fit don Quichotte, car je te fais savoir que je ne suis pas tant attiré en ces lieux du désir de trouver le fou que de celui que j'ai d'y faire un exploit si grand que j'en acquerrai une perpétuelle renommée en toute la terre, et par quoi je mettrai le cachet à tout ce qui peut rendre un chevalier errant fameux et parfait. — Est-ce une affaire de grand péril ? demanda Sancho Pança. — Non, répondit le chevalier de la Triste Figure, encore que le dé pourrait courir de telle façon que nous aurions guigne au lieu de chance ; mais le tout dépendra de ta diligence. — De ma diligence ? dit Sancho. — Oui, dit don Quichotte, parce que, si tu reviens bien promptement du lieu où je te pense envoyer, ma peine s'achèvera tôt, et tôt commencera ma gloire ; et, comme il n'est pas juste de te tenir plus en suspens, attendant la fin où tendent mes discours, je veux, Sancho, que tu saches que le fameux Amadis de Gaule fut un des plus parfaits chevaliers errants. Mais que dis-je un des plus parfaits ? Il faut dire le seul, le premier, l'unique, le maître et seigneur de tous ceux qu'il y eut en son temps au monde : tant pis pour don Bélianis et pour tous ceux qui diront qu'on l'égala en quelque chose, je jure qu'ils se trompent. Je dis mêmement que, quand quelque peintre se veut rendre fameux en son art, il tâche d'imiter les originaux des plus excellents maîtres qu'il sait ; et la même règle sert pour la plupart des métiers ou exercices d'importance qui servent à l'ornement des républiques ; et ainsi le doit faire et le fait celui qui veut acquérir le nom de prudent et de patient, en imitant Ulysse, en la personne duquel et en ses travaux Homère nous peint au vif un portrait de prudence et de patience, comme aussi Virgile, en la personne d'Énée, nous a montré la valeur d'un fils pieux et la sagacité d'un capitaine vaillant et entendu, ne les dépeignant ni les découvrant tels qu'ils étaient, mais tels qu'ils devaient être pour servir d'exemple de vertu aux siècles à venir. De la même sorte Amadis fut le nord, l'étoile, le soleil des vaillants et amoureux chevaliers, et nous devons l'imiter, nous autres qui combattons sous la bannière de l'amour et de la chevalerie. Ainsi donc, j'estime, Sancho, mon ami, que le chevalier errant qui l'imitera le mieux sera le plus proche d'atteindre à la perfection de la chevalerie ; et l'une des choses en quoi ce chevalier montra le plus sa prudence, sa valeur, sa vaillance, sa patience, sa fermeté et son amour, ce fut lorsque, étant dédaigné de sa dame Oriane, il se retira à faire pénitence en la Roche-Pauvre, changeant son nom en celui de Beau Ténébreux, nom assurément fort significatif et propre à la vie qu'il s'était choisie de sa pure volonté : tellement qu'il m'est plus facile de l'imiter en cela que non à fendre des géants, couper la tête à des serpents, tuer des andriagues, rompre des armées, fracasser des flottes et défaire des enchantements. Et, puisque ces lieux sont si à propos pour de semblables effets, il ne faut pas laisser perdre l'occasion, laquelle m'offre ses tresses avec tant de commodité. — Et pour lors, dit Sancho, que prétend faire Votre Grâce en ce lieu si écarté ? — Ne t'ai-je pas déjà dit, répliqua don Quichotte, que je veux imiter Amadis, en faisant ici le désespéré, le fou et le furieux, et par même moyen imiter le vaillant don Roland, lorsqu'il trouva en une fontaine les marques que la belle Angélique avait fait vilenie avec Médor, de quoi il reçut tant de déplaisir qu'il en devint fou et arracha les arbres, troubla les eaux des claires fontaines, tua des bergers, ruina des troupeaux, brûla des chaumières, abattit des maisons, traîna des cavales, et fit cent mille autres insolences dignes d'éternelle renommée et écriture ? Et, encore que je ne pense pas imiter Roland, ou Orland, ou Rotoland (car il avait ces trois noms), de point en point en toutes les folies qu'il fit, dit et pensa, j'en ferai l'ébauche du mieux qu'il me sera possible, en ce qui me semblera être le plus essentiel. Et il se pourrait faire que je me contentasse de l'imitation seule d'Amadis, lequel, sans faire des folies dommageables, mais seulement de pleurs et de regrets, acquit autant de renommée que qui que ce soit. — Il me semble, dit Sancho, que les chevaliers qui firent de telles choses y furent provoqués et eurent sujet de faire ces sottises et pénitences ; mais Votre Grâce, quel motif a-t-elle de devenir fou ? Quelle dame vous a dédaigné, ou quelles marques avez-vous trouvées, par où vous puissiez conjecturer que madame Dulcinée du Toboso ait fait quelque faribole avec maure ou chrétien ? — Voilà le point, répondit don Quichotte, et le fin de mon affaire ; qu'un chevalier errant devienne fou avec sujet, le beau mérite ! Le joli est de radoter sans occasion et donner à entendre à ma maîtresse que, si je le fais à sec, que ne ferais-je à l'eau ! Et combien plus, en ayant assez d'occasions par la longue absence que j'ai soufferte de ma maîtresse à toujours, Dulcinée du Toboso : car, comme tu as déjà ouï dire à ce pasteur de l'autre jour, Ambroise, qui est absent souffre et craint tous les maux. Donc, Sancho, mon ami, ne t'amuse point à me conseiller que je délaisse une si rare, si heureuse et si peu vue imitation. Je suis fou et fou je dois être jusqu'à tant que tu retournes avec la réponse d'une lettre que je pense envoyer par toi à ma dame Dulcinée ; et, si elle est selon que le mérite ma foi et loyauté, ma folie et ma pénitence prendront fin ; mais, si tu me rapportes le contraire, je deviendrai fou tout à bon escient, et dès lors n'éprouverai plus aucun sentiment. Ainsi donc, de quelque façon qu'elle réponde, je sortirai du conflit et travail auquel tu me laisseras, jouissant du bien que tu m'apporteras en redevenant sage, ou bien, ne sentant le mal que je recevrai, comme fou. Mais dis-moi, Sancho, as-tu bien mis en lieu de sûreté l'armet de Mambrin ? J'ai vu que tu l'as relevé de terre quand ce méchant ingrat l'a voulu rompre en pièces ; il n'en a pu venir à bout, par où l'on peut reconnaître la bonté de sa trempe. » A cela répondit Sancho : « Vive Dieu ! monsieur le chevalier de la Triste Figure, je ne peux souffrir ni porter en patience quelques-unes de ces choses que vous dites, et par icelles je viens à soupçonner que tout ce que vous me contez de chevalerie, d'acquérir des royaumes et des empires, de donner des îles et de faire autres bénéfices et largesses, comme c'est la coutume des chevaliers errants, n'est que vent et toute menterie, et tout fatras ou fratras, ou comme vous le voudrez appeler : car qui vous entendra dire qu'un bassin de barbier est l'armet de Mambrin, et verra que vous ne sortez de cette erreur en plus de quatre jours, que pensera-t-il autre chose, sinon que celui qui le dit et affirmera doit avoir la cervelle à l'envers ? Pour le bassin, je l'ai en mon sac, tout bossué, et le porte chez moi pour l'accommoder et m'y faire la barbe, si Dieu me fait tant de grâce que je me puisse un jour revoir avec ma femme et mes enfants. — Écoute, Sancho, par le même Dieu que tu as tantôt pris à témoin, je te jure, dit don Quichotte, que tu as le plus pauvre entendement qu'ait ni jamais ait eu écuyer au monde. Quoi ! est-il possible que depuis le temps que tu es avec moi, tu ne te sois pas aperçu que toutes les choses des chevaliers errants semblent des chimères, des sottises et des rêveries, et qu'elles sont toutes faites à rebours ? Et ce n'est pas qu'il en soit ainsi, mais c'est qu'il y a toujours parmi nous une troupe d'enchanteurs, qui changent et pervertissent toutes nos affaires, et les tournent à leur fantaisie et selon qu'ils ont la volonté de nous favoriser ou de nous détruire : par ainsi ce qui te semble un bassin de barbier me semble l'armet de Mambrin, et à un autre il lui semblera autre chose. Et la providence du sage enchanteur qui tient mon parti fut rare de faire que ce qui réellement est l'armet de Mambrin paraisse à tous les autres un bassin, à cause qu'étant de si grande estime, tout le monde m'eût poursuivi pour me l'ôter ; mais, comme on voit que ce n'est autre chose qu'un bassin de barbier, on ne se souciera pas de l'avoir comme il s'est vu en celui qui l'a voulu rompre, et qui l'a laissé à terre sans l'emporter, car, en bonne foi, s'il l'eût connu, il ne l'eût pas ainsi négligé. Garde-le bien, mon ami, car pour le présent je n'en ai que faire, au contraire je veux quitter toutes ces armes et demeurer tout nu comme quand je naquis, si c'est qu'il me vienne en volonté d'imiter en ma pénitence plutôt Roland qu'Amadis. »

Étant sur ces discours, ils arrivèrent au pied d'une haute montagne, laquelle était quasi comme une roche taillée toute seule entre plusieurs autres qui l'environnaient. Il courait par la pente d'icelle un doux ruisseau, et tout autour s'étendait un pré si vert et si tendre qu'il causait un grand contentement aux yeux qui le regardaient. Il y avait là quantité d'arbres sauvages et quelques plantes et fleurs qui rendaient le lieu fort agréable. Cet endroit fut choisi par le chevalier de la Triste Figure pour y faire sa pénitence, et par ainsi, le voyant, il commença à dire à haute voix, comme s'il eût été hors de son sens : « Ô cieux ! voici le site que j'adopte et choisis pour y pleurer le malheur auquel vous-mêmes m'avez mis. L'eau de mes yeux augmentera les eaux de ce petit ruisseau, et mes continuels et profonds soupirs feront continuellement mouvoir les feuilles de ces arbres montagnards pour signe de la peine que mon cœur égaré endure. Et vous, qui que vous soyez, rustiques dieux, qui faites votre demeure en ce lieu inhabitable, oyez les plaintes de ce malheureux amant, qu'une longue absence et des jalousies imaginaires ont conduit à se lamenter en ces déserts et à se plaindre de la rigueur de cette belle ingrate, dernière limite de toute humaine beauté. Ô vous autres, napées et dryades, qui d'ordinaire habitez en l'épaisseur de ces montagnes, puissent les légers et lascifs satyres, desquels, encore qu'en vain, vous êtes aimées, ne troubler jamais votre doux repos : mais aidez-moi à plaindre ma disgrâce, ou du moins ne vous lassez point de l'entendre. Ô Dulcinée du Toboso, jour de ma nuit, gloire de ma peine, le nord de mes chemins, l'étoile de ma fortune, ainsi le Ciel t'envoie le succès en tout ce que tu lui voudrais demander, et puisses-tu considérer le lieu et l'état où ton absence m'a conduit, et correspondre avec un bon terme à ce qui est dû à ma fidélité ! Ô arbres solitaires, qui dorénavant devez tenir compagnie à ma solitude, faites signe, par le doux mouvement de vos branches, que ma présence ne vous est pas importune. Ô toi, mon écuyer, cher et agréable compagnon en mes prospérités et adversités, prends bien en ta mémoire ce que tu me verras faire ici, afin que tu le racontes et rapportes à celle qui en est la cause totale. » Et, en disant cela, il descendit de Rossinante, et en un instant lui ôta la bride et la selle, et lui donnant du plat de la main sur la croupe, lui dit : « Prends la liberté que te donne celui qui en demeure privé, ô mon bon cheval, aussi excellent par tes œuvres que malheureux par ta fortune. Va-t'en où tu voudras, car tu portes écrit au front que l'hippogriffe d'Astolphe n'a point été ton pareil en légèreté, non plus que le renommé Frontin, qui coûta si cher à Bradamante. » Voyant cela, Sancho lui dit : « Béni soit qui nous a à présent relevés de la peine d'ôter le bât au grison, car en bonne foi il ne manquerait pas de petits coups de la main à lui donner, ni de choses à lui dire à sa louange ; mais, s'il était ici, je ne permettrais pas que personne ne débâtât, puisqu'il n'y avait point de sujet, car les titres d'amoureux ou de désespérés ne le touchaient en façon quelconque, attendu que son maître, qui était moi, tant qu'il a plu à Dieu, n'est ni l'un ni l'autre, et en vérité, seigneur chevalier de la Triste Figure, si tant est que mon partement et votre folie soient pour de bon, il sera opportun de remettre la selle à Rossinante, afin qu'il supplée au défaut du grison ; ce sera épargner du temps pour mon aller et pour mon retour : car, si je vais à pied, je ne sais quand j'arriverai ni quand je reviendrai, pour ce que en réalité je suis mauvais piéton. — Je te dis, Sancho, répondit don Quichotte, qu'il en soit comme tu voudras, car ton dessein ne me semble pas mal à propos ; et j'ajoute, tu partiras dans trois jours, car je veux que durant ce temps-là tu voies ce que je ferai et dirai pour l'amour d'elle, afin que tu lui en fasses rapport. — Eh ! qu'ai-je de plus à voir, dit Sancho, que ce que j'ai vu ? — Te voilà loin du compte, répondit don Quichotte. Il me faut encore déchirer mes habillements, disperser mes armes çà et là, et donner de la tête contre ces rochers, avec d'autres choses du même tonneau qui te feront étonner. — Pour l'amour de Dieu, dit Sancho, regardez bien comment vous donnerez ces coups de calebasse, car vous pourriez rencontrer une telle roche et un tel point qu'au beau premier vous mettriez fin à cette machine de la pénitence, et serais d'avis, puisqu'il vous semble qu'il est à propos de donner ici des coups de calebasse, et qu'on ne peut faire cette affaire sans cela, que vous vous contentassiez, vu que tout cela est chose feinte, simulée et de moquerie, que vous vous contentassiez, dis-je, de les faire dans l'eau ou contre quelque chose molle et délicate, comme du coton ; et laissez-moi faire : je dirai à madame que vous les avez donnés sur la pointe d'un rocher plus dure que celle d'un diamant. — Je te rends grâces de ta bonne intention, ami Sancho, répondit don Quichotte ; mais je veux que tu saches que toutes ces choses que je fais ne sont pas moquerie, mais à bon escient, parce qu'autrement ce serait contrevenir aux ordres de chevalerie, qui nous commandent de ne dire aucune menterie, sous peine d'être relaps ; et faire une chose pour une autre, c'est la même chose que de mentir. Oui, mes culbutes doivent être véritables, fermes et valables, sans rien de sophistique ni de fantastique, et il faudra que tu me laisses quelque peu de charpie pour me panser, puisque le malheur a voulu que le baume que nous avons perdu nous manquât. — Ce fut encore pis de perdre l'âne, répondit Sancho, puisque l'on a perdu avec lui la charpie et tout le reste ; et je prie Votre Grâce de ne plus se souvenir de ce maudit breuvage, car, seulement à l'ouïr nommer, mon âme se retourne toute, combien plus mon estomac. Je vous prie en outre de considérer comme déjà passés les trois jours que vous m'avez donnés de terme pour voir les folies que vous voulez faire : car je les donne pour vues et pour passées en chose jugée, et en dirai merveilles à madame. Écrivez donc la lettre et me dépêchez promptement : car j'ai grand désir de vous venir retirer de ce purgatoire où je vous laisse. — Tu l'appelles purgatoire, Sancho ? dit don Quichotte. Tu ferais mieux de l'appeler enfer, et encore pis s'il y a chose qui soit pire au monde. — Pour qui est en enfer, répondit Sancho, *nulla est retentio*[2], ainsi que j'ai ouï dire. — Je n'entends pas ce que veut dire *retentio*, dit don Quichotte. — *Retentio* est, répondit Sancho, que qui est en enfer jamais il n'en sort ni n'en peut sortir. Ce qui sera tout au contraire en Votre Seigneurie, ou bien mes pieds iront mal si j'emporte des éperons pour réveiller Rossinante. Laissez-moi arriver une bonne fois dans le Toboso et en la présence de madame Dulcinée, je lui en conterai de telles, des sottises et folies, qui est tout un, que vous avez faites et que vous faites encore, que je vous la rendrai plus souple qu'un gant, encore que je la trouve plus dure qu'un chêne-liège, et avec sa réponse douce et emmiellée je reviendrai par l'air comme un sorcier, et vous tirerai de ce purgatoire qui semble un enfer, et pourtant ne l'est pas, puisqu'il y a espérance d'en sortir ; ce que n'ont pas ceux qui sont en enfer, comme on me l'a dit, et ne crois point que vous dissiez autre chose. — C'est la vérité, dit celui de la Triste Figure ; mais que ferons-nous pour écrire la lettre ? — Et aussi l'ordonnance des ânons, ajouta Sancho. — Tout y sera compris, dit don Quichotte ; et il serait bon, attendu que nous n'avons pas de papier, que nous l'écrivissions, comme faisaient les anciens, sur des feuilles d'arbre, ou en de petites tablettes de cire, encore qu'il sera aussi difficile d'en trouver à cette heure que du papier. Mais il me vient tout à point à la mémoire où il sera bon et plus que bon de l'écrire : c'est aux tablettes de Cardénio, et tu auras le soin de la faire transcrire sur du papier et en belle écriture, au premier lieu que tu trouveras, là où il y aura un maître d'école de petits enfants ; ou bien le premier sacristain te la copiera ; mais ne la baille point à copier à un greffier, parce qu'ils emploient une écriture procédurière que Satan n'entendrait pas. — Mais, pour la signer, comment ferons-nous ? dit Sancho. — Jamais les lettres d'Amadis ne furent signées, répondit don Quichotte. — Voilà qui est bien, répondit Sancho, mais l'ordonnance, il faut nécessairement qu'elle soit signée ; et, si on fait la copie, on dira que la signature est fausse, et ainsi je demeurerai sans poulains. — L'ordonnance sera signée sur les tablettes mêmes, en sorte que, quand ma nièce la verra, elle ne fera point de difficulté de l'accomplir ; et, en ce qui touche la lettre d'amour, tu y mettras pour souscription : *Vôtre jusqu'à la mort, le chevalier de la Triste Figure* ; et il n'importe pas beaucoup qu'elle soit d'une autre main : car, s'il m'en souvient bien, Dulcinée ne sait ni lire ni écrire, et n'a de sa vie vu aucune écriture ni lettre de moi, parce que mes amours et les siens ont toujours été platoniques sans s'étendre davantage qu'à un honnête regard. Et cela encore a été à de si longs intervalles que j'oserai bien jurer avec vérité qu'en douze ans qu'il y a que je l'aime mieux que la lumière de ces yeux, que la terre mangera un jour, je ne l'ai pas vue quatre fois ; encore il se pourra faire que de ces quatre fois elle ne se soit pas aperçue une seule fois que je l'ai regardée, si grands sont le soin et la retenue avec lesquels son père Lorenzo Corchuelo et sa mère Aldonza Nogalez l'ont élevée. — Ah ! ah ! dit Sancho, quoi ! la fille de Lorenzo Corchuelo, c'est la señora Dulcinée du Toboso, autrement appelée Aldonza Lorenzo ? — C'est elle, dit don Quichotte, et c'est elle qui mérite d'être dame de tout l'univers. — Je la connais bien, dit Sancho, et je puis dire qu'elle jette aussi bien une barre que le plus robuste garçon de tout le village. Par la morbleu, c'est une fille de tête, bien faite et bien droite, et qui a du poil en l'estomac ; elle peut tirer du pétrin tout chevalier errant qui l'aura pour maîtresse. Ô fils de pute, quel gosier elle a, et quelle voix ! Je vous assure qu'elle monta un jour au haut du clocher du village pour appeler quelques-uns de ses valets qui étaient en un guéret de son père, et, encore qu'il y eût demi-lieue de là, ils l'ouïrent aussi aisément que s'ils eussent été au pied de la tour. Et le meilleur qui est en elle, c'est qu'elle n'est nullement bégueule et qu'elle a fort bonnes façons, elle se joue avec tous, et ne se fait que moquer et se gaber. Maintenant, je vous dis, seigneur chevalier de la Triste Figure, que non seulement Votre Grâce peut et doit faire des folies pour l'amour d'elle, mais qu'à juste titre vous pouvez vous désespérer et vous pendre : il n'y aura personne qui l'apprenne, qui ne dise que vous avez extrêmement bien fait, encore que le diable vous emporte, et je voudrais déjà être en chemin seulement pour la voir, car il y a longtemps que je ne l'ai vue, et elle doit être déjà fort changée, parce que cela gâte fort le teint des femmes d'aller toujours parmi les champs au soleil et au vent. Je veux vous confesser une vérité, seigneur don Quichotte : c'est que j'ai été jusqu'ici dans une grande ignorance, car je croyais de bonne foi et sincèrement que madame Dulcinée fût quelque grande princesse de laquelle vous étiez amoureux, ou bien telle personne qui méritât les riches présents que vous lui avez envoyés, tant du Biscaïen que des forçats, et plusieurs autres que je crois qu'il y a, vu le grand nombre des victoires que vous avez eues et gagnées du temps que je n'étais pas encore votre écuyer. Mais, le tout bien considéré, que peut-il chaloir à la dame Aldonza Lorenzo, je dis à madame Dulcinée du Toboso, que les vaincus que vous lui envoyez et que vous lui enverrez s'aillent jeter à genoux devant elle ? Parce qu'il se pourrait faire qu'au temps qu'ils y arriveraient, elle serait empêchée à sérancer du lin ou battre du blé en l'aire, et qu'ils se fâchassent de la voir en cet état, et aussi qu'elle se moquât et se rît avec colère du présent. — Je t'ai déjà dit maintes fois, Sancho, dit don Quichotte, que tu es un grand bavard, et qu'encore que tu sois d'un esprit un peu grossier, bien souvent tu subtilises fort ; mais, afin que tu voies combien tu es sot et combien je suis discret, je veux que tu entendes un petit conte que je te ferai. Il faut que tu saches qu'une belle veuve, jeune, libre, riche, et surtout fort délibérée, devint amoureuse d'un jeune frère lai, court, gros et bien carré des reins ; son frère aîné en fut averti, lequel, un jour, dit à la bonne veuve par manière d'une fraternelle réprehension : « Je suis étonné, madame, et non sans cause, qu'une femme de telle qualité, si belle et si riche comme vous êtes, se soit amourachée d'un homme si abject, si vil et si idiot qu'est un tel, vu qu'il y a céans tant de maîtres, tant de docteurs, tant de théologiens desquels vous eussiez pu choisir comme d'entre des poires et dire : Je veux celui-ci, je ne veux point de celui-là. » Mais elle lui répondit avec fort peu de façon et beaucoup de gaieté : « Monsieur, vous vous trompez bien fort, et pensez à la vieille mode, si vous estimez que j'aie mal choisi en un tel, quelque idiot qu'il vous semble : car, pour ce que j'ai à en faire, il sait autant et plus de philosophie qu'Aristote. » Donc, Sancho, pour l'amour dont j'aime Dulcinée du Toboso, elle vaut autant que la plus grande princesse de la terre. Va, tous les poètes qui chantent les louanges des dames sous des noms supposés qu'ils leur donnent à leur volonté, il n'est pas vrai qu'ils les aient eues en leur pouvoir. Penses-tu que les Amaryllis, les Philis, les Silvies, les Dianes, les Galatées et autres semblables, de quoi les livres, les romans, les boutiques des barbiers, les théâtres de comédies, sont remplis, aient été véritablement des femmes de chair et d'os, et aient appartenu à ceux qui les célèbrent et les ont célébrées ? Non certainement, mais la plupart le feignent pour donner sujet à leurs vers et à cette fin qu'on les estime et tienne pour amoureux ou pour capables de l'être. Et partant il me suffit, à moi, de penser et croire que la bonne Aldonza Lorenzo est belle et honnête ; et, en ce qui touche sa race, il importe peu, parce qu'on ne s'en ira pas informer pour lui donner quelque ordre ou collier de chevalerie, et pour moi je fais état qu'elle est la plus haute princesse du monde. Car il faut que tu saches, Sancho, si tu ne le sais, qu'il n'y a que deux choses qui incitent plus que d'autres à aimer, qui sont la grande beauté et la bonne renommée, et ces deux se trouvent au suprême degré en Dulcinée : car en beauté elle n'a pas sa pareille, et, quant à la bonne renommée peu y approchent. Et, pour conclusion, je m'imagine que tout ce que je dis est ainsi sans qu'il y ait rien de trop ni de moins. Je me la représente en mon imagination telle que je la désire, tant en la beauté comme en la qualité : Hélène même n'en approche, Lucrèce n'y atteint, ni aucune autre des fameuses dames du temps passé, soit grecque, barbare ou latine ; et que chacun dise ce qu'il lui plaira, que si pour ce sujet je suis repris par les ignorants, je n'en serai pas châtié par les rigoureux. — Je dis que vous avez raison en tout et partout, répondit Sancho, et que je suis un âne ; mais pourquoi ai-je ce nom d'âne en la bouche, puisqu'il ne faut pas faire mention de la corde en la maison du pendu ? Baillez çà la lettre, et adieu, car je m'en vais. »

Don Quichotte prit les tablettes, et, se retirant un peu à l'écart, se mit tout paisiblement à écrire la lettre, et, comme il l'achevait, appela Sancho, et lui dit qu'il la lui voulait lire, afin qu'il l'apprît par cœur, si d'aventure il la perdait par les chemins, car il ne se fallait pas trop fier à sa mauvaise étoile. A quoi Sancho répondit : « Monsieur, écrivez-la deux ou trois fois dans les tablettes et me les baillez : je les garderai bien, parce que de penser que je l'apprenne par cœur, c'est folie, d'autant que j'ai la mémoire si mauvaise que bien souvent il ne me souvient pas comment je m'appelle ; mais, pour tout cela, dites-la-moi, je serai fort aise de l'entendre, car elle doit être faite au moule. — Écoute, la voici, dit don Quichotte :

LETTRE DE DON QUICHOTTE
A DULCINÉE DU TOBOSO

Souveraine et haute Dame,

Le féru de la pointe d'absence et le navré au fond du cœur, très douce Dulcinée du Toboso, t'envoie la santé qu'il n'a pas. Si ta beauté me dédaigne, si ta valeur n'est pas à mon profit, si tes dédains sont à mon détriment, encore que je sois assez patient, je pourrai mal me soutenir en cette affliction, car, outre qu'elle est pénible, elle est fort durable. Mon bon écuyer Sancho te fera une relation complète, ô belle ingrate et mon aimée ennemie, de l'état où je suis à cause de toi : si tu as envie de me secourir, je suis à toi, et sinon, fais ce que te plaira, car, en finissant ma vie, j'aurai satisfait à ta cruauté et à mon désir.

A toi jusqu'à la mort,

LE CHEVALIER DE LA TRISTE FIGURE.

« Par la vie de mon père, dit Sancho entendant la lettre, voilà la plus haute chose que j'aie jamais ouïe. Malapeste, comme vous lui dites tout ce que vous voulez, et qu'il vient bien en la souscription, ce titre de chevalier de la Triste Figure ! Je dis en vérité que vous êtes le diable même, et qu'il n'y a rien que vous ne sachiez. — Il est besoin de tout, répondit don Quichotte, pour le métier que je fais. — Sus donc, dit Sancho, mettez sur cet autre côté la cédule des trois ânons et la signez bien au net, afin qu'on la reconnaisse en la voyant. — Je le veux », dit don Quichotte, et, après l'avoir écrite, il la lui lut, et elle disait en cette sorte :

Ma nièce, il vous plaira, par cette première d'ânons, délivrer à Sancho Pança, mon écuyer, trois des cinq que j'ai laissés en ma maison et qui sont à votre charge, lesquels trois ânons j'ordonne lui être délivrés et payés, pour autant

d'autres reçus ici comptant, et avec la présente, et sur
quittance, ils seront dûment remis. Fait ès entrailles de la
Sierra Morena, le vingt-deuxième août de la présente année.

« Elle est fort bien, dit Sancho : signez-la, monsieur. — Il
n'est point besoin de la signer, dit don Quichotte, mais
seulement suffira d'y mettre mon paraphe, qui vaut la
signature et sera assez pour trois ânes, voire même pour trois
cents. — Je me fie à vous, répondit Sancho, laissez-moi aller
mettre la selle à Rossinante, et vous apprêtez à me donner
votre bénédiction : car je pense partir tout aussitôt sans voir
les extravagances que vous ferez, car je dirai que je vous ai
tant vu faire qu'elle n'en voudra pas davantage. — Au moins,
je veux, Sancho, et pour ce qu'il le faut ainsi, je veux, dis-je,
que tu me voies tout nu faire une douzaine ou deux de folies,
car je les expédierai en moins de demi-heure : les ayant vues
de tes yeux, tu pourras jurer en conscience des autres que tu
y voudras ajouter, et je t'assure bien que tu n'en diras pas
tant que j'en pense faire. — Je vous prie, pour l'amour de
Dieu, monsieur, que je ne vous voie point à poil, parce que
vous me ferez trop pitié et ne me pourrai garder de pleurer,
et j'ai la tête si malade pour avoir tant pleuré hier au soir mon
grison que je ne suis pas disposé à m'y remettre derechef ; et,
si tant est qu'il vous plaise que je voie quelques folies, faites-
les tout habillé, courtes et de celles qui viendront le plus à
propos. D'ailleurs pour moi il n'est point besoin de tout cela,
et, comme j'ai déjà dit, mieux vaudrait raccourcir le chemin
de mon retour qui doit être avec des nouvelles qui seront
selon que Votre Grâce le désire et le mérite. Et, au cas que
non, que madame Dulcinée s'apprête ; que si elle ne répond
comme la raison veùt, je fais vœu solennel à qui je peux que
je lui tirerai la bonne réponse de l'estomac à force de coups
de pied et de soufflets : car en quel lieu peut-on souffrir
qu'un chevalier errant aussi fameux que vous l'êtes devienne
fou, sans quoi ni pourquoi, pour une... Qu'elle ne me le fasse

pas dire, la dame, car, par Dieu, j'en débiterai et mettrai tout mon vin à douze, quand je ne devrais jamais le vendre : je suis bien propre à cela, moi ! Elle me connaît mal ! De bonne foi, si elle me connaissait, elle jeûnerait ma fête. — En bonne foi, Sancho, dit don Quichotte, à ce qu'il semble, tu n'es pas plus sage que moi. — Je ne suis pas si fou, répondit Sancho, mais je suis plus colère. Mais, laissant ceci à part, qu'est-ce que vous mangerez en attendant que je revienne ? Irez-vous sur la route, comme Cardénio, pour l'ôter aux bergers ? — Que ce souci ne te travaille point, répondit don Quichotte : car, encore que j'eusse très bien de quoi, je ne mangerai autre chose que les herbes et les fruits que ces prés et ces arbres me donneront, car le fin de mon affaire consiste à ne manger point et à souffrir d'autres austérités. » A quoi dit Sancho : « Savez-vous, monsieur, ce que je crains ? De ne trouver pas le chemin pour retourner ici où je vous laisse, tant le lieu est retiré et caché. — Prends bien les marques, dit don Quichotte, car je veillerai à ne m'éloigner point de ces environs, et j'aurai pareillement soin de monter par ces plus hauts rochers pour voir si je te découvrirai quand tu retourneras. Et davantage, il sera plus à propos, afin que tu ne t'égares et ne te perdes, que tu coupes quelques branches de ces genêts qui sont ici en quantité, et que tu les plantes d'espace en espace jusqu'à ce que tu sois en la plaine ; ils te resserviront de bornes et de marques pour me trouver, quand tu reviendras, à l'imitation du fil du labyrinthe de Thésée. — Je le ferai ainsi », répondit Sancho Pança ; et, en coupant quelques-uns, il demanda la bénédiction à son maître, et, non sans que tous deux versassent beaucoup de larmes, il prit congé de lui, et, montant sur Rossinante, que don Quichotte lui recommanda fort, et qu'il prît garde à lui comme à sa propre personne, il se mit en chemin vers la plaine, répandant d'espace en espace les branches de genêt comme son maître le lui avait conseillé ; et ainsi s'en alla, encore que don Quichotte l'importunât de le voir faire au moins deux

folies. Mais il n'eut pas cheminé cent pas qu'il revint criant :
« Je dis, monsieur, que vous aviez raison, car, à cette fin que
je puisse jurer en sûreté de conscience que je vous ai vu faire
des folies, il sera bon que j'en voie à tout le moins une,
combien que j'en aie vu une bien grande qui est de demeurer
et séjourner ici comme vous voulez faire. — Ne te le disais-je
pas ? fit don Quichotte : attends un peu, Sancho, car en
moins d'un *Credo* je les ferai. » Et, ôtant ses chausses à la
hâte, il demeura en chemise, et tout aussitôt, sans plus ni
moins, il fit deux cabrioles en l'air et deux culbutes la tête en
bas et les pieds en l'air, découvrant de telles choses que, pour
ne les point voir derechef, Sancho tourna bride à Rossinante,
et se tint pour satisfait de ce qu'il pouvait jurer que son
maître était fou ; et ainsi nous le laisserons aller son chemin
jusqu'au retour, lequel fut bref.

CHAPITRE XXVI

OÙ SE POURSUIVENT
LES FINESSES D'AMOUREUX QUE FIT
DON QUICHOTTE EN LA SIERRA MORENA

Et, pour revenir au récit de ce que fit le chevalier de la
Triste Figure, après qu'il se vit seul, l'historien dit que, tout
ainsi que don Quichotte acheva de faire les culbutes, tout nu
de la ceinture en bas, et vêtu de la moitié du corps en haut,
voyant que Sancho s'en était allé sans vouloir attendre ni voir
davantage de folies, il monta sur la pointe d'un haut rocher et
là se remit à penser ce qu'il avait si souvent pensé, sans s'y
être jamais résolu : c'était savoir lequel serait le mieux et le
plus à propos pour lui d'imiter Roland en ses extraordinaires
folies, ou bien Amadis en ses mélancoliques, et, parlant en
lui-même, disait : « Si Roland fut si bon chevalier et si

vaillant comme tout le monde le dit, quelle merveille est-ce, vu qu'enfin il était enchanté et que personne ne le pouvait tuer, si ce n'était en lui fichant une épingle d'un denier par la plante du pied, et si portait-il toujours des souliers avec sept semelles de fer ; encore ses ruses ne lui servirent de rien contre Bernard du Carpio, qui les pénétra et l'étouffa entre ses bras à Roncevaux. Mais, laissant en lui la vaillance à part, venons à ce qui fut de perdre le jugement, car il est certain qu'il le perdit à cause des marques qu'il trouva en la fontaine, et par les nouvelles que lui conta le berger qu'Angélique avait couché plus de deux siestes avec Médor, un jeune moricaud aux cheveux frisés et page d'Agramant. Et, s'il crut que ce fût vrai et que sa maîtresse lui eût fait ce déplaisir, il ne fit rien d'étonnant en devenant fou. Mais moi, comment le puis-je imiter en ses folies, si je ne l'imite dans leur cause, parce que de ma Dulcinée du Toboso, j'oserais bien jurer qu'en jour de sa vie elle n'a vu aucun Maure, tel qu'il est, dans son vrai costume, et qu'elle est aujourd'hui comme la mère qui l'a enfantée et je lui ferais un tort manifeste si, m'imaginant autre chose d'elle, je devenais fou de ce genre de folie de Roland le Furieux. Par ailleurs, je vois qu'Amadis de Gaule, sans perdre le jugement et sans faire de folies, acquit autant de renommée d'amoureux que personne au monde, d'autant que ce qu'il fit, selon l'histoire, ne fut autre chose que ceci : s'étant vu dédaigné de sa maîtresse Oriane, qui lui avait défendu de paraître devant elle jusqu'à ce que ce fût sa volonté, il se retira en la Roche Pauvre, en la compagnie d'un ermite, où il pleura tout son soûl, jusques à ce que le ciel le secourût au milieu de sa plus grande affliction. Et, si cela est vrai, comme ce l'est, pourquoi prendrais-je la peine, à cette heure, de me mettre tout nu, de saccager ces arbres, qui ne m'ont fait aucun mal, et de troubler l'eau claire de ces ruisseaux, qui me donneront à boire quand j'en aurai envie. Vive la mémoire d'Amadis, et qu'il soit imité par don Quichotte de la Manche en tout ce qui sera possible ! De lui

ses vers, pour conter ce qui advint à Sancho Pança en son ambassade ; et ce fut qu'en arrivant sur le grand chemin il se mit en quête du Toboso, et le lendemain il arriva à la taverne où lui était advenue la disgrâce du bernement. Il ne l'eut pas sitôt vue qu'il lui sembla voler derechef par les airs, de sorte qu'il ne voulut pas entrer dedans, encore que ce fût à telle heure qu'il l'eût bien pu et dû faire, parce qu'il était temps de dîner et qu'il avait envie de manger quelque chose de chaud, car il y avait de longs jours qu'il ne mangeait rien que froid. Cette nécessité le contraignit de s'approcher plus près de la taverne, toutefois en doute s'il y entrerait ou non, et sur cela il en sortit deux personnages qui le reconnurent incontinent, l'un desquels dit à l'autre : « Dites-moi, monsieur le licencié, cet homme à cheval, n'est-ce pas Sancho Pança, dont la gouvernante de notre aventurier a dit qu'il était parti avec son maître pour lui servir d'écuyer ? — Oui, c'est lui, dit le licencié, et c'est là le cheval de notre don Quichotte. » Aussi le connurent-ils bien, étant le curé et le barbier de son village même, et ceux-là qui avaient fait l'examen et l'autodafé général des livres. Tout aussitôt qu'ils eurent reconnu Sancho Pança et Rossinante, désirant savoir des nouvelles de don Quichotte, ils s'en allèrent droit à lui et le curé l'appela par son nom, lui disant : « Ami Sancho Pança, où est demeuré votre maître ? » Sancho le reconnut incontinent, et il résolut de leur celer le lieu et l'état auxquels il avait laissé son maître ; et par ainsi il leur répondit qu'il était demeuré occupé en certain lieu et en certaine affaire qui lui était de fort grande importance et qu'il ne leur pouvait découvrir sur les yeux de sa tête. « Non, non, dit le barbier, Sancho Pança, si vous ne nous dites où il est demeuré, nous croirons, comme déjà nous nous l'imaginons, que vous l'avez tué et volé, puis que vous êtes venu monté sur son cheval : en vérité, vous nous rendrez le maître du roussin, ou bien il y aura du bruit. — Vous n'avez que faire d'user des menaces à mon égard, dit Sancho, je ne suis pas homme à voler ni à tuer

300

personne, et qu'un chacun sa fortune le puisse tuer, ou bien Dieu qui l'a fait. Mon maître est demeuré pour faire pénitence au milieu de cette montagne, fort à son contentement. » Et tout courant, sans s'arrêter, il leur conta l'état auquel il l'avait laissé, les aventures qui lui étaient arrivées, et comme il portait une lettre à madame Dulcinée du Toboso, qui était la fille de Lorenzo Corchuelo, de laquelle il était amoureux jusqu'au fond de la rate.

Ils demeurèrent tous deux étonnés de ce que Sancho Pança leur contait, et, encore qu'ils sussent déjà la folie de don Quichotte et le genre d'icelle, à mesure qu'ils l'oyaient, ils s'en émerveillaient toujours plus. Ils demandèrent à Sancho de leur montrer la lettre qu'il portait à madame Dulcinée du Toboso. Il leur dit qu'elle était écrite en des tablettes, et que le commandement de son maître était qu'il la fît transcrire sur du papier au premier village qu'il trouverait ; à quoi le curé dit qu'il la lui montrât, et qu'il la copierait de fort bonne écriture. Sancho Pança mit la main en son sein, cherchant les tablettes, mais il ne les trouva point, ni ne les eût pas pu trouver encore qu'il les eût cherchées jusqu'à cette heure, parce qu'elles étaient demeurées avec don Quichotte, qui ne les lui avait pas baillées, ni lui ne s'était souvenu de les lui demander. Comme Sancho vit qu'il ne trouvait pas le livre, le visage lui blêmit, et, tâtant derechef en grande hâte tout son corps, il connut de nouveau qu'il ne le trouvait pas ; et sans plus de façon il s'empoigna la barbe à deux mains et s'en arracha la moitié, et tout au même temps, sans s'arrêter, se donna une demi-douzaine de coups de poing au visage et au nez, de sorte qu'il se les mit tout en sang. Ce que voyant le curé et le barbier, ils lui demandèrent ce que c'était qui lui était arrivé qu'il se traitait aussi mal : « Que me pourrait-il arriver de pis, répondit Sancho, que d'avoir perdu de la main à la main, et tout en un instant, trois poulains, chacun desquels était autant qu'un château ? — Comment cela ? répliqua le barbier. — J'ai perdu les tablettes, répondit

301

Sancho, où étaient la lettre pour Dulcinée et une cédule signée de mon maître, en laquelle il ordonnait que sa nièce me délivrât trois ânons des quatre ou cinq qui sont à la maison. » Outre ce, il leur raconta la perte de son grison. Le curé le consola, et lui dit qu'aussitôt qu'il retrouverait son maître, il lui ferait renouveler le mandat et refaire l'ordonnance sur papier, comme c'était la coutume, parce que celles que l'on écrivait en des tablettes jamais ne s'acceptaient ni ne s'accomplissaient. Sancho se consola et dit que, puisqu'il en était ainsi, il ne se donnait pas beaucoup de peine de la perte de la lettre de Dulcinée, parce qu'il la savait quasi par cœur, et qu'il la ferait bien copier où et quand on voudrait. « Dites-la donc, Sancho, fit le barbier, car après nous la transcrirons. » Sancho s'arrêta à se gratter la tête pour ramener à sa mémoire le contenu de la lettre, se mettant tantôt sur un pied et tantôt sur l'autre. Parfois il regardait la terre, à d'autres moments il levait ses yeux au ciel ; enfin, au bout d'un assez long temps et après s'être rongé la moitié du bout d'un doigt, tenant en suspens ceux qui attendaient qu'il récitât la lettre, il dit ainsi, au bout d'un bon moment : « Par Dieu, monsieur le licencié, que les diables m'emportent s'il me souvient quoi que ce soit de la lettre, encore qu'elle disait au commencement : *Haute et souterraine Dame.* — Non pas, dit le barbier, il n'y aura pas souterraine, mais surhumaine ou souveraine Dame. — Vous dites vrai, fit Sancho. Donc, s'il m'en souvient bien, elle poursuivait... si j'ai bonne mémoire : *le blessé, et le privé de sommeil, et le féru, baise à Votre Grâce les mains, ingrate et fort méconnue belle*, et disait je ne sais quoi de santé et de maladie qu'il lui envoyait, et s'en allait discourant jusqu'à ce qu'il achevât par *Le vôtre jusqu'à la mort, le chevalier de la Triste Figure.* » Les deux compères n'eurent pas peu de plaisir de voir la bonne mémoire de Sancho Pança, et lui en donnèrent beaucoup de louanges, lui disant qu'il récitât la lettre encore deux fois, afin qu'eux aussi l'apprissent par cœur pour la transcrire quand il en serait temps. Sancho la redit encore par trois fois, et autant de fois répéta trois mille sottises. Après quoi, il conta les affaires de son maître ; mais il ne souffla mot du bernement qu'il avait subi en cette taverne où il faisait difficulté d'entrer. Il dit aussi comme son maître était résolu, s'il lui apportait une bonne réponse de sa maîtresse Dulcinée du Toboso, de se mettre en chemin et rechercher le moyen d'être empereur, ou pour le moins monarque ; car il était ainsi convenu entre eux deux ; et il lui serait facile d'y parvenir, tant la valeur de sa personne et la force de son bras étaient grandes ; et, quand il le serait, il le marierait, car à ce moment Sancho ne pourrait faire mieux que d'être veuf ; et il lui donnerait pour femme une damoiselle de l'impératrice, héritière d'un riche et grand pays en terre ferme, sans îles grandes ni petites, parce qu'il n'en voulait plus.

Sancho disait cela d'un sens si rassis, se mouchant de fois à autre, et avec si peu de jugement que tous deux s'émerveillè-rent de nouveau, considérant combien forte et véhémente avait été la folie de don Quichotte, puisqu'elle avait entraîné après soi le jugement de ce pauvre homme. Ils ne voulaient pas se fatiguer à le tirer de son erreur, leur étant avis que, puisque cela était sans dommage pour sa conscience, il valait mieux le laisser en cette opinion, et qu'eux recevraient plus de contentement d'entendre ses sottises ; et ainsi ils lui dirent qu'il priât Dieu pour la santé de son maître, parce que c'était une chose contingente et fort faisable de venir par succession de temps à être empereur, comme il le disait, ou pour le moins archevêque, ou bien à avoir quelque autre dignité équivalente. A quoi répondit Sancho : « Messieurs, si la fortune conduisait les affaires de telle sorte que mon maître perdît la volonté d'être empereur, et qu'il lui prît envie de se faire archevêque, je voudrais bien savoir ce qu'ont accou-tumé de donner les archevêques errants à leurs écuyers ? — Ils ont accoutumé de leur donner, répondit le curé, quelque bénéfice à simple tonsure, ou une cure, ou bien quelque

chapellenie qui leur vaille beaucoup de revenu, sans compter
le casuel que l'on estime encore autant. — Mais, pour cela, il
sera besoin, répliqua Sancho, que l'écuyer ne soit point
marié et qu'il sache pour le moins aider à dire la messe ; et,
s'il en est ainsi, malheureux que je suis d'être marié, et si ne
sais-je pas la première lettre de l'A B C ! Que sera-ce donc de
moi, s'il prend fantaisie à mon maître de devenir archevêque,
et non pas empereur, comme c'est la coutume des chevaliers
errants ? — Ne vous souciez point, ami Sancho, dit le
barbier, car nous prierons ici votre maître, et lui conseille-
rons, voire même nous lui en ferons un cas de conscience,
qu'il se fasse empereur et non archevêque, parce qu'il lui sera
plus facile, à cause qu'il est plus vaillant qu'étudiant. — Il me
l'a bien semblé, répondit Sancho, encore que je vous peux
dire qu'il est bien propre à toute chose. Ce que je pense faire
de mon côté, c'est de prier Notre-Seigneur qu'il l'achemine
là par où il trouve le mieux son affaire et où il me puisse faire
le plus de faveurs. — Vous parlez en sage, répliqua le curé, et
le ferez en bon chrétien ; mais ce qu'il faut à présent, c'est
donner ordre à retirer votre maître de cette inutile pénitence
que vous dites qu'il fait ; et, afin de penser au moyen qu'il
nous faudra aviser, et aussi pour dîner, car il en est l'heure, il
sera bon que nous entrions en cette hôtellerie. » Sancho leur
dit qu'ils y entrassent, eux, et que, pour lui, il attendrait là
dehors : il leur dirait plus tard la cause pourquoi il n'y
entrait, ni ne convenait qu'il y entrât ; mais il les priait qu'ils
lui apportassent là quelque chose de chaud à manger, et aussi
de l'orge pour Rossinante. Ils y entrèrent et le laissèrent
dehors, et à peu de temps de là le barbier lui apporta à
manger.

Ensuite, ayant bien pensé entre eux deux au moyen qu'ils
prendraient pour venir à bout de leur dessein, il vint au curé
une pensée fort appropriée au goût de don Quichotte, et
répondant à leurs fins. Il dit au barbier que ce qu'il avait
pensé était qu'il s'habillerait à la façon d'une damoiselle

comment il était nécessaire de se déguiser ainsi pour le tirer de la montagne où il était pour lors. Le tavernier et la tavernière devinèrent tout aussitôt que ce fou était leur hôte du baume et le maître de l'écuyer qui avait été berné, et racontèrent au curé tout ce qui s'était passé chez eux sans oublier ce que Sancho taisait si bien. En conséquence, l'hôtesse accoutra le curé de telle sorte qu'il n'y manquait rien ; elle lui vêtit une jupe de drap avec des bandes de velours noir d'une palme de large, toutes découpées, et un corset de velours vert garni d'une bordure de satin blanc, qui devaient avoir été faits au temps du roi Wamba[1]. Le curé ne permit pas qu'on lui mît une coiffe, mais se couvrit la tête d'un petit bonnet de toile piquée, lequel il portait pour lui servir de bonnet de nuit, et se banda le front d'une jarretière de taffetas noir, et avec l'autre il se fit un masque dont il se couvrit bien la barbe et le visage. Il enfonça son chapeau, lequel était si grand qu'il lui pouvait bien servir de parasol ; et, s'affublant de son manteau, il monta sur sa mule en femme, et le barbier sur la sienne, avec sa barbe qui lui descendait jusqu'à la ceinture entre rousse et blanche, étant faite, comme je vous ai dit, de la queue d'un bœuf grivelé. Ils prirent congé de tous, et même de la bonne Maritorne, laquelle promit de dire un chapelet, encore que pauvre pécheresse, afin que Dieu leur donnât un heureux succès en cette affaire si difficile et si chrétienne qu'était celle qu'ils avaient entreprise. Mais à grand-peine étaient-ils sortis de la taverne qu'il vint une pensée au curé que c'était mal fait à lui de s'être habillé de cette façon-là, et que c'était chose indécente qu'un prêtre se vêtît ainsi, encore que ce fût pour chose qui lui importât beaucoup ; et, le disant au barbier, il le pria qu'ils changeassent de vêtements, pour ce qu'il était plus à propos qu'il fît la damoiselle nécessiteuse, et que lui ferait l'écuyer, et que par ce moyen il profanerait moins sa dignité ; que, s'il ne le voulait faire, il était résolu de ne point passer outre, encore que le diable emportât don Quichotte.

Sur cela Sancho arriva, qui ne se put tenir de rire, les voyant tous deux en cet habit. Le barbier accorda tout ce que le curé voulut ; et le curé, changeant l'invention, l'instruisit du rôle qu'il devait tenir et des paroles qu'il devait dire à don Quichotte pour l'amener à le suivre et à laisser le repaire qu'il avait choisi pour faire sa vaine pénitence. Le barbier lui répondit que, sans qu'on lui en fît leçon, il mettrait bien tout à son point. Il ne se voulut pas habiller pour l'heure jusqu'à ce qu'ils fussent près du lieu où se trouvait don Quichotte, et ainsi il plia ses habits, et le curé arrangea sa barbe. Ils poursuivirent leur chemin ayant Sancho pour guide, lequel leur conta en allant ce qui leur était advenu avec le fou qu'ils avaient trouvé en la Sierra, celant toutefois la trouvaille de la mallette et de ce qui était dedans : car, bien que lourdaud, il était un peu avare, le jeune homme.

Le jour suivant ils arrivèrent au lieu où Sancho avait laissé les marques des rameaux pour retrouver l'endroit auquel il avait quitté son maître, et en le reconnaissant il leur dit comment c'était là l'entrée, et qu'ils se pouvaient bien vêtir si c'était cela qui fût nécessaire pour la liberté de son maître. Ceux-ci, en effet, lui avaient expliqué auparavant que d'aller en cette sorte et de s'habiller de cette manière, c'était le point important pour tirer son maître de cette mauvaise vie qu'il avait choisie ; ils lui avaient recommandé bien fort de ne pas dire à son maître qui ils étaient ni qu'il les connaissait, et, s'il lui demandait, comme sans doute il le ferait, s'il avait baillé sa lettre à Dulcinée, de dire que oui, et que pour ne savoir lire elle lui avait répondu de parole, lui disant qu'elle lui commandait, sous peine de sa disgrâce, que tout aussitôt et sans délai il la vînt voir, que c'était pour chose qui lui importait fort : ainsi et avec ce qu'ils pensaient lui dire, ils tenaient pour chose certaine de le pouvoir ramener à une meilleure vie, et faire que tout incontinent il se mettrait en chemin pour aller être empereur ou monarque, car, en ce qui était d'être archevêque, il n'y avait rien à craindre.

Sancho écouta tout et le mit en sa mémoire, les remerciant bien fort de l'intention qu'ils avaient de conseiller à son maître qu'il se fît empereur et non pas archevêque : car il croyait, quant à lui, que, pour faire du bien à leurs écuyers, les empereurs pouvaient beaucoup plus que les archevêques errants. Il leur dit qu'il serait bon qu'il allât devant pour le chercher et lui dire la réponse de sa dame, parce qu'elle serait suffisante pour le retirer de ce lieu, sans qu'ils prissent tant de peine. Ils approuvèrent ce que Sancho Pança disait, et ainsi se résolurent de l'attendre jusqu'à ce qu'il revînt avec la nouvelle qu'il aurait retrouvé son maître. Sancho entra par ces gorges de la montagne, les laissant tous deux en une autre par où courait un petit et doux ruisseau, auquel faisaient une ombre agréable et fraîche d'autres rochers et quelques arbres qu'il y avait par là. La chaleur et le jour qu'ils arrivèrent en ce lieu étaient de ceux du mois d'août, auquel par ces endroits l'ardeur est d'ordinaire fort grande ; et c'était environ sur les trois heures après midi, toutes choses qui rendaient le lieu agréable et les conviaient d'y attendre le retour de Sancho, comme ils le firent. Étant donc là tous deux à se reposer à l'ombre, il vint à leurs oreilles une voix, laquelle, sans être accompagnée du son d'aucun instrument, résonnait doucement et délicatement, de quoi ils s'étonnèrent fort, leur étant avis que ce n'était pas là un lieu où il y pût avoir personne qui si bien chantât : car, encore que l'on ait accoutumé de dire qu'il se trouve par les bois et par les champs des bergers aux voix excellentes, ce sont plutôt inventions de poètes que vérités, et d'autant plus s'émerveillèrent-ils quand ils ouïrent que ce que l'on chantait c'étaient des vers, non de rustiques bergers, mais d'ingénieux courtisans. Et ce qui confirma cette vérité fut que les vers qu'ils ouïrent étaient ceux qui s'ensuivent.

Qui perd le meilleur de mes biens ?
Les dédains.

Qui torture ma fantaisie ?
    La jalousie.
Qui met à bout ma patience ?
    L'absence.

En mon deuil ainsi je ne trouve
    Nul réconfort
Ni nul remède je n'éprouve
    Puisque le sort,
En dépit de ma patience,
Unissant les soupçons, les dédains et l'absence,
    Cause ma mort.

Qui mon sort rendra plus heureux
    Et son cours plus amoureux ?
        La mort.
Et qui d'amour aura la jouissance ?
        L'inconstance.

Mais qui donne à ces maux entière guérison ?
    La perte de la raison.
Partant, c'est grande incohérence
Que vouloir secourir son cœur
Quand il n'est de salut contre l'amour vainqueur
Que dans la déraison, la mort ou l'inconstance.

L'heure, le temps, la solitude, la voix et l'habileté de celui qui chantait causèrent admiration et plaisir aux deux auditeurs lesquels se tinrent là tout cois, attendant s'ils ouïraient autre chose ; mais, voyant que le silence durait quelque temps, ils se résolurent de sortir à la recherche de ce musicien qui chantait si harmonieusement. Mais la voix les fit encore arrêter, qui derechef parvint à leurs oreilles, chantant ce sonnet :

SONNET

Sainte amitié qui vole à plaisir dans les cieux,
Conduite au mouvement de ton aile ébranlée,
Aux bienheureux esprits te rendant égalée,
Pendant que ton image est restée en ces lieux ;

De là tu fais surgir et briller à nos yeux
La digne et juste paix, d'un voile emmantelée,
Sous qui reluit parfois l'apparence zélée
Des bons actes qui sont par après odieux :

Quitte le ciel, Déesse, ou ne veuille permettre
Que la fraude ici-bas tes couleurs ose mettre
Pour réduire à néant toute sincérité.

Si tu ne lui ravis tes belles apparences,
Dans la confusion de ses vieilles souffrances,
Le monde est en péril de se voir culbuté.

Le chant s'acheva avec un profond soupir, et les deux personnages qui écoutaient demeurèrent là encore quelque peu, attendant si l'on chanterait davantage ; mais, voyant que la musique s'était tournée en pitoyables plaintes, ils résolurent de savoir qui était cet infortuné dont la voix était aussi charmante que ses gémissements douloureux. Et ils n'eurent pas beaucoup cheminé, quand, au détour d'une pointe de rocher, ils virent un homme de la même taille et figure que Sancho Pança leur avait dépeint lorsqu'il leur fit le conte de Cardénio, lequel, lorsqu'il les vit, sans se troubler aucunement, s'arrêta tout coi, avec la tête baissée sur sa poitrine en guise d'homme pensif, sans lever la vue pour les regarder plus longtemps qu'il ne l'avait fait à leur soudaine arrivée. Le curé, qui était un homme bien stylé (instruit qu'il était de sa disgrâce, puisqu'il l'avait reconnu à son signalement), s'approcha de lui, et avec de brèves (bien que fort discrètes) raisons le pria et lui persuada de laisser cette si misérable vie, afin qu'il ne la perdît point là, ce qui serait le plus grand des malheurs. Cardénio était alors en son entier jugement et libre de ces furieux accès qui le tiraient si souvent hors de lui-même. Ainsi, voyant ces deux personnages en un habit si peu accoutumé à ceux qui allaient par ces déserts et solitudes, il ne laissa pas de s'en étonner un peu, et davantage quand il les

310

ouït parler de son affaire comme de chose connue (parce que les discours du curé le lui donnèrent ainsi à entendre) ; et il leur répondit en cette manière : « Je vois, messieurs, qui que vous soyez, que le ciel, qui a soin de secourir les gens de bien, et souventes fois aussi les méchants, m'envoie, sans que je l'aie mérité, en ces lieux si écartés et éloignés de la commune fréquentation du monde, des personnes, lesquelles, me remettant devant les yeux, avec vives et diverses causes, combien je suis privé de raison à mener la vie que je fais, tâchent de me tirer d'ici et me reconduire en meilleur endroit. Mais, comme elles ne savent pas, comme moi, qu'en sortant de ce danger je retomberai en un autre plus grand, peut-être me tiennent-elles pour un esprit faible, et même, ce qui serait encore pis, pour un homme privé de tout jugement. Et il ne serait pas surprenant qu'ainsi fût, parce que je reconnais que la force avec laquelle l'imagination me représente mes infortunes est si intense et si puissante pour ma ruine que, n'ayant peut-être pas assez d'énergie pour l'empêcher, je demeure, comme une pierre, dépourvu de tout bon sentiment et connaissance ; et je viens à comprendre cette vérité, quand d'aucuns me disent et me montrent des marques des choses que j'ai faites sous le coup de ces terribles accès : je ne peux alors faire autrement que de me plaindre en vain et maudire sans profit ma fortune, et, pour excuser mes folies, en raconter le sujet à tous ceux qui le veulent écouter. Les gens sensés, voyant quelle est la cause, ne s'étonneront pas des effets ; et, s'ils ne me donnent point de remède, au moins ne m'en attribueront-ils point de faute, convertissant le déplaisir qu'ils recevront de mes extravagances en pitié pour mes malheurs. Si donc vous venez, messieurs, avec la même intention que d'autres sont venus, devant que de passer outre en vos raisonnables persuasions, je vous prie d'écouter le discours infini de mes disgrâces, parce que peut-être, après l'avoir entendu, vous épargnerez la peine que vous prendriez à consoler un mal incapable de toute consolation. »

Ces deux personnages, qui ne désiraient rien tant que de savoir de sa propre bouche la cause de son mal, le prièrent de la leur raconter, lui offrant de ne faire pour son remède et sa consolation que ce qu'il lui plairait ; et par ainsi le triste gentilhomme commença sa pitoyable histoire, quasi par les mêmes paroles et avec les mêmes détails qu'il l'avait contée à don Quichotte et au chevrier peu de jours auparavant, lorsqu'à l'occasion de maître Elisabad et pour avoir été don Quichotte trop exact à vouloir garder le décorum de la chevalerie, le conte était demeuré inachevé, comme l'histoire l'a ci-dessus rapporté ; mais, à cette fois, la fortune voulut que l'accès de folie se retînt, lui donnant loisir de raconter le tout jusqu'à la fin ; et par ainsi, arrivant au passage du billet que don Fernand avait trouvé entre les feuillets du livre d'*Amadis de Gaule*, Cardénio dit qu'il s'en souvenait bien et qu'il disait ce qui suit :

LUCINDE A CARDÉNIO

Je découvre tous les jours en vous des perfections qui m'obligent à vous tenir en plus grande estime ; et partant, si vous me voulez décharger de cette dette sans faire tort à mon honneur, vous le pourrez fort bien faire. J'ai un père qui vous connaît et qui m'aime bien, lequel, sans faire violence à ma volonté, satisfera celle qu'il est juste que vous ayez, si tant est que vous m'estimiez autant que vous dites et que je le crois.

« Par ce billet je fus incité à demander Lucinde pour épouse, comme je vous l'ai déjà raconté, et ce fut ce billet par quoi Lucinde demeura en l'opinion de don Fernand comme l'une des plus prudentes et avisées femmes de son temps. Ce fut lui qui lui mit en la volonté de me détruire devant que mon désir s'effectuât. Je dis à don Fernand à quoi se tenait le père de Lucinde, qui était que mon père la lui demandât : ce que je ne lui osais dire, craignant qu'il n'y consentît pas ; non

312

qu'il ignorât la qualité, la bonté, la vertu et la beauté de Lucinde, et qu'elle eût un mérite suffisant pour anoblir quelque lignage d'Espagne que ce fût, mais parce que je savais de lui qu'il ne désirait pas que je me mariasse sitôt, et jusqu'à ce qu'on vît ce que le duc Richard voulait faire de moi. Bref, je lui dis que je n'osais m'aventurer à en parler à mon père, tant pour cet inconvénient que pour plusieurs autres qui m'en ôtaient le courage, sans savoir au juste quels ils étaient ; mais il me semblait que ce que je désirais ne saurait jamais s'accomplir. A tout cela, don Fernand me répondit qu'il se chargeait de parler à mon père, et de le décider à parler à celui de Lucinde. Ô Marius ambitieux ! ô Catilina cruel ! ô criminel Sylla ! ô trompeur Ganelon ! ô traître Vellido[2] ! ô vindicatif Julien ! ô avaricieux Judas ! Traître, cruel, vindicatif et trompeur, quel déplaisir t'avait fait ce malheureux qui, avec tant de franchise, te découvrit les secrets et contentements de son cœur ? Quelle offense t'avais-je faite ? Quelle parole t'avais-je dite ou quels conseils t'avais-je donnés, qui ne tendissent tous à l'accroissement de ton honneur et à ton profit ? Mais de quoi est-ce que je me plains, malheureux que je suis, puisque c'est une chose certaine que, quand les disgrâces tirent leur origine des astres, tout ainsi qu'elles viennent du haut en bas en se précipitant avec fureur et violence, il n'y a force en terre qui les retienne, ni humaine industrie qui les puisse prévenir ? Qui eût pu imaginer que don Fernand, chevalier illustre et distingué, mon obligé par mes services, puissant pour obtenir ce que son désir amoureux demanderait, en quelque lieu qu'il se fût voulu adresser, irait tellement s'enflammer et concevoir cette mauvaise volonté que de me vouloir ôter une seule brebis que je ne possédais pas encore ? Mais laissons ces considérations-là à part comme inutiles et sans profit, et renouons le fil rompu de ma pitoyable histoire.

« Je dis donc qu'étant avis à don Fernand que ma présence lui était un obstacle pour exécuter sa fausse et mauvaise pensée, il se résolut de m'envoyer à son frère aîné, sous couleur de lui demander de l'argent pour payer six chevaux, que, par ruse et pour cet effet seul que je m'absentasse (afin de pouvoir mieux venir à bout de son damnable projet), il acheta le même jour qu'il offrit de parler à mon père ; il voulut donc que j'allasse querir l'argent. Pouvais-je prévenir cette trahison ? M'était-il possible de l'imaginer ? Non certainement. Au contraire, avec un très grand plaisir je m'offris à partir tout à l'instant, étant fort aise du bon achat qu'il avait fait. Ce soir-là je parlai à Lucinde et lui dis ce qui était arrêté entre Fernand et moi, et qu'elle eût une ferme espérance que nos bons et justes désirs auraient un heureux résultat. Elle, se doutant aussi peu que moi de la trahison de don Fernand, me dit que je m'arrangeasse à revenir promptement, parce qu'elle croyait que l'accomplissement de nos volontés ne tarderait pas plus que le temps que mettrait mon père à parler au sien. Je ne sais pourquoi, en achevant de me dire cela, ses yeux s'emplirent de larmes, et elle eut la gorge si serrée qu'elle ne put proférer une seule parole, encore qu'il me fût avis qu'elle tâchait de m'en dire davantage. Je demeurai étonné de ce nouvel accident que je n'avais pas jusqu'alors vu en elle, parce que nous nous parlions toujours, toutes les fois que la bonne fortune et ma diligence nous le permettaient, avec grande joie et contentement, sans mêler à nos discours larmes, soupirs, jalousies, soupçons ni craintes. Tout mon bonheur était de louer et d'exalter ma fortune de ce que le ciel me l'avait donnée pour maîtresse. J'exaltais sa beauté, j'admirais son mérite et son entendement. Elle me rendait la pareille, louant en moi ce qui à son amour semblait digne de louange. Avec cela, nous nous entretenions de cent mille enfantillages et des accidents de nos voisins et autres de notre connaissance ; le plus loin qu'allait ma liberté, c'était à lui prendre quasi par force l'une de ses belles et blanches mains, et l'approcher de ma bouche autant que le permettait une basse grille qui nous séparait.

Mais, la nuit qui précéda le triste jour de mon départ, elle pleura, gémit, soupira, et s'en fut me laissant plein de confusion et de trouble, épouvanté d'avoir vu chez elle de si nouvelles et si tristes démonstrations. Cependant, pour ne point détruire mes espérances, j'attribuai le tout à la force de l'amour qu'elle me portait, et à la douleur qu'ordinairement l'absence cause en ceux qui s'aiment bien. Enfin, je partis triste et pensif, l'âme remplie d'imaginations et de soupçons, sans savoir ce que je soupçonnais ni imaginais : tous indices clairs et manifestes qui montraient le triste résultat et le malheur qui m'étaient réservés.

« J'arrivai au lieu où l'on m'avait envoyé, je donnai les lettres au frère de don Fernand, j'en fus bien reçu, mais non pas bien expédié, parce qu'il me commanda d'attendre, bien contre mon gré, huit jours, et en lieu où le duc son père ne me vît point, parce que son frère lui écrivait de lui envoyer certaine somme d'argent à l'insu de son père. Et tout cela était une invention du fourbe don Fernand, car son frère ne manquait pas d'argent pour m'expédier promptement. Ce fut une ordonnance et commission qui me mit en position de ne lui point obéir, d'autant qu'il me semblait impossible de pouvoir supporter la vie si longtemps absent de Lucinde, et d'autant plus l'ayant laissée avec la tristesse que je vous ai rapportée. Ce nonobstant, j'obéis en bon serviteur, encore que je visse bien que ce devait être aux dépens de mon bonheur. Mais, quatre jours après que je fus venu, il arriva un homme lequel me cherchait avec une lettre qu'il me donna, et je connus à la suscription qu'elle était de Lucinde ; c'était son écriture. Je l'ouvris tout en crainte et en trouble, me représentant qu'il avait fallu quelque grand sujet pour l'amener à m'écrire étant absent, puisque, étant présent, elle le faisait rarement. Je demandai à ce porteur, avant de lire la lettre, qui la lui avait baillée et combien de temps il avait été par le chemin, il me fit réponse que, passant d'aventure par une rue de la ville, environ l'heure de midi, une fort belle dame l'avait appelé par une fenêtre, les yeux pleins de larmes, et qu'en grande hâte elle lui avait dit : « Frère, si vous êtes chrétien, comme vous le paraissez, je vous prie, pour l'amour de Dieu, que vous fassiez tenir tout au plus tôt cette lettre au lieu et à la personne que marque la suscription : l'un et l'autre sont bien connus, et vous ferez en cela un grand service à Notre-Seigneur. Et, afin qu'il ne vous manque point de commodité pour le pouvoir faire, prenez ce qui est en ce mouchoir. » Et, en disant cela, elle m'en jeta par la fenêtre un où il y avait cent réaux enveloppés, et cette bague d'or que je porte ici avec la lettre que je vous ai donnée ; puis, sans attendre ma réponse, elle se retira de la fenêtre, non sans voir auparavant que j'avais pris la lettre et le mouchoir ; et je lui avais dit par signes que je ferais ce qu'elle me commandait. Me voyant si bien payé de la peine que je pouvais prendre à vous l'apporter, et connaissant par la suscription que c'était à vous qu'elle l'envoyait, d'autant, seigneur, que je vous connais fort bien, et même aussi y étant obligé par les larmes de cette belle dame, je résolus de ne me fier à aucune autre personne, mais de venir moi-même vous la donner. Et, en l'espace de seize heures qu'il y a qu'elle m'a été baillée, j'ai fait le chemin que vous savez, qui est de dix-huit lieues. » Pendant que cet étrange et reconnaissant courrier me disait cela, j'étais pendu à ses paroles, et les jambes me tremblaient. A peine me pouvais-je soutenir. J'ouvris donc la lettre et vis qu'elle contenait ce qui s'ensuit :

La parole que don Fernand vous a donnée de voir votre père afin qu'il parlât au mien, il l'a accomplie beaucoup plus à son contentement qu'à votre profit. Sachez, monsieur, qu'il m'a demandée pour femme ; et mon père, emporté de l'avantage qu'il pense que don Fernand a par-dessus vous, a consenti à ce qu'il désire, et tant à bon escient que dedans deux jours se doit accomplir notre mariage, si secrètement que le ciel seul et quelques gens de la maison en doivent être

témoins. Je vous laisse à penser en quel état je suis réduite :
voyez si vous devez venir ; et si je vous aime bien ou non,
l'issue de cette affaire vous le donnera à entendre. Dieu
veuille que la présente tombe entre vos mains devant que la
mienne se voie contrainte de se joindre à celle d'un qui sait si
mal garder la foi qu'il promet.

« En somme, voilà le discours que la lettre contenait, et qui me fit tout aussitôt mettre en chemin sans plus attendre réponse ni argent : car je connus alors bien clairement que ce n'était pas l'achat des chevaux, mais la satisfaction de sa passion qui avait mû don Fernand à m'envoyer vers son frère. La colère que je conçus contre don Fernand, jointe à la crainte de perdre le cœur que j'avais acquis par tant d'années de services et de désirs, me donna des ailes : car, comme d'une volée, je me rendis le lendemain à mon rendez-vous habituel, justement au point et à l'heure qu'il convenait pour aller parler à Lucinde. J'entrai secrètement, et laissai la mule sur laquelle j'étais venu au logis du bonhomme qui m'avait apporté la lettre. Et voulut la fortune, laquelle pour lors me fut si favorable, que je trouvai Lucinde à la grille témoin de nos amours. Elle me reconnut aussitôt, et moi elle, mais non pas comme nous nous devions connaître l'un l'autre. Mais qui est la personne du monde qui se puisse vanter d'avoir pénétré et reconnu la pensée confuse et la changeante humeur d'une femme ? Aucune certes. Donc, tout ainsi que Lucinde me vit : « Cardénio, me dit-elle, je suis vêtue en épousée, et déjà m'attendent en la salle le traître don Fernand et mon avaricieux père, avec d'autres personnes qui seront plutôt les témoins de ma mort que de mes épousailles. Ne te trouble point, mon ami, mais tâche de te trouver présent à ce sacrifice : s'il ne peut être empêché par mes raisons, je porte une dague cachée, qui pourra arrêter les violences les plus opiniâtres en donnant fin à ma vie, et un commencement à te faire connaître l'attachement que j'ai eu pour toi et que je te garderai éternellement. » Je lui répondis tout troublé et à la hâte, craignant qu'il ne me manquât du temps pour lui pouvoir répondre : « Maîtresse, que tes œuvres rendent tes paroles véritables : si tu portes une dague pour te faire croire, je porte ici une épée pour te défendre, ou pour me tuer si la fortune nous est contraire. » Je ne crois pas qu'elle put ouïr toutes ces raisons, d'autant que j'entendis qu'on l'appelait à grande hâte, parce que le fiancé attendait. Alors tomba la nuit de ma tristesse et le soleil de ma joie se cacha ; mes yeux demeurèrent sans lumière, mon entendement privé de raison. Je ne pouvais trouver l'entrée de son logis, ni ne savais de quel côté me tourner ; mais, considérant combien importait ma présence pour ce qui pouvait arriver en ce cas, je m'encourageai le plus qu'il me fut possible, et entrai en sa maison, et, comme j'en savais bien tous les aîtres, et surtout grâce au trouble et à la confusion qui y régnaient, personne ne m'aperçut ; si bien que, sans être vu, je pus me mettre au creux que faisait une fenêtre de la salle même, et qui était couvert des bords de deux pièces de tapisserie, entre lesquels je pouvais, sans être aperçu, voir tout ce qui se faisait en la salle. Qui pourrait raconter à présent les assauts que le cœur me donna pendant que j'y fus, les pensées qui me vinrent, les considérations que je fis, qui furent en si grand nombre et telles qu'elles ne se peuvent dire, et aussi n'est-il pas bien à propos de les raconter : il suffit que vous sachiez que le fiancé entra en la salle sans être autrement paré que des habits qu'il portait d'ordinaire. Il avait pour parrain un cousin germain de Lucinde, et il n'y avait en toute la salle de personne étrangère que les serviteurs de la maison. Peu après, Lucinde sortit d'une garde-robe, accompagnée de sa mère et de deux siennes damoiselles, aussi bien parée et accoutrée que sa qualité et sa beauté le méritaient, et comme celle qui était la perfection de la mode et de la braverie courtisanesque. Mon trouble, mon égarement ne me permirent pas de regarder ni remarquer en particulier quels habits elle portait ; je pus seulement reconnaître les couleurs, qui étaient incarnat et blanc, et voir les reflets que jetaient les pierreries et joyaux de la coiffure et de tout le vêtement, encore surpassé par la beauté singulière de ses blonds cheveux, qui étaient tels qu'auprès des pierres précieuses et de la lueur de quatre flambeaux qui éclairaient la salle, ils offraient leur clarté avec beaucoup plus de splendeur encore. Ô mémoire, ennemie mortelle de mon repos, de quoi sert-il à cette heure de me représenter la beauté incomparable de cette ennemie que j'adore ? Ne sera-t-il pas meilleur, cruelle mémoire, que tu me représentes ce qu'alors elle fit, afin qu'étant mû par un tort si manifeste je recherche le moyen, si ce n'est de me venger, au moins de perdre la vie ? Ne vous lassez point, seigneurs, d'entendre ces digressions que je fais, car ma peine n'est pas de la nature de celles qui se puissent ni doivent raconter succinctement et en passant, puisque chacune de ses circonstances me semble digne d'un bien long discours. »

Le curé lui répondit là-dessus que non seulement ils ne se lassaient point de l'ouïr, mais, au contraire, qu'ils recevaient un grand plaisir d'entendre tous les détails qui méritaient bien de n'être passés sous silence, et auxquels on pouvait prêter la même attention qu'au principal du conte.

« Je dis donc, poursuivit Cardénio, qu'étant tous en la salle, le curé de la paroisse entra, et, leur prenant la main à tous deux pour faire ce qui est requis en tel cas, venant à dire : « Voulez-vous, madame Lucinde, le seigneur don Fernand, lequel est ici présent, pour votre légitime époux, ainsi que le commande notre sainte mère Église ? » J'avançai la tête et le cou d'entre la tapisserie, et, d'une oreille attentive, avec l'âme toute troublée, je me mis à écouter ce que Lucinde répondait, attendant de sa réponse la sentence de ma mort ou la confirmation de ma vie. Oh ! qui eût eu la hardiesse de sortir alors, en criant : « Ah ! Lucinde, Lucinde ! regarde ce que tu fais ; considère ce que tu me dois, avise que tu es à moi, et que tu ne peux être à un autre : prends garde que dire oui, et m'arracher la vie, c'est tout un. Ah ! traître don Fernand, voleur de ma gloire, mort de ma vie, que veux-tu ? que prétends-tu ? Considère que tu ne peux chrétiennement parvenir à la fin de tes désirs, parce que Lucinde est mon épouse, et moi je suis son mari ! » Ah ! fou que je suis ! maintenant que je me vois absent et loin du danger, je dis que je devais faire ce que je ne fis pas alors. A présent que j'ai laissé dérober ce cher trésor, j'en maudis le voleur, duquel j'eusse pu me venger si j'eusse eu le courage pour le faire comme je l'ai pour me plaindre. Enfin, puisque alors je fus lâche et sot, il est bien employé que je meure maintenant, honteux, repenti et fou. Le curé attendait la réponse de Lucinde, laquelle tarda un bon moment ; et, comme je pensais qu'elle tirât la dague pour donner crédit à ses paroles ou bien qu'elle déliât sa langue pour dire quelque vérité ou quelque avertissement qui tournât à mon avantage, j'entendis qu'elle dit d'une faible et languissante voix : « Oui, je le veux. » Don Fernand en dit autant, et, lui donnant l'anneau, ils demeurèrent liés d'un nœud indissoluble. Le marié s'approcha pour embrasser son épouse, laquelle, mettant la main sur son cœur, tomba évanouie entre les bras de sa mère.

« Reste maintenant à dire en quel état je demeurai, voyant en ce *oui*, que j'avais entendu, mes espérances déçues, les paroles et promesses de Lucinde fausses, et moi, sans aucun moyen de recouvrer jamais le bien que j'avais perdu en cet instant. Je demeurai dépourvu de conseil, persuadé d'être abandonné du ciel, et rendu ennemi de la terre qui me soutenait, l'air me refusant du souffle pour mes soupirs, et l'eau déniant de l'humeur à mes yeux : le feu seul s'accrut de telle sorte que je brûlais tout de rage et de jalousie. Ils furent tous troublés voyant Lucinde ainsi tombée en défaillance, et, sa mère lui dégrafant sa robe par-devant pour lui donner de l'air, on trouva dans son sein un papier plié, que don Fernand prit incontinent et se mit à lire à la clarté d'un des flambeaux. Après l'avoir lu, il s'assit sur une chaise, et se mit la main à la joue, avec l'air d'un homme fort pensif, sans se soucier des remèdes que l'on faisait à son épouse pour tâcher de la faire revenir de sa pâmoison. Moi, voyant ainsi en trouble et en confusion tous ceux de la maison, je me hasardai à sortir soit que l'on me vît ou non, avec résolution, si on me découvrait, de faire une folie telle que tout le monde viendrait à connaître la juste indignation de mon cœur dans le châtiment du perfide don Fernand, et aussi même en celui de cette inconstante traîtresse qui était là pâmée. Ma fortune, laquelle m'a réservé à de plus grands maux, s'il y en peut avoir qui les surpassent, ordonna qu'en ce point-là j'eusse de l'entendement de reste, lequel depuis en ça m'a manqué ; et, ainsi, sans vouloir prendre vengeance de mes plus grands ennemis, ce qui eût été fort facile, attendu qu'ils ne se doutaient aucunement de ma présence, je voulus la prendre de ma main et exécuter sur moi-même la peine qu'ils méritaient, et peut-être encore avec plus de rigueur que je n'en eusse usé en leur endroit, si alors je leur eusse donné la mort, puisque celle qui se reçoit soudainement termine bientôt la peine ; mais celle qui se prolonge avec tourments toujours tue sans mettre fin à la vie. Enfin je sortis de cette maison et m'en allai au logis de cet homme où j'avais laissé ma mule. Je la fis seller, et, sans lui dire adieu, je montai dessus et partis de la ville sans oser, comme un second Loth, tourner le visage pour la regarder. Et quand je me vis seul en la campagne, couvert de l'obscurité de la nuit dont le silence me conviait à me plaindre, sans respect ni crainte d'être écouté ni reconnu, je lâchai ma voix et déliai ma langue à dire autant d'imprécations et de malédictions contre Lucinde et contre don Fernand que si elles eussent suffi à me venger du tort qu'ils m'avaient fait. Je lui donnai à elle les noms de cruelle, d'ingrate, de fausse et de sans cœur, mais surtout d'avaricieuse, puisque la richesse de mon ennemi lui avait fermé les yeux pour me l'ôter à moi, et la livrer à celui auquel

321

la fortune s'était montrée plus libérale ; et, étant au milieu de la fougue de ces malédictions et injures, je l'excusais, disant que ce n'était pas chose étrange qu'une fille ainsi retenue en la maison de son père et de sa mère, faite et accoutumée à leur rendre une perpétuelle obéissance, eût voulu condescendre à leur désir, puisqu'ils lui donnaient pour époux un seigneur de telle qualité, si riche et si noble : car, en le refusant, on eût pu penser ou qu'elle n'eût point de jugement, ou qu'elle eût sa volonté engagée d'un autre côté, chose qui était fort au préjudice de sa gloire. Incontinent je me ravisais, disant qu'encore qu'elle eût avoué que j'étais son époux, ils eussent vu qu'elle n'avait point fait en moi un si mauvais choix qu'ils ne l'en eussent bien excusée, attendu qu'auparavant que don Fernand se fût offert à eux, ils n'eussent pas pu eux-mêmes rencontrer ni désirer un meilleur parti que moi pour leur fille, s'ils eussent voulu mesurer leur désir avec la raison ; et qu'elle eût bien pu, avant que de se laisser aller à cette contrainte dernière de donner sa main, dire qu'elle était engagée ailleurs, et que je lui avais donné ma parole ; car j'eusse consenti à tout ce qu'elle eût su feindre en ce cas. Enfin, je conclus que le peu d'amour, le peu de jugement, le trop d'ambition, le désir des grandeurs lui avaient fait oublier les paroles avec lesquelles elle m'avait trompé, amusé et entretenu en mes fermes espérances et honnêtes désirs. Avec ces cris et en cette inquiétude je cheminai le reste de la nuit, et le matin je me trouvai à l'entrée de ces montagnes, entre lesquelles je fis encore trois journées de chemin, sans suivre ni voie ni sentier, jusqu'à parvenir à des prairies qui s'étendent en je ne sais quel côté de ces montagnes. Là je demandai à certains bergers vers quel endroit était le lieu le plus âpre et le plus désert de ces rochers. Ils me dirent que c'était de ce côté-ci ; je m'y acheminai avec l'intention d'y finir ma vie ; et, à l'entrée de ces lieux âpres, ma pauvre mule, de lassitude et de faim, tomba morte par terre, ou, comme je crois, plutôt pour se délivrer d'une charge aussi inutile que moi. Je demeurai à pied sans force, épuisé par la faim, sans avoir ni penser trouver qui me donnât secours. Je fus en cette sorte je ne sais combien de temps étendu par terre, d'où enfin je me levai sans aucune faim, et trouvai auprès de moi des chevriers, qui sans doute doivent être ceux qui avaient donné remède à mes besoins, parce qu'ils me dirent en quel état ils m'avaient trouvé, et comme je disais tant de folies et de rêveries qu'elles donnaient un clair indice que j'avais perdu l'esprit ; et j'ai reconnu depuis ce temps-là en moi que je ne l'ai pas toujours entier, mais si diminué et si faible que je commets mille folies, déchirant mes habits, criant à haute voix par ces déserts, maudissant ma fortune et répétant en vain le nom bien-aimé de mon ennemie, sans avoir pour lors autre intention que de tâcher de mettre fin à ma vie en gémissant. Et quand je reviens à moi, je me trouve si las, si épuisé, qu'à peine me puis-je remuer. Ma plus ordinaire demeure est au creux d'un liège capable de couvrir ce misérable corps. Les pâtres et les chevriers qui fréquentent ces montagnes, mus de charité, me soutiennent, me mettant à manger par les chemins et par les rochers par où ils pensent que d'aventure je pourrai passer et le trouver ; ainsi, encore que pour lors le jugement me défaille, la nécessité naturelle me donne à connaître la nourriture, et en éveille en moi le désir, et la volonté de la prendre. D'autres fois, ils me disent, quand ils me rencontrent en mon bon sens, que je vais sur les chemins et que je l'ôte par force (combien qu'ils me la donneraient de bon gré) aux bergers qui l'apportent du village aux bergeries. De cette manière, je passe ma misérable et pitoyable vie jusqu'à ce qu'il plaise au ciel de la conduire à son dernier terme, ou d'en mettre un à ma mémoire pour que je ne me souvienne plus de la beauté ni de la trahison de Lucinde, et du tort que j'ai reçu de don Fernand. Que s'il me fait cette faveur sans m'ôter la vie, je mettrai mes pensées en meilleurs termes, et là, s'il m'arrive le contraire, je n'ai autre chose à faire qu'à le prier qu'absolument il ait pitié de mon âme, car je ne sens en moi ni force ni valeur pour tirer mon corps de cette détresse en laquelle je l'ai voulu mettre pour me soulager. Voilà, messieurs, l'amère histoire de ma disgrâce : dites-moi si elle est telle qu'elle se puisse célébrer avec moins de ressentiment que celui que vous avez vu en moi. Et ne vous mettez point en peine de me persuader ni de me conseiller ce que la raison vous dira de propre à mon remède, parce qu'il me servira tout autant qu'une bonne médecine ordonnée par un savant médecin profiterait à un malade qui ne la voudrait pas prendre. Je ne veux point la santé sans Lucinde ; puisqu'il lui plaît d'être à un autre, alors qu'elle devrait être à moi, je dois me contenter d'être au malheur alors que je pouvais être à la fortune. Elle a voulu, par son changement, rendre assurée ma perte, et moi, je veux, en tâchant de me perdre, la satisfaire. Que mon exemple soit présent à ceux qui viendront ci-après : à moi seul a manqué ce qui reste aux autres, aux autres malheureux ; en effet, l'impossibilité d'être consolé leur sert ordinairement de consolation, et en moi elle est le sujet de plus grandes douleurs et de plus grands maux. Car je crois qu'ils ne s'achèveront pas même avec la mort. » Ici, Cardénio mit fin à son long récit et à son histoire aussi déplorable qu'amoureuse ; et, au même moment que le curé se préparait à lui dire quelques raisons pour le consoler, il en fut empêché par une voix qui parvint à ses oreilles, à laquelle ils entendirent proférer avec de piteux accents ce qui se dira en la quatrième partie de cette narration, parce qu'en cet endroit le sage et judicieux historien Cid Hamet ben Engeli met fin à la troisième [3].

CHAPITRE XXVIII

OÙ L'ON TRAITE DE LA NOUVELLE
ET PLAISANTE AVENTURE
QUI ARRIVA AU CURÉ ET AU BARBIER
DANS LA MÊME MONTAGNE

Heureux et fortunés furent les temps auxquels le très hardi chevalier don Quichotte de la Manche vint au monde ! C'est parce qu'il forma une aussi honorable résolution que de ressusciter et rendre au monde cet ordre de chevalerie errante presque déjà perdu et quasi du tout mort et aboli, que nous jouissons à présent, en un siècle comme le nôtre privé de joyeux entretiens, non seulement de la douceur de sa véridique histoire, mais aussi de contes et épisodes qui en partie ne sont pas moins agréables, remplis d'art et véritables que l'histoire elle-même. Laquelle, poursuivant son fil sérancé, tors et dévidé, raconte que le curé commençait à se préparer pour consoler Cardénio quand il en fut empêché par une voix qui lui vint frapper l'oreille, laquelle, avec de tristes accents, disait de cette manière :

« Ah ! Dieu ! sera-t-il possible que j'aie trouvé un lieu qui puisse servir de sépulture cachée à la pesante charge de ce corps que je soutiens si fort contre ma volonté ? Oui, sans doute, si la solitude que promettent ces montagnes ne me trompe. Ah ! malheureuse ! et combien plus agréable compagnie me feront ces rochers et bruyères ! Ils me donneront le moyen de pouvoir faire entendre ma disgrâce au ciel par mes plaintes, plutôt qu'à aucune créature humaine, puisqu'il n'y a personne sur la terre de qui espérer conseil en ses inquiétudes, allégement en ses plaintes, ni remède à ses maux. » Toutes ces paroles furent entendues par le curé et par ceux de sa compagnie ; et, parce qu'il leur sembla, comme c'était la vérité, que celui qui les disait n'était pas fort éloigné d'eux, ils se levèrent pour l'aller chercher, et ils n'eurent pas cheminé vingt pas qu'ils virent derrière un rocher un jeune garçon assis au pied d'un frêne, habillé comme un paysan, duquel ils ne purent voir le visage qu'il tenait baissé, à cause qu'il se lavait les pieds dans le ruisseau qui coulait par là ; et ils s'approchèrent de lui à si petit bruit qu'il ne s'en aperçut point, d'autant qu'il n'était attentif à autre chose qu'à se laver les pieds, lesquels ressemblaient à deux morceaux d'un blanc cristal qui fussent nés parmi les autres pierres de ce ruisseau. Leur blancheur et leur beauté les tinrent en suspens, leur étant bien avis qu'ils n'étaient point accoutumés à fouler des mottes de terre, ni à marcher derrière la charrue et les bœufs, comme le montrait l'habillement de leur maître ; et partant, voyant qu'ils n'avaient pas été aperçus, le curé, qui marchait devant, fit signe aux deux autres qu'ils se tapissent à terre, ou se cachassent derrière certains quartiers de rochers qui étaient là, ce qu'ils firent tous, prenant soigneusement garde à ce que faisait ce jeune garçon, lequel portait une capote grise à double pan, serrée d'une ceinture blanche ; il avait aussi des chausses et des guêtres de même drap gris, et sur la tête un bonnet de la même couleur ; ses poulaines étaient retroussées jusqu'au milieu de la jambe, laquelle vraiment paraissait d'albâtre.

Il acheva de laver ses beaux pieds, et tout soudain, avec un couvre-chef qu'il tira de dessous son bonnet, les essuya ; en le tirant, il haussa le visage, tellement que ceux qui le regardaient eurent loisir de voir une beauté incomparable, et telle que Cardénio dit au curé à voix basse : « Puisque ce n'est pas Lucinde, ce n'est pas là non plus une créature humaine, mais divine. »

Le jeune garçon ôta son bonnet, et, secouant la tête de côté et d'autre, commença à déployer et à épandre des cheveux auxquels les rayons du soleil eussent pu porter envie. Alors ils connurent que celui qui semblait être un laboureur était une femme, et une femme délicate, voire la plus belle que tous deux eussent jamais vue de leurs yeux jusques alors, et Cardénio même, s'il n'eût admiré et connu Lucinde, car il assura depuis que la beauté de Lucinde seule pouvait le disputer à celle-là. Ses longs et blonds cheveux lui couvrirent non seulement les épaules, mais lui cachèrent tout le corps de façon qu'on ne voyait plus rien d'elle que les pieds, tant ses cheveux étaient longs et touffus. A iceux servirent de peigne des mains telles que, si les pieds avaient semblé des morceaux de cristal en l'eau, elles parurent entre les cheveux comme des morceaux de neige pressée : ce qui causa encore plus d'étonnement aux trois hommes et de désir de savoir qui elle était. Par suite, ils résolurent de se découvrir, et, au mouvement qu'ils firent en se levant, la belle jeune fille leva la tête, et, de ses deux mains écartant ses cheveux de devant ses yeux, regarda ceux qui faisaient ce bruit.

A peine les eut-elle vus qu'elle se leva, et, sans s'amuser à se chausser ni à rarranger ses cheveux, elle saisit en toute hâte comme un paquet de hardes qui était auprès d'elle, et voulut se mettre à fuir toute troublée et pleine d'alarme. Mais elle n'eut pas sitôt fait six pas que, ses pieds délicats ne pouvant souffrir la dureté des pierres, elle se laissa tomber par terre. Ce que voyant, les trois hommes coururent à elle, et le curé fut le premier qui lui dit :

« Arrêtez-vous, madame, qui que vous soyez, car ceux que vous voyez ici n'ont autre intention que de vous rendre service ; il n'y a point de sujet de vous mettre en une si déraisonnable fuite : vos pieds délicats et tendres ne le pourront souffrir, ni nous autres y consentir. » A tout cela elle ne répondait rien, étant tout étonnée et confuse. Ils s'approchèrent d'elle, et le curé, la prenant par la main, poursuivit son discours, disant : « Madame, ce que votre habit nous cache, vos cheveux nous le découvrent : clairs indices que ce doit être quelque grand sujet qui vous a fait ainsi déguiser votre beauté sous un habit si indigne et conduite en des déserts aussi profonds, où ç'a été un hasard de vous avoir trouvée, si ce n'est pour donner remède à vos maux, au moins pour y apporter quelque conseil ; il n'est mal si extrême ni qui travaille tant, dès qu'il ne met point fin à la vie, qui empêche d'écouter quelque bon conseil que l'on donne avec une bonne intention à celui qui souffre. Ainsi, madame, ou monsieur, ou ce qu'il vous plaira d'être, quittez la frayeur que notre vue vous a causée, et nous contez votre bonne ou mauvaise fortune, car vous trouverez chez nous tous ensemble, ou en chacun en particulier, qui vous aidera à supporter vos disgrâces. »

Cependant que le curé exposait ces raisons, la jeune fille déguisée était comme transportée et hors d'elle-même, les regardant tous sans remuer les lèvres ni dire un seul mot, tout ainsi qu'un ignorant villageois auquel on montre à l'improviste quelque chose rare et qu'il n'a jamais vue. Mais, le curé se préparant à redoubler avec d'autres paroles toutes acheminées au même but, elle, jetant un profond soupir, rompit le silence et dit :

« Puisque la solitude de ces montagnes n'a pas suffi pour me cacher, et que l'éparpillement de mes cheveux défaits n'a pas permis que ma langue fût menteuse, ce serait vain de vouloir feindre à présent ce qu'on ne croirait de moi que par courtoisie plutôt que pour aucune autre raison. Cela posé, je dis, messieurs, que je vous rends grâces de l'offre que vous m'avez faite, laquelle m'oblige de satisfaire à tout ce que vous m'avez demandé. Mais je crains que le récit que je vous ferai de mes malheurs ne vous inspire, non seulement de la compassion, mais aussi des regrets, parce que vous ne trouverez aucun remède ni pour m'en délivrer, ni pour les soulager aucune consolation. Ce nonobstant, afin que mon honneur ne soit révoqué en doute, ni n'aille vacillant en votre esprit, m'ayant déjà reconnue pour femme, et me voyant jeune, seule et en cet habit, choses qui, toutes ensemble, et

328

chacune à part soi, peuvent ruiner toute bonne réputation, il faudra que je vous dise ce que j'eusse bien voulu taire si j'eusse pu. »

Tout cela, cette femme qui paraissait si belle le proféra sans s'arrêter, d'une langue si déliée, d'une voix si douce, que la droiture de son jugement ne leur causa pas moins d'admiration que sa beauté. Ils lui firent de nouvelles offres, en la priant derechef d'accomplir ce qu'elle avait promis ; elle, sans se faire davantage prier, se chaussant avec toute honnêteté et rassemblant ses cheveux, s'accommoda sur un siège de pierre, et, les trois ayant pris place autour d'elle, d'une voix posée et claire, et se contraignant pour retenir les larmes qui lui venaient aux yeux, elle commença à raconter l'histoire de sa vie en cette manière :

« En cette Andalousie, il y a une ville de laquelle un duc prend le titre, qui le fait un de ceux que l'on appelle grands en Espagne[1] : celui-ci a deux fils, l'aîné desquels est l'héritier de son état, et en apparence de ses bonnes mœurs ; mais le puîné, je ne sais de quoi il est héritier, si ce n'est des trahisons de Vellido et des mensonges de Ganelon. Mon père et ma mère sont vassaux de ce seigneur ; ils sont d'extraction basse, mais pourtant si riches que, si les biens de leur naissance égalaient ceux de leur fortune, ils n'eussent eu rien de plus à souhaiter, ni je n'eusse craint de me voir dans le malheur où je suis plongée, parce que peut-être ma disgrâce provient de celle qu'ils ont eue de n'être pas nés de maison illustre. Bien est vrai qu'ils ne sont pas si petits qu'ils puissent être honteux de leur qualité, ni assez grands pour qu'on me sorte de la tête que de leur obscurité procède ma mésaventure. Enfin, ils sont laboureurs, gens simples, sans mélange d'aucune race malsonnante, et, comme l'on a accoutumé de dire, vieux chrétiens antiques, mais d'une telle antiquité que leur richesse et leur magnifique façon de vivre leur acquirent peu à peu le nom de gentilshommes, voire même de chevaliers, encore que la plus grande richesse et noblesse

dont ils faisaient cas était de m'avoir pour fille, et ainsi, tant
pour n'avoir que moi qui en héritasse, comme pour ce qu'ils
étaient père et mère et qu'ils m'affectionnaient, j'étais l'une
des filles les plus choyées qui jamais l'ait été de ses parents.
J'étais le miroir auquel ils se contemplaient, le bâton de leur
vieillesse et le but où tendaient tous leurs désirs, les mesurant
tous avec le ciel; et ils étaient si bons que les miens ne s'en
écartaient d'un seul point. Comme j'étais maîtresse de leurs
cœurs, aussi l'étais-je de leurs biens. Par moi l'on recevait et
congédiait les serviteurs ; la raison et le compte de tout ce qui
se semait et récoltait passait par mes mains : les moulins à
huile, les pressoirs à vin, le nombre des troupeaux gros et
menus, celui des ruches. Enfin je tenais le compte de tout ce
qu'un laboureur, riche comme mon père l'était, a et peut
avoir ; j'en étais majordome et maîtresse et en disposais avec
tant de soin et tant à leur contentement que je ne vous le
saurais bonnement dire. Le temps qui me restait de chaque
jour, après avoir donné les ordres aux bergers ou aux
fermiers et autres manœuvres, je l'employais aux exercices
qui sont aussi licites que nécessaires aux filles, à savoir :
travailler de l'aiguille, sur le coussinet, et souvent aussi au
rouet ; et si quelquefois, pour récréer mon esprit, je laissais
ces exercices, je m'amusais à lire quelque livre dévot ou bien
à jouer d'une harpe, parce que l'expérience me montrait que
la musique rétablit les esprits dans leur équilibre et allège les
travaux qui naissent de l'entendement.

« Voilà donc la vie que je menais chez mes parents : que si
je vous l'ai racontée avec tant de détail, ce n'a pas été par
ostentation ni pour vous donner à entendre que je suis riche,
mais afin que l'on prenne garde comme il y a peu de ma faute
si de ce bon état que je vous ai dit je suis tombée en ce
malheureux auquel à présent je me trouve. Je passais donc
ma vie en ces diverses occupations et tellement recluse que je
ne l'eusse pas été davantage en un monastère, bref n'étant
vue, me semblait-il, de personne si ce n'est des serviteurs de

la maison, parce que les jours que j'allais à la messe, c'était si matin et tellement accompagnée de ma mère et des servantes du logis, et si bien voilée et cachée qu'à peine pouvais-je voir plus de terre que celle où je mettais les pieds. Néanmoins les yeux de l'amour ou pour mieux dire de l'oisiveté, qui surpassent ceux du iynx, me découvrirent et me livrèrent aux poursuites de don Fernand : car c'est là le nom du fils puîné du duc que je vous ai conté. »

La conteuse n'eut pas sitôt nommé don Fernand que Cardénio changea de visage et commença à frémir avec une si grande altération que le curé et le barbier qui le regardèrent craignirent que son accès de folie ne le prît, dont ils avaient entendu dire qu'il lui venait de fois à autre ; mais Cardénio ne fit que tressuer et se tenir tout coi, regardant fort attentivement la paysanne en se représentant qui elle était ; et elle, sans prendre garde aux mouvements de Cardénio, continua son histoire, disant : « Et il ne m'eut pas sitôt vue que selon qu'il dit depuis, il fut autant épris de mon amour que le firent entendre ses démonstrations. Mais, pour bientôt mettre fin au conte de mes malheurs, qui n'en ont pas, je veux passer sous silence les diligences desquelles usa don Fernand pour me déclarer sa volonté. Il suborna tous ceux de ma maison, il offrit des dons et des faveurs à mes parents ; tous les jours il se faisait des fêtes et des réjouissances en ma rue ; les nuits, personne ne pouvait dormir à cause des musiques ; les billets qui, sans savoir comment, me venaient entre les mains, étaient infinis et remplis d'amoureuses raisons et d'offres avec moins de lettres que de promesses et serments. Toutes ces choses non seulement ne m'adoucissaient pas, mais au contraire m'endurcissaient tout comme s'il eût été mon ennemi mortel, et que toutes les choses qu'il faisait pour me faire condescendre à sa volonté, il les eût faites pour un effet tout contraire : non pas que la gentillesse de don Fernand me déplût, ni que je prisse pour importunité ses sollicitations ; d'autant que j'éprouvais un je ne sais quoi de contentement de me voir tant aimée et chérie d'un seigneur de telle qualité, et je n'étais pas marrie de voir les louanges qu'il me donnait en ses lettres : car, en ce cas-là, pour laides que nous soyons nous autres femmes, il me semble que nous sommes toujours bien aises qu'on nous appelle belles. Mais à tout cela s'opposaient mon honnêteté et les continuels avertissements et conseils que mes père et mère me donnaient, qui savaient déjà pleinement le dessein de don Fernand ; et lui ne se souciait déjà plus que tout le monde le sût.

« Ils me disaient qu'ils remettaient leur honneur et leur bonne renommée en ma seule vertu, et que je considérasse l'inégalité qu'il y avait entre moi et don Fernand, et que par là j'apercevrais que ses pensées tendaient plus à son contentement qu'à mon profit, encore qu'il dît autrement ; et que, si je voulais de mon côté y apporter quelque obstacle, afin qu'il se désistât de son injuste prétention, ils me marieraient promptement avec qui bon me semblerait, des principaux tant de notre ville comme des lieux circonvoisins, attendu que l'on pouvait tout espérer de leurs grands biens et de ma bonne renommée. De ces promesses certaines et de la vérité qu'ils me disaient, je fortifiais toujours ma résolution et me tenais plus roide, de sorte que je ne voulus jamais répondre à don Fernand une seule parole qui lui pût donner quelque espérance, même lointaine. Toutes ces précautions, qu'il devait prendre pour dédains, excitèrent davantage son lascif appétit, car je veux donner ce nom à l'affection qu'il me montrait : si celle-ci eût été telle qu'elle devait être, vous ne la sauriez pas à présent, parce que le sujet de vous la dire eût manqué.

« Enfin, don Fernand crut apprendre que mes parents traitaient de me pourvoir, afin de lui ôter l'espérance de me posséder, ou au moins afin que j'eusse plus de gardiens pour me défendre. Et cette nouvelle ou soupçon lui fit faire ce qu'à cette heure vous ouïrez, qui fut qu'étant une nuit en ma

332

chambre accompagnée seulement d'une fille qui me servait, et tenant mes portes bien fermées, de peur que, faute de soin, mon honnêteté ne se vît en danger ; sans savoir ni imaginer comment, au beau milieu de ces diligentes précautions, et en la solitude de ce silence et réclusion, je le vis devant moi. Sa vue me troubla si fort que je demeurai comme aveugle, ma langue devint muette ; je ne pus crier, et d'ailleurs je ne crois pas qu'il me l'eût permis, parce qu'incontinent il vint à moi, et, me prenant entre ses bras (comme je vous dis, je n'eus pas la force de me défendre, tant j'étais troublée), il commença à m'user de telles raisons que je ne sais comment il est possible que la menterie ait tant de subtilités, et qu'elle les sache composer au point de les faire paraître si véritables. Le traître accréditait par ses larmes ses paroles, et par ses soupirs son intention. Et moi, pauvrette, seule, n'ayant, parmi les miens, acquis nulle expérience de cas semblables, je commençai je ne sais comment à tenir pour véritables tant de faussetés, non pas de telle sorte toutefois que ses larmes et soupirs me mussent à compassion moins que bonne et honnête. Et, ainsi, ce premier désordre s'étant apaisé, je repris quelque peu mes esprits égarés, et, avec plus de courage que je n'eusse pensé en avoir, je lui dis :

« Si de la même façon, seigneur, que je suis en tes bras j'étais entre les griffes d'un fier lion, et que l'on m'assurât d'en échapper pourvu que je fisse ou disse quelque chose au préjudice de mon honnêteté, il me serait autant possible de la faire ou de la dire qu'il est possible à ce qui fut de n'avoir point été : tu peux tenir mon corps ceint de tes bras, je tiens mon âme liée à mes bons désirs, lesquels sont autant différents des tiens que tu le verras, si, en usant de force et violence envers moi, tu veux passer outre. Je suis ta vassale, non ton esclave, et la noblesse de ton sang n'a point ni ne doit avoir d'empire pour déshonorer et vilipender l'humilité du mien. Je m'estime autant obscure paysanne, comme toi, seigneur et chevalier. Tes forces ne seront d'aucun effet contre moi, ni tes richesses d'aucune valeur ; tes paroles ne suffiront à me tromper, encore moins tes soupirs et tes larmes à m'attendrir. Si je voyais quelqu'une de toutes ces choses que je viens de dire en celui que mes père et mère me donneraient pour époux, ma volonté se conformerait à la sienne et ne s'en écarterait point ; de façon que, demeurant mon honneur sauf, encore que j'en reçusse du déplaisir, je te livrerais de bon gré ce que tu tâches d'avoir à présent avec tant de violence. J'ai dit tout ceci parce qu'il ne faut pas penser que celui-là puisse obtenir rien de moi qui ne sera mon légitime époux. — S'il ne tient qu'à cela, très belle Dorothée (car c'est le nom de cette malheureuse), dit le déloyal chevalier, voici ma main : je te la donne comme gage d'être à toi, et je prends à témoin de cette vérité le ciel, auquel rien n'est caché, et aussi cette image de Notre-Dame que tu as ici. »

Quand Cardénio lui ouït dire qu'elle s'appelait Dorothée, il tressaillit, et acheva de se confirmer dans sa première opinion ; mais il ne voulut pas interrompre la narration, afin d'en voir l'issue, laquelle il savait déjà presque ; il dit seulement : « Quoi ! ton nom est Dorothée, madame ? J'ai ouï parler d'une autre qui a le même nom, et laquelle peut-être court la même fortune. Mais poursuis, car un temps viendra que je te dirai des choses qui te causeront autant de surprise que de pitié. » Dorothée s'arrêta aux paroles de Cardénio et à son étrange et chétif accoutrement, le priant, s'il savait quelque chose de son affaire, qu'il la lui voulût dire incontinent, parce que, si la fortune lui avait laissé quelque chose de bon, c'était le courage qu'elle avait pour supporter quelque désastre qui pût lui arriver, étant assurée qu'à son avis il ne lui en pouvait venir aucun qui pût accroître tant soit peu celui qu'elle éprouvait.

« Je ne perdrais pas de temps, madame, répondit Cardénio, à te dire ce que je pense, si ce que je m'imagine était vrai, mais rien ne presse encore, et il ne t'importe pas de le savoir.

— Soit, répondit Dorothée, je reviens à mon histoire. Don Fernand, saisissant une image qui était dans ma chambre, la prit à témoin de nos épousailles, et, avec des paroles très efficaces et des serments extraordinaires, il me donna parole d'être mon mari, encore que, devant qu'il achevât de les faire, je lui dis qu'il regardât bien ce qu'il faisait, qu'il considérât le déplaisir que son père recevrait de le voir marié à une villageoise sa vassale, et que ma beauté, si beauté il y avait, ne l'aveuglât, laquelle n'était pas suffisante pour servir d'excuse à ma faute. Et que, s'il me désirait faire quelque bien pour l'amour qu'il me portait, ce fût de me laisser courir ma fortune à l'égal de ce que pouvaient permettre ma condition et ma qualité, car des mariages si inégaux ne sont jamais de beaucoup de durée, et l'on ne jouit pas longtemps du plaisir avec lequel on les commence. Je lui alléguai toutes ces raisons que je viens de dire ; mais elles ne suffirent pas à le faire désister de sa prétention ; de même un qui ne pense point à payer une dette, en accordant le marché, ne s'arrête à aucun inconvénient.

« Je fis alors un bref discours à part moi, et me dis à moi-même : « Certes, je ne serai pas la première qui par la voie du mariage soit parvenue d'une humble à une grande position. Ni don Fernand ne sera le premier à qui la beauté, ou bien une aveugle affection (ce qui est le plus certain), aura fait prendre une compagnie inégale à sa grandeur. Je ne veux donc pas changer le monde ni l'usage, et il n'y a nul mal d'accepter cet honneur que la fortune me présente, dût l'affection qu'il montre me porter ne durer que jusqu'à l'accomplissement de son désir : mais enfin, devant Dieu, je serai son épouse. Si, au contraire, je pense le rebuter par mes dédains, je le vois en terme que, sortant de celui de son devoir, il usera de la force, et il arrivera que je serai déshonorée et sans excuse de la faute que me pourra attribuer celui qui ne saura pas avec quelle innocence je serai tombée en ce malheur. Car enfin quelles raisons seront suffisantes pour persuader à mes parents et à d'autres que ce gentilhomme est entré en ma chambre sans mon consentement ? » Je me représentai en un instant à l'imagination toutes ces demandes et réponses, et surtout commencèrent à me forcer et à m'incliner à ce qui fut (sans y penser) ma perte, les serments de don Fernand, les témoins qu'il prenait, les larmes qu'il répandait, et finalement sa disposition et sa noblesse, lesquelles, accompagnées de tant de démonstrations de véritable amour, eussent pu vaincre et gagner un autre cœur aussi libre et réservé que le mien. J'appelai ma servante, afin qu'elle accompagnât sur la terre les témoins du ciel. Don Fernand se mit derechef à réitérer et confirmer ses serments ; ajouta les témoignages de nouveaux saints aux premiers, se donna mille malédictions dans l'avenir, au cas qu'il n'accomplirait pas ce qu'il me promettait ; se remit à pleurer et à redoubler ses soupirs, me tenant serrée plus fort que devant entre ses bras, desquels il ne m'avait jamais voulu laisser aller ; et par ainsi, ma servante s'en retournant hors de la chambre, je perdis la qualité de fille, et lui prit celle de traître et de parjure.

« Le jour qui suivit la nuit de ma disgrâce venait, mais non pas à si grande hâte que Fernand le désirait, car après avoir accompli ce que l'appétit demande, le plus grand contentement qui puisse arriver est de s'éloigner du lieu où l'on a joui de son désir. Je dis ceci parce que don Fernand se hâta fort de partir d'avec moi, et, par l'adresse de ma fille de chambre qui était celle même qui l'avait introduit, devant qu'il fût jour il se trouva dans la rue. En prenant congé de moi (encore que ce ne fût pas avec autant d'affection et de véhémence que lorsqu'il était venu), il me dit que je me tinsse pour tout assurée de sa foi, et que ses serments étaient fermes et véritables ; et pour plus grande confirmation de sa parole, il tira un riche anneau de son doigt et le mit au mien. Enfin, il s'en alla, et moi je demeurai je ne sais si triste ou joyeuse ; ceci sais-je bien dire, que je restai fort confuse et pensive, et mise quasi hors de moi par la nouveauté de l'événement, et je n'eus pas le courage ou ne me souvins pas de tancer ma servante, à cause de la trahison qu'elle avait commise d'enfermer don Fernand en ma chambre même. Je ne pouvais pas encore résoudre si ce qui m'était arrivé était bien ou mal. Je dis à don Fernand, à son départ, que par la même entremise, il me pourrait voir d'autres nuits, puisque j'étais à lui, jusqu'à ce qu'il trouvât bon que le fait devînt public ; mais il ne vint plus, si ce ne fut la nuit suivante, et je ne le pus voir ni en la rue ni en l'église, durant l'espace de plus d'un mois : en vain, je me fatiguai à le solliciter, encore que je susse qu'il était en la ville, et que le plus souvent il allait à la chasse, exercice qu'il affectionnait fort. Ah ! ces jours, je le sais, furent amers et tristes pour moi ; je n'ignore pas non plus que je commençai à douter en iceux, et avoir mauvaise opinion de la foi de don Fernand ; je sais aussi que ma suivante ouït les reproches de sa hardiesse, qu'auparavant elle n'avait point entendus. Et je sais qu'il me fut force de prendre garde à mes larmes et à composer mon visage pour ne point donner occasion à mes parents de me demander quel sujet j'avais d'être malcontente, et afin de n'être point obligée à chercher des mensonges que leur dire. Mais tout cela prit fin en un instant, car il en arriva un auquel l'on mit sous le pied tous les respects, auquel se terminèrent tous les honorables discours, où se perdit la patience, et sortirent en public mes secrètes pensées : ce fut que, peu de jours après, l'on nous rapporta qu'en une cité proche de là don Fernand s'était marié à une damoiselle d'extrême beauté et de fort honorable maison, encore qu'elle ne fût pas si riche que sa dot lui permît d'aspirer à un si noble mariage. On dit qu'elle s'appelait Lucinde, et l'on nous rapporta aussi d'autres choses qui étaient arrivées en ses épousailles, et dignes d'étonnement. »

Cardénio ouït le nom de Lucinde et ne fit autre chose que hausser les épaules, se mordre les lèvres, froncer les sourcils, et un peu après laisser couler de ses yeux deux sources de larmes. Dorothée ne laissa pas pourtant de poursuivre son conte : « Cette triste nouvelle vint à mes oreilles, et, au lieu que mon cœur devait transir en l'entendant, il fut tellement épris de colère et de rage que peu s'en fallut que je ne sortisse par les rues en criant et en publiant la trahison qui m'avait été faite. Mais cette furie se calma pour lors par une pensée qui me vint de faire cette même nuit-là ce que je fis, qui fut de me vêtir de cet habit que me donna un jeune garçon laboureur, qui était valet de mon père, et auquel je découvris toute mon infortune, le priant qu'il me fît compagnie jusqu'à la cité où j'avais entendu que se trouvait mon ennemi. Lui, après qu'il m'eut reprise de ma folle hardiesse et blâmé ma résolution, m'y voyant arrêtée, s'offrit à m'accompagner, comme il dit, jusqu'au bout du monde. Tout aussitôt, j'enfermai dans un sac de toile un habillement de femme et quelques bijoux, et de l'argent pour ce qui pourrait arriver ; et, dans le silence de la nuit, sans dire mot à ma traîtresse de servante, je sortis de chez moi en la compagnie de mon valet, et d'une foule de pensées, et pris le chemin de la ville à pied, emportée sur les ailes du grand désir d'y arriver, sinon pour empêcher ce que je tenais déjà pour fait, au moins pour savoir de don Fernand dans quel sentiment il l'avait fait. J'arrivai en deux jours et demi où je désirais, et, entrant en la ville, je demandai où était la maison du père de Lucinde, et le premier à qui je m'en enquis me répondit plus que je n'en eusse voulu ouïr. Il m'indiqua la maison, et me conta tout ce qui s'était passé dans le mariage de la fille, chose si publique par la ville que l'on formait partout de petits groupes pour en deviser. Il me dit que, la nuit que don Fernand se maria avec Lucinde, après lui avoir donné le *oui*, il avait pris à celle-ci une grande défaillance, et que son époux, s'approchant d'elle pour la dégrafer afin de lui donner de l'air, avait trouvé un papier écrit de la main même de Lucinde, où elle disait et déclarait ne pouvoir être femme de don Fernand, attendu qu'elle l'était de Cardénio, qui était, à ce que me dit cet homme, un cavalier distingué de la même cité ; et que, si elle avait dit *oui* à don Fernand, ç'avait été pour ne désobéir point à ses parents. En somme, il ressortait de ce papier que Lucinde avait eu intention de se tuer tout aussitôt qu'elle serait épousée, et donnait les motifs pour lesquels elle se serait ôté la vie ; et le tout fut confirmé, dit-on, par un poignard qu'on lui trouva caché en je ne sais quel endroit de son vêtement. Ce que voyant don Fernand, estimant que Lucinde s'était moquée de lui et en avait fait peu de compte, se rua sur elle avant qu'elle revînt de son évanouissement, et la voulut frapper de la dague même qu'on lui avait trouvée, et sans doute il l'eût fait, si le père et la mère et les autres assistants ne l'en eussent empêché. On dit de plus que don Fernand s'éloigna aussitôt, et que Lucinde n'était point revenue de sa pâmoison jusques au lendemain, qu'elle déclara à ses parents qu'elle était la vraie épouse de ce Cardénio que j'ai dit. J'appris plus encore : ce même Cardénio, comme on disait, s'était trouvé présent aux épousailles, et, la voyant épousée, ce qu'il n'eût jamais pensé voir arriver, il était sorti de la ville tout désespéré, laissant auparavant une lettre écrite, par laquelle il se plaignait du tort que Lucinde lui avait fait, et qu'il s'en allait en lieu où on ne le verrait jamais. Tout cela était public et notoire par toute la ville, et chacun en discourait, et il y eut encore plus de sujet d'en parler, quand on sut que Lucinde était sortie de la maison de son père et de la ville même, puisqu'on ne put l'y retrouver nulle part : de quoi ses parents perdaient le jugement, et ils ne savaient quelle voie prendre pour la trouver. Toutes ces nouvelles ranimèrent mes espérances ; je tins pour meilleur de n'avoir pas trouvé don Fernand que de le voir marié, et m'était avis que la porte n'était pas encore du tout fermée à mon remède. Je me persuadais qu'il se pourrait faire que le ciel eût mis cet empêchement au second mariage, afin de lui faire connaître combien il était obligé au premier, et le faire ressouvenir qu'il était chrétien, et par conséquent qu'il avait plus d'obligation à son âme qu'aux considérations humaines. Je ruminais toutes ces choses en ma tête, et me consolais sans avoir consolation, me forgeant des espérances longues et faibles pour entretenir la vie qu'à présent j'abhorre.

« Or, étant en la ville, sans savoir à quoi me résoudre, puisque je ne trouvais pas don Fernand, j'ouïs faire un cri public, par lequel on promettait une bonne récompense à quiconque me trouverait, donnant le signalement de mon âge et de l'habit que je portais, et entendis dire que le bruit courait que le jeune garçon qui venait avec moi m'avait débauchée et tirée de la maison de mes parents, chose qui me toucha au cœur, voyant en quel hasard était ma réputation, vu que ce n'était pas assez de l'avoir perdue par mon départ, mais d'ajouter encore avec qui c'était, étant un sujet si bas et si indigne de mes bonnes pensées. Au moment que j'entendis la promulgation, je sortis de la ville avec mon valet, lequel commençait déjà à donner des indices de vouloir chanceler en la foi et loyauté qu'il m'avait promise ; et, cette même nuit, nous entrâmes par le plus épais de cette montagne, de peur d'être trouvés. Mais, comme l'on dit coutumièrement qu'un mal en attire un autre, et que la fin d'une disgrâce est d'ordinaire le commencement d'une autre plus grande, ainsi m'arriva-t-il : car mon bon serviteur, qui avait été jusqu'alors sûr et fidèle, tout aussitôt qu'il me vit en ce désert, mû de sa naturelle méchanceté, plutôt que de ma beauté, voulut mettre à profit l'occasion qu'à son avis ces lieux solitaires lui offraient ; et ainsi, avec peu de honte, encore moins de crainte de Dieu, et ayant perdu tout respect pour moi, me requit d'amourettes, et, voyant que je répondais à ses impudentes propositions par des paroles âpres et justes, il laissa les prières, desquelles il pensait tout d'abord se servir, et commença à user de la force. Mais le juste ciel, qui rarement ou jamais, ne laisse de regarder et favoriser les bonnes intentions, favorisa tellement les miennes qu'avec mes petites forces et peu de peine je le jetai du haut d'un précipice en bas, là où je le laissai je ne sais si vif ou mort ; et tout incontinent, avec plus de vitesse que le permettaient mon trouble et ma faiblesse, j'entrai par ces montagnes sans autre intention que de m'y cacher et de me dérober à mon père et à ceux qui me cherchaient de sa part. Dans ce désir, il y a je ne sais combien de mois que j'y entrai, et y trouvai un berger qui me prit pour le servir, et me mena en un lieu qui est dans les entrailles de ces montagnes, à qui j'ai servi de garçon depuis ce temps-là, tâchant d'être toujours par les champs, afin de cacher ces cheveux, qui tout à l'heure m'ont trahie sans que j'y pense. Mais toute mon industrie et tous mes soins ne m'ont été d'aucun fruit, car mon maître vint à découvrir que je n'étais pas homme, et conçut la même mauvaise pensée qu'avait eue mon valet ; et, comme la fortune ne donne pas toujours les remèdes quand et quand les travaux, je ne trouvai ravin ni fondrière où pouvoir précipiter et mettre hors de peine mon maître comme j'en avais trouvé pour le valet. J'estimai que ce serait un moindre inconvénient de le laisser et me cacher derechef parmi ces âpres rochers que d'éprouver contre lui mes forces ou mes défenses. Donc je m'en retournai cacher en ces bois, cherchant un lieu auquel sans empêchement aucun je pusse avec des soupirs et des larmes prier le ciel d'avoir pitié de mon infortune, et de me faire la grâce d'en pouvoir sortir, ou de laisser la vie en ces lieux solitaires, sans qu'il reste aucune mémoire de cette misérable et affligée, laquelle si innocemment aura donné matière de parler d'elle, et d'en faire des histoires en son pays et en terres étrangères. »

CHAPITRE XXIX

QUI TRAITE DU GRACIEUX ARTIFICE
ET DE L'ORDRE ADOPTÉ POUR TIRER
NOTRE AMOUREUX CHEVALIER
DE LA DURE PÉNITENCE
À LAQUELLE IL S'ÉTAIT SOUMIS

« Voilà, messieurs, la véritable histoire de ma tragédie ; considérez et jugez à présent si les soupirs que vous avez écoutés, les paroles que vous avez ouïes et les larmes qui sortaient de mes yeux ont assez d'occasion pour se montrer en plus grande abondance ; et, ayant considéré la nature de ma disgrâce, vous verrez que la consolation en sera vaine, puisqu'il est impossible d'y apporter du remède ; seulement je vous prie et requiers d'une chose que facilement vous pourrez et devez faire, c'est que vous me conseilliez où je pourrai passer ma vie, sans être travaillée de la crainte et appréhension que j'ai d'être trouvée par ceux qui me cherchent : sans doute le grand amour que mes parents me portent me rend assurée que je serai bien reçue d'eux, mais la honte qui me tient saisie, en pensant seulement que je doive paraître devant eux autrement qu'ils ne devaient l'espérer, est si grande que je tiens pour le mieux de me bannir à jamais de leur vue, plutôt que de les regarder en face, en considérant qu'ils verront mon visage privé de l'honnêteté qu'ils se devaient promettre de moi. »

Après avoir ainsi parlé, elle se tut, et il lui vint une telle rougeur au visage qu'on aperçut bien clairement le déplaisir et la honte qu'elle avait en l'âme. Ceux qui l'avaient écoutée eurent autant de pitié de ses douleurs que d'étonnement de sa disgrâce ; et, encore que le curé eût bien voulu promptement la consoler et lui donner conseil, Cardénio fut le premier qui lui prit la main en disant : « Enfin, madame, vous êtes la belle Dorothée, fille unique du riche Clenardo ? » Dorothée demeura étonnée d'ouïr le nom de son père et de voir la chétive personne qui le nommait : car il a été dit ci-dessus combien Cardénio était pauvrement habillé ; et ainsi elle lui dit : « Et qui êtes-vous, mon frère, qui savez si bien le nom de mon père, parce que, s'il m'en souvient bien, je ne pense point l'avoir nommé durant tout le discours que j'ai fait de mon infortune ? — Je suis, répondit Cardénio, ce malheureux duquel, comme vous avez dit, Lucinde a assuré qu'elle était l'épouse ; je suis ce misérable Cardénio que le mauvais déportement de celui qui vous a réduite au terme où vous êtes vous fait voir en l'état auquel vous me voyez, déchiré, nu, privé de toute humaine consolation, et, qui pis est, de jugement, puisque je n'en ai point, sinon quand il plaît à Dieu de m'en donner pour un bref espace de temps. Je suis, belle Dorothée, celui qui se trouvait présent aux injures de don Fernand, et celui qui dut entendre le *oui* que Lucinde prononça d'être son épouse ; je suis celui qui n'eut pas le courage de voir ce qui arriverait de sa pâmoison, ni ce qui résulterait du papier qui fut trouvé dans son sein, parce que mon âme ne put souffrir de voir tant de malheurs ensemble, et ainsi j'abandonnai la maison, à bout de patience, laissant une lettre à mon hôte que je priai de la mettre entre les mains mêmes de Lucinde, et m'en vins en ces déserts en intention d'y finir ma vie, que j'ai eue en horreur depuis ce temps-là comme mon ennemie mortelle ; mais la fortune ne me l'a pas voulu ôter, se contentant de me priver du jugement, peut-être pour me réserver à la bonne aventure que j'ai eue de vous rencontrer : car, étant véritable, comme je crois que ce l'est, ce que vous avez ici raconté, il se pourrait encore bien faire que le ciel nous eût gardé un meilleur succès dans nos infortunes que nous ne l'avons pensé. Car, étant présupposé que Lucinde ne pût être mariée avec don Fernand, parce qu'elle était mienne, ni don Fernand avec elle, parce qu'il est à vous et qu'elle l'a si manifestement déclaré, nous pouvons espérer que Dieu nous rendra ce qui est à nous, attendu que cela se trouve en état, et ne s'est point encore aliéné ni défait. Or, puisque nous avons cette consolation de reste, et qu'elle procède d'une espérance assez proche et qui n'est point fondée sur de folles imaginations, je vous supplie, madame, de prendre, dans l'honnêteté de votre cœur, une autre résolution (et je délibère d'en faire autant dans le mien), vous disposant à attendre une meilleure fortune, et vous jure, foi de chevalier et de chrétien, de ne vous point abandonner jusqu'à ce que je vous voie au pouvoir de don Fernand, et qu'au cas que je ne puisse l'amener par mes raisons à lui faire reconnaître ce qu'il vous doit, j'userai alors de la liberté que me permet la qualité de gentilhomme, qui est de le pouvoir justement défier pour l'injure qu'il vous fait, sans avoir égard à mon grief particulier, dont je remettrai la vengeance au ciel pour porter au plus tôt ici-bas remède au vôtre. »

Dorothée s'étonna profondément de ce qu'elle ouït dire à Cardénio, et, pour ne savoir quels remerciements lui faire de si grandes offres, lui voulut baiser les pieds ; mais Cardénio ne le souffrit point, et le curé répondit pour tous deux, approuvant le bon discours de Cardénio, et surtout les pria, leur conseilla et leur persuada d'aller avec lui à son village, où ils se pourraient fournir de tout ce qu'il leur fallait, et que là ils aviseraient aux moyens de découvrir don Fernand, ou de ramener Dorothée chez ses parents, ou de faire ce qu'il leur semblerait le plus opportun. Cardénio et Dorothée l'en remercièrent fort, et acceptèrent la faveur qu'il leur offrait. Le barbier, qui avait été fort attentif et sans dire mot durant tout le discours, se mit aussi sur son bien dire, et s'offrit avec non moins de bonne volonté que le curé à tout ce en quoi il leur pourrait rendre service ; il leur conta en peu de paroles la cause qui les avait amenés là, l'étrange espèce de folie de don Quichotte, et comment ils attendaient son écuyer qui était allé à sa recherche. Cardénio se ressouvint comme d'un songe de la dispute qu'il avait eue avec don Quichotte, et la raconta aux autres, mais il ne leur sut dire la cause de leur querelle. Sur ces entrefaites, ils ouïrent des cris et connurent que c'était Sancho Pança, qui, pour ne les avoir pas retrouvés où il les avait laissés, les appelait tant qu'il pouvait. Ils allèrent au-devant de lui, et, lui demandant des nouvelles de don Quichotte, il leur dit comment il l'avait trouvé à moitié nu, en chemise, maigre, jaune et mort de faim, soupirant toujours pour sa dame Dulcinée ; et qu'encore qu'il lui eût dit qu'elle lui commandait de sortir de ce lieu, et s'en aller au Toboso où elle l'attendait, il lui avait répondu qu'il avait délibéré de ne comparaître devant sa beauté tant qu'il n'eût accompli quelques beaux faits d'armes qui le rendissent digne de sa grâce. Et, si cela passait plus outre, il courait hasard de ne parvenir pas à être empereur, comme il était obligé, ni même archevêque, qui était le moins qu'il pouvait prétendre ; partant, qu'ils regardassent ce qu'il était bon de faire pour le tirer de là. Le curé lui répondit qu'il ne s'en mît point en peine, car ils l'arracheraient de là en dépit qu'il en eût ; il raconta ensuite à Cardénio et à Dorothée ce qu'ils avaient pensé faire pour le remède de don Quichotte, au moins pour le ramener chez lui ; à quoi Dorothée dit qu'elle contreferait la damoiselle affligée mieux que le barbier, et de plus qu'elle avait là des habits pour le faire au naturel, et qu'on lui laissât le soin de représenter tout ce qui serait nécessaire pour venir à bout de leur intention, parce qu'elle avait lu grand nombre de livres de chevalerie, et savait bien la manière qu'adoptaient les damoiselles affligées quand elles requéraient le secours des chevaliers errants.

« Eh bien ! il n'est plus besoin, dit le curé, que de mettre la main à l'œuvre ; sans doute, la bonne fortune se montre être en notre faveur, puisque, sans aucunement y penser, elle a commencé, messieurs, d'ouvrir la porte à votre remède, et à nous elle a facilité la voie dont nous avions besoin. » Dorothée tira tout incontinent de son paquet une robe entière de certaine étoffe fort riche, et un petit mantelet de brocart vert, et d'un coffret elle tira un collier et d'autres joyaux, dont elle se para tout promptement, de telle sorte qu'elle semblait une riche et grande dame. Elle dit qu'elle avait apporté tout cela, et encore davantage, de sa maison, pour s'en servir s'il y échéait ; mais que jusques alors il ne s'était point offert de sujet d'en avoir nécessité. Sa bonne grâce, sa gentillesse et sa beauté les contentèrent tous extrêmement, et firent estimer que don Fernand était homme de peu de jugement, puisqu'il méprisait si grande beauté ; mais le plus ébahi, ce fut Sancho Pança, lui étant avis (comme aussi était-ce la vérité) qu'en jour de sa vie il n'avait vu si belle créature ; et ainsi il requit du curé avec grande instance de lui dire qui était cette tant belle dame, et ce qu'elle cherchait par ces lieux écartés. « Cette belle dame, frère Sancho, répondit le curé, est tout simplement l'héritière en ligne directe et masculine du grand royaume de Micomicon, laquelle vient en quête de votre maître, afin de lui demander une faveur, qui est de lui faire raison, et la venger du tort ou grief qu'un méchant géant lui a fait ; et, au bruit que votre maître a acquis de bon chevalier sur toute la face de la terre, cette princesse l'est venue chercher de la Guinée. — Oh ! l'heureuse quête et l'heureuse trouvaille ! dit alors Sancho Pança, et plus encore si mon maître est si fortuné qu'il défasse ce grief et redresse ce tort en tuant ce fils de putain de géant que vous dites : oui, il le tuera, s'il le rencontre, à moins que d'aventure ce ne soit quelque fantôme, car contre les fantômes mon maître n'a aucun pouvoir. Mais je vous veux supplier d'une chose entre autres, monsieur le licencié, c'est qu'il ne prenne envie à mon maître de se faire archevêque, qui est ce que je crains, et que vous le persuadiez de se marier tout incontinent avec cette princesse, et par ce moyen il sera incapable de recevoir des ordres archi-épiscopaux, et il en viendra avec facilité à son empire, et moi au but de mes désirs : car j'ai bien pensé à cela, et trouve pour mon compte qu'il n'est pas bien à propos pour moi que mon maître se fasse archevêque, parce que je suis inutile pour l'Église, étant marié ; et puis de m'en aller à cette heure chercher des dispenses pour pouvoir tenir des rentes de l'Église, ayant, comme j'ai, femme et enfants, ce n'en serait jamais fait. Allons, monsieur, toute l'affaire est que mon maître se marie vitement avec cette dame que je ne nomme point par son nom, parce que je ne le sais pas encore. — Elle s'appelle, répondit le curé, la princesse Micomicona : son royaume s'appelant Micomicon, il est clair qu'elle se doit appeler ainsi. — Il n'y a point de doute à cela, répondit Sancho, car j'en ai vu plusieurs qui prenaient leur surnom et appellation du lieu où ils étaient nés, s'appelant Pierre de Alcala, Juan de Ubeda et Diègue de Valladolid, et sans doute en use-t-on de même en la Guinée, que les reines prennent les noms de leurs royaumes. — Il doit en être ainsi, dit le curé, et, quant à ce qui touche le mariage de votre maître, je ferai tout ce qui me sera possible. »

Sancho en demeura si content que le curé admira sa simplesse, et comment il avait mis en sa fantaisie les mêmes rêveries que son maître, car sans doute aucun était-il persuadé qu'il devait un jour devenir empereur.

Cependant Dorothée était déjà montée sur la mule du curé, et le barbier avait mis la fausse barbe en queue de bœuf, et ils dirent à Sancho qu'il les guidât où don Quichotte était, et l'avertirent bien qu'il ne dît pas qu'il connaissait le licencié ni le barbier, parce que le principal point, pour faire parvenir son maître à être empereur, consistait à ne les connaître point. Cardénio et le curé ne voulurent aller avec eux, de peur que don Quichotte ne se ressouvînt de la querelle qu'il avait eue avec Cardénio, et aussi parce que la présence du curé n'y était pas nécessaire pour lors : donc ils les laissèrent aller devant, et eux les suivirent à pied pas à pas. Le curé ne laissa pas d'avertir Dorothée de ce qu'elle devait faire, à quoi elle répondit qu'ils ne se souciassent point, car tout se ferait, sans manquer d'un seul point, comme le requéraient et représentaient les livres de chevalerie. Ils avaient cheminé environ trois quarts de lieue, quand ils découvrirent don Quichotte entre d'âpres et embarrassés rochers, lequel était déjà vêtu, mais pas encore armé ; et, aussitôt que Dorothée le vit et qu'elle fut informée par Sancho que c'était lui, elle donna du fouet à son palefroi, après lequel suivait le barbu barbier ; et, étant arrivés près de lui, l'écuyer se jeta à bas de sa mule, et alla prendre Dorothée entre ses bras, laquelle, mettant pied à terre fort gaillardement, s'alla mettre à genoux devant don Quichotte, et, encore qu'il s'efforçât de la relever de terre, elle ne voulut y consentir, mais sans se lever lui parla en cette sorte : « Je ne me lèverai point d'ici, ô valeureux et courageux chevalier, que votre bonté et courtoisie ne m'ait octroyé une faveur, laquelle tournera à l'honneur et gloire de votre personne et au profit de la plus inconsolable et injuriée damoiselle que le soleil ait jamais vue ; et, si tant est que la valeur de votre bras corresponde à la voix de votre immortelle renommée, vous êtes obligé de favoriser cette malheureuse qui vient de si lointains pays, attirée par le bruit de votre fameux nom, vous cherchant pour servir de remède à ses infortunes. — Je ne vous répondrai, belle dame, repartit don Quichotte, ni n'écouterai davantage de votre affaire, jusqu'à ce que vous vous leviez. — Je ne me lèverai point, seigneur, répondit l'affligée damoiselle, si premièrement par votre courtoisie ne m'est octroyée la faveur que je demande. — Je vous l'octroie et concède, répondit don Quichotte, pourvu que je la puisse accomplir sans préjudice ni déshonneur de mon roi, de ma patrie et de celle qui a la clef de mon cœur et de ma liberté. — Ce ne sera point au dommage ni au déshonneur de ceux que vous dites, mon bon seigneur », répliqua la dolente damoiselle. Et, sur ces entrefaites, Sancho Pança s'approcha de l'oreille de son maître, et lui dit tout bas : « Monsieur, Votre Grâce lui peut bien accorder la faveur qu'elle demande, car

c'est autant que rien : il ne s'agit que de tuer un grand mal —
bâti de géant, et celle qui le demande est la haute princesse
Micomicona, reine du grand royaume Micomicon d'Éthiopie. — Qu'elle soit ce qu'elle voudra, répondit don Quichotte, car je ferai ce à quoi je suis obligé, et que ma
conscience me dicte conformément à la profession que je
fais. » Et, se retournant vers la damoiselle, il lui dit : « Que
votre grande beauté se lève, car je lui octroie la faveur qu'elle
me voudra demander. — Or, ce que je demande, dit la
damoiselle, est que votre magnanime personne s'en vienne
incontinent avec moi où je la mènerai, et me promette de ne
s'entremettre dans aucune autre aventure ni poursuite jusqu'à ce qu'elle m'ait obtenu vengeance d'un traître, lequel,
contre tout droit divin et humain, a usurpé mon royaume. —
Je vous dis que je vous l'octroie, répondit don Quichotte, et
vous pouvez désormais, madame, chasser la mélancolie qui
vous tourmente et faire que votre espérance perdue reprenne
vigueur et recouvre nouvelle force : car, avec l'aide de Dieu
et de mon bras, vous vous verrez bientôt restituée en votre
royaume et assise au trône de votre ancien et grand État, en
dépit des félons et méchants qui voudraient y contredire. Et
çà, les mains à l'œuvre, car on dit que le péril consiste
d'ordinaire dans le retardement ! »

La nécessiteuse damoiselle fit grande insistance pour lui
baiser les mains ; mais don Quichotte, qui était en toutes
choses un galant et courtois chevalier, ne voulut jamais y
consentir, il la fit lever aussitôt, l'embrassant avec grande
courtoisie et amabilité, et commanda à Sancho de regarder
les sangles de Rossinante, et de lui bailler promptement ses
armes. Sancho les descendit d'un arbre où elles étaient
pendues comme en trophée, et, ayant revisité les sangles du
cheval, en un instant il arma son maître, lequel, se voyant
équipé, dit : « Partons d'ici, au nom de Dieu, pour favoriser
cette grande dame. » Le barbier était encore le genou en
terre, se donnant bien garde de rire et que sa barbe ne lui

tombât, car peut-être la chute d'icelle eût été cause qu'ils ne fussent pas venus à bout de leur bonne intention ; et, voyant que la faveur était déjà accordée, et avec quelle diligence don Quichotte se disposait pour l'aller accomplir, il se leva et prit sa maîtresse par l'autre main, et eux deux la mirent sur sa mule ; don Quichotte monta tout incontinent sur Rossinante, et le barbier s'accommoda sur sa monture. Sancho demeura à pied, ce qui renouvela ses regrets de la perte de son grison ; mais il prenait tout en gré, lui étant avis que déjà son maître était en beau chemin et sur le point d'être empereur, parce que sans aucun doute il pensait qu'il se devait marier avec cette princesse, et être pour le moins roi de Micomicon ; une seule chose le fâchait, qui était de penser que ce royaume était en terre de Nègres, et que les gens qu'on lui donnerait pour ses vassaux devaient être tous noirs ; à quoi toutefois il trouva en son imagination un bon remède et se dit à soi-même : « Que me fait à moi que mes vassaux soient nègres ? Y aura-t-il autre chose à faire que d'en charger des navires et les amener en Espagne, où je les pourrai vendre, et là où on me les payera tout comptant, et, de l'argent que j'en tirerai, je pourrai acheter quelque titre ou office, de quoi vivre sans fatigue tout le reste de ma vie ; ou sinon, endormez-vous, et n'ayez ni esprit ni adresse pour disposer les affaires et pour vendre trente ou dix mille vassaux, en moins d'un tournemain ! Par Dieu, je les ferai voler grands et petits, ou comme je pourrai, et, quelque noirs qu'ils soient, je les convertirai en blancs ou en jaunes ! Venez tous çà, je me suce le doigt ! » Avec cela il s'en allait si occupé et si content qu'il ne se souvenait plus du déplaisir qu'il avait de marcher à pied.

Cardénio et le curé voyaient tout cela d'entre les halliers où ils étaient, et ne savaient comment faire pour se joindre à eux ; mais le curé, qui était fort inventif, imagina incontinent ce qu'ils feraient pour venir à bout de ce qu'ils désiraient, et ce fut qu'avec des ciseaux qu'il portait en un étui, il enleva promptement la barbe à Cardénio, et lui vêtit un mantelet gris qu'il portait, puis l'affubla d'un reître noir, cependant qu'il demeurait en chausses et en pourpoint. Cardénio fut tellement changé et si différent de ce qu'il paraissait auparavant que lui-même ne se fût pas reconnu, s'il se fût regardé en un miroir. Cela fait, encore que les autres se fussent déjà bien avancés, pendant qu'eux s'étaient déguisés, ce néanmoins ils arrivèrent les premiers au grand chemin, parce que les broussailles et mauvais passages de ces lieux-là ne permettaient pas aux cavaliers de faire autant de chemin que les piétons. En effet, au sortir de la montagne, ils se trouvèrent en plaine, et, aussitôt que don Quichotte et ses camarades en furent sortis, le curé se mit à le regarder tout à loisir, faisant des signes comme s'il eût voulu le reconnaître, et, après l'avoir contemplé un bon espace de temps, s'en alla à lui les bras ouverts et disant à haute voix : « Soyez le bien trouvé, miroir de la chevalerie, mon bon compatriote don Quichotte de la Manche, la fleur et la crème de la noblesse, et le protecteur et le remède des nécessiteux, la quintessence des chevaliers errants » ; et, disant cela, il tenait don Quichotte embrassé par le genou de la jambe gauche, lequel, étonné de ce qu'il voyait et entendait dire et faire à cet homme, se mit à le regarder avec attention, et enfin le reconnut, et, demeurant comme ébahi de le voir, il fit de grands efforts pour mettre pied à terre ; mais le curé ne le voulut pas permettre, et don Quichotte lui disait : « Me permette Votre Grâce de descendre, monsieur le licencié, car il n'y a pas de raison que je sois à cheval et qu'un aussi révérend personnage que Votre Grâce soit à pied. — Je ne le permettrai en façon quelconque, dit le curé ; que Votre Grandeur demeure à cheval, puisqu'à cheval elle accomplit les plus grands exploits d'armes, qui se soient vus en notre âge : car, encore que je sois indigne prêtre, il me suffira de monter en croupe d'une des mules de ces seigneurs qui vous accompagnent, s'ils l'ont à plaisir, et encore me représenterai que je suis monté sur le cheval Pégase, ou sur la célèbre cavale que chevauchait ce fameux Maure Musaraque, lequel encore à présent est enchanté en la grande côte de Zulema, qui n'est fort distante de la grande Complutum [1]. — Je ne pensais pas à tout cela, monsieur le licencié, répondit don Quichotte, mais je sais que madame la princesse voudra bien pour l'amour de moi commander à son écuyer de vous donner la selle de sa mule, car lui se pourra accommoder en croupe, au cas qu'elle y porte. — Oui, elle y porte comme je le crois, répondit la princesse, et je sais bien aussi qu'il ne sera pas besoin de faire ce commandement à monsieur mon écuyer, car il est si courtois qu'il ne consentira jamais qu'une personne ecclésiastique aille à pied, pouvant aller à cheval. — C'est ainsi », répondit le barbier ; et, mettant soudain pied à terre, il pria le curé de prendre la selle, ce que celui-ci accepta sans se faire beaucoup prier ; mais le mal fut que, le barbier voulant monter en croupe, la mule, qui en effet était de louage (cela suffit pour dire qu'elle était mauvaise), leva un peu le train de derrière, et fit deux ruades en l'air si jolies que, si elle les eût données contre l'estomac de maître Nicolas, ou bien en la tête, il eût donné au diable la quête qu'il était venu faire de don Quichotte ; ce nonobstant, il fut si surpris qu'il alla par terre, sans se souvenir ni se soucier beaucoup de la barbe qui lui tomba ; et, comme il se vit sans elle, il n'eut autre remède, sinon de se couvrir promptement le visage avec ses deux mains et de se plaindre qu'on lui avait rompu les dents. Quand don Quichotte vit tout ce gros toupillon de barbe, sans mâchoires ni sang, loin du visage de l'écuyer qui était tombé, il s'écria : « Vive Dieu ! voici un grand miracle : on lui a abattu et arraché la barbe du visage, comme si on la lui eût ôtée tout exprès. » Le curé, qui reconnut le risque que son invention courait d'être découverte, courut incontinent prendre la barbe, et s'en alla là où maître Nicolas était gisant par terre, qui poussait encore des cris ; et, d'un coup, lui prenant la tête contre sa poitrine, lui remit la barbe en marmottant sur lui quelques paroles qu'il dit être certain charme propre à attacher les barbes, comme on le verrait ; et, quand il l'eut remise, il se retira à part, et l'écuyer demeura aussi barbu et aussi sain que devant, de quoi don Quichotte s'étonna fort, et pria le curé que, quand il en aurait le loisir, il lui voulût enseigner ce charme dont il pensait que la vertu devait s'étendre plus loin qu'à recoller des barbes : il était clair que là où s'ôtait la barbe, la chair y devait être blessée et maltraitée ; donc, puisque tout se guérissait, cela devait servir à autre chose qu'à des barbes. « Il est ainsi », dit le curé, et il promit de le lui enseigner à la première occasion. Ils s'accordèrent qu'alors le curé monterait, et que de fois à autre ils changeaient tous trois, montant l'un après l'autre, jusqu'à ce qu'ils arrivassent à l'auberge qui était environ à deux lieues de là. Or, étant les trois montés à cheval, c'est à savoir, don Quichotte, la princesse et le curé, et les trois autres à pied, savoir : Cardénio, le barbier et Sancho Pança, don Quichotte dit à la damoiselle : « Que Votre Excellence, madame, nous guide par où sera son bon plaisir » ; et, devant qu'elle lui répondît, le licencié lui dit : « Vers quel royaume vous plaît-il nous guider ? Est-ce d'aventure vers celui de Micomicon ? Oui certes, ce doit être de ce côté-là, ou bien je me connais peu en royaumes. » Elle, qui entendait bien l'affaire, connut qu'elle devait répondre que oui, et ainsi elle lui dit : « Oui, monsieur, mon chemin est vers ce royaume-là. — S'il en est ainsi, dit le curé, il faut que nous traversions mon village, et de là vous prendrez la route de Carthagène, où vous pourrez vous embarquer à la bonne heure ; et, si le vent est favorable, la mer tranquille et sans bourrasque, vous pourrez en un peu moins de neuf ans arriver en vue du grand lac de Méona[2], je veux dire Méotide, lequel est à un peu plus de cent journées par-deçà le royaume de Votre Grandeur. — Votre Grâce se trompe, monsieur, lui dit-elle, parce qu'il n'y a pas deux ans que j'en suis partie, et en vérité je n'ai guère eu beau temps en mon voyage ; néanmoins je suis arrivée ici, où j'ai eu ce bonheur de voir ce

353

que tant je désirais, qui est le seigneur don Quichotte de la Manche, dont les nouvelles parvinrent à mes oreilles tout aussitôt que je mis le pied en Espagne, ce qui me mut à le chercher pour me recommander à sa courtoisie et confier mon droit à la valeur de son bras invincible. — C'est assez, que l'on mette fin à mes louanges, dit don Quichotte, car je suis ennemi de toute sorte de flatterie, et, encore que ceci ne le soit pas, ce néanmoins mes chastes oreilles se sentent offensées de semblables discours. Ce que je vous peux dire, madame, que j'aie de la valeur ou non, c'est que celle que j'aurai ou que je n'aurai pas sera employée à votre service, jusqu'à y perdre la vie ; et ainsi, laissant cela pour quand il en sera temps, je prie monsieur le licencié de me dire quelle est la cause qui l'a amené en ces parages, ainsi seul, sans aucun valet, et tant vêtu à la légère que cela me cause un grand étonnement. — A cela je répondrai brièvement, repartit le curé, car il faut que vous sachiez, seigneur don Quichotte, que moi et maître Nicolas, notre ami et notre barbier, allions à Séville, pour recouvrer certain argent qu'un mien parent, lequel passa aux Indes il y a plusieurs années, m'avait envoyé, et la somme n'était pas si petite qu'il n'y en eût plus de soixante mille piastres de coupelle, et ce n'est pas rien ; et, en passant hier par ces lieux, nous rencontrâmes quatre voleurs, qui nous ôtèrent jusqu'à nos barbes, et de telle façon nous les ôtèrent que le barbier fut contraint d'en mettre une fausse, et même ce jeune homme que voilà (montrant Cardénio), ils le laissèrent comme l'enfant nouveau-né. Et le bon est que le bruit court par toute cette contrée que ceux qui nous volèrent sont certains forçats que l'on dit avoir été délivrés quasi en ce même lieu par un homme si vaillant qu'en dépit du commissaire et des gardes il les délivra tous ; et sans point de doute il devait être hors de son entendement, ou bien il faut que ce soit un aussi méchant garnement qu'eux, ou quelque homme sans âme et sans conscience, puisqu'il a

qu'ils rencontrent par les chemins vont en cette façon ou bien sont en cette angoisse pour leurs fautes ou pour leurs bons services ; il leur appartient seulement de les aider comme nécessiteux, ayant égard à leurs peines, et non pas à leurs méchancetés. Pour moi, j'ai rencontré un chapelet et cordon de gens fâchés et misérables ; je fis en leur endroit ce que ma religion requiert, et pour le reste qu'on s'en débrouille ! Quiconque le trouve mauvais, sauf la sainte dignité de monsieur le licencié et son honorable personne, je dis qu'il ne s'entend pas beaucoup en matière de chevalerie, et qu'il ment comme un fils de putain et un malappris : ce que je lui ferai connaître avec mon épée, où il est plus amplement contenu. » Et, disant cela, il se raidit sur ses étriers et abaissa son morion, parce qu'il avait pendu le bassin de barbier, qui à son compte était l'armet de Mambrin, à l'arçon de la selle, en attendant de le faire raccommoder des mauvais traitements que lui avaient infligés les forçats. Dorothée, laquelle était discrète et fort intelligente, connaissant déjà la folle humeur de don Quichotte, et que tous se moquaient de lui, fors Sancho Pança, ne voulut pas être des dernières, et, le voyant si fort en colère, elle lui dit : « Seigneur chevalier, souvenez-vous de la faveur que vous m'avez promise et que, suivant cela, vous ne pouvez vous entremettre d'aucune autre aventure, quelque urgente qu'elle soit : apaisez donc votre cœur, car, si monsieur le licencié eût su que ces forçats avaient été délivrés par ce bras invincible, il eût fait trois points d'aiguille à sa bouche, voire même se fût mordu trois fois la langue avant de dire une seule parole qui vous eût apporté quelque déplaisir. — Oui, je le jure, dit le curé, et me fusse plutôt arraché une moustache. — Je me tairai, madame, dit don Quichotte, et réprimerai la juste colère qui déjà s'était émue en moi, et me tiendrai tranquille et pacifique jusques à ce que j'accomplisse la promesse que je vous ai faite ; mais, pour récompense de ce bon désir, je vous supplie de me dire, si c'est votre bon plaisir, quelle est l'affliction que vous avez, et combien et quelles sont les personnes desquelles je vous dois donner une due, suffisante et entière vengeance. — Volontiers, répondit Dorothée, s'il ne vous ennuie d'ouïr des afflictions et des disgrâces. — Il ne m'ennuiera pas, madame », repartit don Quichotte ; à quoi répliqua Dorothée : « Puisque ainsi est, soyez-moi attentif. » Elle n'eut pas sitôt dit cela que Cardénio et le barbier se mirent à côté d'elle, désireux de voir comment l'ingénieuse Dorothée feindrait son histoire, et Sancho en fit de même, car il était aussi bien abusé que son maître sur le compte de la princesse. Or, après s'être bien accommodée en son siège, ayant au préalable toussé et fait d'autres gestes avec fort bonne grâce, elle commença à dire ainsi :

« En premier lieu, je veux que Vos Grâces sachent que l'on m'appelle... » et ici elle s'arrêta un peu, parce qu'elle ne se souvenait pas du nom que le curé lui avait donné ; mais il accourut incontinent à son aide, d'autant qu'il reconnut à quoi il tenait, et dit : « Ce n'est pas merveille, madame, que Votre Grandeur se trouble et s'embarrasse en contant ses malheurs : c'est un de leurs effets ordinaires qu'ils font quelquefois perdre la mémoire à ceux qui en sont affligés, tellement qu'ils ne se souviennent pas de leur nom même, comme il vous est advenu à cette heure que vous avez oublié que vous vous appelez la princesse Micomicona, légitime héritière du grand royaume de Micomicon ; et, avec cette remarque, vous vous pourrez à présent facilement rappeler en votre mémoire douloureuse tout ce qu'il vous plaira raconter. — C'est la vérité, répondit la damoiselle, et, dorénavant, je crois qu'il ne sera pas besoin de me rien marquer, car je conduirai à bon port ma véritable histoire, laquelle est que le roi mon père, qui s'appelait Trinacrio le Savant, fut fort docte en ce que l'on appelle art magique, et connut par sa science que ma mère, qui s'appelait la reine Xaramilla, devait mourir avant lui, et qu'à peu de temps de là

357

il irait aussi de vie à trépas, et que je demeurerais orpheline de père et de mère ; mais il disait que cela ne le tourmentait pas autant que de savoir, pour chose très certaine, qu'un démesuré géant, seigneur d'une grande île laquelle confine quasi avec notre royaume, nommé Pandafilando du Sombre Regard (car c'est chose tout assurée qu'encore qu'il ait les yeux en leur lieu et droits, il regarde toujours de travers comme s'il était louche, et il le fait par malice, et pour faire peur à ceux qui le regardent), je dis donc qu'il connut que ce géant, sachant mon orphelinat, devait courre sus à mon royaume, avec grande puissance, et me l'envahir tout, sans me laisser un seul petit village pour me retirer ; toutefois que je pouvais éviter toute cette ruine et disgrâce, si je me voulais marier avec lui ; mais, à ce qu'il voyait, il ne pensait pas qu'il me vînt jamais en volonté de condescendre à un mariage si inégal ; et en cela il dit la pure vérité, car il ne m'est jamais passé par l'esprit de me marier avec ce géant, ni avec aucun autre, pour grand et démesuré qu'il soit. Mon père me dit aussi qu'après qu'il serait mort, et que je verrais que Pandafilando commencerait à venir attaquer mon royaume, je ne songeasse pas à me mettre en défense, car ce serait me ruiner, mais que je le laissasse librement entrer, si je voulais éviter la mort et la totale destruction de mes bons et loyaux sujets : car il n'était pas possible de me défendre de la force endiablée du géant, mais qu'incontinent je prisse quelques-uns des miens et m'acheminasse en Espagne, où je trouverais le remède de mes maux par la rencontre d'un chevalier errant dont la renommée serait pour lors étendue par tout ce royaume, et se devait appeler, si j'ai bonne mémoire, don Ribote ou don Gigote. — Don Quichotte, sans doute, madame, fit alors Sancho Pança, ou, par un autre nom, le chevalier de la Triste Figure. — C'est cela, dit Dorothée. Il dit de plus qu'il serait de haute stature, maigre de visage, et qu'au côté droit, sous l'épaule gauche, ou là auprès, il aurait un signe gris, avec certains poils ressemblant à du crin. »

Don Quichotte, oyant cela, dit à son écuyer : « Viens ici, Sancho, mon fils, aide-moi à me déshabiller, car je veux voir si je suis le chevalier que ce sage roi a prophétisé. — Et pourquoi vous voulez-vous déshabiller ? dit Dorothée. — Pour voir si j'ai ce grain de beauté que votre père dit, répondit don Quichotte. — Il n'est pas besoin de se déshabiller, dit Sancho, car je sais que Votre Grâce a un grain de beauté de cette sorte au milieu de l'épine du dos, qui est signe d'un homme fort. — Cela suffit, dit Dorothée, parce qu'entre amis il ne faut pas regarder à de si petits détails, et qu'il soit à l'épaule ou bien à l'épine, peu importe, il suffit que grain de beauté il y ait, et qu'il soit où il voudra, puisque ce n'est qu'une même chair ; et sans doute, mon père rencontra fort bien en tout ce qu'il dit, et moi, j'ai encore mieux rencontré de me recommander au seigneur don Quichotte, qui est celui dont mon père a parlé, puisque les signes et marques du visage se rapportent à ceux de la bonne renommée que ce chevalier a acquise non seulement en Espagne, mais en toute la Manche : car à peine avais-je débarqué à Ossuna que j'ouïs parler de tant d'exploits qu'il avait faits, et aussitôt le cœur me dit que c'était celui-là même que je venais chercher. — Et comment débarquâtes-vous à Ossuna, madame, demanda don Quichotte, si ce n'est pas un port de mer ? » Mais, devant que Dorothée répondît, le curé prit la parole et dit : « Madame la princesse veut dire qu'après qu'elle débarqua en Malaga, le premier lieu où elle ouït de vos nouvelles fut à Ossuna. — C'est bien ce que je voulais dire, fit Dorothée. — Nous sommes d'accord, dit le curé, et que Votre Majesté poursuive. — Il n'y a pas à poursuivre, répondit-elle, sinon qu'enfin ma fortune a été si bonne de trouver le seigneur don Quichotte, et que déjà je me compte et me tiens pour reine et dame de tout mon royaume, puisque lui, par sa courtoisie et magnificence, m'a promis de s'en venir avec moi en quelque lieu que je le mène, qui ne sera autre part que de le mettre devant Pandafilando au Sombre Regard, afin qu'il le tue, et me restitue ce qu'il m'a usurpé contre tant de raison, car tout arrivera au pied de la lettre, puisque mon bon père Trinacrio le Savant l'a ainsi prophétisé, et a laissé par écrit en lettres chaldaïques ou grecques, car je ne les sais pas lire, que si ce chevalier de la prophétie, après avoir coupé la gorge au géant, voulait se marier avec moi, que je lui octroyasse incontinent sans aucune réplique d'être sa légitime épouse et lui donnasse la possession de mon royaume, ensemble celle de ma personne. — Que t'en semble, ami Sancho? dit à ce point don Quichotte. N'entends-tu pas ce qui se passe? Ne te l'ai-je pas dit? Regarde si nous avons déjà royaume où commander, et reine à épouser. — Oui, par ma foi, dit Sancho, et maudit soit le putain qui ne se mariera tout aussitôt qu'on aura ouvert son petit gosier au seigneur Pandafilando. Et avec ça que la reine est un mauvais morceau! Telles pussent devenir les puces de mon lit. » Et en disant cela il fit deux sauts en l'air, avec démonstration d'un très grand contentement, et tout à l'instant s'en alla prendre les rênes de la mule de Dorothée, et, la faisant arrêter, se mit à genoux devant elle, la suppliant de lui bailler ses mains pour les lui baiser, en signe qu'il la recevait pour sa reine et maîtresse.

Lequel des assistants n'eût éclaté de rire, voyant la folie du maître et la simplesse du valet? Or donc, Dorothée les lui bailla, et lui promit de le faire grand seigneur en son royaume, au cas que le ciel lui fît tant de grâce que de le recouvrer et d'en jouir. Sancho l'en remercia avec de telles paroles qu'il renouvela la risée en tous. « Voilà mon histoire, messieurs, poursuivit Dorothée; il reste seulement à vous dire que, de toute ma compagnie que j'ai tirée de mon royaume, il ne m'est demeuré que ce bien barbu écuyer, parce que tous ont été noyés dans une grande tempête que nous avons eue en vue du port, dont lui et moi nous échappâmes et vînmes à terre sur deux planches, comme par miracle; aussi est-ce tout miracle et mystère que le discours de ma vie, comme vous l'avez bien pu remarquer. Et, si j'ai été prolixe et excessive, ou que je ne me sois pas exprimée aussi bien que j'eusse dû le faire, rejetez-en la faute sur ce que monsieur le licencié a dit, dès le commencement de mon conte, que les travaux continuels et extraordinaires ôtent la mémoire à qui les souffre. — Elle ne me sera point ôtée à moi, ô valeureuse et haute dame, dit don Quichotte, par les travaux que j'endurerai à vous servir, quelque grands et inouïs qu'ils puissent être. Et, par ainsi, je confirme à nouveau la faveur que je vous ai promise, et jure d'aller avec vous jusques au bout du monde, et jusques à me voir aux mains avec votre fier ennemi, dont je pense, avec l'aide de Dieu et de mon bras, trancher la tête superbe du fil de cette... je ne puis plus dire bonne épée, à cause de Ginès de Passamont, qui m'a emporté la mienne. » Il dit cela entre ses dents, et poursuivit ainsi : « Après la lui avoir tranchée et vous avoir remise en pacifique possession de votre état, il demeurera en votre volonté de faire de votre personne tout ce qu'il vous plaira. Car, tandis que j'aurai la mémoire occupée, la volonté captive et l'entendement perdu par celle... je n'en dis pas davantage, il n'est pas possible que j'envisage, non pas même en pensée, l'idée de me marier, serait-ce avec l'oiseau phénix. »

Cela sembla si mal à Sancho, principalement ce qu'il dit à la fin, touchant ce point de ne se vouloir pas marier, que, haussant sa voix, il lui dit de grande colère : « Par la morbleu, je jure que vous n'avez pas la cervelle bien faite, seigneur don Quichotte ! Comment est-il possible que vous hésitiez à vous marier avec une aussi haute princesse que celle-ci ? Pensez-vous que la fortune vous doive offrir à tout bout de champ une aventure pareille à celle qui maintenant se présente ? Madame Dulcinée est-elle d'aventure plus belle ? Non certes, pas de la moitié, et encore dirais-je volontiers qu'elle ne va pas à la cheville de celle qui est ici devant nous. Eh bien, je puis l'attendre, le comté que j'espère, si vous allez cherchez des truffes en la mer ! Mariez-vous, mariez-vous incontinent par tous les diables, et prenez ce royaume qui vous choit entre les mains en un *Ave Maria*, et puis, quand vous serez roi, faites-moi marquis ou sénéchal, et que le diable emporte tout ! » Don Quichotte, qui ouït dire de tels blasphèmes contre sa dame Dulcinée, ne le put endurer ; et, levant sa lance, sans dire une parole à Sancho et sans autre cérémonie, lui en donna deux tels coups qu'il le renversa par terre, et n'eût été que Dorothée lui cria qu'il ne lui en donnât pas davantage, sans doute il l'eût assommé sur-le-champ. « Pensez-vous, lui dit-il au bout d'un peu de temps, méchant vilain, que j'endure toujours vos sottises, ni que vous allez continuer à me mettre la main dans l'enfourchure et que nous n'ayons autre chose à faire que vous à faillir, et moi à vous pardonner ? N'y pensez pas, traître d'excommunié, car, sans doute, tu l'es, puisque tu as touché de ta langue la non pareille Dulcinée. Et ne savez-vous pas, coquin, faquin, bélître, que, si ce n'était par la valeur qu'elle donne à mon bras, je n'aurais pas le courage de tuer une puce ? Dites, maraud à langue de vipère, et qui pensez-vous qui ait conquis ce royaume, et coupé la tête à ce géant, et vous a fait marquis (car je tiens déjà tout cela pour fait et pour chose passée en jugement), si ce n'est la valeur de Dulcinée, prenant mon bras pour instrument de ses beaux exploits ? Elle combat en moi et vainc en moi ; et moi, je vis et respire en elle, et reçois d'elle la vie et l'être. Ô méchant fils de putain, et que vous êtes ingrat, voilà que vous vous voyez élevé du poussier de la terre au rang de seigneur qualifié, et vous répondez à une si bonne œuvre en disant du mal de qui vous a fait ce que vous êtes !... »

Sancho n'était pas si mal en point qu'il n'entendît bien tout ce que son maître lui disait ; mais, se levant un peu vite, il s'alla mettre derrière le palefroi de Dorothée, et de là il dit à son maître : « Dites-moi, monsieur, si vous êtes résolu de ne vous point marier avec cette grande princesse, il est tout certain que le royaume ne sera pas vôtre ; et, ne l'étant pas, quelles grâces pouvez-vous me faire ? C'est là ce dont je me plains ; mariez-vous une bonne fois avec cette reine, à cette heure que nous l'avons ici, comme tombée du ciel, et puis après vous vous en pourrez retourner avec madame Dulcinée, car il y doit avoir eu des rois au monde qui ont vécu en concubinage. Pour ce qui est de la beauté, je n'y touche point ; car, en vérité, s'il le faut dire, elles me semblent toutes deux fort belles, encore que je n'aie jamais vu madame Dulcinée. — Comment ! tu ne l'as pas vue, traître blasphémateur ? dit don Quichotte. Ne viens-tu pas de m'apporter un message de sa part ? — Je dis que je ne l'ai pas vue si à loisir, dit Sancho, que je puisse avoir remarqué particulièrement sa beauté et ses charmes de point en point ; mais tout en gros elle me semble assez bien. — Maintenant je t'excuse, dit don Quichotte, pardonne-moi le déplaisir que je t'ai fait, parce que les premiers mouvements ne sont pas en la puissance des hommes. — Je le vois bien, répondit Sancho ; c'est ainsi que l'envie de parler est toujours en moi le premier mouvement, et que je ne puis me garder de dire, au moins une fois, ce qui me vient à la bouche. — Avec tout cela, dit don Quichotte, regarde bien, Sancho, ce que tu dis, car tant va la cruche à la fontaine... je ne t'en dis pas plus.

— Allons, bien, répondit Sancho, Dieu est au ciel, qui voit les tromperies, et sera juge de ceux qui font mal, moi en ne parlant pas bien, ou vous en agissant mal. — Laissons cela, dit Dorothée ; Sancho, courez vitement baiser la main à votre maître, et lui demander pardon, et dorénavant soyez plus avisé en vos louanges et blâmes, et ne dites point de mal de cette dame du Toboso, laquelle je ne connais si ce n'est pour la servir, et ayez bonne confiance en Dieu qu'il ne vous manquera pas un état où vous pourrez vivre comme un prince. »

Sancho y alla tête basse, et demanda la main à son maître, qui la lui bailla gravement, et, après qu'il la lui eut baisée, il lui donna sa bénédiction, disant qu'il s'avançât un peu, parce qu'il avait quelque chose à lui demander, et à discourir avec lui d'affaires de grande importance. Sancho le fit ainsi, et tous deux s'avancèrent un peu devant les autres ; puis don Quichotte lui dit : « Depuis que tu es de retour, je n'ai pas eu le lieu ni le loisir de te demander plusieurs particularités touchant l'ambassade que tu as faite et la réponse que tu as rapportée ; mais, maintenant que la fortune nous en baille temps et lieu, ne me refuse pas le plaisir que tu me peux donner avec de si bonnes nouvelles. — Demandez-moi ce qu'il vous plaira, répondit Sancho, car je vous donnerai à tout aussi bonne issue que j'eus bonne entrée ; mais je vous supplie, monsieur, que dorénavant vous ne soyez pas si vindicatif. — Pourquoi le dis-tu, Sancho ? répliqua don Quichotte. — Je le dis, répondit-il, parce que ces bastonnades de tout à l'heure ont été plutôt pour la querelle que le diable mit entre nous deux l'autre soir que pour ce que j'ai dit contre madame Dulcinée, laquelle j'aime et révère comme une relique, encore qu'il n'y ait point de sujet en elle, mais seulement pour ce qu'elle vous appartient. — Ne reviens pas là-dessus, Sancho, je te prie, dit don Quichotte, car tu me fâches, je t'ai pardonné alors, et tu sais bien que l'on a accoutumé de dire : A nouveau péché nouvelle pénitence. »

Sur ces entrefaites, ils virent venir par le chemin qu'ils suivaient un homme monté sur un âne, et, quand il fut près d'eux, il leur sembla que c'était un gitane ; mais Sancho Pança, qui, partout où il voyait des ânes, ouvrait de grands yeux amoureux, à peine eut-il vu cet homme qu'il connut que c'était Ginès de Passamont, et par le fil du gitane il tira le peloton de son âne, comme à la vérité c'était son grison sur lequel était monté Passamont, qui, pour n'être connu et pour vendre l'âne, avait pris l'habit de gitane, dont il savait fort bien parler la langue, et plusieurs autres aussi, comme la sienne propre. Sancho, à peine l'eut-il vu et reconnu, qu'il lui cria : « Eh ! larron de Ginésillo, laisse là mon bien, laisse aller ma vie, ne t'embarrasse pas de mon repos, quitte mon âne, rends-moi mes délices, fuis-t'en, bougre, va-t'en, larron, et abandonne ce qui n'est pas à toi. » Il ne fut besoin de tant de paroles ni de tant d'injures, car dès la première Ginès sauta en bas, et, prenant un trot qui ressemblait au galop de course, en un instant disparut à tous les yeux. Sancho s'approcha de son grison, et, l'embrassant, lui dit : « Comment t'es-tu porté, mon unique bien, grison de mon âme et compagnon de mes travaux ? » Et avec cela il le baisait et le caressait comme si c'eût été une personne : l'âne se taisait et se laissait baiser et caresser par Sancho, sans lui répondre une seule parole. Ils s'approchèrent tous, et le congratulèrent de ce bonheur d'avoir retrouvé son grison, spécialement don Quichotte, qui lui dit que malgré cela il n'annulait pas la cédule des trois poulains, de quoi Sancho le remercia. Pendant que tous deux tenaient ces discours, le curé dit à Dorothée qu'elle avait été fort ingénieuse tant au conte comme à la brièveté d'icelui, et en la ressemblance qu'il avait avec ceux qui sont aux livres de chevalerie. Elle répondit qu'elle avait passé autrefois beaucoup de temps dans la lecture d'iceux, mais qu'elle ne savait pas où étaient les provinces ni ports de mer, et qu'elle avait dit ainsi à l'aveuglette qu'elle avait débarqué à Ossuna. « Je l'ai entendu ainsi, dit le curé ; c'est pourquoi je me suis empressé aussitôt de dire ce que je dis, qui raccommoda toute l'affaire. Mais n'est-ce pas chose étrange de voir avec quelle facilité ce pauvre malheureux gentilhomme croit toutes ces inventions et menteries seulement pour ce qu'elles sont du style et de la qualité des sottises qui sont en ses livres ? — La vérité est, dit Cardénio, que celle-ci est si rare et si nouvelle que je ne sais si, la voulant inventer et fabriquer fabuleusement, il y aurait un esprit si subtil qu'il en pût venir à bout. — Mais il y a encore autre chose, dit le curé, c'est qu'en dehors des niaiseries et simplesses que ce bon gentilhomme dit touchant ses folies, si on lui traite d'autres choses, il en discourt avec de très bonnes raisons, et montre un entendement clair et agréable en tout : de façon que, ne lui parlant point de ses chevaliers, il n'y aura personne qui ne le juge de bon entendement. »

Pendant qu'ils s'entretenaient en ces discours, don Quichotte poursuivit le sien et dit à Sancho : « Mon ami, passons l'éponge sur nos querelles, et dis-moi à cette heure, sans prendre garde à aucune fâcherie ni rancune : où, comment et quand trouvas-tu Dulcinée ? Que faisait-elle ? Que lui dis-tu ? Que te répondit-elle ? Quelle mine fit-elle en lisant ma lettre ? Qui est-ce qui te la copia ? Et tout ce que tu as vu, qui soit digne d'être su, de demander et de se conter sans que tu y ajoutes ou mentes pour me faire plaisir ; ni n'en dis moins non plus pour m'ôter le contentement que j'en recevrai. — Monsieur, répondit Sancho, s'il est question de dire la vérité, personne ne me copia la lettre, parce que je n'en portai point. — Il est vrai, dit don Quichotte, car, deux jours après ton départ, je trouvai sur moi les tablettes où je l'avais écrite, de quoi je fus en grande peine, parce que je ne savais ce que tu ferais quand tu te verrais sans lettre, croyant toujours que tu reviendrais dès que tu la verrais te manquer. — Ainsi eussé-je fait, répondit Sancho, si je ne l'eusse apprise par cœur, lorsque vous me la lûtes, tellement que je la dictai à un sacristain, qui la transcrivit de ma mémoire au papier, si bien de point en point qu'il me dit qu'en jour de sa vie, encore qu'il eût lu plusieurs lettres d'excommunication, il n'en avait point vu ni lu de si jolie. — Et la sais-tu encore par cœur, Sancho ? dit don Quichotte. — Non, monsieur, répondit Sancho, car, après que je l'eus dictée, voyant qu'elle ne devait plus servir de rien, je me mis à l'oublier. Et s'il m'en souvient quelque chose, c'est de la *souterraine*, je veux dire *souveraine dame* ; et de la fin qui est : *Vôtre jusqu'à la mort, le chevalier de la Triste Figure* ; et entre ces deux choses j'y mis plus de *trois cents âmes et vies et mes yeux*.

CHAPITRE XXXI

DES SAVOUREUX ENTRETIENS
QUI SE PASSÈRENT ENTRE
DON QUICHOTTE ET SANCHO PANÇA,
SON ÉCUYER, AVEC D'AUTRES INCIDENTS

— Tout cela me plaît ; continue, dit don Quichotte. Tu arrivas ; et que faisait cette reine de beauté ? Assurément tu la trouvas qui enfilait des perles, ou brodait avec de la canetille d'or quelque devise pour ce sien captif chevalier. — Non, répondit Sancho, je la trouvai qui criblait deux minots de blé en une basse-cour de sa maison. — Crois bien, dit don Quichotte, que les grains de ce blé touchés par ses mains étaient grains de perles. Et si tu y pris garde, mon ami, était-ce du froment blanc ou du méteil ? — Non, c'était du blé poulard, répondit Sancho. — Or, je t'assure, dit don Quichotte, qu'étant criblé par ses mains, il fit sans aucun doute de fort beau pain blanc ; mais passe outre. Quand tu lui remis ma lettre, la baisa-t-elle ? La mit-elle sur sa tête ? Fit-elle quelque cérémonie digne d'une telle lettre ? Enfin que fit-elle ? — Comme je la lui allais présenter, répondit Sancho, elle était dans la fougue du remuement d'une bonne partie du blé qu'elle avait dans le crible, de sorte qu'elle me dit : « Mon ami, mettez la lettre sur ce sac, car je ne la peux lire jusqu'à ce que j'aie achevé de cribler ce qui est ici. » — Ô la discrète dame ! dit don Quichotte, ce devait être afin de lire tout à loisir et y prendre du contentement. Poursuis, Sancho ; et, cependant qu'elle était en sa besogne, quels devis eûtes-vous ensemble ? Que te demanda-t-elle de moi ? Et toi, que lui répondis-tu ? Achève, conte-moi tout, qu'il ne te demeure rien dans l'encrier. — Elle ne me demanda rien, dit Sancho ; mais je lui dis en quel état je vous avais laissé, faisant pénitence pour son service, tout nu depuis la ceinture en haut, enfoncé entre ces montagnes comme si vous étiez sauvage, couchant sur la dure, sans manger pain sur nappe, ni vous peigner la barbe, pleurant et maudissant votre fortune. — Tu as mal fait de dire que je maudissais ma fortune, dit don Quichotte : car, au contraire, je la bénis et la bénirai tous les jours de ma vie pour m'avoir rendu digne d'aimer une si haute dame qu'est Dulcinée du Toboso. — Elle est si haute, répondit Sancho, qu'en bonne foi elle me passe quasi d'un demi-pied. — Et comment, Sancho ? dit don Quichotte. T'es-tu mesuré avec elle ? — Oui, je me mesurai de cette façon, répondit Sancho : ce fut qu'en m'approchant pour lui aider à mettre un sac de blé sur un âne, nous nous approchâmes si près que je m'aperçus qu'elle me passait d'une grande palme. — Or, n'est-il pas vrai, répliqua don Quichotte, qu'elle accompagne cette grandeur et l'embellit avec mille millions de grâces de l'âme ? Mais tu ne me nieras pas une chose, Sancho : lorsque tu t'approchas d'elle, ne sentis-tu pas une odeur sabéenne, une senteur aromatique, et un je ne sais quoi de bon que je ne peux nommer ? Je dis une vapeur, comme si tu eusses été en la boutique de quelque gantier à la mode. — Ce que je peux dire, répondit Sancho, c'est que je sentis une petite odeur quelque peu hommasse, et ce devait être qu'à cause du grand exercice qu'elle avait fait elle était en sueur et la peau détendue. — Ce n'est pas cela, répondit don Quichotte, mais c'est que tu étais enrhumé, ou bien que tu te sentais toi-même : je sais bien, moi, ce que sent cette rose entre des épines, ce lis des champs, cet ambre délayé. — Il se peut faire, répondit Sancho, car plusieurs fois il sort de moi la même odeur qu'il me sembla alors qui sortait de madame Dulcinée ; mais il ne se faut pas émerveiller : un diable ressemble à l'autre.

— Eh bien ! poursuivit don Quichotte, voici qu'elle acheva de nettoyer son blé et de l'envoyer au moulin ; que fit-elle quand elle lut la lettre ? — La lettre, dit Sancho, elle ne la lut pas, car elle dit qu'elle ne savait ni lire ni écrire ; au contraire, elle la déchira et la mit en pièces, disant qu'elle ne voulait la donner à lire à personne, afin qu'on ne sût point ses secrets au village, et qu'il suffisait de ce que je lui avais dit de bouche de l'amour que vous lui portiez, et de la pénitence extraordinaire que vous faisiez pour son sujet, et finalement elle me commanda de vous dire qu'elle vous baisait les mains, et qu'elle avait plus de désir de vous voir que de vous écrire, et que partant elle vous suppliait et commandait que, la présente vue, vous sortissiez de ces halliers et vous désistassiez de faire des folies, et qu'immédiatement vous prissiez le chemin du Toboso, si autre chose de plus grande importance ne vous arrivait, parce qu'elle avait un grand désir de voir Votre Grâce. Elle pensa crever de rire quand je lui dis que vous vous appeliez le chevalier de la Triste Figure. Je lui demandai si le Biscaïen du temps jadis était allé la voir, et elle me dit qu'oui, et qu'il était fort galant homme. Je lui demandai aussi des nouvelles des forçats, mais elle me dit n'en avoir pas vu un jusques alors. — Tout va bien, dit don Quichotte, mais dis-moi, quelle bague te donna-t-elle quand tu pris congé, à cause des bonnes nouvelles que tu lui avais portées ? Car c'est une ancienne coutume usitée entre les chevaliers et dames errantes de donner aux écuyers, damoiselles ou nains qui portent des nouvelles, à eux de leurs dames, et à elles de leurs chevaliers, quelque riche joyau pour cadeau et pour reconnaissance du bon message qu'ils apportent. — Il peut bien en être ainsi, et je tiens que c'est une bonne coutume, mais cela devait être au temps passé, car à présent je crois qu'on a accoutumé seulement de donner un morceau de pain et de fromage. C'est ce que me donna madame Dulcinée par-dessus la muraille d'une cour lorsque je pris congé d'elle, et encore, pour plus grandes enseignes, c'était du fromage de brebis. — Elle est libérale à l'extrême, dit don Quichotte, et si elle ne te donna point de bague d'or, sans doute ce doit être qu'elle n'en avait point pour lors sous la main, mais il n'y a rien de perdu, les étrennes sont encore bonnes après Pâques : je la verrai, et tout s'arrangera. Sais-tu de quoi je suis émerveillé, Sancho ? C'est de ce qu'il me semble que tu es allé et venu par l'air, car tu n'as guère mis plus de trois jours à aller et venir d'ici au Toboso, quoiqu'il y ait plus de trente lieues d'ici là : c'est pourquoi je me persuade que ce sage nécromancien qui a soin de mes affaires et est mon ami, car absolument il y en a et y en doit avoir un sous peine que je ne serais pas bon chevalier errant ; je dis que celui-là t'aura aidé à cheminer sans que tu aies rien senti, car il y a de ces sages magiciens qui prennent un chevalier errant endormi dans son lit, et, sans savoir comment ni en quelle manière, il se trouve le lendemain au matin à plus de mille lieues de là où il s'était couché le soir. Et, si ce n'était par ce moyen-là, les chevaliers errants ne se pourraient pas secourir les uns les autres en leurs dangers, comme ils se secourent à chaque instant : car il arrive que l'un est à combattre aux montagnes d'Arménie contre quelque andriague ou contre quelque fier monstre, ou bien contre un autre chevalier ; il est au plus fort du combat et sur le point de mourir ; et, au moment qu'il y pense le moins, il voit paraître au-dessus d'une nuée, ou sur un chariot de feu, un autre chevalier, son ami, qui peu auparavant était en Angleterre, lequel le favorise et délivre de la mort ; et le soir même il se trouve en son logis soupant fort à son aise, et il y a souvent deux ou trois mille lieues de distance d'un lieu à l'autre. Tout cela se fait par l'industrie et la science de ces sages enchanteurs, qui ont soin de ces valeureux chevaliers : si bien, ami Sancho, qu'il ne m'est pas fort difficile à croire que tu sois allé et venu en si peu de temps depuis ce lieu-ci jusques au Toboso, parce que, comme j'ai dit, quelque magicien ami t'a porté en volant, sans que tu en sentisses rien. — Il pourrait bien être ainsi, dit Sancho, car en bonne foi Rossinante allait comme si c'eût été un âne de gitane avec du vif-argent aux oreilles. — Comment, du vif-argent ! dit don Quichotte. Une légion de diables, veux-tu dire, qui sont des gens qui cheminent et font cheminer sans se lasser tous ceux que bon leur semble. Mais, brisons ; que t'est-il avis que je doive faire à cette heure, touchant l'ordre que me donne ma maîtresse de l'aller voir ? Car, encore que je me voie obligé d'obéir à son commandement, cela m'est aussi impossible à cause de la faveur que j'ai promise à cette princesse qui vient avec nous, et la loi de chevalerie me contraint d'accomplir ma parole avant de satisfaire à mon plaisir. D'un côté le désir que j'ai de voir ma maîtresse me travaille et me presse, et d'autre part la foi que j'ai promise et la gloire que j'acquerrai en cette entreprise si honorable m'incitent et m'y appellent. Mais ce que je pense faire est de cheminer en diligence, afin d'arriver bientôt là où est ce géant, et en y arrivant je lui trancherai la tête, rétablirai la princesse pacifiquement en son état, et tout à l'instant m'en reviendrai voir la lumière qui éclaire mes sens, et lui ferai de telles excuses qu'elle trouvera bon mon retardement, puisqu'elle verra que tout doit rejaillir sur sa gloire et renommée, car toute celle que j'ai acquise, que j'acquiers et acquerrai par les armes durant ma vie, me vient de la faveur qu'elle me donne, et de ce que je suis sien. — Ah ! dit Sancho, que vous avez la cervelle en piteux état ! Or, dites-moi, monsieur, pensez-vous faire ce grand chemin pour rien, et laisser passer et perdre un si riche et si avantageux mariage comme est celui-ci où l'on vous donne en dot un royaume qu'en bonne vérité j'ai ouï dire qu'il a plus de vingt mille lieues de circuit, qu'il est très abondant en toutes les choses nécessaires pour l'entretien de la vie humaine, et qu'il est plus grand que le Portugal et la Castille ensemble ? Taisez-vous pour l'amour de Dieu, et ayez honte de ce que vous avez dit ; croyez mon conseil, et me pardonnez, et vous mariez promptement au premier lieu où il y aura un curé, ou bien voilà monsieur notre licencié qui le fera à merveille ; et prenez garde que j'ai l'âge de donner conseil, et que celui que je vous donne vous vient comme au moule, car mieux vaut un petit passereau en la main qu'un vautour en l'air ; et qui tient le bien et choisit le mal, pour bien qu'il en ait regret qu'il ne s'en vienne plaindre. — Écoute, Sancho, répondit don Quichotte, si le conseil que tu me donnes de me marier est afin que je sois roi incontinent que j'aurai tué le géant, et que j'aie la commodité de te faire du bien et te donner ce que je t'ai promis, je te déclare que, sans me marier, je pourrai accomplir ton désir fort aisément, car je mettrai à mon marché, devant que d'entrer en bataille, qu'au cas que j'en remporte la victoire, encore que je ne me marie pas, l'on me donnera une partie du royaume, afin que j'en fasse présent à qui bon me semblera ; et, si on me l'accorde, à qui veux-tu que je la donne, sinon à toi ? — Voilà qui est clair, répondit Sancho ; mais prenez garde, monsieur, à la choisir du côté de la mer, afin que, si le séjour ne m'y plaisait pas, je puisse embarquer les nègres mes vassaux et en faire ce que je vous ai déjà dit. Et ne vous souciez pas pour cette heure d'aller voir madame Dulcinée, mais allez tuer le géant, et concluons cette affaire, car par Dieu j'ai dans l'idée que nous en tirerons honneur et profit. — Je te dis, Sancho, dit don Quichotte, que tu as raison, et que je suivrai ton conseil en ce qui est d'aller avec la princesse auparavant que d'aller voir Dulcinée. Mais je t'avertis de ne rien dire à personne, non pas même à ceux qui viennent avec nous, de ce dont nous avons ici discouru et traité entre nous : car, puisque Dulcinée est si avisée qu'elle ne veut pas que l'on sache ses pensées, il ne sera pas à propos que moi ni autre pour moi les découvre. — S'il en est ainsi, dit Sancho, pourquoi obligez-vous tous ceux que vous vainquez de votre main à s'aller présenter à madame Dulcinée, étant cela comme signature de votre nom que vous lui voulez du bien et que vous en êtes amoureux ? Et, si ces gens se doivent mettre à genoux devant elle, et dire qu'ils vont de votre part lui rendre obéissance, comment se pourront celer les pensées de tous deux ? — Oh ! que tu es sot et simple, dit don Quichotte. Ne vois-tu pas, Sancho, que tout cela rejaillit à sa plus grande gloire et exaltation ? Car il faut que tu saches qu'en notre style de chevalier c'est un grand honneur à une dame d'avoir plusieurs chevaliers errants qui la servent sans que leurs pensées s'étendent à plus qu'à la servir pour son seul mérite, sans espérer autre récompense de tous leurs bons désirs, si ce n'est qu'elle se contente de les accepter pour ses chevaliers. — J'ai ouï prêcher, dit Sancho, que c'est de cette sorte d'amour qu'il faut aimer Notre-Seigneur, pour lui seul, sans y être porté d'aucune espérance de gloire, ou de crainte de peine. Cependant je me contenterais de l'aimer et servir pour les raisons que je pourrais. — Le diable t'emporte, vilain que tu es, dit don Quichotte, et que de subtilités tu allègues parfois ! On jurerait que tu as étudié. — Et par ma foi je ne sais pas lire », répondit Sancho.

Sur ce, maître Nicolas leur cria d'attendre un peu, parce qu'ils se voulaient arrêter à boire à une petite fontaine qui était là. Don Quichotte s'arrêta, au grand contentement de Sancho, qui était déjà fatigué de tant mentir, et craignait que son maître ne le prît en défaut : car, encore qu'il sût que Dulcinée était une paysanne du Toboso, il ne l'avait jamais vue de sa vie.

Entre-temps, Cardénio s'était vêtu des habits que portait Dorothée quand ils la trouvèrent : car, encore qu'ils ne fussent pas des meilleurs du monde, néanmoins ils valaient beaucoup mieux que ceux qu'il quittait. Ils mirent pied à terre près de la fontaine, et de ce que le curé avait pris en la taverne ils apaisèrent, encore que peu, la grande faim qu'ils avaient tous.

En ces entrefaites, il vint à passer par là un jeune garçon, qui allait son chemin, lequel s'arrêta à regarder attentivement ceux qui étaient à la fontaine ; puis, un peu après les avoir contemplés, il accourut à don Quichotte, et, lui embrassant les jambes, il commença fort à pleurer et lui dit : « Ah !

monsieur, ne me connaissez-vous pas ? Regardez-moi bien, car je suis ce jeune garçon André que vous ôtâtes du chêne où j'étais lié. »

Don Quichotte le reconnut, et, le prenant par la main, se tourna vers ceux qui étaient là présents, et leur dit : « Afin que vous voyiez, messieurs, de quelle importance il est au monde d'y avoir des chevaliers errants qui remédient aux torts et griefs qui s'y font par les insolents et méchants hommes qui y sont, sachez que, ces jours passés, allant par un bois j'ouïs des cris et des voix fort pitoyables, comme d'une personne affligée et dans le besoin ; j'accourus incontinent, poussé par mon obligation, vers le lieu d'où il semblait que sortaient ces lamentables cris, et trouvai ce jeune garçon lié à un chêne (de quoi je me réjouis au fond de l'âme, parce que ce sera un témoin qui ne me laissera mentir en rien). Je dis qu'il était lié au chêne, tout nu de la moitié du corps en haut, et auprès de lui il y avait un paysan qui lui donnait les étrivières avec les rênes d'une cavale ; je sus après que c'était son maître, et, ainsi comme je le vis, je lui demandai la cause pour laquelle il le fouettait si cruellement ; le vilain me répondit qu'il le fouettait parce que c'était son valet, et que certaines négligences dont il usait procédaient plus de friponnerie que de simplesse ; à quoi cet enfant s'écria : « Monsieur, il me fouette pour ce que je lui demande mon salaire. » Le maître répliqua je ne sais quelles harangues, et allégua des excuses, que j'entendis, mais point n'admis. En conséquence, je le fis délier, et pris le serment du paysan qu'il le mènerait avec lui, et qu'il le payerait rubis sur l'ongle, et même avec intérêts. Tout cela n'est-il pas vrai, mon fils André ? N'as-tu pas remarqué de quelle autorité je lui commandai, et avec combien d'humilité il promit de faire tout ce que je lui imposai, notifiai et voulus ? Réponds, ne te trouble point, et ne crains rien, dis à ces messieurs tout ce qui se passa, afin que l'on voie et que l'on considère qu'il est profitable comme je dis et nécessaire d'y avoir des chevaliers errants par les chemins. — Tout ce que vous avez dit, monsieur, est fort véritable, répondit le jeune garçon, mais la fin de l'affaire arriva bien au rebours de ce que vous vous imaginez. — Comment, à rebours ? répliqua don Quichotte, le manant ne te paya-t-il donc point ? — Non seulement il ne me paya point, répondit le jeune garçon, mais, tout aussitôt que vous fûtes hors du bois et que nous demeurâmes seuls, il me rattacha au même chêne, et me donna derechef tant de coups d'étrivières que je fus comme un saint Barthélemy écorché, et, à chaque coup qu'il me donnait, il me disait une sornette et gausserie, le tout pour se moquer de Votre Grâce ; que si je n'eusse senti tant de douleur, j'eusse ri moi-même de ce qu'il disait ; en effet, je fus accoutré de telle sorte que j'ai été jusqu'à cette heure en un hôpital pour me faire panser du mal que ce mauvais rustre me fit. Et tout cela, vous en êtes cause : car, si vous eussiez passé votre chemin sans venir où l'on ne vous appelait pas et sans vous mêler des affaires d'autrui, mon maître se fût contenté de me donner une douzaine ou deux de coups, et puis m'eût après délié et m'eût payé ce qu'il me devait. Mais, comme vous lui fîtes un affront si mal à propos, et que vous lui dîtes tant de vilenies, sa colère s'alluma, et, comme il ne la put satisfaire sur vous, quand il se vit seul, il déchargea toute la nuée sur moi ; tellement qu'il m'est avis que de ma vie je ne m'en remettrai. — Le mal fut, dit don Quichotte, que je m'en allai de là, car je n'en devais partir qu'il ne t'eût payé. Je devais savoir par longues expériences qu'il n'y a manant qui tienne sa parole, à moins qu'il ne trouve son compte à la tenir ; mais il te souvient bien, André, que je jurai, s'il ne te payait, que je l'irais chercher, et que je le trouverais, fût-il caché au ventre de la baleine ? — C'est la vérité, dit André, mais cela ne servit de rien. — Tu verras à cette heure s'il sert de quelque chose », dit don Quichotte, et, disant cela, il se leva à grande hâte et commanda à Sancho qu'il bridât Rossinante, qui était là paissant pendant qu'ils dînaient.

Dorothée lui demanda ce qu'il voulait faire : il lui répondit qu'il voulait aller chercher ce vilain et le châtier de son outrecuidance, et faire qu'André fût payé jusqu'au dernier maravédis en dépit et malgré tous les vilains qu'il y avait au monde. A quoi elle répondit qu'il y prît bien garde, et qu'il ne pouvait, suivant la faveur qu'il lui avait promise, s'entremettre en aucune autre affaire ni entreprise, jusqu'à ce qu'il eût mis la sienne à fin, et que, puisqu'il savait cela mieux que personne, il apaisât son ressentiment jusqu'au retour de son royaume.

« Il est vrai, répondit don Quichotte, et il faut qu'André ait patience jusqu'à mon retour, comme vous dites, madame, car je lui jure derechef et lui promets de nouveau de n'avoir point de repos jusqu'à ce que je l'aie vengé et fait payer. — Je ne crois pas à ces serments, dit André. J'aimerais mieux à cette heure avoir de quoi aller à Séville que toutes les vengeances du monde : donnez-moi quelque chose, si vous en avez là, pour manger et mettre en poche, et Dieu demeure avec Votre Grâce et avec tous les chevaliers errants, qu'aussi bien soient-ils errants pour eux-mêmes comme ils l'ont été pour moi. »

Sancho tira de son bissac un morceau de pain et un autre de fromage, et, le donnant au garçon, il lui dit : « Prenez, mon frère André, car nous avons tous part à votre infortune. — Et quelle part vous en vient-il, à vous ? demanda André. — Cette part de fromage et de pain que je vous donne, répondit Sancho, car Dieu sait si j'en aurai faute ou non : et il faut que vous sachiez, ami, que nous autres, écuyers des chevaliers errants, sommes souvent sujets à la faim et à la mauvaise aventure, voire à d'autres choses, qu'on sent mieux qu'on ne les dit. »

André prit son pain et son fromage ; et, voyant que personne ne lui donnait autre chose, baissa la tête et s'en alla son chemin. Bien vrai est qu'en partant il dit à don Quichotte : « Pour l'amour de Dieu, seigneur chevalier errant, si une autre fois vous me rencontrez, encore que vous voyiez qu'on me mette en pièces, ne me secourez point ni ne m'aidez en façon quelconque, laissez-moi plutôt avec ma disgrâce, car elle sera toujours moins grande que celle qui viendra du secours de Votre Seigneurie, et que Dieu vous maudisse et tout autant de chevaliers errants qu'il en naquit jamais au monde. »

Don Quichotte s'allait lever pour le châtier ; mais l'autre prit ses jambes à son cou, comme on dit, et de telle façon que personne ne se risqua de le suivre. Don Quichotte fut grandement confus du conte d'André, et il fallut que tous se gardassent bien de rire pour ne le pas mettre tout à fait en colère.

CHAPITRE XXXII

QUI TRAITE DE CE QUI ARRIVA
EN L'AUBERGE À TOUTE LA QUADRILLE
DE DON QUICHOTTE

Le bon dîner étant achevé, on sella incontinent, et, sans qu'il leur arrivât chose digne de se raconter, ils arrivèrent le lendemain à l'auberge, épouvantail et frayeur de Sancho Pança ; et, encore qu'il eût voulu n'y point entrer, il ne s'en put exempter. L'aubergiste, sa femme, leur fille et Maritorne, qui virent venir don Quichotte et Sancho, les allèrent recevoir avec démonstration de grande allégresse, et lui les salua avec une contenance grave et bienveillante, leur disant qu'ils lui accommodassent un meilleur lit que l'autre fois ; à quoi l'hôtesse répondit que, pourvu qu'il la payât mieux qu'il n'avait fait l'autre fois, elle lui en baillerait un de prince. Don Quichotte lui dit qu'il le ferait, et par ainsi ils lui en accoutrèrent un assez passable en la même soupente de jadis, où il se coucha incontinent, parce qu'il était tout moulu de corps et d'esprit.

Il ne fut pas sitôt enfermé que l'hôtesse attaqua le barbier, et, l'empoignant par la barbe, lui dit : « Par la croix que voilà, vous ne vous servirez plus de ma queue pour votre barbe, et me la rendrez tout à cette heure, car les affaires de mon mari traînent là par terre que c'est une honte, je dis le peigne qui avait accoutumé d'être pendu à ma bonne queue. » Le barbier ne la lui voulait pas bailler, encore qu'elle la tirât de force, jusqu'à ce que le licencié lui dît qu'il la lui baillât, car il n'était plus besoin d'user de cette ruse, mais qu'il se découvrît et se montrât en sa propre forme, et qu'il dît à don Quichotte que lorsque ces voleurs forçats les dépouillèrent il s'en était fui en cette taverne ; et que, s'il demandait après l'écuyer de la princesse, ils lui diraient qu'elle l'avait envoyé devant pour avertir ceux de son royaume comment elle s'y rendait, et menait avec elle le libérateur de tous ses vassaux. Par ce moyen, le barbier bailla de bon gré la queue à l'aubergiste, et pareillement ils lui rendirent toutes les autres hardes qu'elle leur avait prêtées pour délivrer don Quichotte.

Tous ceux qui étaient en la taverne s'étonnèrent fort de la beauté de Dorothée, et aussi de la bonne mine du jeune berger Cardénio. Le curé donna ordre qu'on leur apprêtât à manger de ce qu'il y avait au logis, et l'aubergiste, espérant d'en être mieux payé qu'auparavant, leur accoutra en diligence un honnête dîner. Pendant tout cela don Quichotte dormait, et ils furent d'avis de ne l'éveiller point, d'autant que pour lors le sommeil lui ferait plus de profit que le manger.

Durant le dîner, et en présence de l'aubergiste, de sa femme, de sa fille, de Maritorne et de tous les passagers, ils discoururent de l'étrange folie de don Quichotte et de la façon dont ils l'avaient trouvé. L'hôtesse leur raconta tout ce qui s'était passé entre lui et le muletier, regardant si d'aventure Sancho était là ; et, comme elle ne le vit point, elle conta comment il avait été berné, de quoi ils ne reçurent pas un petit plaisir. Et, comme le curé leur disait que les livres de chevalerie que don Quichotte avait lus lui avaient ainsi troublé l'entendement, l'aubergiste dit : « Je ne sais pas comment cela se peut faire, car je pense qu'il n'y a pas une meilleure lecture au monde, et j'en ai là deux ou trois parmi d'autres papiers, lesquels véritablement m'ont rendu la vie, et non pas seulement à moi, mais à plusieurs autres aussi : car, lorsque c'est au temps de la moisson, il s'assemble ici aux jours de fête un grand nombre de moissonneurs, parmi lesquels il s'en trouve toujours quelqu'un qui sait lire et qui prend un de ces livres ; et nous nous mettons plus de trente autour de lui, et l'écoutons avec tant de plaisir qu'il nous ôte mille cheveux blancs : pour le moins je vous peux dire de moi que, quand j'entends parler de ces furieux et terribles coups que ces chevaliers donnent, il me prend envie d'en faire autant, et je voudrais les écouter nuit et jour sans faire autre chose. — Et moi tout de même, ajouta sa femme, parce que je n'ai pas une minute de bon temps en ma maison, sinon lorsque vous écoutez lire, car vous êtes alors si ébaubi que vous ne vous souvenez pas de crier. — C'est la vérité, dit Maritorne et de bonne foi, je prends aussi grand plaisir à ouïr lire ces choses, qui sont fort belles ; et davantage quand ils racontent que cette autre madame est sous des orangers, entre les bras de son chevalier, et qu'il y a une duègne qui fait le guet, mourant d'envie et avec une grande appréhension : je vous dis que tout cela sont choses douces comme miel.

— Et à vous, que vous en semble, mademoiselle ? dit le curé, parlant à la fille de l'aubergiste. — Je ne sais, monsieur, sur mon âme, répondit-elle. Je l'écoute aussi, et en vérité, encore que je ne l'entende pas, je suis toutefois bien aise de l'ouïr, mais je ne prends pas de plaisir aux coups que mon père trouve si beaux, mais bien aux plaintes que font les chevaliers quand ils sont absents de leurs maîtresses : car certes ils me font quelquefois pleurer de la pitié que j'en ai. — Vous y remédieriez donc, la belle fille, dit Dorothée, s'ils pleuraient pour l'amour de vous ? — Je ne sais ce que je ferais, répondit la jeune fille, seulement je sais bien qu'il y a quelques-unes de ces dames qui sont si cruelles que leurs chevaliers les appellent tigresses et lionnes, et mille autres horreurs. Et, Jésus ! je ne sais quelles gens ce sont, qui n'ont ni âme ni conscience, qui, pour ne pas regarder un homme d'honneur, le laissent mourir ou le font devenir fou. Je ne sais aussi de quoi servent ces mignardises : si elles le font par honneur, qu'elles se marient avec eux, car ils ne désirent autre chose. — Tais-toi, petite, dit l'aubergiste ; il semble que tu entendes trop bien ces affaires-là, et il n'est pas bienséant aux filles de tant savoir ni tant parler. — Comme ce monsieur me l'a demandé, répondit-elle, je n'ai pu laisser de lui répondre. — Or, bien, dit le curé, monsieur mon hôte, apportez-moi ces livres, car je les veux voir. — Fort bien », répondit-il.

Et, entrant en sa chambre, il en tira une vieille mallette fermée par une chaînette et, en l'ouvrant, il y trouva trois grands livres et certains papiers écrits à la main en fort beaux caractères. Le premier livre qu'il ouvrit, il vit que c'était *Don Cirongile de Thrace*[1], et l'autre *Félix Mars d'Hyrcanie*[2], et le troisième l'*Histoire du Grand Capitaine Gonzalve Fernandez de Cordoue*, avec la *Vie de Diègue Garcie de Parédès*[3].

Quand le curé eut lu les titres des deux premiers, il tourna le visage vers le barbier et lui dit : « Nous aurions bien ici besoin de la gouvernante de notre ami et aussi de sa nièce. — Que non pas ! répondit le barbier, je les porterai bien moi-même à la cour ou à la cheminée, car, en vérité, il y a fort bon feu. — Comment ! dit l'hôte, vous voulez donc brûler mes livres ? — Rien que ces deux, dit le curé, celui de *Don Cirongile* et celui de *Félix Mars*. — Eh quoi ! dit l'aubergiste, mes livres sont-ils d'aventure hérétiques ou flegmatiques que vous les voulez brûler ? — Vous voulez dire schismatiques, mon ami, dit le barbier, et non flegmatiques. — C'est cela, répliqua l'aubergiste ; mais, si vous en voulez brûler quelqu'un, que ce soit celui du *Grand Capitaine* et de ce *Diègue Garcie*, car je permettrai plutôt de brûler un de mes enfants que non pas l'un de ces autres livres. — Mon frère, dit le curé, ces deux livres sont menteurs, et tout pleins de folies et de rêveries ; mais celui du *Grand Capitaine* est une histoire véritable, qui contient les faits de Gonzalve Fernandez de Cordoue, lequel, par ses grands et nombreux exploits, mérita d'être appelé de tout le monde le Grand Capitaine, nom fameux et illustre, et par lui seul mérité. Et, quant à ce Diègue Garcie de Parédès, ce fut un excellent et brave chevalier, natif de la ville de Truxillo en Estramadure, soldat très vaillant et doué d'une si grande force de corps qu'il arrêtait d'un doigt une roue de moulin au milieu de sa furie, et qu'étant une fois à l'entrée d'un pont, avec une épée à deux mains, il empêcha une innombrable armée d'y passer, et il fit tant d'autres choses que si, tout ainsi comme il les raconte et les écrit lui-même avec la modestie d'un gentilhomme qui est son propre chroniqueur, elles eussent été écrites par un autre livre et sans passion, on eût mis en oubli les exploits des Hector, des Achille et des Roland. — A d'autres ! s'écria le susdit aubergiste. Regardez de quoi vous vous étonnez : d'arrêter une roue de moulin ! Par Dieu vous devriez lire à cette heure ce que j'ai lu de Félix Mars d'Hyrcanie, qui d'un seul revers partagea cinq géants par la moitié du corps, comme si c'eussent été de ces moines que les petits enfants taillent dans des fèves. Et une autre fois il attaqua une très grande et très puissante armée, où il y avait plus d'un million et six cent mille soldats, tous armés de pied en cap, et les défit tous comme si c'eussent été troupeaux de brebis. Or, que me dira-t-on de ce bon et gentil don Cirongile de Thrace, lequel fut si vaillant et si courageux, comme il se verra au livre, là où il raconte que, naviguant sur un fleuve, il sortit du milieu de l'eau un serpent de feu, et que, comme il le vit, il se jeta sur

381

lui, et se mit à califourchon sur ses épaules écailleuses, et lui serra la gorge avec les deux mains d'une telle force que le serpent, voyant qu'il l'étranglait, n'eut autre remède que de se laisser aller au fond de la rivière, menant le chevalier après soi, car il ne voulut jamais lâcher prise. Et, quand ils furent en bas, il se trouva en des palais et en des jardins si beaux que c'était merveille ; et tout aussitôt le serpent se changea en un vieillard fort âgé qui lui dit tant de choses qu'il ne se peut plus. Taisez-vous, monsieur, que si vous ouissiez cela, vous deviendriez fou de plaisir ! Deux figues pour ce Grand Capitaine et pour ce Diègue Garcie que vous dites. »

Dorothée, oyant cela, dit tout bas à Cardénio : « Il ne faut guère à notre hôte pour faire la seconde partie de don Quichotte. — Il me semble que oui, répondit Cardénio : car, selon qu'il le montre, il tient pour certain que tout ce que ces livres content s'est passé ni plus ni moins qu'ils l'écrivent, et les cordeliers déchaux ne le lui feraient pas croire autrement. — Prenez garde, mon frère, répliqua le curé, qu'il n'y eut jamais au monde de Félix Mars d'Hyrcanie ni de don Cirongile de Thrace, ni d'autres chevaliers de l'étoffe que les livres de chevalerie racontent, parce que ce n'est que composition et fiction d'esprits oisifs, qui les ont inventés pour l'effet que vous dites d'amuser le temps, comme le font vos moissonneurs en les lisant : car réellement je vous jure qu'il n'y eut jamais dans le monde ni pareils chevaliers, ni tels exploits, ni semblables folies. — A d'autres chiens cet os-là ! répondit l'aubergiste. Comme si je ne savais pas combien sont deux et deux et là où le soulier me blesse : que Votre Grâce ne pense pas me donner de la bouillie, car je ne suis pas un poupard. Il ferait beau voir que vous me vouliez donner à entendre que tout ce que ces bons livres disent soit rêveries et mensonges, étant imprimés avec permission de messieurs du Conseil royal, comme si c'étaient gens qui voulussent permettre d'imprimer tant de mensonges ensemble, tant de batailles et tant d'enchantements qui font perdre le jugement.

— Je vous ai déjà dit, mon ami, répliqua le curé, que cela se fait pour entretenir nos loisirs, et que, tout ainsi que l'on permet dans les républiques bien ordonnées qu'il y ait des jeux d'échecs, de paume et de billard, pour entretenir et amuser ceux qui ne veulent ni ne doivent, ni ne peuvent travailler, aussi donne-t-on permission d'imprimer de tels livres, croyant, comme c'est la vérité, qu'il n'y doit avoir nul si ignorant que d'en tenir aucun pour histoire véritable. Et, s'il m'était licite à cette heure et que l'auditoire le requît, je dirais, touchant ce que doivent contenir les livres de chevalerie pour être bons, des choses telles que peut-être elles seraient profitables et même agréables à quelques-uns ; mais j'espère qu'il viendra un temps auquel je pourrai les communiquer à qui pourra y apporter remède ; et en attendant, monsieur notre hôte, croyez ce que je vous ai dit, prenez vos livres, et vous arrangez de leurs vérités et mensonges, et grand bien vous fassent. Mais Dieu veuille que vous ne clochiez pas du pied dont cloche votre hôte don Quichotte. — Non-da, non, répondit l'aubergiste ; certes, je ne serai pas si fou que de me faire chevalier errant, d'autant que je vois bien qu'on n'en use pas comme on faisait en ce temps-là que l'on dit que ces fameux chevaliers errants allaient par le monde. »

Assistant à la moitié de ce discours, Sancho demeura fort confus et pensif sur ce qu'il avait ouï dire qu'à présent ce n'était plus la coutume d'y avoir des chevaliers errants, et que tous les livres de chevalerie étaient des sottises et mensonges, tellement qu'il se proposa en soi-même d'attendre l'issue de ce voyage de son maître, et que, s'il n'avait une aussi heureuse fin qu'il le pensait, il était résolu de le quitter et de s'en retourner avec sa femme et ses enfants et de reprendre son travail accoutumé.

L'hôte remportait la mallette et les livres ; mais le curé lui dit : « Attendez, car je veux voir quels papiers ce sont là qui sont si bien écrits. » Il les tira, et, les lui baillant à lire, il vit qu'il y avait environ huit feuillets de papier écrits à la main, et au commencement il y avait un grand titre qui disait : *Nouvelle du Curieux impertinent*. Le curé en lut tout bas et à part soi trois ou quatre lignes, et dit : « Certes le titre de cette nouvelle me plaît fort, et il me prend envie de la lire tout entière. » A quoi répondit l'aubergiste : « Vous la pouvez bien lire, car il faut que vous sachiez qu'elle a donné beaucoup de contentement à plusieurs qui l'ont lue ici, et qu'ils me l'ont bien demandée ; mais je ne la leur ai jamais voulu donner, parce que je pense la rendre à celui qui a oublié céans cette mallette avec ces livres et ces papiers : il se pourra bien faire que son maître repasse quelque jour par ici ; et, encore que je sache bien que j'aurai faute des livres, ce néanmoins je les dois rendre. Bien qu'aubergiste, je n'en suis pas moins chrétien. — Vous avez raison, mon ami, dit le curé ; mais, avec tout cela, si la nouvelle me plaît, il faudra que vous m'en laissiez prendre une copie. — Fort volontiers », répondit l'aubergiste.

Tandis qu'ils devisaient ensemble, Cardénio avait pris le papier et commençait à lire la nouvelle, et, comme il en jugea de même que le curé, il le pria qu'il la lût en telle sorte que chacun l'entendît. « Je la lirais, dit le curé, n'était qu'il vaut mieux employer le temps à dormir que non pas à lire. — Ce sera assez de repos pour moi, dit Dorothée, d'employer le temps à ouïr quelque conte, car je n'ai pas encore l'esprit si tranquille qu'il me permette de dormir quand il en est temps. — Or, s'il en est ainsi, dit le curé, je la veux lire à tout le monde par curiosité, peut-être y trouverons-nous quelque plaisir. » Maître Nicolas s'approcha, qui lui fit la même prière, et Sancho aussi ; ce que voyant le curé, et connaissant qu'il donnerait du plaisir à tous et que lui-même en recevrait, il dit : « Eh bien, soyez tous attentifs ; la nouvelle commence en cette manière :

CHAPITRE XXXIII

OÙ L'ON RAPPORTE L'HISTOIRE
DU CURIEUX IMPERTINENT[1]

A Florence, fameuse et riche cité d'Italie, située en la province de Toscane, il y avait deux jeunes gentilshommes de fort bonne maison, l'un nommé Anselme et l'autre Lothaire, unis ensemble d'une si étroite amitié que tous ceux de leur connaissance les appelaient par excellence et antonomase *les deux amis*. Ils étaient tous deux garçons, de même âge et de même humeur, ce qui servait beaucoup à conserver cette amitié. Il est vrai que Lothaire avait plus d'inclination aux plaisirs de la chasse, et Anselme à ceux de l'amour ; mais le plus souvent Anselme abandonnait ses goûts pour ceux de Lothaire, et Lothaire les siens pour ceux d'Anselme. Ainsi leurs volontés avaient tant de correspondance que les diverses roues d'une horloge bien juste n'auraient pas été mieux rapportées les unes aux autres. Anselme était éperdument amoureux d'une jeune damoiselle de la ville, si belle, si sage et de si bonne maison, qu'il se résolut, de l'avis de Lothaire sans lequel il ne faisait jamais rien, de la demander en mariage à ses parents, et il le mit à exécution. Lothaire en porta la parole, et conduisit l'affaire si adroitement que peu de jours après Anselme se vit en possession de celle qu'il aimait, et Camille (c'était le nom de la damoiselle), aussi satisfaite d'avoir Anselme pour époux, ne cessait, outre les grâces qu'elle en rendait continuellement à Dieu, d'en rendre encore à Lothaire de ce que ce bonheur lui était arrivé par son entremise. Les premiers jours du mariage, que l'on emploie d'ordinaire en festins et réjouissances, Lothaire ne laissa pas de continuer ses hantises accoutumées chez

385

Anselme pour l'honorer, l'entretenir, et lui faire passer le temps le plus joyeusement qu'il lui fut possible. Mais, après les cérémonies de la noce et les compliments et les visites achevées, Lothaire commença petit à petit à se retirer de la fréquentation qu'il avait de la maison d'Anselme, ayant considéré fort sagement que l'on ne doit pas hanter avec tant de familiarité aux maisons de ses amis, après qu'ils sont mariés, comme l'on faisait auparavant : car, encore que la bonne et vraie amitié ne puisse ni ne doive jamais être capable de soupçon, si est-ce que l'honneur du mari est si délicat que les plus proches parents, à plus forte raison les amis le peuvent offenser. Anselme, ayant remarqué le relâchement de Lothaire, ne manqua pas de lui en faire de grandes plaintes, protestant qu'il ne se fût jamais mis en ménage s'il eût pensé que cela eût pu empêcher leur commerce ordinaire, et qu'il prît garde, puisque leur bonne intelligence ensemble leur avait fait acquérir le bon nom des *deux amis*, que, pour faire trop le circonspect, ils ne vinssent à perdre, sans nul autre sujet, un titre si bienséant, si honorable, et qu'ainsi il le suppliait (au moins si leur franchise permettait d'user de ces façons de parler) de redevenir maître de sa maison et y aller et venir comme auparavant. Il l'assurait que sa femme Camille n'avait d'autre contentement ni d'autre volonté que la sienne, et que, sachant bien leur affection, ces cérémonies lui donnaient de la gêne. A ces discours et à plusieurs autres qu'Anselme lui tint pour lui persuader de venir chez lui ainsi que de coutume, Lothaire répondit avec tant de prudence, de discrétion et de jugement, qu'Anselme demeura satisfait des bonnes intentions de son ami ; mais il le pressa tellement pour l'avenir qu'il fut contraint de lui promettre de dîner avec lui toutes les fêtes et les dimanches, et, outre cela, deux jours de chaque semaine. Néanmoins, quelques paroles qu'il en donnât, Lothaire résolut de ne faire autre chose que ce qu'il jugerait à propos pour conserver la réputation de son ami, qu'il estimait autant que la sienne propre. Il lui disait ordinairement, et il avait raison, que l'homme à qui le ciel avait accordé une belle femme devait bien regarder quelle sorte de personnes il accueillait chez lui comme amis, et quelles compagnies elle voyait, pour ce que le plus souvent il arrivait que ce qui ne pouvait réussir aux places publiques, aux églises, ni aux fêtes, choses que les maris ne peuvent toujours refuser à leurs femmes, se concerte et devient aisé chez l'ami ou la parente sur qui l'on croit compter le plus. Lothaire disait aussi que les gens mariés avaient affaire d'un ami pour les avertir des fautes qu'ils feraient par mégarde ; car le trop d'affection des maris envers leurs femmes les empêche, pour ne pas les chagriner, de leur dire plusieurs choses qu'il serait parfois à propos de faire ou de ne pas faire : à quoi ils donneraient aisément remède si l'ami le leur faisait entendre. Mais où aurait-on pu trouver un ami aussi fidèle et judicieux que celui que réclamait Lothaire ? Je ne sais guère. Cet ami, Lothaire seul l'était, qui veillait avec si grand soin à l'honneur d'Anselme et cherchait à réduire, éviter, raccourcir les jours convenus pour sa visite, afin de couper court aux médisances que pouvaient faire une foule de personnes oisives et malicieuses, en voyant à toute heure chez cette belle dame un jeune homme riche, de bonne maison et en tous points accompli. Et encore que la sagesse et l'honnêteté de Camille eussent pu réprimer les mauvais propos, si ne voulait-il pas mettre au hasard sa réputation ni celle de son ami. Aussi la plupart des jours convenus entre eux, il les occupait à d'autres affaires dont il prétendait ne pouvoir s'excuser. Par suite, quand ils se trouvaient ensemble, le plus long du jour était employé, d'un côté en plaintes, de l'autre en excuses, jusqu'à ce qu'une fois qu'ils s'étaient allés promener dans une prairie, hors de la ville, Anselme tînt ce discours :

« Tu dois penser, ami Lothaire, qu'aux grâces dont le ciel m'a comblé en me faisant naître de parents tels que les miens et en me donnant d'une main si libérale les biens qu'on appelle naturels comme ceux de la fortune, je ne saurais répondre avec une gratitude qui s'égalât à tant de faveurs et dépassât celle qu'il me fit de surcroît en faisant de toi mon ami et de Camille ma femme : deux trésors que j'estime sinon autant que je dois, du moins autant que je puis. Néanmoins, ces divers avantages, qui embrassent tout le bonheur de ce monde, ne me peuvent empêcher d'être l'homme le plus triste et le plus mélancolique que l'on saurait dire : car depuis peu de temps en çà, je suis fatigué d'un désir étrange et si extravagant que je m'étonne de moi-même, et m'accuse, et me blâme à part moi, et que je voudrais le taire et le celer à mes propres pensées ; à quoi je n'ai pas eu moins de peine que si je l'eusse voulu dire expressément à tout le monde. Et, puisqu'en effet je ne le saurais tenir davantage en moi-même, à tout le moins je ne le veux déclarer qu'à toi, qui n'auras pas seulement le soin de le taire, mais t'emploieras aussi en ami véritable, à donner remède pour me délivrer bientôt de l'angoisse où je suis, et rendre mon contentement aussi grand, par ta diligence, que mon déplaisir l'est à cette heure par ma folie. »

Lothaire, tout ébahi, ne pouvait deviner le but de ce préambule, et, bien qu'il se fatiguât l'imagination à se demander quel désir pouvait tant tourmenter son ami, il s'éloignait extrêmement du vrai but. Si bien que, pour s'en éclaircir incontinent et sortir du tourment que lui donnait ce doute, il lui dit que c'était faire grand tort à leur amitié que de chercher des détours pour lui découvrir ses plus secrètes pensées : il devait être bien assuré que, s'il ne pouvait donner de remède à son mal, à tout le moins lui servirait-il de conseil et d'entretien pour l'alléger. « C'est la vérité, lui répondit Anselme, et cette confiance aussi fait que je te dis ouvertement, Lothaire, mon ami, que mon affliction ne vient d'autre chose que du désir de savoir si Camille, ma femme, est aussi bonne et aussi accomplie que je l'ai cru jusqu'à cette heure.

Et je ne saurais en façon du monde m'assurer de cette vérité, si la preuve même ne la rend manifeste, comme le feu montre la qualité de l'or. Car c'est mon opinion qu'une femme n'est bonne qu'autant qu'elle est ou n'est pas sollicitée, et que celle-là seule est forte qui ne peut être émue par les promesses, les cadeaux, les larmes et les continuelles importunités des amoureux empressés. Quelle obligation doit-on avoir à une femme d'être bonne, si personne ne lui conseille d'être mauvaise ? Est-ce merveille qu'elle soit craintive et retirée, quand il ne se présente pas d'occasion de s'émanciper, et quand elle sait bien que, si son mari la trouvait en faute, elle courrait grand risque de la vie ? De façon que je ne daignerais faire aucun cas de celles que la crainte ou le peu d'occasions retiennent en leur devoir au prix de celle qui, après avoir été bien cherchée et sollicitée, en sortira avec la couronne de la victoire. Pour ces raisons et pour beaucoup d'autres que je pourrais alléguer afin de soutenir et de fortifier mon opinion, je veux que Camille, ma femme, passe par toutes ces difficultés, et s'épure au creuset et au feu des recherches et des poursuites de quelque personne digne d'aspirer à son cœur ; et, si elle sort de cette bataille avec la palme, ainsi que j'espère, je m'estimerai dès l'heure même le plus heureux homme du monde. Je pourrai me dire au comble de mes désirs ; je dirai que j'ai eu le bonheur d'avoir trouvé la femme forte dont il est dit dans la *Sagesse* : « Qui la trouvera ? » Que si d'aventure il en arrive autrement que je ne pense, le plaisir de ne m'être pas abusé en mon opinion me fera supporter la peine qu'aura pu me causer une si chère expérience. Et, pour ce que je suis tellement résolu que tout ce que tu pourrais dire au contraire ne servirait de rien, ce dont j'ai à te supplier, ô mon ami Lothaire, c'est de te disposer à prendre cet office pour m'être agréable : je te donnerai toute sorte de commodités pour en venir à bout, sans qu'il te manque rien de ce que je penserai capable d'émouvoir une femme honnête, honorée, modeste, réservée et désintéressée. Et aussi l'une des raisons qui m'incitent à te confier cette entreprise si périlleuse, c'est l'espérance que j'ai que, si tu triomphes de Camille, tu ne voudras pas jouir à toute rigueur de ta victoire, et te contenteras seulement de tenir comme fait ce que tu auras pu faire, si bien que je ne serai offensé qu'avec le désir, et ma honte sera couverte de ton vertueux silence qui, en ce qui me touche, sera éternel comme celui de la mort. Si donc tu veux que je jouisse encore d'une vie qui se puisse appeler telle, il faut que tu entres dès cette heure en cet amoureux combat, non pas froidement ni paresseusement, mais avec autant d'ardeur et de diligence que l'exige mon désir, et avec la confiance que m'assure notre amitié. »

Tel fut le discours d'Anselme à Lothaire, qui l'écoutait si attentivement qu'il n'ouvrit la bouche avant la fin. Mais, quand il vit que l'autre ne disait plus rien, après l'avoir regardé un espace de temps comme si c'eût été quelque chose qu'il n'eût point encore vu, et qui le remplissait d'étonnement et d'épouvante, il lui fit cette réponse :

« Je ne me saurais imaginer, Anselme, que les discours que tu me viens de faire ne soient pas des moqueries, et, si je croyais que tu eusses parlé à bon escient, je me serais fort bien gardé de te laisser aller si loin, et j'aurais accourci la longueur de ta harangue en ne lui prêtant pas l'oreille ; je pense, quant à moi, ou que tu ne me connais pas, ou que je ne te connais pas moi-même. Mais non, je sais fort bien que tu es Anselme, et tu sais que je suis Lothaire. Tout le mal est que tu n'es pas, à mon avis, cet Anselme que tu avais accoutumé, et tu as dû penser que je ne suis pas non plus ce Lothaire que je devrais être : car ce que tu m'as dit ne procède pas d'Anselme, mon ami, et ta demande ne se doit point adresser à moi, dont tu as tant de connaissance. On éprouve ses amis, et on se sert d'eux, comme disait un poète, *usque ad aras*, c'est-à-dire qu'on ne les doit pas employer en choses tournées contre Dieu ; et, si c'est là le sentiment d'un

390

païen sur l'amitié, combien est-il mieux que ce soit celui d'un chrétien, qui sait que pour nulle amitié humaine il ne doit perdre la divine. Et, s'il y avait quelque sujet au monde qui nous pût amener à nous émanciper des lois du ciel pour accourir à l'aide d'un ami, à tout le moins ne faut-il pas que ce soit pour des choses frivoles et de peu d'importance, mais où il y aille de l'honneur et de la vie de l'ami. Or, sus, Anselme, dis-moi, je te prie, quel risque cours-tu de l'un ou de l'autre, afin que je me hasarde à faire une chose si détestable pour te complaire ? Aucun, assurément.

« Au contraire tu veux, si je t'entends bien, que je t'ôte la vie et la réputation et que je perde la mienne tout ensemble : car ce serait bien te tuer que de te déshonorer, l'homme sans honneur étant pire qu'un mort. Et s'il me fallait être, comme tu me le demandes, l'instrument de ton malheur, n'en viendrais-je pas à demeurer déshonoré et, par là même, sans vie ? Écoute donc, cher Anselme, et ne m'interromps point jusqu'à ce que j'aie achevé, car nous aurons assez de loisir pour entendre ta réponse. — Allons, fit Anselme, dis ce que tu voudras. » Et Lothaire poursuivit en ces termes :

« Il me semble que tu es à cette heure comme les mahométans, auxquels il est impossible de faire entendre les erreurs de leur secte par les passages de la sainte Écriture, ni par des raisons qui consistent en spéculations de l'esprit ou qui soient fondées sur des articles de foi ; mais il leur faut apporter des exemples palpables, faciles, infaillibles, démonstratifs et intelligibles, avec des démonstrations mathématiques que l'on ne puisse réfuter, comme quand on dit : « Si de deux parties égales on ôte certaines parties égales, celles qui restent seront égales. » Et encore, s'ils n'entendent pas cela de paroles, comme cela arrive souvent, il le leur faut montrer avec les mains et mettre devant les yeux et, même encore ne saurait-on venir à bout de leur persuader les vérités de notre sainte religion. Je serai contraint d'en faire de même avec toi, pour ce que ta volonté est tellement égarée et détournée de tout ce qui conserve quelque petite ombre de raison, qu'il me semble que ce serait temps perdu que de te faire connaître ta simplicité, car je ne la veux pas pour maintenant appeler autrement. Et, si ce n'était le respect de notre ancienne amitié qui ne me permet pas d'en venir à la rigueur, ni de t'abandonner en un péril si évident, je ne sais qui me tiendrait de te laisser en cette rêverie pour t'en faire porter la peine que tu mérites. Et, afin que tu le connaisses clairement, réponds-moi, je te prie, Anselme : ne m'as-tu pas dit qu'il faut que je recherche une femme vivant dans la retraite ? Que je serve, courtise, persuade une femme honnête, sage et bien avisée ? Oui, c'est là ce que tu veux. Eh bien, si tu penses qu'elle ait déjà toutes ces belles qualités, ainsi que tu le dis, que désires-tu de plus ? Et si tu penses qu'elle doit sortir victorieuse de tous mes assauts — car elle en sortira — de quels titres plus honorables espères-tu accroître ses louanges ? Et que peut-elle valoir après cela qu'elle ne vaille présentement ? Il faut de toute nécessité que tu ne croies pas ce que tu dis d'elle, ou que tu ne saches pas ce que tu demandes. Si tu ne la juges pas telle, pourquoi la veux-tu éprouver ? Vaudrait-il pas mieux en faire comme d'une mauvaise épouse ce que bon te semble-rait ? Mais, si elle est aussi parfaite que tu le dis, ne serait-ce pas une impertinence de vouloir faire épreuve de la vérité même, puisque, une fois faite on ne saurait avoir, après coup, autre opinion que celle que l'on avait auparavant ? C'est donc raison concluante que ce ne soit affaire qu'à des esprits téméraires et sans jugement, d'entreprendre des choses qui ne peuvent que faire du tort, sans en retirer aucun profit, et particulièrement sans que rien les y pousse ou les y contraigne, et quand ils peuvent aisément reconnaître que c'est pure folie d'y songer. On entreprend ordinairement les choses difficiles pour l'amour de Dieu, ou pour l'amour du monde ou pour tous deux ensemble. Celles qui se font pour Dieu sont comme celles des saints, qui menaient une vie d'anges étant revêtus de corps humains. Celles qui se font pour le monde sont comme celles des voyageurs qui courent une infinité de pays, par mer et par terre, parmi les nations étrangères, pour acquérir ce que l'on appelle les biens de la fortune ; et celles que l'on fait pour l'un et pour l'autre sont celles des braves soldats, qui ne voient pas sitôt une brèche de la grandeur d'un boulet de canon, dans la muraille de leurs ennemis, qu'ils ne s'y jettent courageusement tête baissée, au milieu de mille morts qui les attendent, sans se ressouvenir d'aucune crainte, ni considérer le danger où ils se mettent pour soutenir leur foi, leur pays et leur roi. Voilà comment les entreprises où l'on court d'ordinaire sont honorables, glorieuses et profitables, quelque dangereuses et difficiles qu'elles puissent être. Mais ce que tu as envie de faire ne te saurait apporter de gloire devant Dieu, de réputation devant les hommes, ni de biens de la fortune : car encore que tu en viennes à bout selon ton désir, si n'en seras-tu pas plus content ni plus riche ni plus estimé que tu n'es à cette heure. Et si tu échoues, tu seras en la plus grande misère qui se puisse imaginer, car tu ne pourras pas seulement te consoler en pensant que ton accident ne soit pas divulgué : il suffira pour t'affliger et te perdre que tu le saches toi-même. Et comme confirmation de cette vérité, je te veux dire une strophe du fameux poète Luis Tansillo[2], qui parle ainsi à la fin de sa première partie des *Larmes de Saint Pierre* :

La douleur de Pierre, à l'aurore, grandit et sa honte croît, et bien qu'il ne voie là personne, il a honte de lui-même à la vue de son péché : pour éveiller la honte en un cœur magnanime il n'est pas besoin qu'il se sache vu ; il a honte de soi quand il faute, n'eût-il d'autres témoins que le ciel et la terre.

« Ainsi le silence ne te sauvera pas de la douleur. Et si tes yeux n'épanchent assez de pleurs, ton cœur même en versera des larmes de sang, comme faisait ce simple docteur dont notre poète nous conte qu'il fit l'épreuve du vase, tandis que plus sage, Renaud s'en dispensa[3]. Supposé que ce soit là une fiction poétique, elle renferme en soi une morale secrète digne d'être remarquée, comprise et suivie : à plus forte raison en jugeras-tu ainsi et reconnaîtras-tu la gravité de la faute que tu veux commettre si tu me prêtes l'oreille. Dis-moi, Anselme, si le ciel ou quelque heureux hasard t'avait fait maître et légitime possesseur d'un précieux diamant que tous les lapidaires eussent jugé tout d'une voix être des plus nets et des plus parfaits que la nature puisse faire, et que tu fusses aussi de même opinion, sans jamais avoir rien ouï dire de contraire, serait-ce un trait de sagesse qu'il te prît fantaisie de le mettre sur une enclume et sous le marteau, et de frapper dessus à tour de bras pour voir s'il est aussi dur et aussi fin qu'on te l'a dit ? Ce serait encore pire de l'exécuter : car supposé que le diamant résistât à une épreuve si impertinente, il n'y gagnerait ni plus de valeur ni plus de réputation, et s'il se brisait à force de coups, ce qui pourrait arriver, n'aurait-on pas tout perdu ? Oui, certes, et ne tiendrait-on pas son possesseur pour homme niais et malavisé ? Or imagine-toi, cher Anselme, que Camille soit ce diamant aussi bien à tes yeux qu'à ceux d'autrui. Évitons-lui toute occasion de se rompre. Il ne vaudrait pas davantage quand il demeurerait en son entier après une si rude épreuve, et il te rendrait pour toujours odieux à toi-même, s'il venait à manquer, car tu aurais été toi-même la cause de ta perte et de la sienne. Considère qu'il n'y a point de pierre précieuse au monde dont il faille faire état au prix d'une femme chaste et honnête. Que tout leur honneur ne consiste qu'en la bonne opinion que l'on a d'elles, et que ton épouse ayant la meilleure réputation possible, à quoi bon mettre en doute cette vérité ? Souviens-toi que la femme est un animal imparfait, qu'il ne faut pas creuser des fosses en son chemin pour l'y faire trébucher, mais qu'il est plus séant de débarrasser tous les obstacles afin que rien ne l'empêche de courir légèrement à la perfection qui lui manque, et qui est tout entière dans la vertu. Les naturalistes nous disent que l'hermine est un petit animal au poil extrêmement blanc, et que les chasseurs se servent d'une ruse pour le prendre : c'est qu'après qu'ils ont bien remarqué l'endroit par où elle passe ordinairement, ils y mettent de la boue tout à l'entour, et la vont chassant jusqu'à ce qu'elle vienne se rendre là, où elle s'arrête tout court, et aime mieux être prise que de passer au travers de l'ordure et salir sa blancheur, qu'elle estime plus que sa vie et que sa liberté. La femme chaste est comme l'hermine, son honnêteté est plus blanche que la neige, et pour la garder intacte il faut faire tout le contraire de ce que l'on pratique envers ce petit animal. Car au lieu de lui faire voir l'ordure des présents et des galanteries des amoureux empressés, car peut-être, et même sans peut-être n'aura-t-elle pas la force d'y résister, il faut les lui ôter du tout et lui mettre devant les yeux la netteté de la vertu et la beauté qu'enferme en soi la bonne renommée. L'honnête femme est aussi comme le miroir de cristal qui rend de lui-même une grande lumière, mais risque de s'obscurcir à la moindre haleine qui le touche. Il faut en user avec la femme honnête comme avec les reliques : les adorer sans y porter la main. Ou comme avec un beau jardin plein de fleurs et de roses, dont le maître ne consent point qu'on s'y promène et les manie : il suffit que de loin et au travers d'un treillis on jouisse de leur parfum et de leur beauté.

« Il me souvient à ce propos de quelques vers d'une comédie moderne que j'ouïs dernièrement réciter et qui me paraissent parfaitement convenir ici. C'était un bon vieillard qui conseillait à un autre, père d'une jeune fille, de la bien garder et enfermer[4].

La femme est comme le verre ; mais il ne faut essayer s'il se peut ou non briser car il pourrait bien se faire.

L'épreuve en est trop facile, et c'est folie que se mettre en péril de voir en pièces ce qu'on ne peut réparer.

Soyez-en tous assurés : s'il existe par le monde d'innombrables Danaés, il abonde également nombre de pluies dorées.

« Jusqu'ici, Anselme, j'ai parlé seulement de ce qui regarde ton intérêt, et c'est raison que je dise à cette heure quelque chose de ce qui me convient. Et ne t'étonne point de la longueur de mon discours, il en faudrait encore davantage pour te retirer du labyrinthe où tu es entré et où tu veux que je te suive. Tu me tiens pour ton ami et tu me veux ôter l'honneur. Vraiment c'est chose toute contraire à l'amitié. Et si tu ne prétendais que cela ! Mais tu veux aussi que je te le ravisse à toi-même. Que tu me le veuilles enlever, c'est clair ; mais quand Camille verra que je la courtise, comme tu me le demandes, doutes-tu qu'elle ne m'estime un homme sans honneur et sans jugement d'entreprendre une chose si fort éloignée de ce que je suis et de ce à quoi ton amitié m'oblige ? Et que tu te le veuilles enlever à toi-même qui en doute ? Camille, me voyant contre elle ce mauvais dessein, s'imaginera que j'ai reconnu quelque chose de déshonnête en elle qui m'a donné la hardiesse de lui en ouvrir le discours et se tenant pour déshonorée, son déshonneur t'atteindra. C'est sur quoi on a fondé l'opinion commune du déshonneur qu'on attribue au mari de la femme adultère, encore qu'il n'y ait point donné occasion et qu'il n'ait même pas été en son pouvoir d'empêcher sa disgrâce. Néanmoins ceux qui s'en aperçoivent lui infligent un nom de blâme et de mépris ; ceux qui connaissent la méchanceté de sa femme le voient d'un œil de dédain plutôt que de pitié, comme il serait plus raisonnable, vu qu'il n'est en aucune façon coupable de cet accident, mais bien sa méchante compagne. Mais il faut que je te dise d'où vient proprement en cela le déshonneur du mari, quand même il l'ignorerait, et n'en serait coupable ni comme occasion ni comme complice ; et ne te lasse point de m'entendre, tout ce discours n'est fait qu'à dessein de t'être utile.

« Après que Dieu eut créé le premier homme au paradis terrestre, nous dit la sainte Écriture, il le plongea dans le sommeil, et tandis qu'il dormait, lui tira du flanc gauche une côte dont il forma Ève, notre mère, et Adam, la regardant, sitôt qu'il fut éveillé : « Voilà, se dit-il, celle-ci est la chair de ma chair et les os de mes os. » Et Dieu dit là-dessus : « L'homme laissera pour elle son père et sa mère, et ils seront deux en une même chair. » Et alors fut institué le divin sacrement de mariage avec des liens si étroits qu'il n'y a que la mort qui les puisse dénouer et avec une si grande vertu et puissance que ce merveilleux sacrement fait que deux personnes soient une même chair, voire même, à ceux qui en savent bien user, que leurs deux âmes n'aient qu'une seule volonté. De là vient que la chair de l'épouse étant une même chose avec celle de l'époux, les taches qui la souillent et les imperfections qu'elle acquiert retombent sur la chair du mari quand même il n'aurait pas donné occasion à un tel mal. Car ainsi que le corps humain, pour n'être qu'une seule chair, reçoit la douleur du pied ou de quelque membre que ce soit, et que la tête ressent les douleurs du talon, tout ainsi le mari participe au déshonneur de sa femme parce qu'ils sont une même chose. Et pour ce que les honneurs et les déshonneurs du monde procèdent de la chair et du sang, et que ceux de la femme infidèle sont de cette nature, l'on ne doit pas trouver étrange qu'une part en incombe aux maris et que ceux-ci soient déshonorés sans le savoir. Considère à cette heure, Anselme, en quel danger tu te mets de vouloir troubler le repos de ton épouse. Regarde quelle vaine et impertinente curiosité te porte à émouvoir en son sein des humeurs qui sont maintenant fort tranquilles. Prends garde que tu ne saurais guère gagner en cette aventure et que tu peux y faire une perte si grande que les paroles me manquent pour l'exprimer. Mais si toutes ces raisons ensemble n'ont pas la

397

force de te détourner de ce malheureux dessein, tu pourras bien aller chercher un autre instrument de ta honte et de ta mauvaise fortune. Quant à moi, je suis tout résolu à ne le pas être, quand je devrais en perdre ton amitié, qui est la plus grande perte que je puisse imaginer. »

Sur ces mots le vertueux et prudent Lothaire se tut. Anselme demeura confus et pensif. Puis après avoir été longtemps sans pouvoir répondre un seul mot, il dit ainsi : « J'ai attentivement écouté, ami Lothaire, tout ce que tu as voulu dire, et en la suite de ton discours, en tes exemples, en tes comparaisons, j'ai reconnu ton extrême sagesse et la sincère amitié que tu me portes. J'avoue franchement que si je ne me range à ton opinion et me laisse emporter à la mienne, je fuis le bien pour courir après le mal. Mais imagine-toi que j'ai une maladie pareille à celle de certaines femmes auxquelles il prend fantaisie de manger du charbon, du plâtre, de la terre et bien souvent des choses pires, dégoûtantes à regarder, encore plus à manger. Aussi faut-il user de quelque artifice pour m'en guérir, ce que tu pourrais faire sans difficulté, si tu voulais seulement commencer à faire quelque recherche de Camille, encore que ce ne fût que froidement et par feinte ; aussi bien ne saurait-elle être si faible que dès le premier choc son honneur soit renversé par terre ; et, quant à moi, rien qu'avec cette première tentative je demeurerai satisfait, et tu te seras acquitté de ce à quoi notre amitié t'oblige, non seulement en me donnant la vie, mais aussi en me confirmant que je ne suis pas sans honneur. Il y a une raison pour toutes qui te doit porter à cela : c'est qu'étant résolu, comme je suis, de faire cette expérience, tu ne dois pas endurer que je communique cette chimère à un autre, et que j'aventure l'honneur que tu me veux conserver. Aussi ne se faut-il point arrêter sur ce que tu perdrais quelque réputation envers Camille, cependant que tu lui ferais l'amour, car, aussitôt que nous aurions découvert en elle l'intégrité que nous désirions, tu lui pourrais dire la vérité de cet artifice, et elle ne t'en estimerait pas moins qu'elle faisait auparavant. Puisqu'il y va si peu du tien, et que tu me peux ainsi tant contenter, je te supplie de ne pas manquer à l'entreprendre, quelque difficulté que tu y trouves, et je t'assure que je tiendrai l'affaire pour achevée rien qu'à la commencer ! »

Lothaire, voyant la ferme volonté d'Anselme et ne sachant plus quelles raisons lui alléguer, ni quelles remontrances lui faire, et convaincu qu'il était prêt à confier à un autre son mauvais désir s'il n'y voulait entendre, aima mieux, pour éviter un plus grand mal, lui donner cette satisfaction, ayant dessein toutefois de s'y gouverner tellement que, sans troubler en rien la bonne intention de Camille, Anselme demeurât satisfait. Sa réponse fut donc qu'il ne découvrît point son désir à personne, car il prenait la charge de l'entreprise et la commencerait quand il voudrait. Anselme l'embrassa tendrement, lui sachant aussi bon gré de cette offre que s'il lui eût rendu le plus grand service du monde. Ils demeurèrent d'accord que ce serait pour le jour suivant, et qu'Anselme lui procurerait le temps et le lieu commodes pour parler seul à seul à Camille, et lui donnerait aussi de l'argent et des pierreries pour lui en faire des présents. Il lui conseillait aussi de lui donner des sérénades, de faire des vers à sa louange et, s'il n'en voulait prendre la peine, il s'offrait à les faire pour lui. Lothaire promit ce qu'il voulut, avec intention toute contraire à ce que l'autre pensait, et, la résolution ainsi prise, ils s'en allèrent chez Anselme, où ils trouvèrent Camille fort en peine de ce qu'il avait tardé, ce jour-là, plus que de coutume.

Après s'y être un peu arrêté, Lothaire s'en retourna chez soi, bien empêché à trouver quelque invention pour se dépêtrer de cette impertinente affaire. La nuit lui ayant inspiré ce qu'il ferait pour tromper Anselme, sans offenser Camille, il alla dîner le lendemain avec son ami, où Camille, sachant bien l'amitié d'entre lui et son mari, lui faisait toujours le meilleur visage qu'il lui était possible. Le repas s'acheva, on desservit la table, et Anselme pria Lothaire de s'entretenir avec Camille pendant qu'il se rendait à une affaire urgente : il en reviendrait dans une heure et demie. Camille le conjurait de ne bouger, et Lothaire le voulait accompagner, mais il s'échappa de tous deux, et pria instamment Lothaire de demeurer et de l'attendre, parce qu'il voulait lui parler de quelque chose d'importance : Camille lui tiendrait compagnie jusqu'à ce qu'il fût de retour. Et il sut si bien choisir son prétexte pour s'absenter qu'il était impossible d'en reconnaître l'artifice. Ainsi demeurèrent-ils seuls à la table, pour ce que les gens étaient tous allés dîner, et Lothaire se vit au champ de bataille que son ami désirait, avec un ennemi en tête, de qui la beauté aurait pu vaincre un escadron de cavaliers. Imaginez ses craintes ! Il mit sa main sous sa joue, et son coude sur le bras du siège, et, comme s'il eût été abattu de sommeil, pria Camille de l'excuser et de lui permettre de prendre un peu de repos, en attendant le retour d'Anselme. Et Camille pensant qu'il serait mieux à son aise sur des oreillers, l'invita à passer dans l'estrade ; mais il l'en remercia, et se tint là tout endormi jusqu'au retour d'Anselme, qui ne fut pas plus tôt qu'il l'avait promis, et, trouvant Camille en sa chambre et Lothaire dormant, il s'imagina que son retard leur avait donné assez de loisir pour deviser, et pour s'endormir peu après : de façon qu'il attendait avec impatience le réveil de Lothaire pour s'en aller promener avec lui et l'interroger. Tout arriva suivant son désir. Lothaire s'éveilla, puis ils sortirent ensemble et il put l'interroger. La réponse qu'il eut pour cette fois-là fut que Lothaire n'avait pas trouvé bon de se découvrir du premier coup, et qu'il n'avait fait autre chose que louer Camille, lui disant que par toute la ville on ne parlait que de sa discrétion et de sa beauté : il avait jugé à propos de commencer par là à se mettre en ses bonnes grâces, afin qu'elle fût mieux disposée une autre fois à l'écouter, se servant en cela de l'artifice dont use le diable quand il veut tromper quelqu'un qui est déjà sur ses gardes ; il se transforme alors en ange de lumière, lui, l'ange des ténèbres, et après avoir déployé d'aimables apparences, à la fin il se montre tel qu'il est et vient à bout de sa tromperie, s'il n'est découvert tout du commencement. Anselme fut fort aise de tout cela, et lui dit que tous les jours, il lui donnerait la même commodité sans sortir du logis, où il prendrait sujet de s'occuper à diverses choses qui empêcheraient que Camille se doutât de son intention.

Plusieurs jours s'écoulèrent ainsi que Lothaire ne disait jamais mot à Camille, et faisait accroire à Anselme qu'il lui parlait toujours, sans pouvoir découvrir la moindre apparence du monde de la faire condescendre à quelque chose de mauvais, ni même en découvrir la moindre ombre d'espérance. Au contraire, elle lui faisait, contait-il, des menaces d'en avertir son mari, s'il ne se délivrait de ces mauvaises pensées. « Voilà qui va bien, dit Anselme, jusqu'ici elle a résisté aux paroles, il faut voir à cette heure comment elle résistera aux œuvres ; je te donnerai demain deux mille écus en or pour les lui offrir et même les lui donner, et tout autant pour acheter des pierreries, de quoi l'appâter : car c'est le naturel des femmes, et encore plus si elles sont belles, quelque chastes qu'elles soient, d'aimer sur toutes choses à être bien parées ; et, si elle résiste à cette tentation, je me tiendrai pour content, et ne t'en importunerai pas davantage. » Lothaire lui répondit que, puisqu'il avait déjà commencé il continuerait l'affaire jusqu'au bout, étant entendu qu'il en sortirait à la fin las et vaincu.

Le jour d'après, il reçut les quatre mille écus avec quatre mille confusions, pour ce qu'il ne savait plus comment forger de nouveaux mensonges, mais enfin il prit la résolution de lui dire que Camille résistait aussi bien aux présents et aux promesses qu'elle faisait aux paroles, et qu'il n'y avait pas à se fatiguer davantage, car aussi bien tout cela n'était que temps perdu. Mais la fortune, qui disposait autrement les affaires, voulut qu'un jour Anselme, ayant laissé Lothaire et Camille ensemble comme il avait accoutumé, se retira dans une chambre auprès de la leur, d'où s'étant mis à les écouter et regarder par le trou de la serrure, il s'aperçut qu'en l'espace de plus d'une demi-heure qu'ils furent ensemble, jamais Lothaire ne dit un seul mot à celle-ci, et ne lui en aurait pas dit davantage quand il y eût demeuré une année entière. Il découvrit que tout ce que son ami lui avait dit des réponses de Camille n'était que feintes et menteries, et, pour s'en assurer davantage, il sortit de la chambre, et, tirant Lothaire à part, il lui demanda quelles nouvelles il y avait et de quelle humeur était Camille. Lothaire lui dit qu'il n'était pas d'avis d'y employer davantage de soins, et qu'elle lui faisait des réponses si rudes et si pleines de mécontentement qu'il n'avait pas le courage de lui en reparler. « Ah ! dit Anselme, ah ! Lothaire, Lothaire, que tu réponds mal à ce que tu me dois et à ma confiance ! Je viens de regarder ce que tu faisais par le jour que donne l'entrure de cette clef, et me suis aperçu que tu n'avais pas dit un seul mot à Camille, ce qui me fait croire que les premiers mêmes restent à dire. S'il en est ainsi, comme je n'en doute point, pourquoi me tromper ? Pourquoi me vouloir ôter par ruses les moyens que je pourrais trouver de satisfaire mon désir ? »

Anselme ne fit pas de plus long discours ; mais ce fut assez pour laisser Lothaire tout confus et piqué ; et, prenant quasi au point d'honneur d'avoir été trouvé en mensonge, il promit à Anselme avec serment qu'il prenait sur lui de le contenter désormais et de ne plus mentir ainsi qu'il verrait, si par curiosité, il l'épiait ; d'autant qu'il n'y aurait plus lieu d'user d'aucune semblable diligence, car celle que lui-même pensait déployer ôterait tout soupçon à son ami. Anselme le crut, et, pour lui laisser toute liberté d'être avec sa femme, il résolut de s'absenter de chez lui pendant une huitaine et moyenna avec un de ses amis, qui était en une maison des champs, assez près de la ville, qu'il l'envoyât prier instamment de l'aller voir, afin de trouver une excuse de ce voyage à l'égard de Camille. Que fais-tu là, malheureux Anselme ? A quoi penses-tu ? Quelle est ton intention ? Tu te fais la guerre à toi-même, tu bâtis ton déshonneur, tu ordonnes ta ruine. Ta femme est bonne, tu en jouis doucement et paisiblement ; personne n'interrompt tes plaisirs, ses pensées ne vont pas plus loin que les murailles de sa maison ; tu es pour elle le ciel sur la terre, le but de ses contentements, l'accomplissement de ses désirs et la règle de sa volonté. Si tu retires sans aucune peine toutes les plus grandes satisfactions que tu saurais désirer de son honnêteté, de sa beauté et de sa modestie, à quel propos en veux-tu creuser davantage la mine, pour y chercher des veines nouvelles de trésors inconnus, en danger que tout ne s'effondre à la fin, n'étant soutenu que des faibles appuis de sa nature fragile ? Souviens-toi que ceux qui demandent des choses impossibles, il est juste qu'ils n'obtiennent pas quelquefois celles qui sont aisées, témoin ce que dit un poète[5].

> Je cherche dans la mort la vie,
> Dans la prison la liberté,
> La santé dans la maladie,
> Dans le traître la loyauté.
> Mais mon infortune est si grande
> Que le destin impatienté,
> Si l'impossible je demande,
> M'a le possible refusé.

Le jour d'après, Anselme s'en fut aux champs, et dit à Camille que, durant son absence, Lothaire viendrait prendre garde à la maison et dîner avec elle, et d'avoir soin de le traiter comme lui-même. Camille, sage et avisée, trouva étranges ces dispositions et ne se put tenir de lui dire que possible ne serait-il pas séant, en son absence, qu'un autre vînt tenir sa place à table, et que, s'il faisait cela ne l'estimant pas capable de gouverner sa maison, il eût la patience d'en faire l'épreuve pour cette fois, et qu'il reconnaîtrait qu'elle se tirait assez bien de soins encore plus difficiles. Mais Anselme lui ayant répliqué qu'il le désirait ainsi, et qu'elle n'avait qu'à baisser la tête et obéir, Camille promit de le faire, encore que ce fût malgré elle. Anselme s'en fut.

Le lendemain Lothaire vint voir Camille, qui lui fit un très honnête accueil ; néanmoins elle ne demeura jamais seule avec lui, parce qu'elle avait toujours quelqu'un de ses gens allant ou venant à l'entour d'elle, et principalement une fille nommée Léonelle, qu'elle avait amenée avec soi de chez son père, et qu'elle aimait beaucoup, parce qu'elles avaient été élevées ensemble chez les parents de Camille et après son mariage, celle-ci l'avait emmenée avec elle. Les trois premiers jours, Lothaire ne lui voulut rien dire, encore qu'il eût pu choisir le temps après le repas, cependant que les valets enlevaient la table et se pressaient d'aller dîner parce que c'était l'ordre de Camille. Il est vrai que Camille faisait dîner ordinairement Léonelle avant elle-même, afin qu'elle se tînt toujours auprès d'elle ; mais la fille, qui songeait bien ailleurs, et avait affaire de ces heures et de cette commodité-là pour les employer à son contentement, ne faisait pas toujours la volonté de sa maîtresse, et les laissait bien souvent tout seuls, comme si expressément on lui en eût donné charge. Toutefois l'honnêteté de Camille, la gravité de son visage et sa bonne grâce en tout ce qu'elle faisait, avaient tant de puissance sur Lothaire qu'elles arrêtaient à tout coup les paroles en sa bouche ; mais le profit que procuraient les vertus de Camille en imposant silence à la langue de Lothaire tourna bientôt en un plus grand dommage pour tous les deux : car, tandis que la langue se taisait, la pensée allait toujours, examinant en détail les imperfections de la bonté et de la beauté de Camille, qui auraient pu donner des sentiments d'amour à une statue de marbre, et combien plus à un cœur de chair. Il la regardait au lieu de lui parler, et il songeait en lui-même combien elle était digne d'être aimée, et cette considération commença petit à petit à combattre le respect qu'il avait pour Anselme, de quoi se repentant aussitôt qu'il s'en apercevait, il aurait volontiers de dépit abandonné la ville pour se confiner en lieu où il ne vît jamais ni Camille ni Anselme. Mais le plaisir de la contempler l'en empêchait déjà. Il se faisait violence et combattait contre lui-même, afin de ne pas sentir le contentement qu'il avait à la regarder ; il se blâmait de ce délire, s'appelait mauvais ami et mauvais chrétien, faisait des comparaisons de lui et d'Anselme, qui s'acheminaient toujours en une créance que la folie et la confiance d'Anselme surpassaient de beaucoup son infidélité, et que, si ses intentions avaient autant d'excuses devant Dieu que devant les hommes, il pouvait n'en point craindre de punition. Enfin, la bonté et la beauté de Camille, jointes à l'occasion que son ignorant de mari lui avait donnée, après une continuelle résistance par l'espace de trois jours, triomphèrent de la fidélité de Lothaire ; et, sans autre considération que celle où son désir le portait, au bout de trois jours d'absence d'Anselme, pendant lesquels il lutta continuellement contre ses désirs, il se mit à rechercher les bonnes grâces de Camille avec un transport si grand et une telle véhémence qu'elle en demeura tout étonnée, et, sans lui faire aucune réponse, elle se leva de son siège et se retira dans sa chambre ; mais cette façon de faire si dédaigneuse, au lieu de faire perdre à Lothaire cette espérance qui naît en même temps que l'amour, ne servirent qu'à l'enflammer davantage et à lui faire estimer cette beauté plus qu'auparavant. Camille, ayant découvert aux discours de Lothaire ce qu'elle n'aurait jamais imaginé, fut longtemps bien étonnée, sans savoir quelle résolution prendre, et à la fin, considérant le danger qu'il y aurait de lui donner davantage occasion et commodité de l'entretenir, elle prit pour expédient d'envoyer la même nuit, comme elle le fit, un de ses gens à Anselme avec cette lettre.

CHAPITRE XXXIV

SUITE DE L'HISTOIRE
DU CURIEUX IMPERTINENT

On dit qu'une armée n'a pas bonne grâce sans son général, ni une place sans son gouverneur. Je dis de même qu'une femme est encore bien pis, mariée et jeune sans son mari, si quelque juste affaire ne retient celui-ci. Je me trouve si mal sans vous, et dans une telle impossibilité de souffrir votre absence, que, si vous ne venez bientôt, je serai contrainte d'aller vivre chez mes parents quand votre maison devrait demeurer toute seule. Aussi bien le gardien que vous me laissâtes (au moins si vous lui avez donné ce titre), je le crois plus soigneux de son contentement que des choses qui vous regardent. Et, puisque vous êtes un homme de sens, je n'en ai pas plus à vous dire, et il ne serait même pas bien de vous en dire plus.

Anselme reçut cette lettre et connut par elle que Lothaire avait déjà donné commencement à l'entreprise, et que Camille lui devait avoir répondu suivant son désir ; et, réjoui de ces nouvelles autant qu'il était possible, il fit savoir de bouche à Camille qu'elle ne quittât point le logis en façon du monde, et qu'il serait bientôt de retour. Camille fut tout étonnée de cette réponse, qui lui causa plus de trouble encore que devant. Elle n'osait ni demeurer en sa maison, où elle courait quelque risque de son honneur, ni s'en retourner chez son père contre le commandement de son mari. Enfin elle prit la pire résolution, qui fut celle de demeurer, et de ne se point abstenir de voir Lothaire de peur de donner à parler à ses gens. Et elle se repentait déjà d'avoir écrit cette lettre à son mari, craignant qu'il ne pensât que Lothaire eût découvert en elle quelque légèreté qui l'eût engagé à ne lui point garder tout le respect qu'il lui devait. Mais, sûre de sa vertu et de ses bonnes intentions, elle s'en remit à Dieu et fit dessein de résister par le silence à tout ce que Lothaire lui dirait, sans en rendre compte davantage à son mari de peur de le jeter dans les embarras et les tourments. Et même elle songeait aux moyens d'excuser Lothaire, lorsqu'Anselme lui demanderait le motif de sa lettre. Avec ces pensées, plus honnêtes que sûres et profitables, elle écouta le jour d'après tout ce que Lothaire eut à lui dire, qui la serra de si près que déjà la fermeté de Camille commençait à chanceler, et que sa vertu eut assez affaire d'empêcher ses yeux de rendre quelque témoignage de l'amoureuse pitié que les paroles et les larmes de Lothaire avaient fait naître en son sein. Tout cela, il s'en aperçut et s'en enflamma davantage. Au total, il lui sembla qu'il fallait profiter du temps et de l'occasion que donnait l'absence du mari pour resserrer le siège, et par suite ses premières approches furent par les louanges de sa beauté, parce qu'il n'y a rien qui soumette et aplanisse les tours fortifiées de la vanité des belles comme cette même vanité caressée par une langue flatteuse. En effet, il se servit de tant de sortes d'artifices que Camille, fût-elle d'airain, devait succomber. Larmes, offres, prières, adulations, feintes et défis, Lothaire employa tout, et avec tant de constance, avec des témoignages d'une si véritable passion que l'honnêteté de Camille n'ayant pas assez de force pour y résister, il eut enfin la jouissance de ce qu'il désirait le plus, et avait le moins espéré. Camille céda, Camille se rendit. Mais quoi ? L'amitié de Lothaire avait-elle mieux résisté ? Exemple qui nous montre clairement qu'on ne triomphe de la passion amoureuse que par la fuite et qu'il ne se faut jamais prendre à un ennemi si puissant, car il faudrait des forces divines pour convaincre ses humaines forces.

Le contentement de ces nouveaux amoureux, amis infidèles, fut caché à tout le monde, hormis à Léonelle. Lothaire ne voulut point découvrir à Camille les desseins d'Anselme, ni les occasions qu'il lui avait données d'arriver à ce point, de peur qu'elle n'eût point si bonne opinion de son amour, et qu'elle ne s'imaginât qu'il l'eût plutôt recherchée par hasard que de propos délibéré. Peu de temps après, Anselme revint chez lui et ne s'aperçut pas de ce qui y manquait, qui était peut-être ce qu'il estimait le plus et à quoi il prenait le moins de garde. Il s'en alla tout aussitôt chez Lothaire pour le voir ; et après les premières accolades, il ne manqua pas à lui demander des nouvelles de sa vie ou de sa mort. « Ce que je t'en puis dire, mon cher Anselme, lui dit Lothaire, c'est que tu as une femme qui peut servir d'exemple et de parangon à toutes les honnêtes femmes : le vent a emporté mes paroles, elle n'a point fait d'état de mes offres, a refusé mes présents, et a grandement raillé un peu de larmes feintes que j'ai versées devant elle. En un mot, ainsi que Camille est un abrégé de toute beauté, aussi est-elle un trésor de toute honnêteté, de discrétion, de bienséance, et des plus parfaites qualités qui puissent apporter du bonheur et de la gloire à une femme vertueuse. Reprends ton argent, mon ami, je n'y ai point touché ni n'en ai eu que faire, Camille a trop de cœur pour se laisser vaincre à des choses aussi basses que des présents et des promesses. C'est assez, Anselme, ne cherche pas d'autres épreuves que celles que tu as faites, et, puisque tu as passé à pied sec cette mer de difficultés et de soupçons que l'on a quelquefois, souvent même, avec les femmes, garde-toi bien de t'y embarquer, ni d'éprouver avec un autre pilote la bonté et la force du navire que le ciel t'a accordé pour franchir la mer de ce monde ; tiens compte bien plutôt d'être en un port assuré. Cargue la voile, affourche-toi sur les ancres de la bonne considération, et restes-y jusqu'à ce qu'on vienne te réclamer la dette qu'aucune gentilhommerie humaine ne saurait se dispenser de payer. »

Anselme fut fort satisfait de ce discours, et le crut aussi fermement que si c'eût été oracle. Néanmoins il le pria de ne pas abandonner l'entreprise, quand ce ne serait que par curiosité et plaisir, et qu'il ne fût point nécessaire d'y prendre autant de peine qu'auparavant. Il voulait seulement que Lothaire fît quelques vers à la louange de Camille sous le nom de Chloris : il lui ferait accroire que c'était un nom attribué à une belle dame, de laquelle son ami était amoureux, afin de pouvoir louer ses mérites sans la désobliger ; si Lothaire ne voulait pas prendre la peine de faire les vers, il les ferait lui-même. « Inutile, répondit Lothaire, car les muses ne me sont pas tellement ennemies qu'elles ne me visitent de temps à autre dans l'année. Dis toi-même à Camille ce que tu viens de dire de mes feintes amours. Je ferai les vers. S'ils ne sont aussi bons que le mérite leur sujet, du moins seront-ils les meilleurs que je saurais faire. »

L'impertinent et le traître demeurèrent d'accord. Et Anselme, de retour chez lui, demanda à Camille ce qu'elle s'émerveillait qu'il n'eût pas encore demandé. C'est-à-dire les raisons pour quoi elle lui avait envoyé cette lettre. Elle répondit qu'il lui avait semblé que Lothaire la regardait un peu plus librement que lorsqu'il était à la maison. Mais qu'elle était revenue de ce sentiment. Elle pensait que ç'avait été imagination de sa part, car Lothaire évitait de la voir et de rester seul avec elle. Anselme lui dit qu'elle pouvait se rassurer : il savait que Lothaire était amoureux d'une noble damoiselle de la ville qu'il célébrait sous le nom de Chloris, dans les vers qu'il faisait pour elle ; et, quand il ne l'aurait pas été, l'on ne devait point avoir de doute de la franchise de Lothaire, ni de l'amitié qui était entre eux. Lothaire avait déjà entretenu Camille de cet amour prétendu de Chloris, et de ce qu'il avait dit à Anselme, afin d'avoir cette liberté de faire des vers à sa louange : car autrement, si elle n'eût pas été prévenue, elle serait sans doute tombée dans le filet désespéré de la jalousie. Mais bien avertie, elle franchit le pas sans inquiétude.

Un autre jour qu'ils s'amusaient tous trois à deviser après

le repas, Anselme pria Lothaire de réciter quelques vers qu'il avait faits à sa Chloris : aussi bien n'y avait-il point de danger, puisque Camille ne la connaissait pas. « Quand elle la connaîtrait, lui répondit Lothaire, je ne laisserais pas de les dire : car un amoureux ne fait jamais de tort à sa maîtresse quand il loue sa beauté et sa cruauté tout ensemble. Quoi qu'il en soit, voici un sonnet que je fis hier sur l'ingratitude de cette Chloris. »

SONNET

Dans le silence de la nuit, tandis que le sommeil paisible occupe les mortels, je fais à ma Chloris et au ciel qui m'écoute de mes riches malheurs le compte misérable.

Et lorsque le soleil paraît parmi les roses des portes orientales, mes pleurs et mes soupirs renouvellent mon deuil.

Et quand dans la splendeur de son plus haut asile, Phébus envoie tout droit ses traits sur notre monde, le pleur s'accroît et le gémissement.

Revient la nuit, revient mon triste conte. Et à ma voix qui ne trouve de cesse le ciel demeure sourd et Chloris sans ouïe.

Camille trouva le sonnet bon, et Anselme en fit encore plus d'état, disant que c'était trop de cruauté à une dame de ne se pas laisser obliger à de si véritables affections. « Eh quoi ! s'écria Camille, les poètes amoureux disent donc toujours la vérité ? — Non pas en tant que poètes, répondit Lothaire, mais en tant qu'amoureux, ils en disent encore moins qu'il n'y en a. — Je n'en doute nullement », répondit Anselme, toujours pour fortifier les raisons de Lothaire devant Camille, aussi peu soucieuse de l'artifice d'Anselme que déjà éperdument amoureuse de Lothaire ; et elle ne laissait pas de prendre un extrême plaisir, et en outre, elle avait encore un contentement particulier en ces vers qu'elle savait bien qui lui étaient adressés comme à la véritable

Chloris. Aussi lui demanda-t-elle s'il ne se ressouvenait point de quelque autre. « Oui, certes, répondit Lothaire ; mais je ne le crois pas si bon que le premier, ou, pour mieux dire, moins mauvais ; du reste, vous en pourrez juger, car le voici :

SONNET

Je sais que je me meurs, et si ne me croyez, mon trépas est plus sûr, comme est plus sûr mourir, ingrate, à vos genoux, que de vivre avec des regrets.

Je vais donc disparaître aux régions de l'oubli, loin de la vie et des faveurs et de la gloire, et là se pourra voir dans mon cœur dessinée l'image de ton beau visage.

Telle relique en moi je garde pour le dur passage que m'impose ma folie et où me conduit ta rigueur.

Malheur à qui navigue par temps sombre, en des mers inconnues, en des voies périlleuses, sans port et sans étoile !

Anselme ne loua pas moins le second sonnet que le premier, et allait ainsi, forgeant anneau par anneau la chaîne qui l'attachait à une honte inévitable : plus Lothaire lui faisait tort, plus il pensait lui être obligé, et plus Camille descendait les degrés de la déconsidération, plus elle s'élevait aux yeux de son mari, vers le sommet de la vertu et de la bonne renommée.

Or, un jour que Camille n'avait que sa fille de chambre auprès d'elle, elle lui dit : « J'ai regret, ma chère Léonelle, à voir combien peu j'ai su m'estimer, de m'être sitôt abandonnée à Lothaire, de ne lui avoir pas au moins fait acheter par un long temps et un long service la puissance que je lui ai donnée sur moi. Je crains qu'il ne l'attribue à la légèreté, sans considérer quels efforts il a dû déployer pour surmonter ma résistance. — Ne te mets point en souci, ma chère maîtresse, répondit Léonelle ; ce n'est pas à cette aune-là que l'on

411

mesure les affections, on ne fait pas moins d'état des choses pour être promptement données, surtout si ce sont choses de prix ; au contraire, on dit d'habitude que qui donne tôt donne deux fois. — On dit bien aussi, répondit Camille, que ce qui ne coûte guère s'estime encore moins. » A quoi Léonelle : « Cela ne se doit pas entendre pour toi : j'ai ouï dire que l'amour vient quelques fois en volant, et quelques fois en cheminant ; il court avec les uns, va au petit pas avec les autres, attiédit ceux-ci, embrase ceux-là, frappe certains, en tue d'autres, et voit en un clin d'œil s'ouvrir la carrière de ses désirs, la parcourt et l'achève au même instant. S'il assiège une place au matin, elle est prise le soir même. Il n'y a point de force qui lui résiste. Et puis de quoi t'étonnes-tu, pourquoi craindre ? Lothaire s'est trouvé dans le même cas, puisque l'amour avait choisi, pour vous réduire, l'absence de mon maître, durant laquelle il fallait de nécessité conclure ce que l'amour avait résolu, sans donner (comme on dit) du temps au temps, de peur qu'Anselme n'eût celui de revenir, et que sa présence n'empêchât toute l'affaire. L'amour, pour servir ses desseins, n'a pas de meilleur ministre que l'occasion, surtout dans les commencements. Je sais tout cela plutôt par expérience que par ouï dire, et quelque jour il faudra que je t'en entretienne, car moi aussi je suis de chair et jeune de sang. Mais, va, madame Camille, il me semble que tu ne te laisses pas aller si soudainement que ce ne soit après avoir clairement vu toute son âme dans les yeux, les discours, les promesses de Lothaire et avoir reconnu à ses mérites combien il était digne d'être aimé. Et, s'il en est ainsi, pourquoi embrouiller ton esprit de ces scrupules et mignardes imaginations ? Ne vaut-il pas bien mieux te persuader que Lothaire t'estime comme tu l'estimes, et vis contente de ce que, étant tombée dans les liens d'amour, celui qui te retient soit si méritant et si aimable ? Va, non seulement il possède les quatre ssss [1] qu'on attribue aux vrais amoureux, mais un A, B, C tout entier. Écoute-moi pour

412

voir si je le dis bien par cœur. Il est selon moi, *aimant, bon, cavalier, donnant, enflammé, fidèle, généreux, honoré, illustre, loyal, modeste, noble, offrant, premier, qualifié, riche,* et les quatre ssss qu'on lui attribue, puis *tacite,* et *véridique ;* l'*x* ne lui convient pas, c'est une lettre dure ; l'*y* a déjà été nommé, et le *z, zélé* pour ton honneur. »

Camille se prit à rire de l'alphabet de Léonelle, et reconnut bien qu'elle savait encore plus de choses de l'amour qu'elle n'en disait. Aussi la confessa-t-elle librement. L'autre lui découvrit qu'elle avait une intrigue avec un jeune homme de bonne maison de la même ville. Camille en fut fort troublée, craignant qu'il n'arrivât de là quelque accident qui pût faire tort à sa réputation. Elle voulut savoir au vrai s'il n'y avait entre eux plus que des paroles ; et Léonelle, avec peu de honte et encore moins de retenue, lui avoua franchement qu'ils ne se gênaient plus. Car c'est chose sûre que les fautes des maîtresses rendent les servantes effrontées, qui ne se soucient plus de marcher droit quand elles voient aller de travers. A cela Camille ne put trouver de meilleur expédient que de prier Léonelle de ne rien dire de son fait à son ami, et de se gouverner si discrètement qu'Anselme ni Lothaire n'en pussent rien découvrir. Léonelle ne manqua point de le promettre, mais au fond elle s'en acquitta si mal que Camille vit clairement le danger où elle était de perdre sa réputation. L'audacieuse et malhonnête Léonelle ayant vu que la conduite de sa maîtresse était irrégulière, prit la hardiesse d'introduire son ami jusque dans le logis, sûre que sa maîtresse n'en oserait rien dire quand elle s'en apercevrait. Tel est entre autres, le mal qu'entraînent les péchés des maîtresses : elles se font les servantes de leurs servantes mêmes, et sont obligées à couvrir leur inconduite et leurs bassesses, ainsi qu'il arriva à Camille, qui, bien qu'elle vît, et souvent, Léonelle avec son galant, dans une chambre de sa maison, était contrainte, au lieu de la reprendre et de la châtier, d'avoir soin elle-même de la faire cacher, de peur que son mari ne le vît.

Mais elle n'y put tenir la main si soigneusement qu'un matin, à la pointe du jour, Lothaire ne vît sortir son compagnon. Il pensa d'abord que ce devait être quelque fantôme ; mais le voyant cheminer à grands pas et se couvrir le visage de son manteau, il changea bientôt de créance et donna dans une autre qui, sans Camille, eût été la perte de tous deux. Lothaire pensa que cet homme qu'il avait vu sortir à une heure si indue de chez Anselme n'y était pas venu pour Léonelle, et, oubliant même qu'il y eût une Léonelle au monde, il se persuada que cet homme venait voir Camille et qu'elle ne lui avait pas été moins facile et légère qu'à lui ; aussi est-ce un des malheurs qui accompagnent toujours la mauvaise vie de ces femmes de perdre tout crédit d'honneur avec ceux mêmes qui les ont séduites ; ils ne manquent jamais de croire qu'elles se livrent volontiers à d'autres, ils donnent infaillible crédit au premier soupçon venu. Sur ce point Lothaire perdit complètement la tête, ses plus prudents propos lui sortirent de la mémoire. Sans vouloir rien considérer, aveuglé de jalousie et de rage, le cœur déchiré, emporté par le désir de se venger de Camille, il courut chez Anselme, avant même le lever de celui-ci, et lui tint ce discours : « Il y a longtemps que je combats en moi-même pour m'empêcher de te dire une chose que je ne te puis ni ne te dois celer davantage : c'est que la forteresse inexpugnable de l'honneur de Camille est maintenant prise et assujettie à faire tout ce que je voudrai. Et si j'ai attendu jusqu'à cette heure à t'en dire la vérité, ç'a été pour voir si elle agissait ainsi par quelque légère fantaisie ou bien pour m'éprouver et s'assurer si c'était tout de bon que je lui faisais l'amour auquel tu m'avais autorisé. J'avais imaginé que, si elle eût été ce qu'elle devait être, et ce que nous l'avions estimée, elle t'aurait dès longtemps averti de mes poursuites ; mais, voyant qu'elle ne te fait rien savoir, je ne doute plus qu'elle n'ait l'intention de me tenir sa promesse, que, la première fois que tu t'absenteras de chez toi, je la pourrai

414

voir en l'arrière-chambre où l'on serre les hardes (c'était là en effet que Camille lui donnait ordinairement rendez-vous). Je ne veux pas pourtant que tu te laisses emporter si promptement que d'en venir dès cette heure à la vengeance, car le péché n'est encore que d'intention, et il se peut que l'idée de Camille change jusqu'au moment de l'exécution et qu'elle se repente. Et, puisque tu as suivi mes conseils jusqu'ici, en tout ou en partie, je t'exhorte à suivre encore celui que je veux te donner, afin que, sans erreur et en pleine connaissance de cause, tu prennes la résolution qui te sera la plus convenable. Fais semblant de vouloir aller aux champs pour deux ou trois jours comme de coutume, et cache-toi dans la garde-robe ; ce te sera aisé par le moyen des hardes et des tapisseries qu'il y a, et toi, et moi pourrons voir de nos propres yeux le dessein de Camille, et s'il a la méchanceté qu'il nous faut craindre plus qu'attendre, tu pourras avec silence, discrétion et sagacité, te faire le bourreau de ton offense. »

À ce discours Anselme demeura tout éperdu, comme de la chose du monde à laquelle il songeait le moins, vu qu'il ressentait déjà le plaisir de la victoire que Camille avait, à son avis, obtenue des feintes poursuites de Lothaire. Il fut longtemps sans mot dire, ni sans cligner de l'œil, à regarder la terre, et enfin il fit cette réponse : « Tu as fait ce que j'attendais de ton amitié, Lothaire, je suivrai en tout ton conseil : fais comme il te plaira et te souvienne du secret qu'il faut garder en un cas si imprévu. » Lothaire le lui promit, et ne fut pas sitôt parti qu'il se repentit d'en avoir tant dit et d'avoir été si sot, car il eût pu se venger de Camille sans y aller par une voie si cruelle et si malhonnête : il maudissait sa sottise, blâmait la légèreté de sa résolution, et ne savait plus quel moyen il y aurait de défaire ce qu'il avait fait ou d'y trouver quelque issue raisonnable. À la fin, il résolut de rendre compte de tout à Camille, et, comme il avait toujours assez de commodités de lui parler, il la trouva seule le même jour. Quand il n'y eut personne autour d'eux, elle commença la première à lui dire : « Sachez-le, cher Lothaire, je suis en une si grande peine qu'il semble que mon cœur se doive briser, et c'est merveille qu'il ne le fasse. L'effronterie de Léonelle est devenue si grande que toutes les nuits elle donne entrée céans à un galant, qui la voit et demeure avec elle jusqu'au jour, ce qui ne peut être sans préjudice de ma réputation, quand on le verra entrer ou sortir à des heures indues. Et ce qui m'afflige le plus, c'est que je ne l'en puis châtier ni reprendre : car l'entremise qu'elle a de nos amours m'empêche de parler des siennes, et je crains fort qu'il n'en arrive à la fin quelque malheur. » Lothaire crut au commencement que c'était là un artifice de Camille pour lui donner à entendre que celui qu'il avait vu sortir était venu pour Léonelle, et non pour elle ; mais, quand il la vit pleurer et lui demander secours, il reconnut qu'elle disait vrai, et sur cette créance demeura encore plus confus et repentant. Néanmoins il lui fit réponse qu'elle ne s'en mît point en peine : il donnerait ordre à arrêter l'insolence de Léonelle. Et il lui conta comment une rage de jalousie l'avait emporté à dire ce qu'il avait dit à Anselme, et comment il avait concerté de le cacher en la garde-robe pour l'épier. Il lui demanda pardon de cette folie, et conseil pour y donner remède et se tirer des détours de ce labyrinthe où son mauvais jugement l'avait conduit. Camille n'entendit pas ce discours sans beaucoup d'effroi et de fâcherie. Après l'avoir discrètement et longuement repris de la mauvaise opinion qu'il avait eue d'elle et de la sotte et dangereuse résolution qu'il avait prise, comme les femmes ont naturellement l'esprit plus prompt que les hommes pour le bien et pour le mal, tandis qu'elles ont moins de conduite aux choses qui se considèrent de propos délibéré, Camille trouva tout aussitôt le remède où il semblait n'y en point avoir, et recommanda à Lothaire qu'il tînt la main à ce qu'Anselme se cachât le jour d'après où il lui avait dit, et qu'elle ferait en sorte qu'ils se pourraient voir désormais sans aucune appréhension. Et, sans lui déclarer

416

davantage son dessein, elle lui donna seulement avis de ne pas manquer à venir quand Léonelle l'appellerait après qu'Anselme se serait caché, et de répondre à tout ce qu'elle lui dirait de la même façon qu'il aurait fait si personne ne l'eût écouté. Lothaire en voulait savoir davantage pour se gouverner plus accortement et faire plus assurément ce qui serait nécessaire. « Je vous dis, ajouta Camille, qu'il n'y a d'autre soin à prendre que de me répondre, suivant ce que je vous demanderai. » Et elle ne lui voulut en dire plus, de peur qu'il ne fît quelque difficulté de suivre une opinion qu'elle jugeait si excellente, et qu'il ne cherchât ou ne suivît d'autres inventions qui pouvaient ne leur pas si bien réussir.

Là-dessus Lothaire partit, et le lendemain Anselme fit semblant d'aller voir son ami aux champs ; mais, aussitôt qu'il fut sorti de la maison, il y rentra sans que personne le vît, à quoi il n'eut pas beaucoup de peine, parce que Léonelle et Camille lui en donnèrent expressément la facilité. Puis il se cacha avec toutes les appréhensions qu'on peut imaginer d'un homme qui n'attend que l'heure de voir de ses propres yeux faire l'anatomie des entrailles de son honneur. Il se voyait sur le point de perdre le suprême bien qu'il pensait avoir en sa chère Camille. Celle-ci, bien assurée qu'il était dans la chambre, s'y en alla avec Léonelle. Et à peine y eut-elle mis le pied qu'elle fit un grand soupir et dit : « Hélas ! Léonelle m'amie, ne vaudrait-il pas mieux que devant que je mette en exécution ce que je ne veux pas que tu saches, de peur que tu ne tâches à m'en empêcher, tu prisses le poignard d'Anselme que je t'ai demandé, et m'en donnasses au travers de ce misérable corps ? Mais garde-toi de le faire : car il n'est pas raisonnable que j'endure la peine de la faute d'autrui. Je veux savoir auparavant ce que les yeux hardis et malhonnêtes de Lothaire ont pu voir en moi qui leur ait donné la témérité de me découvrir un aussi méchant désir que celui qu'il m'a découvert au mépris de son ami et à ma propre honte. Mets-toi à la fenêtre, et l'appelle ; je suis sûre qu'il sera dans la rue, attendant l'heure d'exécuter son coupable dessein, qui sera néanmoins prévenu par le mien aussi honnête que cruel. — Eh quoi ! ma maîtresse, répondit la fine et rusée Léonelle, que voulez-vous faire de ce poignard ? Est-ce d'aventure pour vous tuer, ou pour tuer Lothaire ? Hélas ! gardez-vous bien de l'un et de l'autre, car, de quelque façon que ce fût, vous en perdriez l'honneur et la réputation. Il vaut beaucoup mieux que vous dissimuliez votre injure que de permettre qu'il vienne ici dedans où nous voici toutes seules. Considérez que nous ne sommes que des femmes, qui n'avons guère de force ni de courage, et que c'est un homme déterminé, et principalement, comme il vient à cette heure avec ce mauvais dessein, et aveuglé par la passion, peut-être que, devant que vous vinssiez à bout de votre volonté, il vous pourrait faire ce qui serait encore pire que de vous ôter la vie. Dieu pardonne à Anselme mon maître, qui a voulu que cet impudent ait tant de puissance en sa maison ! Mais, quand vous l'aurez tué comme je pense que vous voulez le faire, que ferons-nous ici de son corps ? — Ce que nous en ferons, m'amie ? repartit Camille. Nous le laisserons là. A Anselme de l'enterrer s'il veut. Ne sera-t-il pas raisonnable qu'il tienne à récréation le travail d'enfouir son infamie au profond de la terre ? Dépêche, appelle-le vitement, car il me semble que c'est faire tort à la fidélité que je dois à mon mari que de demeurer si longtemps à prendre une juste vengeance de cet affront à mon honneur. »

Anselme écoutait tout cela, et chaque parole de Camille lui donnait de nouvelles pensées. Mais, quand il entendit qu'elle était résolue de tuer Lothaire, il fut tout près de se découvrir afin de l'arrêter, toutefois il se retint pour voir ce qui arriverait d'une si hardie et si honnête résolution, et décida de sortir quand il serait temps de l'empêcher. Là-dessus il prit une grande faiblesse à Camille, et, se laissant tomber sur un lit qui était là, Léonelle se prit à pleurer et à dire amèrement : « Hélas ! malheureuse que je suis ! Fallait-il que je visse à cette heure mourir entre mes bras la fleur de l'honnêteté du monde, la couronne des dames vertueuses, le modèle de la chasteté... », et mille autres propos semblables, que personne n'aurait pu entendre sans croire qu'elle fût la plus affligée et la plus honnête fille du monde, et sa maîtresse une nouvelle Pénélope autant persécutée que l'ancienne. Camille revint bientôt de cet évanouissement, et la première parole qu'elle dit, ce fut : « Que ne vas-tu donc vitement, Léonelle, appeler le plus infidèle ami que le soleil ait jamais vu ou la nuit caché ? Hâte-toi, marche, cours vitement, de peur que le temps n'éteigne le feu de la colère qui m'enflamme, et que ne se passe en menaces et en malédictions la juste vengeance que j'attends. — J'y vais, madame, dit Léonelle ; mais il faut que vous me donniez auparavant ce poignard, de peur que vous ne fassiez quelque chose en mon absence qui apprête à pleurer pour toute leur vie à tous ceux qui vous portent de l'affection. — Va-t'en sans crainte, repartit-elle : encore que je sois, à ton avis, si hardie et si simple tout ensemble à défendre mon honneur, si ne le veux-je pas être autant que Lucrèce, que l'on dit qui se tua sans être coupable et devant que d'avoir fait mourir la cause de son malheur. Quant à moi, je veux bien mourir, mais vengée et satisfaite de celui qui m'a donné sujet de venir en ce lieu pleurer ses fautes et son effronterie, dont je suis innocente. » Léonelle se fit longtemps prier devant que d'appeler Lothaire, et enfin, comme elle fut sortie, Camille se mit à dire tout haut comme si elle eût parlé à elle-même : « Mon Dieu, n'aurais-je pas mieux fait de donner congé à Lothaire, comme j'avais fait tant d'autres fois, que de le laisser concevoir mauvaise opinion de moi, ne fût-ce que le temps que je tarderai à le désabuser. Ç'aurait sans doute été mieux fait ; mais aussi ne serais-je pas vengée, et n'aurais-je pas satisfait à l'honneur de mon mari, s'il s'en retournait les mains nettes et le front haut du pas où ses mauvaises pensées l'ont engagé. Non, non, le traître, qu'il paye de sa vie ses criminels désirs ; il faut que le monde sache (si le monde vient à le savoir) que non seulement Camille a gardé la fidélité à son mari, mais aussi qu'elle l'a vengé de celui qui a voulu l'offenser. Malgré tout, ç'aurait été mieux fait d'en avertir Anselme, aussi lui en avais-je fait ouverture dans la lettre que je lui envoyai à la campagne. Et sans doute sa négligence à donner remède au mal que je lui disais ne vint d'autre chose que d'une pure bonté et confiance qui l'empêcha de croire qu'un ami si ferme pût jamais concevoir quelque pensée au préjudice de son honneur ; et moi-même je ne le pus croire pendant de longs jours et ne l'aurais jamais cru, si les présents, les grandes promesses et les larmes continuelles ne m'en eussent assez fait paraître la vérité. Mais à quoi bon tous ces discours ? Y a-t-il encore du conseil à prendre après une résolution bien arrêtée ? Non, non. Loin donc les traîtres ! A moi les vengeances ! Qu'il vienne, le perfide ! Qu'il vienne, qu'il arrive, qu'il meure, qu'il en advienne après ce qu'il pourra. J'étais chaste et pure quand je me suis mise sous l'autorité de celui que le ciel m'a donné, j'en veux sortir aussi nette, et, au pis aller, baignée dans mon chaste sang, et dans le sang impur du plus infidèle ami qui fût jamais au monde. » Et en disant cela elle se promenait par la chambre, le poignard nu à la main, cheminant à grands pas, sans aucun ordre ni mesure, et avec des gestes si étranges qu'il semblait proprement qu'elle eût perdu l'esprit, et qu'elle fût changée, d'une femme délicate qu'elle était, en quelque jeune ruffian désespéré.

Anselme écoutait tout cela de derrière une tapisserie où il s'était caché, et était ravi d'une telle admiration qu'il pensait bien avoir assez de quoi se contenter, quand le soupçon aurait été encore plus grand, et, craignant qu'il n'en arrivât quelque accident inattendu, il commençait à souhaiter que la preuve de la venue de Lothaire lui manquât. Il était déjà sur le point de se montrer, et d'aller embrasser et détromper sa femme, lorsqu'il vit que Léonelle revenait et amenait

Lothaire par la main. Aussitôt que Camille l'aperçut, elle fit une grande raie au plancher entre elle et lui, avec le poignard qu'elle tenait, et lui dit : « Prends garde, Lothaire, à ce que je te dis : si d'aventure tu te hasardes à passer cette raie, ni même à t'en approcher, je ne manquerai point, à l'instant même, de me donner de ce poignard dans le sein. Et, devant que de me rien dire à cela, je veux que tu m'écoutes encore quelque peu, puis tu répondras comme tu voudras. Premièrement, j'entends que tu me dises si tu connais Anselme, mon mari, et quelle opinion tu en as, et secondement, je veux savoir si tu me connais aussi moi-même. Réponds sans te troubler et sans songer longtemps à ce que tu dois répondre, car je ne te demande rien où il y ait de la difficulté. » Lothaire n'avait pas si peu de jugement que, dès la première parole que Camille lui avait dite de faire cacher Anselme, il n'eût bien fait compte de tout ce qu'elle avait envie de faire. Aussi répondit-il à son dessein avec tant de discrétion et d'à-propos qu'ils auraient aisément fait passer tous deux ce mensonge pour une vérité très certaine. Voici ce qu'il lui dit : « Je ne pensais pas, belle Camille, que tu m'eusses appelé pour t'enquérir de choses si éloignées de l'intention qui m'amène en ce lieu : si c'est pour retarder les faveurs que tu m'as promises, tu le pouvais bien faire devant que de m'en avoir tant approché, car le bien que l'on désire nous donne d'autant plus de tourment que l'espérance de le posséder est moins éloignée. Mais, afin que tu ne te puisses plaindre que je ne réponds pas à tes questions, je dirai que je sais bien qui est Anselme, ton époux, et que nous nous connaissons l'un l'autre dès notre plus tendre jeunesse : je n'ai que faire de dire ce que tu sais si bien touchant notre amitié pour ne pas rendre témoignage du tort que l'amour me contraint de lui faire, vu que le même amour sert d'excuse légitime à cette faute, et à de plus grandes encore. Quant à toi, je te connais, et fais autant d'état de toi qu'il saurait faire. Aussi n'a-t-il pas fallu moins de charmes que les tiens pour m'éloigner si fort de ce que je dois à moi-même et me faire aller contre les saintes lois de la véritable amitié, que la puissance de l'amour me force aujourd'hui de violer. — Si tu avoues cela, répondit Camille, ennemi mortel de tout ce qui mérite d'être aimé, as-tu bien la hardiesse de paraître devant celle qui est le miroir où se mire celui que tu aurais dû mieux regarder : tu aurais vu combien injustement tu l'outrages. Mais hélas ! malheureuse que je suis, je reconnais bien ce qui a pu t'amener à oublier ce que tu te dois à toi-même. C'est sans doute quelque petite liberté que j'aurai prise devant toi, que certes je ne veux pas appeler déshonnête, car je ne fis jamais rien de semblable de propos délibéré, mais une de ces étourderies dont les femmes qui n'ont à se méfier de personne sont coutumières. Sinon, dis-moi, traître, quand ai-je donc répondu à tes prières par quelque parole ou quelque signe qui pût faire naître en ton cœur une ombre seulement d'espérance d'accomplir un jour tes infâmes désirs ? Quand ai-je écouté tes paroles amoureuses sans t'en avoir aigrement et durement repris ? Quand ai-je témoigné de croire à tes promesses, ni voulu accepter tes présents ? Mais pour ce que je crois qu'il est impossible de persévérer longtemps en une entreprise amoureuse si l'on n'y est soutenu par quelque espérance, je me veux attribuer une partie de ton insolence et porter moi-même la peine que ta faute méritait. Oui, sans doute quelque négligence de ma part a-t-elle nourri ton désir, et je veux m'en châtier. Et afin que tu voies qu'étant si cruelle à moi-même, je le dois être aussi envers toi, je t'ai fait venir pour être témoin du sacrifice que je veux faire à l'honneur de mon mari, que nous avons tous deux offensé, toi par tes mauvaises poursuites, et moi par le peu de soin que j'ai mis à fuir toutes les occasions (au moins si je t'en ai donné quelqu'une qui ait pu favoriser tes malheureuses intentions). Je le répète, ce qui m'afflige surtout, c'est la crainte qu'il n'y ait eu de ma faute à faire naître en toi cette folle pensée ; c'est de cela que je me veux punir par mes propres mains, de peur que mon erreur ne se publie davantage, si c'est un autre bourreau qui me punit. Mais devant cela, je veux tuer en mourant et entraîner avec moi celui dont la mort rassasiera mon désir de vengeance, afin de contempler là-bas, où que ce soit, la peine que la justice impitoyable ordonnera à celui qui m'aura plongée en une si désespérée extrémité. »

En disant ces mots, elle se lança avec une force et une légèreté incroyables contre Lothaire, faisant si bien semblant de lui vouloir clouer dans la gorge son poignard nu qu'il fut presque en doute lui-même si ces témoignages étaient faux ou véritables : car il fallut qu'il employât toute sa force et son adresse pour empêcher que Camille ne le blessât. Aussi feignait-elle si vivement cet étrange mensonge que, pour lui donner plus d'apparence de vérité, elle le voulut colorer de son propre sang. Voyant qu'elle ne pouvait atteindre Lothaire ou, pour mieux dire, faisant semblant de ne le pouvoir faire, elle cria : « Puisque le destin ne veut pas satisfaire mon juste désir, à tout le moins ne m'empêchera-t-il d'en venir à bout en partie. » Et faisant un effort pour retirer la main dont Lothaire tenait le poignard, elle se tourna la pointe contre elle, et, choisissant un endroit où la plaie ne pût être profonde ni dangereuse, elle s'en donna un coup entre la mamelle et l'épaule gauche, et aussitôt se laissa tomber comme évanouie. Léonelle et Lothaire étaient tout émus de cet accident, et ne savaient encore quel jugement faire de la vérité, voyant Camille étendue par terre et baignée dans son sang. Lothaire accourut promptement en grande faveur pour tirer le poignard de la blessure, mais sa crainte fut bientôt passée quand il vit que c'était si peu de chose, et il admira de nouveau la sagesse et discrétion de la belle Camille. Alors, afin de bien jouer aussi son personnage, il se mit à faire de grandes lamentations sur le corps de Camille, comme si elle eût déjà été morte, se donnant mille malédictions, et non seulement à lui, mais à celui qui était cause de tous ces malheurs. Et, sachant bien qu'Anselme était aux écoutes, il faisait de telles complaintes que ceux qui l'eussent pu entendre en auraient eu plus de pitié que de Camille, même quand ils l'auraient tenue pour morte.

Léonelle la prit entre ses bras, et, l'ayant mise sur le lit, elle pria Lothaire d'aller querir quelqu'un qui la pansât secrètement, et elle lui demanda aussi conseil et avis sur ce qu'ils devaient dire à Anselme de la blessure de sa maîtresse, si d'aventure il revenait devant qu'elle fût guérie. Il lui fit réponse qu'elle dît ce qu'elle voudrait, qu'il n'était pas en état de donner un conseil qui fût profitable, et la chargea seulement de tâcher d'arrêter le sang, et qu'il s'en allât en lieu où jamais il ne pût être vu de personne. Ainsi se retira-t-il du logis avec des témoignages infinis de douleur et de regret. Et, quand il se trouva seul, à l'abri de tous les yeux, il fit d'innombrables signes de croix, en s'émerveillant de l'adresse de Camille et de la présence d'esprit de Léonelle. Il songeait en lui-même à la complète conviction qu'aurait Anselme que sa femme fût une autre Porcie, il désirait de se trouver avec lui pour célébrer ensemble le mensonge et la vérité les mieux parés qui se puissent imaginer.

Léonelle, comme on l'a dit, arrêta le sang de sa maîtresse, dont il ne sortit qu'autant qu'il fut nécessaire pour donner créance à son artifice, et, après avoir lavé la plaie avec un peu de vin, elle la banda le mieux qu'elle put, et disait de si étranges choses en la pansant que, quand il n'y en aurait point eu d'autres auparavant, celles-là auraient eu assez de force pour faire croire à Anselme que Camille fût un vrai modèle de l'honnêteté. Ses paroles furent suivies de celles de sa maîtresse, qui se traitait de lâche et se reprochait d'avoir manqué de cœur quand il était le plus nécessaire d'en avoir pour s'ôter une vie qu'elle avait tant en horreur. Elle demandait conseil à Léonelle, si elle devait dire ou non tout cela à son époux chéri. Léonelle lui conseillait de n'en rien faire, de peur que cela ne l'obligeât à tirer raison de Lothaire, ce qui ne pouvait se faire sans le mettre en danger : et les femmes qui aiment bien leurs maris doivent prendre garde sur toutes choses à ne les point engager dans des querelles, mais bien à les leur épargner autant qu'elles le peuvent. Camille approuva cet avis, et promit de le suivre, ajoutant qu'il fallait en tout cas inventer quelque chose à dire à Anselme sur la cause de cette blessure qu'il était impossible de lui celer. Léonelle fit réponse à cela qu'il n'était pas en sa puissance de dire un mensonge, même par jeu. « Et moi, m'amie, répondit Camille, comment veux-tu que je fasse non plus ? Ne sais-tu pas bien que je n'aurais pas l'assurance de forger et de soutenir un mensonge, quand il irait de ma vie ? Mais, si nous ne trouvons point d'autre façon d'en sortir, il vaudra mieux lui dire la vérité nue, de peur qu'il ne nous trouve en mensonge manifeste. — Ne te mets point en peine, maîtresse, répliqua Léonelle, d'ici demain je songerai à ce qu'il nous faut dire, et peut-être que, par la place où elle est, la plaie même se pourra cacher sans qu'il la voie, et le ciel daignera favoriser nos pensées si justes et si honnêtes. Calme-toi, je t'en prie, et apaise, s'il est possible, ton émotion, de peur qu'Anselme ne te trouve si fort troublée. Pour le reste, repose-t'en sur moi et sur la bonté de Dieu, qui assiste toujours les honnêtes gens. »

Anselme avait été fort attentif à écouter et à voir jouer la tragédie de la mort de son honneur, que les acteurs avaient représentée avec des passions si vraies et si pleines d'énergie qu'ils semblaient s'être transformés en la vérité même de ce qu'ils représentaient. Il désirait extrêmement la nuit et le moment de sortir de chez lui pour se trouver avec son bon ami Lothaire, et se réjouir avec lui de la pierre précieuse qu'il avait trouvée dans l'assurance de la fidélité de son épouse. Elles eurent soin toutes deux de lui en donner la facilité, et lui tout aussitôt s'échappa et s'en alla trouver Lothaire ; et, quand il l'eut rejoint, on ne saurait dire combien de fois il l'embrassa, tout ce qu'il lui dit de son contentement, et les louanges qu'il donnait à Camille. Lothaire écoutait tout cela sans lui pouvoir donner aucune marque de plaisir ; sa mémoire lui disait combien son ami était abusé, et combien il avait de tort de l'offenser. Anselme s'apercevait bien du peu de joie que Lothaire faisait paraître ; mais il pensait que ce fût à cause de la blessure de Camille, dont il se sentait coupable, et pour le consoler, il lui dit, entre autres choses, qu'il ne s'en mît point en peine, qu'il fallait qu'elle n'eût guère de mal, puisqu'elles étaient demeurées d'accord de ne lui en rien faire savoir, qu'il n'était plus, d'après cela, question d'en avoir souci, et qu'il ne fallait plus désormais que se réjouir ensemble puisqu'il était élevé par son stratagème à la plus haute félicité qu'il pouvait désirer, et il ajouta qu'il songeât seulement à faire des vers à la louange de Camille pour la rendre éternelle en la mémoire des hommes. Lothaire loua sa bonne résolution, promettant, quant à lui, de contribuer de tous ses efforts à élever un si noble édifice.

Ainsi Anselme demeura l'homme le plus délicieusement trompé qui se puisse imaginer. Il menait lui-même par la main en sa maison la ruine de son honneur, au lieu qu'il pensait y conduire l'instrument de sa gloire. Camille le recevait avec un visage triste en apparence, mais en effet avec une âme riante. Cette tromperie dura quelque temps, jusqu'à ce qu'au bout de quelques mois la fortune fit tourner sa roue, et la faute, qui avait été cachée avec tant de subtilité, parut au grand jour, de telle façon qu'il en coûta la vie à Anselme d'avoir manifesté une curiosité si impertinente. »

CHAPITRE XXXV

OÙ L'ON TRAITE DE L'HÉROÏQUE
ET FORMIDABLE BATAILLE
QUE DON QUICHOTTE LIVRA
À DES OUTRES DE VIN ROUGE,
ET OÙ L'ON TERMINE LA NOUVELLE
DU CURIEUX IMPERTINENT

Il ne restait plus guère à lire de la nouvelle, quand on vit sortir de la chambre où don Quichotte reposait, Sancho Pança tout troublé et disant à haute voix : « Accourez vite, messieurs, et venez au secours de mon maître qui est plongé en la plus cruelle et sanglante mêlée que j'aie oncques vue. Vive Dieu ! il a donné un tel coup de coutelas au géant ennemi de madame la princesse Micomicona qu'il lui a tranché la tête rasibus, comme si c'eût été un navet. — Que dites-vous, frère ? dit le curé, cessant la lecture de ce qui restait de l'histoire. Êtes-vous hors de sens, Sancho ? Comment diable se peut faire ce que vous dites, quand le géant est à deux mille lieues d'ici ? » Sur cela, ils ouïrent un grand bruit en la chambre, et que don Quichotte criait : « Arrête-toi, larron, malandrin, félon, car je te tiens, et ton cimeterre ne te servira de rien. » Et il semblait avec cela qu'il donnât de grands coups d'épée contre les murailles. Sancho leur dit : « On n'a que faire de s'amuser à écouter, c'est d'entrer pour séparer la mêlée, ou bien pour aider à mon maître ; encore qu'il ne sera pas besoin, parce que, sans aucun doute, le géant est déjà mort, et rend compte à Dieu de sa méchante vie passée : j'ai vu courir le sang par terre, et sa tête coupée et tombée à côté de lui, qui est aussi grosse qu'une grosse outre de vin. — Puissé-je mourir, dit alors le tavernier, si don Quichotte ou don Diable n'a donné quelque coup d'épée à quelqu'une de ces outres de vin rouge qui étaient toutes pleines au chevet de son lit, et le vin qui est répandu, c'est ce qui semble du sang à ce bonhomme. »

Sur cela il entra en la chambre, et tous les autres après lui, et ils y trouvèrent don Quichotte dans le plus étrange costume du monde : il n'avait que sa chemise, laquelle n'était si longue que par-devant elle lui pût couvrir tout entièrement les cuisses, et par-derrière elle était encore trop courte de six doigts, ses jambes étaient longues et maigres, toutes couvertes de poil, et pas fort propres. Il avait sur la tête un petit bonnet rouge assez gras, lequel appartenait au tavernier ; au bras gauche il avait entortillé la couverture du lit, à laquelle Sancho gardait rancune, et il savait bien pourquoi ; et en sa main droite il tenait son épée nue, dont il s'escrimait de toutes parts, disant des paroles, comme si véritablement il eût combattu contre quelque géant ; et le bon est qu'il n'avait pas les yeux ouverts, parce qu'il dormait et songeait être en bataille avec le géant. Tant était forte l'imagination qu'il avait de l'aventure qu'il allait mettre à fin qu'elle lui faisait rêver qu'il était déjà arrivé au royaume de Micomicon, et qu'il était aux mains avec son ennemi ; et il avait donné tant de coups d'épée aux outres, croyant les donner au géant, que toute la chambre était pleine de vin.

A cette vue, le tavernier se mit tellement en colère qu'il se rua sur don Quichotte, et, avec les poings fermés, lui commença à donner tant de coups que, si Cardénio et le curé ne le lui eussent arraché des mains, il eût terminé la guerre du géant, et malgré tout cela le pauvre chevalier ne s'éveillait point, jusqu'à ce que le barbier apportât un grand chaudron d'eau froide venant du puits, qu'il jeta tout à coup sur lui, tellement qu'il s'éveilla, mais non pas avec tant de jugement qu'il s'aperçût de l'état auquel il était. Dorothée, qui vit comme il était habillé court et à la légère, ne voulut pas entrer pour voir la bataille de son défenseur et de son ennemi. Sancho cherchait de tous côtés par terre la tête du géant, et, voyant qu'il ne la trouvait point, il dit : « Je sais que tout ce qui est en cette maison n'est qu'enchantement : car l'autre fois, en ce même lieu où à présent je me trouve, on me donna force gourmades et coups de poing, sans que je pusse savoir qui me les donnait, et il me fut impossible de voir personne ; et maintenant plus l'ombre ici de cette tête que j'ai vu trancher de mes propres yeux, et le sang sortait du corps comme une fontaine. — Quel sang et quelle fontaine, dis-tu, ennemi de Dieu et de ses saints ? dit le tavernier. Ne vois-tu pas, larron, que le sang et la fontaine ne sont autre chose que ces outres ici percées, et le vin rouge qui nage par cette chambre, et puissé-je voir nager en enfer l'âme de qui les perça ! — Je n'en sais rien, répondit Sancho ; trop bien sais-je que je serai si malheureux que, faute de trouver cette tête, mon comté se défera comme le sel dans l'eau. » Sancho était encore plus malade, éveillé, que son maître endormi : les promesses de celui-ci l'avaient réduit à cet état.

Le tavernier se désespérait de voir le calme de l'écuyer et les maléfices du maître, et jurait qu'il n'en irait pas comme l'autre fois, qu'ils s'en étaient allés sans payer, et qu'à présent les privilèges de sa chevalerie ne lui serviraient de rien pour l'exempter de payer l'un et l'autre, voire même ce que pourraient coûter les pièces que l'on mettrait aux outres percées. Le curé tenait les mains à don Quichotte, lequel, croyant avoir mis fin à l'aventure et être devant la princesse Micomicona, se mit à genoux devant lui, disant : « Haute et belle dame, Votre Grandeur peut bien désormais vivre assurée, sans que cette maudite créature lui puisse nuire ; et moi aussi, je demeure dès aujourd'hui quitte et absous de la parole que je vous ai donnée, puisque, avec l'aide du souverain Dieu et avec la faveur de celle par qui je vis et respire, je l'ai si bien accomplie. — Ne vous l'ai-je pas dit ? reprit Sancho entendant cela. Certes je n'étais pas ivre ; regardez si mon maître n'a pas déjà mis le géant au saloir : les taureaux sont bons, mon comté est dans le sac. » Qui n'eût point ri d'ouïr les folies de tous deux, du maître et du valet ?

Ils en riaient tous, hors le tavernier qui se donnait à Satan ; mais enfin le barbier, Cardénio et le curé firent tant que, non sans peine, ils remirent don Quichotte en son lit, où il s'endormit avec des marques d'immense fatigue. Ils le laissèrent dormir, et sortirent à la porte de la taverne pour consoler Sancho Pança qui se tourmentait de n'avoir point trouvé la tête du géant, encore qu'ils eurent bien plus d'affaire à apaiser le tavernier, lequel se désespérait de la mort subite de ses outres. Et la tavernière disait à grands cris : « Maudite l'heure où est entré ce chevalier errant en la maison ! Plût à Dieu que je ne l'eusse jamais vu, puisqu'il me coûte si cher ! La dernière fois il s'en alla et nous emporta la dépense d'une nuitée, du souper, du lit, de la paille et de l'orge, pour lui et pour son écuyer, pour un roussin et un âne, disant qu'il était chevalier errant (que malechance lui puisse donner Dieu, à lui et à tout autant d'aventuriers qu'il y a au monde !) et que partant il n'était obligé à rien payer, d'autant qu'il était ainsi écrit aux ordonnances de la chevalerie errante. Et maintenant, pour l'amour de lui, est venu cet autre beau monsieur qui m'a emporté ma queue, et me l'a rapportée avec plus de six blancs de dommage, toute pelée, tellement qu'elle ne pourra plus servir pour ce à quoi mon mari la veut : et pour fin et conclusion de tout, me rompre mes outres et répandre mon vin ! Puissé-je voir son sang répandu de même ! Mais qu'il ne pense pas en être quitte ; que par les os de mon père et par la vie éternelle de ma mère, il me la payera un denier sur l'autre, ou bien je ne me nommerai pas comme je me nomme, ni ne serai fille de qui je suis. » La tavernière disait ces paroles et autres semblables en grande colère, à quoi sa bonne servante Maritorne faisait chorus. La fille ne disait mot, mais de fois à autre, elle souriait.

Le curé apaisa tout, leur promettant de satisfaire à leur perte le mieux qu'il lui serait possible, tant pour les outres que pour le vin, et principalement pour le dommage de la queue dont ils faisaient tant de cas. Dorothée consola Sancho Pança, en lui disant qu'aussitôt qu'il semblerait avoir été vrai que son maître eût tranché la tête au géant, elle lui promettait, incontinent qu'elle se verrait paisible en son royaume, de lui donner le meilleur comté qu'il y eût. Sancho se consola, et assura la princesse qu'elle tînt pour tout certain qu'il avait vu la tête du géant, et, pour plus d'enseigne, qu'il avait une barbe qui lui allait jusqu'à la ceinture, et que, si on ne la retrouvait plus, c'était parce que tout ce qui se passait en cette maison se faisait par enchantement, comme il l'avait éprouvé une autre fois qu'il y avait logé. Dorothée lui dit qu'elle le croyait ainsi, et qu'il ne se donnât point de peine, parce que tout irait bien et à souhait.

Or, étant tous apaisés, le curé voulut achever de lire l'histoire, voyant qu'il n'y en avait guère de reste. Cardénio, Dorothée et tous les autres l'en prièrent. Et lui, voulant donner contentement à tous, en même temps qu'à lui-même, poursuivit le conte, qui disait ainsi :

« L'assurance qu'avait Anselme de la vertu de sa femme le rendait le plus insouciant et le plus heureux homme du monde. Camille faisait mauvais visage à Lothaire afin de mieux dissimuler son affection, et Lothaire de son côté, pour confirmer Anselme en cette créance, le pria de lui permettre de ne plus hanter son logis, puisque sa présence y était visiblement désagréable à Camille. Mais Anselme ne le voulait endurer en aucune façon, et par mille moyens, se faisait l'artisan de son déshonneur alors qu'il pensait l'être de son contentement. Mais, sur ces entrefaites, Léonelle, aveuglée de se voir autorisée en ses amours, y laissait tellement aller la bride qu'elle n'avait plus ni égard ni considération du monde, et ce qui lui servait d'assurance était que sa maîtresse même tenait la main à couvrir ses menées, et lui donnait même des avis pour venir à bout de ses intentions sans trop se cacher. Enfin, le hasard voulut qu'une nuit Anselme ouït du bruit de quelqu'un qui marchait en la chambre de Léonelle, et, comme il y voulut entrer pour voir qui c'était, il sentit que l'on poussait la porte contre lui, de peur qu'il ne l'ouvrît. Cela lui fit avoir encore plus d'envie de l'ouvrir, et il la poussa avec tant de force qu'il entra dedans assez à temps pour voir je ne sais qui se lancer de la fenêtre dans la rue ; et, comme il se hâtait pour le retenir ou le reconnaître, il ne put y arriver, parce que Léonelle se mit au-devant de lui et lui dit ainsi : « Arrête, mon maître, je te supplie, ne te trouble point, et ne te mets en peine de suivre celui qui vient de sauter d'ici. Car c'est mon bien, et tellement que c'est mon mari. » Anselme n'en voulut rien croire, et, tout transporté de colère, tira un poignard qu'il avait pour la vouloir frapper, et lui dit qu'il la tuerait sur place si elle ne lui disait la vérité. Elle, sans plus savoir ce qu'elle disait, lui dit : « Ne me tue pas, mon maître, je te ferai connaître des choses de plus grande importance que celles que tu peux imaginer.

— Dis-le sur l'heure, fit Anselme, sinon tu es morte.

— Pour l'heure, c'est impossible, fit Léonelle, tant je suis perdue, mais laisse jusqu'au lendemain, et tu seras bien étonné des choses que j'ai à te dire. Et sois assuré cependant que celui que tu as vu sauter par la fenêtre est un jeune homme de la ville qui m'a donné promesse de mariage.

Ceci apaisa quelque peu la colère d'Anselme, qui accorda le délai qu'on lui demandait, ne songeant à rien moins qu'à entendre quelque chose au préjudice de Camille, dont la vertu lui donnait tant de satisfaction et d'assurance. Ainsi il sortit de la chambre, et enferma dedans Léonelle, lui jurant qu'elle n'en partirait point qu'elle n'eût avoué tout ce qu'elle avait à dire. De là s'en alla voir Camille, et lui conta le fait de Léonelle, et comment elle lui avait promis de lui révéler des choses de grande importance. Il ne faut point demander si Camille se troubla : elle crut assurément, comme il y avait de l'apparence, que Léonelle ne manquerait pas à découvrir tout ce qu'elle savait de son peu de foi. Cette crainte lui fit tellement perdre le courage que, sans attendre l'issue de ses soupçons, cette même nuit, aussitôt qu'elle vit qu'Anselme commençait à sommeiller, elle prit toutes ses bagues et quelque argent, et étant sortie si secrètement que personne ne s'en aperçut, elle s'en alla droit chez Lothaire, à qui elle conta ce qui se passait, et le pria de s'enfuir avec elle, ou à tout le moins de la mettre en lieu de sûreté où Anselme ne les pût atteindre. Lothaire, encore plus éperdu, ne sachant quelle réponse faire ni quelle résolution prendre, à la fin s'avisa de la mener en un couvent de religieuses, duquel une de ses sœurs était abbesse. Camille y consentit, et, avec la promptitude que réclamait la circonstance, Lothaire la mena et la laissa au couvent, et lui du même pas sortit de la ville sans en avertir personne.

Anselme, cependant, éveillé de bon matin, sans songer que Camille n'était point à côté de lui, se leva vitement pour savoir ce que Léonelle avait à lui dire, et se rendit à la chambre où il l'avait laissée enfermée. Il ouvrit la chambre et entra dedans, mais il n'y trouva point Léonelle, et ne vit que les draps du lit attachés à la fenêtre, qui lui firent juger qu'elle s'était dévalée par là et avait pris la fuite. Il retourna tout fâché pour le dire à Camille, et, ne la trouvant point non plus au lit, ni en tout le logis où il la fut chercher, demeura épouvanté. Il appela les valets et les interrogea ; pas un ne lui sut que dire. Enfin en regardant deçà et delà, il vit quelques-uns de ses coffres ouverts, et reconnut qu'on en avait ôté la plupart de ses bagues. Ce fut l'indice qui lui fit le plus clairement découvrir sa disgrâce, et comprendre qu'elle venait d'ailleurs que de Léonelle. Et, comme il en était là, sans achever de se vêtir, triste et pensif, son dernier réconfort fut d'aller en rendre compte à son ami Lothaire, et, tout ainsi qu'il était, il s'en alla droit chez lui. Mais ne le trouvant point et apprenant de ses gens qu'il s'en était allé la nuit même et avait emporté tout son argent, peu s'en fallut qu'il ne perdît le jugement. Pour couronner le tout, comme il s'en retourna en son logis, il n'y trouva plus ni valets ni chambrières de tous tant qu'il y avait laissés, mais la maison seule et déserte. Il ne savait que penser, que dire ni que faire. Peu à peu sa raison lui revenait. Il se contemplait en un instant seul et abandonné de sa femme, de son ami, de ses serviteurs, et, à son avis, du ciel même qui le couvrait, et par-dessus tout cela encore de son honneur, que la fuite de Camille lui avait emporté. A la fin il prit la résolution de s'en aller aux champs trouver cet ami chez qui il avait été la première fois qu'il avait voulu donner à Lothaire la commodité de lui brasser toute cette infortune. Il ferma les portes de sa maison, monta à cheval, et, à demi pâmé de déplaisir, se mit en chemin. Mais à peine eut-il fait la moitié de sa traite qu'abattu de ses tristes pensées, il fut contraint de mettre pied à terre et d'attacher son cheval à un arbre, au pied duquel il se laissa tomber avec mille soupirs tristes et douloureux. Il demeura là presque jusqu'à la nuit, qu'il vit venir un homme à cheval du côté de la ville, et, après l'avoir salué, il lui demanda ce qui se disait de nouveau à Florence. « Les plus étranges nouvelles, lui répondit l'autre, que l'on eût ouïes de longtemps. On dit publiquement que Lothaire, le grand ami d'Anselme le riche, qui demeurait auprès de Saint-Jean, a cette même nuit emmené la femme de son ami, et l'on ne sait non plus ce que celui-ci est devenu. On a appris tout cela d'une servante de Camille que le guet a trouvée la nuit, qui se dévalait avec un drap par l'une des fenêtres de la maison d'Anselme. Je ne sais pas en détail l'affaire, mais toute la ville en est extrêmement émue, comme de la chose du monde que l'on aurait le moins attendue, vu la grande amitié qui était entre eux, et qui les faisait ordinairement appeler *les deux amis*. — Sait-on d'aventure, demanda Anselme, le chemin qu'ont pris Lothaire et Camille ? — Aucunement, répondit le citadin, bien que le gouverneur ait fait toute diligence. — Adieu, monsieur, dit Anselme. — Adieu », répondit le citadin, et il s'en fut.

434

Anselme, encore plus affligé de si tristes nouvelles, fut sur le point de perdre à l'heure même l'esprit et la vie tout ensemble. Il se leva comme il put et se rendit chez son ami, qui ne savait pas encore sa disgrâce, mais qui, à le voir si pâle et si défait, reconnut qu'il lui était arrivé quelque fâcheux accident. Anselme pria tout aussitôt qu'on le fît coucher, et demanda du papier et de l'encre. On le laissa seul, on ferma la chambre sur lui, et alors il se vit tellement accablé des imaginations de son malheur qu'il sentait en lui que la vie commençait à lui manquer ; et, pour laisser quelque connaissance du sujet de son étrange mort, il prit le papier et se mit à écrire ; mais, avant que d'achever tout ce qu'il y voulait mettre, la force lui vint à manquer, et il laissa la vie entre les mains de la douleur que lui avait causée son impertinente curiosité.

Le maître de la maison, voyant qu'il était déjà tard, et qu'Anselme n'avait encore appelé personne, se résolut d'aller lui-même en sa chambre pour voir si son indisposition continuait. Il le trouva étendu, le visage tourné vers la terre, la moitié du corps dans le lit et l'autre sur la table, la plume encore à la main et le papier ouvert devant lui. Il l'appela d'abord, et puis, s'étant approché et voyant qu'il ne répondait point, il le prit par la main qu'il trouva toute froide : il reconnut aussitôt qu'il était mort. Et, plein de surprise et de tristesse, il appela tout son monde pour voir ce funeste accident, et à la fin lut ce qui était écrit dans le papier, où il reconnut encore la main du pauvre Anselme, et y trouva ces mots :

Un sot et impertinent désir m'a ôté la vie : si d'aventure Camille entend la nouvelle de ma mort, qu'elle sache que je lui pardonne, pour ce qu'elle n'était pas obligée à faire des miracles, et je n'avais point de sujet de vouloir qu'elle en fît ; et, puisque j'ai moi-même été l'artisan de mon déshonneur, il ne faut point que...

Anselme n'avait écrit que jusque-là : sans avoir pu achever

435

son propos, il avait achevé sa vie. Le lendemain, cet ami fit
savoir le trépas d'Anselme à ses parents, qui connaissaient
déjà son infortune, et comment Camille s'était retirée en un
monastère, en danger de lui faire compagnie en ce voyage
forcé, non pas de regret de la mort de son mari, mais plutôt
de l'absence de son ami. On dit que, bien que demeurant
veuve, elle ne voulut ni sortir du monastère, ni encore moins
faire profession, jusques à ce qu'elle eût appris, à quelque
temps de là, que Lothaire avait été tué en une bataille qui fut
donnée en ce temps-là au royaume de Naples, entre M. de
Lautrec et Fernand Gonzalve de Cordoue, surnommé le
Grand Capitaine. Telle fut la fin de la trop tardive repentance du mauvais ami. Sitôt que Camille l'eut apprise, elle fit
profession, et, à son tour, rendit bientôt la vie aux mains de
la tristesse et de la mélancolie. Et telle fut la fin de ces trois
personnages, victimes d'un si fol commencement. »

— Cette nouvelle me semble assez bien, dit le curé, mais
je ne me puis persuader qu'elle soit vraie, et, si c'est une
fiction, on ne saurait approuver l'auteur : comment croire en
effet qu'il y ait un mari assez sot pour vouloir faire une aussi
coûteuse expérience qu'Anselme. Si le cas se présentait entre
un galant et sa dame, passe encore ; mais de mari à femme, il
y a quelque chose d'impossible. Quant à la façon de le
conter, j'en suis assez satisfait.

CHAPITRE XXXVI

D'AUTRES RARES ACCIDENTS
QUI SURVINRENT EN LA TAVERNE

Sur ces entrefaites, le tavernier, qui était à la porte du logis, dit : « Voici venir une bonne troupe d'hôtes. Que s'ils s'arrêtent ici, nous chanterons un bon *gaudeamus*. — Quelles gens est-ce ? dit Cardénio. — Quatre hommes, répondit l'hôte, qui sont montés à la genette, avec des lances et des écus ; ils ont tous des masques noirs, et il y a avec eux une dame habillée de blanc, assise en une selle pour dame, qui a aussi le visage couvert, et deux valets de pied. — Sont-ils bien près ? demanda le curé. — Si près, répondit le tavernier, que les voici arrivés. » Entendant cela, Dorothée se couvrit le visage, et Cardénio entra en la chambre de don Quichotte, et ils n'avaient quasi pas eu le loisir de ce faire que tous ceux que le tavernier avait dits entrèrent au logis ; et les quatre cavaliers, qui étaient de fort gentille taille et d'un très bon air, mirent pied à terre et allèrent descendre la dame ; l'un d'eux, la prenant entre ses bras, l'assit sur une chaise qui était à l'entrée de la chambre où Cardénio s'était caché. Durant tout ce temps, ni elle ni eux ne s'étaient démasqués, ni avaient prononcé une seule parole ; seulement la femme, en s'asseyant sur la chaise, jeta un profond soupir, et laissa aller ses bras comme une personne malade à qui le cœur manque. Les valets de pied menèrent les chevaux à l'écurie. Le curé, désireux de savoir quelles gens étaient-ce là, qui allaient dans cet équipage et ce silence, s'en alla trouver les valets, et interrogea l'un d'eux, qui lui répondit : « Pardieu, monsieur, je ne vous saurais dire quelles gens ce sont, je sais seulement qu'il y a apparence que ce soient gens de qualité, principalement celui qui a pris entre ses bras cette dame que vous avez vue, et je dis ceci, parce que tous les autres lui portent du respect, et il ne se fait que ce qu'il

ordonne et commande. — Et la dame, qui est-ce ? demanda
le curé. — Je vous le sais aussi peu dire, répondit le valet, car
en tout le chemin je ne lui ai pas vu le visage ; je l'ai bien
entendue soupirer bien des fois, et faire des gémissements,
qu'il semble à tout coup qu'elle veuille rendre l'âme, et ce
n'est pas merveille que nous n'en sachions pas davantage : il
n'y a pas plus de deux jours que mon compagnon et moi,
nous sommes avec eux, parce que, nous ayant rencontrés en
chemin, ils nous ont priés et persuadés de venir avec eux
jusqu'en Andalousie, nous promettant de nous bien payer.
— Et n'en avez-vous point ouï nommer aucun ? demanda le
curé. — Non certes, répondit le garçon, car ils cheminent
tous avec tant de silence que c'est merveille, on n'entend
autre chose entre eux que les soupirs et les sanglots de la
pauvre dame, qui nous émeuvent à grande pitié ; et nous ne
doutons pas qu'on ne la mène par force en quelque lieu
qu'elle aille ; et, suivant ce que l'on peut comprendre par son
accoutrement, elle est religieuse, ou va l'être, ce qui est le
plus certain ; et, peut-être à cause que ce n'est pas de sa
volonté qu'on la veut mettre en religion, est-elle aussi triste.
— Cela pourrait bien être », dit le curé ; et, les laissant là, il
s'en retourna où était Dorothée, laquelle ayant ouï soupirer
la dame masquée, émue d'une compassion naturelle, s'approcha d'elle et lui dit : « Quel mal sentez-vous, madame ?
Regardez si c'est quelqu'un de ceux que les femmes ont
accoutumé de connaître et ont l'expérience pour les guérir,
car, de ma part, je vous offre tout le service que je vous
pourrai rendre. » A tout cela, la pauvre affligée ne disait
mot ; et, encore que Dorothée redoublât ses offres, elle
gardait toujours le silence, jusqu'à ce que le chevalier
masqué, de qui le garçon avait dit au curé que tous les autres
lui rendaient obéissance, s'en approchât et dît à Dorothée :
« Ne vous fatiguez pas, madame, à rien offrir à cette femme,
car c'est sa coutume de ne savoir gré à personne de chose que
l'on fasse pour elle, et ne la sollicitez pas de vous répondre, si

438

vous ne voulez ouïr quelque mensonge de sa bouche. — Jamais je n'en dis, fit alors celle qui jusque-là n'avait point parlé ; au contraire, pour avoir été si franche et sans aucune ombre de mensonge, je me vois à présent en ce malheur, et je veux que de ceci vous soyez vous-même témoin, attendu que la pure vérité sortie de ma bouche vous rend faux et menteur. »

Cardénio ouït ces discours fort clairement et distinctement, étant si près de celle qui les disait qu'il n'y avait que la porte de la chambre de don Quichotte entre deux, et, aussitôt qu'il les entendit, il poussa un grand cri : « Oh ! Dieu me soit en aide, qu'est-ce que j'entends ? Quelle voix est-ce là qui est parvenue à mes oreilles ? » A ces cris, la dame tourna la tête, toute troublée, et ne voyant point celui qui les faisait, se leva et se dirigea vers la chambre : le chevalier, aussitôt, la retint sans la laisser avancer d'un pas. Dans ce trouble et cette agitation, le taffetas dont elle avait le visage couvert lui tomba et découvrit une beauté incomparable et un visage miraculeux, encore que décoloré et chagrin, parce qu'elle tournait les yeux de tous côtés, et par tous les endroits où sa vue pouvait atteindre, avec tant de passion qu'elle semblait une personne sans jugement, tous signes qui, sans en connaître le motif, causèrent une grande pitié à Dorothée et à tous ceux qui la regardaient. Le chevalier la tenait bien fortement empoignée par les épaules ; et, parce qu'il était si fort empêché à la tenir, il ne put relever son masque qui lui tombait, et qui finit par tomber tout à fait. Dorothée, laquelle tenait la dame embrassée, leva les yeux et vit que celui qui la tenait ainsi serrée était son époux don Fernand, lequel elle n'eut pas sitôt connu que, jetant du fond de ses entrailles un long et triste hélas, elle se laissa aller à la renverse toute pâmée ; et, si le barbier ne se fût trouvé là, qui la retint entre ses bras, elle fût tombée par terre. Le curé accourut lui ôter le voile pour lui jeter de l'eau au visage, et, comme il la découvrit, don Fernand la reconnut, qui était celui qui tenait l'autre embrassée, et demeura comme mort ; mais non pas que pour cela il laissât de tenir Lucinde, qui était celle qui tâchait de s'échapper de ses bras, et qui avait reconnu Cardénio au soupir qu'il avait jeté, et lui l'avait aussi reconnue. Cardénio ouït aussi cet hélas qu'avait proféré Dorothée lorsqu'elle tomba pâmée ; et, croyant que ce fût sa Lucinde, il sortit de la chambre tout effrayé, et le premier qu'il vit fut don Fernand, tenant Lucinde embrassée. Don Fernand reconnut aussi Cardénio ; et tous trois, Lucinde, Cardénio et Dorothée, demeurèrent muets et en suspens, quasi sans savoir ce qui leur était arrivé. Ils se taisaient et se regardaient tous ; Dorothée regardait don Fernand, don Fernand Cardénio, Cardénio Lucinde, et Lucinde Cardénio. Mais le premier qui rompit ce silence, ce fut Lucinde, laquelle parla à don Fernand en cette manière : « Laissez-moi, seigneur don Fernand, je vous supplie par ce que vous vous devez à vous-même, puisque pour autre motif vous ne le voulez faire ; laissez-moi approcher du mur dont je suis le lierre, et à l'appui duquel vos importunités, vos menaces, vos promesses ni vos présents ne m'ont pu dérober. Voyez comment le ciel, par des voies inusitées et qui nous étaient cachées, m'a fait retrouver mon véritable époux ; vous savez déjà par mille expériences qui nous ont cher coûté que la mort seule eût pu l'effacer de ma mémoire ; puissent de si clairs avis changer votre amour en rage, puisque vous ne pouvez faire autre chose, et l'affection en dépit, et mettez fin à ma vie : pourvu que je la rende en la présence de mon bon époux, je la tiendrai pour bien employée ; et peut-être qu'avec ma mort il demeurera satisfait de la foi que je lui aurai gardée jusqu'au dernier point de ma vie. »

Sur ces entrefaites, Dorothée était revenue à soi, et avait entendu toutes les raisons que Lucinde avait dites, par lesquelles elle vint à connaître qui elle était ; et, voyant que don Fernand ne l'avait pas encore laissée aller d'entre ses bras, et qu'il ne répondait point à ses raisons, avec les plus grands efforts elle se leva, et s'en alla mettre à ses genoux, et, répandant une grande quantité de belles et pitoyables larmes, lui commença à parler en cette manière : « Mon cher seigneur, si ce n'est que les rayons de ce soleil que tu tiens là éclipsé entre tes bras t'enlèvent et offusquent ceux de tes yeux, tu te serais déjà aperçu que celle qui est agenouillée à tes pieds est la malheureuse et, tant que tu le voudras, infortunée Dorothée. Je suis cette humble fille des champs que, par ta bonté, ou ton bon plaisir, tu as voulu élever à ce haut degré d'honneur de se pouvoir appeler tienne. Je suis celle qui, enfermée dans les limites de l'honnêteté, passait une vie contente, jusqu'à ce qu'aux cris de tes importunités, et, en apparence justes et amoureux sentiments, elle eût ouvert les portes de sa retenue et t'ait livré les clefs de sa liberté ; présent aussi mal reconnu par toi que le démontre clairement la force qui me contraint de me trouver au lieu où tu me rencontres et de te voir de la manière dont je te vois. Mais, ce nonobstant, je ne voudrais pas qu'il te vînt en l'imagination de penser que je sois ici venue au détriment de mon honneur, n'y ayant été conduite que par la douleur et le ressentiment de me voir oubliée de toi. Tu as voulu que je fusse à toi, et l'as désiré de telle façon qu'encore que tu ne le veuilles plus à présent, il ne sera pas possible que tu laisses d'être le mien. Considère, mon cher seigneur, que l'incomparable amitié que je te porte peut être une assez grande compensation de la beauté et de la noblesse de celle pour qui tu m'abandonnes. Tu ne peux être à la belle Lucinde, puisque tu es à moi, ni elle ne peut être à toi, parce qu'elle est à Cardénio ; et il sera plus facile, si tu le considères, de ramener ta volonté à aimer celle qui t'adore que d'acheminer celle qui t'abhorre à te vouloir du bien. Tu as sollicité ma faiblesse, tu as prié ma chasteté, tu n'as pas ignoré ma qualité, tu sais bien par quel moyen je me suis livrée à ta volonté, tu n'as point sujet de te plaindre d'avoir été trompé. Et s'il en est ainsi, comme il est en effet, et que tu sois autant chrétien que gentilhomme, pourquoi cherches-tu tant de détours pour éviter de me rendre aussi heureuse à la fin que tu l'as fait au commencement ? Et si tu ne m'aimes point pour ce que je suis, c'est-à-dire pour ta légitime épouse, au moins aime-moi et me reçois pour ton esclave : car, pourvu que je sois en ton pouvoir, je m'estimerai heureuse et bien fortunée. Ne permets pas, en me laissant et m'abandonnant, que l'on fasse des gorges chaudes de mon déshonneur ; ne sois point cause d'affliger ainsi la vieillesse de mes père et mère, puisque les loyaux services que, comme bons vassaux, ils ont toujours rendus aux tiens ne l'ont pas mérité. Et, si tu penses avilir ton sang en le mêlant au mien, prends garde qu'il y a fort peu ou peut-être point de noblesse au monde qui n'ait passé par le même chemin, et que celle qui se reçoit des femmes n'est pas ce qui importe dans les maisons et successions illustres ; et ce d'autant plus que la vraie noblesse consiste en la vertu, et, si elle te manque en me déniant ce que si justement tu me dois, c'est moi, finalement, qui t'avantagerai en noblesse. Enfin, seigneur, ce que je te dis pour conclusion est, que tu le veuilles ou non, que je suis ton épouse : tes paroles, qui ne sont ni ne doivent être menteuses, en sont témoins, si c'est que tu te prises de ce pourquoi tu me méprises. Témoin en sera la signature que tu as faite, témoin en sera le ciel que tu as pris à garant de ce que tu promettais ; et, quand tout cela défaudrait, ta propre conscience ne manquerait pas de crier tacitement au milieu de tes allégresses, et défendant cette vérité que je t'ai dite, et troublant tes meilleurs plaisirs et contentements. »

L'affligée Dorothée proféra toutes ces raisons et plusieurs autres avec tant de sentiment et de larmes que ceux mêmes qui accompagnaient don Fernand, et tous ceux qui étaient là présents, versaient des larmes avec elle. Don Fernand l'écouta sans lui répliquer une seule parole, jusqu'à ce qu'elle eût mis fin à ses discours et donné commencement à tant de sanglots et de soupirs que le cœur qui ne se fût attendri, voyant tant de démonstrations de douleur, eût bien été de bronze. Lucinde la regardait, non moins affligée de sa peine qu'étonnée de sa grande discrétion et beauté, et, encore qu'elle eût bien voulu s'approcher d'elle et lui dire quelques paroles de consolation, don Fernand, qui la tenait serrée entre ses bras, ne le lui permettait pas ; lequel, plein de confusion et d'étonnement, au bout d'un bon espace de temps qu'il eut attentivement regardé Dorothée, ouvrit les bras, et, laissant Lucinde libre, dit : « Tu as vaincu, belle Dorothée, tu as gagné la victoire, car il n'est pas possible d'avoir le courage de nier tant de vérités ensemble. » A cause de la défaillance que Lucinde avait eue, ainsi que don Fernand la lâcha, elle s'en allait tomber par terre ; mais Cardénio, se trouvant près de là, parce qu'il s'était mis derrière don Fernand, afin qu'il ne le reconnût pas, ayant abjuré toute crainte et s'aventurant à tout hasard, accourut soutenir Lucinde, et, la prenant entre ses bras, lui dit : « S'il plaît au ciel pitoyable, s'il veut que tu reçoives quelque repos, ma loyale, courageuse et belle dame, je crois que tu ne l'auras nulle part plus assurée qu'entre ces bras qui à présent te reçoivent, et qui autrefois t'ont reçue, lorsque la fortune voulut que je pusse t'appeler mienne. » A ces paroles, Lucinde jeta les yeux sur Cardénio, et, ayant commencé à le reconnaître premièrement à la voix, et s'assurant par la vue que c'était bien lui, étant quasi hors de sens et sans égard à aucun respect humain, lui jeta les bras au cou, et, joignant sa face à celle de Cardénio, elle lui dit : « C'est vous, mon cher seigneur, qui êtes le vrai maître de cette captive qui vous appartient, quoi que la contraire fortune s'y oppose, et quelques menaces que l'on puisse faire à cette vie, qui s'entretient de la vôtre. » Ce fut là un étrange spectacle pour don Fernand et pour tous les assistants qui s'ébahissaient d'un événement si extraordinaire. Il sembla à Dorothée que don Fernand avait changé de couleur, et qu'il faisait mine de se vouloir venger de Cardénio, parce qu'elle le vit comme porter la main à son épée, et, tout aussitôt qu'elle le pensa, d'une promptitude inouïe, elle lui alla embrasser les genoux, les lui baisant et tenant si serrés qu'elle ne le laissait point bouger, et, sans donner aucune trêve à ses larmes, lui disait : « Qu'est-ce que tu penses faire, mon unique refuge, en cette rencontre si inopinée ? Tu as ton épouse à tes pieds, et celle que tu veux qui le soit est entre les bras de son mari : regarde s'il te sera bienséant ou s'il te sera possible de défaire ce que le ciel a fait, ou bien s'il te conviendra de vouloir élever et égaler à toi-même celle qui, ayant méprisé tout risque, confirmée en sa vérité et fermeté, tient devant tes yeux les siens pleins d'amour et baigne de pleurs le visage et la poitrine de son vrai époux. Pour Dieu, je te prie, et te supplie pour toi-même que cet avertissement non seulement n'augmente point ta colère, mais plutôt qu'il la diminue de telle sorte qu'avec tranquillité et repos tu consentes que ces deux amants en jouissent sans aucun empêchement de ta part tout le temps que le ciel le leur voudra permettre, et tu montreras en cela la générosité de ton illustre et noble cœur, et le monde verra que la raison a plus de force sur toi que la passion. »

Cependant que Dorothée disait ceci, encore que Cardénio tînt Lucinde embrassée, il n'ôtait pas pourtant les yeux de dessus don Fernand, résolu, s'il le voyait faire quelque mouvement qui fût à son préjudice, à tâcher de se défendre et de repousser du mieux qu'il pourrait tous ceux qui feraient mine de le vouloir attaquer, dût-il lui en coûter la vie ; mais sur cela, les amis de don Fernand survinrent, et aussi le curé et le barbier, qui avaient été présents à tout, sans que manquât même le bon Sancho Pança, et tous se mirent autour de don Fernand, le suppliant qu'il lui plût de considérer les larmes de Dorothée, et qu'étant vrai, comme sans doute ils le croyaient, tout ce qu'elle avait dit en son discours, il ne voulût pas permettre qu'elle fût trompée dans ses tant justes espérances. Qu'il considérât que ce n'était

point par hasard, comme il semblait, mais par une particulière providence du ciel, qu'ils s'étaient tous rencontrés en un
lieu où ils y pensaient le moins ; et qu'il prît bien garde, dit le
curé, que la mort seule pouvait séparer Lucinde de Cardénio,
et, qu'encore qu'ils fussent divisés par le fil de quelque
tranchante épée, ils tiendraient leur mort pour très heureuse ;
et qu'aux cas irrémédiables c'était une grande sagesse, en se
forçant et se surmontant soi-même, de montrer un cœur
généreux et de permettre que, de sa volonté seule, eux deux
jouissent du bien que le ciel leur avait déjà concédé ; et
qu'aussi il jetât les yeux sur la beauté de Dorothée et vît que
peu ou nulle ne se pouvaient égaler à elle, combien moins la
surpasser, et qu'il joignît à sa beauté son humilité et l'amour
extrême qu'elle lui portait, et surtout qu'il prît garde que, s'il
faisait cas d'être gentilhomme et chrétien, il ne pouvait faire
autre chose que d'accomplir la parole qu'il lui avait donnée,
et qu'en l'accomplissant il ferait son devoir envers Dieu, et
satisferait aux personnes honnêtes, lesquelles savent et
connaissent que c'est une prérogative de la beauté encore
qu'elle soit en un sujet fort bas, pourvu qu'elle s'accompagne
de l'honnêteté, de se pouvoir élever et égaler à quelque
hauteur que ce soit sans diminution pour celui qui l'élève et
l'égale à soi-même. Quand les fortes lois de l'inclination
s'accomplissent, pourvu qu'il n'y ait point intervention du
péché, celui qui les suit n'en doit point être blâmé. A ces
raisons ils en ajoutèrent tant d'autres et telles que le cœur
généreux de don Fernand (qu'alimentait en somme un sang
illustre) s'amollit et se laissa vaincre par la vérité, laquelle il
n'eût pu dénier, encore qu'il l'eût voulu ; et le signe qu'il
donna de s'être soumis au bon conseil qu'on lui avait inspiré
fut qu'il se baissa et embrassa Dorothée, lui disant : « Levez-
vous, madame, car il n'est pas raisonnable que celle qui est en
mon âme soit agenouillée à mes pieds, et, si jusques ici je n'ai
pas fait démonstration de ce que je dis, ç'a été peut-être par
ordre du ciel, afin que, voyant en vous la foi avec laquelle

vous m'aimez, je vous sache estimer autant que vous le méritez. Ce dont je vous prie est que vous ne me reprochiez point le mauvais terme dont j'ai usé et de m'être tant oublié : car la même occasion qui m'a mû et forcé de vous accepter pour mienne, celle-là même me poussa à tâcher de n'être pas à vous. La preuve en est ici : tournez-vous et contemplez les yeux de Lucinde déjà contente, et vous trouverez en eux l'excuse de toutes mes fautes ; et, puisqu'elle a trouvé et obtenu ce qu'elle désirait, et que j'ai rencontré en vous ce qu'il me faut, qu'elle vive assurée et contente de longues et heureuses années avec son Cardénio : de mon côté, je prierai Dieu, les genoux en terre, qu'il me fasse la grâce de les passer avec ma Dorothée. » Et, en disant cela, il se mit derechef à l'embrasser, et à joindre sa face à la sienne avec tant de tendresse qu'il lui fut nécessaire de prendre garde que ses larmes n'achevassent de donner des signes indubitables de son amour et de sa repentance. Il n'en fut pas de même pour Lucinde et Cardénio, et aussi pour quasi tous ceux qui étaient là présents, parce qu'ils commencèrent à en répandre tant et en si grande abondance, les uns de leur propre contentement et les autres de celui d'autrui qu'il semblait véritablement qu'il leur fût arrivé à tous quelque grave et malheureux accident. Jusqu'à Sancho Pança même qui pleurait, encore que depuis il déclarât que ce n'était que pour ce qu'il voyait bien que Dorothée n'était pas la reine Micomicona, de laquelle il espérait recevoir tant de faveurs.

Avec ces pleurs, l'émotion générale dura quelque temps ; mais bientôt après Cardénio et Lucinde s'allèrent mettre à genoux devant don Fernand, lui rendant grâce de la faveur qu'il leur avait faite, avec de si courtoises paroles qu'il ne savait que leur répondre ; et ainsi il les releva et embrassa avec de grandes démonstrations d'amour et de courtoisie. Il demanda aussi à Dorothée comment elle était venue en ce lieu-là, si loin de son pays. Elle lui fit en brèves et discrètes paroles le récit de tout ce qu'elle avait déjà conté à Cardénio, à quoi don Fernand prit tant de plaisir, et ceux aussi qui étaient avec lui, qu'ils eussent voulu que le conte eût duré davantage, tant Dorothée racontait de bonne grâce ses mésaventures ; et, comme elle eut achevé, don Fernand dit ce qui lui était arrivé à la ville après qu'il eut trouvé dans le sein de Lucinde le papier par lequel elle déclarait qu'elle était l'épouse de Cardénio et ne pouvait être la sienne ; il dit comment il l'avait voulu tuer, et qu'il l'eût fait si ses père et mère ne l'en eussent empêché ; et qu'il était ainsi sorti de la maison indigné, furieux, étant délibéré de se venger d'elle avec plus de facilité, et que le lendemain, il avait appris que Lucinde s'était échappée de la maison de son père, sans que personne sût dire où elle était allée ; et qu'enfin, au bout de quelques mois, il avait appris qu'elle était en un monastère, en volonté d'y demeurer toute sa vie, au cas qu'elle ne pût la passer avec Cardénio, et que, dès qu'il le sut, ayant pris pour assistance ces trois cavaliers, il était allé au lieu où elle était ; mais il ne lui avait pas voulu parler, craignant que, si on savait qu'il fût là, on ne mît au monastère une garde plus nombreuse. Puis un jour que la grande porte était ouverte, il avait laissé deux des siens à la garde d'icelle, et lui était entré avec l'autre au monastère pour chercher Lucinde, qu'ils avaient trouvée au cloître parlant avec une religieuse, et, l'ayant enlevée de là sans lui donner loisir de résister, ils s'en étaient venus avec elle en un lieu où ils s'étaient accommodés de ce dont ils avaient besoin pour la conduire. Ce qu'ils avaient bien pu faire tout à leur aise, parce que le monastère était dans la campagne, assez loin de la ville. Il dit encore que, sitôt que Lucinde s'était vue en son pouvoir, elle avait perdu tout sentiment et, après être revenue à elle, n'avait fait autre chose que pleurer et soupirer sans dire une seule parole. Ainsi accompagnés de silence et de larmes, ils étaient arrivés en cette taverne, et pour lui c'était être arrivé au ciel, là où trouvent fin toutes les infortunes de la terre.

CHAPITRE XXXVII

OÙ SE POURSUIT L'HISTOIRE
DE LA FAMEUSE INFANTE MICOMICONA,
AVEC D'AUTRES PLAISANTES AVENTURES

Sancho écoutait tout ceci, et n'en avait pas peu de douleur en son âme, voyant que les espérances qu'il avait de quelque grande dignité s'évanouissaient et s'en allaient en fumée, et que la princesse Micomicona s'était convertie en Dorothée, et le géant en don Fernand, et que cependant son maître dormait à poings fermés, sans se soucier de tout ce qui était arrivé. Dorothée ne se pouvait convaincre que le bien qu'elle possédait ne fût pas un songe. Cardénio avait la même pensée, et celle de Lucinde suivait le même cours. Don Fernand rendait grâces au ciel de la faveur qu'il en avait reçue, et de l'avoir tiré de cet inextricable labyrinthe où il avait été si près de perdre sa réputation et son âme ; et finalement tous ceux qui étaient en la taverne se trouvaient fort contents et joyeux du bon succès qu'avaient eu ces affaires tant emmêlées et désespérées. Le curé, comme une personne sage, mettait tout à son point, et félicitait un chacun du bien qui lui était arrivé ; mais celle qui montrait le plus de jubilation était l'hôtesse, à cause de la promesse que Cardénio et le curé lui avaient faite de lui payer tous les dommages et intérêts qui lui revenaient pour le compte de don Quichotte.

Le pauvre Sancho seul, comme nous avons dit, faisait l'affligé, le triste et le malheureux, et ainsi, avec une mine mélancolique, il entra où était son maître qui se venait d'éveiller, et lui dit : « Vous pouvez bien, seigneur chevalier de la Triste Figure, dormir tant qu'il vous plaira, et sans souci de tuer aucun géant, ni de remettre la princesse en son royaume, car tout est déjà fait et conclu. — Je le crois bien, répondit don Quichotte, parce que j'ai eu avec le géant la plus cruelle et fière bataille que je pense avoir un jour de ma vie ; et d'un revers, v'lan, je lui ai abattu la tête, et il en est sorti du sang en telle abondance que les ruisseaux en couraient par terre comme si c'eût été de l'eau. — Comme si c'eût été du vin rouge, aurait pu mieux dire Votre Grâce, répondit Sancho, parce que je veux qu'elle sache, si elle ne le sait, que le géant qui est mort est une outre percée, et le sang ce sont six mesures de vin rouge qu'il avait en son ventre ; et la tête que vous avez coupée est... la putain qui m'a mis au monde, et que le diable puisse tout emporter ! — Mais qu'est-ce que tu dis, fou ? répliqua don Quichotte, es-tu en ton bon sens ? — Que Votre Grâce se lève, dit Sancho, et elle verra le beau ménage qu'elle a fait, et ce qu'il nous faudra payer ; elle verra aussi la reine convertie en une simple dame appelée Dorothée, avec d'autres événements, dont si elle y prend garde et qu'elle les puisse entendre, elle sera émerveillée. — Je ne m'émerveillerai de rien qui soit, répliqua don Quichotte, car, s'il t'en souvient bien, l'autre fois que nous fûmes ici, je te dis que tout ce qui y arrivait était chose d'enchantement, et il n'y aurait guère à faire que ce ne fût à cette heure de même. — Je le croirais aussi, répondit Sancho, si mon bernement eût été de même livrée, mais il ne l'était pas, car il fut réellement et de fait ; et je vis que le tavernier ici présent tenait un des bouts de la couverture, et m'envoyait au ciel fort plaisamment et gaillardement, avec autant de risée que de force, je tiens pour moi, encore que je sois simple et pauvre pécheur, que là où l'on ne connaît les gens, il n'y a point d'enchantement, mais très bien de bonnes moulures et froissements de côtes et beaucoup de mésaventures. — Eh bien ! Dieu y remédiera, dit don Quichotte ; donne-moi mes habits, que je sorte, car je veux voir les événements et transformations que tu dis. »

Sancho lui donna ses habillements, et, pendant qu'il se

449

vêtait, le curé conta à don Fernand et aux autres les folies de don Quichotte, et l'artifice dont ils avaient usé pour le tirer de la Roche Pauvre, où il s'imaginait être à cause des dédains de sa maîtresse. Il leur conta de même quasi toutes les aventures que Sancho leur avait dites, dont ils s'émerveillèrent et ne rirent pas peu, car il leur sembla, comme ce l'était pour tout le monde, la plus étrange espèce de folie qui eût pu entrer en un esprit dérangé. Le curé dit encore que, puisque l'heureuse issue de madame Dorothée empêchait de passer outre en leur dessein, il était nécessaire d'en inventer et trouver un autre pour le pouvoir emmener en son pays. Cardénio s'offrit à poursuivre ce qui était commencé : Lucinde ferait et représenterait suffisamment la personne de Dorothée : « Non, non, dit don Fernand, il n'en sera pas ainsi, car je veux que Dorothée poursuive son stratagème, et, pourvu qu'il n'y ait guère loin d'ici à la demeure de cé bon chevalier, je serai bien aise que l'on tâche de le guérir. — Il n'y a pas plus de deux journées d'ici, dit le curé. — Bien, dit don Fernand, encore qu'il y en eût davantage, je prendrais plaisir à les faire, afin d'achever une si bonne œuvre. »

Sur cela, don Quichotte parut, armé et équipé de tout son attirail, avec l'armet de Mambrin en tête, tout bossué, rondache au bras, et appuyé à son tronc ou grosse lance. Cette étrange apparition donna de l'étonnement à don Fernand et aux autres. Ils regardaient son visage long d'une demi-lieue de chemin, sec et jaune, le joli assortiment de ses armes et sa grave contenance et se tenaient tout cois, attendant ce qu'il dirait. Lui, avec beaucoup de gravité et de solennité, ayant jeté les yeux sur la belle Dorothée, parla en cette manière :

« Je suis informé, belle dame, par ce mien écuyer, que Votre Grandeur s'est anéantie, et que votre être s'est défait puisque, de reine et grande dame que vous étiez d'ordinaire, vous êtes devenue simple damoiselle. Si cela s'est fait par l'ordonnance du roi nécromancien votre père, dans la crainte que je ne vous pusse donner l'aide due et nécessaire, je dis qu'il ne savait ni ne sait la moitié de son service, et qu'il était fort peu versé aux histoires de chevalerie, parce que, s'il les eût lues et feuilletées avec attention, et aussi à loisir que moi, il eût trouvé à chaque pas comme autant d'autres chevaliers moins fameux que moi avaient mis fin à des aventures bien plus difficiles, car ce n'est pas grand-chose de tuer un giganteau, quelque furieux et arrogant qu'il soit : il n'y a pas longtemps que je me suis vu avec lui, et... Mais je ne veux rien dire, afin qu'on ne me dise pas que je mens ; mais le temps, qui découvre toutes choses, le dira lorsque moins nous y penserons. — Vous vous êtes vu avec deux outres, et non pas avec un géant », dit alors le tavernier. Don Fernand lui commanda de se taire et de n'interrompre en aucune façon le discours de don Quichotte, lequel continua ainsi : « Je dis enfin, haute et déshéritée dame, que si, pour la raison que j'ai dite, votre père a fait cette métamorphose en votre personne, vous ne lui laissiez point d'empire sur vous, car il n'y a péril au monde au travers duquel mon épée n'ouvre un chemin, et, jetant par terre la tête de votre ennemi, je mettrai dans peu de jours la couronne sur la vôtre. »

Don Quichotte n'en dit pas davantage, et il attendit que la princesse lui répondît ; et, comme elle savait déjà la résolution de don Fernand de continuer la tromperie jusqu'à ce qu'on eût ramené don Quichotte en son pays, elle lui repartit avec beaucoup d'aisance et de gravité : « Quiconque vous a dit, valeureux chevalier de la Triste Figure, que je m'étais changée et que j'avais perdu mon premier être, ne vous a pas dit la vérité, parce que je suis celle-là même que j'étais hier : il est bien vrai que certains accidents qui me sont arrivés et qui m'ont causé la meilleure fortune que j'eusse su désirer ont apporté quelque changement en ma personne ; mais, pour tout cela, je ne laisse pas d'être la même que j'étais auparavant, et d'avoir la même intention que j'ai toujours eue de me servir de la valeur de votre valeureux et invincible bras. Tellement que, monsieur, je vous prie que votre bonté rende l'honneur au père qui m'a engendrée, et le tienne pour un homme prudent et bien avisé, puisque par sa science il a trouvé un chemin si facile et si vrai pour remédier à ma disgrâce, que je crois que, si ce n'eût été vous, jamais je n'eusse rencontré le bonheur que j'ai, et en tout ceci, je dis la pure vérité, comme en sont témoins la plupart de ces messieurs ici présents : ce qui reste à faire est que demain nous nous mettions en chemin, parce qu'aujourd'hui nous ne pourrions pas faire grande journée, et le surplus de la bonne issue que j'espère, je le remets à Dieu et à la valeur de votre courage. »

Voilà ce que dit la charmante Dorothée, ce qu'ayant ouï don Quichotte, il se retourna devers Sancho, et avec montre de grande colère lui dit : « Maintenant je te déclare, mon petit Sancho, que tu es le plus grand coquin qu'il y ait en Espagne : dis-moi, larron, vagabond, ne viens-tu pas tout à cette heure de me dire que cette princesse s'était changée en une damoiselle nommée Dorothée, et que la tête que j'entends avoir tranchée à un géant était la putain qui t'a enfanté, avec d'autres rêveries qui m'ont mis en la plus grande confusion où j'aie été en jour de ma vie ? Par la... (il regarda le ciel en serrant les dents) j'aurais envie de faire un tel carnage de toi que tu servirais d'exemple à tous les menteurs écuyers de chevaliers errants qu'il y aura dorénavant dans le monde ! — Ne vous fâchez pas, monsieur, répondit Sancho : il se pourrait bien faire que je me fusse trompé en ce qui touche la mutation de madame la princesse Micomicona ; mais en ce qui concerne la tête du géant, ou du moins le percement des outres, et en ce que le sang est du vin rouge, vive Dieu ! je ne m'y trompe point, car elles sont là toutes percées au chevet de votre lit, et le vin rouge a fait de votre chambre un étang. Vous le verrez bien au moment de la friture, je veux dire quand monsieur notre hôte vous demandera réparation de tout le dommage que vous lui avez fait. Du reste, que madame la reine soit en l'état où elle était, je m'en réjouis extrêmement, parce qu'il m'en revient ma part comme à tout enfant du village. — Eh bien, Sancho, répliqua don Quichotte, je dis à présent que tu es un simple d'esprit ; pardonne-moi, et suffit. — Suffit, dit don Fernand, et n'en parlons plus ; et, puisque madame la princesse veut que l'on se mette en route ce matin, parce qu'il est déjà tard, ainsi soit, et ce soir nous le pourrons passer en bonne compagnie jusqu'au jour, lequel étant venu, nous ferons compagnie au seigneur don Quichotte, parce que nous voulons être témoins des valeureux et incomparables exploits qu'il fera dans le cours de cette grande entreprise dont il s'est chargé. — C'est moi qui vous servirai et vous accompagnerai, répondit don Quichotte, et je vous rends grâces de la faveur que vous me faites, et de la bonne opinion que vous avez de moi : je tâcherai de la justifier, ou bien il m'en coûtera la vie, et encore plus, s'il m'en peut coûter plus. »

Il y eut plusieurs paroles de courtoisie et échanges de politesses entre don Quichotte et don Fernand ; mais à tout cela imposa silence un passager qui en ce moment entra dans la taverne, lequel, à son habit, montrait être chrétien nouvellement venu de la terre des Maures : il était vêtu d'une casaque de drap bleu, avec les pans courts, les demi-manches, et sans col ; ses chausses étaient aussi de toile bleue avec un bonnet de même couleur, des brodequins couleur de datte, et un cimeterre mauresque pendu à un baudrier qu'il portait en écharpe. Il était suivi d'une femme habillée à la mauresque et montée sur un âne, le visage voilé, une coiffe sur la tête ; elle avait un petit bonnet de brocart, et une almalafa [1] la couvrait depuis les épaules jusques aux pieds. L'homme était robuste et de belle taille, âgé d'un peu plus de quarante ans, légèrement brun de visage, les moustaches longues et la barbe bien faite ; enfin il se montrait tel en son extérieur que, s'il eût été bien habillé, on l'eût pris pour une personne de qualité et bien née. En entrant il demanda un appartement, et, comme on lui dit qu'il n'y en avait point en l'hôtellerie, il en sembla fort contrarié, et, s'approchant de celle qui à son habit semblait être une Maure, il la prit dans ses bras pour la descendre de dessus l'âne. Lucinde, Dorothée, la tavernière, sa fille et Maritorne, attirées par cette nouvelle façon d'habits qu'elles n'avaient jamais vue, se mirent autour de la Mauresque, et Dorothée, qui toujours fut gracieuse, courtoise et discrète, lui étant avis que tant elle comme celui qui la menait se plaignaient pour le défaut d'un appartement, lui dit : « Ne vous faites point de peine, madame, de l'incommodité et du défaut de bien-être qu'il y a ici, car c'est le propre des tavernes de n'y trouver jamais quoi que ce soit ; ce nonobstant, s'il vous plaît de loger avec nous (en montrant Lucinde), peut-être n'aurez-vous trouvé en tout votre voyage de meilleur accueil. » La Mauresque ne répondit rien, ni ne fit autre chose que se lever d'où elle était assise, et, ayant mis ses deux mains en croix sur sa poitrine, inclinant la tête en bas, plia tout son corps en signe qu'elle la remerciait. Ils imaginèrent, à son silence, que sans aucun doute elle devait être Maure et ne savait point parler le langage chrétien. Sur ce, le captif arriva, lequel avait été jusqu'alors occupé d'autre chose, et, voyant toutes ces femmes autour de celle qu'il avait amenée, et qu'elle ne répondait rien à tout ce qu'elles lui disaient, leur dit : « Mesdames, cette jeune fille entend à peine ma langue et n'en sait point d'autre que celle de son pays : c'est pourquoi elle ne vous a rien répondu, ni ne répond à ce qu'on lui a demandé. — On ne lui demande autre chose, répondit Lucinde, que de lui offrir notre compagnie pour cette nuit, avec une partie du lieu où nous nous accommoderons, et où on lui fera le traitement que la commodité permettra, avec la même bonne volonté qui oblige à servir tous les étrangers qui en ont besoin, et principalement quand c'est à une femme que se rend le service. — Je vous baise les mains, madame, pour elle et pour moi, répondit le captif, et estime grandement et à son prix la faveur que vous nous offrez, car, en telle occasion et venant de telles personnes que le montre votre air, on reconnaît qu'elle est fort grande. — Dites-moi, monsieur, dit Dorothée, cette dame est-elle chrétienne ou Maure ? L'habit et le silence nous font penser qu'elle est ce que nous ne voudrions pas qu'elle fût. — Maure d'habit et de corps, mais fort bonne chrétienne en l'âme, parce qu'elle a un très grand désir de l'être. — Ainsi elle n'est pas baptisée ? répliqua Lucinde. — Il n'y a pas encore eu possibilité de le faire, répondit le captif, depuis qu'elle est sortie d'Alger, sa patrie, et elle ne s'est vue jusqu'à présent en aucun péril de mort si proche qui obligeât à la baptiser avant qu'elle sût premièrement toutes les cérémonies que commande notre mère la sainte Église, mais Dieu permettra que bientôt on la baptise ainsi qu'il convient à une personne de sa qualité, qui est beaucoup plus que ne le montrent son habit et le mien. »

Ces propos donnèrent envie à tous ceux qui les avaient entendus de savoir qui étaient la Mauresque et le captif ; mais personne ne le voulut demander pour lors, voyant qu'il était plutôt temps de les laisser prendre du repos que de s'enquérir de leur existence passée. Dorothée la prit par la main et la fit asseoir auprès d'elle, la priant d'ôter son voile. Elle regarda le captif, comme si elle lui eût demandé ce qu'on disait, et ce qu'elle ferait. Il lui dit en langue arabesque qu'on lui demandait d'ôter son voile, et l'engagea à le faire, si bien qu'elle l'ôta, et découvrit un visage si beau que Dorothée la tint pour plus belle que Lucinde, et Lucinde pour plus belle que Dorothée, et tous les assistants connurent que, s'il y en avait aucune qui se pût égaler à la beauté des deux, c'était la Mauresque ; et même il y en eut qui sur quelques points lui donnèrent l'avantage. Et, comme ainsi soit que la beauté a une prérogative et une grâce de concilier les âmes et d'attirer les volontés, ils se soumirent incontinent tous au désir de servir et caresser la belle Mauresque. Don Fernand demanda au captif comment elle s'appelait, et il lui répondit qu'elle avait nom Lella Zoraïda[2] ; mais, dès qu'elle l'ouït, elle comprit ce qu'on avait demandé au chrétien, et dit vitement, toute fâchée, et néanmoins de bonne grâce : « Non, non Zoraïda, Marie, Marie », donnant à entendre qu'elle s'appelait Marie, et non pas Zoraïda. Ces paroles et la grande affection avec laquelle la Mauresque les dit firent répandre plus d'une larme à quelques-uns de ceux qui l'écoutèrent, et principalement aux femmes, qui de leur naturel sont tendres et compatissantes. Lucinde l'embrassa avec beaucoup d'amitié, lui disant : « Oui, oui, Marie, Marie », à quoi la Mauresque répondit : « Oui, oui, Marie, *Zoraïda macange*[3] », qui veut dire : non.

Cependant la nuit venait, et, suivant l'ordre de ceux qui étaient de la suite de don Fernand, l'hôte avait soigneusement apprêté à souper du mieux qu'il avait pu. L'heure étant venue, ils s'assirent tous à une longue table comme d'un réfectoire, parce qu'il n'y en avait point de ronde ni de carrée en la taverne, et donnèrent le haut bout et principal siège à don Quichotte, encore qu'il le refusât ; mais il voulut que la princesse Micomicona fût assise à son côté, puisqu'elle était sous sa garde ; ensuite Lucinde et Zoraïda s'assirent, et vis-à-vis d'elles don Fernand et Cardénio, puis le captif et les autres cavaliers, et à côté des dames se mirent le curé et le barbier. Ils soupèrent avec beaucoup de contentement, lequel s'accrut encore davantage, voyant que don Quichotte, laissant de manger et mû d'un esprit pareil à celui qui le poussa à tant parler lorsqu'il soupa avec les chevriers, se prit à dire :

« Véritablement, messieurs, si on le considère bien, ceux qui font profession de l'ordre de la chevalerie errante voient de grandes et étranges choses. Car enfin, quel homme y aura-t-il au monde, qui, entrant à cette heure par la porte de ce château, et nous voyant de la sorte que nous sommes, juge et croie que nous soyons ce que nous sommes ? Qui pourra dire que cette dame qui est ici à côté de moi est cette grande reine que nous savons, et que je suis ce chevalier de la Triste Figure qui va çà et là en la bouche de la Renommée ? Or, il ne faut point douter que cet art et exercice n'excède et ne surpasse tous ceux que les hommes ont inventés, et se doit d'autant plus estimer qu'il est sujet à plus de périls. Arrière ceux qui diront que les lettres ont de l'avantage sur les armes ! je leur dirai, quels qu'ils soient, qu'ils ne savent ce qu'ils disent. Car la raison qu'ordinairement telles gens allèguent, et à laquelle ils s'attachent le plus, c'est que les travaux de l'esprit excèdent ceux du corps, et que les armes ne s'exercent que corporellement, comme si c'était un métier de crocheteur, pour lequel il n'est besoin d'autre chose que de bonnes épaules, ou comme si en ce que nous appelons armes, entre nous autres qui en faisons profession, n'étaient compris les actes de courage, qui requièrent beaucoup d'entendement pour les exécuter, ou bien tout comme si un guerrier qui a une armée à sa charge, ou la défense d'une ville assiégée, ne travaillait pas aussi bien avec l'esprit qu'avec le corps. Sinon, qu'on voie si avec les forces corporelles on peut savoir et conjecturer l'intention de l'ennemi, les desseins, les stratagèmes, les difficultés, prévoir les dangers que l'on craint : actions qui sont toutes de l'entendement, où le corps n'a part aucune. Étant donc ainsi que les armes requièrent l'esprit aussi bien que les lettres, voyons maintenant lequel des deux travaille le plus, celui de l'homme lettré ou du guerrier. Cela se connaîtra par la fin et le but auquel tend un chacun, parce que l'on doit estimer d'autant plus l'intention qu'elle a pour objet une fin plus noble. Le but donc des lettres (je ne parle pas des divines, qui ont pour objet de conduire et acheminer les âmes au ciel, car à une fin qui est tant sans fin comme celle-là, nulle autre ne se peut comparer), je veux parler des lettres humaines, dont la fin est de mettre en son point la justice distributive et de donner à chacun le sien, d'entendre et de faire que les bonnes lois

457

s'observent : fin certainement généreuse, haute et digne de grande louange, mais non pas tant comme mérite celle où les armes tendent, lesquelles ont pour leur objet et pour leur but la paix, qui est le plus grand bien que les hommes puissent désirer en cette vie. Et même les premières bonnes nouvelles qui furent apportées au monde et que les hommes reçurent furent celles que les anges donnèrent la nuit qui fut notre jour, lorsqu'ils chantèrent en l'air : *Gloire soit dans les hauteurs, et paix sur la terre aux hommes de bonne volonté !* Et la salutation que le meilleur maître de la terre et du ciel enseigna à ses fidèles et favoris fut qu'il leur dit que, quand ils entreraient en quelque maison, ils dissent : *La paix soit céans !* et plusieurs autres fois il leur dit : *Je vous donne ma paix, je vous laisse ma paix, la paix soit avec vous,* comme un joyau et gage digne d'une telle main, joyau sans lequel il n'y peut avoir aucun bien en la terre ni au ciel. Cette paix est la vraie fin de la guerre, car c'est la même chose de dire armes que guerre.

« Supposé donc cette vérité que la fin de la guerre est la paix, et qu'en cela elle emporte l'avantage sur la fin des lettres, venons maintenant aux travaux du corps de l'homme lettré, et à ceux de celui qui fait profession des armes, et voyons quels sont les plus grands. »

Don Quichotte allait poursuivant son discours de telle sorte et avec de si bons termes que pas un de ceux qui l'écoutaient alors ne le pouvait tenir pour fou : au contraire, étant la plupart gentilshommes, dont les armes sont ordinairement le lot, ils l'écoutaient de fort bonne volonté, et ainsi il continua disant : « Je dis donc que les travaux de l'étudiant sont ceux-ci : principalement la pauvreté (non pas qu'ils soient tous pauvres, mais pour prendre ce cas en son état extrême) ; et pour avoir dit qu'il souffre pauvreté, il me semble qu'il ne se peut dire un plus grand malheur, parce que qui est pauvre n'a rien qui soit bon ; il endure cette pauvreté en toutes ses parties, tantôt la faim, tantôt le froid, tantôt la privation d'habits, et quelquefois tout ensemble ; mais pour tout cela elle n'est pas si grande qu'il ne mange, encore que ce soit un peu plus tard que d'habitude et quand ce ne serait que du reste des riches : car c'est bien la plus grande misère de l'étudiant, celle-là qu'ils appellent entre eux *aller à la soupe* : aussi ne lui manque-t-il point quelque brasero, ou un coin de cheminée, où, s'il ne se chauffe bien, au moins y attiédit-il un peu sa froidure ; et enfin il dort à couvert. Je ne veux point parler d'autres bagatelles : de l'absence de chemises et du peu d'abondance des souliers, de la vétusté et de l'indigence de son habillement, ni aussi de ce qu'il s'en donne avec tant de plaisir, quand sa bonne fortune lui envoie quelque bon repas. Par cette voie que je vous ai dépeinte si âpre et si fâcheuse, bronchant ici, tombant là, se relevant ailleurs, puis retombant un peu plus loin, ils parviennent au degré qu'ils désirent, auquel nous en avons vu plusieurs élevés, qui, ayant passé par ces Syrtes et par ces Scyllas et ces Charybdes, comme portés tout d'un vol par la fortune favorable, nous les avons vus, dis-je, commander et gouverner le monde de dessus un fauteuil, leur faim étant changée en satiété, leur froid en rafraîchissement, leur nudité en beaux habits, et leur sommeil sur la natte converti en de bons lits et draps de toile de Hollande, avec des courtines de damas, récompense justement méritée de leur vertu. Mais, opposés et comparés avec ceux du guerrier, leurs travaux demeurent bien en arrière en tout et partout, comme à présent je le dirai. »

CHAPITRE XXXVIII

QUI TRAITE DU CURIEUX DISCOURS QUE FIT
DON QUICHOTTE SUR LES ARMES ET LES LETTRES

Don Quichotte poursuivit : « Puisque nous avons commencé par la pauvreté de l'étudiant et ses diverses parties, voyons si le soldat est plus riche, et nous connaîtrons qu'il n'y a personne plus pauvre en la pauvreté même, parce qu'il faut qu'il se tienne à la misère de la chétive paye, qui vient tard ou jamais, ou à ce qu'il peut rapiner et gratter de ses mains avec un notable péril de sa vie et de sa conscience ; et quelquefois il est si nu qu'un pauvre collet déchiqueté lui sert de braverie et de chemise, et qu'au fin cœur d'hiver il n'a que cela pour se défendre des injures et inclémences du ciel, et, étant en rase campagne, il s'échauffe de la seule haleine de sa bouche, laquelle, comme sortant d'un lieu vide, je tiens pour certain devoir être froide contre toutes les lois de la nature. Et puis attendez qu'il espère que la nuit vienne, pour le restaurer de toutes ces incommodités en un bon lit qui l'attend, lequel, si ce n'est par sa faute, ne sera jamais trop étroit : car il peut bien mesurer sur la terre autant de pieds qu'il voudra, se vautrer sur icelle tout à son aise, sans craindre que les draps s'entoupillonnent autour de lui. Or, après tout cela, viennent le jour et l'heure de recevoir le grade de son exercice ; vienne un jour de bataille ; là on lui mettra le bonnet de docteur autour de la tête, fait de charpie pour le panser de quelque coup de balle qui lui aura peutêtre traversé les tempes, ou le laissera estropié d'un bras ou d'une jambe. Et quand cela n'arrive pas et que le ciel pitoyable le garde sain et sauf, il se pourra faire qu'il demeure en la même pauvreté où il était auparavant, et sera besoin qu'il lui arrive plusieurs rencontres et plusieurs batailles, et qu'il remporte la victoire partout, s'il veut améliorer un peu son sort ; mais ces miracles arrivent rarement. Et dites-moi, messieurs, si vous y avez pris garde, combien y en a-t-il moins de ceux qui sont récompensés par la guerre que de ceux qui y sont morts ? Sans doute vous me répondrez qu'il n'y a point de comparaison et qu'il est impossible de tenir le compte de ceux qui y ont été tués, mais que l'on comptera bien les récompensés avec trois chiffres. C'est tout au rebours du nombre des lettrés, je ne veux pas seulement dire à grandes manches[1], mais à robes longues simplement : tous ont de quoi s'entretenir, de sorte qu'encore que le travail du soldat soit plus grand, la récompense en est toutefois beaucoup moindre. A cela on pourrait répondre qu'il est plus facile de récompenser deux mille lettrés que trente mille soldats, parce qu'à ceux-là on leur donne pour récompense des offices qui nécessairement se doivent donner à ceux de leur profession, et ceux-ci, on ne les saurait récompenser sinon du bien du seigneur même qu'ils servent, et cette impossibilité fortifie encore davantage la raison que j'ai donnée. Mais laissons cela de côté, car c'est un labyrinthe de difficile issue, et retournons à la prééminence des armes sur les lettres, matière qui encore jusqu'à présent n'a point été vidée, selon les raisons que chacun allègue de son côté ; et, entre celles que j'ai rapportées, les lettres disent que les armes ne se peuvent maintenir sans elles, parce que la guerre a aussi ses lois, et y est sujette, et que les lois sont contenues dans le domaine des lettres et des lettrés. A quoi répondent les armes, que les lois ne se pourraient pas maintenir sans elles, que c'est avec les armes que les républiques sont défendues, les royaumes conservés, les cités gardées, les chemins rendus sûrs et les mers nettoyées de corsaires ; et finalement, sans leur secours, les républiques, les royaumes, les monarchies, les cités, les voyages de terre et de mer seraient sujets à la rigueur et à la confusion que la guerre apporte avec soi pendant le temps qu'elle dure et qu'elle a liberté d'user de ses privilèges et de ses forces. Et c'est une raison reconnue que ce qui coûte bien

461

cher s'estime et se doit estimer davantage. Il coûte à un homme, pour acquérir le degré de prééminence aux lettres, du temps, des veilles, de la faim, de la nudité, des étourdissements de tête, des indigestions d'estomac, et autres choses accessoires que j'ai déjà en partie rapprochées. Mais, si quelqu'un veut parvenir par les vraies règles à être bon soldat, il lui coûte autant qu'à l'étudiant, mais en un degré tellement supérieur qu'il n'y a point de comparaison, car à tout moment il est sur le point de perdre la vie. Et quelle crainte de nécessité et pauvreté peut venir fatiguer l'étudiant, qui approche de celle qu'a un soldat, lequel, se trouvant assiégé en une forteresse et étant en faction ou de garde sur quelque ravelin, sent que les ennemis creusent une mine du côté où il est, et ne s'ose écarter de là, quoi qu'il arrive, ni fuir le danger qui le menace de si près ? Tout ce qu'il peut faire, c'est d'avertir son capitaine de ce qui se passe, afin qu'il y apporte quelque remède par une contremine, et de se tenir là sans bouger, dans la crainte et l'attente qu'à l'improviste il lui faille monter aux nues sans ailes, et descendre dans la terre contre sa volonté. Et si ce danger semble petit, voyons si celui-là lui est égal ou le surpasse, quand deux galères se vont assaillir ou accrocher par la proue au milieu de la mer spacieuse, là où, lorsqu'elles sont aux prises et attachées, le soldat n'a d'autre place pour se défendre que les deux pieds de l'ais de l'éperon ; et, voyant qu'il a devant soi autant de ministres de la mort qui le menacent qu'il y a de pièces d'artillerie de l'ennemi braquées droit sur lui, et qui n'en sont pas plus loin que la longueur d'une lance, si bien qu'au premier faux pas il ira visiter les profondes entrailles de Neptune, ce néanmoins, d'un cœur assuré et poussé de l'honneur qui l'emporte, il se fait la cible de tant d'arquebusades, et s'efforce d'entrer par un passage si étroit au vaisseau de l'adversaire. Et voici qui est encore plus admirable : à peine l'un est-il tombé, d'où il ne se pourra relever jusqu'à la fin du monde, qu'un autre prend sa place ; et si celui-là tombe aussi en la mer, qui le guette comme un ennemi, un autre et puis encore un autre lui succèdent, sans leur laisser le temps de mourir : vaillance et hardiesse les plus grandes qui se trouvent en tous les hasards de la guerre. Bénis soient ces siècles heureux qui n'ont point connu l'épouvantable furie de ces instruments endiablés de l'artillerie, à l'inventeur de laquelle je tiens, pour moi, que l'enfer donne la récompense de son invention diabolique, de l'artillerie par laquelle un bras infâme et couard peut ôter la vie à un vaillant chevalier, et, sans savoir comment ni par où, au beau milieu de la fureur qui enflamme et excite les cœurs vaillants, il vient une balle à la débandade (peut-être lâchée par quelque fuyard épouvanté de la lueur qu'en a rendue le feu à la détonation de la maudite machine), laquelle balle tranche et achève en un instant les pensées et la vie de celui qui méritait d'en jouir de longs siècles. Aussi, considérant ceci, dirais-je volontiers qu'il me déplaît au fond du cœur d'avoir entrepris cet exercice de chevalier errant en un siècle aussi détestable que celui auquel nous vivons à présent : car, encore que nul danger ne me donne de la crainte, ce néanmoins la pensée que j'ai que la poudre et le plomb me doivent ôter l'occasion de me rendre fameux par la valeur de mon bras et par le fil de mon épée dans toute la terre ne me laisse point sans quelque appréhension. Mais que le ciel en ordonne comme il lui plaira, je serai d'autant plus estimé, si je viens à bout de ce que je prétends, que je me suis mis en de plus grands hasards que ne l'ont fait les chevaliers errants des temps passés. »

Don Quichotte prononça toute cette longue harangue pendant que les autres soupaient, sans songer lui-même à se mettre un morceau à la bouche, encore que Sancho Pança l'eût de temps en temps averti de souper et qu'il aurait assez de temps ensuite pour dire ce qu'il voudrait. Il survint une nouvelle pitié à ceux qui l'avaient écouté de voir qu'un homme comme lui, qui en apparence avait un bon entendement et qui usait de raison en toutes les choses qu'il traitait, eût si irrémédiablement perdu l'esprit dès qu'on touchait à sa malheureuse, à sa funeste chevalerie. Le curé lui dit qu'il avait bien raison en tout ce qu'il avait rapporté et allégué en faveur des armes, et que lui-même, bien que lettré et gradué, était de son avis.

Le souper achevé, on ôta la nappe, et, cependant que la tavernière, avec sa fille et Maritorne, accommodaient le galetas de don Quichotte de la Manche, où ils avaient délibéré que cette nuit les femmes se retireraient toutes seules, don Fernand pria le captif de leur conter sa vie, car il ne se pouvait faire que cela ne fût rare et agréable, selon les apparences et démonstrations qu'il avait données en arrivant en compagnie de Zoraïda ; à quoi le captif répondit que fort volontiers il ferait ce qu'on lui demandait, mais qu'il craignait seulement que la narration n'en fût pas telle qu'elle leur apportât le contentement qu'il désirait ; néanmoins, pour ne leur désobéir, il la leur voulait bien raconter. Le curé et tous les autres l'en remercièrent, et derechef l'en suppliè- rent, tellement que lui, se voyant prié par tant de personnes, dit qu'il n'était besoin d'user de prières là où l'ordre avait tant de force. « Partant, ajouta-t-il, soyez attentifs, et vous entendrez un récit véritable, dont peut-être n'approcheraient pas les contes menteurs, qu'on a coutume de composer avec bien du soin et de l'art. » Ces paroles firent que tous s'accommodassent et lui prêtassent un grand silence, et lui, voyant qu'on se taisait, attendant ce qu'il voudrait dire, il commença d'une voix agréable et posée à parler de cette manière.

CHAPITRE XXXIX

OÙ LE CAPTIF RACONTE SA VIE ET SES AVENTURES

« C'est en un bourg des montagnes de Léon que prit son origine mon lignage, envers lequel la nature fut plus gracieuse et plus libérale que la fortune, encore que parmi ce pauvre pays mon père passât pour riche, et véritablement il l'eût été, s'il eût usé d'autant d'industrie à conserver son bien qu'à le dépenser. Et cette humeur qu'il avait d'être libéral et dépensier provenait d'avoir été soldat en sa jeunesse. Car à l'école soldatesque le mesquin devient libéral, et le libéral prodigue ; et, s'il se trouve quelques soldats avares, ce sont comme des monstres qui se voient rarement. Mon père passait les limites de la libéralité, et approchait de fort près celles du prodigue, ce qui n'est nullement profitable à l'homme marié et qui a des enfants qui doivent succéder à son nom et à son existence. Ceux que mon père avait étaient au nombre de trois, tous garçons et en âge de pouvoir prendre un état. Donc, mon père voyant, selon qu'il disait, qu'il ne se pouvait retenir contre sa complexion naturelle, il se voulut priver de l'instrument et cause qui le rendaient ainsi dépensier et généreux, qui fut de quitter son bien : privé du sien, Alexandre même eût paru chiche ; et par ainsi, nous appelant un jour tous trois à part en une chambre, il nous tint à peu près ce discours : « Mes enfants, pour vous faire connaître que je vous aime bien, c'est assez de savoir et de dire que vous êtes mes enfants, et, pour entendre que je ne sais pas vous aimer, il suffit de savoir que je ne suis pas maître de moi-même en ce qui concerne la conservation de votre patrimoine. Or, afin que vous connaissiez désormais que je vous aime comme un père, et que je ne désire pas votre ruine comme un parâtre, je désire faire une chose avec vous, à laquelle j'ai pensé il y a déjà longtemps, et l'ai disposée avec une mûre considération. Vous voici en âge de prendre un parti, ou au moins de choisir une profession telle que quand vous serez plus grands elle vous puisse rendre honneur et profit ; et ce que j'ai pensé est de faire quatre parts égales de mon bien et de donner à chacun de vous celle qui lui revient, sans préjudice d'aucun, gardant la quatrième pour me nourrir et m'entretenir le reste du temps qu'il plaira à Dieu de me laisser vivre. Mais je voudrais qu'après que chacun aura entre ses mains la part qui lui échoit, il suivît un des chemins que je lui dirai. Il y a en notre Espagne un proverbe à mon avis fort véritable, comme tous le sont, parce que ce sont sentences brèves, tirées de la longue et discrète expérience ; et celui que je dis porte : *Église ou mer, ou maison royale*, comme si plus clairement il voulait dire : Qui voudra valoir quelque chose et être riche, ou qu'il suive l'Église, ou qu'il navigue en exerçant le trafic de marchandises, ou bien qu'il entre en la maison des rois pour les servir, car, comme l'on dit : « Mieux vaut miette de roi que faveur de seigneur. » Je désirerais donc, et telle est ma volonté, que l'un de vous suivît les lettres, le second le négoce, et que le troisième servît le roi en la guerre, parce qu'il est fort difficile d'entrer en sa maison pour le servir : car, encore que la guerre n'apporte pas beaucoup de richesses, elle a coutume de donner beaucoup de mérite et de renommée. Dans huit jours, je vous donnerai toutes vos parts en argent comptant, sans vous tromper d'un liard, comme vous le verrez à l'œuvre. Dites-moi à cette heure si vous voulez suivre mon avis et conseil en ce que je vous ai proposé. »

Il me commanda, à moi qui étais l'aîné, que je répondisse. Après lui avoir dit qu'il ne se défît pas de son bien, mais qu'il en employât tout ce que bon lui semblerait, et que nous autres étions jeunes pour en pouvoir gagner, je vins à conclure que j'accomplirais ce qu'il désirait, et que mon intention était de suivre l'exercice des armes en y servant Dieu et mon roi. Mon second frère fit les mêmes offres, et choisit de s'en aller aux Indes, ayant fait emploi de la part de son bien qui lui écherrait. Le plus jeune, et, comme je crois, le plus sage, dit qu'il voulait suivre l'Église, ou bien s'en aller achever ses études à Salamanque. Ainsi que nous eûmes fini de nous accorder et de choisir nos professions, mon père nous embrassa tous, et, avec la même promptitude qu'il l'avait dit, il effectua tout ce qu'il nous avait promis, donnant à chacun sa part, qui fut, si bien il m'en souvient, à chacun trois mille ducats en argent (parce qu'un oncle que nous avions acheta tout le bien et le paya comptant, afin qu'il ne sortît point de l'estoc de la maison). Nous prîmes tous trois congé de notre bon père en un même jour ; et en celui-là même, comme il me sembla inhumain que mon père demeurât ainsi, vieux comme il était, avec si peu de bien, je m'arrangeai avec lui pour que, sur mes trois mille ducats, il en prît deux mille, parce que le reste suffisait pour m'équiper ; mes deux frères, mus de mon exemple, lui laissèrent aussi chacun deux mille ducats en argent comptant, outre trois mille que valait le bien qui lui était échu, lequel il ne voulut pas vendre, mais garder en biens-fonds. Bref, nous prîmes congé de lui et de notre oncle, non sans grand déplaisir de tous, et sans verser grande abondance de larmes, et il nous recommanda bien fort que, toutes les fois que nous en aurions la facilité, nous lui fissions savoir de nos nouvelles, bonnes ou mauvaises. Nous le lui promîmes ; et, après qu'il nous eut embrassés et donné sa bénédiction, l'un prit la route de Salamanque, l'autre de Séville, et moi celle d'Alicante, où j'appris qu'il y avait un navire génois qui chargeait de la laine pour Gênes. Voilà vingt-deux ans que je suis sorti de la maison de mon père : pendant tout ce temps, encore que j'aie écrit plusieurs lettres, je n'ai eu aucune nouvelle ni de lui ni de mes frères, mais je vous dirai en peu de mots tout ce qui m'est arrivé depuis cette époque.

Je m'embarquai à Alicante et arrivai après un heureux voyage à Gênes, de là je m'en allai à Milan, où je m'accommodai d'armes et d'objets d'habillement propres à un soldat, puis de là je voulus aller m'enrôler en Piémont, et, comme j'étais en chemin pour Alexandrie de la Paille[1], j'eus des nouvelles que le grand duc d'Albe passait en Flandre. Je changeai d'avis et m'en allai avec lui, et lui servis aux exploits qu'il fit. Je me trouvai à la mort des comtes d'Egmont et de Horn ; je fus enseigne d'un fort fameux capitaine de Guadalajara, nommé Diego de Urbina[2]. Quelque temps après que j'arrivai en Flandre, on eut nouvelle de la ligue que Sa Sainteté le pape Pie V d'heureuse mémoire avait faite avec la république de Venise et avec l'Espagne, contre l'ennemi commun, qui est le Turc, lequel en ce même temps avait conquis avec son armée navale la fameuse île de Chypre, qui était sous la domination des Vénitiens, perte lamentable et malheureuse. On sut pour certain que le sérénissime don Juan d'Autriche, frère naturel de notre bon roi don Philippe, serait le général de cette ligue, et on publia le très grand appareil de guerre qui se faisait ; ce qui m'incita et m'aiguillonna le courage et le désir de me trouver en la journée que l'on attendait ; et, encore que j'eusse quelque opinion et promesse à peu près certaine qu'à la première occasion qui s'offrirait je serais promu au grade de capitaine, je voulus néanmoins quitter tout et m'en aller, comme je fis, en Italie. Et la fortune voulut que le seigneur don Juan d'Autriche ne faisait que d'arriver à Gênes, et s'en allait à Naples pour se joindre à l'armée de Venise, ce qu'il fit à Messine. Je dis enfin que je me trouvai en cette très heureuse bataille de Lépante, ayant charge de capitaine d'infanterie, degré d'honneur auquel ma bonne fortune plutôt que mon mérite me fit monter. Et en cette journée-là, qui fut si heureuse pour la chrétienté, parce qu'en cette journée tout le monde fut désabusé de l'erreur où l'on était, croyant que les Turcs fussent invincibles sur mer ; en cette journée, dis-je, où fut abattue la superbe ottomane, entre tant d'heureux qui furent là (parce que les chrétiens qui y moururent jouissent d'un

468

plus grand heur que ceux qui demeurèrent en vie et victorieux), moi seul je fus le malheureux : car, au lieu que j'eusse pu espérer une couronne navale, si c'eût été au temps des Romains, je me vis, la nuit qui succéda à un si fameux jour, avec des chaînes aux pieds et des menottes aux mains. Voici comment la chose advint. L'Uchali, roi d'Alger, hardi et heureux corsaire, ayant investi et pris la galère capitane de Malte, en laquelle il ne demeura que trois gentilshommes en vie, et encore fort blessés, la capitane de Jean Andréa, en laquelle j'étais avec ma compagnie, accourut au secours de celle-ci, et, faisant ce que je devais en semblable occasion, je sautai sur la galère ennemie, laquelle s'écarta de celle qui l'avait assaillie et empêcha que mes soldats ne me suivissent, si bien que je me trouvai seul entre les ennemis, auxquels ne pouvant résister pour être en si grand nombre, je fus contraint de me rendre tout couvert de blessures. Et, comme vous avez déjà entendu dire, messieurs, que l'Uchali se sauva avec toute son escadre, je demeurai captif en sa puissance, et fus le seul triste entre tant de gens joyeux, et seul captif entre tant de gens libres. Car il y eut quinze mille chrétiens qui ce jour-là obtinrent la liberté tant désirée, et qui étaient tous à la rame en la flotte turque.

Je fus mené à Constantinople, où le Grand-Turc Sélim fit mon maître général de la mer, parce qu'il avait fait son devoir en la bataille, ayant remporté pour montre de sa valeur l'étendard de l'ordre de Malte. Je me trouvai la seconde année, qui fut celle de 72, à Navarin, voguant en la capitane aux trois fanaux[3]. Je vis et remarquai l'occasion que l'on perdit alors de pouvoir prendre dans le port toute la flotte turque : tous les Levantins et janissaires qui y étaient tenaient déjà pour certain qu'on les devait investir dans le port, et avaient leurs hardes toutes prêtes, et leurs passamaques, qui sont leurs souliers, pour s'enfuir promptement par terre, sans attendre le combat, tant la peur qu'ils avaient conçue de notre flotte était grande ; mais le ciel en ordonna d'autre façon, non par la faute ou la négligence du général qui gouvernait les nôtres, mais pour les péchés de la chrétienté et parce que Dieu veut et permet que nous ayons toujours des bourreaux qui nous châtient. En effet, l'Uchali se retira à Modon, qui est une île près de Navarin, et, mettant ses gens à terre, fortifia l'entrée du port et demeura là sans bouger, jusqu'à ce que le seigneur don Juan s'en retournât. En cette journée fut prise la galère qui s'appelait la *Prise*, de laquelle était capitaine un fils de ce fameux corsaire Barberousse. La capitane de Naples, appelée la *Louve*, la prit, qui était conduite par ce foudre de guerre, le père des soldats, l'heureux et invincible capitaine don Alvaro de Bazan, marquis de Santa-Cruz[4], et je ne veux point passer sous silence ce qui advint en la capture de la *Prise*. Ce fils de Barberousse était si cruel et traitait si mal ses captifs que, tout ainsi comme ceux qui étaient à la rame virent que la galère la *Louve* les allait investir, et qu'elle les atteignait, ils lâchèrent tous en même temps les rames et se saisirent de leur capitaine, qui était sur le gaillard d'arrière à leur crier de voguer à la hâte, et, le faisant passer de banc en banc, depuis la poupe jusqu'à la proue, lui donnèrent de tels coups de dents que, devant qu'il fût passé outre le mât, son âme avait déjà passé en enfer : tant étaient grandes la cruauté dont il les traitait et la haine qu'ils lui portaient.

Nous retournâmes à Constantinople, et l'année suivante, qui fut 73, on eut nouvelles que le seigneur don Juan avait gagné Tunis, enlevé ce royaume aux Turcs, et mis en possession d'icelui Muley Hamet, en enlevant l'espérance qu'il avait de pouvoir y retourner et y régner, à Muley Hamida, le plus cruel Maure et le plus vaillant qui fût au monde. Le Grand-Turc fut fort affligé de cette perte, et, usant de la sagacité qu'ont tous ceux de sa maison, il fit la paix avec les Vénitiens, qui la désiraient beaucoup plus que lui. L'année d'après, en 74, il assaillit La Goulette et le fort que le seigneur don Juan avait laissé à moitié élevé près de

Tunis. En toutes ces rencontres j'étais à la rame, sans aucune espérance de liberté, au moins ne l'espérais-je pas par rançon, parce que j'étais résolu de ne donner point avis de ma disgrâce à mon père. Enfin on perdit La Goulette, on perdit le fort, devant lesquelles places il y avait soixante-quinze mille Turcs mercenaires, et plus de quatre cent mille Maures et Arabes venus de toute l'Afrique, et ce grand nombre de gens était accompagné de tant de munitions et d'attirail de guerre, et il y avait tant de pionniers qu'avec les mains et à poignées de terre ils eussent pu couvrir La Goulette et le fort. La Goulette fut la première perdue, laquelle avait été tenue jusqu'alors pour inexpugnable, et elle ne se perdit pas par la faute de ses défenseurs (lesquels firent tout ce qu'ils devaient et pouvaient), mais parce que l'expérience montra la facilité avec laquelle on pouvait faire des tranchées en ce sable désert, où l'eau, disait-on, se trouvait à deux palmes de fond, tandis que les Turcs n'y en trouvèrent pas à deux toises, de sorte qu'à force de sacs de sablon, ils élevèrent des tranchées si hautes qu'elles dépassaient les murailles du fort : les cavaliers leur pouvant tirer dessus, personne n'osait se montrer ni se présenter pour défendre la place. L'opinion commune est que les nôtres ne se devaient pas enfermer dans La Goulette, mais attendre en campagne le débarquement ; mais ceux qui disent cela parlent de loin et avec peu d'expérience de pareils cas : car, si en La Goulette et au fort, il y avait à peine sept mille soldats, comment pouvait un si petit nombre, encore que ce fussent des gens bien vaillants, sortir en campagne, et garder les fortifications contre une si grande multitude d'ennemis ? Et comment est-il possible de pouvoir garder une forteresse qui n'est pas secourue, et bien plus quand elle est assiégée par des ennemis nombreux et opiniâtres, et dans leur propre pays ? Mais il fut d'avis à plusieurs, et à moi aussi, que ce fut une grâce et faveur particulière que le ciel fit à l'Espagne de permettre que l'on ruinât cette officine, ce réceptacle de misères, cette

471

tarasque, cette éponge, cette vermine qui consommait une infinité d'argent employée sans fruit, et qui ne servait à autre chose qu'à conserver la mémoire d'avoir été prise par le très invincible Charles Quint, comme s'il eût été nécessaire pour la rendre éternelle, ainsi qu'elle l'est et le sera, que ces pierres la soutinssent.

Le fort succomba aussi ; mais les Turcs le gagnèrent pied à pied, parce que les soldats qui le défendaient combattirent avec tant d'opiniâtreté, avec tant de courage, qu'ils tuèrent plus de vingt-cinq mille ennemis en vingt-deux assauts généraux qu'on leur donna. De trois cents des nôtres qui restèrent vivants, ils ne firent aucun prisonnier qui ne fût blessé, signe certain et clair de leur résolution et valeur, et qu'ils s'étaient courageusement défendus et avaient bien gardé leurs postes. Il y avait un petit fort ou tour, au milieu d'un étang, sous la charge de don Juan Zanoguera, gentilhomme valencien et brave soldat, qui se rendit à composition. Ils firent prisonnier don Pedro Puertocarrero, général de La Goulette, lequel fit tout son possible pour défendre la forteresse, et reçut tant de déplaisir de l'avoir perdue qu'il en mourut de chagrin sur le chemin de Constantinople, où on le menait captif. Ils prirent aussi le général du fort, nommé Gabrio Cervellon, gentilhomme milanais, grand ingénieur et très vaillant soldat. Il mourut en ces deux forteresses plusieurs personnes de qualité, dont un nommé Pagan Doria, chevalier de l'ordre de Saint-Jean, homme fort généreux, comme le montra la grande libéralité de laquelle il usa envers son frère, le fameux Jean-André Doria[5] ; et ce qui rendit sa mort plus pitoyable, ce fut d'avoir été tué par certains Arabes, auxquels il s'était fié, voyant que le fort était déjà perdu, et qui lui avaient offert de le mener en habit maure à Tabarca, qui est un petit port ou relâche que tiennent en ces rivages les Génois qui s'exercent à pêcher le corail : lesdits Arabes lui coupèrent la tête et la portèrent au général de l'armée turque, lequel accomplit à leur égard notre proverbe castillan : « La trahison plaît, mais que le traître fait horreur », car on dit qu'il fit pendre ceux qui lui apportèrent le présent, parce qu'ils ne le lui avaient pas amené vif.

Parmi les chrétiens qui se perdirent au fort, il y en eut un nommé don Pedro de Aguilar, natif de je ne sais quel lieu de l'Andalousie, lequel avait été enseigne dans le fort, soldat de grande valeur et d'un entendement rare ; surtout il avait une grâce particulière en ce que l'on appelle poésie. Je le dis parce que sa fortune le conduisit à ma galère et à mon banc, pour être esclave du même patron que moi, et, avant de démarrer de ce port, ce cavalier fit deux sonnets en manière d'épitaphes, l'un à La Goulette et l'autre au fort ; et en vérité je les veux dire, car je les sais par cœur, et je crois qu'ils donneront plutôt du contentement que de l'ennui.

Au même instant que le captif nomma don Pedro de Aguilar, don Fernand regarda ses camarades, et tous trois sourirent ; et, quand il vint à dire les sonnets, l'un d'eux dit : « Avant que Votre Grâce passe outre, je vous supplie de me dire ce qu'est devenu ce don Pedro de Aguilar. — Ce que j'en sais, répondit le captif, est qu'au bout de deux ans qu'il était à Constantinople, il s'enfuit en habit d'Arnaute [6] avec un espion grec, et je ne suis pas certain s'il échappa, bien que j'estime que oui, parce qu'à un an de là je vis le Grec à Constantinople, mais je ne lui pus demander l'issue de ce voyage. — Il revint en Espagne, répondit le cavalier : car ce don Pedro est mon frère, et il est à présent en notre pays, bien portant, riche, marié et père de trois fils. — Dieu soit loué, dit le captif, de tant de grâces qu'il lui a faites, car il n'y a, à mon avis, aucun contentement sur terre qui se puisse égaler à celui de recouvrer la liberté perdue. — Et de plus, répliqua le cavalier, je sais les sonnets que mon frère fit. — Que Votre Grâce les dise donc, dit le captif, car vous les saurez rapporter mieux que moi. — Volontiers, répondit le cavalier. Celui de La Goulette disait :

CHAPITRE XL

SUITE DE L'HISTOIRE DU CAPTIF

SONNET

Heureux esprits qui francs du voile de la mort, pour le bien que vous fîtes vous vîtes élevés de cette vile terre au plus haut point des cieux.

Une fureur, un honorable zèle ont animé vos corps et vous ont fait rougir de votre sang et du sang étranger la mer voisine et le sable des plages.

La vie vous fit défaut, non la valeur, et vos bras fatigués, en retombant vaincus, emportèrent la victoire.

Entre le mur et le fer, une si funeste chute vous acquiert à tout jamais la gloire que donne le monde et celle que donne le ciel.

« C'est bien la façon dont je le sais, dit le captif. — Et celui du fort, si j'ai bonne mémoire, reprit le cavalier, disait ainsi :

SONNET

De ce sol dévasté, de ces ruines, de ces débris, les âmes bienheureuses de trois mille soldats ont pris leur vol vers un meilleur séjour.

En vain leurs bras vaillants ont redoublé d'efforts. Trop peu nombreux, brisés, ils ont dû pour finir livrer leur vie aux épées ennemies.

Et voici lors le sol qu'incessamment remplirent dans les siècles passés et dans ceux d'aujourd'hui mille tristes mémoires.

Mais de son sein jamais vers le ciel clair ne montèrent âmes
plus saintes, jamais il ne nourrit plus héroïques corps.

Ces sonnets furent trouvés beaux, et le captif fut fort
joyeux des bonnes nouvelles qu'on lui donna de son
camarade. Puis il poursuivit son conte :

La Goulette et le fort étant donc rendus, les Turcs
donnèrent ordre de démanteler La Goulette (quant au fort, il
est demeuré en tel état qu'il n'y eut plus rien à jeter par
terre) ; et, pour le faire plus promptement et avec moins de
travail, ils le minèrent par trois endroits, mais en aucun ils ne
purent faire voler ce qui semblait le moins fort, qui était les
vieilles murailles, tandis que tout ce qui était demeuré
debout de la nouvelle fortification, que le Fratin [1] avait faite,
tomba facilement par terre. Enfin l'armée retourna à Constantinople, triomphante et victorieuse, et à quelques mois de
là mon maître l'Uchali mourut, que l'on appelait ordinairement *Uchali-Fartax*, qui veut dire en langue turque le
Renégat teigneux, car il l'était ; et c'est la coutume entre les
Turcs de bailler des noms aux personnes de quelque défaut
qu'elles ont, ou d'aucune vertu dont elles sont douées ; et
cela se fait à cause qu'il n'y a entre eux que quatre noms de
lignage qui descendent de la maison des Ottomans ; quant
aux autres, comme j'ai dit, ils prennent nom et appellation,
tantôt de quelque défaut ou tache du corps, tantôt des vertus
de l'âme ; et, pour ce teigneux-ci, il fut à la rame, étant
esclave du Grand-Seigneur, l'espace de quatorze ans, et,
ayant plus de trente-quatre ans, par dépit de ce qu'un Turc
qui était à la rame lui donna un soufflet, il renia et quitta sa
foi, afin d'avoir le moyen de s'en venger. Au reste, sa valeur
fut si grande que, sans grimper par les chemins honteux que
les favoris du Grand-Turc ont accoutumé de franchir pour
s'élever, il vint à être roi d'Alger, et puis général de la mer,
qui est la troisième charge qu'il y a en cet empire. Il était
Calabrais de nation, et moralement fut homme de bien qui

traitait ses captifs avec beaucoup d'humanité ; il en avait jusques à trois mille, lesquels furent partagés après sa mort, ainsi qu'il l'avait ordonné par son testament, entre le Grand-Seigneur (lequel est aussi héritier de tous ceux qui meurent, et entre en partage avec les enfants que laisse le défunt) et ses renégats. Pour moi, j'échus à un qui était de Venise, lequel, étant mousse d'un navire, avait été fait captif par l'Uchali, qui lui porta tant d'affection qu'il en fit un de ses plus choyés mignons, mais il devint le plus cruel renégat que jamais on ait vu. Il s'appelait Hassan-Aga, il acquit beaucoup de richesses, et devint roi d'Alger. Je vins avec lui, de Constantinople, assez content d'être si près de l'Espagne, non pas que je pensasse d'écrire à personne mon malheureux succès, mais seulement pour essayer si la fortune me serait plus favorable à Alger qu'à Constantinople, où j'avais essayé mille manières de m'enfuir, sans qu'aucune m'eût réussi ; et je pensais chercher à Alger d'autres voies d'obtenir ce que je désirais tant : car jamais je ne désespérai de recouvrer la liberté ; et, toutes et quantes fois que j'avais pensé, forgé et tâché d'exécuter quelque dessein, sans que l'issue correspondît à mon intention, tout aussitôt, sans perdre courage, je feignais et imaginais une autre espérance pour me soutenir, encore qu'elle fût faible et débile.

Avec cela j'occupais ma vie, enfermé en une prison ou maison que les Turcs appellent *bagne*, là où ils enferment les chrétiens captifs, aussi bien ceux qui sont au roi que ceux qui appartiennent à des particuliers, et, quant à ceux que l'on appelle de l'*Almacen*[2], qui est comme si l'on disait les captifs du conseil, lesquels servent à la ville dans les ouvrages publics qu'elle fait faire, et dans d'autres offices, ces captifs-là obtiennent difficilement leur liberté : car, appartenant à la communauté et n'ayant point de maîtres particuliers, il n'y a personne avec qui on puisse traiter de leur rançon, même s'ils avaient le moyen de la payer. En ces bagnes, quelques particuliers de la ville ont accoutumé de tenir leurs captifs, principalement ceux qui peuvent payer rançon, parce qu'ils sont là au repos et en sûreté jusqu'à ce que leur rançon vienne. Aussi les esclaves du roi, qui sont à rançon, ne vont point au labeur avec le reste de la chiourme, si ce n'est quand leur argent tarde trop à venir : car alors, pour leur faire écrire avec plus d'instance à ce propos, on les fait travailler et aller au bois avec les autres, ce qui n'est pas un petit travail. Pour moi, j'étais un des captifs de rançon : car, comme on sut que j'étais capitaine, encore que je disse mon peu de fortune et de patrimoine, cela n'empêcha pas que l'on ne me rangeât parmi les gentilshommes et gens rançonnables. L'on me mit une chaîne, plutôt pour marque de rançon que pour assurer ma garde, et je passais ainsi ma vie en ce bagne avec beaucoup d'autres gentilshommes et personnes de qualité, marqués et tenus pour être de rachat. Et, encore que la faim et le dénuement nous pussent tourmenter quelquefois, voire presque toujours, néanmoins rien ne nous tourmentait tant que d'ouïr et de voir à toute heure les cruautés sans exemple, inouïes, dont mon maître usait à l'endroit des chrétiens. Chaque jour il avait son pendu, empalait celui-ci, essorillait celui-là, et ce pour le plus petit motif, et même sans motif, si bien que les Turcs mêmes reconnaissaient qu'il le faisait pour le plaisir, et parce qu'il était de sa nature homicide et ennemi du genre humain. Il n'y eut qu'un seul soldat espagnol, un certain de Saavedra[3], qui en eut bon marché : car, encore qu'il eût fait des choses qui demeureront en la mémoire de ces gens-là bien des années, et toutes pour recouvrer la liberté, jamais il ne lui donna ni ne lui fit donner la bastonnade, ni ne lui dit une mauvaise parole ; et pour la moindre des choses qu'il fît, nous avions tous appréhension qu'il serait empalé, et lui-même en eut peur plus d'une fois ; et, si ce n'était que le temps ne me le permet pas, je vous conterais à cette heure un peu de ce que fit ce soldat, qui suffirait à vous entretenir et à vous faire étonner beaucoup plus que le récit de mon histoire.

Je dis donc qu'au-dessus de la cour de notre prison ouvraient les fenêtres de la maison d'un Maure, riche et de qualité, lesquelles, comme ordinairement sont celles des Maures, étaient plutôt des trous que des fenêtres, et même on les couvrait avec des jalousies fort épaisses et serrées. Or, il advint qu'étant un jour sur une terrasse de notre prison avec trois autres de mes compagnons, nous exerçant à sauter avec nos chaînes pour passer le temps, et étant tout seuls, parce que les autres chrétiens étaient sortis pour aller au travail, je levai d'aventure les yeux, et vis que par ces petites fenêtres fermées que j'ai dites paraissait une canne, et au bout d'icelle il y avait un linge attaché, et ladite canne branlait et se mouvait à peu près comme si elle eût fait signe que nous nous approchassions pour la prendre. Nous y prîmes garde, et l'un de ceux qui étaient avec moi s'alla mettre sous la canne pour voir si on la laisserait aller, ou bien ce que l'on en ferait ; mais, dès qu'il en approcha, on l'enleva et remua de côté et d'autre, comme si l'on eût dit non avec la tête. Le chrétien s'en revint, et l'on recommença à baisser la canne, avec laquelle on refit les mêmes mouvements qu'auparavant. Un autre de mes compagnons y alla, et il lui arriva autant qu'au premier. Enfin le troisième y fut, et il lui en prit de même qu'au premier et au second. Voyant cela, je ne voulus pas laisser de tenter la fortune, et, tout ainsi que je m'approchai pour me mettre au-dessous de la canne, on la laissa aller, et elle tomba droit à mes pieds dans le bagne. J'accourus tout aussitôt délier le linge, où je vis un nœud, dans lequel il y avait dix *cianis*, qui sont des pièces d'or de bas aloi, qui ont cours parmi les Maures, et valent chacune dix réaux de chez nous. Si je fus bien aise de l'aubaine, inutile de le dire, car le contentement fut aussi grand que l'étonnement de penser d'où nous pouvait venir ce bien, principalement à moi, puisque les marques de n'avoir voulu lâcher la canne qu'à moi montraient clairement que c'était à moi que l'on faisait cette grâce. Je pris mon bon argent, je rompis la canne, et puis je m'en retournai à la terrasse, d'où je regardai la fenêtre, par laquelle je vis sortir une main fort blanche, qui l'ouvrait et fermait fort en hâte. Par là nous entendîmes, ou nous nous imaginâmes, que ce devait être quelque femme qui demeurait en cette maison qui nous avait envoyé ce bienfait ; et, en signe de remerciement, nous fîmes des salamalecs à la façon des Maures, inclinant la tête, pliant le corps et mettant les bras sur la poitrine. Peu après, on montra encore par la même fenêtre une petite croix faite de cannes, et tout aussitôt, on la fit rentrer. Ce signe-là confirma notre opinion qu'il y avait quelque chrétienne esclave en ce logis et que c'était elle qui nous faisait ce bien ; mais la blancheur de la main et les bracelets que nous y vîmes nous ôtèrent cette pensée, encore que nous nous imaginâmes que ce devait être quelque chrétienne renégate, qu'ordinairement leurs maîtres mêmes prennent pour femmes légitimes, et ils le tiennent pour un grand heur, parce qu'ils les estiment beaucoup plus que celles de leur nation. Or, en tous nos discours, nous donnâmes fort loin de la vérité de l'affaire.

Depuis lors, tout notre entretien était de regarder et d'avoir pour tramontane la fenêtre de laquelle nous était apparue l'étoile de la canne ; mais il se passa bien quinze jours sans que nous la vissions, ni la main, ni aucun autre signal, bien qu'en ce temps nous eussions mis tous nos soins pour savoir qui demeurait en cette maison, et s'il y avait quelque chrétienne renégate ; nous ne pûmes apprendre autre chose, sinon que c'était le logis d'un Maure de qualité et fort riche, appelé Agi Morato, qui avait été caïd du fort de Bata, qui est chez eux un office de grande importance. Mais, lorsque nous pensions le moins que de ce côté-là il dût encore pleuvoir des cianis, nous vîmes à l'improviste paraître la canne, et un autre linge attaché après, avec un nœud encore plus enflé que le premier, et cela fut en un temps où le bagne était, comme la fois d'avant, désert et sans personne que nous. Nous fîmes l'épreuve accoutumée, y allant avant moi chacun des trois mêmes que nous étions ; mais la canne ne se rendit qu'à moi, car, comme je m'en approchai, on la laissa tomber. Je défis le nœud, et y trouvai quarante écus d'or espagnols, avec un papier écrit en arabe, et au bas de l'écriture on avait fait une grande croix. Je baisai la croix et pris les écus, puis je m'en retournai à la terrasse, d'où nous fîmes tous nos salamalecs ; la main parut derechef, je fis signe que je lirais le papier, on referma la fenêtre. Nous demeurâmes tout confus et joyeux de l'événement, et, comme aucun de nous n'entendait la langue arabe, nous avions un extrême désir de savoir ce que contenait le papier ; mais la difficulté de trouver qui nous le lût était encore plus grande. Enfin je me résolus de me confier à un renégat natif de Murcie, qui faisait profession d'être de mes bons amis, et il y avait des gages entre nous deux tels qu'ils l'obligeaient à garder le secret que je lui découvrirais : car il y a des renégats qui ont coutume, lorsqu'ils ont intention de s'en retourner en terre chrétienne, de porter avec eux des certificats de captifs les plus qualifiés et qui font foi, en la meilleure forme qu'ils peuvent, que tel renégat est homme de bien, et qu'il a toujours fait du bien aux chrétiens, et qu'il désire s'échapper à la première occasion qui se rencontrera. Il y en a qui recherchent ces certificats à bonne intention ; d'autres s'en servent à tout hasard et par ruse : lorsqu'ils viennent pratiquer le vol en pays chrétien, si par aventure ils se perdent ou qu'on les prenne, ils montrent leurs attestations, et disent que par ces papiers on verra à quelle intention ils venaient, qui était de demeurer en la terre des chrétiens, et que pour cet effet ils étaient venus en course avec les autres Turcs. Par ce moyen-là ils échappent à la furie du premier mouvement et se réconcilient avec l'Église sans qu'on leur fasse aucun mal ni dommage, et puis après, quand ils voient leur occasion, ils s'en retournent en Barbarie être ce qu'ils étaient auparavant. D'autres se servent de ces papiers, et même les recherchent à bonne intention, et ils demeurent

480

tout à fait en pays chrétien. Or, celui que je vous ai dit était notre ami et un de ces renégats, et il avait des certificats de tous nos camarades, par lesquels nous le favorisions et lui donnions tout le crédit qu'il était possible ; et, si les Maures lui eussent trouvé ces papiers, ils l'eussent fait brûler tout vif. Je sus qu'il entendait fort bien l'arabe, et que non seulement il le savait parler, mais aussi l'écrire ; toutefois, devant que de me déclarer du tout à lui, je lui dis de me lire ce papier que d'aventure j'avais trouvé en un trou de ma logette. Il l'ouvrit, et fut un bon moment à le regarder et à le déchiffrer en marmottant entre ses dents. Je lui demandai s'il l'entendait ; à quoi il me répondit qu'il l'entendait fort bien, et que, si je voulais qu'il me le déclarât mot pour mot, je lui donnasse une plume et de l'encre pour le faire plus à son aise. Nous lui donnâmes ce qu'il demandait, et lui le traduisit peu à peu ; puis, l'ayant achevé, nous dit : « Tout ce qui est ici écrit en espagnol, sans manquer d'une seule lettre, est ce que contient ce papier morisque ; mais il faut prendre garde que là où il dit *Lella Maryem*, cela veut dire *Notre-Dame la Vierge Marie*. » Nous lûmes le papier, lequel disait ainsi :

Quand j'étais petite fille, mon père avait une esclave qui me montra en ma langue la zala[4] *chrétienne, et me dit beaucoup de choses de Lella Maryem. La chrétienne mourut, et je sais bien qu'elle n'alla pas au feu, mais avec Allah, parce que je la vis deux fois depuis, et elle me dit que je m'en allasse en la terre des chrétiens voir Lella Maryem, qui m'aimait fort. Je ne sais comment on y va ; j'ai vu plusieurs chrétiens par cette fenêtre, mais aucun ne m'a semblé cavalier que toi. Je suis fort belle et jeune et ai beaucoup d'argent à emporter avec moi : regarde si tu pourras trouver le moyen que nous nous en allions ; tu seras là-bas mon mari si tu veux, et, s'il ne te plaît, peu m'importe, car Lella Maryem me donnera avec qui me marier. J'ai écrit ceci, regarde bien à qui tu le bailleras à lire, et ne te fie à aucun Maure, parce que ce sont tous des perfides[5]. Je suis bien en peine de cela, car je ne voudrais pas*

481

que tu te découvrisses à personne, d'autant que, si mon père
le sait, il me jettera incontinent dans un puits et me couvrira
de pierres. Je mettrai un fil à la canne, attaches-y la réponse,
et, si tu n'as qui t'écrive en arabe, dis-le-moi par signes : car
Lella Maryem fera que je t'entende. Elle et Allah te gardent,
et cette croix que je baise plusieurs fois, car ainsi me l'a
recommandé la captive.

Voyez, messieurs, si nous avions raison de nous étonner
du contenu de ce billet, et s'il n'y avait pas sujet de nous en
réjouir ; et nous fîmes l'un et l'autre de telle sorte que le
renégat comprit bien que ce papier ne s'était pas trouvé par
hasard, mais que réellement on l'avait écrit à l'un de nous, et
par ainsi il nous pria, si ce qu'il soupçonnait était vrai, de
nous fier en lui, et de le lui dire : il hasarderait sa vie pour
notre liberté ; et, en disant cela, il tira de son sein un crucifix
de métal, et, avec beaucoup de larmes, jura par le Dieu que
cette image représentait, en qui lui, encore que pécheur et
méchant, croyait bien et fidèlement, de nous garder loyale-
ment le secret en tout ce que nous lui voudrions découvrir,
parce qu'il lui semblait et quasi le devinait que, par le moyen
de celle qui avait écrit ce papier, lui et nous tous devions être
mis en liberté, et qu'il espérait de voir ce que tant il désirait,
qui était de rentrer au giron de notre mère la sainte Église, de
laquelle il était séparé comme un membre pourri par son
ignorance et son péché. Le renégat nous dit cela avec tant de
larmes et de marques de repentir que tous d'un même avis
nous consentîmes et vînmes à lui déclarer la vérité de
l'affaire, et ainsi nous lui rendîmes compte de tout, sans lui
en rien celer. Nous lui montrâmes la petite fenêtre par
laquelle paraissait la canne. Il remarqua de là la maison, et
promit qu'il aurait un soin particulier de s'informer de ses
habitants. Nous pensâmes aussi qu'il serait bon de répondre
au billet de la Mauresque ; et, comme nous n'avions personne qui le sût faire, le renégat tout à l'instant nous tira de
cette peine, et écrivit ce que je lui dictai, qui fut en substance

ce que je vous dirai, car il me souvient de point en point de tout ce qui m'est arrivé en cette affaire, et il m'en souviendra tant que je vivrai. Voici donc ce que nous répondîmes à la Mauresque :

Le vrai Allah te garde, madame, et la benoîte Marie, qui est la vraie mère de Dieu, et celle qui t'a mis au cœur et t'a inspiré de t'en aller à la terre des chrétiens, parce qu'elle t'aime bien. Prie-la qu'il lui plaise de te donner à entendre comment tu pourras mettre en exécution ce qu'elle te commande, car elle est si bonne qu'elle le fera. Je t'offre de ma part, et de celle de tous les chrétiens qui sont avec moi, de faire pour toi tout ce que nous pourrons jusqu'à mourir. Ne laisse pas de m'écrire et de m'avertir de ce que tu penseras faire, et je te répondrai toujours : car le grand Allah nous a donné un chrétien captif, qui sait parler et écrire ta langue, aussi bien que tu le verras par ce papier. De la sorte, tu nous pourras sans aucune crainte donner avis de tout ce qu'il te plaira. Quant à ce que tu dis, que, si tu es une fois en terre de chrétiens, tu seras ma femme, je te le promets comme un bon chrétien, et sache que les chrétiens accomplissent ce qu'ils promettent mieux que ne font les Maures. Allah et Maryem sa mère te gardent, madame.

Ce papier étant écrit et fermé, j'attendis deux jours que le bagne fût vide comme d'ordinaire, et incontinent je sortis à la promenade accoutumée de la terrasse pour voir si la canne paraîtrait, et elle ne tarda pas longtemps à se montrer. Or, ainsi que je la vis, encore que je ne pusse voir qui la tenait, je montrai le papier comme donnant à entendre qu'on y mît le fil ; mais il y était déjà, de sorte que j'y liai la lettre, et peu après notre étoile apparut derechef, avec la blanche bannière de paix du petit paquet. On le laissa tomber, je le relevai promptement, et trouvai au mouchoir en toute sorte de monnaie d'or et d'argent plus de cinquante écus, qui redoublèrent cinquante fois notre contentement et nous confirmèrent l'espérance de recouvrer la liberté. Le même soir notre renégat revint, qui nous rapporta qu'il avait su que celui qui demeurait en cette maison était le Maure que l'on nous avait dit s'appeler Agi Morato, homme extrêmement riche, qui n'avait qu'une fille pour unique héritière de tous ses biens, et que le bruit commun dans toute la ville était qu'il n'y avait pas une plus belle femme dans toute la Barbarie, et que plusieurs des vice-rois qui venaient là l'avaient demandée pour femme, mais qu'elle ne s'était jamais voulu marier ; il sut aussi qu'elle avait eu une esclave chrétienne, laquelle était morte. Tout cela s'accordait avec ce qui était écrit en la lettre. Nous entrâmes en conseil avec le renégat, afin d'aviser des moyens d'enlever la Mauresque, et de nous en venir tous en terre de chrétiens ; et enfin on arrêta d'attendre un second avis de Zoraïde, car ainsi s'appelait celle qui à cette heure désire s'appeler Marie, d'autant que nous connûmes bien qu'il n'y avait qu'elle qui pouvait trouver un stratagème pour résoudre toutes ces difficultés. Cela résolu, le renégat nous dit de ne nous donner point de peine, qu'il perdrait la vie ou bien nous mettrait en liberté.

Quatre jours durant le bagne fut plein de monde, ce qui fut cause que la canne ne parut point ; mais, au bout de ces quatre jours, comme le bagne était en sa solitude accoutumée, elle se montra avec le mouchoir si gonflé qu'il promettait un heureux accouchement. La canne s'inclina vers moi avec le mouchoir, où je trouvai encore un papier et cent écus d'or sans autre monnaie. Le renégat était avec nous ; nous lui donnâmes le papier à lire en notre cahute, et il nous dit qu'il contenait ce qui suit :

Mon cher seigneur, je ne sais quel plan ordonner pour que nous nous en allions en Espagne, et Lella Maryem ne me l'a pas dit, encore que je le lui aie demandé. Ce qui se pourra faire est que je vous donnerai par cette fenêtre beaucoup de pièces d'or ; payez-en votre rançon et celle de vos amis, et que l'un de vous s'en aille en terre des chrétiens, qu'il y achète une barque, et puis qu'il revienne querir les autres ; pour moi il

me trouvera au jardin de mon père, qui est à la porte de Bab-
Azoun, près de la Marine, où je demeurerai tout cet été, en la
compagnie de mon père et de mes serviteurs ; et vous me
pourrez tirer de là la nuit sans aucune crainte et me mener à
la barque. Je regarde que tu dois être mon mari, sinon, je
demanderai à Maryem qu'elle te punisse. Si tu ne te fies à
personne pour aller querir la barque, rachète-toi et vas-y,
parce que je sais que tu reviendras plutôt que pas un autre,
puisque tu es gentilhomme et chrétien. Tâche de connaître le
jardin, et, quand tu te promèneras par là, je saurai que le
bagne est solitaire, et je te donnerai beaucoup d'argent. Allah
te garde, mon seigneur !

Voilà ce que disait et contenait le second papier ; ce qui
étant vu par tous, chacun s'offrit à être le racheté, et
promettait d'aller et retourner fort ponctuellement : je
m'offris aussi à en faire autant ; mais le renégat s'y opposa,
disant qu'il ne permettrait en façon quelconque qu'aucun fût
mis en liberté jusqu'à ce qu'ils le fussent tous ensemble,
parce qu'il avait vu par expérience combien ceux qui étaient
délivrés accomplissaient mal la parole qu'ils avaient donnée
étant en captivité. Des captifs de qualité avaient plusieurs
fois usé de ce remède, en rachetant quelqu'un qui allât à
Valence ou à Majorque avec de l'argent, pour pouvoir
équiper une barque et retourner querir ceux qui l'avaient
racheté ; mais ils n'étaient jamais revenus, d'autant que la
liberté qu'ils avaient recouvrée et la crainte de la reperdre
leur effaçaient de la mémoire toutes les obligations du
monde. Et, pour confirmation de cette vérité qu'il nous
disait, il nous raconta en peu de paroles un cas, lequel
presque en ce même temps était arrivé à des gentilshommes
chrétiens, et le plus étrange qui fut jamais vu en ce pays, où à
tout moment il survient des choses qui remplissent de
terreur et de surprise. Enfin il vint à dire que ce qui se
pouvait et devait faire était que l'argent que l'on donnerait
pour racheter le chrétien, qu'on le lui donnât à lui pour en

acheter une barque à Alger même, sous ombre de se faire marchand et de trafiquer à Tétouan et le long de cette côte, et que, lui étant le maître de la barque, il trouverait facilement le moyen de nous tirer du bagne et nous embarquer tous. Combien plus, que si la Mauresque donnait de l'argent, comme elle disait, pour nous racheter tous, qu'étant en liberté c'était une chose très facile de s'embarquer, voire même en plein midi, et que la plus grande difficulté qui s'offrait était que les Maures ne permettent pas qu'aucun renégat achète ni tienne de barque, si ce n'est un grand vaisseau pour aller en course, d'autant qu'ils craignent que celui qui achète une barque, principalement s'il est Espagnol, ce ne soit pour s'en aller en terre des chrétiens ; mais il remédierait à cet inconvénient en faisant en sorte qu'un Maure Tagarin[6] s'associât avec lui pour l'achat de la barque et le profit des marchandises, et sous cette couleur-là il se rendrait maître de la barque, par lequel moyen il viendrait à bout de tout le reste.

Encore qu'il nous eût semblé plus à propos, à moi et à mes camarades, d'envoyer querir une barque à Majorque, comme la Mauresque le disait, nous n'osâmes pas le contredire, craignant que, si nous ne faisions ce qu'il disait, il ne nous découvrît, et ne nous mît en danger de nos vies, en découvrant l'affaire de Zoraïde, pour la vie de laquelle nous eussions donné toutes les nôtres ; et ainsi nous résolûmes de mettre notre affaire entre les mains de Dieu et en celles du renégat. Et sur ce nous répondîmes à Zoraïde, lui disant que nous ferions tout ce qu'elle nous conseillait, parce qu'elle avait donné un aussi bon avis que si Lella Maryem le lui eût dit, et que d'elle seule dépendait de différer l'affaire ou de la mettre incontinent en exécution.

Je m'offris derechef à être son mari, et avec cela, le lendemain qu'il arriva que le bagne était seul, elle nous donna en diverses fois, avec la canne et le mouchoir, deux mille écus d'or et un papier où elle disait que, le premier *djema*, qui est le vendredi, elle s'en allait au jardin de son père, mais qu'avant de s'y en aller elle nous donnerait encore de l'argent s'il n'y en avait pas assez, et que nous l'en avertissions, qu'elle nous en fournirait autant que nous lui en demanderions ; son père en avait tant qu'il ne s'apercevrait pas de la faute de celui-ci, d'autant plus qu'elle avait les clefs de tout. Nous donnâmes incontinent cinq cents écus au renégat pour acheter la barque ; de huit cents je payai ma rançon, donnant l'argent à un marchand de Valence, qui était pour lors à Alger, lequel me racheta du roi, me prenant sur sa parole qu'il donna qu'à l'arrivée du premier vaisseau qui viendrait à Valence, il payerait ma rançon ; d'autant que, s'il eût délivré incontinent l'argent, c'eût été donner soupçon au roi qu'il y avait longtemps que ma rançon était à Alger, et que le marchand l'avait celé pour en faire son profit. Enfin mon maître était si cauteleux que je n'osai faire en aucune façon que l'argent se déboursât immédiatement. Le jeudi précédant le vendredi où la belle Zoraïde s'en devait aller au jardin, elle nous donna encore mille écus et nous avertit de son départ, me priant que, si je me rachetais, je m'informasse incontinent du jardin de son père, et qu'en tout cas je trouvasse l'occasion de l'y aller voir. Je lui fis réponse en peu de paroles que je n'y manquerais pas, et qu'elle eût soin de nous recommander à Lella Maryem par toutes les oraisons que l'esclave lui avait apprises. Cela fait, on donna ordre que nos trois compagnons fussent rachetés, afin de faciliter la sortie du bagne, et aussi que, me voyant racheté et eux non, attendu que j'avais l'argent, ils ne se troublassent point, et que le diable ne leur persuadât pas de faire aucune chose au préjudice de Zoraïde : car, encore que leur qualité me pouvait garantir de cette crainte, malgré cela, je ne voulus pas hasarder l'affaire ; et partant je les fis racheter par la même voie que je l'avais été, faisant consigner tout l'argent au marchand afin qu'avec toute certitude et en toute sécurité il les pût cautionner, sans toutefois lui découvrir notre menée et notre secret, à cause du danger qu'il y avait.

CHAPITRE XLI

OÙ LE CAPTIF CONTINUE SON HISTOIRE

Il ne se passa pas quinze jours que notre renégat n'eût acheté une très bonne barque en laquelle il pouvait entrer plus de trente personnes, et, pour assurer son fait et lui donner couleur, il voulut faire, comme il fit en effet, un voyage en un lieu qui s'appelle Sargel, à vingt lieues d'Alger, du côté d'Oran, et où il se fait un grand trafic de figues sèches. Il fit ce voyage deux ou trois fois en la compagnie de ce Tagarin qu'il avait dit. (Ils appellent *Tagarins* en Barbarie les Maures d'Aragon, et ceux de Grenade *Mudejares*; et au royaume de Fez ils appellent les Mudejares *Elches*, qui sont des gens de qui ce roi se sert le plus à la guerre.) Je dis donc que, chaque fois qu'il passait avec sa barque, il jetait l'ancre en une petite cale, qui était à deux traits d'arbalète du jardin où Zoraïde attendait; et là, de propos délibéré, le renégat se mettait avec les Maures qui ramaient, tantôt à dire la *zala*, tantôt à s'essayer, comme par manière de jeu et de passe-temps, à ce qu'il pensait et avait délibéré de faire à bon escient; et ainsi s'en allait parfois au jardin de Zoraïde pour lui demander des fruits, et le père de celle-ci lui en donnait sans le connaître; et, encore qu'il eût bien voulu parler à Zoraïde, comme il me dit depuis, et lui faire entendre que c'était lui qui par mon commandement la devait conduire en la terre des chrétiens, et qu'elle se tînt contente et assurée, jamais il ne lui fut possible de l'aborder, parce que les dames maures ne se laissent voir d'aucun Maure ni Turc si ce n'est que leurs maris ou leurs pères le leur commandent. Mais elles se laissent bien hanter par des chrétiens captifs et même communiquent avec eux plus que de raison. Pour moi, j'eusse été marri qu'il lui eût parlé, parce que peut-être l'eût-il effarouchée et troublée, voyant son affaire entre les mains de renégats. Mais Dieu, qui en avait autrement ordonné, ne donna pas lieu au bon désir de notre renégat, lequel, voyant avec combien de sécurité il allait et venait à Sargel, et qu'il jetait l'ancre quand, comment et où bon lui semblait, et que le Tagarin son compagnon n'avait point d'autre volonté que la sienne, aussi que ma rançon était déjà payée, et qu'il manquait seulement de trouver des chrétiens qui tirassent à la rame, il me dit que je regardasse ceux que je voudrais mener avec moi, outre les rachetés, et que je m'entendisse avec eux pour le premier vendredi, auquel il avait résolu que devait être notre départ. Voyant cela, je parlai à douze Espagnols, tous vaillants rameurs, et de ceux qui pouvaient plus librement sortir de la ville ; et ce ne fut pas une petite chance d'en trouver tant en cette occasion, parce qu'il y avait en course vingt vaisseaux, qui avaient emmené tous les hommes de la chiourme, et encore ceux-là ne se fussent pas trouvés, n'eût été que leur maître n'était point allé pour cet été-là en course et était demeuré pour faire achever une galiote qu'il avait sur les chantiers en l'arsenal. Je ne leur dis autre chose, sinon que le vendredi suivant, sur le soir, ils sortissent un à un, sans faire semblant de rien, et s'en allassent droit au jardin d'Agi Morato, et qu'ils m'attendissent là jusqu'à ce que j'y allasse. Je donnai cet avis à chacun séparément, les avertissant qu'encore qu'ils vissent là d'autres chrétiens, ils ne leur disent point autre chose, sinon que je leur avais commandé d'attendre en ce lieu-là.

Ayant pris ce soin, il m'en restait encore un autre bien plus important : c'était d'avertir Zoraïde de l'état auquel étaient les affaires, afin qu'elle se tînt toute prête, et qu'elle se donnât bien garde de se troubler, si nous l'assaillions avant le temps qu'elle se pourrait imaginer que la barque des chrétiens devait être de retour. Et ainsi je résolus d'aller au jardin pour voir si je pourrais lui parler, de sorte qu'un jour avant mon départ, j'y allai sous ombre de cueillir quelques herbes, et la première personne que je rencontrai fut son père, lequel me dit dans la langue usitée par toute la Barbarie et à Constantinople entre les esclaves et les Maures, et qui n'est ni mauresque, ni castillane, ni d'aucune autre nation, mais un mélange de toutes les langues, dont nous nous servons pour nous entendre tous ; je dis donc qu'en cette sorte de langage il me demanda ce que je cherchais en son jardin et à qui j'étais. Je lui répondis que j'étais à l'Arnaute Mami (et cela parce que je savais pour certain que c'était son très grand ami) et que je cherchais des herbes pour faire de la salade. Il s'enquit par suite si j'étais à rançon ou non, et combien mon maître demandait pour moi. Comme nous étions sur ces demandes et réponses, la belle Zoraïde sortit de la maison du jardin ; il y avait déjà longtemps qu'elle m'avait vu, et, comme les dames mauresques ne font point de scrupule de se montrer aux chrétiens, ni ne les évitent aucunement, comme je vous ai déjà dit, elle ne fit point difficulté de s'en venir où son père était à deviser avec moi ; au contraire, quand il la vit s'avancer à pas lents, il l'appela et lui commanda de s'approcher. Ce serait trop de vous dire à présent la grande beauté, la noblesse, les beaux et riches ornements avec lesquels ma Zoraïde bien-aimée parut à mes yeux ; je vous dirai seulement qu'elle avait plus de perles pendues à son beau cou, à ses oreilles et à son chef, qu'elle n'avait de cheveux en la tête. Aux chevilles, qu'elle avait nues, selon l'usage, elle portait des carcans (c'est ainsi qu'on appelle en mauresque les bracelets des pieds) d'or très fin, auxquels il y avait tant de diamants enchâssés qu'elle me dit depuis que son père les estimait dix mille doublons, et que ceux qu'elle avait aux poignets en valaient autant. Les perles étaient en grande quantité et fort bonnes : car la plus grande coquetterie des dames maures est de se parer de perles rondes et baroques ; tellement qu'il y en a plus entre les Maures qu'entre tout le reste des nations du monde, et le père de Zoraïde avait la réputation d'en avoir beaucoup et des meilleures qui fussent à Alger, et outre ce il avait plus de deux cent mille écus d'Espagne, de toutes lesquelles choses était maîtresse celle qui maintenant l'est de moi. Or si, avec tout cela, elle était belle ou non, l'on peut, par les restes qui lui en sont demeurés parmi tant de travaux, conjecturer combien elle devait l'être en sa prospérité ; car on sait que la beauté de quelques femmes a ses jours et ses saisons ; et requiert des accidents pour diminuer ou s'accroître ; et c'est chose naturelle que les passions de l'esprit l'élèvent ou l'abaissent, encore que le plus souvent elles la détruisent. Je dis enfin qu'alors elle vint extrêmement parée, et belle à l'extrême, au moins il me sembla qu'elle l'était plus qu'aucune autre femme que j'eusse jamais vue ; outre ce, considérant combien je lui étais obligé, il me fut avis que j'avais devant moi une déité, descendue du ciel sur la terre, pour mon contentement et pour mon remède. Aussitôt qu'elle fut auprès de nous, son père lui dit en sa langue que j'étais esclave de son ami l'Arnaute Mami, et que je venais chercher de la salade ; elle prit la parole, et, en ce jargon que je vous ai dit, me demanda si j'étais gentilhomme, et quelle était la cause que je ne me rachetais pas. Je lui répondis que je l'étais déjà, et qu'elle pouvait bien connaître par le prix de la rançon combien mon maître m'estimait, puisqu'on avait baillé pour moi quinze cents zoltanis [1], à quoi elle répondit :

« En vérité, si tu eusses été à mon père, j'eusse fait qu'il ne t'eût pas laissé aller pour deux fois autant, parce que vous autres chrétiens, vous mentez toujours en tout ce que vous dites, et vous vous faites pauvres pour tromper les Maures. — Il pourrait bien être, madame, lui répondis-je ; mais en vérité j'ai toujours dit la vérité à mon maître et la dirai toujours de même à tout le monde. — Et quand t'en vas-tu ? dit Zoraïde. — Demain, je crois, lui dis-je, parce qu'il y a ici un vaisseau de France qui met à la voile demain, et je pense m'en aller par lui. — Ne serait-il pas meilleur, répliqua

Zoraïde, d'attendre qu'il vînt des vaisseaux d'Espagne et t'en aller avec eux, qu'avec ceux de France, qui ne sont pas vos amis ? — Non, répondis-je, s'il était vrai qu'il vienne un vaisseau d'Espagne, comme il en est bruit, je l'attendrais, mais il est plus sûr pour moi de partir demain, parce que le désir que j'ai de me voir en mon pays, et avec les personnes que j'aime, est si violent qu'il ne me permettra pas d'attendre autre commodité, quand elle serait meilleure, si elle tarde tant soit peu. — Tu es sans doute marié en ton pays, dit Zoraïde, et c'est pour cela que tu désires aller revoir ta femme. — Je ne suis pas marié, répondis-je, mais j'ai donné ma parole de me marier en y arrivant. — Et la dame à qui tu as promis, dit Zoraïde, est-elle belle ? — Elle est si belle, répondis-je, que, pour la bien priser et te dire la vérité, elle te ressemble bien fort. » Sur cela, son père se prit à rire, et dit : « Par Allah ! chrétien, elle doit être bien belle, si elle ressemble à ma fille, qui est la plus belle femme de tout ce royaume ; regarde-la bien, et tu verras que je te dis la vérité. » Dans la plupart de ces discours, le père de Zoraïde nous servait d'interprète, comme étant plus savant : car, encore qu'elle parlât la langue bâtarde, qui, ainsi que je l'ai dit, s'emploie en ce pays-là, elle déclarait plus son intention par signes que par paroles.

Or, sur ces entrefaites, il vint un Maure courant droit à nous qui nous dit à haute voix qu'il y avait quatre Turcs qui avaient sauté par-dessus les murailles du jardin, et qui cueillaient les fruits encore qu'ils ne fussent pas mûrs. Le vieillard se troubla, et aussi Zoraïde, parce que les Maures ont ordinairement, et quasi de nature, peur des Turcs, spécialement des soldats, lesquels sont si insolents et ont un tel empire sur les Maures, qui leur sont sujets, qu'ils les traitent plus mal que s'ils étaient leurs esclaves. Donc, le père de Zoraïde lui dit : « Ma fille, retire-toi à la maison et t'enferme, tandis que j'irai parler à ces chiens ; et toi, chrétien, cherche tes herbes, et t'en va à la bonne heure ;

Dieu te veuille bien conduire en ton pays ! » Je lui fis la révérence, et lui, s'en allant trouver les Turcs, me laissa tout seul avec Zoraïde, laquelle fit démonstration de s'en aller où son père lui avait commandé ; mais à peine fut-il couvert par les arbres du jardin qu'elle se retourna vers moi, les yeux pleins de larmes, et me dit : « *Tamxixi*, chrétien, *tamxixi* ? » qui veut dire : « T'en vas-tu, chrétien, t'en vas-tu ? » Je lui répondis : « Oui, madame, mais ce ne sera nullement sans toi, et m'attends au premier *djema*, et ne t'effraye point quand tu nous verras. Va, sans aucun doute nous irons en terre de chrétiens. » Je lui dis cela de telle sorte qu'elle entendit bien toutes les raisons et paroles que nous eûmes ensemble ; et, me mettant un bras autour du cou, elle commença à cheminer vers la maison, à pas lents et comme si elle eût voulu tomber en défaillance ; et la fortune, laquelle eût bien pu être funeste, si le ciel n'en eût ordonné autrement, voulut que, cheminant tous deux en cette posture, avec son bras à mon cou, son père, qui revenait de faire sortir les Turcs, nous vît en cet état, et comme nous allions ; et nous vîmes bien qu'il nous avait aperçus. Mais Zoraïde, en personne avisée et discrète, ne voulut pas ôter le bras de mon cou ; au contraire, elle se serra contre moi et mit sa tête sur ma poitrine, en pliant un peu les genoux, donnant des signes tout clairs qu'elles s'évanouissait, et moi pareillement je faisais semblant de la soutenir contre ma volonté. Son père s'en vint en courant où nous étions, et, voyant sa fille en cette sorte, il lui demanda ce qu'elle avait ; mais, comme elle ne lui répondit rien, il dit : « Sans aucun doute, elle s'est évanouie à cause de ces chiens, ils l'ont fait tomber en défaillance » ; et ainsi, la retirant de dessus ma poitrine, il l'appuya sur la sienne ; et elle, jetant un soupir et ayant encore les yeux pleins de larmes, se mit à dire derechef : « *Amexi*, chrétien, *amexi :* Va-t'en, chrétien, va-t'en. » A quoi son père répondit : « Il n'importe, ma fille, que le chrétien s'en aille, car il ne t'a fait aucun mal, et les Turcs

493

sont partis ; que rien ne te trouble, puisqu'il n'y a rien qui te puisse faire déplaisir : je te le répète, les Turcs, à ma prière, s'en sont retournés par où ils étaient entrés. » Alors, je dis à son père : « Certainement, seigneur, ils l'ont troublée comme tu as dit ; mais, puisqu'elle désire que je m'en aille, je ne lui veux point causer d'ennui, demeurez en paix, et avec ta permission je reviendrai en ton jardin querir des herbes, car, à ce que dit mon maître, il n'y en a point de meilleures pour faire des salades qu'ici. — Toutes les fois que tu voudras, tu y pourras revenir, répondit Agi Morato. Ma fille n'a pas dit ceci pour ce que toi ni aucun des chrétiens lui fissent de l'ennui, mais pensant dire que les Turcs s'en allassent, elle a dit que tu t'en allasses, ou bien parce qu'il était temps que tu allasses cueillir tes herbes. » Je pris congé de tous deux, et elle s'en alla avec son père, si triste qu'il semblait qu'on lui arrachât l'âme. Moi cependant, sous ombre de chercher des herbes, je rôdai par tout le jardin à mon plaisir : je remarquai bien les entrées et les sorties, la défense de la maison et la commodité qui se pourrait offrir pour faciliter toute notre entreprise. Cela fait, je m'en allai rendre compte au renégat et à mes compagnons de tout ce qui s'était passé, et déjà il me tardait de voir l'heure de pouvoir jouir sans crainte du bien que la fortune m'offrait en la belle et charmante Zoraïde.

Enfin le temps se passa, et le terme par nous tant désiré vint, et chacun de nous ayant suivi le plan qu'avec une prudente considération et une mûre délibération nous avions si souvent arrêté, il nous arriva tout ainsi que nous le désirions ; le vendredi d'après le jour que je parlai à Zoraïde au jardin, sur la nuit, le renégat jeta l'ancre presque vis-à-vis du lieu où elle était. Déjà les chrétiens qui devaient ramer étaient avertis et se tenaient cachés en divers endroits de ces environs. Ils étaient tout en suspens et émus en m'attendant, avec un désir très grand d'assaillir le vaisseau qu'ils voyaient devant eux, parce qu'ils ne savaient pas l'accord que nous avions fait avec le renégat, mais pensaient qu'à force de bras ils devaient recouvrer la liberté en ôtant la vie aux Maures qui étaient dans la barque. Aussitôt que je me montrai, et mes compagnons avec moi, tous ceux qui étaient cachés, qui nous virent, s'en vinrent se joindre à nous. C'était l'heure où la ville était déjà fermée, et il ne paraissait personne dans toute cette campagne. Comme nous fûmes ensemble, nous nous vîmes en doute s'il vaudrait mieux aller premièrement quérir Zoraïde, ou bien nous rendre maîtres des Maures bagarins [2], qui tenaient la rame dans la barque, et, comme nous étions dans cette incertitude, notre renégat vint à nous, et nous demanda à quoi nous nous amusions, qu'il était l'heure, et que tous ses Maures ne se doutaient de rien, la plupart étant endormis. Nous lui dîmes ce qui nous arrêtait, et lui répliqua que le plus important pour lors était de se rendre tout d'abord maître de la barque, ce qui se pouvait faire avec beaucoup de facilité et sans aucun péril, et qu'incontinent après nous pourrions aller quérir Zoraïde. Ce conseil nous sembla bon, et, sans nous arrêter davantage, lui nous servant de guide, nous allâmes à la barque, où, sautant le premier dedans, il mit la main à un cimeterre qu'il portait, et dit en langue mauresque : « Que personne de vous ne bouge d'ici s'il ne veut perdre la vie. » En même temps presque tous les chrétiens étaient entrés dedans. Les Maures — qui étaient gens de peu de courage —, entendant parler leur arraez [3] en cette sorte, furent épouvantés, et, sans qu'aucun d'eux dît un mot ni mît la main aux armes (car ils en avaient peu, sinon point du tout), ils se laissèrent lier les mains par les chrétiens, lesquels le firent avec une extrême promptitude, menaçant les Maures, s'ils faisaient aucun semblant de crier, de les faire passer tous à l'instant même au fil de l'épée. Cela fait, laissant la moitié des nôtres pour les garder, nous autres, qui étions de reste, guidés par le renégat, nous allâmes au jardin d'Agi Morato, et notre bonne fortune voulut qu'en arrivant, et pensant rompre la porte, nous l'ouvrîmes avec autant de facilité que si elle n'eût pas été fermée, et par suite, en grand silence et dans un grand calme, nous arrivâmes à la maison sans que personne s'en fût aperçu. La belle Zoraïde nous attendait à une fenêtre, et, aussitôt qu'elle entendit marcher, elle demanda tout bas si nous étions les *Nizarani*, comme si elle eût dit ou demandé si nous étions les chrétiens. Je lui répondis que oui, et qu'elle descendît. Quand elle me reconnut, elle ne s'arrêta pas un instant : sans me répondre une seule parole, elle descendit tout aussitôt, ouvrit la porte, et se montra à tous si belle et si richement vêtue qu'il n'est pas possible de le dire. Incontinent que je la vis, je lui pris une main, et commençai à la baiser ; le renégat en fit de même, et mes deux camarades aussi ; les autres, qui ne savaient rien de l'affaire, en firent tous autant ; tellement qu'il ne semblait autre chose, sinon que nous lui rendions grâces, et la reconnaissions pour l'auteur de notre liberté. Le renégat lui demanda en langue mauresque si son père était au jardin ; elle répondit que oui, et qu'il dormait. « Or, il sera besoin de l'éveiller, répliqua le renégat, de l'emmener avec nous et d'emporter tout ce qui est de valeur dans ce beau jardin. — Non, dit-elle, il ne faut toucher à mon père en façon aucune, et dans toute cette maison à quoi que ce soit, sinon ce que j'emporte, qui vaut tant qu'il y aura bien de quoi vous faire tous riches et contents : attendez un peu, et vous le verrez. » Et sur cela elle rentra dedans, disant qu'elle allait revenir tout de suite, et que nous nous tinssions cois sans faire aucun bruit. Je demandai au renégat ce qui s'était passé entre eux ; il me le conta, je lui dis qu'il ne fallait faire autre chose que ce que voudrait Zoraïde. Celle-ci revenait déjà chargée d'un petit coffret plein d'écus d'or, et si pesant qu'à peine le pouvait-elle porter. Le malheur voulut que son père s'éveillât dans l'intervalle, et qu'il ouït le bruit que l'on faisait au jardin, et, se mettant à la fenêtre, il connut tout aussitôt que tous ceux qui étaient là étaient chrétiens, de sorte que, poussant des clameurs de toutes ses forces, il commença à dire en arabe : « Aux chrétiens ! aux chrétiens !

aux voleurs ! aux voleurs ! » Ces cris nous mirent en une très grande et dangereuse confusion ; mais le renégat, voyant le danger où nous étions et combien il lui était important de venir à bout de cette entreprise avant que d'être découvert, monta avec beaucoup de célérité là où était Agi Morato, et plusieurs des nôtres le suivirent ; pour moi je n'osais abandonner Zoraïde, qui s'était laissée aller entre mes bras comme pâmée. Enfin, ceux qui montèrent firent si adroitement qu'en un instant ils descendirent avec Agi Morato, l'amenant les mains liées et un mouchoir en la bouche en guise de bâillon, qui ne lui permettait de dire une seule parole, le menaçant, s'il parlait, qu'il lui en coûterait la vie. Quand sa fille le vit, elle se couvrit les yeux pour ne pas le regarder, et son père demeura tout épouvanté, ne sachant pas qu'elle s'était mise entre nos mains de sa propre volonté. Mais, comme le plus nécessaire était alors de jouer des pieds, nous entrâmes en toute diligence et avec grande promptitude dans la barque, là où nous attendaient ceux qui y étaient demeurés, lesquels avaient appréhension qu'il ne nous fût arrivé quelque malheur.

A peine était-il deux heures de nuit que nous étions tous entrés en la barque, et alors on délia les mains au père de Zoraïde, et on lui ôta le mouchoir de la bouche ; mais le renégat lui dit derechef qu'il ne dît mot, parce que s'il parlait il lui ôterait la vie. Comme il vit sa fille, il commença à soupirer fort tendrement, et plus encore quand il s'aperçut que je la tenais étroitement embrassée, et qu'elle, sans se défendre ni se plaindre, ni autrement faire la dédaigneuse, se tenait en repos : mais pour tout cela il ne disait mot, de peur qu'on n'effectuât les menaces que le renégat lui faisait. Or, Zoraïde, se voyant en la barque et que nous voulions mettre les rames à l'eau, regardant son père et les autres Maures qui étaient liés, dit au renégat qu'il me priât que je lui fisse cette grâce de délier ces Maures et de donner la liberté à son père, parce qu'elle se jetterait plutôt en la mer que de voir devant ses yeux, et à son occasion, emmener captif un père qui l'avait tant aimée. Le renégat me le dit, je lui répondis que je le ferais volontiers ; mais il me répliqua qu'il ne le fallait pas encore d'autant que, si on les lâchait là, ils crieraient incontinent aux armes, et mettraient toute la ville en rumeur : on courrait après nous avec quelques frégates légères, et on nous investirait par terre et par mer, de telle sorte que nous ne nous pourrions pas échapper ; tout ce qui se pouvait faire était de leur donner la liberté lorsqu'on arriverait à la première terre de chrétiens. Nous fûmes tous de cet avis, et Zoraïde aussi, à laquelle on dit les raisons et les causes qui nous empêchaient de faire si promptement ce qu'elle désirait. Elle s'y résigna.

Aussitôt, avec un joyeux silence et une gaillarde diligence, chacun de nos braves rameurs prit sa rame, et, nous recommandant à Dieu, nous commençâmes à naviguer droit à l'île de Majorque, qui est la plus prochaine terre de chrétiens ; mais le vent de tramontane soufflait aigre et la mer était houleuse : il ne nous fut pas possible de tenir la route de Majorque ; nous fûmes contraints de longer le rivage droit à Oran, à notre grand regret, car nous pouvions être découverts de Sargel, qui est en cette côte-là, tout au plus à soixante milles d'Alger ; nous redoutions également de rencontrer par ces parages quelques galiotes, de celles qui ordinairement viennent de Tétouan avec de la marchandise, encore qu'un chacun de nous, à part soi, et tous ensemble, nous espérions que, si on rencontrait une galiote chargée de marchandise, pourvu que ce ne fût point de celles qui vont en course, non seulement nous ne serions pas pris, mais au contraire nous prendrions un vaisseau avec lequel nous pourrions plus sûrement achever notre voyage. Cependant que nous naviguions, Zoraïde se tenait la tête cachée dans mes mains pour ne point voir son père ; et je l'entendais qui invoquait Lella Maryem à notre aide.

Nous avions bien navigué trente milles quand le jour nous

prit, environ à trois portées d'arquebuse de terre, laquelle nous vîmes toute déserte et sans personne qui nous y découvrît ; ce nonobstant nous rentrâmes à force de bras un peu plus en avant en la mer, qui était déjà un peu apaisée, et, ayant avancé quasi deux lieues, l'on donna ordre de ramer par quarts, tandis que nous mangerions un morceau, car notre barque était bien pourvue, encore que ceux qui ramaient dirent qu'il n'était pas temps de se reposer, et que ceux qui ne ramaient pas, on leur donnât à manger ; pour eux, ils ne voulaient, en aucune façon, quitter les rames. On le fit ainsi, et sur cela il commença à souffler un vent du large, qui nous obligea à tendre la voile, à laisser les avirons et à mettre le cap sur Oran, parce qu'il ne nous était pas possible de suivre une autre route. Tout cela se fit en grande diligence, et ainsi nous fîmes à la voile plus de huit milles à l'heure, sans avoir crainte d'aucune chose que de rencontrer quelque vaisseau qui allât en course. Nous donnâmes à manger aux Maures bagarins, que le renégat consola en leur disant qu'ils n'étaient point captifs, et qu'à la première occasion on leur donnerait la liberté ; on en dit autant au père de Zoraïde, lequel répondit : « Je pourrais, chrétiens, espérer et croire toute autre chose de votre libéralité et courtoisie ; mais, quant à me donner la liberté, ne me tenez pas pour si simple que de me l'imaginer, car vous ne vous êtes point mis au hasard de me l'ôter pour me la rendre si libéralement, surtout sachant qui je suis et l'intérêt qu'il peut y avoir pour vous à me la rendre, lequel intérêt si vous le voulez fixer, dès à présent je vous offre tout ce que vous voudrez pour moi et pour cette enfant, ma malheureuse fille, ou sinon pour elle seule, qui est la plus grande et la meilleure partie de mon âme. » En disant cela, il commença à pleurer si amèrement qu'il nous émut tous à compassion, et contraignit Zoraïde de le regarder ; laquelle, le voyant ainsi pleurer, s'attendrit tellement qu'elle se leva de mes pieds et s'en alla embrasser son père, et, joignant son visage au sien, commen-

cèrent à pleurer si tendrement tous deux que plusieurs de
nous autres qui étions là nous nous joignîmes à leurs pleurs ;
mais, quand son père la vit ainsi parée comme pour un jour
de fête et avec tant de joyaux sur elle, il lui dit en sa langue :
« Qu'est ceci, ma fille, qu'hier au soir, avant que cette
terrible disgrâce et malheur où nous nous voyons arrivât, je
te vis avec tes habits de tous les jours, et maintenant, sans
que tu aies eu le loisir de t'habiller, et sans qu'il te soit arrivé
aucune joyeuse nouvelle que tu dusses solenniser en te
parant et accoutrant, je te vois attifée des meilleurs habillements que j'aie su ou pu te donner au temps où la fortune
nous était plus favorable ? Réponds-moi, c'est cela qui me
tient plus en suspens et plus étonné que le malheur même où
je me trouve. »

Le renégat nous communiquait tout ce que le Maure disait
à sa fille, et elle ne lui répondait pas un seul mot. Mais, quand
il vit à un côté de la barque le coffret où, d'ordinaire, elle
serrait ses bijoux, lequel il savait bien qu'il avait laissé à Alger
et n'avait point apporté au jardin, il demeura encore plus
confus, et lui demanda comment ce coffre était tombé entre
nos mains, et ce qu'il y avait dedans. A cela le renégat, sans
attendre que Zoraïde lui répondît, lui dit : « Ne te tourmente
point, seigneur, à demander tant de choses à ta fille Zoraïde,
car d'une seule que je te répondrai je satisferai à toutes tes
questions ; sache donc qu'elle est chrétienne et qu'elle a été la
lime de nos chaînes et la délivrance de notre captivité ; elle
est ici de sa bonne volonté et aussi contente, à ce que
j'imagine, de se voir en cet état, comme celui qui sort des
ténèbres à la lumière, de la mort à la vie, et de la peine à la
gloire.

— Est-ce vrai, ma fille, dit le Maure, ce que dit cet
homme ?

— Oui, répondit Zoraïde.

— Ainsi tu es chrétienne, répliqua le vieillard, et c'est toi
qui as mis ton père au pouvoir de ses ennemis ? »

Zoraïde lui répondit : « Je suis bien celle qui est chrétienne ; mais je ne suis pas celle qui t'a mis en ce point, parce que jamais mon désir n'a été de te quitter, ni de te faire aucun mal, mais de me faire du bien.

— Et quel bien est-ce que tu t'es fait, ma fille ?

— Demande-le, répondit-elle, à Lella Maryem, car elle te le saura dire mieux que moi. »

A peine le Maure eut-il ouï cela que, d'une vitesse incroyable, il se jeta la tête devant en la mer, où sans aucun doute il se fût noyé, si son habit, qui était long et gênant, ne l'eût un peu soutenu sur l'eau. Zoraïde s'écria qu'on le retirât, nous y accourûmes tous, et, l'empoignant par son almalafa, le retirâmes à demi noyé et sans connaissance, de quoi Zoraïde reçut tant de peine qu'elle pleurait sur lui tendrement et douloureusement, comme s'il fût déjà mort. Nous le mîmes la tête en bas, il rendit force eau, et au bout de deux heures revint à lui. Cependant le vent avait changé, nous fûmes contraints de retourner vers la terre et de faire force de rames pour n'en approcher pas trop près ; mais notre bonne fortune voulut que nous arrivassions à une cale qui se trouve à côté d'un petit promontoire ou cap, appelé par les Maures *le Cap de la Cava Roumia*, qui veut dire en notre langue *la Mauvaise Femme chrétienne*, et il est de tradition chez les Maures que la Cava, par laquelle se perdit l'Espagne, est enterrée en ce lieu-là[4] ; *Cava*, en leur langue, signifie *méchante femme*, et *Roumia* veut dire *chrétienne*, et ils tiennent pour mauvais augure de mouiller l'ancre en cet endroit, même quand la nécessité les y contraint, car autrement ils n'y arrêtent jamais, bien que pour nous autres ce ne fût pas un abri de méchante femme, mais un port assuré pour notre salut, selon que la mer était troublée. Nous mîmes nos sentinelles en terre sans jamais quitter les rames des mains, et mangeâmes de la provision que le renégat avait faite ; nous fîmes pareillement nos prières à Dieu et à Notre-Dame de tout notre cœur qu'il nous aidât et favorisât, afin

501

que nous missions heureusement fin à un si bon commencement.

A la prière de Zoraïde, l'on donna ordre de mettre à terre son père et tous les autres Maures qui étaient là liés, parce qu'elle n'avait pas le courage et son tendre cœur ne pouvait supporter de voir devant ses yeux son père ainsi lié et ceux de son pays prisonniers. Nous lui promîmes de le faire lors de notre départ, puisqu'il n'y avait aucun danger de les laisser en ce lieu si peu habité. Nos oraisons ne furent pas si vaines qu'elles ne fussent entendues du ciel, lequel en notre faveur fit tourner bientôt le vent et apaisa la mer, nous conviant à nous remettre joyeusement à suivre notre voyage. Voyant cela, nous déliâmes les Maures, et les mîmes à terre un à un, de quoi ils demeurèrent fort étonnés ; mais, quand ce vint à débarquer le père de Zoraïde, lequel était déjà revenu à lui, il nous dit : « Pourquoi pensez-vous, vous autres chrétiens, que cette mauvaise femelle soit bien aise que vous me donniez la liberté ? Croyez-vous que ce soit de pitié qu'elle ait de moi ? Non certes, mais elle le fait pour l'empêchement que ma présence lui donnera lorsqu'elle voudra mettre à exécution ses mauvais desseins, et ne pensez pas qu'elle ait été mue à changer de religion par la pensée que la vôtre soit meilleure que la nôtre, mais pour ce qu'elle sait qu'en votre pays l'on use de l'impudicité plus librement que chez nous. » Et, se tournant vers Zoraïde, moi et un autre chrétien le tenant saisi par les deux bras, afin d'empêcher qu'il ne fît quelque folie, il lui dit : « Ô fille infâme, enfant mal conseillée, où vas-tu, aveugle et folle, au pouvoir de ces chiens qui sont nos ennemis naturels ? Maudite soit l'heure où je t'ai engendrée, maudites les délicatesses et les douceurs dans lesquelles je t'ai nourrie et élevée ! » Mais voyant qu'il prenait trait pour n'achever pas sitôt, je me hâtai de le mettre à terre, d'où à haute voix il continua ses malédictions et ses plaintes, conjurant Mahomet qu'il priât Allah de nous détruire, confondre et ruiner ; et, comme nous nous fûmes

502

un peu éloignés à cause que nous avions fait voile et ne pouvant plus ouïr ses paroles, nous vîmes ses actions, qui furent de s'arracher la barbe, se tirer les cheveux et se traîner par terre ; mais un coup il força sa voix de telle sorte que nous pûmes bien entendre qu'il disait : « Retourne, ma chère fille, reviens à terre ; je te pardonne tout, baille cet argent à ces hommes, car il est déjà à eux, et reviens consoler ton triste père, qui laissera la vie en ce sable désert, si tu l'abandonnes. » Zoraïde écoutait tout cela ; elle l'entendait et pleurait, mais elle ne sut lui dire ni répondre autre parole, sinon : « Plaise à Allah, mon père, que Lella Maryem, qui m'a faite chrétienne, te veuille consoler en ta tristesse. Allah sait bien que je n'ai pu faire autre chose que ce que j'ai fait, et que ces chrétiens ne sont en rien obligés à ma volonté : car, encore que je n'eusse pas voulu venir avec eux, mais demeurer en ma maison, il m'eût été impossible selon que mon âme me poussait de mettre à exécution cette œuvre, qui me semble aussi bonne à moi que toi, père bien-aimé, la juges et la tiens pour mauvaise. »

Elle dit cela au temps que son père ne l'entendait plus, ni nous autres ne le pouvions plus voir. Tandis que je la consolais, tout le monde se remit à l'ouvrage que le vent même nous rendait tellement facile que nous tînmes pour certain de nous voir le lendemain matin sur les rivages d'Espagne. Mais, comme rarement ou jamais un bien n'arrive pur et simple et qu'il ne soit accompagné ou suivi de quelque mal qui le trouble et l'inquiète, notre malheur voulut, ou peut-être les malédictions que le Maure avait données à sa fille (malédictions qu'on doit toujours craindre de quelque père qu'elles viennent), que, étant déjà bien avant en mer, et à plus de trois heures de nuit, naviguant à pleines voiles et les rames hautes, parce que le vent prospère que nous avions nous dispensait du travail d'en user, nous vîmes à la lueur de la lune, qui resplendissait clairement, tout près de nous un vaisseau rond, lequel, toutes voiles dehors, tenant

un peu le gouvernail au vent, traversait devant nous. Et cela
de si près que nous fûmes contraints de carguer notre voile
pour ne point donner dedans celui, et eux aussi firent force
de gouvernail afin de nous donner le moyen de passer. Ils
s'étaient mis au tillac pour nous demander qui nous étions,
où nous allions et d'où nous venions ; mais, parce qu'ils nous
le demandèrent en langue française, notre renégat nous dit :
« Que personne ne réponde ! Sans doute ce sont des
corsaires français, qui font butin de tout. » Sur cet avertissement nul de nous ne répondit mot, et, ayant passé un peu en
avant, et comme le vaisseau était sous le vent, ils lâchèrent
à l'improviste deux coups de canon, qui en apparence
étaient deux boulets ramés, parce qu'avec l'un ils coupèrent
notre mât par le milieu, et le renversèrent avec la voile et tout
en la mer. Au même instant, ils tirèrent encore une autre
pièce et le boulet vint donner au milieu de notre barque, de
sorte qu'il l'ouvrit toute, sans faire aucun autre mal ; mais,
comme nous vîmes que nous allions à fond, nous commençâmes tous à grands cris à demander secours et à supplier
ceux du vaisseau de nous recueillir, parce que nous nous
noyions : ils mirent en panne alors, et, lançant l'esquif à la
mer, il y entra jusqu'à douze Français, bien armés de leurs
arquebuses, à la mèche allumée ; ils s'approchèrent de notre
bâtiment, et, voyant le peu de gens que nous étions, et
comme il s'enfonçait, ils nous recueillirent, disant que, pour
avoir usé de cette discourtoisie de ne leur pas répondre, cela
nous était arrivé. Notre renégat prit le coffret des richesses
de Zoraïde, et le jeta à la mer sans que personne s'en aperçût.
Enfin nous passâmes tous avec les Français, lesquels, après
s'être informés de tout ce qu'ils voulurent savoir de nous, et
comme si c'eussent été nos ennemis mortels, nous dépouillèrent de tout ce que nous avions, ôtèrent même à Zoraïde
jusqu'aux anneaux qu'elle avait aux pieds ; mais il ne me
fâchait pas tant de la peine qu'ils lui donnaient, comme de la
crainte que j'avais qu'après l'avoir dépouillée de ses riches et

précieux joyaux, ils ne passassent outre à lui vouloir ôter celui qui était de plus grande valeur, et qu'elle estimait le plus. Mais le désir de gens de cette espèce ne s'étend pas plus loin qu'en l'argent, et jamais leur avarice n'est rassasiée, et celle-ci alla pour lors si avant que même ils nous eussent ôté jusqu'aux habits de captifs, s'ils en eussent pu faire leur profit.

Il y eut même des avis entre eux de nous jeter tous à la mer enveloppés en une voile, parce qu'ils avaient l'intention de trafiquer en quelques ports d'Espagne, sous le nom de Bretons, et que, s'ils nous menaient vivants, ils seraient châtiés, leur larcin étant découvert. Mais le capitaine, qui était celui qui avait dépouillé ma chère Zoraïde, déclara qu'il se contentait de la prise qu'il avait faite, et qu'il ne voulait aborder en aucun port d'Espagne, mais s'en aller promptement tout droit, et passer le détroit de Gibraltar de nuit, ou comme il pourrait, jusqu'à La Rochelle, d'où il était parti ; et ainsi ils résolurent de nous donner l'esquif de leur navire, et tout ce qui nous était nécessaire pour la courte navigation qui nous restait à faire, ce qu'ils firent le lendemain, étant déjà en vue de la terre d'Espagne, vue qui nous réjouit tellement que nous oubliâmes entièrement tous nos déplaisirs et toutes nos misères, comme si véritablement nous n'en eussions point souffert, tant est grande la joie de recouvrer la liberté perdue.

Il pouvait être environ midi lorsqu'ils nous mirent en la barque, en laquelle ils nous donnèrent deux barils d'eau et quelque peu de biscuit ; et le capitaine, ému de je ne sais quelle compassion et miséricorde envers la belle Zoraïde, lorsqu'elle s'embarqua, lui donna jusques à quarante écus d'or, et ne permit pas que ses soldats lui ôtassent ses habits, qui sont les mêmes qu'elle porte à présent. Nous entrâmes en ce bateau, nous leur rendîmes grâces du bien qu'ils nous faisaient, leur montrant plutôt de la reconnaissance que du ressentiment ; ils se remirent en haute mer, suivant la route du détroit, mais nous, sans regarder d'autre nord que la terre qui se montrait devant nous, nous nous hâtâmes de voguer, et au coucher du soleil nous en étions si près que nous eussions bien pu, selon notre opinion, y arriver avant qu'il fût tout à fait nuit ; mais il ne faisait point de lune cette nuit-là et le ciel était couvert, et comme nous ne connaissions pas la contrée où nous étions, nous ne trouvâmes pas qu'il fût fort sûr pour nous de prendre terre. Néanmoins plusieurs des nôtres en étaient d'avis, disant que nous abordions, encore que ce fût entre des rochers et loin d'habitations : par ainsi nous nous assurerions contre la crainte, que par raison l'on devait avoir, qu'il n'allât par cette côte des vaisseaux de corsaires de Tétouan, lesquels sont le soir en Barbarie, au matin se voient sur les côtes d'Espagne, et font ordinaire-ment quelque prise, puis s'en retournent coucher en leurs maisons. De toutes ces contraires opinions, celle que l'on suivit fut que nous nous approchassions peu à peu, et que, si la tranquillité de la mer le permettait, nous débarquassions là où nous pourrions. On fit ainsi, et il n'était pas tout à fait minuit lorsque nous arrivâmes au pied d'une très difforme et haute montagne, non toutefois si près de la mer qu'elle ne laissât un peu d'espace pour pouvoir commodément débar-quer. Nous donnâmes dans le sable, nous sautâmes à terre, et nous baisâmes le sol ; puis, pleurant de joie, nous rendîmes grâces à Notre-Seigneur du bien et de la grâce incomparable qu'il nous avait faits en notre voyage. Nous prîmes dans la barque les vivres qu'il y avait et la tirâmes à terre, puis nous montâmes un bon bout dans la montagne : car, encore que nous fussions là, nous ne pouvions encore nous rassurer, ni croire que ce fût terre de chrétiens celle qui nous portait.

Le jour parut, à mon avis, plus tard que nous n'eussions voulu, et nous achevâmes de gravir toute la montagne pour voir si de là nous découvririons quelque bourgade ou bien quelques cabanes de bergers ; mais, si loin que nous jetas-sions les yeux, nous ne découvrîmes ni village, ni personne, ni même aucun sentier ou chemin que ce fût. Malgré cela, nous résolûmes d'entrer plus avant dans le pays : car il ne pouvait être que nous ne rencontrassions bientôt quelqu'un qui nous en donnât connaissance. Ce qui m'affligeait le plus était de voir Zoraïde aller à pied par ces âpres déserts, car, encore que je la portasse quelquefois sur mes épaules, elle se lassait plus de me voir lassé que son repos ne la soulageait et par ainsi elle ne voulut plus que je prisse cette peine, mais cheminait avec beaucoup de patience et de démonstrations de joie, moi la tenant toujours par la main. Or, comme nous devions avoir fait un peu moins d'un quart de lieue, nous entendîmes le son d'une petite sonnette, signe évident qu'il y avait là quelque troupeau, et, regardant tous fort attentivement s'il en paraissait aucun, nous vîmes au pied d'un liège un jeune berger, lequel en grand repos et sans aucun souci, accommodait et façonnait un bâton avec un couteau. Nous criâmes, et lui, haussant la tête, se mit incontinent debout, et, à ce que nous entendîmes depuis, les premiers qui se présentèrent à sa vue furent le renégat et Zoraïde, et, comme il les vit en habits de Maures, il pensa que toute la Barbarie vînt fondre sur lui, et, s'enfuyant d'une étrange vitesse dans le bois, il commença à pousser les plus grands cris du monde, disant : « Aux Maures ! Voici les Maures ! Aux armes ! Aux armes ! Les Maures sont dans le pays ! » Nous demeurâmes tous confus à ces cris, et sans savoir que faire ; mais, considérant que le berger mettrait en alarme le pays, et que la cavalerie de la côte viendrait bientôt voir ce que c'était, nous avisâmes qu'il serait bon que le renégat dépouillât ses habits de Turc et vêtît une casaque de captif, que l'un de nous lui donna promptement, encore qu'il demeurât seulement avec sa chemise, et ainsi, nous recommandant à Dieu, nous suivîmes le même chemin que nous avions vu que le berger tenait, attendant toujours l'heure de voir venir sur nous la cavalerie de la côte, et nous ne fûmes point trompés en notre opinion : car nous n'avions pas encore fait deux heures de chemin qu'au sortir de ces halliers et arrivant en plaine, nous découvrîmes environ cinquante cavaliers qui venaient courant au petit galop droit à nous ; et, comme nous les vîmes, nous nous arrêtâmes tout court pour les attendre ; mais, comme ils nous abordèrent et virent, au lieu des Maures qu'ils cherchaient, seulement de pauvres chrétiens, ils demeurèrent confus, et l'un d'eux nous demanda si nous étions d'aventure la cause pour laquelle un berger avait crié aux armes : « Oui », lui dis-je ; et, voulant commencer à lui dire ma fortune, d'où nous venions et qui nous étions, l'un des chrétiens qui étaient avec nous reconnut le cavalier qui nous avait fait cette demande, et, sans me laisser dire une seule parole de plus, il dit : « Je rends grâces à Dieu, seigneurs, de ce qu'il nous a conduits en un si bon endroit, parce que, si je ne me trompe, la terre où nous marchons est celle de Vélez-Malaga, si ce n'est que les années de ma captivité m'aient ôté de la mémoire le ressouvenir que j'ai que vous, monsieur, qui nous demandez qui nous sommes, êtes Pierre de Bustamente, mon oncle. » A peine le chrétien captif eut-il achevé que le cavalier se jeta à bas de son cheval, et vint embrasser le jeune homme, lui disant : « Neveu de mon âme et de ma vie, je te reconnais, et nous t'avons déjà pleuré pour mort, moi et ma sœur, ta mère, et tous les tiens qui sont encore en vie, et il a plu à Dieu de les garder jusqu'à cette heure, afin qu'ils eussent ce contentement de te voir. Nous savions déjà que tu étais à Alger, et, par tes vêtements et ceux de toute cette compagnie, je comprends que vous avez eu une liberté miraculeuse. — Il est ainsi, répondit le jeune homme, et nous aurons assez de temps pour vous raconter tout ce qui s'est passé. » Aussitôt que les cavaliers entendirent que nous étions des chrétiens captifs, ils mirent pied à terre, et chacun d'eux offrit son cheval pour nous porter à la cité de Vélez-Malaga, qui était à une lieue et demie de là ; quelques-uns d'eux s'en allèrent ramener la barque à la ville, car nous leur dîmes où nous l'avions laissée ; d'autres nous prirent en croupe, et Zoraïde monta derrière l'oncle du chrétien. Tout le peuple de la ville vint au-devant de nous : déjà il avait été averti de notre venue par quelqu'un qui s'était parti devant. Ils ne s'étonnaient pas de voir des captifs délivrés, ni des Maures captifs, car tout le peuple de cette côte est fait à voir les uns et les autres ; mais ils s'émerveillaient de la beauté de Zoraïde, laquelle en ce temps-là était à son plus haut degré, tant à cause de la lassitude du chemin que de la joie de se voir en terre de chrétiens, sans crainte de se perdre, ce qui lui avait fait venir si bonne couleur au visage que, si ce n'est que l'affection me trompait alors, j'eusse osé dire qu'il n'y avait pas une plus belle créature au monde, au moins que j'eusse vue. Nous allâmes droit à l'église rendre grâce à Dieu pour le bien que nous avions reçu et, tout ainsi que Zoraïde y entra, elle dit qu'il y avait là des visages qui ressemblaient à celui de Lella Maryem ; nous lui dîmes que c'étaient ses images, et le renégat lui donna à entendre du mieux qu'il put ce qu'elles signifiaient, afin qu'elle les adorât comme si véritablement chacune d'elles était cette Lella Maryem qui lui avait parlé. Elle, qui a un bon entendement et l'esprit facile et clair, entendit incontinent ce qu'on lui dit touchant les images. De là nous fûmes menés et répartis tous en divers logis du bourg. Quant au renégat, à Zoraïde et à moi, le chrétien qui était venu avec nous nous mena en la maison de ses père et mère, gens assez aisés chez qui nous fûmes traités avec autant d'amour que leur propre fils.

Nous séjournâmes dix jours à Vélez, au bout desquels le renégat, ayant fait son information de tout ce qui lui convenait, s'en alla en la ville de Grenade pour rentrer, par les soins de la Sainte Inquisition, au très saint giron de l'Église. Les autres chrétiens délivrés s'en allèrent chacun où bon lui sembla, et nous demeurâmes seuls, Zoraïde et moi, avec le peu d'argent que la courtoisie du Français lui avait donné, de quoi j'achetai la bête sur laquelle elle est venue, et moi lui servant jusqu'à présent de père et d'écuyer, mais non de mari : nous nous en allons avec l'intention de voir si mon père est vivant, ou si quelqu'un de mes frères a eu une plus heureuse fortune que la mienne, encore qu'il me semble que le ciel, m'ayant fait compagnon de Zoraïde, ne m'eût su envoyer aucune autre destinée, quelque bonne qu'elle eût été, que j'eusse estimée davantage. La patience avec laquelle Zoraïde supporte les incommodités que la pauvreté apporte avec soi et le désir qu'elle montre de se voir chrétienne sont tels et si grands que je m'en étonne, et qu'ils me meuvent à la servir tout le temps de ma vie, quoique le contentement que j'ai de me voir sien et de la voir mienne soit troublé et bien amoindri, pour ne savoir si je trouverai en mon pays quelque petit recoin où l'abriter ; et si le temps et la mort n'auront point fait un tel changement au bien et à la vie de mon père et de mes frères qu'à peine je trouve qui me connaisse, si d'aventure ils ne sont plus. Voilà, messieurs, ce que je peux vous dire de mon histoire ; si elle est agréable et rare, j'en laisse le jugement à vos beaux esprits ; pour moi, je vous dirai que j'eusse bien désiré vous la raconter plus brièvement, encore que la crainte de vous ennuyer m'a ôté de la bouche plus d'une circonstance. »

CHAPITRE XLII

QUI TRAITE DE CE QUI ARRIVA
ENCORE EN L'HÔTELLERIE,
ET DE PLUSIEURS AUTRES CHOSES
DIGNES D'ÊTRE SUES

Le captif se tut, et don Fernand, prenant la parole, lui dit : « Pour sûr, seigneur capitaine, la manière dont vous avez raconté ces étranges événements se peut fort bien égaler à la nouveauté et à l'étrangeté du cas lui-même. Tout en est excellent, rare et plein d'accidents, qui étonnent et tiennent en suspens quiconque les entend. Et tel est le contentement et le plaisir que nous avons reçu à l'écouter qu'encore que le jour de demain nous eût trouvés nous entretenant du même conte, nous eussions été bien aises de l'ouïr recommencer. » Et, disant cela, don Fernand et tous les autres lui offrirent tout ce qui leur était possible pour le servir, avec des paroles si aimables et si sincères que le capitaine se tint fort satisfait de leur bonne volonté. Spécialement don Fernand lui offrit que s'il voulait s'en retourner avec lui, il ferait en sorte que le marquis son frère serait parrain de Zoraïde à son baptême, et que pour son regard il l'accommoderait de telle sorte qu'il pourrait aller en son pays en aussi bonne posture que sa personne le méritait. Le captif l'en remercia fort courtoisement, mais il ne voulut accepter aucune de ses offres libérales.

Sur ce, la nuit s'approchait, et, étant quasi complètement tombée, il arriva un coche à la taverne, accompagné de quelques hommes à cheval. Ils demandèrent à loger. L'hôtesse leur répondit qu'il n'y avait plus un pied de place au logis. « Et, encore que cela soit, dit l'un des gens à cheval qui étaient entrés, il n'en manquera pas pour monsieur l'auditeur qui vient ici. » A ce nom-là, l'hôtesse se troubla et dit : « Monsieur, le mal qu'il y a est que nous n'avons point de lits ; si monsieur l'auditeur en fait porter, comme je crois, qu'il entre à la bonne heure, car moi et mon mari nous lui laisserons notre chambre pour s'accommoder. — Voilà qui va bien », dit l'écuyer. Mais, sur ce point, il était sorti du coche un homme qui, à son vêtement, fit connaître l'office et la charge qu'il avait, parce que sa longue robe avec les manches côtelées qu'il portait montrèrent qu'il était auditeur, comme son valet l'avait dit. Il menait par la main une jeune fille en apparence âgée d'environ seize ans, vêtue d'un habit de voyage, si brave, si belle et si gaillarde que sa vue leur causa de l'étonnement à tous, tellement que, s'ils n'eussent vu auparavant Dorothée, Lucinde et Zoraïde, qui étaient en la taverne, à peine eussent-ils cru qu'il se pût

511

trouver une beauté comme celle de cette damoiselle. Don Quichotte se trouva à l'entrée de l'auditeur et de la damoiselle, et, dès qu'il le vit, il dit : « Monsieur, vous pouvez entrer sûrement et vous mettre à l'aise en ce château, car, encore qu'il soit étroit et assez mal accommodé, il n'y a étroitesse ni incommodité au monde qui ne fassent place aux armes et aux lettres, et principalement si les armes et les lettres ont pour leur guide et leur chef la beauté, comme vos lettres font en cette belle damoiselle, à laquelle se doivent non seulement ouvrir tout grands les châteaux, mais s'écarter et fendre les rochers, et s'abaisser les montagnes pour l'accueillir. Entrez, monsieur, vous dis-je, en ce paradis, car vous y trouverez des étoiles et des soleils pour accompagner le ciel que Votre Grâce amène avec elle. Elle trouvera ici les armes en leur gloire et la beauté en sa perfection. »

L'auditeur demeura surpris du discours de don Quichotte, qu'il se mit à regarder fort attentivement, ne s'étonnant pas moins de sa taille que de ses paroles, et, sans en trouver aucune à lui pouvoir répondre, il se mit derechef à s'émerveiller quand il vit devant lui Lucinde, Dorothée et Zoraïde lesquelles, ayant ouï la venue des hôtes nouveaux, et aux nouvelles que leur avait dites la tavernière de la beauté de la damoiselle, étaient accourues pour la voir et la recevoir. Mais don Fernand, Cardénio et le curé lui firent encore de plus amples et plus courtoises offres ; de sorte que monsieur l'auditeur entra tout confus, tant de ce qu'il voyait que de ce qu'il entendait et les belles dames qui étaient en la taverne donnèrent la bienvenue à la belle damoiselle. En entrant, l'auditeur reconnut bien vite que tous ceux qui étaient là étaient gens de qualité : mais la taille, la mine et le maintien de don Quichotte le confondaient. Après donc ces échanges de courtoisies et après qu'on eut examiné la commodité de l'hôtellerie, on ordonna ce qui déjà auparavant avait été conclu, à savoir que toutes les dames entreraient dans le galetas déjà dit, et que les hommes demeureraient dehors comme pour leur garde. Et ainsi l'auditeur fut d'accord que cette damoiselle, qui était sa fille, s'en allât avec ces dames, ce qu'elle fit de fort bonne grâce ; et, avec une partie de l'étroit coucher du tavernier et la moitié de celui que l'auditeur apportait, on s'accommoda cette nuit-là mieux qu'on ne pensait.

Le captif, à qui, dès l'instant qu'il vit l'auditeur, le cœur tressaillit et donna des soupçons que c'était son frère, demanda à un des serviteurs qui étaient venus avec lui comment il s'appelait, et s'il savait de quel pays il était. Le valet lui répondit qu'il s'appelait le licencié Juan Perez, de Viedma, et qu'il avait ouï dire qu'il était d'un lieu qui est dans les montagnes de Léon. Par ce rapport et par ce qu'il avait vu, il fut entièrement confirmé que c'était son frère qui avait suivi les lettres par le conseil de son père ; et ainsi, tout ému d'aise et de contentement, appelant à part don Fernand, Cardénio et le curé, il leur raconta ce qui se passait, leur assurant que cet auditeur était son frère. Le serviteur lui avait dit aussi qu'il était pourvu de l'office d'auditeur aux Indes, en l'audience de Mexico. Il apprit encore que cette damoiselle était sa fille, dont la mère était morte en couches, et qu'il était demeuré fort riche de la dot qui lui était demeurée avec la fille. Il leur demanda conseil sur le moyen qu'il prendrait pour se découvrir, ou pour reconnaître premièrement si, une fois découvert, son frère ne prendrait point à honte de le voir ainsi pauvre, ou s'il l'accueillerait de bon cœur. « Laissez-moi faire cette expérience, dit le curé ; encore que je ne doute point, monsieur le capitaine, que vous ne soyez fort bien reçu, parce que la valeur et la prudence que votre frère montre en son noble maintien n'indiquent point qu'il soit arrogant ni ingrat, et qu'il ne sache bien considérer ce que c'est que les accidents de la fortune. — Ce nonobstant, dit le capitaine, je voudrais, non pas à l'improviste, mais par détours me faire connaître à lui. — Je vous dis, répondit le curé, que j'y procéderai de telle sorte que nous en demeurerons tous satisfaits. »

En ces entrefaites, on avait apprêté le souper, et tous s'assirent à table, excepté le captif et les dames, qui soupèrent à part en leur chambre. Or, au milieu du repas, le curé se mit à dire : « Monsieur l'auditeur, j'ai eu autrefois un camarade à Constantinople, où j'ai été captif quelques années, lequel portait même nom que vous, et c'était l'un des plus vaillants soldats et capitaines qu'il y eût en toute l'infanterie espagnole ; mais autant il avait de courage et de valeur, autant avait-il de malheur. — Et comment s'appelait ce capitaine, monsieur ? demanda l'auditeur. — Il s'appelait, répondit le curé, Ruy Perez de Viedma et était natif d'un bourg des montagnes de Léon. Il me fit le conte d'un cas qui s'était passé entre son père et ses frères, tel que, s'il ne m'eût été dit par un homme aussi véridique, je l'eusse tenu pour une de ces fables que les vieilles racontent, en hiver, au coin du feu : il me dit que son père avait partagé son bien entre trois fils qu'il avait, et leur avait donné certains conseils meilleurs que ceux de Caton, et je vous peux dire que celui qu'il choisit d'aller à la guerre lui avait été si heureux qu'en peu d'années, par sa valeur et son courage, sans autre aide que de son grand mérite, il était parvenu au grade de capitaine d'infanterie, et se voyait en chemin d'être bientôt maître de camp ; mais la fortune lui fut contraire, car là où il eût pu s'attendre à l'avoir bonne, ce fut là qu'il la perdit avec sa liberté en la très heureuse journée où tant de personnes la rencontrèrent, qui fut en la bataille de Lépante ; moi, je perdis la mienne à La Goulette, et depuis, par divers accidents, nous nous trouvâmes camarades à Constantinople. De là il vint à Alger, où je sais qu'il lui arriva une des plus étranges aventures qui se soient vues au monde. » De là le curé poursuivit et conta avec beaucoup de brièveté tout ce qui s'était passé entre Zoraïde et le frère de l'auditeur. A tout cela, celui-ci était si attentif que jamais il n'avait été si fort auditeur qu'alors. Le curé vint seulement jusques au moment où les Français dépouillèrent les chrétiens qui venaient en la barque, et à la pauvreté et misère en laquelle son camarade et la belle Maure étaient demeurés. Il n'avait su ce qu'ils étaient devenus, ni s'ils étaient arrivés en Espagne, ou bien si les Français les avaient emmenés en France.

Le capitaine, qui était un peu à l'écart de là, écoutait tout ce que le curé disait, et notait bien tous les mouvements que faisait son frère, lequel, voyant que le curé était arrivé à la fin de son conte, jetant un grand soupir et les yeux pleins de larmes, lui dit : « Ah ! monsieur, si vous saviez quelles nouvelles vous m'avez racontées, et qu'elles me touchent si fort que je suis contraint de le montrer par ces larmes, qui, contre toute discrétion et respect, me sortent des yeux ! Ce capitaine si valeureux que vous dites est mon frère aîné, lequel, comme plus courageux et ayant de plus hautes pensées que moi et que mon autre frère puîné, choisit l'honorable et digne exercice de la guerre, qui fut l'un des trois chemins que notre père nous proposa, selon cette étrange histoire que vous conta votre camarade. Moi, je suivis la carrière des lettres, dans lesquelles Dieu et ma diligence m'ont donné le rang où vous me voyez. Mon jeune frère est au Pérou, si riche qu'avec ce qu'il a envoyé à mon père et à moi il a bien rendu la partie qu'il avait emportée avec soi, et encore a mis entre les mains de mon père de quoi satisfaire sa libéralité naturelle ; et moi aussi pareillement j'ai pu, avec plus de bienséance et d'autorité, me gouverner en mes études et parvenir au poste où je me vois. Mon père est encore au monde, qui meurt d'envie de savoir des nouvelles de son fils aîné, et demande à Dieu avec des prières continuelles que la mort ne lui ferme point les yeux qu'il n'ait ce contentement de voir ceux de son fils, duquel je m'étonne fort, étant aussi sage qu'il est, comment, parmi tant de travaux et d'afflictions ou de succès, il n'a point eu le soin de faire savoir de ses nouvelles à son père ; que s'il en eût eu, ou seulement quelqu'un de nous autres, il n'eût pas eu besoin d'attendre le miracle de la canne pour avoir sa rançon.

Mais ce que je crains à présent, c'est de penser si ces Français lui ont donné la liberté ou s'ils l'ont fait mourir pour couvrir leur larcin. Tout cela sera cause que je poursuivrai mon voyage, non avec tel contentement que je l'ai commencé, mais en toute mélancolie et tristesse. Ô mon cher frère, qui peut savoir à présent où tu es, car je t'irais chercher pour te délivrer de tes travaux, encore fût-ce aux dépens des miens ? Oh ! qui eût porté des nouvelles à notre vieux père que tu étais en vie, encore que tu eusses été mis aux plus secrets cachots de Barbarie, tu en eusses été tiré par le moyen de ses richesses, de celles de mon frère et des miennes ! Ô belle et libérale Zoraïde, qui pourrait te payer du bien que tu as fait à un si cher frère ! Qui serait si heureux que de se trouver à la renaissance de ton âme, et aux noces qui nous causeraient tant de contentement à tous ! »

L'auditeur disait ces paroles et autres semblables, si rempli de pitié et de compassion des nouvelles qu'on lui avait dites de son frère que tous ceux qui l'entendaient lui faisaient compagnie par les démonstrations du déplaisir qu'ils avaient de son affliction. Or, le curé, voyant que son intention avait si bien réussi et était si conforme au désir du capitaine, ne voulut pas les tenir plus longtemps en cette tristesse, et ainsi il se leva de table, et, entrant où Zoraïde était, il la prit par la main, et Lucinde et Dorothée avec la fille de l'auditeur la suivirent. Le capitaine attendait pour voir quel était le dessein du curé, lequel fut que, le prenant aussi de l'autre main, il s'en alla avec tous deux là où l'auditeur et les autres cavaliers se trouvaient et dit : « Monsieur l'auditeur, mettez fin à vos larmes et comblez votre désir de tout le bien que vous pourriez souhaiter, puisque vous avez devant vous votre bon frère et votre bonne belle-sœur. Celui que vous voyez ici est le capitaine Viedma, et celle-ci la belle Maure qui lui a fait tant de bien. Les Français que je vous ai dits l'ont réduit à cette nécessité que vous voyez, afin de vous donner sujet d'exercer votre libéralité. »

516

Le capitaine s'approcha pour embrasser son frère, qui lui mit les mains sur la poitrine pour l'examiner d'un peu plus loin ; mais, quand il l'eut tout à fait reconnu, il l'embrassa si étroitement, répandant tant de larmes de joie, que la plupart de ceux qui étaient présents furent contraints d'en verser aussi. Les paroles que les deux frères se dirent l'un à l'autre, les sentiments qu'ils se montrèrent, je crois à peine qu'on les puisse penser, tant s'en faut les écrire. Là, en peu de paroles, ils se rendirent compte l'un à l'autre de leurs aventures, là ils firent paraître en son excellence la bonne amitié de deux frères : l'auditeur embrassa Zoraïde puis il lui fit offre de son bien, puis il la fit embrasser à sa fille ; alors la belle chrétienne et la charmante Maure renouvelèrent les larmes de tous. Don Quichotte demeurait fort attentif, sans mot dire, considérant ces événements si étranges, les attribuant tous aux chimères de l'errante chevalerie. On résolut que le capitaine et Zoraïde s'en retourneraient avec leur frère à Séville, et révéleraient à leur père ces heureux événements, afin qu'il vînt comme il pourrait pour assister aux noces et au baptême de Zoraïde, parce qu'il n'était pas possible à l'auditeur d'abandonner le chemin qu'il tenait, ayant eu nouvelles qu'à un mois de là la flotte partait de Séville pour la Nouvelle-Espagne, aussi que ce lui eût été un grand dommage de perdre cette occasion. Enfin ils demeurèrent tous contents et joyeux de la bonne aventure du captif, et, étant déjà passés les deux tiers de la nuit, ils résolurent de se retirer et se reposer pendant ce qui leur en restait.

Don Quichotte s'offrit à faire la garde du château, de peur qu'ils ne fussent assaillis de quelque géant ou de quelque méchant félon qui eussent convoité le grand trésor de beauté qui était enclos en ce château. Ceux qui le connaissaient le remercièrent et mirent l'auditeur au fait de l'étrange humeur de don Quichotte, à quoi il prit fort grand plaisir. Seul, Sancho Pança se désespérait qu'on fût si longtemps à se retirer, et lui seul s'accommoda mieux que tous, se couchant sur les harnais de son âne, qui lui coûtèrent si cher, comme

> *Au loin une étoile je vois*
> *Qui me darde des étincelles*
> *Plus belles que ne furent celles*
> *Que vit Palinure autrefois.*
>
> *Je ne sais pas de quel côté*
> *Sa clarté me pourra conduire :*
> *Car mon esprit, à la voir luire,*
> *Soucieux, est tout arrêté.*
>
> *Une importune retenue,*
> *Un soin trop vif de son devoir*
> *Me la cachent comme une nue,*
> *Quand je m'efforce de la voir.*
>
> *Ô clair[1] astre luisant et beau,*
> *Par le feu duquel je m'affine,*
> *Si je perds ta clarté divine,*
> *Je descendrai sous le tombeau.*

Comme celui qui chantait en fut là, il sembla à Dorothée qu'il ne serait pas mal à propos que Claire ouït une si belle voix, de sorte que, la poussant de côté et d'autre, elle l'éveilla et lui dit : « Pardonne-moi, ma petite amie, si je t'éveille : c'est afin que tu aies le contentement d'entendre la meilleure voix que peut-être tu auras entendue de ta vie. » Claire s'éveilla toute somnolente, et du premier coup n'entendit pas ce que Dorothée lui disait ; elle se le fit répéter, puis se mit à écouter attentivement ; mais à peine eut-elle ouï deux vers, que celui qui chantait allait continuant, qu'il lui prit un tremblement aussi étrange que si elle eût été attaquée de quelque accès de fièvre quarte, et, embrassant étroitement Dorothée, elle lui dit : « Ah ! madame de mon cœur, pourquoi m'avez-vous éveillée ? Le plus grand bien que la fortune me pouvait faire pour l'heure était de me tenir les yeux fermés et les oreilles bouchées pour ne voir ni entendre ce malheureux musicien. — Qu'est-ce que tu dis, mon enfant ? Regarde bien, regarde bien que celui qui chante est un garçon muletier. — Non, répondit Claire, c'est un puissant seigneur, et le fief qu'il occupe en mon âme, il y est si assuré que, s'il ne le veut quitter de lui-même, il lui sera éternellement gardé. » Dorothée demeura étonnée du ton sérieux de la jeune fille, car il lui sembla qu'il excédait de beaucoup le discernement que son peu d'âge promettait, et ainsi elle lui dit : « Vous parlez en telle sorte, madame Claire, que je ne peux vous entendre. Déclarez-vous davantage, et me dites ce que vous voulez dire d'âme, de fief, et de ce musicien dont la voix vous tient en une telle inquiétude. Mais ne me dites rien pour le moment, parce que, pour faire face à vos alarmes, je ne veux cependant perdre le contentement que je reçois d'ouïr ce chanteur. Ah ! le voilà qui retourne à son chant sur un autre air et avec d'autres paroles. — A la bonne heure ! » répondit Claire ; et, pour ne le point ouïr, elle se boucha les deux oreilles avec les mains, de quoi aussi s'étonna fort Dorothée, laquelle, attentive à ce qui se chantait, ouït que l'on poursuivait en cette manière :

> Mon doux espoir, qui romps toute chose impossible,
> Admirable en effets,
> Tu tiens ta propre voie en ton cœur invincible
> Que toi-même tu fais,
> Ne t'épouvante point de voir à chaque pas
> Arriver ton trépas.

> Le paresseux n'a point de victoire honorable,
> Ne faisant pas d'effort ;
> Ni le bonheur n'est pas à celui favorable
> Qui ne résiste au sort,
> Et, d'un courage bas, donne à l'oisiveté,
> Son sens, sa liberté.

> Que l'amour à haut prix vende sa gloire intime,
> Il n'est hors de saison,
> Puisqu'il n'est bien si cher que celui qui s'estime,
> Pour plaire à sa raison.

Et ce qui coûte peu, il est bien malaisé
Qu'il soit beaucoup prisé.

L'opiniâtreté nous rend les dieux dociles
Et l'impossible obtient ;
Moi, bien que je m'obstine aux chemins difficiles
Qu'amour en soi contient,
Je doute toutefois d'atteindre, soucieux,
Dès la terre, les cieux.

Ici la voix cessa, et Claire se reprit à soupirer. Tout cela enflammait plus qu'avant le désir de Dorothée de savoir la cause d'un chant si doux et de si tristes pleurs ; et sur ce elle lui demanda derechef ce que c'était qu'elle voulait dire auparavant. Alors Claire, craignant que Lucinde ne l'entendît, embrassa étroitement Dorothée et lui mit la bouche si près de son oreille qu'elle pouvait lui parler sûrement sans être ouïe de personne, et lui dit ainsi :

« Celui qui chante, ma chère dame, est fils d'un gentilhomme natif du royaume d'Aragon, seigneur de deux fiefs, lequel demeurait à la cour et était logé vis-à-vis de la maison de mon père. Encore que les fenêtres de notre logis fussent fermées de toiles en hiver et en été de jalousies, je ne sais comment cela arriva, ce gentilhomme, qui faisait ses études, me vit, et ne vous peux dire si ce fut à l'église ou autre part ; mais enfin il devint amoureux de moi, et me le fit entendre des fenêtres de sa maison, avec tant de signes et tant de larmes, qu'il fallut que je le crusse et que je l'aimasse sans savoir ce qu'il me voulait. Parmi les signes qu'il me faisait, il y en avait un qui était qu'il se joignait les deux mains, me donnant à entendre qu'il se marierait avec moi ; et, encore que j'eusse été bien aise que cela fût ainsi, moi étant seule et sans mère, je ne savais à qui le communiquer, et ainsi je le laissai là, sans lui donner d'autre faveur, sinon, lorsque mon père était hors de la maison et le sien aussi, de lever un peu la toile ou la jalousie, et me montrer toute à lui, dont il faisait tant de fête qu'il semblait en devenir fou. Sur cela le temps du départ de mon père arriva, ce qu'il apprit, mais non pas de moi, parce que je ne le lui pus jamais dire, et, à ce que j'entends, il en devint malade de chagrin, de sorte que le jour que nous partîmes je ne le pus voir pour prendre congé de lui, à tout le moins des yeux. Mais, au bout de deux jours que nous étions en route, à l'entrée d'une auberge, en un lieu qui est à une journée d'ici, je le vis à la porte de l'auberge, habillé en garçon muletier tant au naturel que, si je n'eusse eu son portrait tant au vif en mon âme, il m'eût été impossible de le reconnaître. Je le reconnus, je m'en étonnai et m'en réjouis ; lui me regarda à la dérobée de mon père, de qui toujours il se cache quand il passe devant moi par les chemins ou aux hôtelleries où nous logeons. Et, comme je sais qui il est, et que je considère que c'est pour l'amour de moi qu'il vient à pied et avec tant de peine, j'en meurs de chagrin, et là où il met les pieds j'y porte mes yeux. Je ne sais à quelle intention il vient, ni comment il s'est pu dérober à son père, qui l'aime extraordinairement, parce qu'il n'a point d'autre héritier, et aussi qu'il le mérite, comme vous le pourrez reconnaître quand vous le verrez. Et vous peux dire de plus que tout ce qu'il chante il le prend en sa tête, car j'ai ouï dire qu'il est un fort savant étudiant et poète, et il y a bien davantage, c'est que, toutes les fois que je le vois ou que je l'entends chanter, je tremble toute que mon père ne le connaisse et ne découvre nos désirs. De ma vie je ne lui ai parlé, et je l'aime de façon que je ne puis vivre sans lui. Voilà, madame, tout ce que je vous peux dire de ce musicien, dont la voix vous a si fort contentée qu'à cela seulement vous reconnaîtrez bien que ce n'est pas un garçon muletier, comme vous dites, mais un seigneur d'âmes et fiefs, comme je vous ai déjà dit.

— Ne m'en dites pas davantage, ma chère madame Claire, dit alors Dorothée en la baisant mille fois ; ne m'en dites pas davantage, vous dis-je, et attendez que le jour vienne, car j'espère en Dieu d'acheminer votre affaire à une aussi heureuse fin que le méritent de si honnêtes commencements. — Ah ! madame, dit Claire, quelle fin peut-on espérer, si son père est si puissant et si riche qu'il lui semblera que je ne suis pas assez bonne pour être la servante de son fils, combien moins son épouse ? Et puis, de me marier à l'insu de mon père, je ne le ferai pour rien au monde. Je ne désirerais autre chose, sinon que ce jeune homme s'en allât et me laissât : peut-être qu'en ne le voyant plus, et aussi à cause de la grande distance du chemin que nous allons faire, la peine que je souffre à présent s'allégerait, encore que je vous peux dire que le remède que je m'imagine me servira de bien peu. Je ne sais quel diable ç'a été, ni par où est entré cet amour que je lui porte, étant si enfant et lui aussi, car je crois en vérité que nous sommes tous deux de même âge, et je n'ai pas encore seize ans accomplis, et ne les aurai, comme dit mon père, qu'au jour de la Saint-Michel qui vient. » Dorothée ne se put tenir de rire, oyant madame Claire parler ainsi en enfant, et lui dit : « Reposons, mademoiselle, le peu que je crois qui reste de la nuit ; le jour viendra, Dieu aidant, et nous accommoderons les affaires, ou j'y perdrai mon nom. »

Elles s'apaisèrent sur cela, et en toute l'hôtellerie l'on gardait un profond silence ; il n'y avait que la fille de l'hôtesse et Maritorne, sa servante, qui ne dormissent pas ; et, comme elles savaient l'humeur peccante de don Quichotte, et qu'il était hors de la taverne armé et à cheval, faisant sentinelle, elles résolurent, à elles deux, de lui jouer quelque bon tour, ou au moins de passer un peu le temps à écouter ses rêveries.

Or, est-il qu'en toute la taverne il n'y avait aucune fenêtre qui ouvrît sur les champs qu'un trou de pailler, par où l'on jetait la paille dehors pour donner aux bêtes. Ces deux semi-damoiselles se mirent à ce trou et virent que don Quichotte était à cheval appuyé sur sa grosse lance, poussant de fois à autre de si douloureux et profonds soupirs qu'il semblait qu'à chacun d'eux on lui arrachât l'âme du corps ; et elles ouïrent qu'il disait d'une voix douce, flûtée et amoureuse ces paroles : « Ô dame Dulcinée du Toboso, excellence de toute beauté, fin extrême de la discrétion, archive de la meilleure grâce, dépôt de l'honnêteté, et finalement idée de tout ce qu'il y a de profitable, honnête et délectable au monde ! Oh ! que fait ta Grâce à cette heure ? As-tu par hasard la pensée occupée au ressouvenir de ton captif chevalier, lequel, de sa propre volonté et rien que pour te servir, s'est voulu jeter en tant de périls ? Et toi, donne-moi de ses nouvelles, ô luminaire aux trois faces ! Car peut-être qu'étant envieuse de la sienne, tu la contemples à cette heure, se promenant dans quelque galerie de ses superbes palais ou accoudée à quelque balcon, et cherchant par quel moyen, son honnêteté et sa grandeur suaves, elle apaisera la tourmente que mon cœur affligé endure pour l'amour d'elle, quelle gloire elle donnera à mes peines, quel repos à mon souci, et finalement quelle vie à ma mort et quelle récompense à mes loyaux services. Et toi, soleil, qui es déjà prêt à seller vitement tes chevaux pour te lever matin et sortir pour aller voir ma maîtresse, dès que tu la verras, je te supplie que tu la salues de ma part ; mais garde-toi bien, en la voyant et la saluant, de la baiser au visage, parce que je serai plus jaloux de toi que tu ne le fus de cette légère ingrate qui te fit tant suer et courir par les plaines de Thessalie ou sur les rivages du Pénée : car il ne me souvient plus très bien par où tu courus alors que tu étais jaloux et amoureux. »

Don Quichotte était arrivé à ce point de son pitoyable discours quand la fille de l'hôtesse lui commença à chuchoter et lui dire : « Monsieur, que Votre Seigneurie s'approche, s'il lui plaît. » A cette voix et à ce signe, don Quichotte tourna la tête et vit à la clarté de la lune, qui était alors en son plein, comme on l'appelait par ce trou, qui lui semblait une fenêtre et même à treillis dorés, ainsi qu'il convient d'en avoir en d'aussi riches châteaux qu'il s'imaginait être cette taverne. Et tout à l'instant il se représenta en sa folle imagination que derechef la belle damoiselle, fille de la dame de ce château, vaincue par son amour, revenait pour le solliciter, et en cette pensée, pour ne se montrer point discourtois et ingrat, il tira la bride à Rossinante et s'approcha du trou, et, comme il vit les deux filles, il leur dit : « J'ai grand-pitié de vous, belles damoiselles, d'avoir mis vos amoureuses pensées en lieu où il n'est pas possible d'y répondre comme le mérite votre grande valeur et gentillesse, de quoi vous ne devez attribuer la faute à ce malheureux chevalier errant qu'Amour met dans l'impossibilité de livrer sa volonté à une autre qu'à celle-là qu'il fit maîtresse absolue de son âme au moment où ses yeux la virent. Excusez-moi, bonne damoiselle, retirez-vous en votre chambre et ne veuillez, en me découvrant davantage vos désirs, être cause que je me montre plus ingrat ; et, si vous trouvez en moi autre chose de quoi satisfaire à l'amour que vous me portez qui ne soit point cet amour même, demandez-le-moi, car je vous jure, par ma douce ennemie absente, de vous le donner incontinent, encore que vous me demandassiez une tresse des cheveux de Meduse, qui étaient toutes couleuvres, ou bien les rayons mêmes du soleil enclos en une fiole. » A ce point, Maritorne dit : « Seigneur chevalier, ma maîtresse n'a nul besoin de tout cela. — Et de quoi a besoin votre maîtresse, ma discrète duègne ? répondit don Quichotte. — Seulement de l'une de vos belles mains, dit Maritorne, afin de pouvoir apaiser le grand désir qui l'a amenée à ce trou avec tant de danger pour son honneur : car, si monsieur son père s'en fût aperçu, le moindre morceau qu'il lui eût ôté, ce serait l'oreille. — Je voudrais bien voir cela, répondit don Quichotte ; mais il s'en donnera de garde, si ce n'est qu'il veuille faire la plus misérable fin que jamais père fit au monde, pour avoir mis les mains sur les membres délicats de son amoureuse fille. »

Maritorne pensa que sans doute don Quichotte baillerait

la main qu'on lui avait demandée, et, arrêtant dans son esprit ce qu'elle avait à faire, elle descendit du trou et s'en alla à l'écurie, où elle prit le licou de l'âne de Sancho Pança et s'en retourna fort lestement à son trou au même temps que don Quichotte s'était mis les deux pieds sur la selle de Rossinante pour atteindre à la fenêtre treillissée, où il s'imaginait qu'était la damoiselle férue d'amour, et, en lui baillant la main, il lui dit : « Prenez, damoiselle, cette main, ou, pour mieux dire, ce bourreau de tous les méchants qu'il y a au monde ; prenez cette main, vous dis-je, qui n'a été touchée d'aucune autre femme, non pas même de celle qui a l'entière possession de tout mon corps. Je ne vous la donne pas afin que vous la baisiez, mais seulement en intention que vous regardiez l'entrelacement de ses nerfs, la liaison de ses muscles, la largeur et épaisseur de ses veines, d'où vous tirerez quelle doit être la force du bras qui a une telle main. — Nous l'allons voir tout à l'heure », dit Maritorne ; et, faisant un nœud coulant au licou, elle le lui mit au poignet, puis, descendant du trou, elle attacha bien fort le bout qui en restait au verrou de la porte du grenier.

Don Quichotte, sentant la rudesse du cordeau en son poignet, dit : « Il semble plutôt que vous me râpiez que vous ne me caressez la main ; ne la traitez point si rudement, puisqu'elle n'est pas cause du mal que ma volonté vous fait ; il n'est pas à propos qu'en une si petite partie vous vengiez toute votre colère. Considérez que celui qui aime bien ne se venge pas si mal. » Mais il n'y avait plus personne qui écoutât tous ces propos : car, tout aussitôt que Maritorne l'eut lié, elle et l'autre s'en allèrent crevant de rire, et le laissèrent tellement attaché qu'il lui fut impossible de se défaire. Or, il était, comme on l'a dit, tout debout sur Rossinante avec le bras dans le trou et le poignet lié et attaché au verrou de la porte en grande crainte et souci que Rossinante ne se détournât d'un côté ou d'autre, car il fût demeuré pendu par le bras ; et par ainsi il n'osait se bouger, encore que l'on pouvait bien espérer de la patience et du calme de Rossinante qu'il se tiendrait là tout un siècle sans se remuer.

Enfin, don Quichotte, se voyant bien attaché et que les dames s'étaient retirées, s'imagina que tout cela se faisait par enchantement, comme l'autre fois qu'en ce même château ce Maure enchanté de muletier l'avait si bien moulu. Il maudissait en lui-même son peu de jugement et de réflexion puisque, étant sorti tant maltraité l'autre fois de ce château, il s'était hasardé d'y entrer la seconde, étant pour avis aux chevaliers errants que, quand ils ont éprouvé une aventure et n'en sont pas bien venus à bout, c'est signe qu'elle n'est pas réservée pour eux, mais pour d'autres ; ainsi n'est-il pas nécessaire qu'ils l'éprouvent une seconde fois. Ce nonobstant, il tirait fort son bras pour voir s'il le pourrait délier, mais il était si bien attaché que tous ses efforts furent en vain. Il est bien vrai qu'il tirait avec discrétion, de peur que Rossinante ne se bougeât ; et, encore que fort volontiers il se fût assis et mis en selle, il ne le pouvait faire, mais était contraint de se tenir debout ou de s'arracher la main. C'est alors qu'il rêva de l'épée d'Amadis, contre laquelle ne pouvait résister la force d'aucun enchantement ; c'est alors qu'il maudit sa fortune, alors qu'il eut des regrets en pensant combien sa présence ferait faute au monde pendant le temps qu'il serait enchanté : car, sans aucun doute, il croyait l'être. Alors aussi vint le ressouvenir de son aimée Dulcinée du Toboso ; et c'est alors qu'il se mit à appeler son bon écuyer Sancho Pança, lequel, étendu de son long sur le bât de son âne, enseveli dans le sommeil, ne se souvenait pas en ce temps-là de la mère qui l'avait enfanté ; alors il appela les sages Lirgandée et Alquise à son aide ; alors il pria sa bonne amie Urgande de le secourir ; et finalement le matin le prit là si désespéré et si confus qu'il beuglait comme un taureau, parce qu'il n'espérait plus qu'avec le jour on pût remédier à

527

sa misère, laquelle il croyait devoir être éternelle, se tenant pour bel et bien enchanté ; et ce qui le lui faisait croire davantage était de voir que Rossinante ne se mouvait ni peu ni prou ; et il pensait assurément demeurer en cette sorte sans boire, manger ni dormir, lui ni son cheval, jusqu'à ce que cette mauvaise et maligne influence des étoiles fût passée, ou bien jusqu'à ce que quelque enchanteur plus savant le désenchantât.

Mais il se trompa en sa créance, car à peine le jour fut venu qu'il arriva à la taverne quatre cavaliers fort bien équipés et en bon ordre, avec leurs escopettes à l'arçon de la selle. Ils frappèrent à grands coups à la porte de la taverne, ce que voyant don Quichotte du lieu où il était encore à faire sentinelle, il dit avec une voix arrogante et haute : « Chevaliers ou écuyers, ou qui que vous soyez, vous n'avez que faire de frapper aux portes de ce château, car il paraît assez qu'à telle heure qu'il est, ou ceux qui sont dedans reposent, ou bien l'on n'a pas de coutume d'ouvrir la forteresse jusqu'à ce que le soleil soit étendu par toute la terre : retirez-vous de là, et attendez que le jour soit clair, et alors nous verrons s'il sera raison ou non que l'on vous ouvre. — Quel diable de forteresse ou de château est ceci, dit l'un d'eux, pour nous obliger à de pareilles cérémonies ? Si vous êtes l'hôtelier, faites-nous ouvrir : nous sommes des passants qui ne désirons autre chose que de donner de l'avoine à nos montures et passer outre, car nous avons hâte. — Vous semble-t-il, messieurs, que j'aie la mine d'un aubergiste ? répondit don Quichotte. — Je ne sais quelle mine vous avez, répliqua l'autre, mais bien sais-je que vous rêvez d'appeler cette auberge un château. — C'est un château, repartit don Quichotte, voire un des meilleurs de toute cette province, et il y a dans celui-ci des gens qui ont eu le sceptre en main et la couronne en tête. — Il serait mieux de dire au rebours, dit le passant, le sceptre sur la tête et la couronne en main, et ce sera, s'il vient à point, qu'il y a là-dedans quelque compagnie de comédiens, qui ont souvent de ces couronnes et de ces sceptres que vous dites entre les mains : car en une taverne aussi petite que celle-ci, et où il se garde tant de silence, je ne crois pas qu'il y loge des personnes dignes de la couronne et du sceptre. — Vous savez bien peu de choses de ce monde, répliqua don Quichotte, puisque vous ignorez les aventures qui ont de coutume d'arriver en la chevalerie errante. » Les compagnons du questionneur se lassaient du colloque qu'il tenait avec don Quichotte, tellement qu'ils commencèrent à frapper derechef avec grande furie, et si fort que l'hôte s'éveilla, et aussi tous ceux qui étaient en la taverne, et ainsi il se leva pour demander qui frappait de telle façon.

Il advint au même temps que l'une des montures de ces quatre hommes qui frappaient à la porte s'approcha pour flairer Rossinante, lequel, triste, mélancolique et les oreilles pendantes, soutenait sans bouger son maître à la gêne ; et, comme enfin il était de chair, encore qu'il semblât de bois, il ne put se garder de se sentir un peu et de venir flairer celui qui le caressait, si bien qu'il ne se put remuer tant soit peu, que les deux pieds échappèrent à don Quichotte, et, glissant de la selle, il serait tombé par terre s'il ne fût demeuré pendu par le bras : ce qui lui causa tant de douleur qu'il crut ou qu'on lui coupait le poignet, ou qu'on lui arrachait le bras, parce qu'il demeura si près de terre qu'il la touchait quasi de la pointe des pieds, chose qui était fort à son préjudice : car, comme il sentait le peu qu'il lui manquait pour poser en bas la plante des pieds, il se travaillait et s'étirait tant qu'il pouvait pour toucher à terre, ni plus ni moins que ceux qui sont au tourment de l'estrapade, qu'on laisse jouer à touchera, touchera pas, tellement qu'eux-mêmes sont cause d'augmenter leur douleur par la peine qu'ils emploient à s'étendre, trompés par l'espérance qu'en s'étendant un peu plus ils arriveront au sol.

CHAPITRE XLIV

OÙ SE CONTINUENT LES AVENTURES
INOUÏES DE LA TAVERNE

Les cris de don Quichotte furent si perçants que l'hôte, ouvrant promptement les portes de la taverne, sortit tout effrayé pour voir qui poussait de tels cris, et ceux qui étaient dehors y accoururent aussi. Maritorne, qui s'était éveillée aux mêmes cris, imaginant ce que ce pouvait être, s'en alla au pailler, et, sans que personne la vît, détacha le licou qui soutenait don Quichotte, et il tomba tout aussitôt par terre à la vue du tavernier et des voyageurs, lesquels, s'approchant de lui, lui demandèrent ce qu'il avait à crier de cette façon. Et lui, sans répondre une seule parole, s'ôta le cordeau du poignet, et, se mettant debout, monta sur Rossinante, embrassa son écu, mit sa lance en arrêt, et, prenant une bonne partie de champ, retourna au petit galop, disant : « Quiconque dira que j'ai été enchanté à juste titre, pourvu que madame la princesse Micomicona me donne congé de le faire, je le démens, je le défie et l'appelle en combat singulier. » Les nouveaux arrivants demeurèrent fort surpris des paroles de don Quichotte ; mais le tavernier les ôta de cette surprise en leur disant qui était don Quichotte, et qu'il ne fallait point s'inquiéter de lui parce qu'il n'avait pas sa raison.

Ils demandèrent à l'hôte si d'aventure il n'était point venu en cette hôtellerie-là un jeune homme d'environ quinze ans, habillé comme un valet de mules, de telle et telle façon, et donnèrent les mêmes marques que portait l'amant de madame Claire. Le tavernier leur répondit qu'il y avait tant de gens en l'hôtellerie qu'il n'avait pas pris garde à celui qu'ils demandaient ; mais l'un d'eux, ayant vu le coche dans lequel était venu monsieur l'auditeur, dit : « Sans doute, il doit être ici, parce que voici le coche que l'on nous a dit qu'il suit. Que l'un de nous demeure à la porte, et que les autres entrent le chercher, et il serait bon même que l'un de nous rôdât à l'entour de la taverne, afin qu'il ne s'échappe point par-dessus les clôtures des cours. — Il sera fait ainsi », répondit un d'eux ; et, deux entrant dedans, l'un se tint à la porte et le quatrième s'en alla rôder autour de l'hôtellerie : l'hôte voyait tout cela, et ne savait deviner pourquoi se faisaient toutes ces diligences, encore qu'il crût bien qu'ils cherchaient ce jeune garçon dont ils lui avaient donné le signalement.

Or, sur ces entrefaites, le jour se faisait clair, et ainsi, tant de cela que du bruit que don Quichotte avait fait, tous étaient éveillés et se levaient, principalement madame Claire et Dorothée, parce que l'une, à cause du trouble qu'elle avait de voir son amant si près d'elle, et l'autre, pour le désir de le voir, n'avaient pas bien pu dormir cette nuit-là. Don Quichotte, voyant que pas un des quatre voyageurs ne tenait compte de lui, ni ne répondait à sa demande, se mourait de dépit, de colère et de rage ; et, s'il eût trouvé dans les ordonnances de sa chevalerie que le chevalier errant pouvait licitement entreprendre une autre affaire, ayant donné sa foi et sa parole et ne s'entremettre en aucune entreprise qu'après avoir achevé celle qu'il avait promis, il les eût attaqués tous et les eût fait répondre en dépit qu'ils en eussent eu. Mais, comme il lui semblait n'être pas à propos de commencer une nouvelle entreprise qu'il n'eût remis la princesse Micomicona sur le trône, il lui fallut se taire et se tenir coi, attendant l'issue des diligences que faisaient ces voyageurs.

L'un de ceux-ci trouva le jeune homme qu'il cherchait dormant à côté d'un autre garçon muletier, bien hors de souci que personne le cherchât, et encore moins qu'on le trouvât. L'homme l'empoigna par le bras, et lui dit : « Pour sûr, seigneur don Louis, l'habit que vous avez répond bien à ce que vous êtes, et le lit où je vous trouve, aux délicatesses

531

dans lesquelles madame votre mère vous a élevé. » Le jeune garçon se frotta les yeux à demi endormi, et, regardant quelque temps celui qui le tenait par le bras, connut incontinent que c'était un des serviteurs de son père, ce qui lui donna un tel coup qu'il ne put de longtemps dire une seule parole, et le serviteur poursuivit, disant : « Seigneur don Louis, il n'y a pas ici autre chose à faire que de prendre patience et s'en retourner à la maison, si vous ne voulez que monsieur votre père et mon maître s'en aille en l'autre monde, car on ne peut attendre autre chose de la grande affliction qu'il reçoit de votre absence. — Et comment mon père a-t-il su que j'avais pris ce chemin-ci et en cet habit ? dit don Louis. — Un étudiant à qui vous aviez communiqué votre dessein, répondit le serviteur, est celui qui le lui a découvert, ému de pitié des regrets qu'il lui voyait faire au moment où il ne vous trouva plus, et de suite il a dépêché quatre de ses serviteurs après vous, et nous sommes ici tous à votre service, plus contents que l'on ne saurait croire du succès de notre recherche, vous ramenant et vous représentant aux yeux qui vous aiment tant. — Ce sera comme je voudrai, ou comme le ciel en ordonnera, répondit don Louis. — Qu'est-ce que vous avez à vouloir, ou qu'a le ciel à ordonner, hormis de consentir à votre retour ? Il ne peut arriver rien d'autre. »

Le garçon muletier, auprès duquel don Louis était couché, entendit tous les discours qui se tinrent entre eux deux, et, se levant de là, s'en alla les rapporter à don Fernand et à Cardénio et aux autres qui s'étaient déjà vêtus, et il leur dit à tous comment cet homme donnait du *don* à ce jeune garçon et les discours qu'ils tenaient, et comment il le voulait remmener à la maison de son père, et que le jeune homme ne voulait pas. Or, oyant cela, joint à ce qu'ils savaient de la belle voix que le ciel lui avait donné, il leur vint à tous un grand désir d'entendre plus au long qui il était, et même de lui aider si on voulait lui faire aucune violence, et, sur cela, ils s'en allèrent du côté où il était encore à discourir et à contester avec son serviteur.

Sur ces entrefaites, Dorothée sortit de sa chambre, et derrière elle madame Claire toute troublée, et Dorothée, appelant Cardénio à part, lui conta en peu de paroles l'histoire du musicien et de la damoiselle. Lui, d'autre part, dit à Dorothée ce qui se passait de la venue des serviteurs de son père à sa recherche ; mais il ne le lui put dire si secrètement que Claire ne l'entendît, dont elle demeura si hors de soi, que, si Dorothée ne se fût approchée pour la soutenir, elle se fût laissée aller par terre. Cardénio dit à Dorothée qu'elles s'en retournassent à la chambre et qu'il tâcherait de porter remède à tout, ce qu'elles firent.

Les quatre serviteurs qui venaient en quête de don Louis étaient en la taverne à l'entour de lui, le pressant de s'en revenir consoler son père incontinent et sans tarder un seul instant. Il répondit qu'il ne le pouvait faire d'une façon quelconque jusqu'à ce qu'il eût mis fin à une affaire où il y allait de sa vie, de son honneur et de son âme. Les serviteurs alors le pressèrent, lui disant que résolument ils ne retourneraient point sans lui, et qu'ils l'emmèneraient, qu'il le voulût ou non. « Vous n'en ferez rien, répliqua don Louis, si ce n'est que vous m'emmeniez mort, encore que, de quelque façon que vous m'emmeniez, ce sera m'emmener sans vie. » Sur ces entrefaites, tous ceux qui étaient dans la taverne étaient accourus à ce débat, spécialement Cardénio, don Fernand et ses camarades, l'auditeur, le curé et le barbier, et aussi don Quichotte, qui avait estimé qu'il n'était plus besoin de garder le château. Cardénio, comme il savait déjà l'histoire du jeune garçon, demanda à ceux qui le voulaient emmener ce qui les engageait à le vouloir faire retourner contre sa volonté. « Ce qui nous y engage, répondit l'un des quatre, c'est de vouloir rendre la vie à son père, lequel, pour l'absence de ce jeune cavalier, est en danger de la perdre. » Sur quoi don Louis : « Il n'est jà besoin de rendre compte ici de mes affaires ; je suis libre, et m'en retournerai s'il me plaît, et sinon, pas un de vous autres ne me peut forcer. — La raison forcera Votre Grâce, répondit cet homme, et, si elle n'est suffisante pour vous, elle le sera pour nous de faire ce pourquoi nous sommes venus et ce qui est de notre devoir. — Sachons ce que c'est que cela au fond », dit alors l'auditeur ; mais l'homme, qui reconnut en lui un voisin de sa maison, répondit : « Monsieur l'auditeur, ne connaissez-vous point ce gentilhomme qui est fils de votre voisin, qui s'est absenté de la maison de son père en habit si peu convenable à sa qualité, comme vous pouvez voir ? » Alors l'auditeur le regarda plus attentivement, et le reconnut, de sorte qu'en l'embrassant il lui dit : « Quels enfantillages sont-ce là, seigneur don Louis ? Ou quelles sont les causes si puissantes pour vous avoir mû à venir de cette sorte et en cet habit qui répond si mal à votre qualité ? » Les larmes vinrent aux yeux du jeune homme, de façon qu'il ne put répondre un seul mot à l'auditeur, lequel dit à ces quatre hommes qu'ils eussent un peu de patience, que tout s'accommoderait bien, et, prenant don Louis par la main, le mena à part et lui demanda ce que voulait dire cette venue.

Cependant qu'il lui faisait ces questions et plusieurs autres, ils ouïrent de grands cris à la porte de la taverne, et la cause de ces cris était que deux hôtes qui y avaient logé cette nuit, voyant tout le monde empêché à savoir ce que ces quatre hommes cherchaient, avaient résolu de s'en aller sans payer ce qu'ils devaient ; mais le tavernier, qui veillait plus à ses affaires qu'à celles d'autrui, les empoigna au sortir de la porte, et demanda son payement, et leur reprocha leur mauvaise intention avec de telles paroles qu'il les incita à lui répondre avec les poings ; et ainsi ils commencèrent à le charger de telle façon que le pauvre homme fut contraint de crier et de demander secours. L'hôtesse et sa fille n'en virent pas de moins empêché pour le pouvoir secourir que don Quichotte à qui la fille de l'hôtesse dit : « Seigneur chevalier, par la vertu que Dieu vous a donnée, secourez mon pauvre père, que deux mauvais hommes battent comme plâtre. » A quoi don Quichotte répondit tout en paix et sans se trop émouvoir : « Belle damoiselle, votre requête ne peut être écoutée pour le présent, parce que je suis empêché de m'entremettre en aucune aventure jusqu'à ce que j'aie mis fin à une où m'a engagé ma parole ; mais ce que je pourrai faire pour votre service est ce que je vous dirai à cette heure : courez, et dites à votre père qu'il soutienne cette bataille du mieux qu'il pourra et qu'il ne se laisse point vaincre en façon quelconque, tandis que je demanderai congé à madame la princesse Micomicona de le pouvoir secourir en son affliction : car, si elle me le donne, tenez pour tout assuré que je l'en tirerai. — Ah ! pécheresse de moi ! dit alors Maritorne, qui était là présente ; devant que vous obteniez cette permission que vous dites, mon maître sera déjà en l'autre monde. — Permettez-moi, madame, que j'obtienne ce congé que je vous dis, répondit don Quichotte : car, pourvu que je l'aie, il n'importera pas beaucoup qu'il soit en l'autre monde, car je l'en tirerai en dépit du monde même qui y contredira, ou, pour le moins, je ferai une telle vengeance de ceux qui l'y auront envoyé que vous en serez plus que médiocrement satisfaite. » Et, sans leur tenir plus de propos, il s'en alla mettre à genoux devant Dorothée, lui demandant avec chevaleresques et errantesques paroles qu'il plût à Sa Grandeur lui donner licence d'aller au secours du maître de ce château, lequel se trouvait en une grande nécessité. La princesse la lui accorda de fort bonne volonté, et lui, tout à l'instant, embrassant son écu et mettant la main à son épée, accourut à la porte de l'hôtellerie, où les deux hôtes étaient encore accommodant de bonne sorte le tavernier, mais, comme il arriva, il s'arrêta et demeura tout coi, encore que Maritorne et l'hôtesse lui demandassent à quoi il s'amusait qu'il ne secourait leur maître et mari. « Je m'arrête, dit don Quichotte, parce qu'il ne m'est pas permis de mettre la main à l'épée contre des écuyers ; mais appelez-moi mon Sancho ici, car c'est à lui que touche et appartient cette défense et vengeance. »

Ces choses-là se passaient à la porte de la taverne, et là marchaient les coups de poing et les gourmades tout à point, le tout au préjudice du tavernier, et pour faire enrager Maritorne, l'hôtesse et sa fille, lesquelles se désespéraient de voir la couardise de don Quichotte et le mauvais traitement que l'on faisait à leur mari, leur maître et leur père ; mais laissons-le là, car il ne manquera pas qui lui donne secours, sinon, que celui qui entreprend plus que ses forces ait patience et se taise !

Revenons cinquante pas en arrière pour voir ce que don Louis répondit à l'auditeur, que nous laissâmes de côté pendant qu'il lui demandait la cause de sa venue ainsi à pied et si pauvrement accoutré, à quoi le jeune garçon, lui serrant fortement les mains en signe que quelque grande douleur lui étreignait le cœur, et répandant des larmes en grande abondance, lui dit : « Monsieur, je ne vous peux dire autre chose, sinon que, dès l'instant même que le ciel le voulut et que notre voisinage nous facilita le moyen que je pusse voir damoiselle Claire, votre fille et ma dame, dès ce même point, dis-je, je la fis souveraine de ma volonté. Et si la vôtre, mon vrai seigneur et père, ne l'empêche, elle sera aujourd'hui même mon épouse. J'ai abandonné pour l'amour d'elle la maison de mon père, et pour elle je me suis vêtu de cet habit, afin de la suivre partout où elle ira, comme la flèche va au but, ou le marinier au nord. Elle ne sait rien de mes desseins, que ce qu'elle en a pu comprendre, quelquefois que de loin elle a vu pleurer mes yeux. Vous savez, monsieur, la richesse et la noblesse de mes parents, et que je suis leur unique héritier ; s'il vous semble que cela soit suffisant pour faire que vous vous hasardiez à me rendre entièrement heureux, recevez-moi promptement pour votre fils ; que si mon père, inspiré de quelque autre dessein, ne se contente pas de ce

536

bien que j'ai su moi-même me procurer, le temps a plus de force pour défaire et changer les choses que les humaines volontés. » Le jeune amoureux se tut et l'auditeur demeura en suspens, confus et étonné, tant d'avoir entendu la manière et la discrétion avec laquelle don Louis lui avait découvert sa pensée comme de se voir en terme qu'il ne savait quelle résolution prendre en une affaire si soudaine et si imprévue, et ainsi il ne lui répondit autre chose, sinon qu'il s'apaisât pour l'heure et qu'il fît en sorte avec ses serviteurs qu'ils ne le fissent point partir pour ce jour-là, afin d'avoir le temps de donner ordre à ce qui serait le plus à propos pour tous. Don Louis lui prit les mains à toute force pour les baiser, et même les lui baigna de larmes, ce qui eût pu attendrir un cœur de marbre, à plus forte raison celui de l'auditeur, lequel, dans sa sagesse, avait déjà bien reconnu que c'était là un très bon parti pour sa fille, bien que, s'il eût été possible, il eût voulu l'effectuer avec le consentement du père de don Louis, duquel il savait qu'il prétendait faire de son fils un grand titré.

Sur ces entrefaites, les deux hôtes s'étaient accordés avec l'hôtelier, lui ayant payé tout ce qu'il avait voulu, plus par la persuasion et les bonnes raisons de don Quichotte que par ses menaces ; et les serviteurs de don Louis attendaient la fin du discours de l'auditeur et la résolution de leur maître, quand le diable, qui ne dort point, fit qu'en ce même temps entra en la taverne le barbier, auquel don Quichotte avait enlevé l'armet de Mambrin, et Sancho Pança les harnais de l'âne qu'il avait échangés contre ceux du sien. Or, ce barbier, menant son âne à l'écurie, vit Sancho qui raccommodait je ne sais quoi du bât, et, tout aussitôt qu'il l'aperçut, il le reconnut, et il s'enhardit à empoigner Sancho, lui disant : « Ah ! monsieur le larron, puisque je vous tiens ici, rendez-moi mon bassin et mon bât, avec tout mon équipage que vous m'avez volé. » Sancho, qui se vit attaquer ainsi à l'improviste et entendit les injures qu'on lui disait, empoigna le bât d'une main et de l'autre donna un casse-museau au barbier, si bien envoyé qu'il lui mit les dents en sang, mais, pour tout cela, le barbier ne lâcha point le bât, et haussa la voix de telle sorte que tous ceux de la taverne accoururent au bruit et à la querelle. Il criait : « Justice de par le roi ! En sus d'avoir volé mon bien, ce coquin, ce voleur de grand chemin me veut assassiner ! — Vous mentez, répondit Sancho, je ne suis pas un voleur de grand chemin et mon maître don Quichotte a gagné ces dépouilles en bonne guerre. »

Or, don Quichotte était là, devant eux plein de contentement de voir commë son écuyer se comportait vaillamment. C'est depuis lors qu'il le tint pour un homme de cœur. Il résolut en lui-même de le faire chevalier à la première occasion qui se présenterait, lui étant avis que l'ordre de chevalerie serait en lui bien employé. Entre autres discours que le barbier tenait durant leur combat, il vint à dire : « Messieurs, ce bât est à moi, comme la mort que je dois à Dieu, et je le reconnais aussi bien que si je l'avais enfanté ; et mon âne est là en l'étable, qui ne me laissera mentir ; sinon qu'on le lui essaye, et, s'il ne lui va comme de cire, que je sois tenu pour un infâme ; et il y a bien davantage, c'est que, le même jour qu'il me fut ôté, l'on m'ôta aussi un bassin de cuivre tout neuf, qui n'avait pas encore été étrenné et qui valait un bon écu. » Ici, don Quichotte ne se put tenir de répondre, et se mit entre deux et les sépara ; puis, posant le bât à terre, afin qu'il fût en évidence manifeste jusqu'à ce que l'on s'éclaircît de la vérité, dit : « Je veux que vous voyiez clairement et manifestement l'erreur où est ce bon écuyer, puisqu'il appelle bassin ce qui a été, est et sera l'armet de Mambrin, que je lui ôtai de bonne guerre, et dont je me rendis maître par une légitime et licite possession. Quant à ce qui est du bât, je ne m'en mêle point : car ce que je vous en peux dire est que mon écuyer Sancho me demanda congé d'ôter le harnais du cheval de ce couard et poltron, après l'avoir vaincu, et d'en enharnacher le sien ; je le lui donnai, et il le prit ; mais que ce harnais se soit changé en bât, je n'en saurais donner d'autre raison, si ce n'est l'ordinaire, qui est que ces transformations se voient souvent dans les aventures de la chevalerie errante. Pour confirmation de quoi cours, Sancho, mon fils, et apporte ici cet armet que ce bonhomme dit être un bassin. — Par Dieu, monsieur, dit Sancho, si nous n'avons point d'autre preuve de notre intention que celle que dit Votre Grâce, l'armet de Mambrin est aussi bien un bassin que le harnais de ce bonhomme est un bât. — Fais ce que je te demande, répliqua don Quichotte : les choses de ce château ne sauraient être toutes conduites par enchantement. » Sancho s'en alla querir le bassin et l'apporta ; et, aussitôt que don Quichotte le vit, il le prit entre ses mains et dit : « Que Vos Grâces regardent avec quelle assurance cet écuyer peut dire que c'est ici un bassin, et non pas l'armet que j'ai dit : je vous jure par l'ordre de chevalerie dont je fais profession que c'est ici le même heaume que je lui ôtai sans y avoir ajouté ni ôté aucune chose. — Il n'y a point de doute à cela, dit alors Sancho, parce que, depuis le temps que monseigneur l'a conquis jusqu'à présent, il ne s'en est servi qu'en une seule bataille qui fut lorsqu'il délivra ces malheureux enchaînés, et, sans ce bassin-armet, il ne lui en eût pas fort bien pris alors, parce qu'il reçut pas mal coups de pierres en cette dure et périlleuse rencontre. »

CHAPITRE XLV

OÙ L'ON ACHÈVE D'ÉCLAIRCIR
LES DOUTES RELATIFS À L'ARMET DE MAMBRIN
ET AU BÂT, AVEC D'AUTRES AVENTURES
VÉRITABLEMENT ARRIVÉES

« Que vous semble, messieurs, demanda le barbier, de ce qu'affirmât ces gentilshommes, puisqu'ils s'opiniâtrent encore à soutenir que ce n'est pas ici un bassin, mais un armet ? — Et quiconque dira le contraire, dit don Quichotte, je lui ferai connaître qu'il ment s'il est chevalier ; et, s'il est écuyer, qu'il rement mille fois. » Notre barbier, qui était présent à tout, et connaissait si bien l'humeur de don Quichotte, voulut encourager sa folie et pousser la plaisanterie, afin d'apprêter à tous de quoi rire, et dit en parlant à l'autre barbier : « Monsieur le barbier, ou qui que vous soyez, sachez que je suis aussi de l'état ; voilà plus de vingt ans que j'ai ma lettre d'examen, je me connais fort bien à tous les instruments de la barbification sans qu'il s'en manque d'un seul ; et ni plus ni moins j'ai été un temps en ma jeunesse soldat, de sorte que je sais aussi ce que c'est qu'un heaume, un morion et un armet, et une salade entière, et autres choses touchant à la milice, je veux dire aux gens d'armes et soldats. Et je déclare, sauf meilleur avis, et m'en remettant toujours à meilleur jugement, que cette pièce qui est ici devant nous, et que ce bon seigneur tient entre ses mains, non seulement n'est pas un bassin de barbier, mais est aussi éloignée de l'être que le blanc du noir, et la vérité du mensonge ; je déclare aussi que ceci, encore que ce soit un heaume, ne l'est pas tout entier. — Non certainement, dit don Quichotte, parce qu'il lui en manque la moitié qui est la mentonnière. — Il en est ainsi », dit le curé, qui avait déjà compris l'intention de son ami le barbier, et cela fut confirmé par Cardénio, don Fernand et ses camarades, et l'auditeur pareillement eût aidé de son côté au passe-temps, s'il n'eût été si empêché à l'affaire de don Louis ; mais des choses sérieuses à quoi il était occupé le tenaient si pensif qu'il ne prenait que peu ou point garde aux plaisants. « Dieu me soit en aide ! dit alors le barbier joué. Est-il possible que tant d'honnêtes gens disent que ce n'est pas ici un bassin, mais un armet ? Voilà qui pourrait faire exclamer toute une université, quelque savante qu'elle soit. Baste ! s'il est vrai que ce bassin soit un armet, aussi doit être ce bât un harnais de cheval, comme ce bon seigneur l'a dit. — Pour moi, il me semble un bât, dit don Quichotte ; mais je vous ai déjà dit que pour cette question je ne m'en mêle point. — Bât ou harnais, fit le curé, que le seigneur don Quichotte le dise, parce qu'en matière de chevalerie, tous ces messieurs et moi nous lui cédons et donnons l'avantage. — Parbleu, messieurs, dit don Quichotte, il m'est arrivé tant et de si étranges accidents en ce château, par deux fois que j'y ai logé, que je n'oserais dire affirmativement une seule chose de ce que l'on me demandera touchant ce qui y est contenu, parce que je m'imagine que tout ce qui s'y passe est fait par enchantement. La première fois j'eus fort à faire d'un Maure enchanté qui est céans, et à Sancho il n'en prit pas fort bien avec d'autres de sa séquelle, et hier au soir je fus pendu par ce bras environ deux heures, sans savoir ni pourquoi ni comment je vins à tomber en cette disgrâce, de sorte que de me vouloir remettre à présent en une affaire si confuse pour en donner mon avis, ce serait tomber en un jugement téméraire. Pour ce qui touche ce qu'on dit, que c'est ici un bassin et non point un armet, je vous ai déjà répondu ; mais, quant à déclarer si ceci est un bât ou un harnais, je ne me hasarde pas à en donner sentence définitive. Je m'en remets seulement à votre bon avis ; peut-être, puisque vous n'êtes pas armés chevaliers comme je le suis, les enchantements de ce lieu n'auront-ils rien à voir avec Vos Grâces, et, ayant l'esprit libre, pourrez-vous juger des choses de ce château selon qu'elles sont réellement et véritablement, et non pas comme elles me semblent. — Il n'y a point de doute en cela, répondit don Fernand ; le seigneur don Quichotte a fort bien parlé : c'est à nous que la décision de ce cas appartient, et, afin que cela aille avec plus de sécurité, je recueillerai secrètement les voix de ces messieurs, et ce qui en résultera j'en donnerai une entière et claire connaissance. » Tout cela était une grande matière de risée à ceux qui connaissaient l'humeur de don Quichotte ; mais ceux qui en étaient ignorants, cela leur semblait la plus grande folie du monde, principalement aux quatre serviteurs de don Louis, et à don Louis pareillement, et aussi aux trois voyageurs qui d'aventure étaient arrivés à l'hôtellerie, lesquels avaient la mine d'être archers, comme en effet ils l'étaient. Mais celui qui se tourmentait le plus était le barbier, dont le bassin s'était devant ses yeux changé en l'armet de Mambrin, et qui pensait même que sans aucun doute son bât se devait muer en un riche harnais de cheval. Les uns et les autres riaient de voir comment don Fernand allait recueillant les voix des uns et des autres, leur parlant à l'oreille, afin qu'ils déclarassent en secret si c'était un bât ou un harnais, ce joyau pour lequel on avait tant combattu, et, après qu'il eut recueilli les voix de ceux qui connaissaient don Quichotte, il dit tout haut : « Mon brave homme, le fait est que je suis mèshui las de demander tant d'opinions, car je vois que je n'interroge personne, qui ne me dise que c'est une folie d'alléguer que cela soit un bât d'âne, tandis que c'est un harnais de cheval, voire de cheval de bonne race, et partant il faut que vous ayez patience : car, en dépit de vous et de votre âne, ceci est un harnais et non pas un bât, et vous avez mal allégué et prouvé de votre part. — Puissé-je jamais entrer en paradis, dit le pauvre barbier, si vous ne vous trompez tous, et qu'ainsi paraisse mon âme devant Dieu, comme il me semble que c'est un bât et non pas un harnais, mais là vont les lois [1]... et je n'en dis pas davantage, et en vérité, je ne suis pas ivre, car je n'ai pas encore rompu le jeûne aujourd'hui, si ce n'est par mes péchés. » Les sottises que disait le barbier ne donnaient pas moins de sujet de risée que les folies de don Quichotte, lequel sur ce point dit : « Il ne reste ici autre chose à faire, sinon que chacun prenne ce qui est à lui, et ce que Dieu t'a donné, saint Pierre le bénisse. » L'un des quatre dit alors : « Si ce n'est ici un trait qui soit fait de propos délibéré, je ne me peux persuader que des hommes d'aussi bon entendement que sont ou pour le moins semblent être tous ceux qui sont ici osent dire et affirmer que ceci n'est pas un bassin, ni cela un bât ; mais, comme je vois qu'ils l'assurent et le disent, je me représente que ce n'est pas sans mystère que l'on affirme une chose si contraire à ce que nous démontrent la vérité et l'expérience même : car je vous jure par... (et il lâcha le mot tout rond) que tous ceux qui vivent aujourd'hui ne me feront pas accroire que ce ne soit là un bassin de barbier, et ceci un bât d'âne. — Il pourrait bien être d'une bourrique, dit le curé. — Autant vaut, dit le valet, là n'est pas la question, sinon à savoir si c'est un bât ou si ce n'en est pas un, comme prétendent Vos Grâces. »

Oyant cela, un des archers qui étaient entrés, lequel avait ouï la dispute, tout plein de colère et de fâcherie, dit : « C'est aussi bien un bât comme père est mon père, et celui qui a dit ou dira autre chose doit être plus ivre qu'une tonne. — Vous mentez comme un méchant coquin », répondit don Quichotte ; et, haussant sa grosse lance, laquelle jamais il ne quittait, lui en allait décharger un tel coup sur la tête que, si l'archer ne l'eût esquivé, il l'eût laissé là étendu de tout son long ; la lance se rompit en terre, et les autres archers, voyant ainsi maltraiter leur compagnon, se mirent à crier qu'on prêtât main-forte à la Sainte-Hermandad. Le tavernier, qui était de la confrérie, entra là-dessus pour aller querir sa verge et son épée, et se mit à côté de ses compagnons ; les serviteurs de don Louis entourèrent leur maître de crainte qu'à la faveur du tumulte il ne leur échappât. Le barbier, voyant toute la maison sens dessus dessous, s'en alla rempoigner son bât, et Sancho en fit de même ; don Quichotte mit la main à l'épée et assaillit les archers ; don Louis disait à ses valets qu'ils le laissassent et courussent au secours de don Quichotte, et de Cardénio et de don Fernand, qui le défendaient. Le curé poussait des cris, l'hôtesse en faisait autant, sa fille s'affligeait, Maritorne pleurait, Dorothée était confuse, Lucinde indécise, et damoiselle Claire pâmée. Le barbier gourmait Sancho, Sancho rossait le barbier ; don Louis, qu'un de ses serviteurs avait osé empoigner par le bras, afin qu'il ne s'échappât point, lui donna un tel coup de poing qu'il lui fit saigner les dents ; l'auditeur le défendait ; don Fernand tenait sous ses pieds un des archers, lui mesurant le corps avec iceux tout à son aise. L'aubergiste se reprit à crier plus fort, demandant et implorant secours pour la Sainte-Hermandad : enfin ce n'étaient en toute la taverne que pleurs, hurlements, cris, confusions, effrois, sursauts, troubles, disgrâces, coups d'épées, gourmades, bastonnades, coups de pied et effusion de sang. Et au milieu de ce chaos, machine et labyrinthe de choses, il se représenta à la mémoire de don Quichotte qu'il était mis de cul et de tête en la discorde du camp d'Agramant[2] ; et ainsi dit, avec une voix qui tonnait dans toute la taverne : « Arrêtez-vous tous, que tous rengainent, que tous s'apaisent, et que tous m'écoutent, si vous voulez tous conserver votre vie. » A ces grands cris ils s'arrêtèrent tous, et lui poursuivit, disant : « Ne vous ai-je pas dit, messieurs, que ce château était enchanté et que quelque légion de diables y doit avoir fait sa demeure ? Pour le confirmer, je veux que vous voyiez de vos propres yeux comment la discorde du camp d'Agramant a passé ici et s'est transportée entre nous autres. Regardez comment on combat ici pour l'épée, là pour le cheval, plus loin pour l'aigle, deçà pour l'armet, et nous combattons tous, et tous sans parvenir à nous entendre. Venez donc çà, monsieur l'auditeur, et vous, monsieur le curé, que l'un de vous serve de roi Agramant et l'autre de roi Sobrin, et nous mettez en paix : car, par le Dieu tout-puissant, c'est une grande folie que tant de gens de qualité comme nous sommes ici s'entre-tuent pour des causes si légères. »

Les archers, qui n'entendaient pas l'éloquence de don Quichotte, se voyant maltraités de don Fernand, de Cardénio et de leurs camarades, ne se voulaient pas arrêter ; mais bien le barbier, parce qu'au combat il avait eu la barbe arrachée et que son bât était tout rompu. Sancho obéit au premier mot de son maître, comme un bon serviteur ; les quatre valets de don Louis se tinrent aussi en repos, voyant combien peu ils gagnaient à n'y être point ; l'hôte seul s'opiniâtrait à crier qu'il fallait châtier les insolences de ce fou, qui à chaque pas lui troublait sa taverne : finalement le bruit s'apaisa, le bât demeura harnais jusqu'au jour du jugement, le bassin fut estimé armet, et la taverne un château dans l'imagination de don Quichotte.

Or, étant mis en paix et faits tous amis, à la persuasion de l'auditeur et du curé, les valets de don Louis se mirent derechef à le presser de s'en retourner tout à l'instant avec eux : et, cependant qu'ils s'accordaient entre eux, l'auditeur demanda à don Fernand, à Cardénio et au curé, avis sur ce qu'il devait faire en ce cas, leur communiquant les raisons que don Louis lui avait dites. Enfin, il fut résolu que don Fernand dirait aux serviteurs de don Louis qui il était, et comme il était d'avis que don Louis s'en allât avec lui en Andalousie, où il serait traité et estimé de son frère le marquis selon son mérite et sa valeur, car il savait que l'intention de don Louis était telle qu'il ne retournerait pour ce coup à la présence de son père, quand on le devrait mettre en pièces. Étant donc entendues des quatre la qualité de don Fernand et l'intention de don Louis, ils résolurent entre eux que trois s'en retourneraient trouver le père pour lui exposer ce qui se passait, et que l'autre demeurerait pour servir don

545

Louis, et ne le point abandonner jusqu'à ce qu'ils le vinssent querir, ou qu'il vît ce que son père leur commanderait.

Ainsi s'apaisa cette machine de querelles par l'autorité d'Agramant et la prudence du roi Sobrin ; mais l'ennemi de la concorde et le jaloux de la paix, se voyant méprisé et moqué, et le peu de fruit qu'il avait tiré de les avoir tous mis en un si confus labyrinthe, se résolut d'y mettre encore une fois la main, suscitant de nouvelles querelles et inquiétudes.

Or est-il que les archers s'apaisèrent pour avoir entendu la qualité de ceux contre qui ils s'étaient battus, et se retirèrent de la mêlée, leur étant avis qu'en quelque façon qu'il en pût arriver ils auraient toujours le pis du combat ; mais l'un d'eux pourtant, qui fut celui qui avait été frotté et foulé aux pieds par don Fernand, se ressouvint que parmi quelques mandements qu'il portait pour faire la capture de certains délinquants, il en avait un contre don Quichotte, que la Sainte-Hermandad avait commandé de prendre à cause de la liberté qu'il avait donnée aux forçats, et comme Sancho l'avait craint avec beaucoup de raison. Dans cette pensée, il voulut donc s'assurer si le signalement qu'il avait de don Quichotte y répondait bien, de sorte que, tirant un parchemin de son sein, il trouva ce qu'il cherchait, et, se mettant à le lire tout à loisir, parce qu'il n'était pas fort bon lecteur, à chaque mot qu'il lisait il jetait les yeux sur don Quichotte, comparant les signes de son mandement avec le visage de celui-ci, et il trouva que sans aucun doute c'était celui que son décret portait, et à peine en fut-il assuré que, repliant son parchemin et le tenant de la main gauche, il empoigna don Quichotte par le collet avec la droite, si fort qu'il l'empêchait de respirer et de reprendre haleine, et il criait tant qu'il pouvait : « Aide à la Sainte-Hermandad ! Et, afin que l'on voie que ce que je demande est à bon escient, lisez ce mandement, là où il est contenu que l'on arrête ce voleur de grands chemins. » Le curé prit le décret et vit que l'archer disait la vérité, et que le signalement se rapportait bien à don

Quichotte. Celui-ci, se voyant ainsi maltraité par ce vilain malandrin, céda à la colère, et, les os de son corps lui craquant, il empoigna du mieux qu'il put l'archer avec les deux mains par la gorge, tellement que, si ses compagnons ne l'eussent secouru, il eût plutôt laissé la vie que don Quichotte sa prise.

Le tavernier, qui nécessairement devait secourir ceux de son office, accourut tout aussitôt à son aide. L'hôtesse, qui vit derechef son mari en querelle, se remit à pousser des cris à haute voix ; Maritorne et la fille se mirent aussitôt de niveau, demandant faveur au ciel et secours à ceux qui étaient là présents. Sancho, voyant ce qui se passait : « Vive Dieu ! tout ce que mon maître dit des enchantements de ce château est vrai : il n'est pas possible d'y vivre une seule heure en repos. » Don Fernand sépara l'archer et don Quichotte, et, au grand contentement de tous deux, leur défit les mains que l'un tenait agrafées au collet du pourpoint de l'autre et l'autre à la gorge de celui-ci ; mais pour tout cela les archers ne laissaient pas de demander leur prisonnier, et qu'on leur aidât à le lier, et qu'il leur fût délivré pour en faire à leur bonne volonté, parce qu'il convenait ainsi pour le service du roi et de la Sainte-Hermandad, de la part de laquelle ils leur requéraient et demandaient derechef confort et aide pour faire la capture de ce batteur d'estrades et brigand de grands chemins. Don Quichotte riait de les entendre tenir ces propos, et tout posément leur dit : « Venez çà, gens vils et de néant, malappris que vous êtes, appelez-vous voler sur les chemins que de rendre la liberté aux enchaînés, lâcher les prisonniers, porter secours aux misérables, relever ceux qui sont tombés, aider ceux qui sont en nécessité ? Ah ! gens infâmes, qui, pour votre lâcheté et votre bassesse d'entendement, n'êtes pas dignes que le ciel vous communique la valeur qui est contenue en la chevalerie errante, ni qu'il vous donne à entendre le péché et l'ignorance où vous êtes de ne porter point respect à l'ombre, combien plus à l'assistance de quelque chevalier errant que ce soit. Venez çà, larrons en troupe, et non troupe d'archers, voleurs de chemins avec la licence de la Sainte-Hermandad, dites-moi qui a été cet ignorant qui a signé un décret de corps contre un chevalier tel que je suis ? Qui est celui qui ignore que les chevaliers errants sont exempts de toute justice et tribunal, et que leur loi est leur épée, leurs droits leur courage et leurs ordonnances leur seule volonté ? Qui est le sot étourdi, dis-je encore une fois, qui ne sait qu'il n'y a point de lettre de noblesse qui porte tant de prééminence, de privilèges ni d'exemptions, comme celle qu'acquiert un chevalier errant, le jour où on lui donne l'ordre de chevalerie et qu'il s'adonne à ce dur exercice ? Quel chevalier errant a jamais payé taille, gabelle, droit de noce de la reine, monnaie foraine, port, péage ni passage ? Quel tailleur lui a jamais fait payer aucune façon d'habit qu'il lui ait fait ? Quel châtelain l'a oncques reçu en son château qui lui ait fait payer son écot ? Quel roi ne l'a point fait asseoir à sa table ? Quelle dame ou damoiselle n'en est point devenue amoureuse et ne s'est point abandonnée à son bon plaisir ? Et enfin quel chevalier errant y a-t-il eu, y a-t-il ou y aura-t-il au monde qui n'ait le courage de donner lui seul quatre cents coups de bâton à quatre cents archers qui se mettraient dans ses jambes ? »

CHAPITRE XLVI

DE LA NOTABLE AVENTURE DES ARCHERS ET DE LA GRANDE FÉROCITÉ DE NOTRE BON CHEVALIER DON QUICHOTTE

Cependant que don Quichotte parlait ainsi, le curé persuadait aux archers que don Quichotte était hors de sens, ainsi qu'ils le pouvaient bien voir par ses œuvres et par ses paroles, et qu'ils n'avaient que faire de se mettre en peine de passer outre en leur commission : car, encore qu'ils le prissent et l'emmenassent, il faudrait ensuite qu'ils le laissassent aller pour fou. A quoi répondit celui qui était chargé du mandement, que ce n'était pas à lui de juger de la folie de don Quichotte, mais de faire ce qui lui était commandé par son supérieur : une fois arrêté, on pourrait le lâcher trois cents fois si on voulait. « Nonobstant tout cela, dit le curé, vous ne l'emmènerez pas pour ce coup, et lui non plus ne se laissera pas emmener à ce que j'entends. » En effet, le curé leur sut si bien dire et don Quichotte faire tant de folies que les archers eussent été plus fous que lui s'ils n'eussent reconnu le défaut du chevalier, et partant ils trouvèrent bon de s'apaiser, voire d'être médiateurs de la paix entre le barbier et Sancho Pança, encore fort échauffés l'un contre l'autre. Finalement, en leur qualité de membres de justice, ils moyennèrent l'accord et furent arbitres dans la cause, de telle sorte que les deux parties demeurèrent, sinon contentes du tout, au moins satisfaites en quelque chose, parce que l'on changea seulement les bâts, mais non les sangles ni les licous ; et, en ce qui touchait le fait de l'armet de Mambrin, le curé lui donna sous main, sans que don Quichotte s'en aperçût, huit réaux pour son bassin, et le barbier lui en fit une quittance et reconnaissance de n'en appeler point comme d'abus, ni pour le présent ni à tout jamais. Amen.

Étant donc ces deux querelles apaisées, comme les principales et de plus de conséquence, il restait encore à faire que les serviteurs de don Louis se contentassent de s'en retourner trois d'iceux, et que le quatrième demeurât pour l'accompagner là où don Fernand le voulait mener. Et comme déjà le bonheur et la fortune meilleure avaient commencé à rompre des lances et à faciliter les difficultés en faveur des amants de la taverne et des vaillants d'icelle, elle voulut mener le tout à bonne fin : les serviteurs furent d'accord de tout ce que don Louis voulait, de quoi damoiselle Claire reçut tant de contentement que personne ne l'eût alors regardée au visage qu'il n'eût reconnu la joie de son âme. Quant à Zoraïde, encore qu'elle n'entendît pas bien toutes les aventures qu'elle avait vues, elle s'attristait et se réjouissait en gros, qu'elle voyait et remarquait les semblants de chacun, et principalement de son Espagnol, sur qui elle avait toujours les yeux fixés et y tenait son âme attachée. Le tavernier, qui s'était bien aperçu du présent et de la récompense que le curé avait faits au barbier, demanda l'écot de don Quichotte avec le dommage de ses outres et la perte de son vin, jurant qu'il ne laisserait pas sortir Rossinante ni l'âne de Sancho de l'auberge, sans qu'au préalable on lui payât jusqu'au dernier liard. Le curé apaisa le tout, et don Fernand paya, encore que l'auditeur eût aussi de fort bonne volonté offert de le faire, et de cette façon ils furent tous mis en paix et repos, de sorte que l'auberge ne semblait plus être la discorde du camp d'Agramant comme don Quichotte avait dit, mais la paix même du temps d'Octave, toutes choses dont, au commun avis, on devait rendre grâces à la bonne volonté et à la grande éloquence du seigneur curé et à la libéralité incomparable de don Fernand.

Or, don Quichotte se voyant libre et débarrassé de querelles, tant de celles de son écuyer que des siennes, il lui sembla qu'il serait fort à propos de poursuivre son voyage commencé et de mettre fin à cette grande aventure, pour laquelle il avait été appelé et choisi, et partant, avec un air de ferme résolution, s'en alla mettre à genoux devant Dorothée, laquelle ne lui permit pas de dire une seule parole jusqu'à ce qu'il se fût levé ; et lui pour obéir se mit debout, et lui dit : « Belle dame, l'on dit en commun proverbe que la diligence est mère du succès, et en plusieurs graves et importantes entreprises l'expérience a démontré que la sollicitude du négociant conduit à bonne fin une affaire douteuse ; mais cette vérité n'est jamais plus manifeste qu'aux affaires de la guerre, où la promptitude et la célérité préviennent les desseins de l'ennemi, et obtiennent la victoire avant que l'adversaire se mette en défense. Tout ceci, haute et excellente dame, je le dis parce qu'il me semble que notre séjour en ce château est maintenant sans profit, et nous pourrait être cause de tant de dommage que nous eussions à le voir quelque jour. Car qui sait si par des espions secrets et vigilants votre ennemi le géant n'aura point déjà su que je vais pour le détruire, et si, le temps lui donnant loisir, il ne se fortifie en quelque château inexpugnable, ou en quelque forteresse contre laquelle serviraient de peu et mes diligences et la force de mon infatigable bras ? Ainsi, madame, prévenons, comme j'ai dit, par notre diligence ses desseins, et partons promptement à la bonne fortune, car il ne tient plus à autre chose que Votre Grandeur jouisse de la sienne, sinon qu'autant que je tarderai à en venir aux mains avec votre ennemi. »

Don Quichotte se tut et n'en dit pas davantage, attendant en grande inquiétude la réponse de la belle infante. Laquelle, avec un geste seigneurial et s'accommodant au style de don Quichotte, lui répondit en cette sorte : « Je vous remercie, seigneur chevalier, du bon désir que vous montrez avoir de me secourir en mon affliction comme un bon chevalier, auquel proprement il appartient de favoriser les orphelins et les nécessiteux. Dieu veuille que votre désir et le mien s'accomplissent, afin que vous voyiez qu'il y a au monde des femmes reconnaissantes ; et, quant à mon départ, que ce soit bientôt, car je n'ai point d'autre volonté que la vôtre ; disposez de moi tout à votre guise, parce que celle qui vous a une fois remis entre les mains la défense de sa personne et le recouvrement de ses seigneuries ne doit point vouloir aller contre ce que votre prudence ordonnera. — A la grâce de Dieu, dit don Quichotte. Puisque ainsi est qu'une si grande dame se rend humble devant moi, je ne veux pas perdre l'occasion de la relever et de la placer sur son trône héréditaire. Or çà ! que le départ soit prompt, car ce dicton que le danger est dans le retard me va déjà éperonnant. Et puisque le ciel n'a créé ni l'enfer n'a vu personne qui m'épouvante ni me rende poltron, Sancho, selle Rossinante, harnache ton âne et le palefroi de la reine, prenons congé du châtelain et de ces seigneurs, et nous en allons sur-le-champ d'ici. »

Sancho, qui était présent à tout cela, dit en branlant la tête : « Ah ! monsieur, monsieur, il y a bien plus de mal au village qu'on ne pense, et que cela soit dit sauf l'honneur des coiffes honorables. — Quel mal y peut-il avoir en aucun village, ni en toutes les villes du monde, vilain que tu es, qui puisse tourner à mon détriment et préjudice ? — Si Votre Grâce se fâche, répondit Sancho, je me tairai et ne dirai pas ce à quoi je suis obligé comme bon écuyer et ce qu'un bon serviteur doit dire à son maître. — Dis ce que tu voudras, répliqua don Quichotte, pourvu que tes paroles ne tendent point à me donner de la peur ; que si tu en as, fais suivant ce qui est en toi ; moi, si je n'en ai point, je fais suivant ce qui est en moi. — Ce n'est pas cela, misérable pécheur que je suis devant Dieu ! répondit Sancho. Mais je tiens pour certain et vérifié que cette dame, qui se dit reine du grand royaume de Micomicon, ne l'est pas plus que ma mère, parce qu'étant ce qu'elle dit, elle n'irait pas ainsi se baisotant avec un de ceux-là, dès qu'on tourne la tête et dans tous les coins. » Dorothée devint toute rouge, oyant les discours de Sancho : car la vérité était que son époux don Fernand avait quelquefois, à la dérobée et par-derrière les autres, cueilli avec les lèvres partie de la récompense que méritaient ses désirs : ce que Sancho avait vu et lui avait semblé que cette gaillardise était plus de dame courtisane que de reine d'un si grand royaume ; et elle ne put ni ne voulut répondre une seule parole à Sancho, mais le laissa poursuivre son propos, et l'autre reprit : « Je vous dis ceci, monsieur, d'autant que si, après avoir fait beaucoup de chemin et passé une infinité de mauvaises nuits et de pires journées, l'un de ceux qui sont ici

552

en cette auberge à ne rien faire qu'à se donner du bon temps venait à cueillir le fruit de nos travaux, je n'ai que faire de me hâter de mettre la selle à Rossinante, de bâter mon âne et d'accommoder le palefroi, car il sera meilleur que nous nous tenions en repos, et que chaque putain file sa quenouille, et allons dîner. »

Oh ! Dieu me soit en aide, combien fut grand le déplaisir que don Quichotte reçut, oyant ces déraisonnables paroles de son écuyer. Je dis qu'il fut si grand que d'une voix confuse, en bégayant et jetant du feu par les yeux, il dit : « Ô méchant vilain, inconsidéré, déraisonnable, ignorant, méchant bavard, méchante langue, impudent, murmurateur et médisant ! Tu oses tenir de tels propos en ma présence et en celle de ces excellentes dames ? Tu oses agiter en ton imagination troublée de pareilles malhonnêtetés et de telles effronteries ? Ôte-toi de devant moi, monstre de la nature, dépositaire de mensonges, armoire de fourberie, puits de scélératesses, inventeur de malices, publicateur de folies, ennemi de l'honneur que l'on doit aux personnes royales ! Va-t'en, ne parais plus devant moi sous peine de mon courroux ! » Et, en disant cela, il fronça les sourcils, enfla ses joues, jeta les yeux de tous côtés, et frappa du pied droit un grand coup en terre, tous indices de la colère qu'il tenait enfermée en ses entrailles : auxquelles paroles et gestes furieux, Sancho demeura si éperdu, si effrayé, qu'il eût souhaité qu'en ce même instant la terre s'ouvrît sous ses pieds et qu'elle l'engloutît, de sorte qu'il ne put faire autre chose, sinon tourner les épaules et s'éloigner de la présence irritée de son maître. Mais la discrète Dorothée, qui connaissait déjà si bien l'humeur de don Quichotte, pour lui adoucir la colère, dit : « Ne vous dépitez pas, seigneur chevalier de la Triste Figure, pour les sottises que votre bon écuyer a dites : car peut-être ne les dit-il pas sans sujet, et de son bon entendement et chrétienne conscience on ne peut soupçonner qu'il porte de faux témoignage contre personne ; et par ainsi faut-il croire sans aucun doute que, comme en ce château, selon que vous dites, seigneur chevalier, toutes choses vont et arrivent par voie d'enchantement, il se pourrait faire, dis-je, que Sancho eût vu par ce moyen diabolique ce qu'il dit avoir vu tant au préjudice de mon honneur. — Je jure par le Dieu tout-puissant, dit alors don Quichotte, que Votre Grandeur a touché juste, et que quelque mauvaise vision s'est présentée devant ce pécheur de Sancho, qui lui a fait voir ce qui eût été impossible autrement que par ces enchantements : car je sais de la bonté et innocence de ce malheureux qu'il ne saurait porter faux témoignage contre personne. — Il est ainsi, et ainsi sera, dit don Fernand, par quoi, seigneur don Quichotte, vous lui devez pardonner et le faire rentrer au giron de Votre Grâce, *sicut erat in principio,* avant que telles visions le tirassent hors de son jugement. » Don Quichotte répondit qu'il lui pardonnait, et le curé alla querir Sancho, lequel s'en vint tout humble, et, se mettant à genoux, demanda la main à son maître, lequel la lui bailla, et, après lui avoir permis de la baiser, lui donna sa bénédiction, disant : « A cette heure, Sancho, mon fils, tu finiras de connaître qu'il est vrai ce que plusieurs autres fois je t'ai dit, que toutes les choses de ce château sont faites par voie d'enchantement. — Je le crois ainsi, dit Sancho, excepté l'affaire de la couverture, qui réellement arriva par voie ordinaire. — Ne le crois pas, répondit don Quichotte, car, s'il en eût été ainsi, je t'eusse vengé alors, et encore à cette heure. Mais ni pour lors ni à présent, je ne pus ni ne vis de qui prendre vengeance du tort qu'on te faisait. » Tous désirèrent savoir ce que c'était que cette affaire de la couverture, et l'aubergiste leur conta de point en point la voltige de Sancho Pança, de quoi ils ne rirent pas peu, et dont aussi Sancho ne se fût pas moins mis en colère, si de nouveau son maître ne l'eût assuré que c'était enchantement, bien que la folie de Sancho n'allât jamais si avant que de ne pas admettre, comme vérité pure et avérée, sans mélange d'aucune fraude ni tromperie, d'avoir été berné par des personnes de chair et d'os, et non par des fantômes rêvés ou imaginés, comme son maître le croyait et l'affirmait.

Il y avait deux jours entiers que toute cette illustre compagnie était en la taverne, et, leur étant avis qu'il était temps d'en partir, ils donnèrent ordre à ce que, sans se mettre en peine de faire aller Dorothée et don Fernand avec don Quichotte jusqu'à son village, suivant l'intention de la liberté de la reine de Micomicon, le curé et le barbier pussent l'emmener comme ils le désiraient, et procurer la guérison de sa folie en son pays. Or, ce qu'ils avisèrent fut de faire marché avec un charretier de bœufs qui vint à passer par là, de le mener en la manière qui s'ensuit. Ils firent comme une cage de bâtons entrelacés, capable de contenir don Quichotte tout à son aise ; et tout incontinent don Fernand et ses camarades, avec les valets de don Louis et les archers, ensemble le tavernier, et tous sous la conduite et sur les conseils du curé, se couvrirent la face et se déguisèrent, qui d'une sorte et qui d'une autre, tellement que, se présentant à don Quichotte, ils lui parussent être d'autres gens que ceux qu'il avait vus en ce château. Cela fait, ils entrèrent avec un profond silence où il se reposait des frottées passées. Ils s'approchèrent de lui qui était endormi et bien éloigné de penser à un tel accident, et, l'empoignant fortement, lui lièrent les pieds et les mains bien serrés, tellement que, lorsqu'il se réveilla en sursaut, il ne put se remuer ni faire autre chose que s'ébahir de voir devant lui de si étranges visages ; et tout aussitôt il donna dans l'idée que sa continuelle et extravagante imagination lui représentait, et crut que toutes ces figures-là étaient des fantômes de ce château enchanté, et que sans aucun doute lui-même l'était aussi, attendu qu'il ne se pouvait remuer ni défendre : c'est tout à point ce qu'avait prévu le curé, auteur de toute la machine.

Le seul Sancho, de ceux qui étaient là présents, était en son sens et en sa figure accoutumée, et, encore qu'il s'en fallût bien peu qu'il n'eût la même maladie que son maître, il ne laissa pas pourtant de reconnaître qui étaient toutes ces figures contrefaites, mais il n'osa pas ouvrir la bouche jusqu'à ce qu'il eût vu où tendaient cet assaut et cette prison de son maître, lequel aussi de son côté ne sonnait mot, attendant de voir la fin de sa disgrâce, qui fut que l'on apporta là la cage où ils l'enfermèrent ; puis ils en clouèrent si fort les madriers qu'on ne l'eût pas brisée en deux secousses. Ils le chargèrent incontinent sur leurs épaules, et, au sortir de la chambre, on ouït une voix épouvantable, la plus forte que put former le barbier, non pas celui du bât, mais l'autre, qui disait :

« Ô chevalier de la Triste Figure, ne prends aucun émoi de la captivité où tu es, parce qu'il convient qu'ainsi se fasse pour mettre plus tôt à fin l'aventure en laquelle ton grand courage t'a engagé, et qui sans doute se terminera lorsque le furibond Lion manchot avec la blanche colombe tobosine coucheront ensemble, après avoir humilié leurs superbes têtes sous l'aimable joug matrimonesque ; de cet inouï accouplement sortiront à la lumière du monde les braves lionceaux, qui imiteront les serres rampantes de leur valeureux père ; et cela arrivera auparavant que le poursuivant de la Nymphe fugitive voie deux fois les luisantes images du Zodiaque dans sa course rapide et naturelle. Et toi, le plus noble et obéissant écuyer qui ait jamais porté épée à la ceinture, barbe au menton et odorat au nez, ne t'émeus point ni ne t'étonne de voir mener devant tes yeux la fleur de la chevalerie errante ; car, s'il plaît au Créateur du monde, tu te verras bientôt si haut et si élevé que tu ne te reconnaîtras plus et ne seront point déçues les promesses que ton bon maître t'a faites, et je t'assure de la part de la sage *Mentironiana* que tu seras payé de ton salaire, comme tu le verras par l'effet. Suis donc les traces du valeureux et enchanté chevalier, car il convient que tu ailles là où vous vous devez arrêter tous deux ; et, d'autant qu'il ne m'est pas permis de dire autre chose, adieu vous dis : je m'en retourne où je sais bien. »

556

Et, en achevant sa prophétie, il renforça sa voix et puis l'adoucit de telle façon que ceux mêmes qui savaient la tromperie furent quasi en doute de croire si ce qu'ils entendaient était vérité.

Don Quichotte fut fort consolé de la prophétie qu'il avait entendue, car il comprit incontinent de tout en tout la signification, et vit qu'on lui promettait qu'il se verrait uni par un saint et légitime mariage avec sa bien-aimée Dulcinée du Toboso, de l'heureux sein de laquelle sortiraient les lionceaux, qui étaient ses enfants, à la perpétuelle gloire de la Manche. Et, le croyant bien et fermement, il éleva la voix, et, jetant un grand soupir, dit : « Ô toi, qui que tu sois, qui tant de bien m'as pronostiqué, je te prie que tu demandes de ma part au sage enchanteur qui a soin de mes affaires qu'il ne me laisse périr en cette prison en laquelle on me mène jusqu'à ce que je voie l'accomplissement de si joyeuses et incomparables promesses comme sont celles que l'on m'a faites ici : car, pourvu que cela soit, je tiendrai à gloire les peines de ma prison, et prendrai pour allégeance ces chaînes qui me ceignent, et n'estimerai point pour un dur champ de bataille ce lit où l'on m'étend couché, mais pour une couche nuptiale douce et bienheureuse. Et, quant à la consolation de Sancho Pança, mon écuyer, je compte sur son bon naturel pour ne m'abandonner point soit en bonne ou en mauvaise fortune ; et, quand il arriverait même, par mon malheur ou par le sien, que je ne lui pusse donner l'île ou autre chose équivalente que je lui ai promise, pour le moins son salaire ne se pourra perdre : car j'ai déclaré en mon testament, qui est déjà fait, ce qu'on lui doit donner, non pas conformément à ses grands et bons services, mais selon ma fortune. » Sancho Pança s'inclina devant lui avec beaucoup de respect, et lui baisa les deux mains à la fois : il n'en eût pu baiser une seule, puisqu'elles étaient liées ensemble. Et, tout à l'instant, ces fantômes prirent la cage sur leurs épaules, et l'accommodèrent sur le chariot à bœufs.

CHAPITRE XLVII

DE L'ÉTRANGE MANIÈRE
DONT FUT ENCHANTÉ
DON QUICHOTTE DE LA MANCHE,
AVEC D'AUTRES ÉVÉNEMENTS FAMEUX

Quand don Quichotte se vit ainsi encagé et mis sur le chariot, il dit : « J'ai lu beaucoup et de fort graves histoires de chevaliers errants ; mais je n'ai jamais lu, ni vu, ni ouï que l'on menât les chevaliers enchantés de la sorte et avec la lenteur que promettent ces paresseux et tardifs animaux. Au contraire, l'on a toujours accoutumé de les emmener par les airs avec une légèreté incroyable, enfermés en quelque grise et obscure nuée, ou en un chariot de feu, ou bien sur un hippogriffe ou autre bête semblable ; mais que l'on me mène à cette heure sur un chariot traîné par des bœufs, vive Dieu ! cela me plonge dans la confusion. Toutefois, peut-être la chevalerie et les enchantements de notre temps doivent-ils prendre une autre route que celle qu'ont suivie les anciens ; et aussi possible que, comme je suis nouveau chevalier au monde, et le premier qui ait ressuscité l'exercice déjà oublié de la chevalerie aventurière, tout de même pourrait-il être que l'on ait inventé d'autres genres d'enchantement et d'autres manières d'enlever les enchantés. Que te semble de ceci, Sancho, mon fils ? — Je ne sais ce qu'il m'en semble, répondit Sancho, parce que je n'ai pas autant lu que Votre Grâce aux écritures errantes ; mais avec tout cela j'oserais bien affirmer et jurer que ces visions qui vont ici autour de nous ne sont pas très catholiques. — Catholiques ? Mon Père ! répondit don Quichotte. Comment seraient-elles catholiques, si ce sont tous diables qui ont pris des corps fantastiques pour venir faire ceci et me mettre en cet état ? Et, si tu en veux savoir la vérité, touche-les et les tâte, et tu verras comme ils n'ont point de corps, sinon d'air, et qu'ils ne consistent en autre chose qu'en l'apparence. — Par Dieu, seigneur, répliqua Sancho, je les ai déjà touchés ; et ce diable qui tourne ici si fort empressé est gros et gras, et a une propriété fort différente de celle que j'ai ouï dire qu'ont les diables, parce que, comme l'on dit, ils sentent tous le soufre et d'autres mauvaises odeurs, mais celui-ci sent l'ambre d'une demi-lieue. » Sancho disait cela pour don Fernand, lequel, étant si grand seigneur, devait sans doute sentir ce que Sancho disait. « Ne t'étonne pas de cela, ami Sancho, répondit don Quichotte, car je te fais savoir que les diables savent bien des choses, et, encore qu'ils portent des odeurs avec eux, ils ne sentent pourtant rien, parce que ce sont des esprits, et, s'ils sentent, ce ne peut être rien de bon, mais de mauvaises et puantes odeurs. Et la raison est que, comme eux, en quelque lieu qu'ils soient, portent l'enfer et ne peuvent recevoir aucune espèce d'allégement en leurs tourments et que la bonne odeur est chose qui délecte et contente, il n'est pas possible qu'ils sentent rien de bon. Et s'il te semble que ce démon que tu dis sent l'ambre, ou tu te trompes, ou il te veut tromper, en faisant que tu ne le tiennes pas pour un diable. »

Tous ces colloques se passèrent entre le maître et le valet, et don Fernand et Cardénio, craignant que Sancho ne vînt à découvrir et reconnaître entièrement le dessein de leur invention, lequel il talonnait déjà de bien près, résolurent de hâter leur départ, et ainsi, appelant à part le tavernier, lui commandèrent de seller incontinent Rossinante et mettre le bât à l'âne de Sancho, ce qu'il fit en fort grande diligence. Cependant le curé était convenu du prix avec les archers pour qu'ils l'accompagnassent jusqu'à son village en leur donnant tant par jour. Cardénio pendit à l'arçon de la selle de Rossinante, d'un côté la targe, et de l'autre le bassinet, puis commanda par signes à Sancho de monter sur son âne et de prendre Rossinante par la bride, et plaça aux deux côtés du chariot les deux archers avec leurs escopettes ; mais, avant qu'il se mît en marche, la tavernière sortit, avec sa fille et Maritorne, pour prendre congé de don Quichotte, feignant de pleurer de la douleur de sa disgrâce, et don Quichotte leur dit : « Ne pleurez pas, mes bonnes dames, car tous ces malheurs sont attachés à ceux qui font la même profession que moi, et, si ces calamités ne me fussent arrivées, je ne me fusse pas tenu pour fameux chevalier errant : car aux chevaliers de faible renommée et de gloire nulle, jamais il ne leur advient semblables aventures, d'autant que personne au monde ne se souvient d'eux. Mais aux valeureux, oui. Car ils ont pour envieux de leur vertu et vaillance un grand nombre de princes et d'autres chevaliers qui tâchent par de mauvais moyens de détruire les gens de bien. Mais, ce nonobstant, la vertu a tant de pouvoir que d'elle-même, en dépit de toute la nécromancie qu'a jamais sue son inventeur Zoroastre, elle remportera la victoire de toutes les rencontres et rendra de soi une lumière au monde, aussi claire que celle du soleil au ciel. Pardonnez-moi, belles dames, si par mégarde je vous ai fait aucun déplaisir, car de ma volonté ni à bon escient jamais je n'en ai fait à personne. Et priez Dieu qu'il me délivre de cette prison, en laquelle m'a mis un malintentionné enchanteur : que si je m'en peux voir libre, je n'oublierai point les grâces et courtoisies que vous m'avez faites en ce château, afin de les reconnaître, les mériter et récompenser selon qu'elles le méritent. » Pendant que cela se passait entre les dames du château et don Quichotte, le curé et le barbier prirent congé de don Fernand et de ses camarades, du capitaine et de son frère, et de toutes ces dames, lesquelles étaient fort contentes, principalement Dorothée et Lucinde. Et tous s'embrassèrent avec promesse de faire savoir de leurs nouvelles les uns aux autres. Don Fernand dit au curé où il lui fallait écrire pour lui donner avis de ce que deviendrait don Quichotte, l'assurant qu'il n'y aurait autre chose qui lui apportât plus de contentement que de le savoir, et que lui pareillement l'avertirait de tout ce qu'il verrait lui en pouvoir donner, tant de son mariage que du baptême de Zoraïde, de l'aventure de don Louis et du retour de Lucinde chez elle. Le curé s'offrit de faire très soigneusement et de point en point tout ce qu'on lui demandait. Ils s'embrassèrent derechef, et derechef se firent de nouvelles offres.

Le tavernier s'approcha du curé et lui donna certains papiers, lui disant qu'il les avait trouvés en la doublure de la mallette, là où était la nouvelle du *Curieux impertinent*, et que, puisque le maître d'icelle n'était plus revenu par là, il les emportât tous, car, attendu qu'il ne savait pas lire, il n'en voulait point. Le curé l'en remercia, et, les ouvrant tout aussitôt, il vit qu'au commencement du manuscrit, il y avait : *Nouvelle de Rinconete et Cortadillo,* par où il connut que c'était quelque conte, et jugea que, puisque la nouvelle du *Curieux impertinent* avait été bonne, celle-là le serait aussi, d'autant qu'il se pourrait faire qu'elles fussent toutes d'un même auteur [1], et par suite il la garda en l'intention de la lire quand il en aurait la commodité.

Il monta à cheval, aussi fit son ami le barbier, tous deux avec leurs masques, afin de n'être si immédiatement reconnus de don Quichotte, et se mirent à cheminer après le chariot. L'ordre du cortège était tel : le chariot allait le premier, mené par son maître ; les archers marchaient aux deux côtés comme dit est, avec leurs escopettes ; après suivait Sancho Pança sur son âne, menant Rossinante par la bride ; et derrière tout cela cheminaient le curé et le barbier, montés sur leurs puissantes mules, les visages couverts ainsi qu'avez entendu, avec une contenance grave et fort posée, ne se hâtant point davantage que ne le permettait le pas tardif des bœufs. Don Quichotte était assis en la cage, ayant les mains liées et les pieds étendus, appuyé aux barreaux, avec autant de silence et de patience que s'il n'eût pas été homme de chair, mais une statue de pierre.

Et avec cette lenteur et ce silence ils cheminèrent environ deux lieues, tant qu'ils arrivèrent à une vallée où il sembla au bouvier que c'était un lieu propre pour reposer et faire paître ses bœufs ; il en parla au curé, mais le barbier fut d'avis qu'ils cheminassent un peu davantage, parce qu'il savait que derrière un coteau qui paraissait près de là il y avait une vallée avec beaucoup plus d'herbe et meilleure que celle où ils se voulaient arrêter. On suivit l'avis du barbier, et par ainsi ils poursuivirent leur chemin. Sur ces entrefaites, le curé tourna la tête et vit qu'il venait après eux six ou sept hommes à cheval et en bon équipage, lesquels les atteignirent bientôt, parce qu'ils ne cheminaient pas si lentement ni avec le même calme que les bœufs, mais comme gens qui allaient sur des mules de chanoines, et en volonté d'arriver bientôt pour faire la sieste à une taverne qui se voyait à moins d'une lieue de là.

Les diligents atteignirent les paresseux et ils s'entre-saluèrent courtoisement : or, l'un de ceux qui venaient, lequel était chanoine de Tolède et le maître des autres qui l'accompagnaient, voyant cette bien ordonnée procession, du chariot, des archers, de Sancho, de Rossinante, du curé et du barbier, et de plus don Quichotte encagé et emprisonné, il ne se put tenir de demander ce que voulait dire que l'on menât cet homme de telle façon, encore qu'il se fût déjà imaginé, voyant les enseignes des archers, que ce devait être quelque méchant voleur, ou bien quelque malfaiteur et délinquant, dont le châtiment appartenait à la Sainte-Hermandad. L'un des archers, à qui fut faite la question, répondit ainsi : « Monsieur, ce que signifie que ce cavalier est conduit de cette sorte, qu'il le dise lui-même car nous autres nous n'en savons rien. » Don Quichotte ouït leur discours et dit : « Seigneurs chevaliers, êtes-vous d'aventure versés et experts au fait de la chevalerie errante ? Dites-le-moi, car, si vous l'êtes, je vous communiquerai mes disgrâces, et sinon il n'y a que faire de me fatiguer à vous les déclarer. » Le curé et le barbier, voyant que les passants étaient en devis avec don Quichotte de la Manche, s'approchèrent afin de répondre en telle sorte que leur artifice ne fût point découvert, et le chanoine, répondant à ce que lui avait demandé don Quichotte, dit : « En vérité, mon compère, je sais plus aux livres de chevalerie que non pas aux petites *Sommes* de Villalpando : tellement que, si l'affaire ne consiste en autre chose, vous me pouvez communiquer sûrement tout ce que vous voudrez. — A la grâce de Dieu, répliqua don Quichotte ; je veux donc, seigneur chevalier, que vous sachiez que je suis enchanté en cette cage par l'envie et fraude de certains méchants enchanteurs, car la vertu est plus persécutée des méchants qu'aimée des gens de bien. Je suis chevalier errant, mais non pas de ceux des noms desquels jamais la renommée ne s'est ressouvenue pour les éterniser par leur mémoire ; mais bien suis-je de ceux qui, en dépit de l'envie même et de tout autant de magiciens qu'en nourrit jamais la Perse, de brahmanes l'Inde et l'Éthiopie de gymnosophistes, inscriront leur nom au temple de l'immortalité pour servir d'exemple et de patron aux siècles à venir, où les chevaliers errants pourront voir les pas qu'ils doivent suivre s'ils désirent parvenir à la souveraine gloire des armes. — Le seigneur don Quichotte de la Manche dit vrai, fit là-dessus le curé, car il est enchanté en cette charrette à bœufs, non pour ses fautes et péchés, mais par la mauvaise intention de ceux que la vertu chagrine et que fâche la vaillance. C'est ici monsieur le chevalier de la Triste Figure (si tant est que vous l'avez ouï nommer quelquefois), dont les faits grands et héroïques seront écrits en durs bronzes et en marbres éternels, quoique l'envie s'efforce à les rendre obscurs et la malice à les cacher. »

Quand le chanoine ouït parler le prisonnier et celui qui était libre en semblable style, il fut sur le point de faire le signe de la croix d'admiration, et ne pouvait comprendre ce qui lui arrivait, et tout de même en furent ébahis ceux qui étaient en sa compagnie. Sur ce, Sancho Pança, qui s'était approché pour ouïr leurs discours, acheva d'accommoder toute l'affaire, en disant : « Or çà, messieurs, veuillez-moi bien, veuillez-moi mal pour ce que je vous dirai, le fait est que monseigneur don Quichotte est autant enchanté comme ma mère ; il a son jugement tout entier, il boit et mange et fait ses nécessités comme les autres hommes, et tout ainsi qu'il les faisait hier devant qu'on le mît en cage. Cela étant ainsi, comment me veut-on faire accroire qu'il est enchanté ? Eh bien ! j'ai ouï dire à grand nombre de personnes que les enchantés ne mangent, ne dorment ni ne parlent, et mon maître, si on ne l'interrompt, parlera plus que trente procureurs. » Puis, se retournant vers le curé et le regardant, il poursuivit disant : « Ah ! monsieur le curé, monsieur le curé, pensez-vous que je ne vous reconnaisse pas, et croyez-vous que je ne sonde ni ne devine où tendent ces nouveaux enchantements ? Or, sachez que je vous reconnais, si bien que vous cachiez votre visage, et soyez certain que je vous entends, encore que vous dissimuliez vos tromperies. Enfin là où règne l'envie, la vertu n'y peut demeurer, ni, là où est la chicheté, il n'y peut avoir de libéralité. Le diable s'en pende ! Que, si ce n'était à cause de Votre Révérence, voici l'heure que mon maître serait marié avec l'infante Micomicona, et moi je serais comte pour le moins : car on ne pouvait moins espérer, tant de la bonté de mon maître, à la Triste Figure, que de la grandeur de mes services ! Mais je vois que c'est vérité, ce que l'on dit par ici que la roue de la fortune va plus vite que celle d'un moulin, et que ceux qui étaient hier au pinacle sont aujourd'hui par terre. Il me fâche seulement pour mes enfants et ma femme : car, lorsqu'ils pouvaient et devaient espérer de voir entrer leur père par la porte de sa maison, étant fait gouverneur ou vice-roi de quelque île ou royaume, ils l'y verront arriver palefrenier. Tout ce que je vous ai dit, seigneur curé, n'est pour autre chose que pour faire entendre à votre paternité qu'elle fasse conscience du mauvais traitement qu'elle inflige à mon maître, et qu'elle regarde bien que Dieu ne lui demande compte en l'autre vie de cet emprisonnement de mon maître, et ne lui fasse porter le poids de tous ces secours et de tout ce bien que monseigneur don Quichotte est empêché de faire pendant le temps de sa prison. — A d'autres ! s'écria le barbier. Eh quoi ! Sancho, êtes-vous aussi de la confrérie de votre maître ? Vive Dieu ! je vois qu'il faut que vous lui teniez compagnie en la cage, et que vous soyez aussi bien enchanté que lui pour ce qui est de son humeur et de sa chevalerie. Vous êtes mal à propos devenu gros de ses promesses, et à la malheure vous est entrée en la cervelle l'île que tant vous désirez. — Je ne suis gros de personne, répondit Sancho, ni ne suis homme à me laisser engrosser quand ce serait du roi même, et, encore que je sois pauvre, je suis vieux chrétien, et ne dois rien à personne ; que si je désire des îles, il y en a d'autres qui désirent pire que cela, et chacun est fils de ses œuvres, et, en ma qualité d'homme, je peux parvenir à être pape, à plus forte raison gouverneur d'une île, d'autant que mon maître en peut gagner tant qu'il lui manquera à qui les donner. Que Votre Grâce regarde comment elle parle, monsieur le barbier : car ce n'est pas tout que de tondre les barbes, et il y a quelque différence à faire de Pierre à Paul. Je le dis parce que nous nous connaissons tous, et à moi il ne me faut pas jouer d'un dé pipé ; et, pour ce qui est de l'enchantement de mon maître, Dieu en sait la vérité ; mais laissons cela, il ne fait pas bon le remuer. »

Le barbier ne voulut pas répondre à Sancho, de peur qu'il ne découvrît par ses simplesses ce que lui et le curé tâchaient de celer ; et, par la même crainte, le curé avait dit au chanoine de s'avancer un peu, et qu'il lui dirait le mystère de l'encagé avec d'autres choses qui lui donneraient beaucoup de plaisir. Le chanoine le fit ainsi, et, s'avançant avec ses valets, il écouta attentivement tout ce que le curé lui voulut dire de la condition, de la vie, de la folie et des mœurs de don Quichotte, lui racontant en peu de paroles le commencement et la cause de sa folie et toute la suite de ses aventures jusqu'à ce point de l'avoir mis en cette cage, et le dessein qu'ils avaient de le ramener en son pays, pour voir s'il y aurait moyen de trouver quelque remède à sa folie. Le chanoine et ses serviteurs s'étonnèrent de nouveau d'ouïr l'étrange histoire de don Quichotte, et l'ayant toute entendue, le chanoine dit : « Véritablement, monsieur le curé, je trouve pour mon compte que ces livres que l'on appelle de chevalerie sont fort préjudiciables à la république ; et, encore que moi, étant porté d'un oisif et faux contentement, j'aie lu le commencement de la plupart de ceux qu'il y a d'imprimés, jamais je n'ai pu me résoudre à en lire aucun du commencement à la fin, parce qu'il me semble que l'un plus, l'autre moins, ils ne sont tous qu'une même chose, et celui-ci n'a rien de plus que celui-là, ni cet autre-ci que son voisin. Et, selon ce qu'il me semble, ce genre de composition relève des fables que l'on appelle Milésiennes, qui sont des contes ineptes, sans autre prétention que de délecter et non d'enseigner, au contraire de ce que font les apologues qui délectent et enseignent tout ensemble. Et, encore que la principale intention de semblables livres soit de délecter, je ne sais comment ils pourront y réussir, étant remplis de tant et si exorbitantes rêveries : car le plaisir qui se conçoit en l'âme doit provenir d'une beauté et concordance qui se voit ou contemple dans les choses que la vue ou l'imagination lui présentent, et tout ce qui a en soi de la laideur et du désordre ne nous peut apporter aucun contentement. Or, quelle beauté y peut-il avoir, ou quelle proportion des parties avec le tout et du tout avec les parties, en un livre ou fable où il se voit un jeune homme de seize ans donner un coup de coutelas à un géant grand comme une tour, et le partager en deux, comme s'il était de pâte de sucre ; et quel plaisir, quand on nous veut dépeindre une bataille, après avoir dit qu'il y a du côté des ennemis un million de combattants ? Pourvu que le héros du livre soit contre eux, nous sommes forcés, en dépit que nous en ayons, d'entendre que ledit chevalier a obtenu la victoire par la seule force et valeur de son bras ? Or, que dirons-nous de la facilité avec laquelle une reine ou impératrice héritière se met entre les bras d'un chevalier errant et inconnu ? Quel esprit y a-t-il, s'il n'est du tout barbare et grossier, qui puisse se contenter en lisant qu'une grande tour pleine de chevaliers vogue sur la mer, comme ferait un navire avec un bon vent, et qu'au soir elle arrive en Lombardie, puis le lendemain matin se trouve aux terres du Prêtre Jean des Indes, ou en d'autres que jamais Ptolémée n'a découvertes, ni Marco Polo n'a vues ? Et si l'on me répondait à cela que ceux qui composent de semblables livres les écrivent comme choses mensongères, et que, partant, ils ne sont obligés à regarder de si près aux délicatesses ni aux vérités, je leur répondrais que le mensonge est d'autant meilleur qu'il semble plus véritable, et plaît d'autant plus qu'il tient plus du vraisemblable et du possible. Les fables mensongères se doivent accommoder à l'entendement de ceux qui les lisent, et être écrites de sorte à faciliter les choses impossibles, égaliser les grandeurs, suspendre les esprits étonnés, ravir, émouvoir, amuser et ainsi faire marcher l'admiration et l'allégresse d'un même pas et jointes ensemble : toutes choses que ne pourra faire celui qui s'éloignera de la vraisemblance et de l'imitation en quoi consiste la perfection de ce qui s'écrit. Je n'ai jamais vu aucun livre de la chevalerie qui fasse un corps de fable entier avec tous ses membres, de façon que le milieu corresponde au commencement et la fin au commencement et au milieu ; au contraire, ils les composent avec tant de membres qu'il semble plutôt que leur intention soit de former une chimère ou un monstre que de faire une figure bien proportionnée. Outre ce, ils sont durs de style, peu croyables dans les prouesses, lascifs dans les amours, indiscrets dans les courtoisies, longs aux batailles, sots en leurs discours, ineptes en leurs voyages, et finalement étrangers à tout artifice discret, et partant dignes d'être chassés de la république chrétienne comme gens inutiles. »

Le curé l'écouta avec une grande attention, et il lui sembla que c'était là un homme de bon entendement et qu'il avait raison en tout ce qu'il disait ; et, par ainsi, il lui dit que, parce qu'il était de la même opinion que lui et qu'il avait une haine contre les livres de chevalerie, il avait brûlé tous ceux de don Quichotte, lesquels étaient en grand nombre. Il lui raconta pareillement le scrutin qu'il en avait fait, et ceux qu'il avait condamnés au feu, et aussi ceux qu'il avait laissés en vie, de quoi le chanoine ne s'égaya pas peu et dit que, nonobstant tout le mal qu'il avait dit de ces livres-là, il trouvait néanmoins quelque chose de bon en eux, à savoir le sujet qu'ils offraient pour qu'un bon esprit s'y pût faire paraître, parce qu'ils donnaient un champ large et spacieux où la plume pût courir sans aucun empêchement, décrivant des naufrages, des tempêtes, des rencontres et batailles, dépeignant un vaillant capitaine, avec toutes les parties qui sont requises pour l'être, en se montrant sage et prudent, prévenant les ruses et artifices de ses ennemis, et aussi orateur éloquent, persuadant ou dissuadant ses soldats, mûr au conseil, prompt à exécuter, et enfin aussi vaillant à attendre qu'à engager l'action ; représentant tantôt un lamentable et tragique événement, tantôt un hasard joyeux et imprévu ; là, une très belle dame, honnête, discrète et avisée ; ici, un chevalier chrétien vaillant et courtois ; plus loin un barbare insolent et fanfaron, ou bien un prince courtois, valeureux et accort ; rapportant aussi la bonté et la loyauté des vassaux, la grandeur et la libéralité des seigneurs. Tantôt l'auteur se peut montrer astrologue, puis excellent cosmographe, puis musicien, tantôt expert aux affaires d'État, et peut-être même lui viendra-t-il des occasions de se montrer nécromancien, s'il veut. Il peut faire voir les astuces d'Ulysse, la piété d'Énée, la vaillance d'Achille, les malheurs d'Hector, les trahisons de Sinon, l'amitié d'Euryale, la libéralité d'Alexandre, la valeur de César, la clémence et la sincérité de Trajan, la fidélité de Zopyre, la prudence de Caton ; et finalement toutes les actions qui peuvent rendre parfait un personnage illustre, les attribuant tantôt à un seul, tantôt les divisant entre plusieurs. Et s'il emploie un style agréable et une ingénieuse invention, qui s'approche le plus qu'il sera possible de la vérité, sans doute composera-t-il une toile ourdie de divers et beaux lacs, laquelle, étant achevée, montrera une si grande perfection qu'il obtiendra la meilleure fin qui se puisse prétendre dans les écrits, qui est d'enseigner et de charmer tout ensemble, comme je l'ai déjà dit. Car l'écriture décousue de ces livres donne lieu à un auteur de se pouvoir montrer épique, lyrique, tragique, comique, avec toutes ces parties que comprennent et contiennent en soi les très douces et agréables sciences de la poésie et de l'art oratoire : car la composition épique se peut aussi bien traiter en prose qu'en vers.

CHAPITRE XLVIII

OÙ LE CHANOINE POURSUIT LA MATIÈRE
DES LIVRES DE CHEVALERIE,
AVEC D'AUTRES CHOSES DIGNES DE SON ESPRIT

— Il est ainsi comme le dit Votre Grâce, monsieur le chanoine, dit le curé, et c'est pour cette cause que sont plus dignes de réprimande ceux qui jusqu'ici ont composé de semblables livres, sans prendre garde à aucun bon discours, ni à l'art et aux règles par lesquelles ils eussent pu se guider et se rendre aussi fameux en prose que le sont en vers les deux princes de la poésie grecque et de la poésie latine. — J'ai eu, répliqua le chanoine, une certaine tentation de faire un livre de chevalerie, en y observant tous les points que j'ai marqués, et, s'il me faut confesser la vérité, j'en ai déjà écrit plus de cent feuillets, et, pour faire l'expérience et voir si cela correspondait à l'estime que j'en faisais, je les ai communiqués à des hommes passionnés de cette lecture, doctes et discrets, et à d'autres, ignorants, qui n'ont d'autre dessein que de se donner du plaisir à ouïr des fadaises, et j'ai trouvé en tous une agréable approbation ; malgré tout cela, je n'ai pas poussé plus avant, tant pour ce qu'il me semble que c'est là chose étrangère à ma profession, comme aussi pour ce que je vois que le nombre des sots surpasse de beaucoup celui des sages, et que, bien qu'il soit meilleur d'être loué par un petit nombre de sages que moqué par la multitude des sots, je ne veux pas m'assujettir au jugement confus du vulgaire impertinent, à qui il arrive pour la plupart de lire de semblables livres. Mais ce qui me l'a plus tôt ôté des mains, et même de la pensée, la volonté de l'achever, ç'a été un raisonnement que j'ai fait en moi-même à propos des comédies que l'on représente maintenant. Si ces comédies à la mode, me dis-je, tant les imaginaires que les historiques, sont, toutes ou la plupart, reconnues comme sottises et choses sans pieds ni tête, et que néanmoins le vulgaire les entend avec plaisir, les tient et les approuve pour bonnes, quoi qu'elles soient si loin de l'être ; si les auteurs qui les composent et les acteurs qui les représentent disent qu'il faut qu'elles soient ainsi, parce que le vulgaire les veut ainsi, et non d'autre sorte ; si celles qui ont un beau dessein et suivent la fable, comme l'art le requiert, ne servent que pour contenter trois ou quatre bons esprits qui les entendent, quand tous les autres suent sang et eau pour entendre leur mérite, et que, pour les auteurs, il vaut bien mieux gagner à dîner avec le grand nombre que d'acquérir les suffrages du petit nombre, je risque fort qu'il en advienne de même avec mon livre : après m'être bien brûlé les sourcils pour garder les préceptes ci-dessus rappelés, j'en viendrai à être le ravaudeur du coin, qui fournissait pour rien la façon et le fil. Et, encore que j'aie tâché quelquefois de persuader aux acteurs qu'ils se trompent en leur opinion, et qu'ils attireront plus de personnes et acquerront plus de renommée en représentant des comédies qui suivent l'art qu'avec ces farces extravagantes, ils sont si entêtés de leur opinion qu'il n'y a aucune raison ni évidence qui les en puisse tirer. Il me souvient qu'un jour je dis à un de ces opiniâtres : « Dites-moi, ne vous souvenez-vous point qu'il y a peu d'années l'on représenta en Espagne trois tragédies, que composa un fameux poète de ces royaumes, et si excellentes qu'elles étonnèrent, réjouirent et émerveillèrent tous ceux qui les entendirent, aussi bien les simples que les doctes, tant du vulgaire que des plus relevées ; et ces trois seules firent gagner plus d'argent aux comédiens que trente des meilleures pièces qui se soient faites depuis lors. — Sans doute, répondit l'acteur que je dis, Votre Grâce veut parler de l'*Isabelle*, de la *Philis* et de l'*Alexandra*[1] ? — Oui, ce sont celles-là, lui répliquai-je ; et considérez si elles gardaient bien les préceptes de l'art, et si, pour les observer, elles laissèrent de paraître ce qu'elles étaient et de plaire à tout le monde. Tellement que la faute n'est pas au vulgaire qui demande des sottises, mais à ceux qui ne savent pas représenter autre chose. Certes, ce ne furent pas des sottises et des inepties que L'*Ingratitude vengée*, ni la *Numance* ; il ne s'en trouva point en celle du *Marchand amoureux*, ni moins en L'*Ennemie favorable*[2], ni en d'autres qui ont été composées par quelques poètes entendus, à leur plus grand honneur et au profit de ceux qui les représentèrent. » J'ajoutai à ceci encore d'autres choses, par lesquelles, à mon avis, je le laissai quelque peu confus, mais non pas satisfait ni convaincu, de façon à le tirer de son opinion erronée. — Monsieur le chanoine, dit alors le curé, vous avez en touchant cette matière réveillé en moi une ancienne rancune que j'ai contre les comédies du jour, et si vigoureuse qu'elle s'égale à celle que je porte aux livres de chevalerie, parce que, la comédie devant être, selon l'avis de Tullius, un miroir de la vie humaine, un exemple des mœurs et une image de la vérité, au contraire, celles qui se représentent à présent sont des miroirs de fadaises, des exemples de sottises et des images de débauche. Car quelle plus grande ineptie y peut-il avoir dans le sujet que nous traitons que de faire sortir un petit enfant du maillot en la première scène du premier acte, et en la seconde le voir devenu homme tout barbu ? Et quelle plus signalée rêverie que de nous dépeindre un vieillard vaillant et un jeune homme couard, un laquais rhétoricien, un page conseiller, un roi crocheteur et une princesse souillon de cuisine ? Or, que dirai-je de l'observation qu'ils font des temps auxquels peuvent ou pouvaient arriver les actions qu'ils représentent, sinon que j'ai vu telle comédie qui commençait sa première journée en Europe, la seconde en Asie, et la troisième s'achevait en Afrique, et même, si elle eût été de quatre journées, la quatrième se fût achevée en Amérique, tellement qu'elle se fût faite en toutes les quatre parties du monde ?

« Et s'il est vrai que l'imitation est l'objet principal que doit avoir la comédie, comment est-il possible qu'aucun esprit raisonnable se satisfasse de voir, dans une action qui se passe au temps du roi Pépin et de Charlemagne, attribuer au personnage principal le rôle de l'empereur Héraclius qui entra avec la croix à Jérusalem et celui du héros qui gagna la cité sainte, Godefroy de Bouillon, quoiqu'il y ait une infinité d'années de l'un à l'autre ? Et quand la comédie repose sur une chose feinte, peut-on lui attribuer des vérités d'histoire et y mêler des morceaux d'autres aventures arrivées à différentes personnes et en divers temps, et cela non point sur des indices vraisemblables, mais avec des erreurs mani-festes et de tout point inexcusables ?

« Le mal est qu'il y a des ignorants qui disent que c'est là la perfection, et que le reste c'est chercher des friandises. Et puis, si nous venons aux comédies sacrées, oh ! combien de faux miracles y feignent-ils, combien de choses apocryphes et mal entendues, attribuant à un saint les miracles d'un autre ! Même aux comédies profanes ils osent faire des miracles, sans autre respect ni considération que ce qu'il leur semble qu'un tel miracle ou telle machine, comme ils disent, viendra là fort à propos afin que le vulgaire ignorant s'en étonne et vienne voir la comédie. Tout cela est au préjudice de la vérité et au mépris des histoires, voire même à la honte des génies espagnols, parce que les étrangers, qui gardent fort ponctuellement les lois de la comédie, nous tiennent pour barbares et ignorants, voyant les absurdités et les impertinences de celles que nous faisons. Et ce ne serait point à ceci une excuse suffisante de dire que la principale intention qu'ont les républiques bien ordonnées, en permettant que l'on joue des comédies publiques, est d'entretenir et d'amuser le peuple de quelque honnête récréation, et de le divertir parfois des mauvaises humeurs que l'oisiveté a de coutume d'engendrer ; et que, puisque cela se peut obtenir avec quelque comédie que ce soit, bonne ou mauvaise, il n'y a pas à faire de lois, ni à obliger ceux qui les composent et représentent à les faire comme il faudrait qu'elles fussent, attendu que n'importe laquelle fait l'affaire. A cela je répondrais que l'on parviendrait à ce but beaucoup mieux, sans comparaison, par le moyen des bonnes comédies, qu'avec celles qui ne le sont pas, car d'avoir ouï la comédie faite suivant l'art et bien ordonnée, l'auditeur en sortirait réjoui des plaisanteries, instruit des choses sérieuses, étonné des incidents, rendu sage par les raisons, averti par les fourberies, prudent par les exemples, irrité contre le vice et finalement amoureux de la vertu : car il faut que la bonne comédie excite toutes ces affections en l'esprit de celui qui l'écoutera, quelque rustique et lourdaud qu'il soit. Et il est de toute impossibilité que la comédie qui aura toutes ces parties ne réjouisse, n'entretienne et ne donne plus de contentement que celle qui en sera privée, comme le sont la plupart de celles qui se représentent maintenant. Or, ce n'est pas la faute des poètes qui les composent, car il y en a aucuns d'entre eux qui connaissent clairement où ils fautent, et savent fort bien ce qu'ils doivent faire ; mais, comme les comédies sont devenues marchandise vendable, ils disent, et telle est la vérité, que les comédiens ne les achèteraient pas si elles n'étaient de cette farine, et par ainsi le poète tâche de s'accommoder à ce que lui demande l'entrepreneur qui lui doit payer son œuvre ; et qu'ainsi soit, on le voit en un nombre infini de comédies qu'a composées un très heureux et rare esprit[3] de ces royaumes, avec tant de verve et de bonne grâce, en vers si élégants, avec tant de beaux raisonnements et de si graves sentences, et finalement douées d'une telle éloquence et d'une telle noblesse de style, que sa renommée en vole par tout le monde ; et néanmoins, pour vouloir s'accommoder à la fantaisie des comédiens, elles ne sont pas toutes arrivées au point de perfection qui eût été requis. D'autres en composent avec tant de légèreté à regarder ce qu'ils font qu'après qu'elles sont représentées, les acteurs sont contraints de s'enfuir et de disparaître, de peur d'être châtiés, comme plusieurs fois ils l'ont été, pour avoir représenté certaines choses au préjudice de quelques rois et au déshonneur de quelques grandes maisons. Tous ces inconvénients cesseraient, et aussi plusieurs autres que je ne dis pas, pourvu qu'il y eût à la cour une personne intelligente et discrète qui examinât toutes les comédies avant que de les représenter, et non seulement celles qui se feraient à la cour, mais aussi toutes celles que l'on voudrait jouer en Espagne ; et que, sans approbation de cette personne, scellée et signée, pas une justice ne permît, chacune en son lieu, de représenter aucune comédie. De cette façon les comédiens seraient soigneux de les envoyer à la cour, et puis après, ils les pourraient jouer avec toute assurance, et ceux qui les composent regarderaient avec plus de soin et d'étude à ce qu'ils feraient, ayant cette appréhension que les œuvres passeraient par l'examen rigoureux de ceux qui s'y connaissent ; il se ferait alors de bonnes comédies, et qui atteindraient le but que l'on s'en propose : l'entretien du peuple, la gloire des beaux esprits d'Espagne, l'intérêt et la sécurité des acteurs, et par conséquent l'on épargnerait le soin et la peine de les châtier. Et si l'on donnait la charge à un autre, ou bien à celui-là même, d'examiner les livres de chevalerie que l'on composerait de nouveau, sans aucun doute quelques-uns pourraient réussir à atteindre la perfection que Votre Grâce a dite, enrichissant notre langue de l'agréable et précieux trésor de l'éloquence, donnant occasion que les vieux livres s'obscurcissent à la lueur des nouveaux qui sortiraient au jour, pour l'honnête passe-temps, non seulement des gens oisifs, mais aussi des plus occupés : car il n'est pas possible que l'arc soit continuellement bandé, ni que la condition et faiblesse humaine se puissent maintenir sans quelque licite récréation. »

Le chanoine et le curé étaient arrivés à ce point de leur devis, quand le barbier s'approcha d'eux et dit au curé : « Seigneur licencié, voici le lieu où je vous ai dit que nous pourrions fort bien passer la sieste tandis que les bœufs auraient fraîche et abondante pâture. — Bien », dit le curé, et, demandant au chanoine ce qu'il pensait faire, celui-ci fut aussi content de demeurer avec eux, y étant convié par l'assiette de cette belle vallée qui s'offrait à leur vue ; et tant pour en jouir que de la conversation du curé qu'il prenait en affection, et aussi pour savoir plus par le menu les faits de don Quichotte, il commanda à quelques-uns de ses serviteurs d'aller à l'hôtellerie, qui n'était pas loin de là, et d'en apporter de ce qu'il y aurait à manger pour tous, car il était résolu de passer l'après-dîner en cet endroit. A quoi l'un de ses serviteurs répondit que le mulet de bagage, qu'il croyait déjà arrivé à l'hôtellerie, portait de la provision suffisamment pour ne point être obligé de prendre de l'auberge autre chose que de l'orge. « Puisque ainsi est, dit le chanoine, qu'on y mène toutes les montures et qu'on fasse revenir le mulet. »

Cependant, Sancho, voyant qu'il pouvait parler à son maître sans en être empêché par la continuelle assistance du curé et du barbier, qu'il tenait pour suspects, s'approcha de la cage où était son maître, et lui dit : « Monsieur, pour la décharge de ma conscience, je vous veux dire ce qui se passe touchant votre enchantement ; c'est que ces deux hommes qui viennent avec nous ainsi masqués sont le curé et le barbier de notre village, et je m'imagine qu'ils ont fait ce projet de vous mener de cette façon par l'envie qu'ils vous portent de ce que vous les surpassiez à faire des faits héroïques. Supposé donc cette vérité, il s'ensuit que vous n'êtes pas enchanté mais engeôlé comme un sot : pour preuve de quoi je vous veux demander une chose, et si vous me répondez, comme je crois que vous le ferez, vous toucherez cette fourberie du bout du doigt, et vous verrez que vous n'êtes pas enchanté, mais que vous avez seulement l'esprit renversé sens dessus dessous. — Demande ce que tu voudras, mon fils Sancho, répondit don Quichotte, car je satisferai et répondrai à tout ce qu'il te plaira ; et, quant à ce que tu dis que ceux-là qui viennent avec nous sont le curé et le barbier, nos compatriotes et amis, il se pourra bien faire qu'il semble que ce soient eux-mêmes ; mais que ce soient eux réellement et de fait, ne le crois en aucune façon. Ce qu'il faut que tu croies et que tu entendes, c'est que, s'ils leur ressemblent comme tu dis, cela doit être que ceux qui m'ont enchanté auront pris cette apparence et ressemblance : il est facile aux enchanteurs de prendre telle figure que bon leur semble, et ils auront pris celles de nos amis, afin de te donner sujet de penser ce que tu penses, et te mettre en un tel labyrinthe d'incertitudes qu'il ne te serait pas possible d'en sortir, encore que tu eusses le fil de Thésée ; bien plus, ils l'auront fait pour me troubler l'entendement et empêcher que je ne puisse juger d'où me vient ce dommage ; que si d'une part tu me dis que le barbier et le curé de notre village me font compagnie, et si d'autre côté je me vois encagé, sachant cela de moi, qu'il n'y a forces humaines, pourvu qu'elles ne soient point surnaturelles, qui suffisent à me mettre en cette cage, que veux-tu que je dise ou que je pense, sinon que la manière de mon enchantement excède tout ce que j'ai lu dans les histoires qui traitent de chevaliers errants qui ont été enchantés ? Aussi peux-tu mettre ton esprit en repos touchant la croyance que tu as que ce soient ceux que tu dis : ce sont eux autant que je suis Turc. Et, quant à ce qui est de me vouloir demander quelque chose, parle, car je te répondrai, encore que tu me fasses des questions d'ici à demain.

— Notre-Dame me soit en aide ! répondit Sancho jetant un grand cri. Est-il possible que vous ayez la tête si dure et si peu de cervelle que vous ne vous aperceviez pas que c'est la vérité pure que je vous dis, et qu'en votre prison et disgrâce il y a plus de malice que d'enchantement ? Mais, puisque ainsi est, je vous veux prouver évidemment que vous n'êtes point enchanté ; ou sinon dites-moi... ainsi Dieu vous tire de cette tourmente, et ainsi vous puissiez-vous voir entre les bras de madame Dulcinée, lorsque moins vous y penserez !... — Cesse de me conjurer, dit don Quichotte, et demande ce que tu voudras : car je t'ai déjà dit que je te répondrai de point en point. — Ce que je demande, répliqua Sancho, et ce que je désire savoir, c'est que vous me disiez, sans y ajouter ni en diminuer rien, mais avec toute vérité, comme on compte que la doivent dire et la disent tous ceux qui font profession des armes, comme Votre Grâce la fait, sous le titre de chevalier errant... — Je te répète que je ne mentirai en chose quelconque, répondit don Quichotte. Achève de demander, car, en vérité, tu me lasses avec tant de prières et de préambules. — Et moi je déclare que je suis tout assuré de la bonté et de la vérité de mon maître, répliqua Sancho, et par

577

ainsi, comme cela vient à propos pour notre conte, je demande, parlant par révérence, si d'aventure, depuis que Votre Grâce va encagée, et selon votre opinion, enchantée en cette cage, il ne vous a point pris d'envie et de volonté de faire les grandes ou les petites eaux, comme on a accoutumé de dire. — Je ne sais pas ce que tu veux dire par faire les eaux, Sancho. Explique-toi mieux, si tu veux que je te réponde bien à propos. — Est-il possible que Votre Grâce n'entende pas ce que c'est que de faire les grandes ou les petites eaux ? Mais c'est avec ces mots qu'à l'école on sèvre les petits enfants ! Or, sachez que je veux dire s'il ne vous a point pris d'envie de faire ce qu'un autre ne peut faire pour vous. — Bien, bien, je t'entends, Sancho : souvent, et même à cette heure, j'en ai grand besoin. Tire-moi de ce danger, car je ne me vois pas dans de beaux draps !

CHAPITRE XLIX

OÙ IL SE TRAITE DE L'INGÉNIEUX ENTRETIEN QUE SANCHO PANÇA EUT AVEC DON QUICHOTTE, SON MAÎTRE

— Ah ! dit Sancho, je vous tiens ! Voilà ce que je désirais savoir, j'y aurais donné mon âme et ma vie. Venez çà, monsieur, me pourriez-vous nier ce que l'on dit communément, quand on voit une personne mal disposée : « Je ne sais ce qu'un tel a qu'il ne boit ni ne mange, ni ne dort, ni ne répond à propos à ce qu'on lui demande : il semble proprement qu'il soit enchanté. » De là on vient à conclure que ceux qui ne mangent, ne boivent, ne dorment, ni ne font les œuvres naturelles dont je parle, ceux-là, dis-je, sont enchantés, mais non pas ceux qui ont l'envie que vous avez, et qui boivent quand on leur en donne, et mangent quand ils en ont, et qui répondent à tout ce qu'on leur demande. — Tu dis la vérité, Sancho, répondit don Quichotte, mais je t'ai déjà dit qu'il y a plusieurs sortes d'enchantements, et il pourrait se faire que, par succession de temps, ils se seraient changés les uns aux autres, et qu'à présent ce soit la coutume que les gens enchantés fassent tout ce que je fais, encore que ci-devant ils ne le fissent pas ; de façon que contre l'usage des temps il ne faut point raisonner, ni tirer de conséquences ; je sais et tiens pour moi que je suis enchanté, et cela me suffit pour la sécurité de ma conscience : car je me ferais fort grand scrupule, si je pensais n'être point enchanté et que je me tinsse en cette cage, paresseux et couard, en privant plusieurs affligés et nécessiteux du secours que je leur pourrais donner, tandis qu'ils auraient pour l'heure présente un précis et extrême besoin de mon aide et protection. — Or, nonobstant tout cela, répliqua Sancho, je dis que, pour plus d'abondance et de satisfaction, il serait bon que Votre Grâce tâchât de sortir de cette prison, car je m'oblige de tout mon pouvoir à le faciliter, voire à vous en tirer, et que vous essayassiez de remonter sur votre bon Rossinante, qui semble aussi enchanté, tant il est triste et mélancolique ; et, cela fait, nous tenterions derechef la fortune à chercher d'autres aventures ; et, s'il ne nous en prenait bien, nous aurions du temps de reste pour retourner en la cage, en laquelle je vous promets, foi de bon et loyal écuyer, de m'enfermer avec vous, si d'aventure vous êtes si malheureux, ou moi si simple, que je ne puisse venir à bout de ce que je dis. — Je consens à faire ce que tu me proposes, frère Sancho, répliqua don Quichotte ; et, quand tu verras l'occasion de mettre en œuvre ma délivrance, je t'obéirai en tout et pour tout ; mais va, Sancho, tu verras comme tu te trompes en la connaissance de ma disgrâce. »

En ces discours s'entretinrent le chevalier errant et son mal errant écuyer, jusqu'à tant qu'ils arrivèrent au lieu où le curé, le chanoine et le barbier avaient déjà mis pied à terre et les attendaient. Le bouvier détela les bœufs de la charrette, et les laissa aller en liberté par ce vert et plaisant site dont la fraîcheur invitait à en jouir, non pas les personnes si fort enchantées, comme don Quichotte, mais les biens avisées et discrètes comme son écuyer ; lequel pria le curé de permettre que son seigneur sortît pour un peu de temps de la cage, parce que, si on ne l'en laissait sortir, la prison ne serait pas aussi nette que le requérait la décence d'un chevalier tel que son maître. Le curé l'entendit bien et lui dit qu'il ferait fort volontiers ce qu'il lui demandait, s'il ne craignait que son maître, se voyant en liberté, ne fît des siennes et s'en allât où jamais personne ne le verrait. « Je vous réponds de sa fuite, repartit Sancho. — Et moi aussi, dit le chanoine, et davantage s'il me donne parole de chevalier de ne se départir point d'avec nous autres jusqu'à ce qu'il nous plaise. — Oui, je vous la donne, répondit don Quichotte, qui écoutait tout, car celui qui est enchanté comme moi n'a pas la liberté de faire de sa personne ce qu'il voudrait bien, et celui qui l'a enchanté lui peut faire qu'il ne se bouge de sa place en trois siècles entiers ; et, s'il était enfui, il le ferait revenir plus vite que le vent. » Il ajouta que, puisqu'il en était ainsi, ils le pouvaient bien lâcher, et d'autant plus que c'était pour le profit de tous : car dans le cas où on ne le laisserait aller, il leur protestait qu'il ne pourrait faire autrement que de leur inquiéter un peu l'odorat, s'ils ne s'écartaient de là. Le chanoine lui prit la main, encore qu'il les eût liées, et, sur sa foi et parole, ils le tirèrent de la cage, et il fut infiniment et grandement joyeux de se voir hors de là.

La première chose qu'il fit, ce fut de se détirer tout le corps, puis tout aussitôt il s'en alla où était Rossinante, et, lui donnant deux petits coups de la main sur la croupe, lui dit : « J'espère encore en Dieu et en sa benoîte mère, fleur et miroir des chevaux, que bientôt nous nous verrons tous deux en l'état que nous désirons, toi avec ton maître sur ton dos, et moi sur toi, exerçant l'office pour lequel Dieu m'a mis au monde. » Et, disant cela, don Quichotte s'en alla un peu à l'écart avec Sancho, en lieu d'où il revint plus allégé et avec plus de désir et de volonté de mettre en œuvre ce que son écuyer ordonnerait.

Le chanoine le regardait et s'émerveillait de voir l'étrange espèce de sa folie, et de ce qu'en tout ce qu'il parlait et répondait, il montrait avoir un très bon entendement ; seulement, il venait à perdre les étriers, comme il a été dit ailleurs, lorsqu'on lui traitait de chevalerie ; et par ainsi, après que tout le monde se fut assis sur l'herbe verte, pour attendre le bagage du chanoine, celui-ci, mû de compassion, lui dit : « Est-il possible, mon gentilhomme, que cette sotte et oisive lecture des livres de chevalerie ait eu tant de pouvoir sur vous qu'elle vous ait troublé le jugement au point de croire que vous êtes enchanté, avec d'autres choses de ce genre, aussi éloignées d'être vraies que le mensonge l'est de la vérité ? Et comment est-il possible qu'il y ait entendement humain qui se persuade qu'il y a eu au monde cette infinité d'Amadis et cette quantité innombrable de tant de fameux chevaliers, tant d'empereurs de Trébizonde, tant de Félix Mars d'Hyrcanie, tant de palefrois, tant de damoiselles errantes, tant de serpents, tant d'andriagues, tant de géants, tant d'aventures inouïes, tant de sortes d'enchantements, tant de batailles, tant d'effroyables rencontres, tant de braveries d'habits, tant de princesses amoureuses, tant d'écuyers comtes, tant de nains bouffons, tant de billets, tant de discours galants, tant de femmes vaillantes, et finalement tant de choses ineptes comme celles que contiennent les livres de chevalerie. Quant à moi, je vous peux dire que, quand je les lis, tant que je ne mets point mon imagination à penser que ce sont tout mensonges et bagatelles, ils me donnent quelque contentement ; mais, dès que je fais le compte de ce qu'ils sont, je jette le meilleur de tous contre la muraille, et même le jetterais dans le feu, si j'en avais près de moi, comme dignes de telles peines pour être faux et

581

trompeurs, et hors de la procédure que requiert la commune nature et société humaine, et comme inventeurs de nouvelles sectes et d'une nouvelle façon de vivre, comme coupables de donner sujet que le vulgaire ignorant vienne à croire et tenir pour véritables tant de rêveries et de sottises qui y sont contenues. Voire même, ils ont tant de hardiesse qu'ils osent troubler les esprits des gentilshommes sages et bien nés, comme on le reconnaît bien en ce qu'ils ont fait en votre endroit, puisqu'ils vous ont amené au point qu'il a fallu vous enfermer en une cage, et vous mener en une charrette à bœufs, comme qui mènerait ou conduirait quelque lion ou quelque tigre de ville en ville, pour gagner de l'argent en le montrant. Sus donc, seigneur don Quichotte, ayez pitié de vous-même, et vous ramenez au giron de la sagesse, sachez user de celle qu'il a plu au ciel de vous donner, employant le très beau et très heureux talent de votre esprit à une autre lecture, laquelle profite à votre conscience et à l'accroissement de votre honneur. Et si toutefois, étant emporté par votre naturelle inclination, vous désirez de lire des livres de prouesses et de chevaleries, lisez en la sainte Écriture celui des Juges, car vous y trouverez de sublimes vérités et des faits aussi véritables que valeureux. Le Portugal eut un Viriathe, Rome un César, Carthage un Annibal, un Alexandre la Grèce, un comte Fernand Gonzalès la Castille, un Cid Valence, l'Andalousie un Gonzalo Fernandez, l'Estramadure un Diégo Garcia de Parédès, Xérès un Garcie Perez de Vargas, Tolède un Garcilaso, Séville un don Manuel de Léon [1]; la lecture de leurs valeureux faits peut entretenir, enseigner, charmer et faire émerveiller les plus grands esprits qui les liront. Oui, ce sera cette lecture-là qui sera digne de votre bon entendement, monseigneur don Quichotte ; par là, vous vous rendrez savant en l'histoire, amoureux de la vertu, instruit en la bonté, perfectionné en vos mœurs, vaillant sans témérité, hardi sans couardise ; et tout cela pour l'honneur de Dieu, pour votre profit et pour la renommée de la

Manche, d'où, comme j'ai été informé, vous avez tiré votre origine. »

Don Quichotte écouta attentivement le discours du chanoine, et quand il vit qu'il y avait mis fin, après l'avoir regardé un bon espace de temps, il lui dit : « Il me semble, mon gentilhomme, que votre discours tend à me vouloir donner à entendre qu'il n'y a point eu de chevaliers errants au monde, et que tous les livres de chevalerie sont faux, menteurs, pernicieux et inutiles à la république, et que j'ai mal fait de les lire, et encore plus mal de les croire, et très mal de les imiter, m'étant mis à suivre la très dure profession de la chevalerie errante qu'ils enseignent, et vous me niez qu'il y ait jamais eu d'Amadis au monde, de Gaule ou de Grèce, ni aucun des autres chevaliers dont les livres sont pleins. — Tout est au pied de la lettre comme Votre Grâce le rapporte », dit alors le chanoine.

Don Quichotte lui répondit : « Vous avez aussi ajouté que ces livres-là m'avaient fait beaucoup de tort, puisqu'ils m'avaient troublé le jugement et mis dans une cage, et qu'il vaudrait mieux m'amender et changer de lecture, en en lisant d'autres qui fussent plus véritables et qui procurassent plus de plaisir et d'enseignement. — Exactement, dit le chanoine. — Eh bien ! moi, répliqua don Quichotte, je trouve, pour mon compte, que c'est vous qui êtes l'homme sans jugement et l'enchanté, puisque vous vous êtes mis à dire tant de blasphèmes contre une chose si bien reçue dans le monde, et tenue pour si véritable que celui qui la voudrait nier, comme Votre Grâce la nie, mériterait la même peine que vous dites que vous donnez aux livres quand vous les lisez et qu'ils vous ennuient. Or, de vouloir donner à entendre à personne qu'Amadis ne fut jamais au monde, ni tous les autres chevaliers aventuriers, desquels les histoires sont farcies, ce serait vouloir persuader que le soleil n'éclaire pas, que la gelée ne refroidit point et que la terre ne soutient nullement : car quel entendement se peut-il trouver au monde qui soit capable de persuader à un autre que l'histoire de l'infante Floripe et de Guy de Bourgogne ne fut pas véritable, non plus le fait de Fierabras au pont de Mantible, qui advint au temps de Charlemagne[2] ? Et je vous jure par tout ce qu'il vous plaira que cela est aussi véritable qu'il est jour à cette heure. Mais si c'est menterie, aussi le doit-ce être qu'il y ait eu un Hector et un Achille, une guerre de Troie, douze pairs de France, un roi Artus d'Angleterre, qui est à présent changé en corbeau, et on l'attend à toute heure en son royaume. Aussi même on osera bien dire que l'histoire de Guarino Mezquino[3] et celle de la quête du saint Graal, et les amours de don Tristan et de la reine Iseult sont apocryphes comme celles de Genèvre et de Lancelot, quand il y a des personnes qui volontiers se souviennent d'avoir vu la duègne Quintagnone, qui fut le meilleur échanson qu'il y ait jamais eu en la Grande-Bretagne ; et cela est tellement véritable que j'ai souvenance qu'une mienne grand-mère, du côté de mon père, me disait quand elle voyait quelque bonne matrone à longues coiffes : « Vois-tu bien celle-là, mon neveu ? Elle ressemble à la duègne Quintagnone. » D'où j'argumente qu'elle la dut connaître, ou pour le moins qu'elle avait vu quelqu'un de ses portraits. Or, qui pourra nier que l'histoire de Pierre et de la jolie Maguelonne[4] ne soit véritable, puisque encore aujourd'hui on voit au Musée d'armes des rois la cheville avec laquelle se dirigeait le cheval de bois sur lequel le vaillant Pierre allait par les airs, qui est un peu plus grosse qu'un timon de charrette ; et auprès de cette cheville est la selle de Babieca, et à Roncevaux le cor de Roland, qui est aussi grand qu'une grosse solive : d'où s'ensuit qu'il y a eu douze pairs, qu'il y a eu des Pierre, qu'il y a eu des Cid et autres semblables chevaliers de ceux dont les gens disent qu'à leurs aventures ils vont ; ou bien que l'on me dise aussi qu'il n'est pas vrai que le vaillant Lusitan Jean de Merlo fut chevalier errant, qu'il alla en Bourgogne et combattit en la ville de Ras contre le fameux seigneur de Charny, appelé mosén Pierre, et depuis en la cité de Bâle contre mosén Henri de Remestan⁵, remportant la victoire dans les deux rencontres et acquérant une honorable renommée ; et aussi les aventures et les défis que mirent à fin en Bourgogne les vaillants Espagnols Pierre Barba et Gutierre Quixada (de la race duquel je descends en ligne directe masculine), en vainquant les fils du comte de Saint-Pol. Que l'on me nie semblablement que don Fernand de Guevara n'alla pas chercher aventures en Allemagne, où il combattit contre messire George, chevalier de la maison de l'archiduc d'Autriche. Que l'on dise que ce fut moquerie que les joutes de Suéro de Quignones, au Paso, les défis de mosén Louis de Falces, à l'encontre de don Gonzalo de Guzman, chevalier de Castille, avec plusieurs autres exploits faits par des chevaliers chrétiens de ces royaumes et des pays étrangers, si authentiques et si véritables que qui les nierait serait privé de toute raison et de bon sens. »

Le chanoine demeura fort surpris d'ouïr le mélange que don Quichotte faisait de vérités et de mensonges, et de voir la connaissance qu'il avait de tout ce qui traitait le chapitre de sa chevalerie errante, et par ainsi il lui répondit : « Je ne peux nier, seigneur don Quichotte, que quelque chose de ce que vous avez dit ne soit vrai, principalement quant à ce qui touche les chevaliers errants espagnols, et aussi pareillement je vous veux accorder qu'il y a eu douze pairs de France, mais je ne veux pas croire qu'ils aient fait tous ces exploits que l'archevêque Turpin en a écrits : car la vérité est que ce furent des chevaliers choisis par les rois de France, lesquels ils appelèrent *pairs,* parce qu'ils étaient tous égaux en valeur, en qualité et en prouesses, ou au moins, s'ils ne l'étaient, il était raison qu'ils le fussent ; et c'était comme un ordre de ceux qui existent de nos jours, de saint Jacques ou de Calatrava : car on suppose que ceux qui font profession sont ou doivent être des chevaliers valeureux, vaillants et bien nés, et, comme à présent l'on dit chevalier de Saint-Jean ou d'Alcantara, on disait en ce temps-là chevalier des douze pairs, car ce furent douze pareils ou égaux qui furent choisis pour cet ordre de religion militaire. Quant à ce qu'il y a eu un Cid, il n'en faut point douter, ni aussi peu de Bernard du Carpio ; mais qu'ils aient fait les vaillances et prouesses que l'on en dit, je crois qu'il y a une grande incertitude. En ce qui concerne la cheville que vous dites du comte Pierre, et qu'elle est près de la selle de Babieca au magasin des armes du roi, je confesse mon péché, et que je suis si ignorant, ou que j'ai la vue si courte, qu'encore que j'aie vu la selle, je n'ai pas aperçu la cheville, et surtout étant aussi grande que vous l'avez dit. — Or, elle y est, sans aucun doute, répliqua don Quichotte, et, pour plus sûres marques, on dit qu'elle est mise en un fourreau de cuir de vache, de peur qu'elle ne se rouille. — Tout cela peut bien être, répondit le chanoine ; moi, je vous jure, par les ordres que j'ai reçus, qu'il ne me souvient pas de l'avoir vue ; mais, encore que je vous accorde qu'elle soit là, je ne m'oblige pas pour cela à croire les histoires de tant d'Amadis, ni cette kyrielle de chevaliers que l'on nous raconte, et il n'y a pas de raison qu'un homme comme Votre Grâce, si honorable et doué de si belles parties et d'un si bon entendement, se persuade que soient véritables de si nombreuses et si étranges folies que celles qui sont écrites en ces ineptes livres de chevalerie.

CHAPITRE L

DES SAVANTES DISPUTES
QUE DON QUICHOTTE ET LE CHANOINE
EURENT ENSEMBLE,
AVEC D'AUTRES ACCIDENTS

— Voilà qui est bon ! répondit don Quichotte. Donc tous les livres qui sont imprimés avec privilège des rois et avec l'approbation de ceux à qui ils ont été envoyés, et qui sont lus avec contentement général de tout le monde et célébrés des grands et des petits, des pauvres et des riches, des lettrés et des ignorants, des plébéiens et des nobles, et finalement de toutes sortes de personnes, de quelque état et condition qu'elles soient, seraient des mensonges ? Et alors qu'ils renferment tant d'apparence de vérité, vu qu'ils nous content le père, la mère, la patrie, les parents, l'âge, le lieu et les exploits, de point en point et jour par jour, que tel chevalier a faits ou tels chevaliers ont faits ? Que Votre Grâce se taise, qu'elle ne prononce pas un tel blasphème et qu'elle me croie, car je lui conseille en cela ce qu'elle doit faire comme prudente ; sinon, qu'elle les lise, et elle verra le contentement qu'elle en tirera. Ou bien, dites-moi, y a-t-il plus grand contentement que de voir, comme qui dirait : voici à cette heure qu'il se présente devant nous un grand lac de poix, bouillant à gros bouillons, et qu'il y a quantité de serpents, couleuvres et lézards, qui y vont nageant à tort et à travers, ensemble plusieurs autres espèces d'animaux farouches et épouvantables ; et du milieu du lac il sort une voix fort triste qui dit : « Toi, chevalier, qui que tu sois, qui es à contempler cet épouvantable lac, si tu veux acquérir le bien qui est caché sous ces noires eaux, montre la valeur de ton cœur intrépide, et te jette au milieu de leur liqueur noire et enflammée : car, si tu ne fais ainsi, tu ne seras pas digne de voir les hautes merveilles qu'enserrent et contiennent les sept châteaux des

sept fées qui gisent sous cette noirceur ! » Et à grand-peine le
chevalier a-t-il ouï la voix épouvantable que, sans plus
réfléchir, sans égard au danger où il se met, voire même sans
se dépouiller ni décharger de la pesanteur de ses fortes armes,
mais se recommandant à Dieu et à sa maîtresse, il s'élance au
milieu de ce lac bouillant. Et, au moment qu'il n'y pense pas
ni ne sait ce qu'il doit devenir, il se trouve parmi des champs
fleuris auxquels les champs Élysées ne sont aucunement
comparables. Là lui semble que le ciel est plus transparent et
que le soleil y éclaire avec une lumière plus nouvelle, il
s'offre à ses yeux une plaisante et agréable forêt composée
d'arbres si verts et si feuillus qu'elle réjouit la vue avec sa
verdure, et que les oreilles sont charmées du chant doux et
naïf d'une infinité de petits oisillons aux mille couleurs, qui
vont voletant parmi ces branchages entrelacés. Il y découvre
un petit ruisseau dont les fraîches eaux, semblant de liquide
cristal, courent sur le menu sable et les blancs cailloux qui
ressemblent à de l'or passé au tamis et à des perles fines. Un
peu plus loin, il voit une fontaine artificielle, de jaspe tacheté
et de marbre poli ; à quelques pas, il en découvre une autre
disposée à la rustique, où les menues coquilles des moules,
avec les maisons blanches et jaunes du limaçon, appliquées
en un ordre désordonné et entremêlées de pièces de cristal
luisant et d'imitations d'émeraudes, y font un ouvrage
diversifié, tellement que l'art imitant la nature semble
l'emporter sur celle-ci. D'autre côté, il découvre à l'improviste un château fort ou élégant alcazar, dont les murailles
sont d'or massif, les créneaux de diamants et les portes
d'hyacinthe ; finalement, il est d'une si admirable structure
que, bien que la matière dont il est formé ne soit pas moins
que de diamants, d'escarboucles, de rubis, de perles d'or, et
d'émeraudes, néanmoins la façon en est encore plus riche et
plus estimée. Et qu'y a-t-il davantage à voir après cela, sinon
que vous voyez sortir par la porte du château une foule de
damoiselles, dont les beaux et galants atours, si je me voulais

mettre à présent à vous les décrire comme les histoires nous le racontent, ce ne serait jamais fait ; et puis tout incontinent voilà celle qui semblait la principale d'entre elles, qui prend par la main le hardi chevalier qui s'est jeté en ce lac bouillant, et, sans lui dire une seule parole, le mène dans ce riche alcazar ou château, où elle le fait déshabiller, aussi nu que sa mère l'enfanta et baigner en des eaux de senteur, puis tout aussitôt lui fait oindre tout le corps avec ces onguents odoriférants, et vêtir une chemise de cendal très fin, toute parfumée de bonnes senteurs ; puis une autre damoiselle lui jette un manteau fourré sur les épaules, qui, dit-on, vaut pour le moins une cité, et encore plus ? Et que direz-vous, quand on nous conte qu'après tout cela on le mène en une autre salle où il trouve les tables mises avec tant d'ordre qu'il en demeure tout ravi, et de lui voir bailler à laver les mains avec de l'eau toute d'ambre et de fleurs odoriférantes distillées, et de le faire asseoir sur une chaire d'ivoire ? Que direz-vous de le voir servir par toutes ces damoiselles gardant un merveilleux silence ? Et de les voir lui apporter tant de sortes de viandes si délicatement accommodées que l'appétit ne sait à laquelle il doit étendre la main ? Que sera-ce d'ouïr la musique qui résonne tandis qu'il mange, sans qu'on sache qui chante ni où l'on en joue ? Et puis, le repas achevé et les tables desservies, étant le chevalier appuyé sur sa chaise, et par aventure se curant les dents, comme c'est la coutume, que direz-vous de voir entrer à l'improviste par la porte de la salle une autre damoiselle, beaucoup plus belle qu'aucune des premières, laquelle s'assoira à côté du chevalier et commencera à lui expliquer quel est ce château et comment elle y est enchantée, avec d'autres choses qui tiennent le chevalier en suspens, et émerveillent les lecteurs qui sont à lire son histoire. Je ne veux pas m'étendre davantage là-dessus, puisqu'il se peut conclure que, quelque partie qu'on lise de l'histoire de quelque chevalier errant que ce soit, elle causera contentement et surprise à quiconque la lira ; et que Votre Grâce me croie, et, je le répète, qu'elle lise ces livres, et elle verra comment ils banniront de chez elle toute mélancolie, et lui corrigeront son naturel, si d'aventure elle l'a mauvais. Quant à moi, je puis dire que, depuis que je me suis fait chevalier errant, je suis devenu vaillant, affable, libéral, civil et bien élevé, généreux, courtois, hardi, doux, patient, supportant les travaux, les prisons et les enchantements ; et, encore qu'il y a si peu de temps je me suis vu enfermé en une cage comme un fou, je pense néanmoins dans peu de jours, par la valeur de mon bras et la faveur du ciel, la fortune ne m'étant point contraire, me voir roi de quelque royaume, où je pourrai faire paraître la gratitude et la libéralité encloses en mon cœur : car, sur ma foi, monsieur, le pauvre est condamné à ne pouvoir exercer la vertu de libéralité envers personne, encore qu'il la possède au souverain degré, et la gratitude qui consiste dans le désir seulement, c'est une chose morte, comme est morte la foi sans les œuvres. Aussi voudrais-je que la fortune m'offrît promptement quelque occasion de me faire empereur, pour montrer mon cœur en faisant du bien à mes amis, principalement à ce pauvre Sancho Pança, mon écuyer, qui est le meilleur homme du monde, et je voudrais lui donner un comté que je lui ai promis il y a longtemps, si ce n'était que je crains qu'il ne soit pas assez habile pour gouverner ses terres. »

Sancho entendit quasi ces dernières paroles de son maître, à qui il dit : « Seigneur don Quichotte, que Votre Grâce travaille seulement à me donner ce comté tant promis par vous, comme par moi espéré, et je vous promets qu'il ne me manquera pas d'habileté pour le gouverner, et, quand j'en aurais faute, j'ai ouï dire qu'il y a des hommes au monde qui prennent à ferme les terres des seigneurs, et leur en donnent tant par an, et se chargent de les bien gouverner, pendant que le seigneur se paie du bon temps, dépensant la rente qu'on lui fait sans avoir soin d'autre chose ; pour moi, j'en ferai autant, et ne m'arrêterai pas au plus ni moins, mais je me désintéresse-rai de tout, et jouirai de mes rentes comme un duc, et pour le reste, qu'ils en fassent des choux et des raves. — Cela, frère Sancho, dit le chanoine, s'entend quant à la jouissance de la rente, mais, quant à l'administration de la justice, il faut que le seigneur y prenne garde, et c'est ici qu'il y va de l'adresse et du bon jugement, et principalement de l'intention de bien faire ; que si elle manque au commencement, toujours on fautera au milieu et à la fin ; et par ainsi, Dieu aide d'ordinaire à la bonne volonté du cœur simple, tandis qu'il empêche la malignité du méchant habile. — Je ne connais rien à ces philosophies, répondit Sancho Pança, mais je sais seulement qu'aussitôt que j'aurais le comté, je saurais le gouverner, que j'ai autant d'âme qu'un autre et autant de corps qu'homme du monde, et que je serais aussi bien roi de mon État que chacun l'est du sien ; et, l'étant, je ferais ce que bon me semblerait, et, faisant ce que voudrais, je ferais à mon goût, et, faisant à mon goût, je serais content ; et, quand on est content, on n'a plus rien à souhaiter ; et, n'ayant plus rien à souhaiter, c'en est fait, et vienne l'État, et adieu, jusqu'au revoir, comme dit un aveugle à l'autre. » A cela, le chanoine répliqua : « Ces philosophies-là ne sont pas mauvaises, comme tu dis, Sancho, mais, avec tout cela, il y a bien à dire sur cette matière du comté. — Je ne sais ce qu'il y a à dire, repartit don Quichotte ; pour moi, je me laisse seulement guider par l'exemple que me donne le grand Amadis de Gaule, lequel fit son écuyer, comte de l'île Ferme ; et par ainsi, je veux, sans scrupule de conscience, faire comte Sancho Pança, qui est l'un des meilleurs écuyers que jamais chevalier errant ait eus. » Le chanoine demeura ébahi de si harmonieuses rêveries, et de la manière dont notre homme avait dépeint l'aventure du valeureux chevalier du Lac, de l'impression qu'avaient faite en lui les inventions menteresses des livres qu'il avait lus ; et enfin, il s'étonnait de la niaiserie de Sancho, lequel, avec tant d'insistance, désirait avoir le comté que son maître lui avait promis.

Sur ce point, les serviteurs du chanoine, qui étaient allés à l'hôtellerie requérir le mulet de bagage, revinrent, et, se faisant une table d'un tapis de Turquie et de l'herbe verte du pré, ils s'assirent à l'ombre de quelques arbres et dînèrent là, afin que le bouvier ne perdît point la commodité de ce lieu, comme on l'a dit. Or, comme ils dînaient, ils ouïrent à l'improviste un grand bruit et un son de clochette qui sonnait parmi les ronces et buissons épais qui étaient là auprès, et au même instant ils virent sortir de parmi ces bruyères une belle chèvre qui avait la peau toute tachetée de noir, de blanc et de gris. Derrière elle venait un chevrier criant à haute voix, et lui disant des paroles à sa mode pour la faire arrêter ou retourner au troupeau. La chèvre fugitive, peureuse et effarouchée, s'en vint tout droit aux personnes comme pour s'en protéger, et là s'arrêta. Ensuite le chevrier s'en approcha, et, l'empoignant par les cornes, comme si elle eût été capable de raison et d'entendement, il lui dit : « Ah ! coureuse, coureuse, Tavelée, ma Tavelée, comme vous allez à cloche-pied ces jours-ci ? Quels loups vous épouvantent, ma fille ? Ne me direz-vous ce que c'est, la belle ? Mais qu'est-ce que cela peut être, sinon que vous êtes femelle, et ne pouvez demeurer en repos ! Maudite soit votre humeur, et celle de toutes les autres qui vous ressemblent ! Revenez, revenez, m'amie, que si vous n'êtes aussi contente, au moins serez-vous en sûreté en votre bergerie ou avec vos compagnes : si vous, qui les devez garder et conduire, vous vous en allez ainsi sans guide et si loin du chemin, que deviendront-elles ? »

Les paroles du chevrier divertirent ceux qui les ouïrent, spécialement le chanoine, qui lui dit : « Sur votre vie, mon frère, donnez-vous un peu de patience, et ne vous hâtez pas tant de ramener cette chèvre à son troupeau : car, puisqu'elle est femelle, comme vous dites, il faut qu'elle suive son instinct naturel, quoi que vous fassiez pour l'empêcher. Prenez ce morceau, et buvez un coup, afin d'adoucir un peu

592

votre colère, et pendant ce temps la chèvre se reposera. » Lui dire cela, et lui tendre à la pointe du couteau le râble d'un lapin froid, ce ne fut qu'un. Le chevrier le prit et le remercia ; il but, s'apaisa, puis il dit : « Je ne voudrais pas que, pour avoir parlé tant de sens rassis à cette bête, vous me tinssiez pour un homme simple, parce qu'à la vérité les paroles que je lui ai dites ne sont pas sans mystère. Rustre je suis, mais non pas tant que je ne sache comment il faut traiter avec les hommes et avec les bêtes. — Je le crois fort bien, dit le curé, car je sais par expérience que les montagnes nourrissent des gens de lettres, et que les cabanes des pasteurs renferment des philosophes. — Pour le moins, monsieur, il se retire en icelles des hommes expérimentés et avisés ; et, afin que vous croyiez cette vérité et que vous la touchiez du bout du doigt, encore qu'il semble que je me convie de moi-même sans en être prié, si cela ne vous ennuie, et que vous vouliez, messieurs, être attentifs pour un petit espace de temps à ce que je vous veux dire, je vous raconterai une vérité qui confirmera ce que ce monsieur que voilà (montrant le curé) a dit et pareillement ce que j'ai dit. »

Don Quichotte répondit : « Parce que je vois, mon frère, que cet accident-ci a je ne sais quoi qui sent l'aventure de chevalerie, pour ma part, je vous écouterai de fort bon gré, et autant en feront tous ces seigneurs, parce que ce sont des gens d'esprit et amis de curieuses nouveautés qui ravissent, réjouissent et occupent les sens, comme je crois sans nul doute que le fera votre conte. Commencez donc, mon ami, nous écouterons tous. — Je retire mon enjeu, dit Sancho, car je m'en vais à ce ruisseau avec ce pâté, où je pense me bourrer pour trois jours : car j'ai ouï dire à mon seigneur don Quichotte que l'écuyer d'un chevalier errant doit manger, quand l'occasion se présente, jusqu'à ce qu'il n'en puisse plus, d'autant qu'il leur arrive d'entrer d'aventure en une forêt si embarrassée qu'ils n'en pourront pas trouver la sortie de six jours, et, si un homme n'y entre soûl ou qu'il n'ait le bissac bien garni, il pourra bien y demeurer, comme souvent il arrive, converti en momie. — C'est bien avisé, Sancho, dit don Quichotte, va-t'en où tu voudras, et mange ce que tu pourras : car, pour moi, je suis déjà satisfait, il me reste seulement de donner à l'âme sa réfection comme je ferai en écoutant le conte de ce brave homme. — Aussi la donnerons-nous tous aux nôtres », dit le chanoine ; et il pria le chevrier de commencer ce qu'il avait promis. Le chevrier donna deux coups du plat de la main sur le dos de la chèvre, laquelle il tenait par les cornes, lui disant : « Couche-toi auprès de moi, la Tavelée, car nous avons du temps pour retourner à notre troupeau. » Il semble que la chèvre l'entendit ; tandis que son maître s'asseyait, elle s'étendit de son long auprès de lui tout à son aise, et, le regardant au visage, elle donnait à entendre qu'elle était attentive à ce qu'allait dire le chevrier, lequel commença son histoire en la manière qui suit :

CHAPITRE LI

QUI TRAITE DE CE QUE RACONTA
LE CHEVRIER À CEUX QUI EMMENAIENT
DON QUICHOTTE

« A trois lieues de cette vallée il y a un village qui, bien que petit, est un des plus riches environs, et il y avait un laboureur fort honorable, et si grandement, que, bien que ce soit une des dépendances de la richesse d'être honorable, il l'était encore plus à cause de la vertu dont il était doué que pour la richesse qu'il possédait ; mais ce qui le rendait plus heureux, selon ce qu'il disait, était qu'il avait une fille d'une beauté si extrême, d'un esprit si rare, de tant de bonne grâce et de vertu, que celui qui la connaissait et la contemplait s'étonnait de voir les perfections dont le ciel et la nature l'avaient enrichie. Dans son enfance, elle avait été belle, mais elle alla toujours croissant en beauté, de sorte qu'à l'âge de seize ans elle était éblouissante. La renommée de sa beauté commença à s'étendre par tous les villages voisins, que dis-je, seulement par les villages voisins ? elle se répandit jusque dans les villes éloignées, même entra dans les salles des rois, et parvint aux oreilles de toutes sortes de gens qui, comme une chose rare ou comme une image à miracles, la venaient voir de toutes parts. Son père la gardait, et elle pareillement se gardait : il n'est cadenas, gardes ni serrures, qui gardent mieux une fille que ne font sa propre prudence et sa retenue. La richesse du père et la beauté de la fille en émurent plusieurs, tant du pays que des étrangers, à la lui demander pour femme ; mais lui, comme celui à qui il appartenait de disposer d'un si précieux bijou, était fort embarrassé sans savoir se résoudre à qui la donner de tous ceux qui l'importunaient. Et du grand nombre de ceux qui avaient un si bon désir, j'en fus un, et ce qui me donna de grandes espérances de succès, c'est que le père connaissait qui j'étais : natif de la même paroisse, issu de purs chrétiens, à la fleur de l'âge, fort riche quant aux biens, et d'entendement non moins parfait.

Elle fut aussi recherchée par un autre du même lieu et qui avait les mêmes avantages, ce qui fut cause de tenir en suspens et de mettre en balance la décision du père, auquel il était avis qu'avec qui que ce fût de nous deux sa fille serait bien pourvue. Pour sortir de cet embarras il résolut de le dire à Léandra (ainsi s'appelle la riche fille qui m'a réduit à cette misère), se représentant que, puisque nous étions tous deux égaux, il était bon de laisser à la volonté de sa fille chérie de choisir à sa fantaisie, chose digne d'être imitée de tous les pères qui veulent pourvoir leurs enfants. Je ne dis pas qu'ils leur laissent le choix des choses fâcheuses et mauvaises, mais qu'ils leur en proposent de bonnes, et que sur ces bonnes ils choisissent à leur fantaisie. Je ne sais quel fut le choix de Léandra, seulement je sais que le père nous amusa tous deux sur le peu d'âge de sa fille, et de termes généraux qui ne l'engageaient ni ne le dégageaient en façon quelconque. Mon compétiteur s'appelait Anselme, et moi je me nomme Eugène, afin que vous ayez la connaissance des noms des personnes qui figurent en cette tragédie dont la fin est encore en suspens, quoique l'on puisse déjà entendre qu'elle sera malheureuse.

En ce temps-là, il vint à notre village un certain Vincent de la Roca, fils d'un pauvre laboureur du même lieu, lequel Vincent venait des Italies et autres divers pays où il avait été soldat. Il avait été emmené de notre village à l'âge de douze ans par un capitaine qui de hasard passa par là avec sa compagnie, et ce jeune homme y revint à douze ans de là, vêtu à la soldatesque, bariolé de mille couleurs, tout chargé de babioles de cristal et de fines chaînes d'acier. Aujourd'hui il prenait une parure et demain une autre ; mais rien que maigres colifichets, coloriés, de peu de poids, et de moins de valeur. Le peuple des champs, qui naturellement est malicieux, et, si l'oisiveté le lui permet, est la malice même, nota et compta point par point ses fanfreluches et braveries, et trouva qu'il avait trois habillements de différentes couleurs avec les jarretières et bas de chausses ; mais il les déguisait et combinait en tant de façons que, si on ne les eût comptées, il y eût eu tel qui eût juré qu'il avait fait montre de plus de dix paires d'habits et de plus de vingt plumages. Et que ceci que je vous raconte là des habillements ne vous semble point impertinence et superfluité : ils jouent un grand rôle en cette histoire.

L'homme s'asseyait ordinairement sur un banc de pierre, qui est sous un grand orme en notre place, et là nous tenait tous bouche béante, suspendus aux prouesses et vaillances qu'il nous allait contant. Il n'y avait ville en l'univers qu'il n'eût vue, ni bataille où il ne se fût trouvé ; il avait tué plus de

Maures qu'il n'y en a au Maroc et à Tunis, et avait eu plus de duels, à ce qu'il disait, que Gante y Luna, Diègue Garcie de Parédès, et mille autres qu'il nommait, et partout il s'en était tiré victorieusement, sans qu'il lui en eût coûté une seule goutte de sang ; d'ailleurs, il montrait des cicatrices, qu'encore qu'on ne les pût voir, il nous faisait entendre que c'étaient des arquebusades reçues en diverses rencontres ; finalement, avec une arrogance inouïe, il tutoyait ses pareils et ceux-là mêmes qui le connaissaient bien, et disait que son père était son bras, son lignage, ses œuvres, et que, sous ce nom de soldat, il n'en devait rien au roi même. Il ajoutait à ces arrogances qu'il savait un peu de musique, et touchait aucunement de la guitare, de manière que quelques-uns disaient qu'il la faisait parler ; mais ce ne fut pas là que s'arrêtèrent toutes ses grâces et perfections, car il avait aussi sa pinte de poète, et ainsi, de chaque petite niaiserie qui se passait au village, il en composait un *romance* d'une lieue et demie d'écriture.

Ce soldat donc que je vous ai peint ici, ce Vincent de la Roca, ce brave, ce galant, ce musicien et ce poète, fut vu et remarqué plusieurs fois par Léandra, d'une fenêtre de la maison qui regardait sur la place. L'oripeau de sa belle friperie la rendit amoureuse ; ses romances l'enchantèrent, car de toutes celles qu'il composait il en donnait vingt copies ; et le récit qu'il faisait lui-même de ses prouesses parvint à ses oreilles ; et finalement, le diable l'ayant ainsi ordonné, elle vint à s'amouracher de lui, devant qu'il eût cette présomption de la solliciter ; et comme, dans les affaires d'amour, il n'y en a point qui s'accomplisse avec plus de facilité que celle qui a de son côté le désir de la dame, de la sorte Léandra et Vincent s'accordèrent facilement, et, avant que pas un de ses prétendants s'aperçût de son dessein, elle l'avait déjà mis à exécution, abandonnant la maison de son cher et bien-aimé père (car de mère elle n'en a point), et elle quitta le village avec le soldat, qui vint à bout de cette entreprise avec plus d'éclat que de toutes celles qu'il s'attribuait.

Cet événement surprit tout le village et aussi ceux qui en eurent connaissance ; moi, j'en demeurai tout transporté, Anselme confondu, le père triste, les parents honteux, la justice mise en alerte, les archers en campagne : on prit les passages, on chercha par les bois et partout où l'on put ; au bout de trois jours on trouva la fantasque Léandra en une grotte de montagne, toute nue en chemise, avec peu d'argent et dépouillée des joyaux les plus précieux qu'elle avait tirés de sa maison. On la ramena à son affligé père, on l'interrogea sur sa disgrâce ; elle confessa sans contrainte que Vincent de la Roca l'avait trompée : sous promesse d'être son époux, il lui avait persuadé de quitter la maison de son père, et qu'il la mènerait à la plus riche et la plus délicieuse ville du monde, qui était Naples, et elle, malavisée et encore plus méchamment abusée, l'avait cru ; de sorte que, volant son père, elle s'était confiée aux mains de cet homme la même nuit que l'on découvrait sa fuite, et il l'avait menée en une âpre montagne et enfermée dans la caverne où on l'avait trouvée. Elle conta aussi comment le soldat, sans lui ravir son honneur, lui avait dérobé tout ce qu'elle avait, et, la laissant dans cette caverne, s'en était allé ; événement qui excita chez tous une nouvelle surprise.

C'était une chose assez difficile à croire que la continence de ce garçon ; mais elle l'assura si fortement que cela suffit à consoler ce pauvre père désolé, lequel ne faisait point d'état des richesses qu'on lui avait emportées, puisqu'on lui avait laissé sa fille avec le joyau lequel, une fois perdu, il n'y a plus d'espérance de jamais le recouvrer. Le même jour que Léandra parut, son père la fit disparaître de nos yeux, et la mena enfermer en un monastère d'une ville qui est là auprès, attendant que le temps dissipe une partie de la mauvaise réputation qu'elle s'était faite. Le peu d'années de Léandra servit d'excuse à sa faute, au moins pour ceux qui n'avaient point d'intérêt qu'elle fût bonne ou mauvaise ; mais ceux qui connaissaient sa sagacité et son bon entendement n'attribuèrent pas son péché à ignorance, mais à son trop de gaillardise et à la naturelle inclination des femmes qui, pour la plupart, sont inconsidérées et déréglées.

Léandra étant enfermée, les yeux d'Anselme demeurèrent aveugles, ou au moins sans objet à regarder qui leur pût donner du contentement, les miens furent dans les ténèbres, sans lumière qui les guidât à rien qui leur fît plaisir. En l'absence de Léandra, notre tristesse s'augmentait, notre patience diminuait, nous maudissions les braveries du soldat, et détestions le peu de prudence du père de Léandra. Finalement Anselme et moi nous résolûmes d'abandonner le village et nous en venir en cette vallée, là où lui faisant paître une grande quantité de brebis qui lui appartiennent, et moi un nombreux troupeau de chèvres qui sont aussi à moi, nous passons la vie entre les arbres, laissant courir nos passions, ou chantant ensemble les louanges ou le blâme de la belle Léandra, soupirant dans la solitude et dans la solitude confiant nos plaintes au ciel.

A notre imitation, beaucoup des prétendants de Léandra se sont venus en ces âpres montagnes, s'y livrant au même exercice que nous, et en si grand nombre qu'il semble que ce lieu se soit converti en la pastorale Arcadie : ce ne sont que pasteurs et troupeaux, et il n'y a pas un recoin où l'on n'entende retentir le nom de la belle Léandra. Celui-ci la maudit et l'appelle fantasque, volage et malhonnête ; celui-là la condamne comme facile et légère ; un autre l'absout et tel la blâme ; l'un célèbre sa beauté, l'autre se dépite et renie son humeur, et enfin tous la flétrissent et tous l'adorent, et la folie générale est poussée si loin qu'il y a tel qui se plaint de son dédain, sans lui avoir jamais parlé ; tel aussi se lamente et sent la maladie enragée de la jalousie qu'elle n'a jamais donnée à personne : car, comme j'ai déjà dit, on a su plus tôt son péché que son dessein. Il n'y a ni creux de rocher, ni bord de ruisseau, ni ombre d'arbre, qui ne soient occupés par quelque berger qui raconte ses disgrâces aux vents et à l'air. L'écho répète le nom de Léandra en quelque lieu qu'il se puisse former : Léandra ! redisent les montagnes, Léandra ! murmurent les ruisseaux, et Léandra nous tient tous ravis et enchantés, espérant sans espérance, et craignant sans savoir de quoi nous avons peur.

Or, entre tous ces rêveurs et fous, celui qui montre avoir le moins et le plus de jugement, c'est mon rival Anselme, lequel, ayant tant d'autres sujets de plainte, néanmoins ne se plaint que de l'absence. Au son d'un rebec, dont il joue admirablement, il chante des vers où paraît la beauté de son entendement. Je poursuis un autre chemin plus facile, et à mon avis plus à propos, qui est de dire du mal de la légèreté des femmes, de leur inconstance, de leur duplicité, de leurs promesses mortes, de leur foi rompue, et finalement du peu de jugement qu'elles ont à savoir placer leurs affections. Et telle a été l'occasion, messieurs, des paroles et raisons que j'ai dites à cette chèvre quand je suis arrivé : car, sachant qu'elle est femelle, je l'estime peu, encore qu'elle soit la meilleure de tout mon troupeau. Voilà l'histoire que j'ai promis de vous conter ; que si j'ai été long en sa narration, je ne serai pas court à vous servir. J'ai ma bergerie tout ici près, où il y a du lait frais et du fromage très savoureux, avec divers fruits mûrs et de saison, non moins agréables à la vue qu'au goût. »

CHAPITRE LII

DE LA QUERELLE QUE DON QUICHOTTE
EUT AVEC LE CHEVRIER,
ET DE LA RARE AVENTURE DES PÉNITENTS
QUE, À LA SUEUR DE SON FRONT,
IL CONDUISIT À HEUREUSE FIN

Le discours du chevrier causa un plaisir général à tous ceux qui l'avaient écouté, et spécialement au chanoine qui, avec une extrême curiosité, nota la manière dont il l'avait raconté, aussi éloigné de paraître un chevrier rustique que proche de se montrer un discret courtisan, et partant il dit que le curé avait eu bien raison de dire que les montagnes nourrissaient des lettrés. Ils s'offrirent tous à Eugène ; mais celui qui en cela se montra le plus libéral fut don Quichotte, qui lui dit : « Certainement, mon compère chevrier, si je me trouvais en mesure de pouvoir entreprendre quelque aventure, je me mettrais tout à cette heure même en chemin pour vous la procurer bonne : car je tirerais Léandra du monastère (où sans aucun doute elle est contre sa volonté) en dépit de l'abbesse et de tous ceux qui le voudraient empêcher, et vous la mettrais entre les mains, afin d'en faire à votre volonté, en gardant toutefois les lois de la chevalerie, qui commandent que l'on ne fasse de déplaisir à aucune damoiselle, encore que j'espère en Dieu Notre-Seigneur que la force d'un malicieux enchanteur n'aura pas autant de pouvoir que celle d'un autre enchanteur mieux intentionné, et pour lors je vous promets ma faveur et mon aide, comme m'y oblige ma profession, qui n'est autre que de favoriser les infirmes et les nécessiteux. »

Le chevrier le regarda ; mais, comme il le vit de si mauvais poil et de si chétive mine, il s'en ébahit, et demanda au barbier qui était auprès de lui : « Monsieur, qui est cet homme-là qui a une façon pareille et qui parle de la sorte ? —

Qui serait-ce, répondit le barbier, sinon le fameux don Quichotte de la Manche, défaiseur de griefs, redresseur de torts, le rempart des damoiselles, la terreur des géants et le vainqueur des batailles. — Ceci me semble, répondit le chevrier, pareil à ce qui se lit aux livres des chevaliers errants, qui faisaient tout ainsi que vous dites de cet homme, encore que pour moi je tiens ou que vous vous moquez, ou bien que ce gentilhomme doit avoir les chambres de sa tête vides. — Vous êtes un bien grand drôle, dit alors don Quichotte. C'est vous qui êtes le vide et l'estropié de cervelle : car je suis plus plein que jamais ne le fut la grande putain, fille de putain, qui vous a enfanté. » En disant cela, il empoigna un pain qui était près de lui et en frappa le chevrier au visage d'une telle furie qu'il lui écrasa le nez ; mais le chevrier, qui n'y entendait pas raillerie, voyant qu'il le traitait si rudement, sans avoir égard ni au tapis, ni à la nappe, ni à tous ceux qui étaient à dîner, sauta sur don Quichotte, l'empoignant par le cou avec les deux mains, et n'eût point fait de difficulté de l'étrangler, si Sancho Pança ne fût survenu sur ce point, qui le prit par les épaules et le renversa sur la table, rompant les plats, cassant les verres, répandant et éparpillant tout ce qui était dessus. Don Quichotte, se voyant libre, se rejeta sur le chevrier, lequel, ayant le visage tout plein de sang, froissé à coups de pied par Sancho, allait à quatre pattes, cherchant un couteau de la table pour faire quelque sanglante vengeance ; mais le chanoine et le curé l'en empêchèrent, toutefois le barbier fit en sorte que le chevrier attrapât don Quichotte sous soi, et lui déchargeât une si grande quantité de gourmades qu'il pleuvait autant de sang du visage du pauvre chevalier que du sien. Le chanoine crevait de rire, aussi faisait le curé, les archers sautaient de joie, ils les agaçaient l'un contre l'autre, comme on fait aux chiens quand ils sont acharnés et qu'ils s'entremordent les uns les autres : le seul Sancho se désespérait, parce qu'il ne se pouvait défaire d'un valet du chanoine qui l'empêchait de secourir son maître.

En somme, ils étaient tous en joie et en fête, hormis les deux gourmeurs qui se rossaient, lorsqu'ils ouïrent le son d'une trompette si triste qu'il leur fit tourner le visage vers l'endroit d'où il leur semblait qu'il venait ; mais celui qui fut le plus ému de l'ouïr fut don Quichotte, lequel, encore qu'il fût sous le chevrier, assez contre son gré et plus que médiocrement froissé et moulu, lui dit : « Frère Diable, car il n'est pas possible que tu ne le sois, puisque tu as eu la force d'assujettir la mienne, je te prie que nous fassions trêve pour une heure seulement, parce qu'il me semble que le son douloureux de cette trompette qui parvient à nos oreilles m'appelle à quelque nouvelle aventure. » Le chevrier, qui était déjà las de moudre et d'être moulu, le lâcha tout aussitôt, et don Quichotte se mit sur pied, tournant le visage vers l'endroit où le son s'entendait, et vit à l'improviste descendre par un coteau plusieurs hommes habillés de blanc à la façon des pénitents.

Or, le cas était que cette année-là les nuées avaient dénié leur rosée à la terre, tellement que par tous les villages de cette province on faisait des processions, des rogations et des disciplines, demandant à Dieu qu'il ouvrît les mains de sa miséricorde et leur envoyât de la pluie ; et, pour cet effet, les gens d'un village voisin venaient en procession à un saint ermitage, qui était sur un coteau de cette vallée. Don Quichotte, voyant les étranges habits de ces pénitents, sans se remettre en mémoire combien de fois il les devait avoir vus, s'imagina que c'était un sujet d'aventure, et qu'à lui seul appartenait, comme à chevalier errant, de l'entreprendre et ce qui lui confirma davantage cette imagination, ce fut qu'il pensa qu'une image qu'ils portaient, couverte de deuil, était quelque dame de qualité, que ces félons et méchants brigands emmenaient de force, et, comme cela lui vint en pensée, il accourut d'une grande légèreté vers Rossinante, lequel paissait tranquillement et, lui ôtant de l'arçon la bride et la targe, tout en un instant le brida, et, demandant son épée à

Sancho, monta sur son cheval, embrassa son écu, et dit à haute voix à tous ceux qui étaient là : « C'est maintenant, valeureuse compagnie, que vous verrez combien il importe qu'il y ait au monde des chevaliers qui fassent profession de l'ordre de la chevalerie errante ; je vous dis à cette heure que vous verrez par la liberté de cette bonne dame que voilà captive s'il faut faire état des chevaliers errants. »

En disant cela, il serra les cuisses contre Rossinante, car d'éperons il n'en avait point, et à toute bride, au grand trot (parce que, de galop, il ne se lit point en toute cette véridique histoire que jamais Rossinante en ait fourni aucun), il s'en alla donner sur ces pénitents, et, encore que le curé, le chanoine et le barbier s'efforçassent de le retenir, il ne leur fut jamais possible, et encore moins le firent arrêter les cris que Sancho poussait : « Où allez-vous, seigneur don Quichotte ? Quels diables avez-vous au corps, qui vous meuvent d'aller contre notre foi catholique ? Prenez garde, mal n'advienne, que c'est là une procession de pénitents, et que cette dame qu'ils portent sur une civière est la très benoîte image de la Vierge sans tache : regardez, monsieur, ce que vous faites, que pour cette fois il se peut dire que ceci n'est pas de votre ressort. » Sancho criait en vain : son maître était tellement emporté à donner sur ces gens couverts de draps et à délivrer la dame en deuil qu'il n'ouït aucune parole, et, en eût-il ouï aucune, il ne fût pas retourné quand même le roi le lui eût commandé. Il arriva donc sur la procession et arrêta Rossinante, qui avait déjà envie de reposer un peu, et d'une voix troublée et enrouée dit : « Eh ! vous, qui peut-être, pour ce que vous n'êtes pas gens de bien, vous couvrez le visage, attendez et écoutez ce que je veux vous dire. »

Les premiers qui s'arrêtèrent furent ceux qui portaient l'image, et l'un des quatre prêtres qui chantaient les litanies, voyant l'étrange mine de don Quichotte, la maigreur de Rossinante et les autres circonstances dignes de risée qu'il remarqua et découvrit en lui, répondit : « Monsieur mon frère, si vous nous voulez dire quelque chose, dites-le vitement, parce que ces frères ici se déchirent toute leur pauvre chair, et nous ne pouvons arrêter, et il n'y a pas de raison aussi à nous arrêter à ouïr chose aucune, si ce n'est qu'elle soit assez brève pour se dire en deux paroles. — Je la dirai en une, répliqua don Quichotte, et c'est ceci, que tout sur-le-champ vous mettiez en liberté cette belle dame, dont les larmes et l'air triste montrent clairement que vous l'emmenez contre sa volonté, et que vous lui avez fait quelque signalé outrage ; et moi, qui suis né au monde pour remédier à de semblables griefs, je ne consentirai point que vous fassiez un pas de plus sans lui donner la liberté qu'elle désire et mérite. » Tous ceux qui ouïrent ces raisons y reconnurent que don Quichotte devait être quelque fou, tellement qu'ils éclatèrent de rire, ce qui mit de la poudre à la colère de don Quichotte : sans une seule parole de plus, l'épée à la main, il courut vers la civière. Un de ceux qui la portaient, laissant la charge à ses compagnons, alla au-devant de don Quichotte, brandissant contre lui une fourche ou bâton dont il soutenait la civière lorsqu'il se reposait, et, recevant dessus un grand coup d'épée que lui déchargea don Quichotte, duquel elle fut mise en deux pièces, avec le bout qui lui demeura en la main, il donna un tel coup à don Quichotte sur une épaule, du côté même de l'épée, que l'écu ne put parer contre cette violence roturière, et le pauvre don Quichotte fut contraint de donner par terre fort mal accommodé.

Sancho Pança, qui le suivait tout haletant, le voyant tombé, cria à son assommeur qu'il ne le frappât plus, parce que c'était un pauvre chevalier enchanté qui en jour de sa vie n'avait fait mal à personne ; mais ce qui retint le vilain, ce ne furent pas les cris de Sancho, mais de voir que don Quichotte ne remuait ni pied ni patte, et par ainsi, croyant l'avoir tué, il troussa hâtivement sa tunique à sa ceinture, et se mit à fuir par la campagne comme un chevreuil. Sur ces entrefaites, les gens de la compagnie de don Quichotte s'étaient approchés ; mais ceux de la procession, qui les virent venir courant, et avec eux les archers tenant leurs arbalètes, eurent peur de quelque mauvais accident, de sorte qu'ils se mirent tous en rond à l'entour de l'image, et, haussant leurs chaperons, empoignant leurs disciplines, et les prêtres les chandeliers, ils attendaient l'assaut, avec résolution de se défendre et de repousser les assaillants s'ils pouvaient. La fortune en disposa mieux qu'ils ne pensaient, parce que Sancho ne fit autre chose que se jeter sur le corps de son maître, faisant sur lui la plus risible et la plus douloureuse lamentation du monde, croyant qu'il fût mort. Le curé fut reconnu par l'autre qui venait avec la procession, laquelle connaissance apaisa la crainte qu'avaient conçue les deux bataillons. Le premier curé rendit en deux mots compte de ce qu'était don Quichotte, par quoi lui et toute la troupe des flagellants allèrent voir si le pauvre chevalier n'était point mort, et ils ouïrent que Sancho Pança, avec les larmes aux yeux, disait :

« Ô fleur de la chevalerie qui d'un seul coup de bâton as parachevé la carrière de tes ans si bien employés ! Ô honneur de ton lignage, ornement et gloire de toute la Manche, voire du monde entier, lequel, si tu viens à lui manquer, demeurera rempli de malfaiteurs sans crainte d'être châtiés de leurs méfaits, ô libéral par-dessus tous les Alexandres, puisque, pour huit mois seulement de service, tu m'avais fait présent de la meilleure île que la mer environne ! Ô humble avec les superbes et arrogant envers les humbles, attaqueur de dangers, souffreur d'affronts, amoureux sans cause, imitateur des bons, fléau des méchants, ennemi des pervers, enfin chevalier errant, qui est tout ce qui se peut dire ! »

Aux cris et aux gémissements de Sancho, don Quichotte reprit ses esprits, et la première parole qu'il dit fut : « Celui qui vit loin de vous, très douce Dulcinée, est bien sujet à de plus grandes misères que celle-ci. Aide-moi, Sancho, mon ami, à me remettre sur le char enchanté, car je ne suis pas en état d'étreindre la selle de Rossinante et j'ai toute cette épaule en morceaux. — Je le ferai fort volontiers, mon seigneur, répondit Sancho, et retournons à notre village en la compagnie de ces messieurs qui désirent votre bien, et là nous donnerons ordre à faire une autre sortie de plus de profit et de gloire. — Tu dis bien, Sancho, répondit don Quichotte, et ce sera grande prudence de laisser passer la mauvaise influence des astres qui court à présent. »

Le chanoine, le curé et le barbier lui dirent qu'il ferait fort bien de faire ce qu'il disait, et ainsi, après s'être donné du passe-temps avec les simplicités de Sancho Pança, ils remirent don Quichotte sur le chariot, comme il était auparavant. La procession se remit en ordre et poursuivit son chemin. Le chevrier prit congé de tout le monde ; les archers ne voulurent point aller outre, et le curé leur paya ce qui leur était dû. Le chanoine pria le curé de lui donner avis de l'affaire de don Quichotte, s'il guérissait de sa folie ou bien si elle continuait, et sur cela il prit congé afin de poursuivre son voyage.

Enfin, tous se divisèrent et se séparèrent, demeurant seuls le curé et le barbier, don Quichotte et Pança, avec le bon Rossinante, lequel, en tout ce qu'il avait vu, montrait autant de patience que son maître. Le bouvier attela ses bœufs et accommoda don Quichotte sur une botte de foin, puis, avec son flegme accoutumé, il suivit le chemin que le curé voulut.

Au bout de six jours ils arrivèrent au village de don Quichotte, où ils entrèrent en plein midi, et il se rencontra que ce fut un dimanche, et tout le peuple était assemblé en la place, à travers laquelle passa le chariot de don Quichotte. Ils accoururent tous pour voir ce qui venait dans le chariot, et, quand ils reconnurent leur compatriote, ils demeurèrent émerveillés, et tout incontinent un petit garçon s'en courut au logis pour en dire les nouvelles à sa gouvernante et à sa nièce, comme quoi leur oncle et leur maître était tout maigre et défait, et qu'on l'amenait en une charrette à bœufs couché sur un tas de foin. Ce fut pitié d'ouïr les cris que jetèrent les deux bonnes dames, les soufflets qu'elles se donnèrent, les malédictions que de nouveau elles jetèrent sur ces maudits livres de chevalerie, ce qui se renouvela encore quand elles virent entrer don Quichotte par les portes de sa maison.

Aux nouvelles de cette arrivée, la femme de Sancho Pança y accourut, parce qu'elle avait su que son mari était allé avec don Quichotte pour lui servir d'écuyer, et, aussitôt qu'elle vit Sancho, la première chose qu'elle lui demanda ce fut si l'âne se portait bien ; Sancho lui répondit qu'il se portait mieux que son maître. « Dieu soit loué, poursuivit-elle, de tant de bien qu'il m'a fait ! Mais contez-moi à cette heure, mon ami, quel profit avez-vous tiré de vos services d'écuyer ? Quelle robe m'en apportez-vous ? Et quels beaux petits souliers pour vos enfants ? — Je n'apporte rien de tout cela, ma femme, dit Sancho, mais d'autres choses qui sont de plus grande importance. — J'en suis bien aise, répondit la femme. Or montrez-moi ces choses de plus grande importance et de plus de valeur, mon ami, car je les veux voir, afin de me réjouir le cœur, que j'ai eu si triste et si dolent durant tous les siècles de votre absence. — Ma femme, je vous les montrerai à la maison, dit Pança, et pour cette heure donnez-vous un peu de patience : car, s'il plaît à Dieu, une autre fois que nous sortirons pour aller chercher des aventures, vous me verrez en peu de temps comte ou gouverneur d'une île, et non de celles qu'on voit par-ci par-là, mais de la meilleure qui se pourra trouver. — Le ciel le veuille, mon mari, car nous en avons bien besoin, mais, dites-moi, qu'est-ce que cela, des îles, parce que je ne l'entends pas ? — Le miel n'est pas fait pour la bouche de l'âne, répondit Sancho, tu le verras quand il en sera temps, ma femme, et même tu t'étonneras de t'ouïr appeler dame par tous tes vassaux. — Que dites-vous de dames, d'îles et de vassaux ? répliqua Jeanne Pança (car ainsi se nommait la femme de Sancho, encore qu'ils ne fussent pas parents, mais parce qu'en la Manche c'est la

coutume que les femmes prennent le nom de leurs maris). —
Ne te mets pas en peine, Jeanne, de savoir cela sitôt, il suffit
que je te dise la vérité, et sur ce, bouche cousue : je te dirai
seulement, en passant, qu'il n'y a chose plus douce au monde
pour un honnête homme que d'être écuyer d'un chevalier
errant, lequel va en quête d'aventures. Bien est-il vrai que la
plupart de celles qui se trouvent ne réussissent pas tant à
souhait que l'on voudrait bien : car, de cent que l'on
rencontre, les quatre-vingt et dix-neuf sont ordinairement
tortues et de travers. Je le sais par expérience, parce que je
suis échappé des unes berné, et d'autres moulu ; mais, malgré
tout cela, c'est une belle chose d'attendre les événements,
traversant les montagnes, fouillant les forêts, gravissant sur
les rochers, visitant les châteaux, logeant dans les tavernes à
discrétion, sans payer fût-ce au diable le moindre maravédis. »

Tous ces discours se tinrent entre Sancho Pança et Jeanne
Pança, sa femme, tandis que la gouvernante et la nièce de don
Quichotte le reçurent, qui le déshabillèrent et le couchèrent
tout étendu en son ancien lit. Il les regardait avec des yeux
hagards, et ne pouvait se rendre compte en quel lieu il était.
Le curé recommanda à la nièce de soigner son oncle, de le
bien traiter, et que toutes deux prissent bien garde qu'il ne
leur échappât encore une fois, leur racontant tout ce qu'il
avait fallu faire pour le ramener à la maison. Alors elles
poussèrent au ciel de nouveaux cris, alors elles recommencèrent à maudire les livres de chevalerie, alors elles prièrent
Dieu de vouloir confondre jusqu'au centre de l'abîme les
auteurs de tant de mensonges et de rêveries. Finalement, elles
demeurèrent confuses et en alarme de l'appréhension
qu'elles avaient de voir leur maître et leur oncle disparaître
aussitôt qu'il se sentirait un peu mieux ; et il en advint tout
ainsi qu'elles se l'étaient imaginé. Mais l'auteur de cette
histoire, avec quelque curiosité et quelque soin qu'il ait
recherché les hauts faits que don Quichotte accomplit en sa

609

troisième sortie, n'a pourtant pu en avoir aucune connaissance, au moins par des écrits authentiques ; la renommée seule a conservé dans les mémoires de la Manche qu'à la troisième sortie que fit don Quichotte, il alla à Saragosse, où il se trouva en des joutes fameuses qui se firent en cette ville-là, y montrant et faisant des choses dignes de sa valeur et de sa haute intelligence.

Et ne peut ledit auteur trouver chose aucune, ni de sa fin, ni comment il acheva ses prouesses ; même il n'en eût rien trouvé ni su, si le bonheur ne lui eût fait rencontrer un vieux médecin qui avait chez lui une caisse de plomb, qu'il disait avoir été trouvée dans les fondations d'un ancien ermitage que l'on rebâtissait de nouveau, et dans cette caisse on avait trouvé certains parchemins écrits en lettres gothiques, mais en vers castillans, qui contenaient plusieurs de ses hauts faits, et rendaient témoignage de la beauté de Dulcinée du Toboso, de la figure de Rossinante, de la fidélité de Sancho Pança et de la sépulture du même don Quichotte, avec différents éloges et épitaphes de sa vie et de ses mœurs. Et ceux que l'on put lire et mettre au net furent ceux que place ici le croyable auteur de cette nouvelle et inouïe histoire. Il ne demande à ceux qui la liront, pour récompense du grand et immense travail que lui a coûté la recherche d'icelle parmi toutes les archives de la Manche, pour la mettre en lumière, autre chose, sinon qu'on y ajoute la même foi qu'ont accoutumé de donner les personnes sensées aux livres de chevalerie, qui ont tant de vogue et de crédit par le monde : car avec cela il se tiendra pour bien payé, et même cela l'encouragera à en tirer et chercher d'autres, sinon aussi véritables, au moins aussi bien inventées et aussi divertissantes. Les premières paroles qui étaient écrites sur le parchemin qui se trouva en la caisse de plomb étaient celles-ci :

LES ACADÉMICIENS
DE L'ARGAMASILLA[1],
VILLAGE DE LA MANCHE,
SUR LA VIE ET LA MORT
DU VALEUREUX
DON QUICHOTTE DE LA MANCHE,
HOC SCRIPSERUNT

LE MACAQUE, ACADÉMICIEN DE L'ARGAMASILLA,
À LA SÉPULTURE DE DON QUICHOTTE

ÉPITAPHE

La tête brûlée qui la Manche orna de plus de dépouilles que Jason la Crète, le cerveau qui eut girouette pointue où mieux eût valu l'avoir eue carrée ;

Le bras qui si loin étend sa puissance qu'on la reconnaît depuis le Cathay jusques à Gaète, la plus horrible Muse et la plus ingénieuse qui grava ses vers sur planche d'airain ;

Celui-là qui laissa en queue les Amadis et fit si peu de cas des Galaors, qui eut pour étriers l'amour et la vaillance ;

Qui imposa silence aux Bélianis, celui qui s'en alla, errant sur Rossinante, gît sous cette dalle glacée.

LA PANADE, ACADÉMICIEN DE L'ARGAMASILLA,
IN LAUDEM DULCINEÆ DEL TOBOSO

SONNET

Celle que vous voyez, à la face fleurie, à la forte poitrine, aux grands airs délurés, c'est Dulcinée, reine du Toboso, dont l'amoureux fut le grand don Quichotte.

611

Pour elle il parcourut l'un et l'autre versant de la Sierra Negra et les champs de Montiel, jusqu'aux plaines herbeuses de l'illustre Aranjuez, à pied et fatigué.

Par la faute de Rossinante. Ô dure étoile ! Ô sort cruel de cette dame de la Manche, et de ce vaillant chevalier ! Elle, en ses tendres ans,

Mourante, cessa d'être belle, et lui, bien que son nom demeure sur le marbre, ne put échapper à l'amour, à ses ruses, à ses fureurs.

LE CAPRICIEUX, TRÈS SAVANT ACADÉMICIEN
DE L'ARGAMASILLA,
À LA LOUANGE DE ROSSINANTE,
COURSIER DE DON QUICHOTTE DE LA MANCHE

SONNET

Sur le tronc diamantin que de ses pieds sanglants foule le dieu des combats, le frénétique Manchois brandit son étendard d'un geste magnifique.

Il y suspend les armes d'acier fin dont il détruit, désole, brise et tue. Merveilleuses prouesses ! Mais pour ce nouveau paladin l'art invente un style nouveau.

Si de son Amadis s'enorgueillit la Gaule, par les braves enfants de qui la Grèce mille fois triompha et au loin fit retentir sa gloire,

Aujourd'hui l'assemblée où préside Bellone couronne don Quichotte, et la Manche superbe en tire plus d'honneur que de ceux-là n'ont fait la Grèce ni la Gaule.

Jamais l'oubli ne ternira sa gloire. Il n'est pas jusqu'à Rossinante qui ne l'emporte en gaillardise sur Brillador et sur Bayard.

LE BOURLEUR, ACADÉMICIEN DE L'ARGAMASILLA, À SANCHO PANÇA

SONNET

Celui-ci est Sancho Panse, petit de corps, mais grand de cœur, et par un étrange miracle, l'écuyer le plus simple et le plus ingénu que le monde ait connu, je vous l'assure sous serment.

Ne fut-il pas à deux doigts d'être comte, si ne s'étaient liguées pour son dommage les offenses, les injustices d'un siècle trop coquin, sans égard même à un bourriquet ?

C'est lui que chevaucha (révérence parler) ce paisible écuyer, derrière le non moins paisible Rossinante et derrière son maître.

Vaines espérances des hommes, vous passez promettant la paix, pour vous évanouir en ombre, en rêverie et en fumée !

LE FARFADET, ACADÉMICIEN DE L'ARGAMASILLA, SUR LA SÉPULTURE DE DON QUICHOTTE

ÉPITAPHE

Ci-dessous gît un chevalier,
Très bien moulu et mal allant,
Qui fut porté par Rossinant,
Voyageant en plus d'un sentier.

Sancho Pança, ce lourd bâtier,
Est couché tout auprès de lui,
Serviteur le plus sûr appui
Que ne fut oncques écuyer.

DU TIQUITOC, ACADÉMICIEN DE L'ARGAMASILLA, SUR LA SÉPULTURE DE DULCINÉE DU TOBOSO

ÉPITAPHE

Ici repose Dulcinée
Qui fut, bon gré, malgré le sort,
De grosse garce potelée,
Réduite en cendre par la mort.
Comme elle était de pur lignage,
Grand'dame elle parut aussi,
Et fut l'honneur de son village,
Et de Quichotte le souci.

Tels furent les vers que l'on put lire. Les autres, à cause que la lettre en était rongée de teignes, furent mis entre les mains d'un académicien, afin qu'il les déchiffrât par conjecture. On sait qu'il l'a fait au prix de bien des veilles et de beaucoup de travail, et que son intention est de les publier, en attendant la troisième sortie de don Quichotte.

Forse altri canterà con miglior plettro[2].

FIN DE LA PREMIÈRE PARTIE

NOTES

Page 51.   PROLOGUE

1. Ces allusions ironiques visent surtout, dit-on, Lope de Vega.
2. Ce distique n'est pas de Caton, mais d'Ovide. De même le vers
plus haut cité : *Non bene*, etc., n'est pas d'Horace, mais de « celui
qui l'a dit », soit l'auteur anonyme des fables appelées *ésopiques*.
Mais tout cela importe peu.
3. Antonio de Guevara (1480 ?-1545), l'auteur de la célèbre
Horloge des princes et qui écrivit la *Notable histoire de trois
amoureuses*, à quoi il est ici fait allusion.

Page 59.   POÈMES DÉDICATOIRES
                        AU LIVRE DE
                DON QUICHOTTE DE LA MANCHE

1. Urgande, fée amie d'Amadis de Gaule, nommée la Méconnais-
sable à cause de ses fréquentes métamorphoses.
Ce poème à Urgande, ainsi que celui du *plaisant poète farci* sont
écrits en *cabo roto*, c'est-à-dire que la dernière syllabe de chaque
vers est supprimée. Cette invention burlesque, due, croit-on, au
fripon poète Alonso Alvarez de Soria, mort sur l'échafaud, viendrait
de l'imitation de l'accent du peuple des faubourgs sévillans qui,
selon un critique, « mange les dernières syllabes des mots pour faire
plus creuses et plus imposantes ses fanfaronnades ».
2. Allusion au vers bien connu par lequel s'ouvre, en fanfare,
l'*Orlando furioso* :

          Le donne, i cavalier, l'arme, gli amori...

617

3. Juan Latino, serviteur nègre des ducs de Sesa, qui se rendit célèbre par son érudition.

4. La *Peña Pobre*, où se retira Amadis pour y faire pénitence, après qu'il eut perdu les faveurs d'Oriane.

5. Miraflores était un château voisin de Londres, où résidait ladite Oriane, fille du roi Lisuart et dame des pensées d'Amadis de Gaule.

6. Qui n'a lu la *Célestine ou tragi-comédie de Calixte et Mélibée* et ne souscrit à ce jugement ? C'est véritablement un livre divin et aussi un livre qui, avec une âpreté infernale, découvre toute la faiblesse humaine.

7. Allusion au fameux passage du *Lazarille*, où le gamin, tandis que son maître aveugle accole l'outre, lui boit, par une paille, la moitié de son vin.

8. Le seul Paul Groussac, écrivain argentin d'origine française, a proposé une solution pour ce mystérieux Solisdan. Ce serait l'anagramme de Lassindo, l'écuyer de Bruneo de Bonamar.

Page 67.   CHAPITRE PREMIER

1. Les commentateurs et les traducteurs ont disputé sans fin de ces *duelos y quebrantos, deuils et brisures*, locution qui, en Castille et dans la Manche, signifiait des œufs au lard, ainsi que l'avait traduit notre César Oudin, et que l'ont établi les plus récents cervantistes depuis Morel-Fatio jusqu'à Rodríguez Marín.

2. Ironie, Sigüenza étant une toute petite ville.

3. Bouffon du duc Borso de Ferrare, dont le cheval engendra toute une littérature d'anecdotes burlesques.

4. Jeu de mots sur *Rocinante : Roussin-avant.*

5. « *Quixote*, dans le harnais : pièce qui couvre les cuisses » (Dictionnaire de Covarrubias, 1611). Le vieux commentateur Clemencín observe : « Cervantès choisit avec opportunité le nom de son protagoniste parmi ceux des pièces propres à la profession chevaleresque, et parmi celles-ci il donna la préférence à un mot dont la terminaison était en *ote*, qui, en castillan, s'applique ordinairement à des choses ridicules et méprisables. »

Quijada signifie mâchoire et *Quesada* tarte au fromage.

Page 73.   CHAPITRE II

1. C'est-à-dire, bien entendu, des prostituées.

2. Vers d'un ancien *romance*, très populaires, de même que, *infra :* « Oncques n'y eut chevalier... »

618

Oncques n'y eut chevalier
Si bien des dames servi
Comme le fut Lancelot
Lorsque de Bretagne il vint...

3. Le texte espagnol est ici plus long et s'achève sur un jeu de mots. *Truchuela*, qui signifie morue et que l'on a traduit par *truitelle*, est aussi le diminutif de *trucha* : truite.

Page 80.   CHAPITRE III

1. Ici, dit Clemencin, Cervantès trace « une carte picaresque de l'Espagne ».

Page 95.   CHAPITRE V

1. Les neuf preux de la Renommée furent trois hébreux : Josué, David et Judas Macchabée ; trois gentils : Alexandre, Hector, Jules César ; trois chrétiens : Artus, Charlemagne et Godefroi de Bouillon.

Page 100.   CHAPITRE VI

1. Rappelons ici que l'*Amadis* est certainement d'origine portugaise et eut pour auteur Juan de Lobeira. La plus ancienne édition connue est une version castillane.
2. *Las Sergas del muy virtuos cavallero Esplandian, hijo de Amadis de Gaula*, Séville, 1510. Son auteur est Garcia Ordóñez de Montalvo, qui fut aussi l'éditeur et le compilateur de l'*Amadis* (1525).
3. A côté de cet *Amadis de Grèce*, de Feliciano de Silva, tout le lignage des Amadis comporte : *Florisel de Niquée, Lisuart de Grèce*, etc.
4. Antonio de Torquemada.
5. Par Melchor Ortega, Valladolid, 1556.
6. Valladolid, 1533.
7. *Cronica de Lepolemo, llamado el Caballero de la Cruz, hijo del emperador de Alemania*, etc. La première partie parut à Valence en 1521, la seconde à Tolède en 1563.
8. Il s'agit sans doute de : *Primera, segunda y tercera parte de*

Orlando enamorado, espejo de caballerias, etc., Medina del Campo, 1586.

9. Le capitaine Don Jerónimo de Urrea, qui traduisit en vers médiocres l'*Orlando furioso* (1556).

10. Ces deux poèmes sont dus, le premier à Agustín Alonso (1585), le second à Francisco Garrido de Villena (1583).

11. Le *Palmerin d'Olive* est de 1526, le *Palmerin d'Angleterre* de 1548.

12. Par le licencié Jerónimo Fernández, Burgos, 1547.

13. Lorsque, au début de la scène, le curé déclare que le premier roman de chevalerie imprimé en Espagne a été l'*Amadis*, nous ne pouvons le confirmer dans son opinion. Car la première édition de l'*Amadis* que nous connaissions est de 1508, et nous possédons une édition du *Tirant lo Blanch* de 1490. Ce célèbre roman catalan fut traduit en castillan en 1511.

14. Voici, selon Clemencín, « le passage le plus obscur du *Quichotte* ». Le savant Menéndez Pelayo assure qu'en louant ce roman de *Tirant lo Blanch*, Cervantès parle sincèrement et sans ironie. On s'étonne ensuite qu'il voue son auteur aux galères. J'ai choisi une interprétation parmi celles qui peuvent s'offrir : elle vaut les autres. Exégètes et traducteurs continueront de disputer sur l'expression *de industria* ou le terme *necedades*, qui sont les pierres d'achoppement de ce texte.

15. La *Diane*, premier roman pastoral écrit en castillan. Son auteur fut le Portugais Jorge de Montemayor (1520 ?-1561). C'est de ce roman que naquit la littérature pastorale, l'*Astrée*, etc. Ainsi le genre pastoral de même que le genre chevaleresque ont-ils comme origine une sorte de complexe gallaïco-portugais, c'est-à-dire celtique.

16. Publié à Barcelone, vers 1573. Des romans pastoraux dont suit la nomenclature, le plus célèbre est le *Pastor de Filida*, de Luis Gálvez de Montalvo, Madrid, 1582.

17. Par Pedro de Padilla, Madrid, 1580. Quant au *Cancionero* de López Maldonado, il parut à Madrid en 1586.

18. La *Galatea* de Cervantès parut à Alcalá en 1585. Il ne put jamais en faire paraître une *Seconde partie* souvent promise, et à quoi il fait encore allusion, à la veille de sa mort, dans la dédicace au comte de Lemos du *Persilès et Sigismonde*.

19. La *Araucana*, le plus célèbre des poèmes épiques espagnols, chante les exploits des conquistadores de l'Araucanie, province du Chili, exploits auxquels participa Ercilla. Il parut à Madrid en 1569. La *Austríada* est un poème à la gloire de don Juan d'Autriche (Madrid, 1584). Le *Monserrate* chante la fondation du fameux monastère catalan et fut imprimé en 1588.

20. Poème en douze chants de Luis Barahona de Soto, Grenade, 1596. On connaît de lui deux poèmes d'Ovide traduits ou inspirés. Barahona de Soto fut grand ami de Cervantès.

Page 107. CHAPITRE VII

1. Il s'agit de la *Carolea* d'Ochoa de la Salde, Lisbonne, 1585, ou de celle de J. Semper, Valence, 1560. Le *Lion d'Espagne*, Salamanque, 1586.
2. Il s'agit sans doute d'un poème épique, le *Carlos famoso* de Luis Zapata, composé comme les *Carolea,* à la gloire de Charles Quint, et publié à Valence en 1566.

Page 120 -121 CHAPITRE VIII

1. Il est courant, dans les textes du Siècle d'or, de railler le jargon bizarre des Basques lorsqu'ils parlaient castillan. A présent encore les Basques illettrés confondent les personnes et les genres, emploient l'infinitif, parlent un castillan petit-nègre.
2. Personnage d'*Amadis*, qui, en effet, prononçait ces paroles comminatoires chaque fois qu'il mettait la main à l'épée, d'où l'expression proverbiale : *Ahora lo veredes, dijo Agrajes.*
3. La *Première partie* du *Quichotte*, parue en 1605, était divisée en quatre parties. Lorsque Cervantès publia en 1615 la *Seconde partie* il ne maintint pas cette division.

Page 122. CHAPITRE IX

1. Cette plaisanterie est la déformation d'une formule mécanique telle que : vierge comme l'enfant qui vient de naître. Elle semble, à première vue, un lapsus : d'où son absurdité et son comique. Nous la verrons souvent revenir chez Cervantès.
2. L'hébreu.
3. La mode voulait que les auteurs des romans de chevalerie se déguisassent derrière quelque Maure. Quelques commentateurs ont même prétendu que Ben Engeli fût la traduction de Cervantès et signifiât *Fils du cerf.* Ces deux interprétations sont aujourd'hui tenues, l'une et l'autre, pour fantaisistes.
4. *Zancas :* jambes grêles et cagneuses.

621

Page 128. CHAPITRE X

1. Plus de deux millions de soldats, au dire de Boïardo, attaquèrent le château d'Albraque pour s'emparer d'Angélique. « On voit bien, observe le savant Rodríguez Marín, que Boïardo n'avait pas à les nourrir. »

2. *Acto posesivo,* ou plutôt, observe Rodríguez Marín, *acto positivo,* c'est-à-dire, selon le *Diccionario de la Academia,* la reconnaissance des « faits qui qualifient la vertu, la pureté de sang ou la noblesse de quelque personne ou de quelque famille ».

Page 140. CHAPITRE XII

1. Les *autos sacramentales,* sortes de mystères ou représentations allégoriques ou théologiques, qui forment un genre théâtral propre à l'Espagne et où, un peu plus tard, Calderón devait exceller.

2. Jeu de mots. La *sarna :* la gale.

Page 147. CHAPITRE XIII

1.   *Nessun la muova*
         Que star non posa con Orlando a prova.
                        (ARIOSTE, *Orlando furioso,* XXIV.)

2. *Cachopin* ou *Cachupin,* surnom donné à l'Espagnol qui s'était enrichi en Amérique.

Page 158. CHAPITRE XIV

1. L'érudition de l'étudiant Ambroise est ici en défaut. Tarquin est le mari de Tullia, et c'est le corps de son père Servius Tullius qu'elle foula aux pieds.

Page 166. CHAPITRE XV

1. Habitants de Yanguas (province de Ségovie). Les Yangois s'adonnaient en grand nombre à l'office de muletiers.

1. Beaucoup de muletiers, lorsqu'ils n'étaient pas yangois, étaient mauresques.

2. La *Cronica de Tablante de Ricamonte y Joffre, hijo del Conde D. Asson,* roman peut-être d'origine provençale. Quant au comte Tomillas, il a fini par être identifié, grâce à Rodríguez Marín : c'est un personnage secondaire de l'*Historia de Enrique fi de Oliva, rey de Jherusalem, emperador de Constantinopla* (Séville, 1498).

3. Elle datait du XIII᷄ siècle « et se composait de nobles et de cavaliers ; elle avait pour mission de poursuivre les voleurs et brigands qui infestaient monts et chemins, volant les troupeaux et l'argent » (Pellicer). La nouvelle fut fondée au XV᷄ siècle par les Rois Catholiques.

1. Quartiers célèbres par la gent picaresque qui y vivait. On a déjà vu, au chapitre III, le *Potro* de Cordoue, ou place du Cheval, ainsi nommée à cause d'une fontaine que surmontait un cheval de pierre. J'ai cru devoir laisser la traduction : *les haras de Cordoue,* reprise d'ailleurs par Viardot.

1. Parmi tous ces personnages truculents dont le génie de don Quichotte forge le nom et la légende, Pierre Papin tranche par ses origines réelles et triviales : c'était un bossu français qui tenait boutique de cartes à jouer dans la fameuse *calle de la Sierpe,* à Séville.

2. Rodríguez Marín rappelle ici la croyance vulgaire selon quoi les Champs-Élysées se trouvaient situés dans les environs de Jérez.

1. Cette comparaison est fréquente dans le langage populaire. Elle a son origine dans les maux dont souffraient les ouvriers qui travaillaient dans les mines de mercure.

2. Premiers mots d'un texte du concile de Trente.

3. Cervantès a déjà fait partir le bachelier et ne s'en souvient plus. Il y a là, sans doute, une correction du brouillon qui, ensuite, n'a pas été mise au point.

Page 229.   CHAPITRE XXI

1. « Heaume enchanté que Renaud de Montauban gagna en tuant le roi Mambrin qui le portait » (Clemencín).

2. « Don Quichotte, ici, se trompe : Vulcain ne forgea point d'armes pour Mars ; mais celui-ci en forgea pour Vulcain et de la pire espèce, en entrant en relations étroites avec sa femme Vénus » (Rodriguez Marin).

3. Les cinq cents *sueldos* d'amende imposés par les lois du Fuero Juzgo (qui gouvernèrent l'Espagne depuis le temps des Goths jusqu'au XIIIe siècle) à tous ceux qui offensaient une personne noble.

4. Selon les commentateurs, il s'agirait ici du duc d'Osuna (1574-1624).

Page 242.   CHAPITRE XXII

1. Beaucoup de ces expressions de l'argot picaresque, que Cervantès connaissait si bien, se retrouvent dans l'admirable *Rinconete et Cortadillo* des *Nouvelles exemplaires*. *Cantar en el ansia*, qu'Oudin a traduit par *chanter dans la géhenne*, signifie, en jargon : faire des aveux (on dit aujourd'hui : se mettre à table) dans le supplice de l'eau.

2. Le gardien veut dire : *non sancta*, paroles latines extraites du Psaume XXII et qu'il a entendues à la messe.

3. Nous avons déjà vu plus haut une allusion au *Lazarille de Tormes*, le premier en date des romans picaresques (1539). On en ignore l'auteur, malgré l'attribution qu'on a voulu en faire à Hurtado de Mendoza. Diverses traductions ont fait connaître en France ce petit chef-d'œuvre.

Page 254.   CHAPITRE XXIII

1. La *Santa Hermandad vieja*, sans autre forme de procès, exécutait à coups de flèches les criminels surpris en flagrant délit.

2. Cervantès ajouta après coup l'épisode du vol de l'âne. Dans la première édition du *Quichotte* il continuait, après cet épisode, à faire allusion à l'âne. Il corrigea cette négligence dans la seconde édition, mais non à tous les endroits où elle se reproduit. D'où une certaine

confusion, de laquelle Cervantès est d'ailleurs le premier à rire, ainsi qu'on verra dans la *Seconde partie* (chap. IV).

3. Pourpoint en peau tannée, parfumée à l'ambre.

Page 268.　　　　　CHAPITRE XXIV

1. Personnages de *Florisel de Niquea* du malheureux Feliciano de Silva, si moqué par Cervantès au début du *Quichotte*.

Page 278.　　　　　CHAPITRE XXV

1. Sancho, selon sa coutume, écorche les noms qu'il entend pour la première fois. Et de maître Élisabad, il fait un *abad*, un abbé.

2. *In inferno nulla est redemptio.*

Page 296.　　　　　CHAPITRE XXVI

1. Dans la première édition, don Quichotte confectionnait son chapelet non point avec des noix de galle, mais avec un pan de sa chemise. *Mais comment ferai-je pour le rosaire ? Je n'en ai point. Là-dessus lui vint à l'esprit comment il s'en ferait un : il déchira un grand morceau du pan de sa chemise qui flottait et y fit onze nœuds, l'un plus gros que les autres, et c'est cela qui lui servit de rosaire le temps qu'il passa là, et il y pria un million d'Ave.* Ce passage a été supprimé dans la seconde édition de la même année 1605. Américo Castro, à ce propos, rappelle que, en 1624, l'Inquisition portugaise fit supprimer, au chapitre XVII de la *Première partie*, ce passage où don Quichotte récite quatre-vingts Pater et autant d'Ave, de Salve et de Credo, sur la fameuse burette d'huile, et où, par conséquent, les plus saintes prières se voient, encore une fois, appliquées un peu à la légère à des circonstances par trop triviales et bouffonnes.

2. Cette poésie, en espagnol, est d'un grand effet burlesque à cause des images que Don Quichotte tire par les cheveux pour amener des rimes à son nom.

Page 305.　　　　　CHAPITRE XXVII

1. Roi goth d'Espagne (VIIᵉ siècle).

2. Vellido Dolfos, selon le *Romancero du Cid*, assassina traîtreusement le roi don Sanche, au siège de Zamora.

3. Voir *supra,* note 3 du chap. VIII.

CHAPITRE XXVIII

1. Le duc d'Osuna, au dire de certains commentateurs. Selon leur opinion, l'histoire de cette séduction aurait un fondement réel.

Page 342.   CHAPITRE XXIX

1. En évoquant le coteau de Zulema où s'élevait, croit-on, Complutum, au sud-ouest d'Alcalá de Henares, Cervantès adresse un souvenir à sa patrie.
2. De *mear* : pisser.

Page 377.   CHAPITRE XXXII

1. Par Bernardo de Vargas, Séville, 1545.
2. Nous avons déjà rencontré ce livre dans la bibliothèque de don Quichotte sous le titre de *Florismars d'Hyrcanie*.
3. La *Crónica del Gran Capitan* parut en 1559 à Saragosse, suivie de *La vida del famoso cavallero Diego Garcia de Paredes*. L'histoire du Grand Capitaine figure dans tous les recueils de vies illustres. Quant à ce Diego Garcia de Paredes, ce fut un singulier aventurier du XVI⁰ siècle.

Page 385.   CHAPITRE XXXIII

1. Cette nouvelle, chef-d'œuvre de psychologie, et l'égale des meilleures *Nouvelles exemplaires*, est inspirée de l'Arioste (ch. XLII et XLIII).
2. Luigi Tansillo, poète napolitain du XVI⁰ siècle. On sait que son poème, les *Larmes de Saint Pierre*, fut traduit, librement, en vers français, par Malherbe.
3. Aux chants XLII et XLIII de l'Arioste, il est question d'une coupe enchantée qui révèle leur infortune aux maris trompés. Renaud eut la sagesse de ne point y boire, mais il entendit parler d'un docteur nommé Anselme, comme le héros de Cervantès, et qui, moins prudent et plus curieux, tenta l'épreuve et apprit ainsi ce qu'il en était de lui.
4. On pense qu'il s'agit ici d'une pièce du même Cervantès, aujourd'hui perdue.
5. De même, il se pourrait que ce poète fût encore Cervantès.

Page 406.   CHAPITRE XXXIV

1. Allusion à ce vers de Barahona de Soto : *Sabio, solo, solicito y secreto.*

Page 448.   CHAPITRE XXXVII

1. Grande cape que mettent les femmes mauresques pour sortir dans la rue.
2. *Lella :* la divine *Zoraïda*, diminutif de *zohra :* fleur.
3. Actuellement *macah.*

Page 460.   CHAPITRE XXXVIII

1. La manche du lettré engloutissait les gains occasionnels, épices, casuel. La robe représente le traitement fixe.

Page 465.   CHAPITRE XXXIX

1. Les Milanais, au XIIe siècle, construisirent, pour se défendre contre Frédéric Barberousse, une ville forte et la nommèrent Alexandrie en l'honneur du pape Alexandre III. Ses bastions, construits à la hâte, avec de la terre mêlée de fourrage et de paille, valurent à la ville nouvelle, de la part des Gibelins, le surnom dérisoire d'Alexandrie de la Paille.
2. Capitaine de la compagnie dans les rangs de laquelle Cervantès combattit à Lépante. On comprend tout l'intérêt du récit qui suit et qui est un témoignage direct.
3. « Les trois fanaux étaient l'insigne du navire que montait l'amiral en chef de l'*Armada* » (Cardaillac et Labarthe).
4. Cervantès et son frère Rodrigo, au retour de leur captivité, servirent aussi sous les ordres du marquis de Santa Cruz.
5. « Pagan Doria, pour entrer dans l'ordre de Malte, abandonna en effet sa grande fortune à son frère, le fameux André Doria. Il avait été page de Philippe II et se trouva à la journée de Saint-Quentin et à la bataille de Lépante où il accompagnait son frère » (Cardaillac et Labarthe).
6. Albanais.

CHAPITRE XL

1. El Fratín, le petit moine, surnom de Jacomo Paleare ou Paleazzo, ingénieur militaire qui servit Charles Quint et Philippe II.
2. L'espagnol *almacén* et le français *magasin* viennent de l'arabe *maghzen*.
3. Miguel de Cervantès Saavedra.
4. Prière.
5. Il y a dans le texte espagnol *marfuces*, de l'arabe *marfud* : perfide.
6. Maure ayant vécu parmi les chrétiens, plus particulièrement en Aragon.

Page 488.   CHAPITRE XLI

1. *Zoltani,* de *soldan* ou sultan. Valait quatre à cinq pesetas.
2. Matelots.
3. Commandant d'un bateau mauresque.
4. Florinde, fille du comte Julien, fut séduite par le roi Rodrigue. Julien, pour se venger, appela les Arabes en Espagne.

Page 518.   CHAPITRE XLIII

1. Galanterie à l'adresse de Clara, la fille de l'auditeur.

Page 540.   CHAPITRE XLV

1. Proverbe : *Allá van leyes do quieren reyes :* Là vont les lois où veulent les rois.
2. *Orlando furioso,* ch. XXVII.

Page 558.   CHAPITRE XLVII

1. Rappelons encore ici que *Rinconete et Cortadillo* est l'une des *Nouvelles exemplaires,* et non la moins parfaite, la moins humoristique, ni la moins savoureuse.

1. Pièces de Lupercio Leonardo de Argensola, poète contemporain de Cervantès.

2. *L'Ingratitude vengée* est de Lope de Vega. La *Numance* est la célèbre pièce patriotique de Cervantès. Les deux dernières pièces citées sont respectivement de Gaspar de Aguilar et de Francisco de Tárrega.

3. Lope de Vega.

1. Laissant de côté les plus célèbres de ces héros ainsi que ceux que nous avons déjà rencontrés, on indiquera ici que Fernán González fut le premier comte de Castille (Xe siècle) ; Garci-Pérez de Vargas, un des soldats qui prirent Séville aux Maures en 1298 ; Garcilaso de Tolède, un des assiégeants de Grenade au XVe siècle ; enfin don Manuel Ponce de León, ce chevalier qui alla ramasser un gant que sa dame avait jeté au milieu des lions : histoire chère aux poètes et d'où Schiller, en particulier, a tiré une fameuse ballade.

2. Ces histoires sont rapportées dans les romans français : les *Chroniques des douze pairs* et l'*Histoire de Charlemagne*.

3. Héros d'un roman italien du XIIIe siècle, traduit en castillan par Alonso Fernández Alemán, Séville, 1548.

4. Écrite par un troubadour provençal, traduite en castillan par Felipe Camus, Tolède, 1526.

5. *Mosén :* titre correspondant à messire et qu'on donnait aux nobles d'Aragon. Les tournois auxquels il est fait ici allusion ont été contés dans diverses chroniques. Les plus célèbres sont ceux de Suero de Quiñones, dont on parle plus loin : ce gentilhomme célébra, en 1434, au *Paso*, ou passage du Pont d'Orbigo, des joutes qui durèrent trente jours et au cours desquelles, accompagné de neuf autres *mainteneurs*, il soutint la lice contre soixante-huit adversaires. La relation de ces joutes forme le livre du *Paso honroso*, Salamanque, 1588.

1. On s'est longtemps obstiné à voir dans Argamasilla le village « dont Cervantès ne voulait pas se rappeler le nom » et où il aurait été emprisonné. En tout cas, Cervantès, par l'insistance qu'il met à

citer cette humble bourgade, semble la désigner comme la patrie de don Quichotte. Azorín, dans sa *Ruta de Don Quijote*, qui reprend, pas à pas, l'itinéraire de don Quichotte, s'est montré fidèle à cette tradition et a peint avec une ironie exquise et attendrie les actuels académiciens d'Argamasilla.

2. *Orlando furioso*, ch. XXX.

PREMIÈRE PARTIE

632

DU MÊME AUTEUR

dans la même collection

NOUVELLES EXEMPLAIRES. *Préface et traduction de Jean Cassou.*

DON QUICHOTTE, tome II. *Traduction de François de Rosset revue par Jean Cassou.*

Impression Bussière à Saint-Amand (Cher),
le 28 février 1990.
Dépôt légal : février 1990.
1ᵉʳ dépôt légal dans la collection : janvier 1988.
Numéro d'imprimeur : 738.
ISBN 2-07-037900-0./Imprimé en France.